SCHWERPUNKTE BAND XIV   Pieroth/Schlink · Grundrechte Staatsrecht II

SCHWERPUNKTE

Eine systematische Darstellung der wichtigsten Rechtsgebiete anhand von Fällen
Herausgegeben von
Professor Dr. Harry Westermann † und Professor Dr. Hans-Jürgen Papier

Grundrechte
Staatsrecht II

2., überarbeitete Auflage

von

DR. BODO PIEROTH
Professor an der Universität Bochum

und

DR. BERNHARD SCHLINK
Professor an der Universität Bonn

CFM

C. F. MÜLLER JURISTISCHER VERLAG
HEIDELBERG 1986

CIP-Kurztitelaufnahme der Deutschen Bibliothek

Staatsrecht. — Heidelberg: Müller, Juristischer Verl.
  (Schwerpunkte; . . .)
2. Pieroth, Bodo: Grundrechte. — 2., überarb. Aufl. — 1986

Pieroth, Bodo:
Grundrechte / von Bodo Pieroth u. Bernhard Schlink. — 2., überarb. Aufl. —
Heidelberg: Müller, Juristischer Verl., 1986.
  (Staatsrecht; 2) (Schwerpunkte; Bd. 14)
  ISBN 3-8114-4986-9

NE: Schlink, Bernhard:; 2. GT

© 1986 C. F. Müller Juristischer Verlag GmbH, Heidelberg
Satz: Roman Leipe GmbH, Hagenbach
Druck: Verlagsdruckerei Schweyer & Müller GmbH, Karlsruhe
ISBN 3-8114-4986-9

VORWORT

Über die Anlage des Buchs und das Arbeiten mit ihm unterrichtet die Einführung (§ 1). Hier möchten wir unseren Mitarbeiterinnen und Mitarbeitern für Vorarbeiten, Korrekturen und die Erstellung des Sachverzeichnisses sowie für manche Anregung und Kritik danken, namentlich Ulrike Arnold, Ulrike Bick, Dirk Büge, Ulla Held, Bernd Kampmann und Walter Pauly. Wir danken ferner unseren Lesern; auch ihre Anregung und Kritik war und ist uns wertvoll und willkommen. In der 2. Auflage ist das Buch auf dem Stand vom Juni 1986.

Bochum, Bonn, Sommer 1986 *Bodo Pieroth*
Bernhard Schlink

INHALTSVERZEICHNIS

	Seite	Randnr.
Vorwort	V	
Verzeichnis der abgekürzt zitierten Literatur	XVII	
§ 1 Einführung	1	1
I. Über das Arbeiten mit diesem Buch	1	1
II. Einige Schwierigkeiten der Materie der Grundrechte	2	6
III. Zur Lösung von Grundrechtsfällen	3	10

ERSTER TEIL: ALLGEMEINE GRUNDRECHTSLEHREN

	Seite	Randnr.
§ 2 Geschichte und Begriff der Grundrechte	6	19
I. Einführung	6	19
II. Mittelalter und frühe Neuzeit	6	20
III. Die Positivierung der Grundrechte in Nordamerika und Frankreich	8	25
VI. Grundrechte im deutschen Konstitutionalismus des 19. Jahrhunderts	10	32
V. Die Grundrechte in der Weimarer Reichsverfassung	12	42
VI. Begriff der Grundrechte	14	46
§ 3 Die Grundrechte des Grundgesetzes	15	49
I. Ausgrenzungen	15	49
1. Internationale Grundrechte	15	50
2. Grundrechte der Landesverfassungen	16	54
3. Natürliche überpositive Menschenrechte	17	58
II. Ort der Grundrechte im Grundgesetz	18	60
1. Grundrechte und grundrechtsgleiche Rechte	18	60
2. Grundrechte und Normen über Grundrechte	18	62
3. Nicht-grundrechtliche Vorschriften in Abschnitt I	19	64
III. Definition	19	67
§ 4 Grundrechtsarten und -funktionen	20	68
I. Rechtsquellen	20	68
II. Kreis der Grundrechtsberechtigten	20	69
III. Kreis der Grundrechtsverpflichteten	20	70
IV. Die klassischen Grundrechtsfunktionen	21	71
1. Status negativus	21	72
2. Status positivus	21	74
3. Status activus	22	78

		Seite	Randnr.
V.	Lebens- bzw. Gesellschaftsbereiche	23	83
VI.	Grundrechte und Einrichtungsgarantien	23	86
VII.	Die objektiv-rechtliche Funktion der Grundrechte	24	90
	1. Grundrechte als negative Kompetenznormen	24	90
	2. Zusätzliche Wirkungen der Grundrechte	25	93
VIII.	Vom liberalen zum sozialen Rechtsstaat	25	95
IX.	Folgerungen	27	98
	1. Grundrechtliche Vorgaben für die Auslegung und Anwendung des einfachen Rechts	27	98
	2. Schutzpflichten des Staates	27	103
	3. Maßstäbe für die Gestaltung staatlicher Einrichtungen	29	112
	4. Verfahrensrechte	30	121
	5. Teilhabe- und Leistungsrechte	31	123

§ 5 Grundrechtsberechtigung und Grundrechtsbindung 32 126

		Seite	Randnr.
I.	Grundrechtsberechtigung	33	128
	1. Menschenrechte und Bürgerrechte	33	128
	2. Grundrechtsberechtigung vor und nach dem Tod	36	145
	3. Einschränkung der Grundrechtsberechtigung wegen fehlender „Grundrechtsmündigkeit"?	37	150
	4. Grundrechtsverzicht	39	158
	5. Grundrechtsberechtigung von Personenmehrheiten und Organisationen	42	169
II.	Grundrechtsbindung	48	195
	1. Art und Umfang der Bindung	48	196
	2. Keine allgemeine Bindung von privaten Rechtssubjekten („Drittwirkung")	49	202
	3. Bindung nur der inländischen öffentlichen Gewalt	53	215
	4. Sonderproblem: Fiskalgeltung der Grundrechte	54	219

§ 6 Grundrechtsgewährleistungen und -beschränkungen 56 225

		Seite	Randnr.
I.	Schutzbereich und Gewährleistung	56	225
II.	Eingriff, Schranke und verwandte Begriffe	58	238
	1. Eingriff, Schranke, Be- oder Einschränkung, Beeinträchtigung, Verkürzung, Begrenzung	59	239
	2. Ausgestaltung und Konkretisierung	59	241
	3. Regelung	61	251
	4. Antastung	61	255
	5. Verletzung	62	256
III.	Schutzbereich und Eingriff	62	258
	1. Bestimmung des Schutzbereichs	63	263
	2. Bestimmung des Eingriffs	64	271
IV.	Die verfassungsrechtliche Rechtfertigung von Eingriffen	67	292
	1. Typologie der Gesetzesvorbehalte	67	292
	2. Vom Gesetzesvorbehalt zum Parlamentsvorbehalt	69	304

		Seite	Randnr.

3. Vom Vorbehalt des Gesetzes zum Vorbehalt des
   verhältnismäßigen Gesetzes 70 310
4. Schranken-Schranken 72 315
V. Kollisionen und Konkurrenzen 80 359
   1. Kollisionen 80 359
   2. Konkurrenzen 84 384
   Anhang: Aufbauschema 85 393

ZWEITER TEIL: DIE EINZELNEN GRUNDRECHTE

§ 7 Schutz der Menschenwürde (Art. 1 Abs. 1) 87 397

   I. Überblick 87 397
   II. Schutzbereich 88 400
   III. Eingriffe 89 404
   IV. Verfassungsrechtliche Rechtfertigung 91 413
   V. Verhältnis zu anderen Grundrechten 91 414

§ 8 Freie Entfaltung der Persönlichkeit (Art. 2 Abs. 1) 93 419

   I. Überblick 93 419
   II. Schutzbereich 93 420
      1. Persönlichkeitskerntheorie 93 420
      2. Allgemeine Handlungsfreiheit 94 421
      3. Das allgemeine Persönlichkeitsrecht 95 429
      4. Sphärentheorie 97 434
   III. Eingriffe 98 436
   VI. Verfassungsrechtliche Rechtfertigung 98 439
      1. Verfassungsmäßige Ordnung 99 440
      2. Rechte anderer 99 442
      3. Sittengesetz 99 443

**§ 9 Recht auf Leben und körperliche Unversehrtheit
(Art. 2 Abs. 2 S. 1)** 100 447

   I. Überblick 100 447
   II. Das Abwehrrecht des Art. 2 Abs. 2 S. 1 .... 101 449
      1. Schutzbereich 101 449
      2. Eingriffe 101 451
      3. Verfassungsrechtliche Rechtfertigung 102 456
   III. Die Schutzpflicht des Art. 2 Abs. 2 S. 1 .... 104 465
      1. Grund der Schutzpflicht 104 465
      2. Erfüllung der Schutzpflicht 105 468

§ 10 Freiheit der Person (Art. 2 Abs. 2 S. 2, Art. 104) 107 472

   I. Überblick 107 472
   II. Schutzbereich 107 474

		Seite	Randnr.

    III. Eingriffe 108   477
    IV. Verfassungsrechtliche Rechtfertigung 109   480
        1. Qualifizierter Gesetzesvorbehalt des Art. 104 109   480
        2. Schranken-Schranken 110   487

§ 11 Das Gleichheitsgebot (Art. 3, 6 Abs. 5, 33 Abs. 1—3, 38 Abs. 1 S. 1) 112   493

    I. Überblick 112   493
    II. Ungleichbehandlung 113   496
        1. Ungleichbehandlung von wesentlich Gleichem 113   496
        2. Gleichbehandlung von wesentlich Ungleichem? 114   501
    III. Verfassungsrechtliche Rechtfertigung 115   503
        1. Allgemeine Anforderungen 115   503
        2. Die besonderen Anforderungen aus Art. 3 Abs. 2 und 3 117   512
        3. Die besonderen Anforderungen aus Art. 6 Abs. 5 119   525
        4. Die besonderen Anforderungen bei den politischen Rechten 120   526
        5. Die besonderen Anforderungen bei den staatsbürgerlichen Rechten und Pflichten 122   535
        6. Die besonderen Anforderungen bei einzelnen Freiheitsrechten .. 124   546
    IV. Wirkungen eines Gleichheitsverstoßes 125   548
        1. Gleichheitsverstoß durch Gesetzgebung 125   548
        2. Gleichheitsverstoß durch Verwaltung und Rechtsprechung 129   567
        Anhang: Aufbauschema 132   577

§ 12 Religions-, Weltanschauungs- und Gewissensfreiheit (Art. 4, 12 a Abs. 2, 140 i.V.m. Art. 136 Abs. 1, 3 und 4, Art. 137 Abs. 2, 3 und 7 WRV) 132   578

    I. Überblick 132   578
        1. Textaussage 132   578
        2. Einheitlicher Schutzbereich 133   581
    II. Schutzbereich 133   583
        1. Religions- und Weltanschauungsfreiheit 133   583
        2. Gewissensfreiheit 136   595
    II. Eingriffe 137   601
    IV. Verfassungsrechtliche Rechtfertigung 139   608
        1. Die Problematik 139   608
        2. Art. 136 Abs. 1, 3 S. 2, Art. 137 Abs. 3 S. 1 WRV i.V.m. Art. 140 139   609
        3. Art. 12 a Abs. 2 140   613
        4. Kollidierendes Verfassungsrecht 141   618

§ 13 Meinungs-, Informations-, Presse-, Rundfunk- und Filmfreiheit (Art. 5 Abs. 1 und 2) 142   621

    I. Überblick 143   621
    II. Schutzbereiche und Eingriffe 143   625

		Seite	Randnr.
	1. Meinungsäußerungsfreiheit (Art. 5 Abs. 1 S. 1, 1. Halbsatz)	143	625
	2. Informationsfreiheit (Art. 5 Abs. 1 S. 1, 2. Halbsatz)	146	638
	3. Pressefreiheit (Art. 5 Abs. 1 S. 2, 1. Variante)	147	646
	4. Freiheit der Rundfunkberichterstattung (Art. 5 Abs. 1 S. 2, 2. Variante)	149	654
	5. Freiheit der Filmberichterstattung (Art. 5 Abs. 1 S. 2, 3. Variante)	151	663
III.	Verfassungsrechtliche Rechtfertigung	152	666
	1. Schranken	152	666
	2. Zensurverbot (Art. 5 Abs. 1 S. 3)	157	688

§ 14 Kunst- und Wissenschaftsfreiheit (Art. 5 Abs. 3) ... 158 692

		Seite	Randnr.
I.	Überblick	159	692
II.	Schutzbereiche und Eingriffe	159	694
	1. Kunstfreiheit	159	694
	2. Wissenschaftsfreiheit	162	706
III.	Verfassungsrechtliche Rechtfertigung	164	713

§ 15 Schutz von Ehe und Familie (Art. 6) ... 165 717

		Seite	Randnr.
I.	Überblick	165	717
II.	Abwehrrechte	166	720
	1. Schutzbereiche	166	720
	2. Eingriffe	168	730
	3. Verfassungsrechtliche Rechtfertigung	169	734
III.	Institutsgarantien	172	747
IV.	Leistungsrechte	172	752

§ 16 Schulische Grundrechte und Privatschulfreiheit (Art. 7 Abs. 2–5) ... 174 755

		Seite	Randnr.
I.	Überblick	174	755
II.	Schulische Grundrechte (Art. 7 Abs. 2 und 3)	174	756
	1. Schutzbereiche	174	756
	2. Eingriffe und verfassungsrechtliche Rechtfertigung	177	764
III.	Privatschulfreiheit	177	765
	1. Schutzbereich	177	765
	2. Eingriffe und verfassungsrechtliche Rechtfertigung	178	771

§ 17 Versammlungsfreiheit (Art. 8)

		Seite	Randnr.
I.	Überblick	180	775
II.	Schutzbereich	180	776
	1. Versammlungsbegriff	180	776
	2. Weitere Schutzbereichsmerkmale	182	783
	3. Umfang der Gewährleistung	183	791
III.	Eingriffe	183	792

	Seite	Randnr.
IV. Verfassungsrechtliche Rechtfertigung	184	794
1. Gesetzesvorbehalt des Art. 8 Abs. 2	184	794
2. Art. 17 a Abs. 1	185	799
3. Kollidierendes Verfassungsrecht	185	800

§ 18 Vereinigungs- und Koalitionsfreiheit (Art. 9) 186 804

	Seite	Randnr.
I. Überblick	187	804
II. Schutzbereiche	187	809
1. Allgemeine Vereinigungsfreiheit	187	809
2. Koalitionsfreiheit	190	823
III. Eingriffe	192	830
1. Eingriffe in die allgemeine Vereinigungsfreiheit	192	830
2. Eingriffe in die Koalitionsfreiheit	192	832
IV. Verfassungsrechtliche Rechtfertigung	193	834
1. Allgemeine Vereinigungsfreiheit	193	834
2. Koalitionsfreiheit	194	845

§ 19 Brief-, Post- und Fernmeldegeheimnis (Art. 10) 196 852

	Seite	Randnr.
I. Überblick	196	852
II. Schutzbereiche	197	854
1. Briefgeheimnis	197	854
2. Postgeheimnis	197	856
3. Fernmeldegeheimnis	198	861
III. Eingriffe	198	862
1. Eingriffe in das Briefgeheimnis	198	862
2. Eingriffe in das Postgeheimnis	198	863
3. Eingriffe in das Fernmeldegeheimnis	199	866
IV. Verfassungsrechtliche Rechtfertigung	199	869
1. Gesetzesvorbehalt des Art. 10 Abs. 2 S. 1	199	869
2. Erweiterung des Gesetzesvorbehalts gem. Art. 10 Abs. 2 S. 2	200	872

✓ § 20 Freizügigkeit (Art. 11) 201 876

	Seite	Randnr.
I. Überblick	202	876
II. Schutzbereich	202	877
1. Aufenthalts- und Wohnsitznahme	202	877
2. Fortbewegung zwecks Ortswechsels	203	880
3. Einreise und Einwanderung	203	883
4. Ausreise und Auswanderung?	204	886
5. Mitnahme der persönlichen Habe	205	888
6. Negative Freizügigkeit	205	890
III. Eingriffe	205	891
IV. Verfassungsrechtliche Rechtfertigung	205	893
1. Qualifizierter Gesetzesvorbehalt des Art. 11 Abs. 2	205	893
2. Weitere Eingriffsrechtfertigungen	207	899

Seite Randnr.

§ 21 Berufsfreiheit (Art. 12) 208   901
   I. Überblick 208   901
      1. Textaussage 208   901
      2. Einheitliches Grundrecht 208   903
   II. Das Abwehrrecht des Art. 12 Abs. 1 209   904
      1. Schutzbereich 209   904
      2. Eingriffe 211   918
      3. Verfassungsrechtliche Rechtfertigung 215   936
   III. Teilhabe- und Leistungsrechte des Art. 12 Abs. 1 219   954
   IV. Freiheit von Arbeitszwang und Zwangsarbeit
      (Art. 12 Abs. 2 und 3) 220   957
      1. Schutzbereich 220   957
      2. Eingriffe und verfassungsrechtliche Rechtfertigung 220   958

§ 22 Unverletzlichkeit der Wohnung (Art. 13) 222   964
   I. Überblick 222   964
   II. Schutzbereich 222   966
   III. Eingriffe 223   971
   IV. Verfassungsrechtliche Rechtfertigung 224   976
      1. Durchsuchungen 224   976
      2. Sonstige Eingriffe 225   980
      3. Weitere Eingriffsrechtfertigungen 226   984

§ 23 Eigentumsgarantie (Art. 14, 15) 227   986
   I. Überblick 227   986
   II. Schutzbereich 229   995
      1. Begriff des Eigentums 229   995
      2. Umfang des Eigentumsschutzes 231   1006
      3. Erbrecht 232   1012
   III. Eingriffe 233   1013
      1. Inhalts- und Schrankenbestimmungen 233   1013
      2. Enteignung 233   1015
      3. Enteignungsgleicher und enteignender Eingriff 234   1019
   IV. Verfassungsrechtliche Rechtfertigung 235   1021
      1. Inhalts- und Schrankenbestimmungen 235   1021
      2. Enteignung 237   1032
      3. Enteignungsgleicher und enteignender Eingriff 239   1041
   V. Die Institutsgarantie als Schranken-Schranke 241   1047
   VI. Vergesellschaftung 242   1049

**§ 24 Schutz vor Ausbürgerung und Auslieferung und das Asylrecht
(Art. 16)** 244   1052
   I. Überblick 244   1052
   II. Schutz vor Ausbürgerung (Art. 16 Abs. 1) 245   1055

Seite Randnr.

      1. Schutzbereich 245   1055
      2. Eingriffe 245   1056
      3. Verfassungsrechtliche Rechtfertigung 246   1058
  III. Auslieferungsverbot (Art. 16 Abs. 2 S. 1) 246   1060
  IV. Asylrecht (Art. 16 Abs. 2 S. 2) 247   1064
      1. Schutzbereich 247   1065
      2. Eingriffe 250   1078
      3. Verfassungsrechtliche Rechtfertigung 250   1079

§ 25 Petitionsrecht (Art. 17) 252   1082

  I. Überblick 252   1082
  II. Schutzbereich 252   1083
      1. Petitionsbegriff 252   1083
      2. Adressaten der Petition 252   1085
      3. Inhaltliche Zulässigkeitsvoraussetzungen 253   1086
      4. Anspruch auf sachliche Bescheidung 253   1089
  III. Eingriffe und verfassungsrechtliche Rechtfertigung 254   1090

§ 26 Rechtsschutzgarantie (Art. 19 Abs. 4) 255   1093

  I. Überblick 255   1093
  II. Schutzbereich 255   1096
      1. Öffentliche Gewalt 255   1096
      2. Rechtsverletzung 256   1100
      3. Offenstehen des Rechtswegs 257   1106
  III Eingriffe 258   1111
  IV. Verfassungsrechtliche Rechtfertigung 259   1114

§ 27 Widerstandsrecht (Art. 20 Abs. 4) 260   1116

  I. Überblick 260   1116
  II. Schutzbereich 261   1119
      1. Der Begriff „diese Ordnung" 261   1119
      2. Weitere Schutzbereichsmerkmale 261   1120

**§ 28 Berücksichtigung der hergebrachten Grundsätze des Berufs-
beamtentums (Art. 33 Abs. 5)** 263   1128

  I. Überblick 263   1128
  II. Grundrechtsgleiches Recht? 263   1129
  III. Schutzbereich 264   1131
  IV. Eingriffe und verfassungsrechtliche Rechtfertigung 265   1134

**§ 29 Wahlrecht und Rechtsstellung der Abgeordneten des Deutschen
Bundestages (Art. 38)** 266   1136

  I. Überblick 266   1136
  II. Das unmittelbare, freie und geheime Wahlrecht 266   1137

	Seite	Randnr.
1. Schutzbereich	266	1138
2. Eingriffe	268	1146
3. Verfassungsrechtliche Rechtfertigung	269	1154
III. Die Rechtsstellung der Abgeordneten des Deutschen Bundestages	270	1155

§ 30 Recht auf den gesetzlichen Richter (Art. 101 Abs. 1 S. 2) 272 1162

	Seite	Randnr.
I. Überblick	272	1162
II. Schutzbereich	272	1163
1. Gesetzliche Zuständigkeit des Richters	272	1163
2. Unabhängigkeit des Richters	273	1167
III. Eingriffe	273	1169
1. Entziehung durch die Legislative	274	1170
2. Entziehung durch die Exekutive	274	1172
3. Entziehung durch die Judikative	274	1173
IV. Verfassungsrechtliche Rechtfertigung	275	1179

§ 31 Anspruch auf rechtliches Gehör (Art. 103 Abs. 1) 276 1181

	Seite	Randnr.
I. Überblick	276	1181
II. Schutzbereich	276	1182
1. Rechtliches Gehör	276	1182
2. Vor Gericht	277	1187
III. Eingriffe	278	1188
IV. Verfassungsrechtliche Rechtfertigung	278	1189

§ 32 Nulla poena sine lege (Art. 103 Abs. 2) 279 1191

	Seite	Randnr.
I. Überblick	279	1191
II. Schutzbereich	279	1192
1. Begriff der Strafbarkeit	279	1192
2. Tatprinzip	280	1196
3. Gesetzlichkeitsprinzip	280	1197
4. Bestimmtheitsgrundsatz	280	1199
5. Rückwirkungsverbot	281	1201
III. Eingriffe	281	1203
IV. Verfassungsrechtliche Rechtfertigung	281	1204

§ 33 Ne bis in idem (Art. 103 Abs. 3) 282 1206

	Seite	Randnr.
I. Überblick	282	1206
II. Schutzbereich	283	1209
1. Dieselbe Tat	283	1210
2. Die allgemeinen Strafgesetze	283	1214
3. Mehrmalige Bestrafung	284	1219
III. Eingriffe und verfassungsrechtliche Rechtfertigung	285	1221

Seite Randnr.

DRITTER TEIL: VERFASSUNGSBESCHWERDE

§ 34 **Allgemeines zur Verfassungsbeschwerde** 286   1223

§ 35 **Zulässigkeit der Verfassungsbeschwerde** 287   1228
    I. Ordnungsgemäßer Antrag 287   1229
    II. Beteiligtenfähigkeit 287   1230
    III. Prozeßfähigkeit 287   1231
    IV. Beschwerdegegenstand 288   1233
    V. Beschwerdebefugnis 288   1236
        1. Möglichkeit einer Grundrechtsverletzung 288   1237
        2. Eigene Beschwer 290   1245
        3. Gegenwärtige Beschwer 291   1251
        4. Unmittelbare Beschwer 291   1253
    VI. Erschöpfung des Rechtswegs 292   1256
        1. Rechtsweg 292   1257
        2. Erschöpfung 292   1259
        3. Durchbrechung der Subsidiarität 293   1266
    VII. Frist 294   1268
    VIII. Einwand der Rechtskraft 294   1269
    IX. Allgemeines Rechtsschutzbedürfnis 294   1271

§ 36 **Begründetheit der Verfassungsbeschwerde** 295   1274
    I. Maßstab 295   1274
    II. Einschränkung des Prüfungsumfangs auf die Verletzung spezifischen Verfassungsrechts 296   1281
        1. Das Problem 296   1281
        2. Die Lösung 297   1284

Sachverzeichnis 300

VERZEICHNIS DER ABGEKÜRZT ZITIERTEN LITERATUR

AK-GG	Kommentar zum Grundgesetz für die Bundesrepublik Deutschland (Reihe Alternativkommentare), 2 Bände, Darmstadt 1984
BK	Kommentar zum Bonner Grundgesetz (Bonner Kommentar), 9 Bände (Loseblatt), Hamburg, Stand: Juli 1985.
Erichsen, StR I	H.-U. *Erichsen,* Staatsrecht und Verfassungsgerichtsbarkeit, Bd. I, 3. Aufl. München 1982
Die Grundrechte I—IV	K. A. *Bettermann/F. L. Neumann/H. C. Nipperdey* (Hrsg.), Die Grundrechte. Handbuch der Theorie und Praxis der Grundrechte, 4 Bände, Berlin 1954—1967
Hamann/Lenz, GG	A. *Hamann/H. Lenz,* Das Grundgesetz für die Bundesrepublik Deutschland vom 23. Mai 1949, 3. Aufl. Neuwied, Berlin 1970
Hdb. VerfR	E. *Benda/W. Maihofer/H. J. Vogel* (Hrsg.), Handbuch des Verfassungsrechts der Bundesrepulik Deutschland, Berlin, New York 1983
Hesse, VerfR	K. *Hesse,* Grundzüge des Verfassungsrechts der Bundesrepublik Deutschland, 15. Aufl. Karlsruhe 1985
vM-GG	I. v. *Münch* (Hrsg.), Grundgesetz-Kommentar, Bd. I, 3. Aufl. München 1985, Bände II und III, 2. Aufl. München 1983
v. Mangoldt/Klein, GG	H. v. *Mangoldt/F. Klein,* Das Bonner Grundgesetz, 2. Aufl., Bände I und II, Berlin, Frankfurt 1966, Bd. III, München 1974
v. Mangoldt/Klein/Starck, GG	H. v. *Mangoldt/F. Klein/C. Starck,* Das Bonner Grundgesetz, 3. Aufl., Bd. I, München 1985
Maurer, Allg. VwR	H. *Maurer,* Allgemeines Verwaltungsrecht, 4. Aufl. München 1985
M/D-GG	T. *Maunz/G. Dürig* u. a., Grundgesetz. Kommentar, 4 Bände (Loseblatt), München, Stand: Jan. 1985
v. Münch, StR I	I. v. *Münch,* Grundbegriffe des Staatsrechts, Bd. I, 3. Aufl. Stuttgart u. a. 1984
Stein, StR	E. *Stein,* Staatsrecht, 9. Aufl. Tübingen 1984
Stern, StR I	K. *Stern,* Das Staatsrecht der Bundesrepublik Deutschland, Bd. I, 2. Aufl. München 1984

Im übrigen werden die üblichen Abkürzungen gebraucht, bei Gesetzen entsprechend den Kopfleisten der gängigen Gesetzessammlungen „Schönfelder" und „Sartorius".

§ 1 EINFÜHRUNG

I. Über das Arbeiten mit diesem Buch

Die vorliegende Darstellung lehrt die Grundrechte in der Breite und Tiefe, in der sie 1
Gegenstand der Ersten juristischen Staatsprüfung sind. *Breite* bedeutet, daß alle für die
Fallösung in Studium und Praxis wichtigen Themen der allgemeinen Grundrechtslehren (Erster Teil), sämtliche einzelnen Grundrechte (Zweiter Teil) und mit der Verfassungsbeschwerde das dazugehörige Verfahrensrecht (Dritter Teil) behandelt werden.
Tiefe heißt, daß nicht eine Aufzählung von Ergebnissen, sondern, an der Rechtsprechung des BVerfG orientiert, deren Herleitung und die Begründung der wichtigen dogmatischen Begriffe und Lehren im Mittelpunkt stehen.

Diese Zielsetzung bedingt eine *Auswahl*, zwar nicht einzelner Grundrechte und einzelner Themen der allgemeinen Grundrechtslehren, wohl aber jeweils innerhalb dieser. Die Schwerpunkte wurden nach folgenden Kriterien gesetzt: Behandelt werden die derzeit gängigen, in den Übungen und in den Examina auftauchenden Fallkonstellationen, Probleme und Kontroversen; der Sache nach überholte Fragestellungen und Lösungsversuche werden nicht fortgeschleppt. Dabei wird das methodische Instrumentarium und das dogmatische Gerüst vermittelt, das erlaubt, andere als die schon entschiedenen Fälle selbständig zu lösen. 2

Nach den meisten Studienplänen der Juristischen Fakultäten an den Universitäten 3
der Bundesrepublik Deutschland werden die Grundrechte am Anfang des Studiums gelesen. Daher ist die vorliegende Darstellung auch an die *Studienanfänger* adressiert und um entsprechende Verständlichkeit und Anschaulichkeit bemüht. Allerdings mag die Schwierigkeit der Materie zur Folge haben, daß bei der ersten Lektüre nicht alles sogleich verstanden und aufgenommen werden kann. Doch läßt sich das Buch durchaus „auf Lücke" lesen. Für den Studienanfänger kann es sich besonders empfehlen, mit dem Zweiten Teil zu beginnen, da die einzelnen Grundrechte weitaus anschaulicher sind als die allgemeinen Grundrechtslehren des Ersten Teils.

Die *Lösungsskizzen* zu den Fällen sind keine Musterlösungen. Sie dienen überwiegend 4
der Wiederholung und Verständniskontrolle, gelegentlich enthalten sie auch zusätzliche Sachinformationen. Sie steuern ohne prozessuale und unterverfassungsrechtliche Einkleidung gleich auf das zu, worauf es unter dem Aspekt der behandelten Grundrechtsnorm jeweils ankommt. Zum Verfahrensrecht wird alles Erforderliche im Dritten Teil gesagt; die unterverfassungsrechtliche Einkleidung wird sogleich erörtert (vgl. unten Rdnr. 13 ff.).

Die *Literaturhinweise* am Ende der einzelnen Abschnitte sind bewußt knapp gehalten. 5
Sie beschränken sich auf neuere, für Studienzwecke geeignete und auf grundlegende Aufsätze und Bücher. (Soweit in diesen Literaturhinweisen Bücher angegeben sind, beschränkt sich der diesbezügliche Nachweis in dem vorangegangenen Abschnitt auf die Nennung des Autors.) Umfassende Literaturlisten finden sich vor allem in den großen Kommentaren zum Grundgesetz (Alternativkommentar, Bonner Kommentar, *Maunz/Dürig, v. Münch*) sowie im handbuchartigen Staatsrecht der Bundesrepublik Deutschland von *Stern*. Diese und die aktuellen Lehrbücher des Staatsrechts *(Degen-*

hart, Denninger, Doehring, Hesse, Maunz/Zippelius, Stein) werden in den Literaturhinweisen auch nicht mehr eigens aufgeführt, erst recht nicht die einführenden Darstellungen *(Battis/Gusy, Fürst/Günther, Gallwas, Katz, Mössner* und *Schwabe)*. Auch *Alexy,* Theorie der Grundrechte, 1985/1986 wird hier ein- für allemal genannt; in dieser Arbeit findet der theoretisch und methodologisch Interessierte zu den Grundlagenproblemen der gegenwärtigen Grundrechtsdiskussion tiefschürfende, die Dinge manchmal freilich komplizierende Belehrung. Für Haus- und Seminararbeiten sei noch auf die Bibliographien hingewiesen (NJW-Fundhefte für Öffentliches Recht; *Mackert/ Schneider,* Bibliographie zur Verfassungsgerichtsbarkeit des Bundes und der Länder, 3 Bände, 1971—1982). Den schnellsten Zugang zur Rechtsprechung des BVerfG eröffnet das entsprechende Nachschlagewerk, das vom BVerfG selbst in drei Loseblattordnern herausgegeben wird.

II. Einige Schwierigkeiten der Materie der Grundrechte

6 Rechtsnormen können sehr unterschiedlichen Aufwand an Auslegungsarbeit erfordern. Auf der einen Seite stehen eindeutig formulierte, relativ einfach zu verstehende Frist-, Form- und Verfahrensvorschriften. Auf der anderen Seite stehen vieldeutige Generalklauseln, die erst nach und nach vor allem durch Richterrecht handhabbar gemacht werden. Die Grundrechte enthalten zwar einige Form- und Verfahrensvorschriften, z. B. Art. 104; überwiegend sind sie aber sehr knapp und weit formuliert (z. B. „Kunst und Wissenschaft ... sind frei", „das Eigentum ... [wird] gewährleistet"), so daß sie *generalklauselartig* wirken. Daher spielt das Richterrecht und die es vorbereitende und fortentwickelnde Dogmatik zu den Grundrechten eine große Rolle.

7 Als Teil der Verfassung sind die Grundrechte gegenüber dem Gesetzesrecht und dem Recht der Verwaltung (Rechtsverordnungen, Satzungen) samt allen Einzelakten der vollziehenden und rechtsprechenden Gewalt *höherrangig*. Das heißt, daß alles Unterverfassungsrecht mit den darauf gestützten Einzelakten sich an der Verfassung messen lassen muß: Soweit es mit einer Verfassungs-, besonders einer Grundrechtsnorm nicht vereinbar ist, ist es verfassungswidrig und im Regelfall nichtig. Dabei liegt eine zusätzliche Schwierigkeit darin, daß der Inhalt der Grundrechte selbst durch das Unterverfassungsrecht geprägt sein kann; man spricht insoweit von rechts- oder normgeprägten Grundrechten.

8 **Beispiele:** Der Gesetzgeber ist an die verfassungsrechtliche Garantie des Eigentums (Art. 14 Abs. 1 S. 1) gebunden (Art. 1 Abs. 3). Was aber Eigentum ist, muß vom Gesetzgeber erst bestimmt werden, und Art. 14 Abs. 1 S. 2 ermächtigt den Gesetzgeber denn auch dazu, den Inhalt des Eigentums zu bestimmen. Wie kann der Gesetzgeber dann aber noch an die Verfassung gebunden sein? — Wenn dem Bürger gegen Rechtsverletzungen durch die öffentliche Gewalt der Rechtsweg offensteht (Art. 19 Abs. 4), setzt dies die Einrichtung von Richtern, Gerichten und Gerichtsbarkeiten voraus, was wiederum nur durch den Gesetzgeber geschehen kann.

9 Es kommt hinzu, daß die Grundrechte historisch und aktuell eine besondere *Nähe zur Politik* haben. Grundrechte mußten politisch erkämpft werden (vgl. unten Rdnr. 19 ff.). Obwohl sie als Teil der Verfassung verbindliches Recht sind, wirken manche früheren politischen Kämpfe nach und gerät ihre Auslegung und Anwendung stets erneut in politischen Streit. Die großen Auseinandersetzungen um Schwangerschaftsabbruch, Hochschul- und Schulreform, Unternehmensmitbestimmung oder Volkszählung belegen dies deutlich. Das führt gelegentlich sogar zu der Fehleinschätzung, Verfassungs- und besonders Grundrechtsauslegung sei gar nichts anderes als Politik, und

das BVerfG betreibe keine Rechtsprechung im eigentlichen Sinne. Dagegen ist zu sagen, daß es neben der demokratischen Herleitung der Herrschaft die größte Errungenschaft des neuzeitlichen Verfassungsstaats ist, die Ausübung von Herrschaft verrechtlicht zu haben. Im Verhältnis des einzelnen zum Staat gelten durch die Grundrechte die verbindlichen Maßstäbe des Rechts. Diese Maßstäblichkeit setzt voraus, daß die Auslegung des Rechts festen *methodischen Regeln* folgt, über die allgemeine Übereinstimmung besteht. Nun wird aber gerade über das Methodenproblem im Verfassungsrecht wie im Recht insgesamt viel gestritten. Eine Übereinstimmung, welche festen Regeln die Auslegung methodisch leiten sollen, ist nur ansatzweise erkennbar (vgl. *Engisch*, Einführung in das juristische Denken, 8. Aufl. 1983; *Koch/Rüßmann*, Juristische Begründungslehre, 1982; *Larenz*, Methodenlehre der Rechtswissenschaft, 5. Aufl. 1983; *F. Müller*, Juristische Methodik, 2. Aufl. 1976; *Schlink*, Staat 1980, 73). Das verschafft den sog. klassischen Auslegungsgesichtspunkten ihre fortdauernde Bedeutung: dem grammatischen (Wortlaut der Regelung), systematischen (Regelungszusammenhang), historischen (Entstehungsgeschichte der Regelung und frühere Regelungen) und teleologischen (Regelungszweck) Auslegungsgesichtspunkt. Es verschafft auch dem BVerfG eine beträchtliche Freiheit bei der Auslegung und Fortbildung des Verfassungsrechts. Das BVerfG arbeitet an einzelnen Fällen und entwickelt seine Grundrechtsinterpretation von einzelnen Fällen her. Auch für den Lernenden gilt daher, daß aus dem Zusammenhang gerissene Aussagen des BVerfG nicht kanonisiert werden dürfen und daß die Entscheidungsbegründungen und -ergebnisse stets der methodischen Überprüfung bedürfen, ehe sie, zuweilen nur modifiziert und korrigiert, der Lösung eines Problems zugrunde gelegt werden.

III. Zur Lösung von Grundrechtsfällen

Der Kern eines Grundrechtsfalls ist meistens die Frage, ob eine bestimmte staatliche Maßnahme, die ein einzelner von sich abwehren will, mit einem Grundrecht vereinbar ist oder gegen ein Grundrecht verstößt. Diese Kernfrage kann in *zwei Teilfragen* aufgeteilt werden: (1) Wird durch die staatliche Maßnahme in das Grundrecht eingegriffen? Wenn nein, liegt kein Verstoß vor; wenn ja, muß weiter gefragt werden: (2) Ist dieser Eingriff verfassungsrechtlich gerechtfertigt? Wenn ja, liegt kein Verstoß vor; wenn nein, liegt ein Verstoß vor. Häufig ist es zweckmäßig, die erste Frage zu unterteilen nach einerseits Schutzbereich und andererseits Eingriff in den Schutzbereich. So ergibt sich die *Drei-Schritt-Prüfung*, die in § 6 noch näher erläutert und im Zweiten Teil der systematischen Darstellung aller Freiheitsgrundrechte zugrunde gelegt wird. Erst bei (1) Betroffenheit des Schutzbereichs durch (2) einen staatlichen Eingriff, der (3) nicht verfassungsrechtlich gerechtfertigt werden kann, liegt ein Verstoß gegen das Grundrecht vor.

Diese Kernfrage kann zwei Modifikationen erfahren. Zum einen geht es bei *Gleichheitsgrundrechten* nicht um einen Eingriff in den Schutzbereich, sondern um die Frage, ob eine Ungleichbehandlung von seiten des Staats gerechtfertigt ist oder nicht. Hier bleibt es also bei der Zwei-Schritt-Prüfung: (1) Liegt eine Ungleichbehandlung vor? Wenn nein, liegt kein Verstoß vor; wenn ja, muß weitergefragt werden: (2) Ist diese Ungleichbehandlung verfassungsrechtlich gerechtfertigt? Wenn ja, liegt kein Verstoß vor, wenn nein, ist der Gleichheitssatz in seiner allgemeinen Fassung (Art. 3 Abs. 1) oder in einer seiner besonderen Ausprägungen (Art. 3 Abs. 2 und 3, Art. 6 Abs. 5, Art. 33 Abs. 1–3, Art. 38 Abs. 1 S. 1) verletzt.

§ 1 III

12 Die zweite Modifikation kann dann auftauchen, wenn der einzelne nicht oder jedenfalls nicht nur einen Eingriff in ein Freiheits- oder Gleichheitsgrundrecht abwehren, sondern erreichen will, daß eine bestimmte Handlung vom Staat *vorgenommen* wird. Einige Grundrechte sind ausdrücklich als Leistungs- und Teilhaberechte formuliert, z. B. Art. 6 Abs. 4 mit dem Anspruch der Mutter auf Schutz und Fürsorge der Gemeinschaft und Art. 103 Abs. 1 mit dem Anspruch auf rechtliches Gehör; bei anderen Grundrechten wird eine entsprechende Auslegung diskutiert (vgl. unten Rdnr. 75 ff., 123 ff.). Hier kann sich die Prüfung zu einer Ein-Schritt-Prüfung verkürzen, wenn nämlich danach gefragt ist, ob eine bestimmte staatliche Handlung aufgrund des Grundrechts verlangt werden kann oder nicht: Entweder ist diese Rechtsfolge in dem grundrechtlichen Anspruch enthalten oder nicht. Häufig ist aber auch hier die (freiheitsrechtliche) Drei-Schritt-Prüfung oder die (gleichheitsrechtliche) Zwei-Schritt-Prüfung angebracht. Praktisch wird nämlich die Grundrechtsprüfung erst dann aktuell werden, wenn das Begehren des Bürgers auf eine staatliche Handlung von einer Behörde schon abschlägig beschieden worden ist. Hierin kann dann ein Eingriff oder eine Ungleichbehandlung von seiten des Staats erblickt werden. Schließlich kann die Verpflichtung des Staats zur Vornahme einer Handlung auch gerade die Rechtsfolge eines Eingriffs sein: Wegen des Eingriffs in ein Freiheits- oder Gleichheitsrecht verlangt der einzelne eine Entschädigung, eine Folgenbeseitigung oder eine andere Art der Wiedergutmachung. Hier kann sich die Drei- zur Vier-Schritt-Prüfung erweitern, die auch noch danach fragt, ob das Grundrecht die Wiedergutmachung als Rechtsfolge des Eingriffs verbürgt.

13 Die Kernfrage der Grundrechtsprüfung wird vor allem durch die *Normenhierarchie* kompliziert. Bei einem Gesetz kann die Grundrechtsprüfung unmittelbar ansetzen und fragen, ob das Gesetz mit einem Grundrecht vereinbar ist oder nicht. Geht es dagegen um auf Gesetze gestützte Rechtsverordnungen und Satzungen oder um auf Gesetze und Rechtsverordnungen oder Satzungen gestützte Einzelakte der vollziehenden und rechtsprechenden Gewalt, dann ist auf jeder Stufe der Normenhierarchie eine Grundrechtsprüfung denkbar, also bezüglich des Gesetzes als solchen, der auf das Gesetz gestützten Rechtsverordnung oder Satzung als solcher und des auf eine oder mehrere Rechtsnormen gestützten Verwaltungsakts als solchen. Häufig wird sich die Grundrechtsprüfung allerdings auf die Stufe konzentrieren können, die der Sache nach den Grundrechtseingriff enthält.

14 **Beispiel:** In ein Juristenausbildungsgesetz wird eine Vorschrift neu aufgenommen, wonach vorbestrafte Studenten nicht zur Ersten juristischen Staatsprüfung zugelassen werden dürfen (vgl. BayVerfGH, BayGVBl. 1973, 151). Daraufhin wird ein vorbestrafter Student durch Bescheid des Justizprüfungsamts nicht zur Prüfung zugelassen. Hier liegt der Grundrechtseingriff zwar zunächst in dem Bescheid. Dieser vollzieht aber nur das Gesetz, das den Grundrechtseingriff der Sache nach schon selbst enthält. Nur das Gesetz braucht anhand des Art. 12 Abs. 1 (Berufs- und Ausbildungsfreiheit) überprüft zu werden. Anders wäre es, wenn der Verwaltung ein Handlungsspielraum eingeräumt wäre, z. B. dadurch, daß es in der Vorschrift heißt, vorbestrafte Studenten können zur Ersten juristischen Staatsprüfung nicht zugelassen werden. Dann liegt in der entsprechenden Maßnahme des Justizprüfungsamts ein gegenüber dem Gesetz eigenständiger Grundrechtseingriff, und die Vereinbarkeit des Verwaltungsakts mit Art. 12 Abs. 1 ist neben der Verfassungsmäßigkeit des Gesetzes zu prüfen.

Die Normenhierarchie führt noch aus einem zweiten Grund zu Komplikationen: Wenn bei einem Gesetz nach seiner *Rechtmäßigkeit* gefragt ist, kann dies nur seine Verfassungsmäßigkeit bedeuten. Anders bei Rechtsverordnungen, Satzungen und Einzelakten der vollziehenden und rechtsprechenden Gewalt. Hier zwingt die Frage nach der Rechtmäßigkeit dazu, die Vereinbarkeit mit der jeweils nächsten ranghöheren Norm zu überprüfen. Das kann bei einem Verwaltungsakt beispielsweise eine Rechtsverordnung, bei einer Rechtsverordnung ein Gesetz sein. In einem solchen Fall darf nicht unmittelbar auf die Verfassung durchgegriffen werden, zunächst ist vielmehr die richtige Anwendung der rangniedrigeren Norm zu prüfen. Wenn sich aus der rangniedrigeren Norm schon die Rechtswidrigkeit des Verwaltungsakts oder der Rechtsverordnung ergibt, braucht — außer wenn danach gefragt ist — nicht mehr die Verfassungsmäßigkeit der höherrangigen Norm geprüft zu werden. Auf diese kommt es erst an, wenn die fragliche Maßnahme durch das rangniedrigere Recht gedeckt ist.

> **Beispiel:** Es wird nach der Rechtmäßigkeit des Handelns eines Polizeibeamten gefragt, der den Hausflur von Mietshäusern betritt, um zu kontrollieren, ob eine Polizeiverordnung eingehalten wird, die unter Androhung von Bußgeld Beleuchtungspflichten statuiert. Hier ist zunächst die Ermächtigungsgrundlage im Polizei- und Ordnungsrecht zu überprüfen. Erst wenn eine solche überhaupt existiert und das Handeln des Polizeibeamten deckt, ist zu fragen, ob diese Ermächtigungsgrundlage ihrerseits verfassungsmäßig ist oder gegen die Unverletzlichkeit der Wohnung (Art. 13) verstößt.

Schließlich wird die Grundrechtsprüfung häufig durch eine *prozessuale Fragestellung* erweitert, indem neben der inhaltlichen Recht- oder Verfassungsmäßigkeit nach der Zulässigkeit eines oder mehrerer Rechtsbehelfe gefragt wird. Inhaltliche und prozessuale Fragestellungen werden verbunden, wenn die Aufgabe darin besteht, die Erfolgsaussichten eines Rechtsbehelfs, im vorliegenden Zusammenhang vor allem einer Verfassungsbeschwerde, zu begutachten. Den Fragen der gerichtlichen Geltendmachung von Grundrechtsverstößen ist unten der Dritte Teil gewidmet. Wichtig ist es schon jetzt festzuhalten, daß die Grundrechtsprüfung von der prozessualen Einkleidung inhaltlich nicht berührt wird und daß regelmäßig bei der Grundrechtsprüfung auch der Schwerpunkt von Übungsarbeiten liegt. In den Anfängerübungen im öffentlichen Recht werden häufig breit unproblematische Zulässigkeitsfragen abgehandelt; für die entscheidenden inhaltlichen Fragen bleibt dann keine Zeit mehr.

Für weitere Einzelheiten der Fallösungstechnik muß auf das *spezielle Schrifttum* verwiesen werden. Eine nicht auf das öffentliche Recht beschränkte Einführung in die juristische Arbeitstechnik bietet das gleichnamige Buch von *P. J. Tettinger* (1982); vgl. auch Jura Extra: Studium und Examen, 2. Aufl. 1983. Fälle und Lösungen zu den Grundrechten enthalten *G. Erbel,* Öffentlich-rechtliche Klausurenlehre mit Fallrepetitorium, 1. Bd., 2. Aufl. 1983; *W. Rüfner/G.-C. v. Unruh/H. Borchert,* Öffentliches Recht (WuV), 2 Bände, 4./5. Aufl. 1982/1983; *E. Schmidt-Jortzig,* 40 Klausuren aus dem Staats- und Völkerrecht mit Lösungsskizzen, 3. Aufl. 1985; *H. Scholler/D. Birk,* Fälle und Lösungen nach höchstrichterlichen Entscheidungen, 12. Bd., 5. Aufl. 1985. Ein nach Fällen aufgebautes Lehrbuch zum Staatsrecht ist *H.-U. Erichsen,* Staatsrecht und Verfassungsgerichtsbarkeit, 2 Bände, 2./3. Aufl. 1979/1982. Speziell zur Examensvorbereitung nützlich ist *G. Schwerdtfeger,* Öffentliches Recht in der Fallbearbeitung, 7. Aufl. 1983. Viele Fälle mit Musterlösungen werden von den Ausbildungszeitschriften JuS, Jura und JA veröffentlicht.

ERSTER TEIL:
Allgemeine Grundrechtslehren

§ 2 GESCHICHTE UND BEGRIFF DER GRUNDRECHTE

I. Einführung

19 Recht ist geschichtlich gewordenes Recht und ohne seine Geschichte nicht zu verstehen. Rechtliche Regelungen können einen längeren Atem haben als die politischen Ordnungen, unter denen sie bestehen, wenn sie auf gleichbleibenden sozialen und ökonomischen Verhältnissen beruhen oder auf gleichbleibende menschliche Grundfragen Antwort geben. Sie können aber auch mit den politischen Ordnungen vergehen. Die Grundrechte sind als Teil des Staats- und Verfassungsrechts politisches Recht und dem Wandel der politischen Ordnungen unterworfen. Zugleich sind die Grundrechte aber auch eine Antwort auf die gleichbleibende Grundfrage des Verhältnisses zwischen individueller Freiheit und politischer Ordnung. Was sie durch den Fortgang der Geschichte hindurch entwickelt und behauptet haben, macht ihren Begriff aus.

II. Mittelalter und frühe Neuzeit

20 Die Herausbildung von Grundrechten steht im Zusammenhang mit dem bürgerlichen Verfassungsstaat der Moderne. Das Besondere dieser staatlich-gesellschaftlichen Gestaltung läßt sich nur verstehen vor dem Hintergrund der Welt des Mittelalters, in der ganz andere politisch-gesellschaftliche Zustände herrschten. Sie waren durch die Grundherrschaft geprägt, also das Verhältnis von landbesitzenden und landbebauenden Menschen, von Adel und Bauern. Allein der Adel konnte als frei bezeichnet werden. Die anderen Schichten lebten in einem abgestuften Schutz- und Dienstverhältnis zum Adel. Die mittelalterlichen Rechteerklärungen, von denen die berühmteste die englische Magna Charta Libertatum (1215) ist, zu denen aber auch in Deutschland der Tübinger Vertrag (1514) gehört, beziehen sich nur auf den Adel. Freiheit bedeutete im Mittelalter nicht Freiheit *von* Herrschaft, sondern war gleichbedeutend mit privilegium, status, ius und stellte eine Konkretisierung *der* Herrschaft dar. Parallel hierzu gab es auch noch keine allgemeine Rechtsgleichheit der Person, sondern abgestufte Gleichheiten von Personengruppen, Ständen, Korporationen.

21 Die weitere Entwicklung ist entscheidend durch die *Reformation* (Beginn des 16. Jahrhunderts) geprägt (vgl. zum folgenden *Böckenförde,* Staat, Gesellschaft, Freiheit, 1976, S. 42). Die in ihrem Gefolge über ein Jahrhundert lang währenden Religions- und Bürgerkriege führten zum einen zur Herausbildung der Toleranzforderung und damit zur späteren Religions- und Gewissensfreiheit. Zum anderen waren diese Kriege insofern eine Ursache für die Bildung des modernen Staates, als in seiner Souveränität die einzig mögliche Garantie für Frieden und Sicherheit gesehen wurde (*Jean Bodin,* 1530—1596; *Thomas Hobbes,* 1588—1679). Der hieraus in der Neuzeit zunächst erwachsende absolutistische Staat (17. und 18. Jahrhundert) war wiederum Voraussetzung für die Entwicklung modernen Freiheits-, Grundrechts- und Verfassungsver-

ständnisses; denn Grundrechte können als Antwort auf die „Tendenzen zur Souveränität" und ihre „Zurückweisung im Dienste des Schutzes elementarer menschlicher Freiheit" verstanden werden (*Kriele*, Festschrift Scupin, 1973, S. 187/195).

Maßgebliche Überlegungen zur Legitimation und Begrenzung von Herrschaft galten in dieser Zeit im Zusammenhang mit den Grundrechten dem Gesellschaftsvertrag, der Volkssouveränität und der Gewaltenteilung. Die in vielen Varianten vertretene Theorie des *Gesellschaftsvertrages* ist der Ausdruck naturrechtlicher Vorstellungen über die Freiheit des Individuums. Danach wird die Gesamtheit eines Volkes als der freiwillige Zusammenschluß ursprünglich gleicher und freier Menschen verstanden. Die staatliche Macht kann nur auf dem Mehrheitswillen seiner freien und gleichen Glieder beruhen. Diese schließen sich zunächst durch den Gesellschaftsvertrag zusammen. Durch einen zweiten (Herrschafts-)Vertrag überträgt sodann die Gemeinschaft die Ausübung der Macht auf eine oder mehrere Personen, die diese Macht treuhänderisch zu verwalten haben. Die Grenzen der Zuständigkeit der Herrschenden werden hierbei vor allem durch die Sicherung von „life, liberty, estates" (*John Locke*, 1632—1704) der Gesellschaftsmitglieder gezogen. — Die Lehre von der *Volkssouveränität* hat sich aus bis ins Mittelalter zurückreichenden Vorstellungen eines Widerstandsrechts gegen ungerechte Herrschaft, die bis zur Rechtfertigung des Tyrannenmordes (bei den sog. Monarchomachen) gingen, entwickelt und ist bei *Jean-Jacques Rousseau* (1712—1778) zur Lehre von der „volonté générale" gereift. — Im Interesse der Freiheit des Individuums steht auch die Lehre der *Gewaltenteilung*, die mit dem Namen *Charles de Montesquieu* (1689—1755) verbunden ist. Hiernach wird die Staatsgewalt im Sinn der Konkurrenz und des politischen Kompromisses gleichberechtigter politischer Kräfte auf drei verschiedene voneinander unabhängige Träger verteilt, die sich gegenseitig kontrollieren und so jegliche Willkür verhindern sollen.

Zuerst in England sind an die Stelle ständischer Privilegien allgemeine Rechte der Engländer getreten. Zu nennen sind besonders die Habeas-Corpus-Akte (1679) und die Bill of Rights (1689); zu nennen ist aber auch *William Blackstone* (1723—1780), der das theoretische Fundament und die politischen Konsequenzen dieser Rechtsverbürgungen aufgezeigt hat.

Beschränkt ist der Beitrag der *deutschen naturrechtlichen Lehren* (*Samuel Pufendorf*, 1632—1694; *Christian Thomasius*, 1655—1728; *Christian Wolff*, 1679—1754) für die Entwicklung der Grundrechte. Noch bis Mitte des 18. Jahrhunderts waren sie überwiegend darauf gerichtet, die positiv-rechtlich abgesicherten ständischen Freiheiten zu entwerten; sie standen daher im Dienst des Ausbaus des absolutistischen Staates. In diesen Zusammenhängen wurde auch der Gedanke des Gesellschafts- und Herrschaftsvertrags zur Begründung des völligen Verlusts der Freiheit des Individuums im Staat herangezogen. Erst in der zweiten Hälfte des 18. Jahrhunderts tritt der Gedanke der Begrenzung von Herrschaft in den Vordergrund, zunächst allerdings nur in Form einer moralisch verpflichtenden Selbstbindung des Herrschers. Die Konzeption von Menschenrechten, die mit absoluter Geltung ausgestattet sind und für das Leben des einzelnen im Staat belangvoll werden, findet sich in Deutschland erst in den Naturrechtslehren am Ende des 18. Jahrhunderts. Damit ist in Deutschland vorübergehend der Anschluß an die liberale politische Theorie Westeuropas erreicht. Im 19. Jahrhundert fällt man allerdings sowohl in der politischen Theorie als auch in der spezifisch deutschen Verfassungsentwicklung des Konstitutionalismus wieder hinter sie zurück.

III. Die Positivierung der Grundrechte in Nordamerika und Frankreich

25 Die erste gesamthafte und verfassungskräftige Positivierung von Grundrechten im modernen Sinn war die *Bill of Rights* von Virginia (1776). In deren Art. 1 heißt es, alle Menschen sind „von Natur aus gleichermaßen frei und unabhängig und besitzen gewisse ihnen innewohnende Rechte, deren sie, wenn sie in den Staat einer Gesellschaft eintreten, ihre Nachkommenschaft durch keinen Vertrag berauben oder entkleiden können, nämlich den Genuß von Leben und Freiheit, mit den Mitteln zum Erwerb von Besitz und Eigentum und zum Streben und der Erlangung von Glück und Sicherheit". Art. 8 bis 11 enthalten verfahrensrechtliche Normen zum Schutze des Angeklagten im Strafprozeß; Art. 12 erklärt die Pressefreiheit zu einem „der großen Bollwerke der Freiheit"; Art. 16 bestimmt, daß alle Menschen gleichermaßen zur freien Ausübung der Religion gemäß den Geboten des Gewissens berechtigt sind.

26 Diese Bill of Rights von Virginia diente als unmittelbares Vorbild für eine Reihe weiterer, zumeist ausführlicherer *Rechteerklärungen* in anderen Staaten Nordamerikas, so in Pennsylvania (1776), Maryland (1776), North Carolina (1776) und Massachusetts (1780). Während die Bill of Rights von Virginia noch neben der Verfassung von Virginia stand, wurde schon die zweite der genannten weiteren Rechteerklärungen mit einem Abschnitt, genannt „Frame of Government" zur „Constitution of the Commonwealth of Pennsylvania" zusammengefaßt. Dies war somit die erste Verfassung im neuzeitlichen Sinn, bestehend aus einem Grundrechts- und einem Organisationsteil. Für die weitere verfassungsrechtliche Entwicklung in den Vereinigten Staaten am wichtigsten geworden sind sodann die Grundrechte der ersten zehn Amendments der Bundesverfassung (1791), die auch als „Federal Bill of Rights" bezeichnet worden sind.

27 Im Zusammenhang mit der Konstitutionalisierung von Individualrechten steht die erstmalige Ausbildung des Instituts des *Vorrangs der Verfassung*. Die Distanz zwischen Verfassung und einfachem Gesetz kommt schon darin zum Ausdruck, daß Bill of Rights und Verfassung von besonderen Konventen verabschiedet wurden und daß zu ihrer Revision nur eine von der gesetzgebenden Gewalt verschiedene verfassungsändernde Gewalt für befugt gehalten wurde. Inhaltlich kann der Vorrang der Verfassung („paramount law") die Verfassungswidrigkeit von Gesetzen zur Folge haben. Darin haben sich die Erfahrungen niedergeschlagen, die in den Kolonien mit dem Mutterland England gemacht worden waren: Auch ein Parlament kann Unrecht tun. Die Bill of Rights bedeutet so gesehen nicht nur eine Beschränkung der Regierung, sondern auch der einfachen Mehrheit des souveränen Volkes. Gesichert wurde diese Bindung des Gesetzgebers an die Verfassung zudem durch das richterliche Prüfungsrecht, das erstmals durch Gerichte der Staaten Ende des 18. Jahrhunderts, sodann aber durch den Supreme Court im Jahr 1803 in Anspruch genommen wurde.

28 Einen unmittelbaren *Einfluß* auf das politische oder gar staatsrechtliche Denken in Deutschland hatten diese Vorgänge und rechtlichen Entwicklungen in den Vereinigten Staaten von Amerika nicht. Wohl aber wirkten sie gedanklich — und teilweise sogar personell nachweisbar — auf die Französische Revolution ein.

Die *Déclaration des droits de l'homme et du citoyen* von 1789 kann als der wichtigste 29
Markstein der Geschichte der Grundrechte bezeichnet werden. Zu ihren *Vorbedingungen* zählen die natur- und vernunftrechtlichen Philosophien des 17. und 18. Jahrhunderts. Hinzu kam die Lehre der Physiokraten, die die Wirtschaftsordnung ohne Bindung an Privilegien und im Vertrauen auf die Kraft des Menschen zur Selbstvervollkommnung reformieren wollten. Um 1770 entstand der Begriff der „droits fondamentaux", also der Grundrechte. Er ist zwar universell, deckt aber auch und gerade die politischen Ansprüche des sich als soziale Kraft und wirtschaftliche Macht entfaltenden Bürgertums. Dessen wirtschaftsrevolutionäres Potential, seine wachsende Gegnerschaft gegen den königlichen Despotismus und schließlich das Vorbild, das die nordamerikanische Revolution gegeben hatte, bereiteten den Boden für die Französische Revolution und ihren Beginn, die Erklärung der Menschenrechte.

Deren Art. 1 stellt in einem ersten Satz fest, daß die Menschen *frei und gleich an Rechten* 30
geboren sind und es bleiben. Art. 2 erklärt die Erhaltung der natürlichen und unabdingbaren Menschenrechte zum Endzweck jeder politischen Vereinigung; diese Rechte sind die Freiheit, das Eigentum, die Sicherheit, der Widerstand gegen Unterdrückung. Nach Art. 4 und 5 besteht die Freiheit darin, alles tun zu können, was einem anderen nicht schadet; die Grenzen, die nur darin bestehen können, den übrigen Gliedern der Gesellschaft ebenfalls den Genuß dieser Rechte zu sichern, können nur durch das Gesetz bestimmt werden. Art. 10 proklamiert Religions- und Gewissensfreiheit im Rahmen der durch das Gesetz errichteten öffentlichen Ordnung. Art. 11 garantiert die Gedanken- und Meinungsfreiheit als „eines der kostbarsten Rechte des Menschen", wobei hier ein Vorbehalt der Verantwortlichkeit für den Mißbrauch dieser Freiheit in den durch das Gesetz bestimmten Fällen gemacht wird. Art. 16 verkündet: „Jede Gesellschaft, in der weder die Garantie der Rechte zugesichert, noch die Trennung der Gewalten festgelegt ist, hat keine Verfassung." Nach dem letzten Art. 17 darf das Eigentum als ein geheiligtes und unverletzliches Recht nur bei gesetzlich festgestellter öffentlicher Notwendigkeit und unter der Bedingung vorheriger und gerechter Entschädigung angetastet werden.

Diese Erklärung ist zum Bestandteil der *Verfassung von 1791* gemacht worden. Durch 31
diese waren aber noch weitere „natürliche und bürgerliche Rechte" verbürgt: Freizügigkeit, Versammlungs- und Petitionsrecht sowie Meinungs- und Kultusfreiheit in präziserer Form als in Art. 10 und 11 der Erklärung der Menschenrechte. Noch ausführlicher war die der (jakobinischen) *Verfassung von 1793* vorangestellte Rechteerklärung. In ihr waren auch soziale Rechte enthalten: freie Berufs- und Arbeitswahl, Recht auf Arbeit oder auf Unterstützung bei Arbeitsunfähigkeit, Anspruch auf Unterricht. Die Verfassung von 1793 trat allerdings nie in Kraft. Ein neues Stadium läßt die *Verfassung von 1795* samt ihrer Rechteerklärung erkennen. Nachdem die alte Stände- und Privilegienordnung beseitigt war, kam den Menschenrechten die neue Funktion zu, die nunmehr etablierte bürgerliche Ordnung zu legitimieren. Es wurden demgemäß nicht mehr natürliche und unveräußerliche Menschenrechte verkündet; vielmehr war von den Rechten innerhalb der Gesellschaft die Rede. Der Satz, daß die Menschen frei und gleichberechtigt geboren werden, wurde durch die formale Gleichheit vor dem Gesetz ersetzt. Rechtsstaatliche Garantien des Gerichtsverfahrens wurden verstärkt; Pflichten gegenüber der Gesellschaft traten hinzu. Für die weitere kon-

§ 2 III, IV

tinentaleuropäische Entwicklung der Grundrechte sind dann vor allem die französische *Verfassung von 1815* (Charte Constitutionnelle) und die *belgische Verfassung von 1831* mit ihren Grundrechtskatalogen wichtig geworden.

IV. Grundrechte im deutschen Konstitutionalismus des 19. Jahrhunderts

32 Im Deutschland des 19. Jahrhunderts markiert erst das Jahr 1848 ein Stadium, in dem der Anschluß an die bisher dargestellte Entwicklung der Grundrechte in der westlichen Welt erreicht wird. Die von der *Paulskirchenversammlung* verabschiedeten Grundrechte des deutschen Volkes waren auf den Gedanken der Volkssouveränität gegründet und standen in der geschilderten Tradition demokratischen Verfassungsdenkens. Unter den gegebenen politischen Verhältnissen konnten sie nur kurze Zeit Wirkung entfalten. Die Forderung politischer Freiheit von 1848 ist erst in der Revolution von 1918 voll zum Durchbruch gekommen; wichtige entstehungsgeschichtliche Verbindungslinien führen daher von 1848 direkt zu den Grundrechten der Weimarer Reichsverfassung.

33 Die sonstigen Grundrechtsgewährleistungen im Deutschland des 19. Jahrhunderts sind von anderer Qualität. So enthielten mehrere *Verfassungen süddeutscher Staaten* während des ersten Drittels des 19. Jahrhunderts Garantien staatsbürgerlicher Rechte — von Grundrechten war nirgends die Rede. Beispielsweise gewährleistete als erste die Verfassungsurkunde des Königreichs Baiern von 1818 im Titel IV unter der Überschrift „Von allgemeinen Rechten und Pflichten" die Sicherheit der Person, das Eigentum und die Rechte (§ 8). Neben einigen klassischen justitiellen Rechten waren gleicher Amtszugang (§ 5), Gewissensfreiheit (§ 9) und die Freiheit der Presse und des Buchhandels (§ 11) genannt — letztere allerdings nur nach den Bestimmungen des hierüber erlassenen besonderen Ediktes. Ähnliche Bestimmungen enthielten z. B. die Verfassungen von Baden (1818) und Württemberg (1819).

34 Damit waren keine dem Staat vorausliegenden Grundrechte verbürgt; bezeichnenderweise wurde vielfach von Rechten der Untertanen gesprochen. Hier wirkten deutlich ältere deutsche Überlieferungen fort, wonach Freiheit nur als vom Staat gewährleistete vorstellbar war. Die genannten Rechte waren eingebettet in die *konstitutionelle Monarchie*. Die Verfassungen waren von den Fürsten oktroyiert oder zwischen ihnen und den (ständischen) Vertretungsorganen vereinbart. Die Legitimität der Staatsgewalt erwuchs nicht aus dem Volk und aus Menschenrechten, sondern wurde auf Gott und die überkommene Ordnung gegründet. Die Einflußnahme der Ständeversammlungen auf Gesetzgebung und Steuererhebung trat lediglich *neben* die weiterbestehenden monarchischen Befugnisse. Die Folge war das duale System des Konstitutionalismus, in dem keine einheitliche Zuordnung der Souveränität erfolgte, sondern diese auf zwei unterschiedlich legitimierte Kompetenzträger aufgeteilt war.

35 Dabei vollzog sich ein Anpassungsprozeß der absoluten Monarchie an die *wirtschaftlichen Bedürfnisse des Bürgertums*. Auch in Deutschland ging es zu dieser Zeit um die Auflösung der ständischen Lebensordnungen zugunsten rechtlicher Gleichstellung und Emanzipation, um die Ablösung des ständisch gebundenen Rechts durch ein allgemeines, Rechtsgleichheit und Erwerbsfreiheit verwirklichendes bürgerliches Recht und um die Herstellung von Freizügigkeit, freiem Eigentum, Freiheit des Grund- und

Kapitalverkehrs. Dieser Prozeß war aber in Deutschland nicht das Werk einer Revolution, sondern das Ergebnis monarchischer Reformen.

Angesichts dieser Zusammenhänge konnte auch die *rechtliche Wirkung der Grundrechte* nur eine sehr begrenzte sein. Das ihnen entgegenstehende Recht war nicht etwa per se nichtig. Die gesamte Rechtsordnung mußte erst langsam den Grundrechten angepaßt werden. Grundrechte mußten durch (neue) Gesetze verwirklicht werden, hatten aber gegenüber der Gesetzgebung keine rechtliche Bindungswirkung. So bedeutete beispielsweise der Gleichheitssatz nur die Gleichheit vor dem Gesetz; gesetzliche Privilegien des Adels blieben dadurch ebenso wie gesetzliche Diskriminierungen, etwa der Juden, erhalten. Dementsprechend verbürgten die Grundrechte gegenüber der Verwaltung lediglich deren Gesetzmäßigkeit. Im politischen Prozeß waren sie allerdings nicht funktionslos: Ihnen kam eine „dirigierende und richtungsweisende" (*Wahl*, Staat 1979, 321/333) Funktion zu. In ihnen war das Programm einer Fortentwicklung der rechtlichen und gesellschaftlichen Ordnung festgeschrieben. 36

Die nach dem Scheitern der Revolution von 1848 und der Aufhebung der Grundrechte der Paulskirchenversammlung folgende Reaktionsphase hielt die Fortentwicklung der Grundrechte auf. Zwar war namentlich in der *Preußischen Verfassungsurkunde von 1850*, die bis 1918 galt, im Titel II („Von den Rechten der Preußen") ein umfänglicher Rechtekatalog enthalten. Dieser hatte sogar einige zukunftsweisende Bestimmungen der Grundrechte von 1848, wie die Freiheit von Wissenschaft und Lehre, übernommen (Art. 20); auch finden sich politische Freiheitsrechte wie Meinungsfreiheit, Pressefreiheit, Vereins- und Versammlungsfreiheit. Doch lautete der einleitende Art. 3 dieses Titels: „Die Verfassung und das Gesetz bestimmen, unter welchen Bedingungen die Eigenschaft eines Preußen und die staatsbürgerlichen Rechte erworben, ausgeübt und verloren werden." Zudem waren die einzelnen Freiheitsgewährleistungen überwiegend als für die nähere gesetzliche Bestimmung oder Ausgestaltung offen erklärt. Die Gesetze aber wurden vom König, dem Herrenhaus und einem Abgeordnetenhaus gemacht, das aufgrund des „Drei-Klassen-Wahlrechts" zusammengesetzt war. Die Rechtsprechung stützte sich nur in begrenzter Weise auf grundrechtliche Vorschriften zur Überwindung älterer Rechtsverhältnisse; überwiegend wurden die Grundrechte restriktiv ausgelegt, als nicht gegen den Gesetzgeber gerichtet und als Programmsätze ohne unmittelbare Geltung angesehen. Insgesamt ist diese *Zeit der Reaktion* nach 1850 dadurch gekennzeichnet, daß politische Freiheit unterdrückt, wirtschaftliche Freiheit dagegen gefördert wurde. 37

Die *Reichsverfassung von 1871* verzichtete ganz auf einen Grundrechtskatalog; lediglich die Niederlassungs- und Gewerbefreiheit wurden von ihr garantiert (Art. 3). Während ihrer Entstehung wurde das damit begründet, daß Grundrechte bereits Gemeingut geworden seien und in den einzelstaatlichen Verfassungen sowie in besonderen Gesetzen festgelegt seien. In der Tat sind viele klassische Freiheitsgarantien der Sache nach durch reichsgesetzliche Regelung verwirklicht worden; das betrifft namentlich die *Reichsjustizgesetzgebung* der 70er Jahre, durch die beispielsweise das Rückwirkungsverbot, die Unabhängigkeit der Gerichte, die Gewährleistung des ordentlichen Rechtswegs, das Recht auf den gesetzlichen Richter, die Unverletzlichkeit der Wohnung und die Freiheit der Person anerkannt worden sind. Andererseits fehlte 38

§ 2 IV, V

eine Reihe klassischer Garantien: so vor allem die Gleichheit vor dem Gesetz, die Eigentumsgarantie, das Selbstbestimmungsrecht der Religionsgesellschaften sowie die Wissenschaftsfreiheit. Darüber hinaus gab es eben keine verfassungskräftige Festlegung der Rechte. Auch inhaltlich müssen Abstriche gemacht werden, wie sich an der Kirchenkampfs- und vor allem an der Sozialistengesetzgebung zeigt.

39 Diese Begrenztheit erklärt sich aus dem Fortbestand des *politischen Systems des Konstitutionalismus*. Der preußische Verfassungskonflikt (1861—1865) hatte den Beweis erbracht, daß von den zwei Kompetenzträgern im Zweifel die Krone die Oberhand über die Volksvertretung behalten würde. Für den Gedanken der Volkssouveränität oder nur schon für eine durch die Verfassung auch gegen die Krone gesicherte umfassende politische Freiheit war im Deutschland der zweiten Hälfte des 19. Jahrhunderts kein Raum. Vor allem aus nationalen Gründen erfolgte das politische Arrangement eines Großteils des Bürgertums mit dem monarchischen Staat.

40 Nachdem etwa in der Mitte des Jahrhunderts die Beseitigung ständisch-feudaler Rechte zu einem gewissen Abschluß gediehen war, stand in der Zeit danach der Ausbau der *liberalen Wirtschafts- und Gesellschaftsordnung* im Vordergrund. Anders als zu Beginn des 19. Jahrhunderts ging es jetzt auch nicht mehr nur um die Verwirklichung von Freiheit *durch* Gesetze, sondern schon um den Schutz von Freiheit *vor* Gesetzen. In einer Situation, in der weitere Gesetze tendenziell beschränkend wirken, kommt das Scheitern der Gesetzgebung der ausgegrenzten Sphäre, also der Gesellschaft und den in der Gesellschaft handelnden Individuen zugute. Noch ging es aber vor allem um die Abwehr von Eingriffen der monarchischen Verwaltung in die bürgerliche Wirtschafts- und Verkehrsgesellschaft. Gegen den Gesetzgeber war der Schutz der Grundrechte zwar schon denkbar, aber so lange nicht dringend, als gerade in der Gesetzgebung das Bürgertum selbst repräsentiert war. Eingriffe galt es daher dem Gesetzgeber vorzubehalten und damit der Verwaltung vorzuenthalten. Kein Eingriff in Freiheit und Eigentum ohne Gesetz — unter dieser grundrechtlichen Parole wurde der *Vorbehalt des Gesetzes* die rechtliche Errungenschaft des Bürgertums im Konflikt mit der Krone und deren Verwaltung.

41 In der *spät-konstitutionellen Staatsrechtslehre* wurde entsprechend Freiheit als Negation des Staates, als staatsfreie Sphäre verstanden, freilich nicht im Sinne vorstaatlicher Freiheitsrechte, sondern eines vom Staat gewährleisteten Freiraums. Grundrechte waren hier nicht Konstitutions-, sondern vielmehr Organisationsprinzip des Staates.

V. Die Grundrechte in der Weimarer Reichsverfassung

42 Nach der Niederlage des Deutschen Reichs im Ersten Weltkrieg und der Revolution von 1918 begründete die *Weimarer Reichsverfassung* die erste deutsche Republik. Der umfangreiche zweite Hauptteil der Verfassung von 1919 war überschrieben „Grundrechte und Grundpflichten der Deutschen" und umfaßte die Art. 109—165. In vieler Hinsicht knüpfte er an die Grundrechte des deutschen Volkes von 1848 an; zugleich nahm er sich aber auch ausführlich der sozialen Probleme an: Diese Grundrechte und Grundpflichten verkündeten das Programm der *demokratischen und sozialen Republik*.

Von den fünf Abschnitten (Die Einzelperson, Das Gemeinschaftsleben, Religion und Religionsgesellschaften, Bildung und Schule, Das Wirtschaftsleben) enthielten die ersten beiden überwiegend die klassisch-liberalen, bürgerlichen *Freiheitsrechte:* Gleichheitssatz, Freizügigkeit, Auswanderungsfreiheit, Freiheit der Person, Unverletzlichkeit der Wohnung, Briefgeheimnis, Meinungs-, Versammlungs-, Vereinigungsfreiheit, Petitionsrecht. Im dritten Abschnitt trat neben die Glaubens- und Gewissensfreiheit eine Regelung des Verhältnisses von Staat und Kirche, die zwar einerseits klar mit Traditionen brach („Es besteht keine Staatskirche", Art. 137 Abs. 1), andererseits auch gewisse kompromißhafte Züge trug (Religionsgesellschaften als Körperschaften des öffentlichen Rechts, Kirchensteuerhoheit, Staatsleistungen an die Religionsgesellschaften). Im vierten und noch mehr im fünften Abschnitt aber trat nach vereinzelten entsprechenden Bestimmungen in den vorangegangenen Abschnitten eine neue *soziale und ökonomische Dimension* der Grundrechte zutage. Hier wurde der Staat als Gestalter von der Verfassung in Pflicht genommen; die bürgerliche Gesellschaft sollte in einer Weise fortentwickelt werden, die auch die Arbeiterschaft in die Lage versetzte, an der gesellschaftlichen Gesamtleistung angemessen zu partizipieren und in den tatsächlichen Genuß von Freiheitsrechten zu kommen. Beispiele dafür sind die Garantie der Sozialversicherung und Arbeitslosenunterstützung, die Bestimmungen über die Unentgeltlichkeit der Schulen, auch der weiterführenden Schulen, und die Regelung über die Bindung des Eigentums.

43

Insgesamt war dies ein bemerkenswerter *Versuch zeitgemäßer Fortschreibung* des Grundrechtskatalogs. Grundrechte sollten nicht nur der Verteidigung des status quo im Interesse des Bürgertums dienen, sondern zugleich die durch dessen ungehinderte Entfaltung zu Lasten der Arbeiterschaft entstandenen Ungleichheiten und Herrschaftsverhältnisse in einer neuen demokratisch-sozialen Staatsordnung aufheben. Mit diesem doppelten Anliegen zeigt sich die Weimarer Reichsverfassung gerade in ihrem Grundrechtsteil als Versuch eines „Klassenkompromisses" (*Anschütz,* Drei Leitgedanken der Weimarer Reichsverfassung, 1923, S. 26), den allerdings Grundrechtsrechtsprechung und -lehre nicht vertieft haben: Den Grundrechtsnormen, die individuelle Freiheitspositionen zum Inhalt hatten, wurde über das zunehmend anerkannte richterliche Prüfungsrecht eine verstärkte Geltungskraft zuteil, während die wirtschaftlichen und sozialen Rechte überwiegend zu bloßen Programmsätzen herabgestuft wurden. Dies war zwar teilweise durch den Verfassungstext nahegelegt; da die liberalen Freiheitsrechte eine lange Tradition und eine ausgebaute Dogmatik besaßen, waren sie präziser gefaßt bzw. konnten sie problemloser angewendet werden als die neuartigen Bestimmungen, die mangels solcher Voraussetzungen eher deklaratorisch wirkten. Darüber hinaus wurden aber von der Verfassungsrechtslehre auch keine größeren Anstrengungen unternommen, diese Verfassungsbestimmungen angemessen umzusetzen. Schließlich erwies sich die unterverfassungsrechtliche Rechtsmasse ganz überwiegend als veränderungsresistent.

44

Die Weimarer Reichsverfassung ist durch die nationalsozialistische Machtergreifung im Jahr 1933 faktisch außer Kraft gesetzt worden. Der staatliche und verfassungsrechtliche *Neubeginn nach 1945* in der Bundesrepublik war von diesen Erfahrungen beeinflußt. Während in Fragen des Staatsorganisationsrechts Weimar verschiedentlich ein negatives Vorbild lieferte, hat man an die Grundrechte der Weimarer Reichsver-

45

fassung in großem Umfang bei der Formulierung der Länderverfassungen, dann aber auch im Parlamentarischen Rat angeknüpft. Allerdings liegt ein wesentlicher Unterschied darin, daß die sozialen und ökonomischen Rechte im Grundrechtsteil des Grundgesetzes nicht ausgeprägt sind.

VI. Begriff der Grundrechte

46 Zwei Stränge läßt die geschichtliche Entwicklung erkennen: Zum einen werden die Grundrechte als *dem Staat vorausliegende* Rechte des Individuums begriffen; Freiheit und Gleichheit der Individuen sind legitimierende Bedingung der Entstehung des Staats, und Freiheits- und Gleichheitsrechte verpflichten und begrenzen die Ausübung staatlicher Gewalt. Zum anderen, in der deutschen Entwicklung, werden als Grundrechte auch Rechte verstanden, die dem Individuum nicht schon als Menschen, sondern erst als Glied des Staats zukommen, die dem Staat nicht vorausliegen, sondern erst *vom Staat gewährt* werden. Auch hier sind die Grundrechte aber nicht ständisches Privileg, sondern individuelles Recht. Auch hier wird über die Konstruktion der Selbstbindung eine Verpflichtung der Ausübung der Staatsgewalt auf die Grundrechte bewirkt: Eingriffe in Freiheit und Eigentum bedürfen zu ihrer Rechtfertigung des Gesetzes.

47 Das Gemeinsame wie das Unterscheidende der beiden Stränge läßt sich noch genauer bestimmen: Da auch die naturrechtliche Vorstellung einer der Gesellschaft und dem Staat vorausliegenden Freiheit und Gleichheit nicht verkennt, daß der Mensch ohne Gesellschaft und ohne Staat nicht leben kann, meint auch sie mit dem Vorausliegen der Grundrechte die *Rechtfertigungsbedürftigkeit ihrer Beschränkung*. Vorstaatlich ist an den Grundrechten, daß ihr Gebrauch gegenüber dem Staat nicht gerechtfertigt werden muß, daß hingegen der Staat seine Beschränkungen der Grundrechte rechtfertigen muß. Die deutsche Entwicklung hat dieses Prinzip durchaus anerkannt; sie hat lediglich den Umfang, in dem die staatliche Gewalt dem Rechtfertigungserfordernis unterlag, nur zögernd ausgeweitet. Während Nordamerika und Frankreich schon die Entstehung des Staats (Volkssouveränität) und Nordamerika auch die Gesetzgebung (Vorrang der Verfassung) an ihr maßen, hat Deutschland ihm lange lediglich die Verwaltung unterworfen (Vorbehalt des Gesetzes).

48 Faßlich wird dabei der *gemeinsame Begriff* der Grundrechte: Sie sind Rechte des Individuums und verpflichten den Staat. Sie verlangen dem Staat Rechtfertigung ab und liegen ihm insofern voraus.

> Literatur: *G. Birtsch* (Hrsg.), Grund- und Freiheitsrechte im Wandel von Gesellschaft und Geschichte, 1981; *E.-W. Böckenförde* (Hrsg.), Moderne deutsche Verfassungsgeschichte (1815—1914), 2. Aufl. 1981; *G. Dilcher* u. a., Grundrechte im 19. Jahrhundert, 1982; *F. Hartung*, Die Entwicklung der Menschen- und Bürgerrechte von 1776 bis zur Gegenwart, 5. Aufl. 1985; *O. Kimminich*, Menschenrechte, 1973; *G. Kleinheyer*, Grundrechte — zur Geschichte eines Begriffs, 1977; *G. Oestreich*, Geschichte der Menschenrechte und Grundfreiheiten im Umriß, 2. Aufl. 1978; *B. Pieroth*, Geschichte der Grundrechte, Jura 1984, 568; *R. Wahl*, Der Vorrang der Verfassung, Staat 1981, 485; *J. Ziekow*, Deutsche Verfassungsentwicklung und sozialer Liberalismus, JuS 1986, 107.

§ 3 DIE GRUNDRECHTE DES GRUNDGESETZES

I. Ausgrenzungen

Die vorliegende Darstellung beschränkt sich auf die Grundrechte des Grundgesetzes. Nur sie sind Maßstab für das BVerfG im Verfahren der Verfassungsbeschwerde; nur sie sind gemeint, wenn das BVerfG in anderen Verfahrensarten Akte der öffentlichen Gewalt an den Grundrechten zu messen hat. Damit sind internationale Grundrechte, Grundrechte der Landesverfassungen und überpositive natürliche Menschenrechte ausgegrenzt.

1. Internationale Grundrechte

Die auf völkerrechtlicher Grundlage beruhenden sog. internationalen Grundrechte werden nicht mitbehandelt. Sie finden sich vor allem in folgenden internationalen Verträgen:
— UN-Pakt über die bürgerlichen und politischen Rechte vom 19. Dezember 1966 (BGBl. 1973 II, 1533),
— UN-Pakt über wirtschaftliche, soziale und kulturelle Rechte vom 19. Dezember 1966 (BGBl. 1973 II, 1569),
— UN-Rassenkonvention (BGBl. 1969 II, 961),
— Europäische Menschenrechtskonvention vom 20. März 1952 (BGBl. 1956 II, 1880) mit Zusatzprotokollen,
— Europäische Sozialcharta vom 18. Oktober 1961 (BGBl. 1964 II, 1261).

Diese Verträge enthalten Normierungen, die den Grundrechten des Grundgesetzes vielfach entsprechen, aber auch teils hinter ihnen zurückbleiben, teils über sie hinausgehen. Sie sind gem. Art. 59 Abs. 2 zu innerstaatlichem Recht geworden, stehen aber lediglich im *Rang eines Gesetzes* (anders für die EMRK z. B. *Partsch,* Die Rechte und Freiheiten der Europäischen Menschenrechtskonvention, 1966, S. 29 ff.). Ein höherer Rang käme ihnen nur zu, wenn sie „allgemeine Regeln des Völkerrechts" gemäß Art. 25 S. 1 wären. Diese gehen nach Art. 25 S. 2 den Gesetzen vor (zum Streit um den genauen Rang vgl. *Geiger,* S. 190 ff.) und sind auch Maßstabsnormen für das BVerfG (E 59, 280/283). Detaillierte Inhalte völkerrechtlicher Verträge wie hier stellen aber keine allgemeinen Regeln des Völkerrechts dar. Das BVerfG zieht diese internationalen Grundrechte folgerichtig nicht als Maßstab heran; es hat mehrfach entschieden, daß eine Verfassungsbeschwerde nicht auf die Behauptung einer Verletzung der EMRK gestützt werden kann (E 10, 271/274; 41, 126/149). Wohl aber sind völkerrechtliche Verträge mit Gesetzesrang in die systematische Interpretation einzubeziehen; sie können auf diese Weise auch für den Schutzbereich eines Grundrechts des Grundgesetzes Bedeutung erlangen. In diesem Sinne ist es auch zu verstehen, wenn das BVerfG neben den (deutschen) Grundrechten die EMRK-Artikel zitiert hat (E 19, 343/347; 27, 71/82).

> **Beispiel:** In E 58, 233 hat das BVerfG entschieden, daß es nicht gegen Art. 9 Abs. 3 verstößt, wenn einer Vereinigung von Arbeitnehmern nur dann die Eigenschaft als Gewerkschaft und damit die Fähigkeit zum Abschluß von Tarifverträgen zugesprochen

§ 3 I 1, 2

wird, wenn sie bestimmte Voraussetzungen erfüllt, die das System der Tarifautonomie erst funktionieren lassen; dazu gehört insbesondere eine gewisse Durchsetzungskraft gegenüber dem sozialen Gegenspieler (249; vgl. unten Rdnr. 824). Dabei hat das Gericht auch geprüft, ob diesem Ergebnis die international-rechtlichen Gewährleistungen der Koalitionsfreiheit in Art. 11 Abs. 1 der Europäischen Menschenrechtskonvention, Art. 5 der Europäischen Sozialcharta, Art. 8 Abs. 1 des UN-Pakts über wirtschaftliche, soziale und kulturelle Rechte sowie im Übereinkommen Nr. 87 der Internationalen Arbeitsorganisation über die Vereinigungsfreiheit und den Schutz des Vereinigungsrechtes vom 9. Juli 1948 entgegenstehen. Da dies nicht der Fall war, ließ das BVerfG dahinstehen, ob diese völkerrechtliche Verträge „für die Auslegung des Art. 9 Abs. 3 heranzuziehen sind" (253).

53 Ausgeklammert bleibt hier auch der Schutz von Grundrechten im Rahmen des Rechts der *Europäischen Gemeinschaften*. Das europäische Gemeinschaftsrecht ist allerdings nicht „internationales", sondern „supranationales" Recht; es wirkt unmittelbar in den Mitgliedstaaten und geht auf der normativen Grundlage von Art. 24 Abs. 1 grundsätzlich entgegenstehendem innerstaatlichen Recht vor (E 31, 145/174; 52, 187/199 ff.; *Tomuschat,* BK, Art. 24 Rdnr. 75 ff.). Ohne daß die die Europäischen Gemeinschaften begründenden Verträge Grundrechte enthielten, hat die Rechtsprechung des EuGH Grundrechte anerkannt: Zu den im Recht der Europäischen Gemeinschaften anerkannten allgemeinen Rechtsgrundsätzen gehört danach auch die „gemeinsame Verfassungstradition" der Mitgliedstaaten; diese umfaßt rechtsstaatliche Prinzipien und eben auch Grundrechte. Außerdem gibt es Bestrebungen, auch innerhalb des Rechts der Europäischen Gemeinschaften einen Grundrechtskatalog zu schaffen.

2. Grundrechte der Landesverfassungen

54 Die vor dem Grundgesetz erlassenen Landesverfassungen von Bayern, Bremen, Hessen, Rheinland-Pfalz und dem Saarland enthalten *ausführliche Grundrechtskataloge,* die verschiedentlich über die im Grundgesetz garantierten Rechte hinausgehen. Die nach dem Grundgesetz erlassenen Landesverfassungen enthalten im Hinblick auf den Grundrechtskatalog des Grundgesetzes entweder *keine eigenen Grundrechte* (Hamburg und Niedersachsen) oder nur einen kleineren Grundrechtskatalog bzw. *einzelne Grundrechte* (Baden-Württemberg, Berlin, Nordrhein-Westfalen und Schleswig-Holstein). Die Verfassungen Baden-Württembergs, Berlins und Nordrhein-Westfalens enthalten darüber hinaus eine Bestimmung des Inhalts, daß die Grundrechte des Grundgesetzes auch Bestandteil der jeweiligen Landesverfassung sind.

55 Die Grundrechte der Landesverfassungen gelten nur innerhalb der betreffenden Länder; für das BVerfG sind sie nicht Maßstab (vgl. *Pestalozza,* Verfassungsprozeßrecht, 2. Aufl. 1982, S. 104, 106 m. Fn. 109). Etwas anderes ist wiederum, daß sie im Wege systematischer Interpretation für die Auslegung eines Grundrechts des Grundgesetzes herangezogen werden können.

56 **Beispiele:** Der Satz, daß alle Menschen vor dem Gesetz gleich sind (vgl. Art. 3 Abs. 1), könnte dahin mißverstanden werden, daß der Gesetzgeber selbst nicht an den Gleichheitssatz gebunden sei. Für das gegenteilige Verständnis berief sich das BVerfG auf die Vorschriften von acht Landesverfassungen (E 2, 237/262). — Für die Interpretation der Informationsfreiheit (Art. 5 Abs. 1 S. 2) verweist E 27, 71/80 f. auf „die Erfahrungen mit den zur nationalsozialistischen Regierungspraxis gehörenden Informationsbeschränkun-

gen, der staatlichen Meinungslenkung, den staatlichen Abhörverboten für ausländische Rundfunksender und den Literatur- und Kunstverboten" sowie auf die hierauf reagierende Normierung der Informationsfreiheit in mehreren Landesverfassungen.

Für das *Verhältnis* der Landesgrundrechte zu den Grundrechten des Grundgesetzes gilt folgendes: Soweit bei Landesgrundrechten Beschränkungen vorgesehen sind, die über diejenigen bei Grundrechten des Grundgesetzes hinausgehen, sind diese Beschränkungen mit dem Grundgesetz unvereinbar und gemäß Art. 31 nichtig. Demgegenüber läßt Art. 142 „Bestimmungen der Landesverfassungen auch insoweit in Kraft, als sie in Übereinstimmung mit den Artikeln 1 bis 18 dieses Grundgesetzes Grundrechte gewährleisten". Zweifelsfrei sind hiervon inhaltsgleiche Grundrechte erfaßt. Darüber hinaus werden von der h. M. aber auch zusätzliche, über das Grundgesetz hinausgehende Grundrechte in den Landesverfassungen als gültig angesehen (*Jutzi*, S. 36 f.). Hierfür sprechen die Systematik der Grundrechte des Grundgesetzes, die ersichtlich keine abschließende Regelung darstellen, die Entstehungsgeschichte des Art. 142 sowie die allgemeine Überlegung, daß es „die Intention der rechtsstaatlichen Verfassung (ist), den Freiheitsraum des Einzelnen in weitem Umfang zu garantieren und zu schützen" (*Böckenförde/Grawert*, DÖV 1971, 119/120 f.); schließlich entspricht es auch dem Bundesstaatsprinzip, daß die Länder die eigene (Landes-)Staatsgewalt in größerem Umfang binden können als der Bund dies im Grundgesetz tut. 57

3. Natürliche überpositive Menschenrechte

Nicht eingegangen wird in der vorliegenden Darstellung schließlich auf naturrechtliche Vorstellungen, wonach es gegenüber dem (Verfassungs-)Recht höherrangige natürliche Menschenrechte gibt. Naturrechtliches Denken war als Reaktion auf das Dritte Reich nach dem Zweiten Weltkrieg weit verbreitet; viele Gerichtsentscheidungen haben sich auf Naturrecht gestützt (*Linsmayer*, Das Naturrecht in der deutschen Rechtsprechung der Nachkriegszeit, 1963). Teilweise wollte man damit wohl auch dem Charakter der Grundrechte als *dem Staat vorausliegender Rechte* Rechnung tragen (vgl. oben Rdnr. 46 ff.). In diesem Sinne spricht auch Art. 1 Abs. 2 von „unverletzlichen und unveräußerlichen Menschenrechten als Grundlage jeder menschlichen Gemeinschaft, des Friedens und der Gerechtigkeit in der Welt". 58

Das Grundgesetz hat so zwar die Grundrechte als vorausliegend anerkannt, zugleich aber *positiviert* und die öffentliche Gewalt nur in diesem Umfang gebunden (Art. 1 Abs. 3; vgl. unten Rdnr. 195 ff.). Daher sind natürliche Menschenrechte kein Maßstab, an dem Gesetze oder gar die Verfassung der Bundesrepublik Deutschland zu messen sind. Dem steht auch die Unbestimmtheit und Umstrittenheit der naturrechtlichen Lehren sowie der unbedingte und einheitliche Geltungsanspruch des geschriebenen Verfassungsrechts entgegen. Das BVerfG hat denn auch abgelehnt, die Auslegung der Verfassungsnorm „auf der Grundlage naturrechtlicher Vorstellungen" vorzunehmen (E 10, 59/81). 59

II. Ort der Grundrechte im Grundgesetz

1. Grundrechte und grundrechtsgleiche Rechte

60 Der Abschnitt I des Grundgesetzes trägt die Überschrift „Die Grundrechte". Ihren Ort haben die *Grundrechte* also zunächst einmal in Art. 1 bis 19, und auf die in diesen Artikeln enthaltenen Rechte bezieht sich auch Art. 93 Abs. 1 Nr. 4a, wenn er von den Grundrechten spricht.

61 Anderseits gibt es Normen in den Abschnitten II, III und IX, die von ihrer Struktur und ihrer Geschichte her den Grundrechten der Art. 1 bis 19 gleichstehen. Die Gleichstellung spricht das Grundgesetz in Art. 93 Abs. 1 Nr. 4a auch aus: Verfassungsbeschwerde kann unter Berufung auch auf die in Art. 20 Abs. 4, 33, 38, 101, 103 und 104 enthaltenen Rechte erhoben werden. Sie werden *grundrechtsgleiche Rechte* genannt; man kann auch von den Grundrechten der Art. 1 bis 19 als von Grundrechten im formellen und materiellen Sinn und von den grundrechtsgleichen Rechten als von Grundrechten nur im materiellen Sinn sprechen. Der Kreis der grundrechtsgleichen Rechte darf aber nicht über die in Art. 93 Abs. 1 Nr. 4a genannten hinaus ausgedehnt werden (a. A. ohne Begründung *v. Münch,* vM-GG, Art. 1 Rdnr. 45 bezüglich Art. 136 Abs. 4, 137 Abs. 2 WRV i.V.m. Art. 140); dafür besteht kein normativer Anhaltspunkt.

2. Grundrechte und Normen über Grundrechte

62 Nicht alle Artikel des Abschnitts I sind von der gleichen Normierungsart. Zwar überwiegen die Vorschriften, die Grundrechte einräumen, von der Art „jeder hat das Recht zu..." oder „... ist unverletzlich". Daneben finden sich aber auch Vorschriften *über* Grundrechte. Diese gelten — gewissermaßen „vor die Klammer gezogen" — generell für Grundrechte:

— Gem. Art. 1 Abs. 3 binden die („nachfolgenden") Grundrechte Gesetzgebung, vollziehende Gewalt und Rechtsprechung als unmittelbar geltendes Recht (vgl. näher unten Rdnr. 70, 195 ff.).

— Art. 19 Abs. 1 und 2 treffen Aussagen über Grenzen der Einschränkbarkeit von Grundrechten (vgl. näher unten Rdnr. 342 ff.).

— Art. 19 Abs. 3 erstreckt die Grundrechtsberechtigung unter bestimmten Voraussetzungen auf Personenmehrheiten (vgl. näher unten Rdnr. 169 ff.).

Diese Normen über Grundrechte gelten aus den genannten strukturellen und geschichtlichen Gründen auch für die *grundrechtsgleichen Rechte* (überwiegende Meinung, vgl. *Hendrichs,* vM-GG, Art. 19 Rdnr. 4, 17, 23, 29; unklar die bisherige Rechtsprechung des BVerfG, vgl. E 21, 362/373; 22, 267/271).

63 **Beispiele:** Eine inländische juristische Person hat vor Gericht Anspruch auf rechtliches Gehör (Art. 103 Abs. 1 i.V.m. Art. 19 Abs. 3). Ein Gesetz, das eine Freiheitsbeschränkung ermöglicht, darf nicht nur für den Einzelfall gelten (Art. 104 i.V.m. Art. 19 Abs. 1 S. 1).

3. Nicht-grundrechtliche Vorschriften in Abschnitt I

Wenn Abschnitt I als der Ort der Grundrechte zu bezeichnen ist, dann bedeutet das nicht, daß alle Normen des Abschnitts I Grundrechte wären. Neben den Grundrechten finden sich auch Normen, die im thematischen Zusamenhang mit einem Grundrecht eine Regelung treffen, die dem Einzelnen *keine subjektiven Rechte* gewährleistet.

> **Beispiele:** Art. 7 Abs. 1 richtet die staatliche Schulaufsicht ein, Art. 7 Abs. 3 S. 1 macht den Religionsunterricht zum ordentlichen Lehrfach, Art. 7 Abs. 6 hebt die Vorschulen auf. — Umstritten ist die Grundrechtsqualität von Art. 7 Abs. 3 S. 2. In der Rechtsprechung (BGHZ 34, 20/21) und teilweise in der Literatur (*Maunz,* M/D-GG, Art. 7 Rdnr. 47; *Richter,* AK-GG, Art. 7 Rdnr. 55; a. A. *Hesse,* in: Hdb. VerfR, S. 79/87; *v. Mangoldt/ Klein,* GG, Art. 7 Anm. II 6) wird vertreten, Schüler, Eltern und Religionsgemeinschaften hätten ein Grundrecht auf Religionsunterricht. Dafür spricht das *systematische* Argument, daß die Vorschrift Aufnahme in den Abschnitt I des Grundgesetzes gefunden hat. Der *Wortlaut* legt aber eine differenzierende Antwort nahe, da lediglich die Religionsgemeinschaften als möglicherweise Berechtigte genannt sind. Die *genetische* Auslegung spricht auch nicht für ein Grundrecht der Eltern und Schüler; denn zwar wurde im Parlamentarischen Rat mehrfach der Zusammenhang dieser Vorschrift mit dem Grundrecht der Eltern auf Erziehung betont, die Mehrheit entschied sich aber dagegen, diese Fragen im Zusammenhang eines Artikels zu regeln (vgl. JöR 1951, 103 ff.). Art. 7 Abs. 3 S. 2 ist daher als Grundrecht der Religionsgemeinschaften anzusehen.

Auch die in Art. 93 Abs. 1 Nr. 4a neben den Grundrechten genannten Artikel sind nicht einfach grundrechtsgleiche Rechte, sondern enthalten solche und neben ihnen auch wieder *organisatorische Regelungen,* wie z. B. Art. 33 Abs. 4.

III. Definition

In der Abgrenzung zu den organisatorischen Regelungen wurden die Grundrechte schon dahin gekennzeichnet, daß sie dem einzelnen subjektive Rechte gewährleisten. Wie diese Gewährleistungen nach Inhalt und Umfang aussehen, wird im folgenden dargestellt. Eine Definition ist aber schon hier möglich: Die Grundrechte des Grundgesetzes sind die die Ausübung der staatlichen Gewalt verpflichtenden subjektiven Rechte des einzelnen.

> **Literatur:** Zu I. 1.: *A. Bleckmann,* Grundgesetz und Völkerrecht, 1975; *D. Feger,* Die Grundrechte im Recht der Europäischen Gemeinschaften, 1984; *R. Geiger,* Grundgesetz und Völkerrecht, 1985; *I. Pernice,* Grundrechtsgehalte im Europäischen Gemeinschaftsrecht, 1979; *U. Scheuner,* Die Fortbildung der Grundrechte in internationalen Konventionen durch die Rechtsprechung, in: Festschrift Schlochauer, 1981, S. 899; *J. Schwarze,* Schutz der Grundrechte in der Europäischen Gemeinschaft, EuGRZ 1986, 293. — Zu I. 2.: *E.-W. Böckenförde/R. Grawert,* Kollisionsfälle und Geltungsprobleme im Verhältnis von Bundesrecht und Landesrecht, DÖV 1971, 119; *H.-U. Gallwas,* Konkurrenz von Bundes- und Landesgrundrechten, JA 1981, 536; *S. Jutzi,* Landesverfassungsrecht und Bundesrecht, 1982; *M. Sachs,* Die Grundrechte im Grundgesetz und in den Landesverfassungen, DÖV 1985, 469.

§ 4 GRUNDRECHTSARTEN UND -FUNKTIONEN

Unter verschiedenen Gesichtspunkten lassen sich verschiedene Arten und Funktionen der Grundrechte unterscheiden.

I. Rechtsquellen

68 Eine Unterscheidung wurde schon vorgenommen, indem als Gegenstand der vorliegenden Darstellung die Grundrechte des Grundgesetzes bestimmt und die internationalen Grundrechte, die Grundrechte der Landesverfassungen und natürliche überpositive Menschenrechte ausgegrenzt wurden (vgl. oben Rdnr. 49 ff.). Hierbei wurde nach Rechtsquellen unterschieden; die Grundrechte des Grundgesetzes sind die Grundrechte, die ihre Rechtsquelle in der *Verfassung der Bundesrepublik Deutschland* haben.

II. Kreis der Grundrechtsberechtigten

69 Unter diesem Gesichtspunkt lassen sich die Grundrechte in die Arten der
— Menschen- oder Jedermannsrechte,
— Bürger- oder Deutschenrechte,
— Rechte, die ihrem Wesen nach nur für natürliche Personen gelten und
— Rechte, die ihrem Wesen nach auch für juristische Personen gelten,
einteilen. Ob sie zu den Jedermanns- oder Deutschenrechten gehören, lassen die Grundrechte im Text unmittelbar erkennen (Ausnahme: Art. 38 Abs. 1 S. 1; vgl. unten Rdnr. 128 ff.). Ob sie ihrem Wesen nach nur für natürliche oder auch für (inländische) juristische Personen gelten (Art. 19 Abs. 3), muß erst ermittelt werden (vgl. unten Rdnr. 169 ff.).

III. Kreis der Grundrechtsverpflichteten

70 Man könnte daran denken, die Grundrechte auch in die Arten der
— Rechte, die den Staat und die anderen Träger staatlicher Gewalt binden, und
— Rechte, die den einzelnen in seinem privatrechtlichen Handeln verpflichten,
einzuteilen. Aber der ersten Art gehören alle Grundrechte zu; Art. 1 Abs. 3 bindet die Ausübung staatlicher Gewalt in Gesetzgebung, Vollziehung und Rechtsprechung an die Grundrechte. Die Grundrechte sind eben von ihrer Struktur und von ihrer Geschichte her die Rechte des einzelnen als des Grundrechtsberechtigten gegen den Staat als den Grundrechtsverpflichteten. Zugleich besteht Einigkeit darüber, daß die Grundrechte auch den privatrechtlichen Umgang der einzelnen miteinander prägen. Wie die Prägung aussieht, steht allerdings im Streit. Aber dieser Streit kreist nicht um die Unterscheidung verschiedener Grundrechtsarten, nicht um die Unterscheidung von Grundrechten mit und von Grundrechten ohne privatrechtliche Bedeutung, sondern um die *Unterscheidung verschiedener Grundrechtsfunktionen:* Welche Funktion haben die Grundrechte neben den klassischen Funktionen, die sie im *Verhältnis zwischen Staat und einzelnen* haben, für das *Verhältnis der einzelnen zueinander;* wie kann diese Funktion begriffen, konstruiert und realisiert werden? (Vgl. zu dieser Frage der sog. Drittwirkung unten Rdnr. 93, 101, 202 ff.)

IV. Die klassischen Grundrechtsfunktionen

Die klassischen Funktionen der Grundrechte *im Verhältnis zwischen einzelnem und Staat* sind von *Georg Jellinek* (System der subjektiven öffentlichen Rechte, 2. Aufl. 1919, S. 87, 94 ff.) mit den Begriffen des
— status negativus,
— status positivus und
— status activus
unterschieden worden. Dabei bezeichnet status jeweils einen Zustand des einzelnen gegenüber dem Staat, der in verschiedenen Grundrechten ausgeformt und gesichert ist.

1. Der **status negativus** ist der Zustand, indem der einzelne seine *Freiheit vom Staat* hat, seine individuellen Probleme ohne den Staat lösen, sein gesellschaftliches Zusammenleben ohne den Staat regeln und seine Geschäfte ohne den Staat abwickeln kann. Dieser Zustand wird ausgeformt und gesichert durch die Grundrechte, wenn und soweit sie als *Abwehrrechte* bestimmte Freiheiten, Freiräume, Freiheitsrechte oder der freien Verfügung des einzelnen überlassene Rechtsgüter gegen staatliche Eingriffe, Einschränkungen, Beschränkungen oder Verletzungen schützen. Die Staatslehre des 19. Jahrhunderts hat diese Funktion der Grundrechte auf die Formel gebracht, daß die Grundrechte Eingriffe in Freiheit und Eigentum abwehren.

> **Beispiele:** Die meisten Grundrechte des Grundgesetzes geben sich im Text als Abwehrrechte zu erkennen. Sie schützen gegen Verletzungen (z. B. Art. 4 Abs. 1, 10 Abs. 1, 13 Abs. 1, vgl. auch Art. 19 Abs. 4 S. 1) oder sie formulieren Anforderungen, ohne die der Staat weder die Rechtsstellung des einzelnen beschränken oder einschränken (Art. 5 Abs. 2, 8 Abs. 2, 10 Abs. 2, 11 Abs. 2, 13 Abs. 3, 14 Abs. 1 S. 2, 17a Abs. 1, vgl. auch Art. 19 Abs. 1 S. 1) noch in sie eingreifen (Art. 2 Abs. 2 S. 3, 13 Abs. 3) darf. Auch ohne von Verletzung, Beschränkung, Einschränkung oder Eingriff zu sprechen, können sie davon handeln; so ist z. B. die Trennung der Kinder von den Eltern gegen ihren Willen ein Eingriff in das Elternrecht (Art. 6 Abs. 3) und die Regelung der Berufsausübung eine Beschränkung der Berufsfreiheit (Art. 12 Abs. 1 S. 2).

2. Der **status positivus** ist der Zustand, in dem der einzelne seine *Freiheit nicht ohne den Staat* haben kann, sondern für die Schaffung und Erhaltung seiner freien Existenz auf staatliche Vorkehrungen angewiesen ist. Dieser Zustand ist ausgeformt und gesichert in den Grundrechten, wenn und soweit sie *Anspruchs-, Forderungs-, Leistungs-, Teilhabe- und Verfahrensrechte* sind. Dabei zeigt die Vielfalt der Bezeichnungen nicht stets auch Unterschiede der Berechtigungen an: Der Begriff des Anspruchs- und der des Forderungsrechts bezeichnet dasselbe, und wenn von einem Teilhaberecht die Rede ist, kann im Sinn eines Leistungsrechts die Beteiligung an staatlichen Leistungen und im Sinn eines Verfahrensrechts die Beteiligung an staatlichen Verfahren gemeint sein. Der sachlich entscheidende Unterschied besteht darin, ob das Recht des status positivus sich auf schon vorhandene staatliche Vorkehrungen bezieht oder ob es auf deren Schaffung gerichtet ist, ob es dem einzelnen die Teilhabe an schon bestehenden Einrichtungen, Leistungen und Verfahren oder ob es ihm einen Anspruch auf deren Bereitstellung verbürgt. Gelegentlich wird entsprechend nach *derivativen,* d. h. vom Bestehenden abgeleiteten, und *originären,* d. h. das noch nicht Vorhandene hervorbringenden Anspruchs-, Forderungs-, Leistungs- und Teilhaberechten unterschieden.

Im folgenden ist, sofern nicht einfach an die schwankende Terminologie des BVerfG angeknüpft wird, von den originären Rechten des status positivus als von *Leistungs-*

§ 4 IV

rechten und von den derivativen Rechten als von *Teilhaberechten* die Rede. Sofern allerdings die Teilhabe lediglich in der Teilnahme an staatlich eingerichteten Verfahren besteht, wird statt des Begriffs des Teilhaberechts der des *Verfahrensrechts* verwandt.

76 **Beispiele:** Nur wenige Grundrechte des Grundgesetzes geben sich im Text als solche Rechte zu erkennen: Art. 6 Abs. 4 formuliert den Anspruch der Mutter auf Schutz und Fürsorge der Gemeinschaft, Art. 19 Abs. 4 eröffnet mit dem Rechtsweg das Recht auf das gerichtliche Verfahren und die gerichtliche Entscheidung, verstärkt in Art. 101 Abs. 1 S. 2 durch das Recht auf den gesetzlichen Richter und in Art. 103 Abs. 1 durch den Anspruch auf rechtliches Gehör. Daneben verbürgt Art. 3 mit der Gleichheit auch die gleiche Zuteilung von Leistungen, die gleiche Teilhabe an Einrichtungen und die gleiche Stellung im Verfahren. Allerdings ist damit nicht mehr gesagt, als daß der Staat, *wenn* er Leistungen zuteilt etc., einzelne Personen oder Gruppen nicht willkürlich ausschließen darf (vgl. z. B. unten Rdnr. 954 ff.). *Daß* er die Leistungen zuteilen muß, folgt aus Art. 3 nicht. Ferner ist noch daran zu denken, bei Art. 1 Abs. 1 S. 2 der Pflicht des Staats zum Schutz der Menschenwürde ein Recht des einzelnen auf den Schutz korrespondieren zu lassen, und weithin wird denn auch aus Art. 1 Abs. 1 ein Recht auf Sozialhilfe abgeleitet (vgl. unten Rdnr. 410 ff.). Eine entsprechende Überlegung läßt sich auch zu Art. 6 Abs. 1 anstellen. Schließlich wird mit dem Recht, Petitionen vorzulegen (Art. 17), auch das Recht auf Bescheidung der Petitionen als gewährleistet angesehen (vgl. unten Rdnr. 1089).

77 Damit ist der *textliche Befund* zum status positivus aber auch erschöpft. Er wird oft als zu karg empfunden; die freie Existenz des einzelnen sei heute mehr als früher auf sozialstaatliche Vorkehrungen angewiesen, und dem müsse die *Interpretation* der Grundrechte dadurch Rechnung tragen, daß sie Leistungs- und Teilhaberechte auch da verbürgt sieht, wo der Text nur den status negativus ausformt und sichert. (Vgl. zu diesen Wandlungen des Grundrechtsverständnisses näher unten Rdnr. 123 ff.)

78 3. Der **status activus** ist der Zustand, in dem der einzelne seine *Freiheit im und für den Staat* betätigt. Er wird durch die staatsbürgerlichen Rechte ausgeformt und gesichert.

79 **Beispiele:** Staatsbürgerliche Rechte sind dem einzelnen im Grundgesetz als Wähler und als Gewähltem, bei der Entscheidung zwischen Wehr- und Ersatzdienst, bei Zugang zum öffentlichen Dienst und in dessen Ausübung als Beamter, Angestellter und Arbeiter gewährleistet (Art. 4 Abs. 3, 12a Abs. 2, 33 Abs. 1—3 und 5, 38 Abs. 1 S. 1).

80 Wenn der einzelne seine *staatsbürgerlichen Rechte* wahrnimmt, passiert ein Doppeltes: Die Freiheit des einzelnen tritt in die Dienste des Staats; zugleich wird der Staat zum Raum, in dem der einzelne seine Freiheit betätigen kann. Individuelle Freiheit und staatliche Ordnung werden funktional aufeinander bezogen.

81 Auch hier ist der *textliche Befund* karger, als dies modernem Grundrechtsverständis zuweilen angemessen erscheint. Da der demokratische Staatsbürger nicht nur im status activus, sondern mit seinen Meinungen, als Zeitungsleser und -verleger, als Vereins- und Parteimitglied, auf Versammlungen und Demonstrationen auch im status negativus den demokratischen Staat mittrage und mitgestalte, müsse auch bei den entsprechenden Grundrechten des status negativus in der *Auslegung* der demokratisch-funktionale Bezug auf den Staat berücksichtigt werden. (Vgl. auch zu diesen Wandlungen des Grundrechtsverständnisses näher unten Rdn. 93 ff.)

82 Gemeinsam ist allen Grundrechten der Bezug auf die *Freiheit des einzelnen*. Verschieden sind bei den verschiedenen Grundrechten die *Funktionen*, die sie für die Freiheit

des einzelnen haben: Je nach dem status, den sie ausformen und sichern, gewährleisten sie Freiheit durch *Eingriffsabwehr*, durch *Teilhabe und Leistung* sowie durch *Mitgestaltung*.

V. Lebens- bzw. Gesellschaftsbereiche

Unter diesem Einteilungskriterium betreffen die Grundrechte 83
— das politische Leben in Parteien und Vereinigungen, auf Demonstrationen und Versammlungen, in Rundfunk und Presse (Art. 5 Abs. 1 und 2, 8, 9),
— das Wirtschaftsleben mit Eigentum und Beruf, Verkehr und Handel (Art. 2 Abs. 1, 11, 12, 14),
— das kulturelle Leben in Kunst und Wissenschaft, Universität und Schule sowie nochmals Rundfunk und Presse (Art. 5, 7),
— das religiöse Leben (Art. 4 Abs. 1 und 2 i. V. m. 140),
— die kommunikative Existenz des einzelnen (Art. 5, 8, 9, 10) und auch
— die abgeschirmte Existenz des einzelnen in Ehe, Familie und Wohnung (Art. 6, 13).

Diese Einteilung liegt zu der Zuordnung der verschiedenen Grundrechte zu verschiedenen status quer: In den meisten Lebens- oder Gesellschaftsbereichen gibt es sowohl Probleme der Eingriffsabwehr als auch Probleme der Teilhabe und Leistung. Die Einteilung ist auch unscharf, denn die genannten Lebens- und Gesellschaftsbereiche überschneiden sich offensichtlich: Kunst kann verkauft, über Wirtschaft kann geforscht, in der Wohnung kann der Beruf ausgeübt, und die Ehe kann in religiöser Verantwortung geführt werden. Die Zuordnung der verschiedenen Grundrechte zu den verschiedenen Lebens- oder Gesellschaftsbereichen hat denn auch nur eine *heuristische Bedeutung*: Sie soll den Blick auf die Grundrechte lenken helfen, die bei einem Fall aus einem Lebens- oder Gesellschaftsbereich einschlägig werden können. 84

Gelegentlich werden die Grundrechte, die für einen Lebens- oder Gesellschaftsbereich 85
einschlägig sind, zusammengefaßt und als eine eigene *(Teil-)Ordnung* bzw. als ein eigenes *(Teil-)Verfassungsrecht* dargestellt; z. B. ist von der Kultur- oder der Wirtschaftsordnung, dem Kultur- oder dem Wirtschaftsverfassungsrecht die Rede. Das darf nicht dahin mißverstanden werden, als sähen die Grundrechte für die Bereiche geschlossene Ordnungen vor, als träfen sie erschöpfende verfassungsrechtliche Regelungen. Die Grundrechte überlassen die Ordnung und Regelung der Bereiche weithin dem Gesetzgeber und setzen diesem um der Freiheit willen nur bestimmte *Rahmenbedingungen*.

VI. Grundrechte und Einrichtungsgarantien

Von den Grundrechten als subjektiven Rechten wurden schon die Regelungen unter- 86
schieden, die zwar bei den Grundrechten und in thematischem Zusammenhang mit ihnen stehen, die aber keine subjektiven Rechte verbürgen (vgl. oben Rdnr. 64 ff.). Daneben gibt es Grundrechte, die sowohl subjektive Rechte verbürgen als auch Einrichtungen gewährleisten. Entsprechend kann zwischen
— Grundrechten, die allein subjektive Rechte verbürgen und
— Grundrechten, die auch objektiv Einrichtungen gewährleisten,

unterschieden werden. Letztere garantieren in der eingebürgerten Terminologie von C. Schmitt (Verfassungsrechtliche Aufsätze, 2. Aufl. 1973, S. 140 ff.) als sogenannte *Institutsgarantien* privatrechtliche und als sogenannte *institutionelle Garantien* öffentlich-rechtliche Einrichtungen und entziehen sie damit der Disposition des Gesetzgebers.

87 **Beispiele:** Der Gesetzgeber darf die Ehe und die Familie (Art. 6 Abs. 1), die Privatschule (Art. 7 Abs. 4), das Eigentum und das Erbrecht (Art. 14 Abs. 1) und das Berufsbeamtentum (Art. 33 Abs. 5) nicht abschaffen. — Die genannten Artikel verbürgen zugleich aber auch die subjektiven Rechte, Ehen und Familien zu gründen, Eigentum zu erwerben, zu nutzen und zu vererben, Privatschulen zu errichten und als Beamter z. B. staatliche Fürsorge zu genießen (vgl. unten Rdnr. 1130 ff.).

88 Bei manchen Artikeln ist *umstritten*, ob sie neben subjektiven Rechten auch objektiv Einrichtungen gewährleisten. So wurde zuweilen in Art. 5 Abs. 3 die Institution der Universität in ihrer traditionellen Gestalt (vgl. *v. Lübtow*, Autonomie oder Heteronomie der Universitäten, 1966, S. 48; *H. Klein*, „Demokratisierung" der Universität?, 2. Aufl. 1968, S. 28 f.) und wird gelegentlich in Art. 5 Abs. 1 das Institut der freien Presse als garantiert angesehen (vgl. *Stammler*, Die Presse als soziale und verfassungsrechtliche Institution, 1971, z. B. S. 223; dem Wortlaut nach auch E 20, 162/175, wo damit aber die objektiv-rechtliche Dimension des Art. 5 Abs. 1 gemeint ist; vgl. unten Rdnr. 622). Aber die freie Presse ist ein gesellschaftlicher Befund und weder privatrechtliches Institut noch öffentlich-rechtliche Institution, und die Universität ist in Art. 5 Abs. 3 anders als z. B. das Berufsbeamtentum in Art. 33 Abs. 5 überhaupt nicht genannt.

89 Objektiv klingende *Formulierungen* der Grundrechte bedeuten noch nicht objektive Gewährleistungen von Einrichtungen; daß von der Pressefreiheit, der Freiheit der Wissenschaft oder der Unverletzlichkeit der Wohnung statt von Verlegern, Wissenschaftlern oder Wohnenden die Rede ist, bedeutet noch nicht, daß es sich um Einrichtungen handelt. Ob die Grundrechte eine objektiv-rechtliche Bedeutung anderer Art haben, ist bei den Wandlungen des Grundrechtsverständnisses zu untersuchen (vgl. unten Rdnr. 93 ff.)

VII. Die objektiv-rechtliche Funktion der Grundrechte

Unter dieser Überschrift verbergen sich zwei unterschiedliche Dinge:

1. Grundrechte als negative Kompetenznormen

90 Grundrechte begrenzen den Handlungs- und Entscheidungsspielraum des Staates. Insofern sind sie negative Kompetenznormen.

91 **Beispiele:** Der Bund hat die Rahmenkompetenz zur Regelung des Pressewesens; im übrigen liegt die Gesetzgebungskompetenz für das Pressewesen bei den Ländern (vgl. Art. 70, 75 Nr. 2). Die entsprechenden Kompetenzen enden da, wo eine Beschränkung der Pressefreiheit mit Art. 5 Abs. 1 und 2 unvereinbar ist. — Die Staatsfundamentalnormen des Demokratie-, Rechts- und Sozialstaatsprinzips sind auf eine nähere Ausgestaltung durch Gesetzgebung, Verwaltung und Rechtsprechung angewiesen; hierbei dürfen Grundrechte nicht weiter eingeschränkt werden als die spezielle Regelung es selbst, besonders durch Gesetzesvorbehalt, zuläßt. — Auch die bundesstaatliche Ordnung wird durch die Grundrechte geprägt; landesrechtliche Vielfalt kann sich über den einheitlichen Maßstab der Grundrechte nicht hinwegsetzen (vgl. aber unter Rdnr. 496).

Bei alledem bleiben die Grundrechte jedoch subjektive Rechte des einzelnen. Nur die *Perspektive wechselt:* Was die Grundrechte dem einzelnen an Entscheidungs- und Handlungsspielraum geben, das nehmen sie dem Staat, und sie nehmen es ihm objektiv, d. h. unabhängig davon, ob der einzelne es geltend macht oder auch nur wahrnimmt. Wenn von den Grundrechten als Elementen objektiver Ordnung gesprochen wird, ist zunächst dieser Perspektivenwechsel gemeint (*Hesse,* VerfR, Rdnr. 290 ff.).

2. Zusätzliche Wirkungen der Grundrechte

Mit der objektiv-rechtlichen Funktion der Grundrechte ist aber auch und vor allem noch etwas anderes gemeint. Das BVerfG sieht seit Beginn seiner Rechtsprechung (E 7, 198 — Lüth —) in den einzelnen Grundrechten *objektive Wertentscheidungen* und im Gesamt der Grundrechte eine objektive Wertordnung verkörpert; es spricht auch von Wertmaßstäben, vom Wertsystem und von wertentscheidenden oder schlicht von objektiven Grundsatznormen. Durch diese objektiv-rechtliche sieht es die subjektiv-rechtliche Bedeutung der Grundrechte verstärkt. Daraus leitet es
— Vorgaben für die Auslegung und Anwendung des einfachen Rechts, gerade auch das Privatrechts,
— Schutzpflichten des Staates und
— Maßstäbe für die Gestaltung staatlicher Einrichtungen
ab. Die objektiv-rechtliche Bedeutung kann sogar wieder in eine subjektiv-rechtliche umschlagen und
— Verfahrensrechte und
— Teilhabe- und Leistungsrechte
hervorbringen.

Diese verschiedenen Folgerungen aus der objektiv-rechtlichen Bedeutung der Grundrechte beschreiben also nicht nur, was den Grundrechten, wie sie im Text des Grundgesetzes von der Perspektive des einzelnen her als dessen subjektive Rechte verbürgt sind, von der Perspektive des Staats aus objektiv entspricht, sondern sie normieren *zusätzliche Wirkungen* der Grundrechte.

VIII. Vom liberalen zum sozialen Rechtsstaat

Ehe die zusätzlichen Grundrechtswirkungen näher zu beleuchten und zu überprüfen sind, ist nach der zugrunde liegenden grundrechtstheoretischen Entwicklung zu fragen. Der Staatstheorie des 19. und frühen 20. Jahrhunderts ist die Vorstellung geläufig, der einzelne, der Besitz- und Bildungsbürger sei als Glied der bürgerlichen Gesellschaft autonom und autark. Seine Freiheit sei *Freiheit vom Staat;* die Gesellschaft könne für ihre ökonomischen und kulturellen Belange alleine sorgen und brauche den Staat nur zur Abwehr äußerer und innerer Gefahren, als Armee, Polizei und Justiz. Diese Vorstellung wurde schon im 19. und frühen 20. Jahrhundert weder der Wirklichkeit gerecht noch war sie allseits anerkannt. Nachhaltig diskreditiert wurde sie in den Kriegs- und Nachkriegsgesellschaften der beiden Weltkriege. Beidemal zeigte sich, daß der einzelne auf staatliche Vorkehrungen, Einrichtungen, Zuteilungen und Umverteilungen fundamental angewiesen ist, daß seine Freiheit gesellschaftliche und staatliche Bedingungen hat, die er selbst nicht gewährleisten kann. An die Stelle der Fiktion des selbstherrlichen Individuums der bürgerlichen Gesellschaft trat das Bild

§ 4 VIII

eines zugleich bedürftigen und verantwortlichen Individuums in sozialer Gemeinschaft. Die Vorstellung, der Rechtsstaat dürfe als liberaler in die Freiheit des einzelnen möglichst wenig eingreifen, wurde um die Vorstellung ergänzt, er müsse als sozialer überhaupt erst die *Bedingungen der Freiheit schaffen und sichern.*

96 In der Weimarer Reichsverfassung hat diese Vorstellung einen ersten und unzureichenden Niederschlag gefunden: Die zahlreichen detaillierten sozialen Gewährleistungen versprachen mehr als sie halten konnten und blieben bloße Programmsätze (vgl. oben Rdnr. 42 ff.). Im Grundgesetz wurden soziale Gewährleistungen daher nur äußerst sparsam aufgenommen; das Grundgesetz konzentriert sich auf die Kennzeichnung der Bundesrepublik Deutschland als eines *sozialen Staates* (Art. 20 Abs. 1) bzw. *sozialen Rechtsstaates* (Art. 28 Abs. 1 S. 1). Aber damit war das Problem, daß vor aller Abwehr von Eingriffen in die Freiheit erst einmal die Bedingungen der Freiheit geschaffen und gesichert werden müssen, natürlich nicht gelöst. In der Entwicklung *zusätzlicher Grundrechtswirkungen* aus dem sparsamen Grundrechtstext macht es sich geltend. Daß das einfache Recht und gerade auch das Privatrecht nicht nur vor der grundrechtlichen Freiheit halt machen, sondern sich in Auslegung und Anwendung von ihr durchdringen lassen müsse, daß der Staat die Freiheit nicht nur zu respektieren, sondern sie zu schützen und durch vielfältige Vorkehrungen die Bedingungen der Freiheit zu schaffen und zu sichern habe, daß die Freiheitsrechte dabei auch in Verfahrens-, Teilhabe- und Leistungsrechte umschlagen könnten — alle diese Ableitungsversuche wollen der Entwicklung vom liberalen zum sozialen Rechtsstaat grundrechtlichen Ausdruck geben. Sie haben verschiedene grundrechtstheoretische Fundamente: Mit *Böckenförde* (NJW 1974, 1529) können bei den *modernen Grundrechtstheorien* eine institutionelle, eine wertesystematische, eine demokratisch-funktionale und eine sozialstaatliche unterschieden werden. Ihnen allen ist die Annahme einer objektiv-rechtlichen Funktion der Grundrechte gemeinsam.

97 Die einzelnen Phasen und Varianten der grundrechtstheoretischen Entwicklung können hier nicht näher dargestellt werden. Wichtig ist, daß mit ihnen das *liberale Grundrechtsverständnis,* das Freiheit durch Eingriffsabwehr schützen will, nicht abgetan ist (vgl. *Schlink,* EuGRZ 1984, 157). Auch das BVerfG nimmt seine Folgerungen aus der objektiv-rechtlichen Bedeutung der Grundrechte zumeist behutsam vor und bleibt hinter Forderungen, die im Schrifttum in entschlossener Abkehr vom liberalen Grundrechtsverständnis zuweilen erhoben werden, deutlich zurück. Insgesamt bringt seine Rechtsprechung zur Geltung, daß die „Grundrechte... in erster Linie Abwehrrechte des Bürgers gegen den Staat" sind (E 7, 198), gelegentlich mit ausdrücklicher Warnung davor, „die Funktion der Grundrechte als objektiver Prinzipien ... von dem eigentlichen Kern (zu) lösen und zu einem Gefüge objektiver Normen (zu) verselbständigen, in denen der ursprüngliche und bleibende Sinn der Grundrechte zurücktritt" (E 50, 290/336 f.). So sind denn auch die folgenden *Folgerungen* aus der objektiv-rechtlichen Bedeutung der Grundrechte mit *Vorsicht* in die Fallbearbeitung einzuführen.

IX. Folgerungen

1. Grundrechtliche Vorgaben für die Auslegung und Anwendung des einfachen Rechts

Immer wieder läßt selbst die methodisch korrekte Bemühung um die Auslegung einer Vorschrift des einfachen Rechts verschiedene Auslegungen zu. Zumal bei Generalklauseln und unbestimmten Rechtsbegriffen haben Rechtsprechung und Verwaltung einen Spielraum der Auslegung und Anwendung, den sie wegen der Bindung an die Grundrechte (Art. 1 Abs. 3) nur grundrechtsmäßig ausfüllen dürfen. Diese grundrechtsgemäße ist ein Unterfall der sog. *verfassungskonformen Auslegung*. Wenn das BVerfG formuliert, von mehreren möglichen Auslegungen „verdient diejenige den Vorzug, die einer Wertentscheidung der Verfassung besser entspricht" (E 8, 210/221; zuletzt E 46, 166/184), dann gilt dieses Prinzip verfassungskonformer Auslegung für grundrechtliche ebenso wie für andere verfassungsrechtliche Vorgaben. Hier wie dort gilt auch, daß die Auslegung den normativen Gehalt der Vorschrift nicht grundlegend neu bestimmen darf. Verlangen die grundrechtlichen Vorgaben eine grundlegend neue Bestimmung der Vorschrift, „muß dem Gesetzgeber vorbehalten bleiben, ob er die verfassungswidrige Regelung durch eine verfassungsmäßige ersetzen will" (E 8, 71/78; zuletzt E 54, 277/299 f.). 98

Diese verfassungs- bzw. grundrechtskonforme Auslegung gilt zunächst für die *klassische Grundrechtsfunktion* der Eingriffsabwehr (vgl. oben Rdnr. 71 ff.). 99

Beispiele: Jemandem wird das Verteilen von Flugblättern auf einem öffentlichen Platz untersagt, weil er nicht im Besitz einer Sondernutzungserlaubnis ist. Diese Auslegung der straßenrechtlichen Vorschriften verstößt gegen Art. 5 Abs. 1; es ist aber auch eine Auslegung möglich, die das Verteilen von Flugblättern auf öffentlichem Grund als erlaubnisfreien Gemeingebrauch ansieht (vgl. unten Rdnr. 678). — Eine Spontanversammlung wird aufgelöst, weil die Anmeldefrist von 48 Stunden (vgl. § 14 VersammlG) nicht eingehalten worden ist. Die Eigenart der Spontanversammlung besteht aber gerade darin, daß die Einhaltung der Anmeldefrist von 48 Stunden nicht möglich ist. Daher ist § 14 VersammlG in diesen Fällen dahin auszulegen, daß eine kürzere Anmeldefrist ausreicht oder die Anmeldepflicht überhaupt entfällt (vgl. unten Rdnr. 798). 100

Das BVerfG ist aber mit der verfassungs- bzw. grundrechtskonformen Auslegung darüber hinausgegangen. Es hat die Grundrechte auch dorthin *ausstrahlen* lassen, wo sie in ihrer klassischen Funktion gar nicht einschlägig waren, namentlich in die Rechtsbeziehungen *zwischen Privaten* (vgl. unten Rdnr. 202 ff.): Die objektiv-rechtliche Bedeutung der Grundrechte führt so zu ihrer Beachtung bei der Anwendung und Auslegung privaten Rechts. 101

Diese Ausstrahlungswirkung als Folgerung aus der objektiv-rechtlichen Bedeutung der Grundrechte ist aber wenig prägnant und bietet daher *weniger Schutz* als die klassische Abwehrfunktion: „Soweit die Einwirkung des Grundrechts auf privatrechtliche Vorschriften in Frage steht, können ihm im Hinblick auf die Eigenart der geregelten Rechtsverhältnisse andere, unter Umständen engere Grenzen gezogen sein als in seiner Bedeutung als Abwehrrecht gegen staatliche Eingriffe" (E 66, 116/135 — Wallraff —). 102

2. Schutzpflichten des Staates

Die grundrechtliche Wertordnung soll vom Staat nicht nur die Unterlassung, sondern auch die *vorbeugende Verhinderung* von Grundrechtsverletzungen verlangen. Dabei 103

§ 4 IX 2

denkt das BVerfG an Grundrechtsverletzungen, die sowohl von seiten des Staates selbst als auch von seiten des einzelnen drohen; in beiden Richtungen soll sich der Staat schützend vor die Grundrechte stellen.

104 Bei der Frage, wie die Schutzpflichten zu erfüllen sind, läßt das BVerfG dem Staat mal mehr und mal weniger Entscheidungsfreiheit. Die Entscheidung hängt von *vielen Faktoren* ab, von der Art, der Nähe und dem Ausmaß der drohenden Gefahr, von der Art und dem Rang der beteiligten staatlichen und privaten Interessen sowie von den schon vorhandenen Regelungen und den schon getroffenen Maßnahmen (vgl. E 49, 89/142; 56, 54/78). Diese Faktoren abzuschätzen, ist grundsätzlich Sache der zuständigen staatlichen Organe.

105 **Beispiel:** Als die Entführer des Arbeitgeberverbandspräsidenten Schleyer mit der Androhung seiner Tötung die Freilassung von inhaftierten Terroristen verlangten, lehnte es das BVerfG ab, zum Schutz des Lebens von Schleyer die Freilassung der inhaftierten Terroristen vorzuschreiben, und stellte den zuständigen staatlichen Organen anheim, „welche Maßnahmen zur Erfüllung der ihnen obliegenden Schutzpflichten zu ergreifen sind" (E 46, 160/164).

106 Ausnahmsweise sieht das BVerfG dem Staat durch die Grundrechte jedoch ganz *bestimmte Schutzvorkehrungen* aufgegeben. Sogar den Erlaß von Strafnormen sollen die Grundrechte vom Gesetzgeber verlangen können.

107 **Beispiel:** E 39, 1 verwehrte dem Gesetzgeber, den Schwangerschaftsabbruch während der ersten drei Monate straflos zu stellen, weil das Leben der Leibesfrucht dabei nicht wirksam geschützt werde; es verlangte eine Indikations- statt der Fristenlösung (krit. dazu Sondervotum E 39, 68; vgl. auch unten Rdrn. 470).

108 Schon Grundrechtsgefährdungen entgegenzutreten, liegt dann nahe, wenn
— die Grundrechtsverletzung, die sich aus der Grundrechtsgefährdung zu entwickeln droht, *irreparabel* oder
— die Entwicklung, die aus der Grundrechtsgefährdung die Grundrechtsverletzung hervorzubringen droht, *unbeherrschbar*
ist. Beidemal käme ein Grundrechtsschutz, wenn er erst an der Grundrechtsverletzung ansetzen würde, zu spät und wäre nicht mehr effektiv. Diese Voraussetzungen können am ehesten dort als erfüllt angesehen werden, wo es um menschliches Leben und um menschliche Gesundheit geht. Schutzpflichten des Staates hat das BVerfG daher bisher hauptsächlich aus *Art. 2 Abs. 2 S. 1* (teilweise i. V. m. Art. 1 Abs. 1 S. 2) abgeleitet.

109 **Beispiele:** Pflicht zum Schutz gegen Schwangerschaftsabbruch (E 39, 1), gegen terroristische Anschläge (E 46, 160), gegen atomare Gefahren (E 49, 89 — Kalkar —; 53, 30 — Mülheim-Kärlich —), gegen Fluglärm (E 56, 54) und gegen chemische Verseuchung der Luft (BVerfG, NJW 1983, 2931).

110 Doch sieht das BVerfG die Schutzpflicht des Staates *nicht* auf dieses Grundrecht *beschränkt.* Es hat eine in die gleiche Richtung zielende objektiv-rechtliche Bedeutung auch bei Art. 5 Abs. 3 (E 55, 37/68) und Art. 6 Abs. 1 (E 6, 55/76; 52, 357/365) angenommen, ohne daß hier jedoch konkrete Schutzpflichten in den Blick gekommen wären.

111 Selbst bei der Schutzpflicht zugunsten des Lebens und der körperlichen Unversehrtheit läßt das BVerfG dem Gesetzgeber *einige Entscheidungsfreiheit.* Da die Technik

einerseits nicht völlig ungefährlich sein kann, andererseits unverzichtbar ist, müssen bei der Nutzung der Technik gewisse Restrisiken, die unterhalb der sachverständig bestimmten Gefahrenschwelle liegen, toleriert werden (E 56, 54/80 ff.). Der Gesetzgeber muß mit anderen Worten seine Regelungen nicht so treffen, daß sie Grundrechtsgefährdungen mit absoluter Sicherheit ausschließen. Er muß auch die Faktoren, die für die Einschätzung von Grundrechtsgefährdungen relevant sind, nicht alle selbst definieren und erst recht nicht selbst erheben, würdigen und in die konkrete Entscheidung, z. B. die Entscheidung über den Standort und die Ausrüstung atomarer Anlagen, umsetzen. Vielmehr kann er neben materiell-rechtlichen auch *verfahrensrechtliche Vorschriften* treffen, so daß bei der konkreten Entscheidung, z. B bei der Genehmigung der atomaren Anlage, die Verwaltung und die beteiligten und betroffenen einzelnen die Faktoren einbringen können und eine sachverständige Entscheidung gefunden werden kann. Am Maßstab der materiell- und der verfahrensrechtlichen Regelung kann dann effektiver Grundrechtsschutz durch die Gerichte stattfinden. Hier zeigt sich eine innere Verbindung zur nächsten Folgerung aus der objektiv-rechtlichen Bedeutung.

3. Maßstäbe für die Gestaltung staatlicher Einrichtungen

Aus den Grundrechten Maßstäbe für die Gestaltung staatlicher Einrichtungen zu entwickeln, hat das BVerfG bei Art. 5 Abs. 3 begonnen (E 35, 79 — Hochschulurteil —). Es verfolgt dabei *drei Ziele:* 112

— Als Maßstab für die organisatorische Gestaltung der Universität sollte Art. 5 Abs. 3 weniger verbürgen, als im Schrifttum mit der Behauptung, Art. 5 Abs. 3 sei eine institutionelle Garantie der Universität in ihrer traditionellen Gestalt (vgl. oben Rdnr. 88), gefordert worden war. Der Gesetzgeber sollte nicht auf bestimmte Organisationsformen, sondern nur auf Organisationsprinzipien verpflichtet werden, denen der Gedanke der *Funktionsgerechtigkeit* zugrunde liegt, d. h. der „Gedanke ..., daß gerade eine von gesellschaftlichen Nützlichkeits- und politischen Zweckmäßigkeitsvorstellungen befreite Wissenschaft dem Staat und der Gesellschaft im Ergebnis am besten dient" (E 47, 327/369). 113

— Als Organisationsprinzip sollte Art. 5 Abs. 3 zum einen einen Organisationsaufbau derart verlangen, daß im Organisationsablauf die individuelle Freiheit des einzelnen Wissenschaftlers weder durch den Staat selbst, noch durch andere Angehörige der Organisation verletzt wird *(abwehrende Sicherung).* 114

— Als Organisationsprinzip verlangt Art. 5 Abs. 3 zum anderen aber auch eine Organisation, durch die dem einzelnen Wissenschaftler ermöglicht wird, seine individuelle Freiheit tatsächlich zu gebrauchen *(fördernde Sicherung).* 115

Verallgemeinernd kann *zusammengefaßt* werden, daß die Grundrechte als Maßstab für staatliche Einrichtungen 116
— keine institutionellen Garantien bedeuten, sondern
— eine funktionsgerechte Organisation verlangen, die
— der abwehrenden Sicherung der individuellen Freiheit und
— der fördernden Sicherung der individuellen Freiheit dient.

117 Wie weit die fördernde Sicherung gehen kann und gehen soll, darüber läßt sich *politisch* stets streiten. Nicht einmal welche finanzielle, sächliche und personelle Mindestausstattung der einzelne Wissenschaftler an der Universität braucht, um von seiner individuellen Freiheit tatsächlich Gebrauch machen zu können, steht fest. Das BVerfG hat denn auch gar nicht erst versucht, bestimmte Inhalte und ein bestimmtes Maß fördernder Leistungen fest- und vorzuschreiben. Fördernde Sicherung bedeutet ihm vor allem den Ausbau von Verfahrenspositionen: die Chance, in einem fairen Verfahren die individuelle Position geltend zu machen und durchzusetzen. Die fördernde Sicherung der individuellen Freiheit besteht in einer *Vorverlagerung der abwehrenden Sicherung*. Die verfahrensrechtliche Gestaltung staatlicher Einrichtungen muß gewährleisten, daß der einzelne Verletzungen seiner Freiheit zur rechten Zeit und ohne große Mühe und u. U. schon dann abwehren kann, wenn sie erst drohen. Nur dann kann er seiner Freiheit so sicher sein, daß ihr tatsächlicher Gebrauch individuell befriedigend und gesellschaftlich funktionsgerecht möglich ist. Die Verfahrensposition muß mit anderen Worten so gestaltet werden, daß nicht die „Gefahr einer Entwertung der materiellen Grundrechtsposition" entsteht (E 63, 131/141; vgl. auch E 56, 216/236).

118 Andererseits kann die fördernde Sicherung eines Grundrechts sich auf verschiedene Grundrechtsberechtigte *unterschiedlich auswirken*. Wodurch die einen ihren individuellen Freiheitsgebrauch verbessert und vermehrt sehen, mögen sich andere in ihrem Freiheitsgebrauch eingeschränkt sehen. Die hierdurch aufgeworfenen grundrechtsdogmatischen Probleme sind noch keineswegs gelöst.

119 **Beispiel:** Mit der „abwehrenden Bedeutung" der Rundfunkfreiheit sieht das BVerfG im 3. Fernsehurteil (E 57, 295/320) „das, was zu gewährleisten ist, noch nicht sichergestellt". Vielmehr „sind materielle, organisatorische und Verfahrensregelungen erforderlich", um eine umfassende Information der Öffentlichkeit zu gewährleisten. Das führt zu inhaltlichen Anforderungen an die Programme, die ihrerseits durch eine begrenzte Staatsaufsicht und gegebenenfalls durch Zulassungskontrollen gesichert werden müssen. Private Programmveranstalter werden hierin zumindest faktische Belastungen erblicken (vgl. auch unten Rdnr. 655 ff.).

120 In der aufgezeigten Weise setzen die Grundrechte Maßstäbe sowohl für *Verwaltungs-* als auch für *gerichtliche Einrichtungen und Verfahren* (E 52, 380/389 f.). Bei letzteren berühren sie sich mit dem Verfahrensgrundrecht des Art. 19 Abs. 4 und den grundrechtsgleichen Rechten der Art. 101, 103 und 104 sowie den vom BVerfG aus dem Rechtsstaatsprinzip abgeleiteten Anforderungen an ein faires Verfahren (auch Fairneß-Gebot genannt; vgl. *Tettinger,* Fairneß und Waffengleichheit, 1984), die inzwischen selbst schon zum „Prozeßgrundrecht" geworden sind (E 57, 250/275; 70, 297/308).

4. Verfahrensrechte

121 Die Maßstäbe, die die Grundrechte für die Gestaltung staatlicher Einrichtungen und Verfahren setzen, werden vom BVerfG zwar zunächst aus der objektiv-rechtlichen Bedeutung der Grundrechte entwickelt, werden dann aber eng mit deren subjektiv-rechtlicher Bedeutung verknüpft: Läßt das „Verfahrensrecht ... die Gefahr einer Entwertung der materiellen Grundrechtsposition (entstehen), dann ist es mit dem Grundrecht, dessen Schutz es bewirken soll, unvereinbar" (E 63, 131/141). Die Rechtspositionen des gesetzlich gestalteten Verfahrensrechts sind gewissermaßen die

Vorposten der materiellen Grundrechtspositionen, sie dienen der Verteidigung der Grundrechte als subjektiver Rechte und können daher auch mit der Verfassungsbeschwerde verteidigt oder, falls sie hinter den verfassungsrechtlichen Anforderungen zurückbleiben, erkämpft werden. Verkürzend kann insoweit von den Grundrechten als Verfahrensrechten geredet werden. Auch hier sind im einzelnen noch viele Probleme offen.

> **Beispiele:** Art. 2 Abs. 2 S. 1 verlangt nicht nur einheitliche Vorkehrungen zum Schutz von Leben und Gesundheit (vgl. oben Rdnr. 103 ff.), sondern auch eine entsprechende Verfahrensgestaltung im atomrechtlichen Genehmigungsverfahren (E 53, 30/60 ff. — Mülheim-Kärlich —). — Das aus Art. 2 Abs. 1 abgeleitete Grundrecht auf informationelle Selbstbestimmung (vgl. unten Rdnr. 432) verpflichtet den Gesetzgeber „verfassungsrechtliche Vorkehrungen zu treffen, welche der Gefahr einer Verletzung des Persönlichkeitsrechts entgegenwirken" (E 65, 1/44), beispielsweise durch Beschränkung der Weitergabe von zu statistischen Zwecken erhobenen Daten im Wege der Amtshilfe. — Art. 14 Abs. 1 verlangt, daß die zwangsvollstreckungsrechtlichen Verfahrensvorschriften so ausgelegt werden müssen, daß dem Schuldner die Möglichkeit bleibt, „gegenüber einer unverhältnismäßigen Verschleuderung seines Grundvermögens um Rechtsschutz nachzusuchen" (E 46, 325/334 f.; auch E 49, 220; 49, 252; 51, 150).

122

5. Teilhabe- und Leistungsrechte

Die Maßstäbe, die die Grundrechte für die freiheitssichernde — im Sinn einer freiheitsfördernden — Gestaltung der staatlichen Einrichtungen setzen, sind objektiv- wie subjektiv-rechtlich vor allem von *verfahrensrechtlicher* Bedeutung. Wenn das BVerfG im Hochschulurteil ausführt, die „Wertentscheidung des Art. 5 Abs. 3 GG (verstärke) die Geltungskraft des Freiheitsrechts in Richtung auf Teilhabeberechtigungen" (E 35, 79/115 f.), dann bezeichnet es damit die Berechtigung der Teilnahme an den universitären Verfahren der Willensbildung und Entscheidungsfindung. Im übrigen geht es bei der *Teilhabe* an staatlichen Einrichtungen, staatlicher Vor- und Fürsorge um Art. 3: Was der einzelne begehrt, ist regelmäßig die gleiche, die chancengleiche und leistungsgerechte Zuteilung von Positionen und Ansprüchen (vgl. unten Rdnr. 954). Gelegentlich klingt jedoch objektiv- wie subjektiv-rechtlich auch eine andere, *leistungsrechtliche* Bedeutung an. Im Numerus-clausus-Urteil fragt das BVerfG immerhin, „ob aus den grundrechtlichen Wertentscheidungen ... ein objektiver sozialstaatlicher Verfassungsauftrag zur Bereitstellung ausreichender Ausbildungskapazität für die verschiedenen Studienrichtungen folgt" (E 33, 303/333). Es fragt weiter, „ob sich aus diesem Verfassungsauftrag unter besonderen Voraussetzungen ein einklagbarer Individualanspruch des Staatsbürgers auf Schaffung von Studienplätzen herleiten ließe" (ebd.). Beide Fragen hat es im Numerus-clausus-Urteil allerdings nicht beantwortet, und es hat im Fortgang seiner Rechtsprechung vermieden, sie überhaupt nochmals zu stellen. Auch die Rechtsprechung der anderen Gerichte ist insoweit zurückhaltend.

123

> **Beispiele:** Bei der Prüfung der Verfassungsmäßigkeit der Umsatzsteuer auf Schallplatten hat das BVerfG zwar eine objektiv-rechtliche Pflicht des Staates statuiert, „ein freiheitliches Kunstleben zu erhalten und zu fördern", aber keinen Anspruch auf Kunstförderung aus Art. 5 Abs. 3 abgeleitet (E 36, 321/331; vgl. auch BVerwG, NJW 1980, 718 zur Theatersubvention). — Die Pressefreiheit des Art. 5 Abs. 1 S. 2, 1. Variante verpflichtet den Staat objektivrechtlich zur Erteilung von Auskünften, normiert aber nicht selbst, ob und unter welchen Voraussetzungen im Einzelfall ein Anspruch auf Auskunft besteht (BVerwGE 70, 310/314 f.; vgl. auch BVerwG, DÖV 1986, 475 zur Akteneinsicht aus Forschungszwecken).

124

125 Soweit im Schrifttum gelegentlich Leistungsrechte aus Grundrechten abgeleitet werden (Übersicht bei *Müller/Pieroth/Fohmann,* Leistungsrechte im Normbereich einer Freiheitsgarantie, 1982, S. 51 ff.), werden sie unter einen „Vorbehalt des Möglichen" gestellt. Damit ist nichts gewonnen; vielmehr könnte die normative Kraft der Grundrechte durch solche Relativierungen gefährdet werden.

> Literatur: *H. Bethge,* Aktuelle Probleme der Grundrechtsdogmatik, Staat 1985, 351; *E.-W. Böckenförde,* Grundrechtstheorie und Grundrechtsinterpretation, NJW 1974, 1529; *R. Breuer,* Grundrechte als Quelle positiver Ansprüche, Jura 1979, 401; *H.-U. Erichsen,* Freiheit–Gleichheit–Teilhabe, DVBl. 1983, 289; *D. Grimm,* Verfahrensfehler als Grundrechtsverstöße, NVwZ 1985, 865; *C. Gusy,* Der Freiheitsschutz des Grundgesetzes, JA 1980, 78; *W. Henke,* Juristische Systematik der Grundrechte, DÖV 1984, 1; *K. Hesse,* Bestand und Bedeutung der Grundrechte in der Bundesrepublik Deutschland, EuGRZ 1978, 427 (erweiterte Fassung in: Hdb. VerfR, S. 79); *H. D. Jarass,* Grundrechte als Wertentscheidungen bzw. objektivrechtliche Prinzipien in der Rechtsprechung des Bundesverfassungsgerichts, AöR 1985, 363; *K. Redeker,* Grundgesetzliche Rechte auf Verfahrensteilhabe, NJW 1980, 1593; *H. H. Rupp,* Vom Wandel der Grundrechte, AöR 1976, 161; *B. Schlink,* Freiheit durch Eingriffsabwehr — Rekonstruktion der klassischen Grundrechtsfunktion, EuGRZ 1984, 457; *W. Schmidt,* Grundrechtstheorie im Wandel der Verfassungsgeschichte, Jura 1983, 169; *C. Starck,* Die Grundrechte des Grundgesetzes, JuS 1981, 237; *D. Suhr,* Freiheit durch Geselligkeit — Institut, Teilhabe, Verfahren und Organisation im systematischen Raster eines neuen Paradigmas, EuRGZ 1984, 529.

§ 5 GRUNDRECHTSBERECHTIGUNG UND GRUNDRECHTSBINDUNG

126 Als subjektive Rechte räumen die Grundrechte grundsätzlich demjenigen, der durch sie berechtigt wird, die Rechtsmacht ein, von demjenigen, der durch sie verpflichtet wird, ein Unterlassen, möglicherweise auch ein Tun oder Dulden, zu verlangen. Diese allgemeine Umschreibung der Wirkungsweise der Grundrechte wirft zunächst folgende Fragen auf: Wer ist durch sie *berechtigt,* und wer ist durch sie *verpflichtet?* Der durch einen Rechtssatz Berechtigte wird auch „aktivlegitimiert", der durch einen Rechtssatz Verpflichtete „passivlegitimiert" genannt. Gleichbedeutend mit „Grundrechtsberechtigung" werden auch die Begriffe der Grundrechtsfähigkeit und Grundrechtsträgerschaft verwendet. Statt von „Verpflichtung" spricht das Grundgesetz von „Bindung" (vgl. Art. 1 Abs. 3).

127 > **Lösungstechnischer Hinweis:** Die Fragen der Grundrechtsberechtigung und Grundrechtsbindung sind solche des materiellen Verfassungsrechts. Im Rahmen der Prüfung einer Verfassungsbeschwerde gehörten sie folgerichtig zur Begründetheit. Sie werden aber regelmäßig schon für die Zulässigkeit einer Verfassungsbeschwerde bedeutsam: Wenn gemäß § 90 Abs. 1 BVerfGG „jedermann" Verfassungsbeschwerde erheben kann, wird die Beteiligtenfähigkeit geregelt; der Begriff „jedermann" verweist aber auf die Grundrechtsberechtigung. Die Grundrechtsberechtigung ist auch noch für die Beschwerdebefugnis bedeutsam (vgl. unten Rdnr. 1236 ff.). Da eine Verfassungsbeschwerde nur gegen ein Verhalten der öffentlichen Gewalt zulässig ist (vgl. § 90 Abs. 1 BVerfGG), stellen sich Fragen der Grundrechtsbindung ebenfalls schon bei der Zulässigkeit einer Verfassungsbeschwerde.

I. Grundrechtsberechtigung

1. Menschenrechte und Bürgerrechte

Als *Menschenrechte* werden diejenigen Grundrechte bezeichnet, die keine Eingrenzung der Berechtigung in persönlicher Hinsicht vorsehen, die also allen Menschen zustehen. Diese Grundrechte lauten etwa: „Jeder hat das Recht..." (Art. 2 Abs. 1 und 2 S. 1, Art. 5 Abs. 1 S. 1), „Jedermann hat das Recht..." (Art. 17; vgl. auch Art. 103 Abs. 1), „Alle Menschen..." (Art. 3 Abs. 1), „Niemand darf..." (Art. 3 Abs. 3, 4 Abs. 3 S. 1, 12 Abs. 2, 101 Abs. 1 S. 2, 103 Abs. 3). Das gleiche gilt dort, wo eine Freiheit ohne personale Eingrenzung gewährt wird, wie in Art. 4 Abs. 1 und 2, 5 Abs. 3, 6 Abs. 1 und 2, 10 Abs. 1, 13 Abs. 1, 14 Abs. 1 S. 1, 16 Abs. 2 S. 2, 104.

128

Als *Bürgerrechte* werden diejenigen Grundrechte bezeichnet, die nur Deutschen zustehen. Es sind dies: Art. 8, 9, 11, 12 Abs. 1, 16 Abs. 1 und 2 S. 1, 20 Abs. 4 und 33 Abs. 1–3. Ein Bürgerrecht ist auch das Grundrecht der allgemeinen, unmittelbaren, freien, gleichen und geheimen Wahl (Art. 38 Abs. 1 S. 1). Das kommt zwar nicht im Wortlaut zum Ausdruck, ergibt sich aber aus Art. 20 Abs. 2: Die Wahlen sind als Ausdruck des Demokratieprinzips und der Volkssouveränität ein Recht des Staatsvolkes der Bundesrepublik Deutschland. Dieses Staatsvolk umfaßt aber nur die Deutschen, nicht dagegen Ausländer. Deswegen sind auch nur Deutsche Berechtigte des Grundrechts aus Art. 38 Abs. 1 S. 1; §§ 12 Abs. 1, 15 Abs. 1 BWahlG haben die Folgerung hieraus gezogen (vgl. *Gramlich,* JA 1986, 129/134).

129

Den *Begriff des Deutschen* bestimmt Art. 116 Abs. 1. Die hier gemachte Differenzierung zwischen deutschen Staatsangehörigen und anderen Deutschen im Sinne des Grundgesetzes weist auf die komplizierte wie unklare Rechtslage im Nachkriegsdeutschland hin. Art. 116 Abs. 1 verwendet den Begriff des Deutschen als *Oberbegriff* für deutsche Staatsangehörige und Mitglieder einer Personengruppe, die aus den Flüchtlingen oder Vertriebenen deutscher Volkszugehörigkeit oder deren Ehegatten oder Abkömmlingen besteht, sofern diese in dem Gebiet des Deutschen Reiches nach dem Stande vom 31. Dezember 1937 Aufnahme gefunden haben.

130

> **Beispiel:** Der 1922 in Riga geborene, heute in München lebende, ehemals lettische Staatsangehörige, der sich in seiner Heimat zum deutschen Volkstum bekannt hat und dessen Bekenntnis durch seine Abstammung, Sprache, Erziehung und Kultur bestätigt worden ist und der seinen Wohnsitz in Riga im Zusammenhang mit den Ereignissen des 2. Weltkriegs durch Vertreibung verloren hat (vgl. E 17, 224).

131

Diese sog. *Status-Deutschen* sind nicht Ausländer im Sinne des Ausländergesetzes (vgl. dessen § 1 Abs. 2). Sie nehmen einen besonderen Status ein, mit dem Rechte verbunden sind, die eigentlich, d. h. vormals und anderswo, Ausdruck jener „Grundbeziehung der mitgliedschaftlichen Verbindung und rechtlichen Zugehörigkeit zur staatlichen Gemeinschaft" (E 37, 217/241) sind, die Staatsangehörigkeit genannt wird. Für eine Verfassung ist es ungewöhnlich, daß sie die Angehörigen ihres Staatsverbandes nach Graden effektiver Zugehörigkeit bestimmt. Durch vielfache Ausbürgerungen, Sammeleinbürgerungen, Gebietserwerbungen und -verluste, Umsiedlungen und Vertreibungen vor und nach 1945 war jedoch bei Entstehung des Grundgesetzes eine eindeutige Bestimmung des Kreises der Angehörigen des Staatsvolkes unmöglich. Diese Unsicherheit sollte nicht durch Pauschaleinbürgerungen, sondern durch eine Gleich-

132

§ 5 I 1

stellung in staatsbürgerlicher Hinsicht für die Übergangszeit bis zur endgültigen Regelung bewältigt werden (*Menzel*, BK, Art. 116 Anm. II A). Einfach-gesetzlich räumt § 6 Abs. 1 des Staatsangehörigkeitsregelungsgesetzes den Status-Deutschen einen Anspruch auf Einbürgerung ein.

133 Die *deutsche Staatsangehörigkeit* und ihr Erwerb werden vom Grundgesetz nicht weiter geregelt. Maßgeblich ist insoweit das Reichs- und Staatsangehörigkeitsgesetz von 1913, das allerdings seither vielfach novelliert worden ist. § 4 Abs. 1 RuStAG geht vom Abstammungsgrundsatz (ius sanguinis) aus, d. h. ein neugeborenes Kind erwirbt die deutsche Staatsangehörigkeit, wenn ein Elternteil (vgl. E 37, 217) des ehelichen Kindes oder die Mutter des unehelichen Kindes Deutscher ist. Deutscher Elternteil im Sinne des § 4 RuStAG ist unstritten nur der deutsche Staatsangehörige (vgl. *Makarov/v. Mangoldt*, Deutsches Staatsangehörigkeitsrecht, Stand: April 1984, § 4 RuStAG Rdnr. 21). Weitere wichtige Erwerbsgründe sind Legitimation (§ 5 RuStAG), Annahme als Kind (§ 6 RuStAG) und Einbürgerung.

134 Nach h. M. und Staatspraxis der Bundesrepublik Deutschland besitzen auch die *Bürger der DDR* — ungeachtet ihrer DDR-Staatsbürgerschaft — die deutsche Staatsangehörigkeit (E 36, 1/30; 40, 141/163). Begründet wird dies damit, daß ein „einheitliches Staatsvolk des Völkerrechtssubjekts ‚Deutschland' (Deutsches Reich)" (E 36, 1/16) besteht. Diese Begründung baut ihrerseits auf der Annahme auf, daß das Deutsche Reich 1945 oder später nicht untergegangen ist. Es muß insoweit auf die Darstellungen zur „Rechtslage Deutschlands" (einführend: *v. Münch*, StR I, Rdnr. 31 ff.) verwiesen werden. Die Zuerkennung der deutschen Staatsangehörigkeit auch an die Bürger der DDR wird deshalb nicht als völkerrechtswidrig angesehen, weil dies nur als ein Angebot für die DDR-Bürger verstanden wird. Das Angebot ist nicht aufdrängend, nimmt nicht in die Pflicht, kann aber angenommen werden, falls ein DDR-Bürger auf das Staatsgebiet der Bundesrepublik Deutschland gelangt oder sich an eine der bundesdeutschen Auslandsvertretungen wendet (vgl. *Hailbronner*, JuS 1981, 712).

135 Aus der Unterscheidung von Menschenrechten und Bürgerrechten folgt, daß *Ausländer* nur bezüglich der Menschenrechte grundrechtsberechtigt sind. Diese Grundrechtsberechtigung setzt allerdings voraus, daß sich der Ausländer in der Bundesrepublik Deutschland befindet; die Einreise und der Aufenthalt als solche sind ihm grundrechtlich nicht verbürgt (*Hailbronner*, NJW 1983, 2103/2110 f.; *Isensee*, VVDStRL 32, 1974, 49/62; *Randelzhofer*, BK, Art. 11 Rdnr. 91 ff.; *Tomuschat*, NJW 1980, 1073/1074). Davon zu unterscheiden ist die Geltung unterverfassungsrechtlicher Normen, insbesondere der Gesetze, für Ausländer.

136 Beispiele: Gemäß Art. 11 EMRK (vgl. oben Rdnr. 52) sowie § 1 Abs. 1 VersammlG und § 1 VereinsG haben auch Ausländer Versammlungs- und Vereinsfreiheit. Die Gewährleistungen haben aber nur den Rang eines Gesetzes. Daher können §§ 14, 15 VereinsG für Ausländer- und ausländische Vereine Verbotsgründe über die Schranken des Art. 9 Abs. 2 hinaus vorsehen, ohne daß dies nach dem Gesagten gegen Art. 9 Abs. 1 verstoßen würde. Obwohl das VersammlG keine speziellen Normen für Ausländer enthält, ergeben sich aus § 6 AuslG ähnliche Einschränkungsmöglichkeiten der Versammlungsfreiheit für Ausländer, die über diejenigen hinausgehen, die für Deutsche vorgesehen sind (vgl. *Kanein*, Ausländergesetz, 3. Aufl. 1980, § 6 Anm. 3).

137 Der Ausschluß der Ausländer von den Bürgerrechten ist als unbefriedigend empfunden worden, und es sind verschiedene Versuche unternommen worden, einen unmittelbaren *Grundrechtsschutz der Ausländer* auch im Bereich der Bürgerrechte zu be-

gründen. Im wesentlichen sind dabei vier verschiedene Ansätze zu unterscheiden (vgl. *Ruppel*, Der Grundrechtsschutz der Ausländer im deutschen Verfassungsrecht, 1968; *Zuleeg*, DVBl. 1974, 341):

a) Zum einen ist die Wesensgehaltsgarantie des **Art. 19 Abs. 2** herangezogen worden (*Dürig*, M/D-GG, Art. 2 Abs. I Rdnr. 66 b). In der Tat läge es nahe zu sagen, daß einem Ausländer der Grundrechtsschutz etwa hinsichtlich der Versammlungsfreiheit durch die Beschränkung auf Deutsche total entzogen wird und dadurch der Wesensgehalt dieses Grundrechts angetastet sei. Übersehen wird dabei jedoch, daß Art. 19 Abs. 2 nur für Einschränkungen der Grundrechte durch den *einfachen Gesetzgeber* gilt, aber nicht Maßstab sein kann für Schutzbereichsbegrenzungen, die sich bereits aus dem Verfassungstext selbst ergeben. **138**

b) Aus **Art. 1 Abs. 1 und 2** (Schutz der Menschenwürde und der Menschenrechte) ist gefolgert worden, daß die Bürgerrechte insofern den Ausländern zustehen, als ihr Wesens- und Kerngehalt Ausdruck der Menschenwürde ist. Jedes Bürgerrecht habe also einen Menschenrechtsgehalt, der jedermann zustehe (*Dürig*, M/D-GG, Art. 1 Abs. II Rdnr. 85). Das überzeugt ebenfalls nicht: Entweder ein Verhalten im Schutzbereich der Bürgerrechte ist von Art. 1 Abs. 1 geschützt, dann kommt für Ausländer auch *nur* eine Verletzung der Menschenwürde in Betracht, oder ein Verhalten unterfällt nicht mehr dem Schutz der Menschenwürde, dann kann auch Art. 1 Abs. 1 aus den Bürgerrechten keine Menschenrechte machen. **139**

c) Drittens ist die Behauptung aufgestellt worden, daß die Bürgerrechte des Grundgesetzes, obwohl sie selbst Verfassungsrang haben, an **Art. 3 Abs. 1** zu messen und gegebenenfalls verfassungskonform, d. h. als mit Art. 3 Abs. 1 vereinbar, auszulegen seien (*Ruppel*, Der Grundrechtsschutz der Ausländer im deutschen Verfassungsrecht, 1968, S. 39 und 43). Es überrascht zwar nicht, daß eine derart deutliche Ungleichbehandlung zwischen Deutschen und Ausländern, wie sie durch die Bürgerrechte vom Grundgesetz statuiert wird, gedanklich mit Art. 3 Abs. 1 in Verbindung gebracht wird. Dennoch ist es methodisch verfehlt, eine Verfassungsnorm an einer anderen vermeintlich höherrangigen Verfassungsnorm messen zu wollen und dergestalt die den Bürgerrechten innewohnende Beschränkung auf Deutsche als „verfassungswidriges Verfassungsrecht" für nichtig zu erklären. **140**

d) Praktisch besonders wichtig ist, daß das Menschenrecht der freien Entfaltung der Persönlichkeit (**Art. 2 Abs. 1**) den Ausländern zusteht. Da Art. 2 Abs. 1 nach ständiger Rechtsprechung des BVerfG umfassend die allgemeine Handlungsfreiheit schützt (vgl. unten Rdnr. 421 ff.), die allerdings durch jedes im übrigen verfassungsmäßige Gesetz eingeschränkt werden kann, haben die Ausländer einen grundrechtlichen Anspruch darauf, daß die öffentliche Gewalt sämtliche Normen des objektiven Verfassungsrechts auch ihnen gegenüber einhält. Ein solcher Satz des objektiven Verfassungsrechts ist jedenfalls das Rechtsstaatsprinzip. Nach der Rechtsprechung des BVerfG können also auch Ausländer unter Berufung auf Art. 2 Abs. 1 Verletzungen des Rechtsstaatsprinzips und insbesondere seiner Ausprägungen (Verhältnismäßigkeit, Vertrauensschutz) mit der Verfassungsbeschwerde geltend machen (E 35, 382/399; 49, 168/185). **141**

> **Beispiel:** Die Anwendung der Verhältnismäßigkeit und des Vertrauensschutzes als Ausprägungen des Rechtsstaatsprinzips führt zu einer Verbesserung des aufenthaltsrechtlichen Status des einmal zugelassenen Ausländers. Der Ermessensspielraum bei der Ver- **142**

§ 5 I 1, 2

längerung einer Aufenthaltserlaubnis ist enger als bei der erstmaligen Erlaubnis. Daraus folgt noch kein Anspruch auf Verlängerung; die Befristung der Aufenthaltserlaubnis rechtfertigt regelmäßig die Ablehnung der Verlängerung. Etwas anderes gilt aber dann, wenn durch die besonderen Umstände des Falles ein Vertrauenstatbestand geschaffen worden ist, beispielsweise die mehrfache uneingeschränkte und vorbehaltlose Wiederholung einer Aufenthaltserlaubnis (E 49, 168/185).

143 Umstritten ist die Frage, ob auf dem Weg einer auf Art. 2 Abs. 1 gestützten Verfassungsbeschwerde von Ausländern auch die Inhalte von *Bürgerrechten* geltend gemacht werden können. Das wird teilweise unter Hinweis auf die objektiv-rechtliche Geltung aller Grundrechte (vgl. oben Rdnr. 90 ff.) bejaht (*Merten,* JuS 1976, 345/350; *Scholz,* AöR 1975, 80/118). Nach anderer Auffassung folgt aus der personalen Begrenzung der Schutzbereiche bei den Bürgerrechten die Unanwendbarkeit des auch für Ausländer geltenden Art. 2 Abs. 1 in Fällen, wo ein nur Deutschen gewährtes Grundrecht einschlägig ist (*Erichsen,* StR I, S. 142; *Schwabe,* NJW 1974, 1044 f.). Das BVerfG hat eine solche Folgerung aber nie gezogen.

144 **Beispiel:** Ein Gesetz, das die Freizügigkeit von Ausländern einschränken würde, ist nicht am qualifizierten Gesetzesvorbehalt des Art. 11 Abs. 2, sondern nur an Art. 2 Abs. 1 zu messen, der nach der ständigen Rechtsprechung des BVerfG einem einfachen Gesetzesvorbehalt unterliegt (vgl. unten Rdnr. 440 f.). Eine Verfassungsbeschwerde eines Ausländers hiergegen, die nur eine Verletzung des Art. 11 rügen würde, wäre unzulässig. Das BVerfG läßt sie aber zu, wenn sie unter Berufung auf Art. 2 Abs. 1 erhoben wird (vgl. E 35, 382/399).

2. Grundrechtsberechtigung vor und nach dem Tod

145 Soweit natürliche Personen durch die Grundrechte berechtigt sind, versteht sich, daß dies für *Lebende* gilt. In diesem Sinne sind auch die Berechtigungen und Verpflichtungen beschränkt, die durch privatrechtliche Normen verliehen werden: „Die Rechtsfähigkeit des Menschen beginnt mit der Vollendung der Geburt" (§ 1 BGB). Sie endet mit dem Tod (*Jauernig* u. a., BGB, 3. Aufl. 1984, § 1 Anm. 2 b aa). Die Grundrechtsberechtigung kann aber nicht durch derartige unterverfassungsrechtliche Normen verbindlich festgelegt werden; sie muß selbständig von Verfassung wegen bestimmt werden.

146 Es spricht viel dafür, daß auch die Grundrechte nur Lebende berechtigen können: Weder der noch nicht geborene Mensch noch der Tote können eine Meinung äußern (Art. 5 Abs. 1), sich versammeln (Art. 8), einen Verein gründen (Art. 9 Abs. 1), einen Beruf ergreifen (Art. 12 Abs. 1) usw. Doch werden nach beiden Richtungen hin im Hinblick auf den sachlichen Gehalt einzelner Grundrechte vom BVerfG *Ausnahmen* anerkannt:

147 Der *Tote* soll nach E 30, 173/194 — Mephisto — aus folgenden Gründen aus Art. 1 Abs. 1 berechtigt sein: „Es würde mit dem verfassungsverbürgten Verbot der Unverletzlichkeit der Menschenwürde, das allen Grundrechten zugrundeliegt, unvereinbar sein, wenn der Mensch, dem Würde kraft seines Personseins zukommt, in diesem allgemeinen Achtungsanspruch nach seinem Tode herabgewürdigt oder erniedrigt werden dürfte. Dementsprechend endet die in Art. 1 Abs. 1 aller staatlichen Gewalt auferlegte Verpflichtung, dem Einzelnen Schutz gegen Angriffe auf seine Menschenwürde zu gewähren, nicht mit dem Tode."

148 Verschiedentlich wird dieses „Fortwirken" des Art. 1 Abs. 1 über den Tod hinaus auch als bedeutsam für die Frage nach der Zulässigkeit von *Organentnahmen* (Trans-

plantationen) von Toten angesehen (vgl. *Forkel*, JZ 1974, 593/598; *v. Münch*, StR I, Rdnr. 128). Hierfür ist des näheren maßgebend, ob der noch Lebende für den Fall des Todes mit der Organentnahme einverstanden war oder nicht. Wenn sein Nicht-Einverständnis nach dem Tod respektiert wird, wird weniger seiner Menschenwürde, als vielmehr seiner Entscheidungsfreiheit gem. Art. 2 Abs. 1 und — sofern die Entscheidung glaubens- oder gewissensgeleitet ist — Art. 4 Abs. 1 und 2 Rechnung getragen. (vgl. *Kübler*, Verfassungsrechtliche Aspekte der Organentnahme zu Transplantationszwecken, 1977, S. 42 f., 66 ff.; *Maurer*, DÖV 1980, 7).

Auf den noch *nicht geborenen* Menschen (Embryo, nasciturus) ist von E 39, 1/36 ff. — Schwangerschaftsabbruch — mit folgenden Gründen Art. 2 Abs. 2 S. 2 angewendet worden: „Die ausdrückliche Aufnahme des an sich selbstverständlichen Rechts auf Leben in das Grundgesetz — anders als etwa in der Weimarer Verfassung — erklärt sich hauptsächlich als Reaktion auf die ‚Vernichtung lebensunwerten Lebens', auf ‚Endlösung' und ‚Liquidierung', die vom nationalsozialistischen Regime als staatliche Maßnahmen durchgeführt wurden ... Leben im Sinne der geschichtlichen Existenz eines menschlichen Individuums besteht nach gesicherter biologisch-physiologischer Erkenntnis jedenfalls vom 14. Tage nach der Empfängnis (Nidation, Individuation) an" (vgl. auch *Hofmann*, JZ 1986, 253/258 f.; weitergehend für eine Grundrechtsberechtigung ab Befruchtung *Vitzthum*, MedR 1985, 249/252). Hierbei hat das Gericht aber nicht entschieden, „ob der nasciturus selbst Grundrechtsträger ist oder aber wegen mangelnder Rechts- und Grundrechtsfähigkeit ‚nur' von den objektiven Normen der Verfassung in seinem Recht auf Leben geschützt wird" (gegen die entstehungsgeschichtliche Argumentation aber *Esser*, JZ 1975, 555).

149

3. Einschränkung der Grundrechtsberechtigung wegen fehlender „Grundrechtsmündigkeit"?

Eine auf das Alter bezogene Unterscheidung bei den Grundrechten trifft das Grundgesetz nur in Art. 38 Abs. 2: Das aktive Wahlrecht zum Bundestag beginnt mit der Vollendung des 18. Lebensjahres, und das passive Wahlrecht beginnt mit Eintritt der Volljährigkeit (inzwischen gemäß § 2 BGB ebenfalls mit Vollendung des 18. Lebensjahres). Andere Altersgrenzen bei Kindern und Jugendlichen sind im Unterverfassungsrecht enthalten: Gemäß § 106 BGB beginnt die beschränkte Geschäftsfähigkeit mit Vollendung des 7. Lebensjahres; gemäß § 5 S. 2 RelKErzG kann ein Kind nach Vollendung des 12. Lebensjahres nicht gegen seinen Willen in einem anderen Bekenntnis als bisher erzogen werden; gemäß § 5 S. 1 RelKErzG steht dem Kind nach der Vollendung des 14. Lebensjahres die Entscheidung darüber zu, zu welchem religiösen Bekenntnis es sich halten will.

150

Unter dem Begriff Grundrechtsmündigkeit wird die Frage diskutiert, ob darüber hinaus Minderjährige in der Innehabung und Ausübung von Grundrechten allgemein beschränkt sind; Minderjährige wären danach erst dann grundrechtsberechtigt, wenn sie die Grundrechtsmündigkeit besäßen. Für die weitere Frage, ab welchem Alter diese gegeben ist, werden zwei Möglichkeiten diskutiert: Entweder stellt man auf die individuelle Einsichts- und Entscheidungsfähigkeit der konkret betroffenen Personen ab (*gleitende Altersgrenze*), oder man geht davon aus, „daß der Gesetzgeber in den von

151

§ 513

ihm geregelten Fällen die Grenze der Einsichts- und Entscheidungsfreiheit zutreffend gezogen hat, und daß es sinnvoll ist, für das Verfassungsrecht und die anderen Rechtsgebiete nach Möglichkeit dieselben Altersgrenzen zu ziehen" (*v. Münch*, StR I, Rdnr. 134; *starre Altersgrenze*). Das führt dazu, bei Grundrechten, die an die menschliche Existenz als solche anknüpfen (Art. 1 Abs. 1, 2 Abs. 2 S. 1 und 2, Art. 104), keine Grundrechtsmündigkeit anzuerkennen; bei Grundrechten, deren Ausübung mit privatrechtlichen Rechtsgeschäften verbunden ist (Art. 12 Abs. 1, 14 Abs. 1), die Grundrechtsmündigkeit entsprechend den Altersgrenzen für die Geschäftsfähigkeit im BGB eintreten zu lassen; bei den Grundrechten aus Art. 4 Abs. 1 und 2, 5 Abs. 1 S. 1 an die Altersgrenzen im RelKErzG anzuknüpfen und schließlich bei Grundrechten, die erst in einer an ein bestimmtes Alter anknüpfenden Situation relevant werden (Art. 4 Abs. 3, 6 Abs. 1), die Grundrechtsmündigkeit mit der entsprechenden Altersgrenze (Ehemündigkeit im Regelfall mit der Volljährigkeit, § 1 Abs. 1 EheG) eintreten zu lassen.

152 In dieser Diskussion um die Grundrechtsmündigkeit vermischen sich *drei unterschiedliche Sachprobleme:* das unmittelbare Verhältnis eines Minderjährigen zur öffentlichen Gewalt, das Zusammentreffen von Grundrechten der Minderjährigen mit dem elterlichen Erziehungsrecht und die Geltendmachung von Grundrechten durch Minderjährige im Rahmen einer Verfassungsbeschwerde.

153 a) Im unmittelbaren Verhältnis eines Minderjährigen zur **öffentlichen Gewalt,** z. B. in der Schule, gibt es für eine generelle altersmäßige Einschränkung der Grundrechtsberechtigung keine normative Grundlage (*Hesse*, VerfR, Rdnr. 285; vgl. auch E 47, 46/ 74; VGH Mannheim, JZ 1976, 711). Eingriffe sind nach den allgemeinen Maßstäben, namentlich durch Gesetz und aufgrund Gesetzes, zulässig. Der Jugendschutz ist als besondere Eingriffsermächtigung in Art. 5 Abs. 2, 11 Abs. 2 und 13 Abs. 3 ausdrücklich genannt. Das zeigt deutlich die Grundrechtsberechtigung der Minderjährigen; denn gerade sie wird bei den Eingriffsermächtigungen vorausgesetzt.

154 b) Die Dinge komplizieren sich, soweit das **elterliche Erziehungsrecht** (Art. 6 Abs. 2) betroffen ist. Die Erziehung von Minderjährigen kann mit deren zunehmender Selbständigkeit kollidieren. Gleichwohl kann nicht ohne weiteres in Art. 6 Abs. 2 eine Schutzbereichsbegrenzung oder Eingriffsermächtigung gegenüber den Grundrechten der Minderjährigen erblickt werden, weil die Eltern gegenüber den Kindern nicht Träger öffentlicher Gewalt sind und die Grundrechte daher nicht unmittelbar gelten. Nun hat aber der *Gesetzgeber* für entsprechende Konflikte Regelungen getroffen: in § 5 RelKErzG zum Wechsel des religiösen Bekenntnisses durch Minderjährige, in §§ 1626 ff. BGB zur Innehabung und Ausübung des elterlichen Sorgerechts. Diese gesetzlichen Regelungen können je für sich Grundrechte der Kinder oder der Eltern verletzen — wofür die gegenwärtige Gesetzeslage allerdings keinen Anhaltspunkt bietet. Darüber hinaus sind für diese Regelungen, soweit sie gerade das Verhältnis zwischen Kindern und Eltern betreffen, die in diesem Verhältnis nicht unmittelbar geltenden Grundrechte dennoch als Elemente objektiver Ordnung von Bedeutung (sog. mittelbare Drittwirkung, vgl. unten Rdnr. 210). Insoweit kann die Frage aufgeworfen werden, ob der Gesetzgeber sowohl den Kindesgrundrechten als auch dem elterlichen Erziehungsrecht gerecht geworden ist. Hierbei sind die Besonderheiten des elterli-

chen Erziehungsrechts zu beachten: Es handelt sich um ein subjektives Recht der Eltern, das im Interesse des Kindes besteht; es enthält einerseits Entscheidungskompetenzen samt der dazugehörigen Entscheidungsspielräume, andererseits ist es hierbei zeitlich und inhaltlich beschränkt; zeitlich bis zur Fähigkeit des Kindes zur Selbstbestimmung in der jeweiligen Sachfrage, inhaltlich auf die der Erziehung förderlichen Mittel (vgl. auch BGH, NJW 1974, 1947). Auch insofern sind bezüglich der genannten Gesetze keine verfassungsrechtlichen Bedenken angebracht: Da § 5 S. 1 RelKErzG in sachlich nicht zu beanstandender Weise erst dem Vierzehnjährigen das Entscheidungsrecht über den Wechsel des religiösen Bekenntnisses einräumt, gilt vorher das aus der elterlichen Sorge (§§ 1626 ff. BGB) fließende Entscheidungsrecht der Eltern. Erst bei Fragen von größerer Bedeutung wie Aufenthaltsbestimmung und Berufswahl sieht das BGB eine Ersetzung von das Kindeswohl gefährdenden Entscheidungen der Eltern durch das Vormundschaftsgericht vor. Auch dessen Entscheidung muß beiden Verfassungsrechtssätzen gerecht werden, was etwa nicht der Fall wäre, wenn sie nicht das Wohl des Kindes berücksichtigen würde.

> **Beispiele:** Das elterliche Erziehungsrecht und die genannten einfach-gesetzlichen Regelungen decken das Verbot gegenüber einem Dreizehnjährigen, aus der Kirche aus- und in einen Fußballverein einzutreten sowie Artikel in der Schülerzeitung zu veröffentlichen. Ein entsprechendes Verbot des Klassenlehrers ist dadurch nicht gerechtfertigt.

155

c) Von den unter a) und b) genannten materiell-rechtlichen Problemen ist das **prozessuale** der Geltendmachung von Grundrechten durch Minderjährige im Rahmen einer Verfassungsbeschwerde zu unterscheiden. Es betrifft die Zulässigkeitsvoraussetzung der Prozeßfähigkeit (vgl. unten Rdnr. 1231 f.). Hier sind gewisse altersmäßige Grenzziehungen aus Gründen einer geordneten Rechtspflege unabdingbar.

156

Insgesamt läßt sich zwar die in allen drei Konstellationen auftretende Möglichkeit, daß der Grundrechtsschutz einem Minderjährigen nicht zugute kommt, unter dem Begriff fehlender Grundrechtsmündigkeit zusammenfassen. Dabei wird aber die je unterschiedliche Begründung dieses Ergebnisses verwischt, und es besteht die Gefahr, daß es über diese dogmatische Figur „Grundrechtsmündigkeit" zu durch das Grundgesetz nicht legitimierten Einschränkungen der Geltung der Grundrechte kommt; daher sollte mit der Grundrechtsmündigkeit nur noch bei der Prozeßfähigkeit gearbeitet werden.

157

4. Grundrechtsverzicht

Fraglich ist, ob und inwieweit die Grundrechtsberechtigung zur Disposition des einzelnen steht (*Pietzcker*, Staat 1978, 527/531: „individuelle Verfügung über Grundrechtspositionen") bzw. welche staatlichen Eingriffe in den Schutzbereich von Grundrechten mit Einverständnis des Betroffenen zulässig sind. Dieses Problem wird unter dem Begriff des Grundrechtsverzichts diskutiert.

158

> **Beispiele:** Jemand gestattet der Polizei die Durchsuchung seiner Wohnung, ohne daß ein richterlicher Durchsuchungsbefehl vorliegt (vgl. Art. 13 Abs. 2), oder begibt sich freiwillig in polizeiliche Schutzhaft, wofür keine gesetzliche Grundlage besteht (vgl. Art. 2 Abs. 2 S. 3 i.V.m. Art 104 Abs. 1). Jemand läßt von der Post eine Fangschaltung installieren, was ebenfalls gesetzlich nicht vorgesehen ist (vgl. Art. 10 Abs. 2 S. 1). Ein alleinste-

159

§ 5 I 4

hender Untersuchungshäftling möchte vermeiden, daß sein Bekanntenkreis von seiner Verhaftung erfährt und verzichtet auf die in Art. 104 Abs. 4 vorgesehene Benachrichtigung. Ein gesunder Häftling stellt sich für medizinische Versuche im Anstaltskrankenhaus zur Verfügung (vgl. Art. 2 Abs. 2 S. 1). Ein Wahlberechtigter füllt den Stimmzettel öffentlich statt geheim aus (vgl. Art. 38 Abs. 1 S. 1).

160 Keine Frage eines Grundrechtsverzichts ist es, wenn ein Berechtigter *tatsächlich* von einem Grundrecht keinen Gebrauch macht, z. B. an keiner Versammlung teilnimmt (Art. 8) oder keinem Verein beitritt (Art. 9). Ein solches tatsächliches Nichtgebrauchmachen stellt es auch dar, wenn jemand — selbst gegen geschehene Grundrechtseingriffe — keine Rechtsmittel ergreift (Art. 19 Abs. 4). Denn der nach Ablauf der Rechtsmittelfrist eintretende Rechtsverlust ergibt sich — verfassungsmäßigerweise (vgl. unten Rdnr. 1111) — kraft Gesetzes ohne Rücksicht auf den Willen des Betroffenen. Anders liegt es wiederum, wenn jemand vor Ablauf der Rechtsmittelfrist rechtlich bindend auf ein Rechtsmittel verzichtet; dies ist ein Fall des Grundrechtsverzichts.

161 Die Annahme eines Grundrechtsverzichts führt noch zu *keiner Rechtsfolge*, d. h. der Verzicht macht die staatliche Maßnahme nicht stets verfassungsmäßig, und andererseits ist das Einverständnis des Betroffenen nicht durchweg unerheblich. Das zeigt sich schon daran, daß in den wenigen Fällen, wo der Text des Grundgesetzes zur Frage eines Grundrechtsverzichts Aufschluß gibt, teils seine Zulässigkeit, teils aber auch seine Unzulässigkeit angeordnet wird:

— In Art. 16 Abs. 1 wird die Schutzwirkung dieses Grundrechts ausdrücklich vom Willen des Bürgers abhängig gemacht; denn der Verlust der deutschen Staatsangehörigkeit darf, wie sich aus Satz 2 ergibt, mit Willen des Staatsangehörigen erfolgen. Weitere Fälle dieser Art finden sich in Art. 6 Abs. 3 und 7 Abs. 3 S. 3.

— In Art. 9 Abs. 3 S. 2 werden die das Grundrecht der Koalitionsfreiheit behindernden Abreden für unwirksam erklärt. Die aus Art. 9 Abs. 3 S. 1 Berechtigten können also nicht vertraglich über ihre Grundrechtsposition verfügen bzw. auf sie verzichten.

162 In den allermeisten Fällen jedoch gibt der Text des Grundgesetzes keinen Anhaltspunkt für die Zulässigkeit oder Unzulässigkeit des Grundrechtsverzichts. Dann muß auf allgemeine Erwägungen über die Funktion der Grundrechte insgesamt sowie der in Frage stehenden Einzelgrundrechte zurückgegriffen werden. Dabei können zwei *unterschiedliche Ausgangspunkte* der Argumentation festgehalten werden. Das klassische Grundrechtsverständnis sieht die Grundrechte als individuelle Freiheitsrechte des Bürgers gegen den Staat (vgl. näher oben Rdnr. 71 ff.). Von hier aus kann man den Verzicht auf Grundrechtspositionen als einen Akt der Freiheitsausübung sehen: Grundrechtsverzicht ist Grundrechtsgebrauch (vgl. *Dürig*, AöR 1956, 117/152). Ein neueres Grundrechtsverständnis sieht in den Grundrechten darüber hinaus wertentscheidende Grundsatznormen der gesamten Rechtsordnung (vgl. näher oben Rdnr. 93 ff.). Von hier aus können die Grundrechte wegen ihres über den Schutz des einzelnen Bürgers hinausgehenden Gehalts auch nicht zu dessen Disposition stehen und verzichtbar sein (vgl. *Sturm*, Festschrift Geiger, 1974, S. 173/192 ff.). Beide Auffassungen sehen sich aber jeweils zu Korrekturen an ihren grundsätzlichen Ausgangspunkten genötigt: Nach der ersten soll die individuelle Verfügbarkeit für ein Grundrecht

dort seine Grenzen finden, wo die Menschenwürde verletzt wird, beispielsweise beim Einverständnis des einzelnen zur Aussage unter Drogenwirkung; nach der zweiten Auffassung wird die Möglichkeit anerkannt, sich beispielsweise in den Schutzbereichen der Art. 12 und 14 vertraglich zu binden.

Nach der *Rechtsprechung des BVerfG* sind die Grundrechte nicht nur Abwehrrechte des einzelnen, sondern zugleich Elemente objektiver Ordnung. Eine Lösung des Problems des Grundrechtsverzichts kann nicht lediglich *eine* Funktion zugrunde legen, sondern muß beiden Wirkungsweisen der Grundrechte gerecht werden. Daher ist anerkannt, daß die Verfügungsbefugnis des einzelnen nicht soweit gehen kann, einen Totalverzicht auszusprechen. Andererseits darf um der größtmöglichen Freiheitsverwirklichung des einzelnen willen die Möglichkeit, staatliches Handeln durch Einverständnis- bzw. Einwilligungserklärungen zu beeinflussen, nicht von vornherein ausgeschlossen werden. *Voraussetzung* für die Zulässigkeit eines Grundrechtsverzichts ist aber stets, daß er deutlich erkennbar und freiwillig geleistet wird, d. h. nicht unter Druck oder Täuschung zustande gekommen ist (vgl. *Robbers,* JuS 1985, 925/926). Anders geriete der Freiheitsschutz der Grundrechte in Gefahr. 163

Im übrigen ist nach der Funktion der *Einzelgrundrechte* zu differenzieren. Soweit ein Grundrecht vornehmlich der persönlichen Entfaltungsfreiheit dient, spricht eine Vermutung für die Zulässigkeit des Verzichts. Soweit dagegen ein Grundrecht für den Prozeß der politischen Willensbildung wichtig ist, indiziert dies die Unzulässigkeit des Verzichts. 164

> **Beispiele:** Im Bereich der Berufs- und Eigentumsfreiheit sind Verträge zwischen dem Bürger und der öffentlichen Gewalt in weitem Umfang zulässig (vgl. §§ 54 ff. VwVfG) und in diesem Zusammenhang auch der Verzicht auf bestimmte Schutzwirkungen aus diesen Grundrechten (vgl. BVerwGE 30, 65; 42, 331). Grenzen sind hier parallel zum privatrechtlichen Vertragsrecht in übermäßigen und sittenwidrigen Bindungen (vgl. §§ 138, 242 BGB) zu erblicken. — Als grundsätzlich zulässig zu beurteilen ist auch der Verzicht auf den grundrechtlichen Schutz personenbezogener Daten, der Wohnung und des Post- und Fernmeldegeheimnisses (vgl. BVerfGE 65, 1/41 ff. — Volkszählungsurteil —; BayObLG, DVBl. 1974, 598; OVG Bremen, NJW 1980, 606; BVerwG, NJW 1982, 840). — Der Bürger darf demgegenüber nicht auf die geheime Stimmabgabe verzichten (vgl. OVG Koblenz, AS 3, 394; OVG Lüneburg, DÖV 1964, 355; OVG Münster, OVGE 14, 257). 165

Es können *weitere Gesichtspunkte* für die Beurteilung der Zulässigkeit oder Unzulässigkeit eines Grundrechtsverzichts hinzukommen, namentlich die Schwere und Dauer des Eingriffs, die Gefahr des Mißbrauchs der Verzichtsmöglichkeit sowie eine mehr oder weniger große Zwangslage des Verzichtenden. Außerdem ist zwischen dem Fall eines frei widerruflichen und dem seltenen Fall eines für die Zukunft bindenden Grundrechtsverzichts zu unterscheiden (vgl. *Sachs,* VerwArch 1985, 398/422 ff.). 166

> **Beispiele:** Der Verzicht auf Rechtsbehelfe und Rechtsmittel wird als zulässig anerkannt, wenn die betreffende Entscheidung erlassen oder jedenfalls in ihrem konkreten Inhalt absehbar ist (E 9, 194/199); ein pauschaler Verzicht auf Rechtsbehelfe gegen zukünftige Entscheidungen ist dagegen unzulässig. — Die freiwillige Inanspruchnahme polizeilicher Schutzhaft dürfte als zulässig anzusehen sein, der Verzicht auf die Benachrichtigung gem. Art. 104 Abs. 4 wegen der Mißbrauchsgefahr dagegen regelmäßig nicht (vgl. *Dürig,* M/D-GG, Art. 104 Rdnr. 43). — Während bei der Heilbehandlung ein zulässiger Grundrechtsverzicht vorliegt, dürfte der Fall des gesunden Häftlings, der sich für medizinische Versuche im Anstaltskrankenhaus zur Verfügung stellt, anders zu beurteilen sein (vgl. *Pietzcker,* Staat 1978, 527/550). 167

§ 5 I 4, 5

168 **Lösungstechnischer Hinweis:** Im grundrechtlichen Prüfungsschema (Schutzbereich — Eingriff — verfassungsrechtliche Rechtfertigung, vgl. unten Rdnr. 393 ff.) ist die Frage eines Grundrechtsverzichts regelmäßig bei der Prüfung des Eingriffs zu erörtern: Eine staatliche Maßnahme, die mit zulässigem Einverständnis des Betroffenen erfolgt, stellt keinen Eingriff in das Grundrecht dar.

5. Grundrechtsberechtigung von Personenmehrheiten und Organisationen

169 Grundrechtsberechtigte sind in erster Linie natürliche Personen („jeder", „alle Menschen", „alle Deutschen", „Männer und Frauen" usw.). Sie bleiben auch dann grundrechtsberechtigt, wenn sie sich in Personenmehrheiten und zu Organisationen zusammenschließen. Wenn die Tätigkeit eines Vereins durch eine Maßnahme der öffentlichen Gewalt beeinträchtigt wird, kann jedes Vereinsmitglied Verfassungbeschwerde erheben. Es fragt sich aber, ob nicht auch der Verein selbst Verfassungsbeschwerde erheben kann, d. h. grundrechtsberechtigt ist. Die Frage stellt sich für jede Art von Personenmehrheiten und Organisationen. Die Anwort gibt Art. 19 Abs. 3. Indem Art. 19 Abs. 3 die *Grundrechtsgeltung auch für inländische juristische Personen* ausspricht, spricht er auch ihnen die Grundrechtsberechtigung zu. Als Voraussetzung verlangt er, daß die Grundrechte ihrem Wesen nach auf die inländischen juristischen Personen anwendbar sind, d. h. daß das jeweils in Betracht kommende Grundrecht von seiner Funktion her für die jeweils in Rede stehende inländische juristische Person passen muß.

170 a) Den Begriff der **juristischen Person** hat das einfache Recht ausgeprägt. Er bezeichnet die Personenmehrheiten und Organisationen, denen das Privatrecht oder auch das öffentliche Recht Rechtspersönlichkeit und *Rechtsfähigkeit* zuspricht, d. h. die Fähigkeit, Träger von Rechten und Pflichten zu sein (juristische Personen des Privat- bzw. des öffentlichen Rechts). Er schließt auch die Fähigkeit ein, zu klagen und verklagt zu werden (Partei- oder Beteiligtenfähigkeit).

171 **Beispiele:** Juristische Personen des Privatrechts sind etwa der rechtsfähige Verein, die Gesellschaft mit beschränkter Haftung, die Aktiengesellschaft, die Kommanditgesellschaft auf Aktien, die Genossenschaft, die bergrechtliche Gewerkschaft, der Versicherungsverein auf Gegenseitigkeit, die rechtsfähige Stiftung; juristische Personen des öffentlichen Rechts sind etwa Bund, Länder, Gemeinden, Kirchen, Rundfunkanstalten, Universitäten, Stiftung Preußischer Kulturbesitz.

172 Das einfache Recht erkennt Personenmehrheiten und Organisationen zuweilen die Rechtsfähigkeit nicht umfassend, sondern auf bestimmte Rechtsgebiete und Rechtsnormen beschränkt zu. Dadurch wird nicht die volle Rechtsfähigkeit begründet, die das einfache Recht den juristischen Personen zuschreibt, aber eine sogenannte *Teilrechtsfähigkeit* (grundlegend *Bachof,* AöR 1958, 208).

173 **Beispiele:** §§ 54, 705 ff. BGB sprechen dem nichtrechtsfähigen Verein und der Gesellschaft bestimmte Rechte und Pflichten zu; entsprechende Regelungen trifft das Handelsgesetzbuch für die offene Handelsgesellschaft und die Kommanditgesellschaft; § 50 Abs. 2 ZPO regelt, daß auch ein nichtrechtsfähiger Verein vor den Zivilgerichten verklagt werden kann (als nichtrechtsfähige Vereine sind u. a. Parteien und Gewerkschaften organisiert). Das öffentliche Recht kennt als teilrechtsfähige Verwaltungseinheiten etwa die Fakultäten der Universitäten, die Bundespost und die Bundesbahn.

Schließlich gibt es gewissermaßen *schlichte Personenmehrheiten*, die gar nicht Zuordnungssubjekte von Rechtsnormen sind. Sie sind nicht einmal teilrechtsfähig; Zuordnungssubjekte von Rechtsnormen, Träger von Rechten und Pflichten sind allein die einzelnen Personen. 174

Beispiele: Fußballmannschaft, Teekränzchen, Essensrunde, Streichquartett. 175

Art. 19 Abs. 3 bringt mit der Verwendung des Begriffs der juristischen Person zwar zum Ausdruck, daß er die Grundrechtsberechtigung nicht beliebigen, sondern nur solchen Personenmehrheiten zuerkennen will, die überhaupt *Zuordnungssubjekte von Rechtsnormen* sind. Ihn dabei auf die vollrechtsfähigen im Unterschied zu den teilrechtsfähigen Personenmehrheiten zu beschränken, besteht jedoch kein Grund. Wie bei jeder Verfassungsbestimmung griffe auch bei Art. 19 Abs. 3 die Auslegung durch bloßen Rückgriff auf das einfache Recht zu kurz. Das Verfassungsrecht steht über dem einfachen Recht und ist aus seinem eigenen Zusammenhang auf seine spezifische Funktion hin auszulegen. Art. 19 hat die Verallgemeinerung und die Verfestigung des Grundrechtsschutzes zum Gegenstand, und in diesem Zusammenhang hat Abs. 3 die Funktion, die Rechtsfähigkeit des einfachen Rechts zur Grundrechtsberechtigung zu verstärken. Um juristische Person i. S. von Art. 19 Abs. 3 zu sein, muß eine Personenmehrheit oder Organisation also nur *Teilrechtsfähigkeit* besitzen (*Dürig*, M/D-GG, Art. 19 Abs. III Rdnr. 29; *v. Mutius*, BK, Art. 19 Abs. 3 Rdnr. 43, *Rüfner*, AöR 1964, 261/268 ff.). 176

b) Ob eine juristische Person im Sinne von Art. 19 Abs. 3 **inländisch** oder ausländisch ist, richtet sich nach ihrem selbst gewählten *tatsächlichen Aktionszentrum*, das mit dem satzungsgemäßen Sitz der Hauptverwaltung nicht übereinstimmen muß (*v. Mutius*, BK, Art. 19 Abs. 3 Rdnr. 54; *Meessen*, JZ 1970, 602/604). Daneben kommt es auf die Staatsangehörigkeit der zusammengeschlossenen Personen nicht an. Ferner sind auch völkerrechtliche Verträge über die Inländerbehandlung ausländischer juristischer Personen unmaßgeblich. Für die territoriale Umschreibung des Inlands zieht die h. L. Art. 116 Abs. 1 heran; gemeint sei das „Gebiet des Deutschen Reiches nach dem Stande vom 31. Dezember 1937" (*Dürig*, M/D-GG, Art. 19 Abs. III Rdnr. 31; *Hendrichs*, vM-GG, Art. 19 Rdnr. 32; *v. Mutius*, BK, Art. 19 Abs. 3 Rdnr. 56). Eine Mindermeinung orientiert den Begriff des Inlands am *Geltungsbereich des Grundgesetzes* (*Wernicke*, BK, Erstbearbeitung, Art. 19 Abs. 3 Anm. 3 a); das leuchtet ein, denn anders würde auch die russische juristische Person aus Königsberg oder die polnische aus Breslau Grundrechtsschutz genießen können. 177

Das BVerfG hat die *Prozeßgrundrechte* der Art. 101 Abs. 1 S. 2 und 103 Abs. 1 auch *ausländischen juristischen Personen* zugebilligt. Denn sie gewährleisten nach Auffassung des BVerfG „keine Individualgrundrechte wie Art. 1—17 GG, sondern enthalten objektive Verfahrensgrundsätze, die für jedes gerichtliche Verfahren gelten und daher auch jedem zugute kommen müssen, der nach den Verfahrensnormen parteifähig ist oder von dem Verfahren unmittelbar betroffen ist" (E 21, 362/373). Diese Begründung ist fragwürdig. Die grundrechtsgleichen Rechte (Grundrechte nur im materiellen Sinn) gewährleisten ebenso wie die Grundrechte (Grundrechte im formellen und materiellen Sinn) subjektive Rechte, und objektive Bedeutung hat das BVerfG sowohl den Grundrechten als auch den grundrechtsgleichen Rechten zuerkannt. Das Ergebnis stimmt aber mit dem entstehungsgeschichtlich belegbaren Sinn der Ein- 178 schränkung des Art. 19 Abs. 3 auf inländische juristische Personen zusammen: Der fremdenrechtliche Handlungsspielraum der Bundesrepublik Deutschland sollte gewahrt bleiben, die Inländerbehandlung ausländischer juristischer Personen sollte nicht verfassungsrechtlich festgeschrieben sein, sondern gegen die entsprechende Behandlung deutscher juristischer Personen im Ausland völkervertraglich ausgehandelt werden können. Hierfür reicht aus, wenn die ausländischen juristischen Personen von dem Schutz der Grundrechte ausgenommen sind, die ihr Verhalten im Geschäfts- und Wirtschaftsleben absichern. Der Ausschluß auch von den Grundrechten und grundrechtsgleichen Rechten, die bei Gericht und auch für andere staatliche Verfahren gelten (neben Art. 101 Abs. 1 S. 2 und 103 Abs. 1 noch Art. 19 Abs. 4 und Art. 17), ist nicht erforderlich (*Meessen*, JZ 1970, 602/605; *v. Mutius*, BK, Art. 19 Abs. 3 Rdnr. 50 f.).

c) Das Problem der **wesensmäßigen Anwendbarkeit** hat mehrere Aspekte:

179 aa) Das jeweils in Betracht kommende Grundrecht darf nicht an natürliche Qualitäten des Menschen anknüpfen, die einer juristischen Person notwendig fehlen; es muß mit anderen Worten einen Schutzbereich haben, in den das Verhalten einer juristischen Person **überhaupt** fallen kann.

180 **Beispiele:** Der juristischen Person fehlt die Menschenwürde, sie hat weder Leben noch Gesundheit, sie schließt weder Ehen noch bekommt sie Kinder. Das „gesunde Unternehmen" ist nicht gesund i. S. d. Art. 2 Abs. 2 S. 1, und die „Töchter" des Konzerns sind keine Kinder i. S. d. Art. 6. Dagegen ist das Eigentum auch einer AG oder GmbH durch Art. 14 Abs. 1 S. 1 geschützt, und den Anspruch auf rechtliches Gehör (Art. 103 Abs. 1) hat auch die OHG. Sogar im Schutzbereich des Art. 4 Abs. 1 und 2 können sich juristische Personen bewegen (vgl. unten Rdnr. 592 ff.).

181 bb) In den Schutzbereich muß nicht nur das Verhalten einer juristischen Person überhaupt fallen können, sondern das Verhalten der jeweils in Rede stehenden juristischen Person **wirklich** fallen.

182 **Beispiel:** E 19, 206 hatte die Verfassungsbeschwerde einer OHG zum Gegenstand, die nach einem badischen Ortskirchensteuergesetz zur Kirchensteuer herangezogen wurde, obwohl der Hauptgeschäftsführer der OHG Atheist war und keiner Kirche angehörte. Die OHG hatte sich auf Art. 4 Abs. 1 berufen, obwohl sie als solche natürlich keinen Glauben und kein Gewissen haben kann. Das BVerfG hat die Verfassungsbeschwerde unter Berufung nicht auf Art. 4 Abs. 1, sondern auf Art. 2 Abs. 1 und Art. 3 Abs. 1 zugelassen, und es hat ihr auch stattgegeben, weil die Heranziehung zur Kirchensteuer ohne Anknüpfung an Kirchenzugehörigkeit im weltanschaulich-religiös neutralen Staat unzulässig ist.

183 cc) Das BVerfG hat noch einen dritten Aspekt entwickelt und vertritt, Grundrechte seien ihrem Wesen nach auf juristische Personen nur dann anwendbar, wenn diese ein **personales Substrat** erkennen ließen. Es sieht die „Grundrechte ... von der Würde und Freiheit des einzelnen Menschen als natürliche Person aus(gehen)". Die Grundrechte sollen in erster Linie die Freiheitssphäre des Einzelnen gegen Eingriffe der staatlichen Gewalt schützen und ihm insoweit zugleich die Voraussetzungen für eine freie aktive Mitwirkung und Mitgestaltung im Gemeinwesen sichern. Von dieser zentralen Vorstellung her ist auch Art. 19 Abs. 3 auszulegen und anzuwenden. Sie rechtfertigt eine Einbeziehung juristischer Personen in den Schutzbereich der Grundrechte nur,

wenn ihre Bildung und Betätigung Ausdruck der freien Entfaltung der natürlichen Personen sind, besonders wenn der ‚Durchgriff' auf die hinter den juristischen Personen stehenden Menschen dies als sinnvoll und erforderlich erscheinen läßt" (E 21, 362/369; ausführlich *Dürig*, M/D-GG, Art. 19 Abs. III Rdnr. 1 ff., 36 ff.). Im Schrifttum wird dies weithin abgelehnt; Art. 19 Abs. 3 begründe für juristische Personen eine eigenständige Grundrechtsberechtigung, gehe damit über den Grundrechtsschutz natürlicher Personen gerade hinaus und dürfe nicht auf einen Grundrechtsschutz der hinter der juristischen Person stehenden natürlichen Personen zurückgenommen werden. Entscheidend sei nicht das personale Substrat der juristischen Person, sondern die *„grundrechtstypische Gefährdungslage"*, d. h. ob die Lage der juristischen Person der Lage einer natürlichen Person, die gegen den freiheitsgefährdenden Staat den Schutz der Grundrechte genießt, vergleichbar sei (vgl. *Hendrichs*, vM-GG, Art. 19 Rdnr. 36; *v. Mutius*, BK, Art. 19 Abs. 3 Rdnr. 114). Das BVerfG hat den Begriff der grundrechtstypischen Gefährdungslage sogar aufgegriffen, hat ihn aber dahin gewendet, daß bei Fehlen des personalen Substrats von einer grundrechtstypischen Gefährdungslage eben schlechterdings keine Rede sein könne (E 45, 63/79; 61, 82/103 f., 105). In der Rechtsprechung des BVerwG wird der Aspekt des personalen Substrats nicht konsequent verfolgt.

Beispiel: Stiftungen sind rechtsfähig organisierte Vermögen, die kein personales Substrat erkennen lassen. Gleichwohl hat BVerwGE 40, 347 ihnen die Grundrechtsberechtigung zugesprochen. Es hat das Fehlen des personalen Substrats auch gar nicht problematisiert, vielleicht weil schon die Entstehungsgeschichte lehrt, daß Stiftungen in den Genuß von Art. 19 Abs. 3 kommen sollen (JöR 1951, 183). **184**

Für *juristische Personen des öffentlichen Rechts* hat das BVerfG am Erfordernis des personalen Substrats besonders nachdrücklich festgehalten. Nach ständiger Rechtsprechung „gelten die Grundrechte grundsätzlich nicht für juristische Personen des öffentlichen Rechts" (E 21, 362/369; zuletzt E 68, 193/205 ff.). Denn hinter diesen stünden nicht natürliche Personen, sondern stehe stets der Staat. Die verschiedenen staatlichen Funktionsträger seien vom einzelnen her gesehen nur besondere Erscheinungsformen der einheitlichen Staatsgewalt und könnten nicht gleichzeitig Verpflichtete und Berechtigte der Grundrechte sein (sog. Konfusionsargument: Grundrechtsberechtigung und -bindung sollen nicht konfundiert, d. h. verwechselt werden). „Eingriffe und Übergriffe" im Verhältnis verschiedener staatlicher Funktionsträger seien immer nur „Kompetenzkonflikte im weiteren Sinne" (E 21, 362/368 ff.; vgl. auch E 61, 82/100 ff.). Bei Anerkennung der Grundrechtsfähigkeit der juristischen Personen des öffentlichen Rechts werde auch „eine sinnvolle Ordnung der staatlichen Aufgabenerfüllung und eine Anpassung der Staatsorganisation an die wechselnden Erfordernisse der wirtschaftlichen, sozialen und kulturellen Entwicklung erheblich erschwert" (ebd.). Dabei soll es auch nicht darauf ankommen, ob die juristische Person des öffentlichen Rechts hoheitlich handelnd öffentliche Aufgaben wahrnimmt oder nicht hoheitlich tätig wird (offengelassen noch E 21, 362/374, entschieden E 61, 82/103 f., 105) und ob sie in der Staatsverwaltung rechtlich mehr oder weniger verselbständigt ist. Sogar eine juristische Person des Privatrechts entbehrt des Grundrechtsschutzes, wenn sie Aufgaben der Daseinsvorsorge erfüllt und in der Hand eines Trägers öffentlicher Gewalt liegt. **185**

§ 515

186 **Beispiele:** Eine Gemeinde kann sich auch für ihr landwirtschaftlich genutztes Grundstück nicht auf Art. 14 Abs. 1 S. 1 berufen (E 61, 82; dazu *Ronellenfitsch*, JuS 1983, 594; *Schmidt-Aßmann*, NVwZ 1983, 1); Rentenversicherungsträger, Allgemeine Ortskrankenkassen und sonstige Sozialversicherungsträger sind nicht grundrechtsberechtigt (E 21, 362/377; 39, 302/314, 316); eine AG, die Aufgaben der Daseinsvorsorge erfüllt und „deren alleiniger Aktionär eine Körperschaft des öffentlichen Rechts ist, (kann) sich ebensowenig wie diese auf Individualgrundrechte berufen" (E 45, 63/80); das gleiche gilt für den (privatrechtlich organisierten) Innungsverband (öffentlich-rechtlich organisierter) Innungen bei der Wahrnehmung gesetzlich zugewiesener und geregelter öffentlicher Aufgaben (E 68, 193/213), nicht aber bei der Wahrnehmung der Interessen ihrer Mitglieder (E 70, 1/15 ff.).

187 Wie auf die ausländischen juristischen Personen dehnt das BVerfG den Schutz von *Art. 101 Abs. 1 S. 2 und 103 Abs. 1* auch auf juristische Personen des öffentlichen Rechts aus.

188 **Beispiel:** Auch die Bundesbahn „hat vor Gericht Anspruch auf rechtliches Gehör; auch sie darf ihrem gesetzlichen Richter nicht entzogen werden" (E 13, 132/140).

189 Gelegentlich sieht das BVerfG das *personale Substrat auch bei juristischen Personen des öffentlichen Rechts* gegeben. „Wenn Einrichtungen des Staates Grundrechte in einem Bereich verteidigen, in dem sie vom Staat unabhängig sind", sind sie „unmittelbar dem durch die Grundrechte geschützten Lebensbereich zuzuordnen" (E 31, 314/322; 39, 302/314). Die Rede ist insoweit auch von der juristischen Person des öffentlichen Rechts als „,Sachwalter' des Einzelnen bei der Wahrnehmung seiner Grundrechte" (E 61, 82/103).

190 **Beispiele:** Weil die Universitäten und deren Fakultäten „zwar in der Regel vom Staat gegründet sind oder von ihm unterhalten werden, aber in Wissenschaft, Forschung und Lehre frei sind", muß ihnen „ohne Rücksicht auf ihre allgemeine oder besondere Rechtsfähigkeit die Möglichkeit gegeben sein, dieses von ihnen beanspruchte Grundrecht im Verfahren der Verfassungsbeschwerde geltend zu machen" (E 15, 256/262). Die öffentlich-rechtlichen Rundfunkanstalten können sich auf die Rundfunkfreiheit, aber auch nur auf die Rundfunkfreiheit berufen (E 31, 314/322; 59, 231/255). Die Religionsgemeinschaften nehmen unter den Körperschaften des öffentlichen Rechts „insofern eine Sonderstellung ein, als sie weder vom Staat geschaffen sind noch in ihrem Eigenbereich staatliche Aufgaben wahrnehmen," und sind daher besonders bezüglich Art. 4 Abs. 1 und 2 grundrechtsberechtigt (E 19, 1/5; 19, 129/132; 57, 220/240 f.; *Herzog*, M/D-GG, Art. 4 Rdnr. 38 ff.; *v. Münch*, vM-GG, Art. 4 Rdnr. 24).

191 Im *Schrifttum* (vgl. *Bethge*, AöR 1979, 54/86 ff.; *Broß*, VerwArch 1986, 65/72 ff.; *Kröger*, JuS 1981, 26; *v. Mutius*, Jura 1983, 30/38 ff.) wird der grundsätzlichen Ablehnung der Grundrechtsberechtigung juristischer Personen des öffentlichen Rechts durch das BVerfG nicht nur die Fragwürdigkeit des Erfordernisses des personalen Substrats entgegengehalten. Ihr steht schon der Wortlaut von Art. 19 Abs. 3 entgegen, der nicht nach juristischen Personen des Privatrechts und des öffentlichen Rechts differenziert. Zusätzlich ergeben sich aus der Entstehungsgeschichte Anhaltspunkte, daß die Grundrechtsberechtigung juristischer Personen des öffentlichen Rechts nicht grundsätzlich ausgeschlossen werden sollte (JöR 1951, 182 f.). Auch das Argument, der Bürger stehe einer monolithischen „einheitlichen Staatsgewalt" gegenüber und staatliche Funktionsträger könnten nicht gleichzeitig Verpflichtete und Berechtigte der Grundrechte sein, überzeugt nicht. Das BVerfG sieht die Rundfunkanstalten, denen es einerseits Grundrechtsschutz gegenüber dem Staat zuerkennt, andererseits doch den Bür-

gern gegenüber an deren Grundrechte gebunden (E 14, 121/130 f.). Das gleiche gilt für die Universitäten, die dem Studenten, aber auch dem Hochschullehrer gegenüber an deren Grundrechte gebunden, selbst aber dem Staat gegenüber grundrechtsberechtigt sind. Schließlich ist nicht einzusehen, warum die „sinnvolle Ordnung der staatlichen Aufgabenerfüllung" und die „Anpassung der Staatsorganisation an die wechselnden Erfordernisse" durch Anerkennung der Geltung von Art. 19 Abs. 3 für juristische Personen des öffentlichen Rechts erschwert werden sollen. Denn diese Anerkennung hat selbstverständlich folgendes zu beachten:

Anders als Personenmehrheiten des Zivilrechts, die durch autonome Entscheidungen von Individuen entstehen, existieren und vergehen — die Rechtsordnung stellt insofern nur die Rechtsform zur Verfügung —, sind juristische Personen des öffentlichen Rechts in ihrem Bestand von staatlichen Entscheidungen abhängig. Eine öffentlich-rechtliche Körperschaft, Anstalt oder Stiftung beruht ausschließlich auf einem staatlichen Organisationsakt, existiert und agiert zulässigerweise nur in einem staatlich zugewiesenen Funktions- und Aufgabenbereich, und kann durch staatlichen Akt auch wieder aufgelöst werden. Diese einfach-rechtlichen Vorgaben für juristische Personen des öffentlichen Rechts sind bei der Auslegung des Art. 19 Abs. 3 ebenso zu berücksichtigen, wie die Teilrechtsfähigkeit als Voraussetzung für die Anerkennung einer juristischen Person des Privatrechts. Daraus folgt, daß die Erstreckung der Grundrechtsberechtigung auf juristische Personen des öffentlichen Rechts sich nur auf den *zugewiesenen Funktions- und Aufgabenbereich* beziehen kann (*v. Mutius*, BK, Art. 19 Abs. 3 Rdnr. 43 f., 69 f., 105, 111 ff.; *Pieroth*, Störung, Streik und Aussperrung an der Hochschule, 1976, S. 197 ff.).

192

In diesem Rahmen steht einer grundsätzlichen *Erstreckung des Grundrechtsschutzes auf juristische Personen des öffentlichen Rechts* nichts entgegen. Allerdings muß das Verhalten der jeweils in Rede stehenden juristischen Person des öffentlichen Rechts wirklich in den Schutzbereich des jeweils in Betracht kommenden Grundrechts fallen. Dafür muß es den sogenannten Außen- im Unterschied zu den sogenannten Innenrechtsbeziehungen (vgl. *Maurer*, Allg.VwR, § 21 Rdnr. 26 ff.) zugehören: Mit ihrem Verhalten muß die juristische Person dem Staat als rechtlich selbständiges Rechtssubjekt gegenübertreten können und darf nicht über Weisungsabhängigkeit voll in die Staatsorganisation eingebunden sein. Nur insoweit läßt sich auch von grundrechtstypischen Gefährdungslagen reden; insoweit ließe sich sogar ein großzügig verstandenes Erfordernis personalen Substrats bejahen, denn mit der Weisungsunabhängigkeit einer juristischen Person wird der Blick auf die hinter ihr stehenden Personen, deren Interessen und Handeln frei.

193

Beispiele: Der AStA einer nordrhein-westfälischen Universität, Organ der als juristische Person verfaßten Studentenschaft, kann sich hiernach zwar nicht für seine allgemein-, aber für seine hochschulpolitischen Äußerungen auf Art. 5 Abs. 1 berufen. Mit allgemeinpolitischen Äußerungen verläßt er den gesetzlich zugewiesenen Aufgabenbereich, mit hochschulpolitischen bewahrt er ihn. Beim Verhalten in diesem Aufgabenbereich unterliegt er nicht der Fach-, sondern nur der Rechtsaufsicht und tritt insofern dem Staat rechtlich selbständig gegenüber. Entsprechendes hat auch für Äußerungen von Kammern und Stellungnahmen von Gemeinden in Selbstverwaltungsangelegenheiten zu gelten. E 61, 82 ist hiernach abzulehnen; die Gemeinde kann sich zum Schutz ihres Eigentums auf Art. 14 berufen (so auch BayVerfGH, NVwZ 1985, 260).

194

II. Grundrechtsbindung

195 Die Grundrechtsbindung beantwortet die Frage, wer durch die Grundrechte verpflichtet wird. Art. 1 Abs. 3 bestimmt insoweit als Verpflichteten den Staat in seinen Funktionen der Gesetzgebung, der vollziehenden Gewalt und der Rechtsprechung. Das ist nichts anderes als die „staatliche Gewalt" (vgl. Art. 1 Abs. 1 S. 2) und die „öffentliche Gewalt" (vgl. Art. 93 Abs. 1 Nr. 4a).

1. Art und Umfang der Bindung

196 Zur *Art* der Bindung enthält Art. 1 Abs. 3 die klare Aussage, daß Grundrechte „unmittelbar geltendes Recht" sind. Das ist eine bewußte Abkehr vom Rechtszustand unter der WRV, wo viele Grundrechte als bloße „Programmsätze" betrachtet wurden (vgl. *Anschütz*, Die Verfassung des Deutschen Reiches, 14. Aufl. 1933, S. 505 ff.; *Thoma*, in: Grundrechte und Grundpflichten der Reichsverfassung, Bd. I, 1929, S. 1 ff.). Programmsätze haben aber keine Verbindlichkeit; sie ziehen keine rechtliche Sanktion nach sich; ihre Verletzung kann nicht vor die Gerichte gebracht werden. Art. 1 Abs. 3 ist für den Bereich der Grundrechte die spezielle Regelung gegenüber Art. 20 Abs. 3 und bringt nochmals die Höherrangigkeit des Verfassungsrechts gegenüber dem sonstigen Recht zum Ausdruck: Für die Grundrechte als Teil des Verfassungsrechts gilt der Vorrang in gleicher Weise wie für sonstiges Verfassungsrecht. Das ist ein entscheidender verfassungsgeschichtlicher Fortschritt, weil vorher die Grundrechte nur „nach Maßgabe" des Gesetzes galten, d. h. nur soweit wie der Gesetzgeber sie zur Geltung gebracht, verwirklicht hatte (vgl. oben Rdnr. 36 ff.). Die Bindung an die Grundrechte „als unmittelbar geltendes Recht" wird überwacht vom BVerfG. Die umfassenden Kompetenzen des BVerfG (vgl. unten Rdnr. 1274 ff.) sind die verfahrensrechtliche Ergänzung des Art. 1 Abs. 3. Prüfungsmaßstab in diesen Verfahren sind dann aber die Grundrechte, nicht Art. 1 Abs. 3 als solcher (E 61, 126/137).

197 Fraglich könnte sein, worauf es für den *Umfang* der Bindung gemäß Art. 1 Abs. 3 ankommen soll: darauf, ob ein *Organ* der öffentlichen Gewalt gehandelt hat (formales Merkmal), oder darauf, ob jemand in der *Funktion* der öffentlichen Gewalt (hoheitlich) tätig geworden ist (inhaltliches Merkmal).

198 **Beispiele:** Eine Gemeinde schließt mit einem Bauunternehmer einen Werkvertrag über die Errichtung eines Verwaltungsgebäudes ab. Die Gemeinde ist als Körperschaft des öffentlichen Rechts ein Organ der öffentlichen Gewalt. Beim Abschluß eines Werkvertrags handelt sie aber nach Maßgabe des Privatrechts (§§ 631 ff. BGB). Besteht auch für dieses nicht hoheitliche Handeln die Grundrechtsbindung der Gemeinde, obwohl ein entsprechender privater Auftraggeber nicht an Grundrechte gebunden ist? (Problem der Fiskalgeltung der Grundrechte, vgl. unten Rdnr. 219 ff.) — Eine Privatschule erteilt einem Schüler wegen schlechter Leistungen das Abiturzeugnis nicht. Greift sie damit in Grundrechte des Schülers ein? Der Privatschulunternehmer ist ein Rechtssubjekt des Privatrechts und als solcher kein Organ der öffentlichen Gewalt. Andererseits übt er bei der Noten- und Zeugnisvergabe punktuell öffentliche Gewalt aus (sog. „Beliehener"; vgl. *Maurer*, Allg. VwR, § 23 Rdnr. 56 ff.). Käme es auf die Eigenschaft als Organ der öffentlichen Gewalt an, wäre die Grundrechtsbindung zu verneinen; andernfalls wäre sie zu bejahen.

199 Wegen der Unbedingtheit der Formulierung und dem Willen des Verfassungsgebers, die öffentliche Gewalt umfassend an die Grundrechte zu binden, muß es ausreichen,

wenn nur ein Merkmal, sei es das formale oder das inhaltliche, vorliegt: Danach unterliegt jedes *Organ der öffentlichen Gewalt* bei allen von ihm ausgehenden Handlungen der Grundrechtsbindung. Diese Feststellung ist allerdings bestritten für die privatrechtlichen Hilfsgeschäfte der Verwaltung und für die erwerbswirtschaftliche Betätigung der Verwaltung (vgl. unten Rdnr. 223). Außerdem unterliegen auch private Rechtssubjekte insoweit der Grundrechtsbindung, als sie „*Beliehene*" sind, d. h. mit der hoheitlichen Wahrnehmung von Verwaltungsaufgaben im eigenen Namen betraut sind. In diesem Umfang zählen die Privaten zur mittelbaren Staatsverwaltung und somit zum Begriff „vollziehende Gewalt" i. S. d. Art. 1 Abs. 3 (vgl. *Dürig*, M/D-GG, Art. 1 Abs. III Rdnr. 107; *v. Münch*, vM-GG, Art. 1 Rdnr. 53; a.A. *Rupp*, Eigentum an Staatsfunktionen?, 1963, S. 24 ff.).

> **Beispiele:** Privatschulen sind da, wo sie von der ihnen verliehenen Befugnis „mit gleicher Wirkung wie öffentliche Schulen Zeugnisse auszustellen" (§ 37 Abs. 5 nw SchOG), Gebrauch machen, an die Grundrechte der Schüler gebunden. Das gleiche gilt für andere Beliehene, wie den Jagdaufseher, den Fleischbeschauer, den Prüfingenieur für Baustatik, den Bezirksschornsteinfeger usw. — E 10, 302 hat den Vormund dann an das Grundrecht der Freiheit der Person des Entmündigten gebunden gesehen, wenn er in Ausübung seines Aufenthaltsbestimmungsrechts den volljährigen Entmündigten in einer geschlossenen Anstalt unterbringt. Gemäß Art. 104 Abs. 2 S. 1 und 2 ist hierfür eine richterliche Entscheidung erforderlich. 200

Eine Sonderstellung nehmen in diesem Zusammenhang diejenigen *Kirchen und Religionsgesellschaften* ein, die gemäß Art. 140 i.V.m. Art. 137 Abs. 5 WRV Körperschaften des öffentlichen Rechts sind. Wegen des Verbots einer Staatskirche (Art. 140 i.V.m. Art. 137 Abs. 1 WRV) und wegen ihrer Zuordnung zu Art. 4 Abs. 1 und 2 (vgl. unten Rdnr. 594) sind sie den sonstigen Körperschaften des öffentlichen Rechts nicht gleichzuachten; sie sind keine Organe der öffentlichen Gewalt und gehören nicht zur mittelbaren Staatsverwaltung. Der Grundrechtsbindung unterliegen sie unter den gleichen Voraussetzungen wie private Rechtssubjekte (vgl. *Kästner*, JuS 1977, 715/721; *Zippelius*, BK, Art. 4 Rdnr. 57 ff.). 201

2. Keine allgemeine Bindung von privaten Rechtssubjekten („Drittwirkung")

Wenn durch Art. 1 Abs. 3 *nur die öffentliche Gewalt* an die Grundrechte gebunden wird, nicht aber private Rechtssubjekte — außer in dem Fall, daß sie als „Beliehene" selbst punktuell öffentliche Gewalt ausüben —, dann ist das eine deutliche Aussage gegen eine „Drittwirkung" der Grundrechte. Hierunter versteht man die Geltung der Grundrechte über das klassische Zweierverhältnis zwischen einzelnem und Staat hinaus auch im Verhältnis des einen zum anderen einzelnen (als zum Dritten). 202

Eine solche *unmittelbare Drittwirkung* wird vor allem vom BAG vertreten (seit BAGE 1, 185; st. Rspr.). Begründet wird dies mit dem „Bedeutungswandel der Grundrechte", den das BAG dahin umschreibt, „daß zwar nicht alle, aber doch eine Reihe bedeutsamer Grundrechte der Verfassung nicht nur Freiheitsrechte gegenüber der Staatsgewalt garantieren, vielmehr Ordnungsgrundsätze für das soziale Leben sind, die in einem aus dem Grundrecht näher zu entwickelnden Umfang unmittelbare Bedeutung auch für den privaten Rechtsverkehr der Bürger untereinander haben ... Auch das normative Bekenntnis des Grundgesetzes zum sozialen Rechtsstaat (Art. 20, 203

§ 5 II 2

28), das für die Auslegung des Grundgesetzes und anderer Gesetze von grundlegender Bedeutung ist, spricht für die unmittelbare privatrechtliche Wirkung der grundrechtlichen Bestimmungen, die für den Verkehr der Rechtsgenossen untereinander in einer freiheitlichen und sozialen Gemeinschaft unentbehrlich sind".

204 *Gegen* eine unmittelbare Drittwirkung sprechen gewichtige Argumente: Der *Wortlaut* des Art. 1 Abs. 3 nennt nur die öffentliche Gewalt. Aus der *Entstehungsgeschichte* kann auf den Schriftlichen Bericht des Abgeordneten *v. Mangoldt* über die Grundrechte im Entwurf des Grundgesetzes (Anlage zum stenographischen Bericht der 9. Sitzung des Parlamentarischen Rates am 6. 5. 1949, S. 6) verwiesen werden: „Vielmehr sahen die Beteiligten ihre Aufgabe darin, die Grundrechte im Sinne der alten klassischen Grundrechte zu gestalten ... In den Grundrechten sollte also das Verhältnis des Einzelnen zum Staate geregelt werden, der Allmacht des Staates Schranken gesetzt werden." In der Tat hat die *Geschichte* der Grundrechte gezeigt, daß sie als Abwehrrechte des einzelnen gegen den Staat entstanden und erfochten worden sind (vgl. oben Rdnr. 21 ff. und 71 ff.). Die *systematische* Auslegung belegt, daß nur an wenigen Stellen die Wirkung eines Grundrechts oder grundrechtsgleichen Rechts ausdrücklich auf Private bzw. ein privates Rechtsverhältnis erstreckt wird (vgl. Art. 9 Abs. 3 S. 2, 20 Abs. 4, 38 Abs. 1 S. 2 i.V.m. Art. 48 Abs. 2); das legt den Schluß nahe, daß dies im Normalfall, d. h. bei allen anderen Grundrechten nicht so ist. Eine Grundrechtsbindung aller gegenüber allen würde im Ergebnis auch den *Sinn und Zweck* der Grundrechte ins Gegenteil verkehren: Rechte gegenüber der öffentlichen Gewalt würden zu Pflichten gegenüber allen Mitbürgern werden; eine weitgehende Freiheitsbeschränkung wäre das unvermeidliche Resultat.

205 *Für* eine unmittelbare Drittwirkung können demgegenüber hauptsächlich zwei Gesichtspunkte ins Feld geführt werden: zum einen Art. 1, wonach die Menschenrechte „Grundlage jeder menschlichen Gemeinschaft" sind, und zum andern die rechtspolitische Überlegung, daß Freiheitsbedrohungen im Sozialstaat der Gegenwart auch von gesellschaftlichen Kräften, von Konzernen, Wirtschaftsverbänden, Standesorganisationen, Gewerkschaften und Arbeitgeberverbänden ausgehen können (vgl. *Böckenförde,* in: Freiheit in der sozialen Demokratie, 1975, S. 69). Beide Argumente haben aber nicht die normative Kraft, das aus dem Text, der Systematik und der (Entstehungs-) Geschichte des Grundgesetzes gewonnene Ergebnis zu erschüttern: Zwar wird deutlich, daß die Grundrechte auch im Verhältnis der Bürger untereinander nicht völlig bedeutungslos sind bzw. für die rechtliche Beurteilung dieser Beziehungen nicht gänzlich außer acht bleiben dürfen. Gleichwohl kann das nicht zu einer unmittelbaren Drittwirkung der Grundrechte des Grundgesetzes führen (h.L. und st. Rspr. des BVerfG).

206 Die Dinge *komplizieren* sich allerdings dadurch, daß im Streitfall zwischen privaten Rechtssubjekten die ordentlichen Gerichte über bürgerlich-rechtliche Streitigkeiten entscheiden (vgl. § 13 GVG). Die Rechtsprechung unterliegt gemäß Art. 1 Abs. 3 der Grundrechtsbindung; sie zählt auch zur öffentlichen Gewalt i. S. d. Art. 93 Abs. 1 Nr. 4a, so daß gegen Gerichtsentscheidungen unter den Voraussetzungen des § 90 BVerfGG Verfassungsbeschwerde erhoben werden kann. Kann nun ein Bürger, der in einem bürgerlich-rechtlichen Rechtsstreit einem anderen Bürger gegenübersteht, die Maßgeblichkeit der Grundrechte für diesen Rechtsstreit nicht mit der Begründung

behaupten, das Gericht übe mit seinem Urteil öffentliche Gewalt ihm gegenüber aus und unterliege daher bei dieser Entscheidung der Grundrechtsbindung? Kann sogar weitergehend argumentiert werden, daß jedes privatrechtliche Müssen des einen Bürgers bzw. jedes privatrechtliche Dürfen des anderen auf staatlicher Rechtsmacht beruht (so *Schwabe*, Die sogenannte Drittwirkung der Grundrechte, 1971)? Hier müssen drei Fragenkreise *auseinandergehalten* werden:

— Für bürgerlich-rechtliche *Gesetze* gilt nichts anderes als für andere Gesetze: Sie müssen gemäß Art. 1 Abs. 3 mit den Grundrechten vereinbar sein. Ein gegen das Grundrecht eines der Verfahrensbeteiligten verstoßendes Gesetz darf der Entscheidung auch des ordentlichen Gerichts nicht zugrunde gelegt werden. Unter den Voraussetzungen des Art. 100 Abs. 1 muß das BVerfG über seine Gültigkeit entscheiden. Eine solche Situation ergäbe sich etwa, wenn eine mietrechtliche Vorschrift gegen das Eigentumsrecht (Art. 14 Abs. 1) des Vermieters oder eine familienrechtliche Bestimmung gegen das Erziehungsrecht (Art. 6 Abs. 2) der Eltern verstieße. 207

— Es muß bei der Rechtsprechung die Entscheidung in der Sache, d. h. über die bürgerlich-rechtliche Rechtsbeziehung, unterschieden werden von den namentlich in den Prozeßordnungen und Gerichtsverfassungsgesetzen niedergelegten Anforderungen an die *Rechtsprechung* als Ausübung öffentlicher Gewalt. Diese Gesetze werden bezeichnenderweise auch als öffentliches Recht angesehen, weil sie ausschließlich einen Träger öffentlicher Gewalt berechtigen oder verpflichten (vgl. *Maurer*, Allg. VwR, § 3 Rdnr. 17 ff.). Insoweit hat das BVerfG mit Recht festgestellt: „Im gerichtlichen Verfahren tritt der Richter den Verfahrensbeteiligten formell und in unmittelbarer Ausübung staatlicher Hoheitsgewalt gegenüber. Er ist daher nach Art. 1 Abs. 3 bei der Urteilsfindung an die insoweit maßgeblichen Grundrechte gebunden und zu einer rechtsstaatlichen Verfahrensgestaltung verpflichtet" (E 52, 203/207). So binden vor allem, aber nicht ausschließlich, die prozessualen Grundrechte der Art. 101—104 die Rechtsprechung „in der Verfahrensgestaltung und äußeren Urteilsfindung". Das gilt für alle Gerichtsbarkeiten, muß aber für die bürgerlich-rechtlichen Streitigkeiten der *ordentlichen Gerichtsbarkeit* betont werden; in der Strafrechtspflege und den öffentlich-rechtlichen Gerichtsbarkeiten (Verwaltungs-, Sozial- und Finanzgerichte) stellt sich demgegenüber das Abgrenzungsproblem zwischen Verfahrensanforderungen und Entscheidungsmaßstäben in der Sache nicht, weil hier auch die Entscheidung in der Sache unzweifelhaft Ausübung öffentlicher Gewalt ist und daher der Grundrechtsbindung unterliegt, denn hier wird nach dem Maßstab öffentlichen Rechts entschieden, und eine der Parteien ist notwendig ein Träger öffentlicher Gewalt. 208

— Bei den die Beziehungen zwischen Privaten regelnden bürgerlich-rechtlichen Gesetzen muß zwischen *speziellen Normen und Generalklauseln* bzw. Normen mit Blankettbegriffen wie „rechtmäßig", „rechtswidrig", „sittenwidrig" und dergleichen, unterschieden werden. Bei speziellen Normen stellt sich nur die Frage ihrer Verfassungsmäßigkeit oder Verfassungswidrigkeit. Demgegenüber kommt bei Generalklauseln und Blankettbegriffen auch eine verfassungskonforme Auslegung in Betracht (vgl. oben Rdnr. 98 ff.). 209

Dies ist der zutreffende Ansatzpunkt für die ständige Rechtsprechung und h.L. zur *mittelbaren Drittwirkung:* Die Grundrechte gelten danach nicht unmittelbar im Pri- 210 vatrecht, prägen es aber: „Gesetzgebung, Verwaltung und Rechtsprechung empfangen von ihm Richtlinien und Impulse. So beeinflußt es selbstverständlich auch das bürgerliche Recht; keine bürgerlich-rechtliche Vorschrift darf in Widerspruch zu ihm stehen, jede muß in seinem Geiste ausgelegt werden" (E 7, 198/205 f.; st. Rspr.). Die Grundrechte lösen also bürgerlich-rechtliche Streitigkeiten nicht konkret, sondern entfalten sich „erst durch das Medium der das jeweilige Rechtsgebiet unmittelbar beherrschenden Vorschriften". Medium für die *Ausstrahlung* der Grundrechte auf das bürgerliche Recht sind vor allem die Generalklauseln, die deshalb als „Einbruchstellen" der Grundrechte in das bürgerliche Recht bezeichnet werden (vgl. schon oben Rdnr. 101 f.).

211 **Beispiele:** Erich Lüth hatte im Jahr 1950 als Vorsitzender des Hamburger Presseklubs zum Boykott des Films „Unsterbliche Geliebte" von Veit Harlan, der während des Dritten Reichs den antisemitischen Film „Jud Süß" gedreht hatte, aufgerufen. Die Produktions- und Verleihfirma des Films „Unsterbliche Geliebte" klagten daraufhin gegen Lüth auf Unterlassung des Boykottaufrufs aus § 826 BGB. Diese Vorschrift muß „im Geiste" des Art. 5 Abs. 1 S. 1 ausgelegt werden (E 7, 198/205). — Ein Krankenhaus schloß mit Lernpflegerinnen privatrechtliche Arbeitsverträge, in denen sie sich verpflichten mußten, für den Fall ihrer Heirat auszuscheiden. Die Frage der Nichtigkeit dieser Verpflichtung gemäß § 138 BGB ist unter Berücksichtigung des Schutzes von Ehe und Familie (Art. 6 Abs. 1) zu entscheiden (vgl. BAG, NJW 1957, 1688).

212 Die *Bedeutung* der mittelbaren Drittwirkung ist vor allem darin zu sehen, daß sie auch unter den Bedingungen der modernen hochkomplexen Industriegesellschaft Freiheit und Gleichheit wahren hilft. Diese setzen nämlich nach ihrem geschichtlichen Verständnis (vgl. oben Rdnr. 32 ff.) einen Zustand *faktischer Symmetrie* voraus, in dem jeder Bürger die gleiche Chance der Verfolgung seiner Zwecke und der Durchsetzung seiner Interessen im Konflikt hat. Diese faktische Symmetrie ist nicht nur durch die Macht des Staates, sondern auch durch die Ausübung wirtschaftlicher und sozialer Macht gefährdet. Nun ist Machtausübung in gewissem Umfang selbst grundrechtlich abgesichert (vgl. Art. 14 Abs. 1), und im übrigen ist der demokratische Gesetzgeber legitimiert, die gesellschaftlichen Verhältnisse in den Grenzen der Verfassung auch asymmetrisch zu gestalten. So können die Interessen der Mieter und Vermieter durch den Gesetzgeber durchaus unterschiedlich gewichtet werden. Hieran ist die Rechtsprechung gebunden. Wo sie aber, wie bei Generalklauseln und Blankettbegriffen, nicht gebunden ist, verlangen die Grundrechte, Chancengleichheit durch Herstellung faktischer Symmetrie zu wahren (vgl. *Hesse*, VerfR, Rdnr. 357; *Schlink*, Abwägung im Verfassungsrecht, 1976, S. 214 ff.).

213 **Beispiel:** Die kleine Zeitung „Blinkfüer" druckte auch nach dem Bau der Berliner Mauer am 13. 8. 1961 noch Rundfunkprogramme aus der DDR ab. Darauf wurde sie vom großen Springer-Verlag wie folgt boykottiert: Der Springer-Verlag richtete an alle Zeitschriftenhändler ein Rundschreiben, worin er ihnen drohte, sie nicht mehr zu beliefern, wenn sie weiterhin Blinkfüer vertrieben. Der Umsatz von Blinkfüer ging erheblich zurück. Vor dem BGH unterlag Blinkfüer mit seiner Schadensersatzforderung gegen den Springer-Verlag. E 25, 256 hob die Entscheidung des BGH wegen Verletzung von Art. 5 Abs. 1 auf: Seine wirtschaftliche Überlegenheit durfte der Springer-Verlag im Wettbewerb der Meinungen nicht derart ausspielen; die verschiedenen Meinungen müssen mit geistigen Waffen konkurrieren und die gleiche Chance geistigen Wirkens haben.

Die mittelbare Drittwirkung, die Ausstrahlungswirkung der Grundrechte leitet das BVerfG zwar aus ihrer objektiv-rechtlichen Bedeutung ab (vgl. oben Rdnr. 98 ff.); es hat aber nie gezögert, ihr zugleich *subjektiv-rechtliche* Wirkungen beizulegen: Läßt der Richter den verfassungsrechtlichen Einfluß auf die bürgerlich-rechtlichen Normen außer Acht, „so verstößt er nicht nur gegen objektives Verfassungsrecht, indem er den Gehalt der Grundrechtsnorm (als objektiver Norm) verkennt, er verletzt vielmehr als Träger öffentlicher Gewalt durch sein Urteil das Grundrecht, auf dessen Beachtung auch durch die rechtsprechende Gewalt der Bürger einen verfassungsrechtlichen Anspruch hat" (E 7, 198/206 f.; a.A. *Klein,* Staat 1971, 145/172; *Merten,* NJW 1972, 1799).

214

3. Bindung nur der inländischen öffentlichen Gewalt

Wenn in Art. 1 Abs. 3 von Gesetzgebung, vollziehender Gewalt und Rechtsprechung die Rede ist, versteht sich, daß damit die vom Grundgesetz selbst konstituierten Gewalten gemeint sind (st. Rspr., zuletzt E 66, 39/57).

215

> **Beispiele:** Ausgeschlossen ist die Grundrechtsbindung daher gegenüber Akten ausländischer öffentlicher Gewalt (E 1, 10), Maßnahmen der DDR (E 1, 332/342) und gegenüber Besatzungsrecht (E 1, 11; 36, 146/171). Bezüglich Berlin (West) ist zu unterscheiden: Einerseits gelten die Grundrechte auch in Berlin, wobei allerdings umstritten ist, ob als Bundesrecht oder als Landesrecht (vgl. *Pestalozza,* JuS 1983, 241/254). Andererseits bewirkt der Berlin-Vorbehalt im Genehmigungsschreiben der Militärgouverneure zum Grundgesetz vom 12. 5. 1949 („nor be governed by the Federation"), daß Akte der Berliner Landesgewalt jedenfalls nicht vom BVerfG am Grundgesetz überprüft werden dürfen (ausführlich *Lerche,* Festgabe BVerfG, 1. Bd., 1976, S. 715).

216

Schwierigkeiten bereitet die Einordnung von *Maßnahmen der Organe der EG.* Sie sind zwar grundsätzlich nicht als Akte der inländischen öffentlichen Gewalt anzusehen (vgl. oben Rdnr. 49 ff.). Gleichwohl hat das *BVerfG* im Jahr 1974 eine Überprüfung von Akten der EG am Maßstab der Grundrechte im Verfahren der konkreten Normenkontrolle (Art. 100 Abs. 1) für zulässig erklärt: „Solange der Integrationsprozeß der Gemeinschaft nicht so weit fortgeschritten ist, daß das Gemeinschaftsrecht auch einen von einem Parlament beschlossenen und in Geltung stehenden formulierten Katalog von Grundrechten enthält, der dem Grundrechtskatalog des Grundgesetzes adäquat ist, ist . . . die Vorlage eines Gerichts der Bundesrepublik Deutschland an das BVerfG im Normenkontrollverfahren zulässig und geboten, wenn das Gericht die für es entscheidungserhebliche Vorschrift des Gemeinschaftsrechts . . . für unanwendbar hält, weil und soweit sie mit einem der Grundrechte des Grundgesetzes kollidiert" (E 37, 271/285 — Solange-Beschluß —). Das BVerfG begründet dies wie folgt: Verfassungsrechtliche Grundlage für die Ausübung öffentlicher Gewalt durch die EG sei Art. 24 Abs. 1. Diese Bestimmung müsse wie jede Verfassungsbestimmung ähnlich grundsätzlicher Art „im Kontext der Gesamtverfassung" verstanden und ausgelegt werden. Danach eröffne Art. 24 Abs. 1 nicht den Weg, die Grundstruktur der Verfassung, auf der ihre Identität beruht, unter Umgehung des Art. 79 durch die Gesetzgebung der zwischenstaatlichen Einrichtung zu ändern. Ein unaufgabbares, zur Verfassungsstruktur des Grundgesetzes gehörendes Element der geltenden Verfassung sei aber der Grundrechtsteil des Grundgesetzes. Ihn zu relativieren gestatte Art. 24 Abs. 1 nicht vorbehaltlos.

217

§ 5 II 3, 4

218 Die *Kritik* hieran muß schon bei der Frage der Zulässigkeit der konkreten Normenkontrolle nach Art. 100 Abs. 1 ansetzen. Danach muß „ein Gericht ein Gesetz, auf dessen Gültigkeit es bei der Entscheidung ankommt, für verfassungswidrig" halten. Für den Begriff des Gesetzes gemäß Art. 100 Abs. 1 gilt aber nichts anderes als für den der Gesetzgebung in Art. 1 Abs. 3: Ein Gesetzgebungsakt der EG fällt nicht darunter (vgl. die abw. M. E 37, 291). Diese Kritik ist nicht ohne Eindruck geblieben: Im Jahr 1979 hat das BVerfG *differenziert* zwischen primärem Gemeinschaftsrecht (das sind die die EG konstituierenden Verträge) und sekundärem Gemeinschaftsrecht (das sind die von den Organen der EG erlassenen Rechtssetzungsakte). Gegenüber ersterem kann die Maßstäblichkeit des Grundgesetzes und damit auch die der Grundrechte ohne weiteres deswegen ins Spiel gebracht werden, weil die deutschen Zustimmungsgesetze zu den entsprechenden Verträgen unzweifelhaft inländische öffentliche Gewalt und auch Gesetze i. S. d. Art. 100 Abs. 1 sind. Bezüglich des sekundären Gemeinschaftsrechts hat das BVerfG ausdrücklich „offengelassen, ob und gegebenenfalls inwieweit — etwa angesichts mittlerweile eingetretener politischer und rechtlicher Entwicklungen im europäischen Bereich — für künftige Vorlagen von Normen des abgeleiteten Gemeinschaftsrechts die Grundsätze des Beschlusses vom 29. 5. 1974 weiterhin uneingeschränkt Geltung beanspruchen können" (E 52, 187/199 ff.).

4. Sonderproblem: Fiskalgeltung der Grundrechte

219 Die Träger öffentlicher Gewalt handeln nicht nur nach Maßgabe des öffentlichen Rechts; auf viele ihrer Tätigkeiten sind privatrechtliche Vorschriften anwendbar. Sind sie auch insoweit vollziehende Gewalt i. S. d. Art. 1 Abs. 3? Das ist die Frage nach der Fiskalgeltung der Grundrechte. Der Begriff leitet sich ab von dem des Fiskus, worunter der in der Form des Privatrechts handelnde Staat verstanden wird. Nach der seit dem 18. Jahrhundert entwickelten Fiskustheorie mußte der einzelne die Eingriffe des Monarchen in seine Rechte hinnehmen, konnte aber unter Umständen vom Fiskus Entschädigung verlangen; der Fiskus wurde also als selbständige, privatrechtliche Rechtsperson neben dem hoheitlich handelnden Monarchen gedacht (vgl. *Burmeister*, DÖV 1975, 695). In der damaligen Zeit bedeutete das einen Ausbau des Rechtsschutzes; die Fiskustheorie war also eine durchaus bürgerfreundliche dogmatische Entwicklung. Heute kommt eine Anwendung des Privatrechts für das Handeln der Verwaltung in drei Bereichen vor (vgl. *Maurer*, Allg. VwR, § 3 Rdnr. 6 ff.):

220 — *Privatrechtliche Hilfsgeschäfte der Verwaltung:* Die Beschaffung der für die Verwaltung erforderlichen Sachgüter (Büromaterial, Kraftfahrzeuge, Grundstücke, Verwaltungsgebäude) erfolgt durch privatrechtliche Verträge, also etwa durch Kaufverträge, Mietverträge, Werkverträge. Entsprechendes gilt für die Einstellung zwar nicht der Beamten, wohl aber der Angestellten und Arbeiter des öffentlichen Dienstes, die aufgrund privatrechtlicher Verträge erfolgt.

221 — *Erwerbswirtschaftliche Betätigung der Verwaltung:* Das private Wirtschaftsrecht kommt dann zur Anwendung, wenn ein Träger öffentlicher Gewalt entweder eine eigene unternehmerische Tätigkeit entfaltet (Beispiele: Staatsdomänen, Bierbrauereien, Porzellanmanufakturen) oder die Anteile von Handelsgesellschaften ganz oder zum Teil besitzt (Beispiele: VEBA, STEAG, Lufthansa, Salzgitter AG).

Dieser Bereich ist recht problematisch; denn es ist schwierig, den hierin liegenden Eingriff in die Wettbewerbsfreiheit (vgl. unten Rdnr. 909 f.) verfassungsrechtlich zu legitimieren (*Dürig*, M/D-GG, Art. 2 Rdnr. 52). Im Gemeinderecht sind denn auch der erwerbswirtschaftlichen Betätigung gesetzliche Grenzen gezogen (vgl. § 88 nw GO).

— *Wahrnehmung von Verwaltungsaufgaben* in den Formen des Privatrechts: Vor allem im Bereich der Erbringung von Leistungen der Daseinsvorsorge und von Subventionen wird der Verwaltung eine Wahlfreiheit zugestanden, sich öffentlich-rechtlicher oder privatrechtlicher Rechtsformen zu bedienen. Die Wahlfreiheit bezieht sich sowohl auf die Organisationsform der Einrichtung (Beispiel: Wasserwerk als öffentlich-rechtliche Anstalt oder als Aktiengesellschaft) als auch auf die Ausgestaltung der Leistungs- oder Benutzungsverhältnisse (Beispiel: die öffentlich-rechtliche Anstalt kann Gebühren aufgrund einer entsprechenden Satzung erheben oder mit den Benutzern privatrechtliche Verträge abschließen). Die Wahrnehmung von Verwaltungsaufgaben in den Formen des Privatrechts wird Verwaltungsprivatrecht genannt. 222

Unbestritten ist die Grundrechtsgeltung im Bereich des Verwaltungsprivatrechts (vgl. BGHZ 29, 76/80; 33, 230/233; 37, 1/27; 52, 325/327). Für die beiden ersten Bereiche wird dagegen von der Rechtsprechung des BGH (BGHZ 36, 91/95) und einem Teil der Literatur (*Forsthoff*, BayVBl. 1964, 101; *H. Klein*, Die Teilnahme des Staates am wirtschaftlichen Wettbewerb, 1968, S. 172 f.) die Grundrechtsbindung der Träger öffentlicher Gewalt, die entweder in privatrechtlichen Formen handeln oder hinter einer handelnden Organisationsform des Privatrechts stehen, verneint. Dagegen lassen sich gewichtige Argumente anführen: Nach Wortlaut und Entstehungsgeschichte des Art. 1 Abs. 3 wird die öffentliche Gewalt umfassend an die Grundrechte gebunden. Die systematische Auslegung mit Art. 20 Abs. 3 bestätigt dies. Lediglich eine historische Interpretation könnte hier zu einem anderen Ergebnis führen. Die Fiskustheorie ist aber unter der Geltung des Grundgesetzes überholt. Das Grundgesetz kennt nur rechtlich konstituierte Staatsgewalt, keine absolute, natürliche oder sonstwie ungebundene Staatsgewalt. Kein Träger öffentlicher Gewalt kann sich den verfassungsrechtlichen Bindungen entziehen und frei wie ein Privater agieren. Im übrigen sind auch die von der Gegenauffassung geäußerten Befürchtungen für die Verwaltungseffektivität nicht begründet. Daher ist die Fiskalgeltung der Grundrechte zu bejahen (vgl. *Erichsen*, StR I, S. 113 f.; *Hesse*, VerfR, Rdnr. 346 ff.; *Schnapp*, vM-GG, Art. 20 Rdnr. 40). 223

Beispiele: Die Gemeinden, die ein öffentliches Nahverkehrsnetz unterhalten, betreiben Daseinsvorsorge. Eine Straßenbahn-AG, deren sämtliche Anteile der Stadt gehören, fällt in den Bereich des Verwaltungsprivatrechts. Nach allen Auffassungen muß sie bei der Tarifgestaltung den Gleichheitssatz (Art. 3 Abs. 1) beachten (vgl. BGHZ 52, 325 zur Vergünstigung für Schülerkarten; BGHZ 65, 284 zur Wasserversorgung). — Wenn eine Behörde beim Kauf von Büromaterial (fiskalisches Hilfsgeschäft) oder ein bundeseigener Betrieb bei der Vergabe von Aufträgen (erwerbswirtschaftliche Betätigung) aus unsachlichen Gründen Anbieter oder Abnehmer bevorzugt oder benachteiligt, ist das nicht nach der Rspr. des BGH, wohl aber nach der hier vertretenen Auffassung ein Verstoß gegen Art. 3 Abs. 1. 224

Literatur: Zu I: *A. v. Mutius,* Grundrechtsfähigkeit, Jura 1983, 30. — Zu I. 1.: *K. Hailbronner,* Ausländerrecht und Verfassung, NJW 1983, 2105; *H. Rittstieg,* Ausländerrecht und Verfassung, NJW 1983, 2746; *M. Zuleeg,* Grundrechte für Ausländer: Bewährungsprobe des Verfassungsrechts, DVBl. 1974, 341. — Zu I. 3.: *U. Fehnemann,* Die Innehabung und Wahrnehmung von Grundrechten im Kindesalter, 1983; *M. Roell,* Die Geltung der Grundrechte für Minderjährige, 1984. — Zu I. 4.: *K. Amelung,* Die Einwilligung in die Beeinträchtigung eines Grundrechtsgutes, 1981; *J. Pietzcker,* Die Rechtsfigur des Grundrechtsverzichts, Staat 1978, 527; *G. Robbers,* Der Grundrechtsverzicht, JuS 1985, 925. — Zu I. 5.: *H. Bethge,* Grundrechtsträgerschaft juristischer Personen. Zur Rechtsprechung des Bundesverfassungsgerichts, AöR 1979, 54; *S. Broß,* Zur Grundrechtsfähigkeit juristischer Personen des öffentlichen Rechts, VerwArch 1986, 65; *C. Degenhart,* Grundrechtsschutz ausländischer juristischer Personen bei wirtschaftlicher Betätigung im Inland, EuGRZ 1981, 161; *K. Kröger,* Juristische Personen des öffentlichen Rechts als Grundrechtsträger, JuS 1981, 26; *H.-W. Laubinger,* Zum Anspruch der Mitglieder von Zwangsverbänden auf Einhaltung des gesetzlich zugewiesenen Aufgabenbereichs, VerwArch 1983, 175, 263. — Zu II: *E.-W. Böckenförde,* Grundrechtsgeltung gegenüber Trägern gesellschaftlicher Macht?, in: Freiheit in der sozialen Demokratie, 1975, S. 77; *D. Ehlers,* Rechtsstaatliche und prozessuale Probleme des Verwaltungsprivatrechts, DVBl. 1983, 422; *J. Pietzcker,* Rechtsbindungen der Vergabe öffentlicher Aufträge, AöR 1982, 61; *J. Schwabe,* Bundesverfassungsgericht und Drittwirkung der Grundrechte, AöR 1975, 442; *F. v. Zezschwitz,* Rechtsstaatliche und prozessuale Probleme des Verwaltungsprivatrechts, NJW 1983, 1873.

§ 6 GRUNDRECHTSGEWÄHRLEISTUNGEN UND -BESCHRÄNKUNGEN

I. Schutzbereich und Gewährleistung

225 Die verschiedenen Grundrechte gelten *verschiedenen Lebensbereichen.*

226 **Beispiele:** Art. 4 gilt dem Leben des einzelnen aus seinen religiösen oder sonstigen tiefsten Überzeugungen heraus, Art. 5 gilt der Kommunikation durch und über Informationen und Meinungen und nennt besonders die Kommunikationsmedien Presse und Rundfunk und die Kommunikationsbereiche Kunst und Wissenschaft, Art. 6 gilt der Ehe und Familie, Art. 7 gilt der Schule, Art. 8 und 9 gelten den Versammlungen und den Vereinigungen, usw. Bei Art. 2 Abs. 1 wird die freie Persönlichkeitsentfaltung als allgemeine Handlungsfreiheit verstanden, so daß der Bereich, dem Art. 2 Abs. 1 gilt, das Leben allgemein ist. Auch Art. 3 Abs. 1 gilt dem Leben allgemein, indem er von der Gleichheit schlechthin handelt.

227 In den verschiedenen, mal eng und mal weit ausgreifenden Lebensbereichen schützen die Grundrechte den einzelnen gegen staatliche Eingriffe. Von Lebensbereich zu Lebensbereich verschieden, schützen sie mal sein *Verhalten insgesamt,* mal aber auch nur *bestimmte Verhaltensweisen.*

228 **Beispiele:** Einfach von Kunst und Wissenschaft redend, schützt Art. 5 Abs. 3 das künstlerische und wissenschaftliche Handeln insgesamt. Art. 8 Abs. 1 schützt dagegen nicht jedes Sich-Versammeln, sondern dieses nur dann, wenn es friedlich und ohne Waffen geschieht.

229 Dies ist der grundrechtlich geschützte Lebensbereich, der *Schutzbereich* des Grundrechts oder Grundrechts*tatbestand (v. Mangoldt/Klein/Starck,* GG, Art. 1 Abs. 3 Rdnr. 170). Gelegentlich wird er auch der *Normbereich* des Grundrechts genannt, d. h. der Bereich, den die Grundrechtsnorm aus der Lebenswirklichkeit als Schutzgegenstand herausschneidet (*Hesse,* VerfR, Rdnr. 46, 69, im Anschluß an *F. Müller,* Struk-

turierende Rechtslehre, 1984). Wenn vom *Regelungsbereich* die Rede ist, dann ist damit nicht der Schutzbereich, sondern der Lebensbereich, dem das Grundrecht gilt und in dem es den Schutzbereich erst bestimmt, gemeint.

> **Beispiele:** Der Regelungsbereich des Art. 8 Abs. 1 erstreckt sich auf alle Versammlungen. Sein Schutzbereich umfaßt dagegen nur friedliche und waffenlose Versammlungen. — Der Regelungsbereich des Art. 103 Abs. 2 ist das Rückwirkungsverbot im Strafrecht. Sein Schutzbereich erstreckt sich dagegen nur auf die die Strafbarkeit betreffenden Normen. Gesetze, die einerseits zum Strafrecht zu zählen sind, aber andererseits nicht die Strafbarkeit betreffen, wie z. B. Verjährungsregelungen (E 25, 269; krit. dazu *Pieroth*, JuS 1977, 394/398 f.), fallen also nicht unter das Rückwirkungsverbot des Art. 103 Abs. 2.

230

Das Verhalten im Schutzbereich eines Grundrechts kann als *Grundrechtsgebrauch* oder *Grundrechtsausübung* bezeichnet werden. Wenn hier vom Verhalten im Schutzbereich der Grundrechte die Rede ist, dann will dies in denkbar weitem Sinn verstanden werden. Gemeint ist nicht nur das Handeln und erst recht nicht das Handeln nur im Schutzbereich derjenigen Grundrechte, die im Text von Handlungen („seine Meinung ... äußern", „sich ... unterrichten", „sich ... versammeln" etc.) sprechen. Gemeint ist auch das Verhalten im Schutzbereich weniger handlungs- als vielmehr sachbezogen formulierter Grundrechte. Art. 5 Abs. 3 wurde als Beispiel schon entsprechend erwähnt, wobei freilich Kunst und Wissenschaft schon im alltäglichen Sprachgebrauch die sachbezogenen Bezeichnungen von Handlungskomplexen sind. Aber auch wo das alltägliche Sprachverständnis eines Grundrechts den Handlungs- hinter dem Sachbezug völlig zurücktreten läßt, ist ein Verhalten der Inhalt des Schutzbereichs, das vom *Handeln* über das *Unterlassen* bis zum bloßen *Sich-Befinden* reichen kann.

231

> **Beispiele:** Art. 14 Abs. 1 gewährleistet das Eigentum und nimmt damit das Erwerben, Veräußern und Verfügen über eigene Sachen und Rechte in seinen Schutzbereich; Art. 13 erklärt die Wohnung für unverletzlich und definiert sie dadurch als Schutzbereich, in dem der einzelne sich befindet, sich auch sonst verhält und besonders auch entscheidet, wer Zutritt hat; Art. 10 bestimmt die Unverletzlichkeit des Briefgeheimnisses und eröffnet damit einen Schutzbereich für alle Handlungen des brieflichen Verkehrs; Art. 2 Abs. 2 S. 1 gewährleistet dem einzelnen mit dem Recht auf das Leben das Recht zu leben, in dessen Schutzbereich nicht die bloße Befindlichkeit des Lebens sondern das Atmen, Sich-Ernähren und Sich-Bewegen gehört, ohne das es Leben nicht gibt.

232

> **Lösungstechnischer Hinweis:** Mit der Bestimmung des einschlägigen Schutzbereichs fängt die Fallbearbeitung an. Auf welches Grundrecht sich der einzelne berufen kann, wenn er staatliche Eingriffe in ein Verhalten abwehren oder auch staatlichen Schutz, staatliche Förderung für sein Verhalten begehren will, hängt davon ab, in welchen Schutzbereich sein Verhalten fällt.

233

Der Schutz, den das Grundrecht in seinem Schutzbereich dem einzelnen bietet, wirkt zunächst in der Gestalt von *subjektiven Rechten*. Bei manchen Grundrechten findet sich auch der objektiv-rechtliche Schutz von Instituten und Institutionen, und allen Grundrechten erkennen BVerfG und h. L. neben der subjektiv-rechtlichen noch eine *objektiv-rechtliche Bedeutung* zu (vgl. näher oben Rdnr. 90 ff.). Aber dadurch kann die subjektiv-rechtliche Bedeutung nicht beschränkt, sondern nur verstärkt werden, z. B. indem das subjektive Recht, Eingriffe abzuwehren, zum Verfahrens-, Teilhabe- oder gar Leistungsrecht geweitet wird.

234

235 Diese Schutzwirkungen in Gestalt subjektiven und objektiven Rechts sind die Grundrechtsgewährleistungen, -garantien oder -verbürgungen. *Terminologisch* ist zu unterscheiden: Das Grundrecht *hat* seinen Schutzbereich, und es verbürgt, garantiert oder gewährleistet *im* Schutzbereich subjektive Rechte (Abwehr-, Verfahrens-, Teilhabe- oder Leistungsrechte), Einrichtungs- (Instituts- oder institutionelle) Garantien, eine grundrechtskonforme Auslegung und Anwendung einfachen Rechts etc. Geläufig ist auch eine Terminologie, die verkürzend einfach davon spricht, daß Grundrechte, Freiheiten, Leistungen, Einrichtungen, Werte und Prinzipien etc. verbürgen, garantieren oder gewährleisten, und auch vom Gewährleistungs- oder Garantiegehalt der Grundrechte ist die Rede. Entscheidend ist, daß der Begriff der Grundrechtsgewährleistung mit den verwandten Begriffen auf rechtlich ausgeformte *Schutzwirkungen* der Grundrechte bezogen ist, während der Begriff des Schutzbereichs, den ein Grundrecht hat, den *Wirklichkeitsausschnitt* bezeichnet, in dem der Schutz wirkt.

236 **Beispiele:** Art. 12 hat als Schutzbereich das Berufsleben und Ausbildungswesen und gewährleistet in diesem Schutzbereich Abwehr-, eventuell auch Teilhabe- und Leistungsrechte. Daß Art. 3 nicht einem bestimmten Lebensbereich gilt, sondern die Gleichheit schlechthin fordert, wurde schon erwähnt; bei Art. 3 geht es daher auch nicht um Schutzbereiche, sondern nur um Gewährleistungen. Auch bei der allgemeinen Handlungsfreiheit des Art. 2 Abs. 1 erübrigt sich eine positive Bestimmung des Schutzbereichs; nur negativ ist auszugrenzen, was von den anderen Grundrechten spezieller geschützt ist und daher nicht mehr unter den allgemeinen Schutz der allgemeinen Handlungsfreiheit fallen kann.

237 **Lösungstechnischer Hinweis:** Die Fallbearbeitung verlangt die Bestimmung der jeweiligen Grundrechtsgewährleistung, -garantie oder -verbürgung bei der Frage, was gewollt ist bzw. gewollt werden kann. Beispielsweise genügt es dafür, daß jemand unter Berufung auf Art. 12 Abs. 1 die staatliche Unterstützung für eine zusätzliche Berufsausbildung fordern kann, nicht, daß auch die zusätzliche Berufsausbildung in den Schutzbereich von Art. 12 Abs. 1 fällt; vielmehr muß Art. 12 Abs. 1 neben den entsprechenden Abwehrrechten gerade entsprechende Leistungsrechte gewährleisten.

II. Eingriff, Schranke und verwandte Begriffe

238 Der gewissermaßen wildwüchsige Grundrechts- oder Freiheitsgebrauch der Grundrechtsberechtigten würde zu *Konflikten* führen: zu Konflikten mit den Interessen der Allgemeinheit und auch mit den Rechten und Grundrechten jeweils anderer Grundrechtsberechtigter. Deshalb gibt es Eingriffe in die Grundrechte und werden dem Grundrechtsgebrauch Schranken gezogen. Wann der Staat die Eingriffe vornehmen und die Schranken ziehen darf und wann der Grundrechtsberechtigte sie, weil sie verfassungsrechtlicher Rechtfertigung entbehren, abwehren kann, ist später zu fragen (vgl. unten Rdnr. 292 ff.). Zunächst sind die im Grundgesetz gebrauchten *Begriffe* des Eingriffs, der Schranke, der Be- und Einschränkung, Regelung, Antastung und Verletzung sowie die nicht im Grundgesetz gebrauchten, aber von Rechtsprechung und Lehre verwandten Begriffe der Beeinträchtigung, Verkürzung, Begrenzung, Ausgestaltung und Konkretisierung zu klären. Teils bedeuten sie dasselbe, teils Verschiedenes.

1. Eingriff, Schranke, Be- oder Einschränkung, Beeinträchtigung, Verkürzung, Begrenzung

Ein Eingriff, eine Schranke, eine Be- oder Einschränkung, eine Beeinträchtigung, eine Verkürzung oder eine Begrenzung von seiten des Staats ist stets dann gegeben, wenn dem einzelnen ein Verhalten, das vom Schutzbereich eines Grundrechts umfaßt ist, durch den Staat verwehrt wird. Der Eingriff kann *individuell* (Verwaltungsakt, Gerichtsurteil) oder *generell* (Gesetz, Rechtsverordnung, Satzung) erfolgen. Er kann auch durch ein Gesetz lediglich ermöglicht werden; wenn das Gesetz z. B. die Verwaltung ermächtigt, dem einzelnen dieses oder jenes Verhalten zu verwehren, dann entscheidet es zwar schon, welche Eingriffe den einzelnen treffen können, nimmt sie aber noch nicht vor. 239

Die *verschiedenen Begriffe* des Eingriffs, der Schranke, der Be- und der Einschränkung, der Beeinträchtigung und der Verkürzung sind *gleichbedeutend*. Lediglich der Begriff der *Begrenzung* ist anders und *weiter gefaßt:* Er ist nicht nur synonym für Be- und Einschränkung und Schrankenziehung, sondern bezeichnet auch die Grenze, die die grundrechtlich geschützte von der grundrechtlich nicht geschützten Lebenswirklichkeit, den Schutzbereich vom Regelungsbereich trennt (vgl. oben Rdnr. 229 f.). Zuweilen wird er sogar allein hierfür vorbehalten. 240

2. Ausgestaltung und Konkretisierung

Die Ausgestaltung oder Konkretisierung eines Grundrechts ist stets dann gegeben, wenn dessen Schutzbereich intakt bleibt, d. h. nicht i.S.d. vorhergehenden Abschnitts beeinträchtigt, be- oder eingeschränkt, verkürzt usw. wird. Hier will der Staat nicht etwa ein Verhalten verwehren, das vom Schutzbereich umfaßt ist. Vielmehr will er Verhaltensmöglichkeiten gerade *eröffnen*, damit der einzelne vom Grundrecht Gebrauch machen kann. Solcher Ausgestaltungen und Konkretisierungen bedarf es bei den sogenannten *rechts- oder normgeprägten Schutzbereichen*. Bei ihnen ist der einzelne zum Grundrechtsgebrauch nicht schon durch seine Natur und auch nicht durch seine gesellige Natur, sondern erst durch die Rechtsordnung imstande. 241

> **Beispiele:** Zu leben (Art. 2 Abs. 2 S. 1) und seinen Aufenthalt hier oder dort zu nehmen (Art. 11 Abs. 1), gehört zur Natur des einzelnen; sich meinungsmäßig auszutauschen (Art. 5 Abs. 1 S. 1), zu versammeln (Art. 8 Abs. 1) und zu vereinigen (Art. 9 Abs. 1), gehört zu seiner natürlichen Geselligkeit. Dagegen macht erst die Rechtsordnung aus irgendeinem Zusammenleben von Frau und Mann die Ehe (Art. 6 Abs. 1), aus irgendeiner privaten Weitergabe von Wissen die Privatschule (Art. 7 Abs. 4), aus irgendeinem Haben das Eigentum (Art. 14 Abs. 1). Beim Eigentum und Erbrecht spricht das Grundrecht die notwendige Rechts- oder Normgeprägtheit dadurch auch deutlich aus, daß es nicht erst eine Schranken-, sondern schon eine Inhaltsbestimmung zuläßt (Art. 14 Abs. 1 S. 2). 242

Dabei gibt es nicht nur Schutzbereiche einerseits mit und andererseits ohne Rechts- und Normprägung. Grundrechte können auch Schutzbereiche haben, die *teilweise rechts- oder normgeprägt* sind. 243

> **Beispiel:** Art. 9 Abs. 1 gewährleistet nicht nur das Recht, sich irgendwie zu vereinigen oder zu gesellen, sondern das Recht zur Bildung der Rechtsinstitute des Vereins und der Gesellschaft sowie weiterer von der Rechtsordnung geschaffenen Vereinigungstypen, wie der Kommanditgesellschaft, der Aktiengesellschaft und der Genossenschaft. 244

§ 6 II 2

245 Bei den Grundrechten mit rechtsgeprägten Schutzbereichen, zu denen besonders die gehören, die auch Einrichtungsgarantien gewährleisten, taucht stets das folgende *Problem* auf: Einerseits sind sie auf Ausgestaltung angelegt, andererseits sollen sie dem Staat vorausliegen und ihn verpflichten. Daß der Gesetzgeber ein Grundrecht ausgestalten muß, kann nicht heißen, daß er über das Grundrecht verfügen darf. Es muß also jeweils eine Grenze gezogen werden, diesseits derer der rechtsetzende Staat den Schutzbereich *ausgestaltet*, während er jenseits ihrer in das Grundrecht *eingreift* und Schranken zieht. Da die Geschichte die natürliche Geselligkeit des Menschen rechtlich verfaßt hat, bietet auch die Geschichte das Kriterium für die gesuchte Grenze. Die Ausgestaltung des Schutzbereichs endet grundsätzlich da, wo die Rechtsetzung *mit der Tradition bricht*.

246 **Beispiele:** Die Ehescheidungsreform, die das Verschuldens- durch das Zerrüttungsprinzip ablöste, hielt an der Tradition der monogamischen, einverständlich begründeten und grundsätzlich lebenslangen Ehe fest und gestaltete diese nur neu aus. Ein Eherecht, das alle Ehen nach fünf Jahren auslaufen ließe und für die Fortdauer eine Neubegründung verlangte, wäre ein Eingriff. — Zum Begriff des Eigentums gehört traditionell das Merkmal der Privatnützigkeit. Wenn diese vielfältig beschränkt wird, ist dies, weil ebenfalls traditioneller Befund, durchaus noch Ausgestaltung bzw., wie Art. 14 Abs. 1 S. 2 formuliert, Inhaltsbestimmung. Wenn jedoch dem Eigentümer jegliche Verfügung über sein Eigentum und jegliche Nutzung seines Eigentums verwehrt würde und nur noch das nackte Recht bliebe, wäre dies keine Ausgestaltung bzw. Inhaltsbestimmung mehr, sondern ein Eingriff.

247 Auch wo Schutzbereiche nicht rechtsgeprägt sind und der Ausgestaltung oder Konkretisierung insofern nicht bedürfen, kann die Rechtsordnung natürlich den *Grundrechtsgebrauch erleichtern und fördern*.

248 **Beispiel:** Von der Versammlungsfreiheit kann zwar oft ohne jedes staatliche Zutun, ohne jede Erleichterung und Förderung durch die Rechtsordnung Gebrauch gemacht werden. Demonstrationen, in Art. 8 Abs. 1 i.V.m. Art. 5 Abs. 1 S. 1 geschützt, sind dagegen unter Umständen darauf angewiesen, daß die Polizei Wege sichert, Verkehr anhält und umleitet etc. Die Anmeldung von Demonstrationen (vgl. § 14 Abs. 1 VersammlG) liegt daher unter Umständen auch im eigenen Interesse der Demonstranten.

249 Gelegentlich wird hierfür der Begriff der *Konkretisierung* verwandt und bei den rechtsgeprägten Schutzbereichen nur von Ausgestaltung geredet (*Hesse*, VerfR, Rdnr. 301 ff.). Wichtig ist der sachliche Unterschied: Bei den rechtsgeprägten Schutzbereichen sind dem Verhalten durch die Rechtsordnung stets und notwendig bestimmte Bahnen vorgegeben und kann das Verhalten nur in diesen Bahnen frei sein. Dem Handeln die Bahnen vorzugeben, muß daher noch nicht einen Eingriff in den Schutzbereich bedeuten. Bei den nicht rechtsgeprägten Schutzbereichen liegt dagegen in der Vorgabe bestimmter Bahnen ein Eingriff.

250 **Beispiele:** Die freie Meinungsäußerung und -verbreitung in Wort, Schrift und Bild in bestimmten Medien (Leserbrief, Schwarzes Brett, Speakers corner) unter Ausschluß anderer zu kanalisieren, wäre ein Eingriff in Art. 5 Abs. 1 S. 1, nicht nur dessen Konkretisierung. Von einer solchen könnte nur dann gesprochen werden, wenn der Staat Schwarze Bretter und Speakers corners zusätzlich zu den Medien, die sich der einzelne erschließt, zur Verfügung stellt. Aber hierfür bedarf es nicht des besonderen Begriffs. — Im vorigen Beispiel wäre es verfehlt, nicht nur die Sicherungsmaßnahmen der Polizei, sondern auch die Verpflichtung zur Anmeldung von Demonstrationen oder gar das ganze Versamm-

lungsgesetz als Konkretisierung der Versammlungsfreiheit zu verstehen. Auch wenn beides den Demonstranten einmal zugute kommen kann, ist es doch Eingriff und Schranke um der Interessen der Allgemeinheit und um der Rechte und Grundrechte derer willen, die nicht demonstrieren.

3. Regelung

Den Begriff der Regelung verwendet das Grundgesetz bei den Grundrechten und grundrechtsgleichen Rechten besonders dann, wenn es den Gesetzgeber lediglich ermächtigt, „das Nähere" zu regeln oder zu bestimmen (Art. 4 Abs. 3 S. 2, 12a Abs. 2 S. 3, 38 Abs. 3, 104 Abs. 2 S. 4). Damit meint es, daß der Gesetzgeber die jeweilige Gewährleistung zwar durch Modalitäten, Formen und Verfahren handhabbar machen, ihren Gehalt aber *nicht verändern oder verkürzen* darf. Anknüpfend an diesen Begriff der näheren Regelung ließe sich erwägen, vom Gesetzgeber auch da, wo nur von einer *Ermächtigung zur Regelung* die Rede ist (Art. 12 Abs. 1 S. 2), ein besonders behutsames Tätigwerden zu verlangen. 251

> **Beispiel:** Das BVerfG hat den Begriff der Regelung in Art. 12 Abs. 1 S. 2 zunächst dahin verstanden, „daß eher an eine nähere Bestimmung der Grenzen von innen her, d. h. der im Wesen des Grundrechts selbst angelegten Grenzen, gedacht ist als an Beschränkungen, durch die der Gesetzgeber über den sachlichen Gehalt des Grundrechts selbst verfügen, nämlich seinen natürlichen, sich aus rationaler Sinnerschließung ergebenden Geltungsbereich von außen her einengen würde" (E 7, 377/404 — Apothekenurteil —). 252

In seiner neueren Rechtsprechung zu Art. 12 Abs. 1 S. 2 hat das BVerfG *Be- und Einschränkungen aller Art* als Regelungen anerkannt. Die Grenze zwischen Regelungen „von innen her" und „von außen her" läßt sich hier auch nicht fassen; bei den nicht rechtsgeprägten Schutzbereichen versagt das Kriterium der Geschichte, das die Grenze zwischen einerseits Ausgestaltung und andererseits Eingriff oder Schranke bestimmt (vgl. oben 2). Inkonsequent hat das BVerfG für Art. 19 Abs. 1 S. 2 allerdings darauf bestanden, daß das gesetzgeberische Tätigwerden zu Art. 12 Abs. 1 nicht dem Zitiergebot unterfalle, weil es als Regelung nicht Einschränkung sei (E 13, 97/122; vgl. unten Rdnr. 351 ff.). 253

So meint denn der Begriff der Regelung nicht etwa ein behutsameres gesetzgeberisches Tätigwerden als die Begriffe der Be- oder Einschränkung etc. Er ist insofern *sogar weiter* als diese Begriffe, als von Regelungen auch dort gesprochen wird, wo Grundrechte gar nicht betroffen sind oder jedenfalls nicht durch einen Eingriff getroffen werden. Es gibt staatsorganisatorische und grundrechtsausgestaltende oder -konkretisierende Regelungen ebenso wie grundrechtsbe- und einschränkende. 254

4. Antastung

Sowohl die *Menschenwürde* als auch die *Wesensgehalte* der Grundrechte erklärt das Grundgesetz für unantastbar (Art. 1 Abs. 1 S. 1, 19 Abs. 2). Es verwendet den Begriff der Antastung nur in diesem verbietenden Sinn und nur bei den grundrechtlichen Gewährleistungen, die es der Disposition des Staats verstärkt entzieht. Zwar ist es weder grammatisch noch dogmatisch falsch, auch von der Antastung anderer grundrechtlicher Gewährleistungen zu reden, über die der Staat bei entsprechender verfassungsrechtlicher Rechtfertigung disponieren darf. Aber hierfür gibt es genügend andere Be- 255 griffe, und so empfiehlt es sich, den Begriff der Antastung der Erörterung und Anwendung von Art. 1 Abs. 1 S. 1 und Art. 19 Abs. 2 vorzubehalten.

5. Verletzung

256 Ein Eingriff in ein Grundrecht kann zulässig oder unzulässig sein. Die Verletzung eines Grundrechts ist stets unzulässig, sie ist der *unzulässige Eingriff* in das Grundrecht. Das Grundgesetz bestimmt die Unverletzlichkeit der Freiheit der Person (Art. 2 Abs. 2 S. 2), der Freiheiten des Glaubens, des Gewissens und des religiösen und weltanschaulichen Bekenntnisses (Art. 4 Abs. 1), des Brief-, Post- und Fernmeldegeheimnisses (Art. 10 Abs. 1) und der Wohnung (Art. 13 Abs. 1). Bei dreien dieser Grundrechte sieht es zugleich Eingriffe und/oder Beschränkungen vor (Art. 2 Abs. 2 S. 3, 10 Abs. 2, 13 Abs. 2 und 3) und gibt damit zu erkennen, daß nur der Eingriff, der nicht vorgesehen und daher verfassungsrechtlich nicht zu rechtfertigen ist, eine Verletzung darstellt. Bei Art. 4 sind keinerlei Eingriffe o. ä. vorgesehen; hier ist — vorbehaltlich einer Kollision (vgl. unten Rdnr. 359 ff.) — jeder Eingriff eine Verletzung.

257 **Lösungstechnischer Hinweis:** Fallbearbeitungen sind terminologisch oft nicht korrekt, sprechen statt vom Eingriff von der Verletzung und fragen nach deren verfassungsrechtlicher Rechtfertigung. Aber die Verletzung ist gerade der verfassungsrechtlich nicht zu rechtfertigende und daher unzulässige Eingriff. Ob ein Grundrecht verletzt worden ist oder nicht, stellt daher das Ergebnis der Prüfung dar.

III. Schutzbereich und Eingriff

258 Die beiden Begriffe des Schutzbereichs und des Eingriffs mit ihren jeweilgen Synonymen sind *aufeinander bezogen.* Je weiter die Schutzbereiche der Grundrechte verstanden werden, desto mehr erscheint staatliches Handeln als Eingriff, je enger sie verstanden werden, desto weniger gerät der Staat mit den Grundrechten in Konflikt.

259 **Beispiel:** Ob die Polizei, die einem Künstler das Abhalten eines Happenings auf der Straßenkreuzung verwehrt, in die Kunstfreiheit eingreift, ist nicht nur die Frage, ob das Verwehren ein Eingriff ist, oder, wenn es freundlich, ohne Zwang und durch bloßen Hinweis auf die drohenden Gefahren durchgesetzt wird, kein Eingriff ist. Vielmehr ist schon die Frage, ob das Happening, das Happening auf der Straßenkreuzung, das Happening auf der verkehrsreichen Straßenkreuzung, in den Schutzbereich der Kunstfreiheit fallen. Das enge Kunst- und Kunstfreiheitsverständnis gibt der Polizei mehr Handlungsspielraum als das weite: Mal kommt das Verwehren des Happenings gar nicht als Eingriff in Betracht, mal kommt als Eingriff nur das Verwehren bei starkem Verkehr und mal auch jedes Verwehren des Happenings in Betracht.

260 Da der Staat, wenn er einen Eingriff vornimmt, verfassungsrechtlicher Rechtfertigung bedarf, mag es scheinen, als müsse gerade ein freiheitliches Staatsverständnis die Schutzbereiche weit ziehen und auch den Eingriffsbegriff weit fassen: Ist nicht der Staat um so freiheitlicher, je mehr er über sein Handeln Rechenschaft ablegen muß, je weiteren und stärkeren Anforderungen verfassungsrechtlicher Rechtfertigung er unterworfen ist? Aber dabei bleibt zweierlei außer Betracht: Zum einen ist die verfassungsrechtliche Rechtfertigung an den Grundrechten nicht die einzige Rechtfertigung des Staatshandelns, sondern die eine neben der anderen, die sich auf den demokratischen politischen Prozeß stützt. Zum anderen würde eine Überforderung und Überdehnung der Grundrechte die verfassungsrechtliche Rechtfertigung so oft und so oft

da fordern, wo sie sich von selbst versteht, daß ihre Maßstäbe zu kleiner, billiger Münze verkämen.

> **Beispiel:** Ein weiter Gewissensbegriff und ein weiter Begriff der Gewissensfreiheit könnte jedes Handeln, das von festen Überzeugungen geleitet ist, unter den Schutz von Art. 4 Abs. 1 ziehen. Da für Art. 4 Abs. 1 keine Eingriffe o. ä. vorgesehen sind, wäre jede Schranke, die dem aus festen Überzeugungen Handelnden gezogen wird, eigentlich eine Verletzung der Gewissensfreiheit. Dies kann und darf jedoch nicht sein: Schon das Überqueren der Straße bei roter Ampel kann von der festen Überzeugung geleitet sein, daß der einzelne selbst beurteilen kann, wann der Verkehr ihn gefährdet und wann nicht. So müßten denn für unendlich viele Situationen in Art. 4 Abs. 1 nicht vorgesehene Eingriffsrechtfertigungen ersonnen werden. Die Rechtfertigung aus kollidierendem Verfassungsrecht (vgl. unten Rdnr. 366 ff.), die von Rechtsprechung und Lehre für nicht vorgesehene Eingriffe als letzte und behutsam einzusetzende Möglichkeit und Rechtfertigung entwickelt worden ist, verlöre ihren Ausnahmecharakter und würde das differenzierte Schrankensystem der Grundrechte sprengen.

261

So spricht denn *keine Vermutung* dafür, die Schutzbereiche *weit* zu ziehen, wie das teilweise behauptet wird („in dubio pro libertate"). Auch dafür, sie *eng* zu ziehen, spricht keine Vermutung (vgl. *v. Münch*, vM-GG, Vorb. Art. 1—19 Rdnr. 51). Die Schutzbereiche jedes einzelnen Grundrechts müssen mit den normalen juristischen Auslegungsmitteln von dessen Text, Geschichte, Genese und systematischer Stellung her einfach richtig bestimmt werden. Auch der Begriff des Eingriffs ist nicht von irgendwelchen Vermutungen, sondern von Funktion und Begriff der Grundrechte her zu bestimmen.

262

1. Bestimmung des Schutzbereichs

Der Schutzbereich ist bei jedem einzelnen Grundrecht gesondert zu bestimmen. Vorab und *allgemein* ist lediglich folgendes festzuhalten.

a) Das Reden vom Bereich darf nicht zu **falschem räumlichen Denken** verleiten. Es muß nicht der eine Raum sein, der verschiedenes Verhalten zum Inhalt desselben Schutzbereichs verbindet. Vielmehr kann dieselbe Funktion, dieselbe Rolle, dasselbe Thema den identischen Inhalt des Schutzbereichs ausmachen.

263

> **Beispiele:** Zwar bezeichnet der Begriff Wohnung einen Raum. Aber Art. 13 stellt den Raum der Wohnung nicht mit allem darin stattfindenden Verhalten frei. Er tut dies nicht nur darum nicht, weil er in Abs. 2 und 3 bestimmte Eingriffe und Beschränkungen ausdrücklich vorsieht. Vielmehr hat er schon einen anderen Schutzbereich; er schützt die Wohnung in ihrer Funktion, dem einzelnen Obdach und die Möglichkeit der Abschirmung und des Rückzugs für sein persönliches und möglicherweise auch geschäftliches Verhalten zu bieten. Wann dieses Verhalten selbst rechtmäßig und wann es rechtswidrig ist, ist nicht an Art. 13, sondern an den anderen Grundrechten zu messen; z.B. gelten die mit den anderen Grundrechten vereinbaren Straf- und Zivilrechtsnormen innerhalb ebenso wie außerhalb der Wohnung. An Art. 13 ist nur das Eindringen des Staats in die Wohnung zu messen.

264

b) Der Schutzbereich eines Grundrechts kann oft nicht in isoliertem Blick auf dieses Grundrecht, sondern nur in **systematischer Zusammenschau** mit anderen Grundrechten und sonstigen Verfassungsbestimmungen bestimmt werden (vgl. *v. Mangoldt/Klein/Starck*, GG, Art. 1 Abs. 3 Rdnr. 171).

265

266 **Beispiele:** Das Nebeneinander von Art. 4 Abs. 1 und Art. 5 Abs. 1 lehrt, daß unter religiösem Bekenntnis nicht einfach religiöse Meinungen zu verstehen sind; das Nebeneinander von Art. 6 Abs. 2 und Art. 7 Abs. 1 zeigt, daß das elterliche Erziehungsrecht an der staatlichen Schulhoheit endet; das Nebeneinander von Grundrechten und Organisationsrecht läßt die Äußerung des Abgeordneten in der Bundestagsdebatte aus dem Schutzbereich von Art. 5 Abs. 1 herausfallen (vgl. unten Rdnr. 1156).

267 Dabei ist der *Unterschied* wichtig zwischen
— der Reichweite, die ein Schutzbereich in systematischer Interpretation des Grundrechts erkennen läßt, und
— der Rechtfertigung eines Eingriffs in den Schutzbereich eines Grundrechts durch kollidierendes Verfassungsrecht (andere Grundrechte und sonstige Verfassungsgüter).

268 Der für beides gelegentlich einheitlich verwandte Begriff der *Begrenzung* darf den Unterschied nicht verwischen. Ausgeführt kann er erst später bei der Erörterung der Rechtfertigung von Eingriffen werden (vgl. unten Rdnr. 359 ff.). Hier kann jedoch schon festgehalten werden, daß im Unterschied zur punktuellen, im einzelnen Fall auftretenden Kollision die Reichweite des Schutzbereichs *generell* feststeht.

269 c) Weil Schutzbereich und Eingriff aufeinander bezogen sind, muß der Schutzbereich gelegentlich schon mit **Blick auf den Eingriff** bestimmt werden. Es wird also gefragt, wogegen ein Grundrecht schützt.

270 **Beispiele:** Art. 8 Abs. 1 bringt schon im Normtext zum Ausdruck, daß die Versammlungsfreiheit gegen Anmeldungs- und Erlaubnispflichten schützen soll. Aus der Entstehungsgeschichte des Art. 2 Abs. 2 S. 1 (Recht auf Leben und körperliche Unversehrtheit) ergibt sich, daß gegen bestimmte verbrecherische Eingriffe in das Leben und die körperliche Unversehrtheit, wie sie in der nationalsozialistischen Zeit vorgekommen waren, geschützt werden soll. Der Schutzbereich des Art. 1 Abs. 1 (Schutz der Menschenwürde) wird üblicherweise ausschließlich von der Eingriffsseite, also von möglichen Beeinträchtigungen her, bestimmt (vgl. unten Rdnr. 403 ff.).

2. Bestimmung des Eingriffs

271 Der *klassische Eingriffsbegriff* hat vier Voraussetzungen. Er verlangt, daß ein Eingriff
— final und nicht bloß unbeabsichtigte Folge eines auf ganz andere Ziele gerichteten Staatshandelns,
— unmittelbar und nicht bloß zwar beabsichtigte, aber mittelbare Folge des Staatshandelns,
— Rechtsakt mit rechtlicher und nicht bloß tatsächlicher Wirkung ist und
— mit Befehl und Zwang angeordnet bzw. durchgesetzt wird.

272 Den klassischen Eingriffsbegriff lehnt das moderne Grundrechtsverständnis als *zu eng* ab. Zwar ist das Staatshandeln, das im klassischen Sinn Eingriff ist, auch im modernen Sinn Eingriff. Im modernen Sinn ist aber auch noch anderes Staatshandeln Eingriff.

273 Der Erweiterung des Eingriffsbegriffs liegt dieselbe Entwicklung *vom liberalen zum sozialen Rechtsstaat* zugrunde, die auch die subjektiv-rechtlichen Gewährleistungsgehalte der Grundrechte erweitert und um objektiv-rechtliche ergänzt hat (vgl. oben Rdnr. 95 ff.): In immer mehr Lebenslagen auf den Staat angewiesen, erfährt der einzel-

ne in immer mehr Lebenslagen staatliches Handeln als nicht nur existenzsichernd, sondern auch -gefährdend, nicht nur freiheitsfördernd, sondern auch -beeinträchtigend. Je mehr Berührungspunkte Staat und einzelne haben, desto mehr Konfliktmöglichkeiten wachsen zwischen ihnen. Um je mehr Bedeutungen die Grundrechte auch für Organisation, Verfahren, Teilhabe und Leistung gewinnen, desto mehr Fragen nach der Eingriffsqualität auch von Organisationsakten, Verfahrensgestaltungen, Teilhabe- und Leistungsregeln stellen sich.

Die Erweiterung des Eingriffsbegriffs gilt allen vier klassischen Kriterien. *Eingriff ist jedes staatliche Handeln, das dem einzelnen ein Verhalten, das in den Schutzbereich eines Grundrechts fällt, unmöglich macht,* gleichgültig ob diese Wirkung final oder unbeabsichtigt, unmittelbar oder mittelbar, rechtlich oder tatsächlich (faktisch), mit oder ohne Befehl und Zwang erfolgt. Allerdings muß die Wirkung von einem ursächlichen und zurechenbaren Verhalten der öffentlichen Gewalt ausgehen (E 66, 39/60). 274

Beispiele: Ein unbeabsichtigter faktischer Eingriff ist die fehlgehende Kugel eines auf einen flüchtenden Tatverdächtigen schießenden Polizeibeamten, die einen unbeteiligten Passanten trifft. Ein unbeabsichtigter faktischer mittelbarer Eingriff liegt vor, wenn sich die Mutter bei der für ihr Kind angeordneten Pflichtimpfung ansteckt. Faktische Eingriffe ohne Befehl und Zwang werden bei der Überwachung von Telefongesprächen und bei sonstigen Informationseingriffen vorgenommen. 275

Die Erweiterung hat ihre *Folgeproblematik.* Bei Einbezug der unbeabsichtigten und mittelbaren Wirkungen liegen Eingriffe nicht nur gegenüber den einzelnen vor, an die das Staatshandeln gerichtet ist (sog. *Adressaten*), sondern auch gegenüber Dritten, denen gegenüber zu handeln vom Staat unter Umständen weder gewollt noch auch nur ihm bewußt war (sog. *Drittbetroffene,* vgl. *Pietzcker,* Festschrift Bachof, 1984, S. 131). 276

Beispiel: Greift der Staat mit der Verhängung einer Freiheitsstrafe auch in das Ehe- und Familiengrundrecht der Ehefrau, Eltern und Kinder des Verurteilten ein, und können diese gegen die Verurteilung gemäß Art. 19 Abs. 4 Rechtsschutz begehren? 277

Bei Einbezug aller tatsächlichen Wirkungen wird die Bestimmung der Grenze, diesseits derer staatliches Handeln den Grundrechtsgebrauch lediglich erschwert, während es ihn jenseits wirklich unmöglich macht, zum Problem. Die Beeinträchtigung als der Eingriff ist von der *Belästigung,* die noch nicht eingreift, abzugrenzen. 278

Beispiel: Ist die Polizeikontrolle auf der Autobahn, die einen Stau verursacht und darin auch die nicht mehr vorankommen läßt, die nicht angehalten und kontrolliert werden sollen, auch diesen gegenüber ein Eingriff? 279

Die zwei Konstellationen können *zusammentreffen* und die Problematik noch verschärfen. Dies ist bei technischen Anlagen, besonders bei Kernkraftwerken, der Fall. 280

Beispiel: BVerwGE 61, 256 hatte über die Anfechtung der Teilbetriebsgenehmigung eines Kernkraftwerks zu entscheiden. Die Anfechtung war mit Gesundheitsbeeinträchtigungen durch radioaktive Emissionen begründet, hatte aber nicht dargetan, daß die Emissionen des Kernkraftwerks die in § 45 StrSchVO mit drittschützender Zielsetzung festgelegten Grenzwerte überschritten. Das BVerwG hat die Anfechtung als unzulässig abgelehnt; es hat § 45 StrSchVO als Maßstab für Drittbetroffenheit genommen und daher die geltend gemachte Drittbetroffenheit nicht für ausreichend gehalten. Hat es damit den selbst schon grundrechtseingreifenden § 45 StrSchVO als Maßstab genommen, wann überhaupt ein Eingriff vorliegt? Durfte es das? Hätte es stattdessen allen, die im noch so weiten Bereich noch so niedriger Emissionen liegen, die Klagebefugnis zuerkennen müssen? 281

§ 6 III 2

282 Das Beispiel zeigt, daß die Diskussion um den Eingriffsbegriff nicht nur ihre materiell- sondern auch ihre *prozeßrechtliche Seite* hat. Oft steht diese sogar im Vordergrund: Was der weite Eingriffsbereich materiell rechtfertigungsbedürftig macht, das läßt sich materiell auch weitgehend rechtfertigen; was er damit zugleich zum möglichen Gegenstand von Prozessen macht, das weckt die Angst vor einer Prozeßflut, der die Rechtsprechung kapazitätsmäßig nicht gewachsen ist. Überzeugen kann diese prozeß- statt materiell-rechtliche Akzentuierung der Diskussion um den Eingriffsbegriff allerdings nicht. Das Gesundheits-, Naturschutz- und ökologische Anliegen drängt die einzelnen augenscheinlich unabhängig von den Erfolgsaussichten zu den Gerichten, und dann macht es für die Arbeitsbelastung der Gerichte keinen entscheidenden Unterschied, ob die Klagen schon als offensichtlich unzulässig oder erst als offensichtlich unbegründet abgewiesen werden können.

283 Die Folgeproblematik der Erweiterung des Eingriffsbegriffs ist nicht mit einer schneidigen Formel zu *lösen*. Zwar können die genannten zwei Konstellationen in ein Problem überführt werden: Auch bei der Unterscheidung relevanten und irrelevanten Betroffenseins von Dritten kann es nur um die Grenze zwischen Beeinträchtigung und Belästigung gehen; indem schon bloß tatsächliche Wirkungen als Eingriffe anerkannt sind (vgl. *Gallwas,* Faktische Beeinträchtigungen im Bereich der Grundrechte, 1970, S. 49 ff.), sind notwendig auch unbeabsichtigte und mittelbare Wirkungen anerkannt, da die einzigen zweifelsfrei beabsichtigten und unmittelbaren Wirkungen staatlichen Handelns die rechtlichen sind. Aber die *Grenze zwischen Belästigung und Beeinträchtigung* ist schwierig zu ziehen.

284 Gewiß ist, daß ein Eingriff stets dann vorliegt, wenn es entweder eine *staatliche Sanktion* ist, die dem einzelnen ein grundrechtlich geschütztes Verhalten unmöglich macht, oder wenn ein grundrechtlich geschütztes Verhalten zum *Anknüpfungspunkt* für eine staatliche Sanktion genommen wird.

285 **Beispiele:** Sanktionen gegen die Pressefreiheit (Art. 5 Abs. 1 S. 2) sind die Beschlagnahme von Zeitungen, die Durchsuchung und Schließung der Redaktionsräume; ein Eingriff in die Pressefreiheit liegt auch vor, wenn Pressearbeit zum Anknüpfungspunkt für eine ordnungswidrigkeitenrechtliche oder strafrechtliche Sanktion gemacht wird, z. B. ein Ordnungsgeld gegen einen Anzeigenredakteur festgesetzt wird, der sich weigert, im Rahmen eines Strafverfahrens Angaben über den Auftraggeber einer Chiffreanzeige zu machen (E 64, 108/115), oder eine Freiheitsstrafe wegen Verstoßes gegen § 86 StGB (Verbreiten von Propagandamitteln verfassungswidriger Organisationen) verhängt wird. Es wäre in diesen Fällen verfehlt, auf Art. 14 Abs. 1 (wegen des Ordnungsgeldes) oder Art. 2 Abs. 2 S. 2 i.V.m. Art. 104 (wegen der Freiheitsstrafe) abzuheben.

286 Im übrigen ist davon auszugehen, daß bei bloßen Bagatellen, alltäglichen Lästigkeiten, subjektiven Empfindlichkeiten noch nicht von einer Beeinträchtigung bzw. einem Eingriff zu reden ist.

287 **Beispiele:** Die Polizeikontrolle auf der Autobahn ist ein Eingriff gegenüber dem, dem sie gilt, gehört aber für den, der ihretwegen im Stau stecken bleibt, zu den alltäglichen Lästigkeiten; die subjektive Empfindlichkeit des Pazifisten, der sich durch die Werbeaktion der Bundeswehr beeinträchtigt sieht, ist unbeachtlich.

288 Es bleibt die Frage, ob der *Gesetzgeber,* z. B. mit der Festsetzung von Grenzwerten, selbst den *Maßstab* vorgeben kann, wann die Grenze von der Belästigung zur Beeinträchtigung überschritten ist und ein Eingriff vorliegt. Da es bedeuten würde, die

Grundrechte zu seiner Disposition zu stellen, ist es mit seiner Bindung an die Grundrechte (Art. 1 Abs. 3) nicht vereinbar. Eine ganz andere und zu bejahende Frage ist dagegen, ob die Gerichte den Eingriff, der z. B. in der Festsetzung von Grenzwerten liegt, solange als verfassungsrechtlich gerechtfertigt zugrunde legen können, wie an der verfassungsrechtlichen Rechtfertigung keine Zweifel bestehen und auch vom Kläger gar nicht geltend gemacht werden.

> **Beispiel:** BVerwGE 61, 256 (vgl. oben Rdnr. 281) hat nicht den selbst schon grundrechtseingreifenden § 45 StrSchVO als Maßstab genommen, wann überhaupt ein Eingriff vorliegt, sondern als verfassungsrechtlich gerechtfertigten Eingriff, der in Verbindung mit § 7 Abs. 2 Nr. 3 AtG die Emissionsschutzrechte des Klägers festlegt. Die Klage wäre nur zulässig gewesen, wenn entweder die Verletzung dieser gesetzlich festgelegten Rechte oder die Verfassungswidrigkeit der die Rechte festlegenden Bestimmungen des § 7 Abs. 2 Nr. 3 AtG i.V.m. § 45 StrSchVO geltend gemacht worden wäre.

289

Diese doppelte Überlegung ist stets anzustellen, wenn eine *drittschützende Norm* vorliegt: Zum einen ist danach zu fragen, ob nicht schon der Schutzzweck der Norm den einzelnen sein Betroffensein zur Geltung bringen läßt, und zum anderen, erst wenn das erste nicht der Fall ist, ob das Betroffensein als Eingriff zu qualifizieren und als Eingriff auch verfassungsrechtlich zu rechtfertigen ist.

290

Die Frage des Eingriffs darf nicht mit der *Wirksamkeit* einer staatlichen Maßnahme verwechselt werden. Ein Verwaltungsakt ist mit Bekanntgabe, ein Gesetz mit Inkrafttreten wirksam. Das schließt den Eingriff in Grundrechte durch sie nicht aus. Die Unwirksamkeit (Nichtigkeit) ist erst die Folge einer Grundrechtsverletzung, wofür die Annahme eines Eingriffs eine von mehreren Voraussetzungen ist.

291

IV. Die verfassungsrechtliche Rechtfertigung von Eingriffen

1. Typologie der Gesetzesvorbehalte

Wo das Grundgesetz Eingriffe zulassen will, spricht es in zunächst vielleicht verwirrender, aber, wie gezeigt (vgl. oben Rdnr. 238 ff.), lediglich terminologischer Vielfalt davon, daß in die Grundrechte „aufgrund eines Gesetzes eingegriffen", daß sie „durch Gesetz oder aufgrund eines Gesetzes beschränkt", „eingeschränkt" oder „geregelt", daß „Beschränkungen ... aufgrund eines Gesetzes angeordnet" oder „Eingriffe und Beschränkungen ... aufgrund eines Gesetzes ... vorgenommen" werden dürfen, daß die Grundrechte in Gesetzen „ihre Schranken finden" etc. Diese Schranken-, Ein- und Beschränkungs-, Eingriffs- und Regelungsvorbehalte können in drei verschiedene Typen eingeteilt werden:
— Grundrechte mit einfachem Gesetzesvorbehalt,
— Grundrechte mit qualifiziertem Gesetzesvorbehalt und
— Grundrechte ohne Gesetzesvorbehalt (andere Einteilung bei *v. Mangoldt/Klein/ Starck*, GG, Art. 1 Abs. 3 Rdnr. 173).

292

a) Einen **einfachen Gesetzesvorbehalt** haben die Grundrechte, bei denen das Grundgesetz für Eingriffe lediglich verlangt, daß sie durch Gesetz oder aufgrund Gesetzes erfolgen. Dieser Typ wird teilweise auch allgemeiner Gesetzesvorbehalt genannt, wodurch aber Verwechslungen bei Art. 5 Abs. 2 gefördert werden: Der dortige Vorbe-

293

halt der allgemeinen Gesetze ist gerade ein qualifizierter Gesetzesvorbehalt (vgl. unten Rdnr. 302). Der einfache Gesetzesvorbehalt stellt an das eingreifende Gesetz keine besonderen Anforderungen.

294 **Beispiel:** In Art. 8 Abs. 2 heißt es vom Grundrecht, sich unter freiem Himmel zu versammeln, einfach, daß es „durch Gesetz oder aufgrund eines Gesetzes beschränkt werden" kann.

295 b) Einen **qualifizierten Gesetzesvorbehalt** haben die Grundrechte, bei denen das Grundgesetz nicht nur fordert, daß die Eingriffe durch Gesetz oder aufgrund Gesetzes erfolgen, sondern außerdem verlangt, daß das eingreifende Gesetz an bestimmte Situationen anknüpft, bestimmten Zwecken dient oder bestimmte Mittel benutzt.

296 **Beispiel:** In Art. 11 Abs. 2 heißt es, daß die Freizügigkeit „nur durch Gesetz oder aufgrund eines Gesetzes und nur für die Fälle eingeschränkt werden (darf), in denen eine ausreichende Lebensgrundlage nicht vorhanden ist und der Allgemeinheit daraus besondere Lasten entstehen würden oder in denen es zur Abwehr einer drohenden Gefahr ... erforderlich ist".

297 c) Bei den Grundrechten **ohne Gesetzesvorbehalt** sieht das Grundgesetz überhaupt keine Eingriffe durch Gesetz oder aufgrund Gesetzes vor.

298 **Beispiel:** Art. 5 Abs. 3 S. 1 gewährleistet freie Kunst und Wissenschaft, Forschung und Lehre, ohne Einschränkungs- oder Beschränkungs-, Eingriffs- oder Regelungsmöglichkeiten durch Gesetz oder aufgrund Gesetzes einzuräumen. Zu Art. 5 Abs. 3 S. 2 vgl. das nächste Beispiel.

299 Zwar gilt auch für die Grundrechte ohne Gesetzesvorbehalt, daß der wildwüchsige Freiheitsgebrauch die *Gefahr von Konflikten* in sich birgt. Aber das Fehlen eines Gesetzesvorbehalts zeigt, daß der Gesetzgeber nicht mehr die Freiheit zur Beurteilung und Bekämpfung dieser Gefahr hat. Bei den Grundrechten mit einfachem Gesetzesvorbehalt ist diese Freiheit am größten, bei den Grundrechten mit qualifiziertem Gesetzesvorbehalt ist sie geringer und bei den Grundrechten ohne Gesetzesvorbehalt kann die Vollmacht des Gesetzgebers nicht weiter gehen, als die Grenzen der Reichweite der Schutzbereiche der Grundrechte nachzuziehen. Die Grenzen der Reichweite der Schutzbereiche werden häufig auch als immanente Schranken bezeichnet (vgl. *Schnapp*, JuS 1978, 729/732 f.).

300 **Beispiel:** In Art. 5 Abs. 3 S. 2 heißt es, daß „die Freiheit der Lehre ... nicht von der Treue zur Verfassung entbindet". Mit dieser Bindung der Lehrfreiheit an die Verfassungstreue ist die Reichweite der Lehrfreiheit auf eine verfassungstreue Lehre begrenzt (vgl. unten Rdnr. 708 ff.). Diese Schutzbereichsbegrenzung (immanente Schranke) aufzugreifen, ist der Gesetzgeber durch die grundrechtliche Verbürgung der Freiheit der Lehre nicht gehindert.

301 BVerfG und h.L. finden solche Schutzbereichsbegrenzungen (immanenten Schranken) nicht nur da, wo der Text der Grundrechte sie derart anzeigt. Vielmehr sehen sie die Grundrechte systematisch so miteinander und auch mit dem übrigen Verfassungsrecht verschränkt, daß die vorbehaltslosen Grundrechte, wenn ihr Gebrauch mit anderen Grundrechten oder Verfassungsgütern kollidiert, ihre Schranken in diesem *kollidierenden Verfassungsrecht* finden. Hiervon ist später noch eigens zu handeln (vgl. unten Rdnr. 363 ff.).

d) Gelegentlich kann zweifelhaft werden, ob es sich bei einem Gesetzesvorbehalt um einen einfachen oder um einen qualifizierten handelt. **Art. 5 Abs. 2** enthält, wenn er die Rechte des Abs. 1 ihre Schranken in den „gesetzlichen Bestimmungen zum Schutze der Jugend und in dem Recht der persönlichen Ehre" finden läßt, gewiß einen qualifizierten Gesetzesvorbehalt: Die beschränkenden Gesetze müssen dem Jugend- und dem Ehrenschutz dienen. Wie aber steht es mit Art. 5 Abs. 2 insoweit, als er den Rechten des Abs. 1 Schranken durch die „Vorschriften der allgemeinen Gesetze" zieht? Dieser Vorbehalt der allgemeinen Gesetze klingt zunächst nach einem einfachen Gesetzesvorbehalt. Aber da ein einfacher Gesetzesvorbehalt lediglich verlangt, daß die Schranken durch Gesetz oder aufgrund Gesetzes gezogen werden, würde der Vorbehalt der allgemeinen Gesetze als einfacher Gesetzesvorbehalt die qualifizierten Gesetzesvorbehalte des Jugend- und Ehrenschutzes neben sich entbehrlich machen. Sie sind erforderlich, weil der Vorbehalt der allgemeinen Gesetze ebenfalls ein qualifizierter Gesetzesvorbehalt ist. Er verlangt, daß das die Rechte des Art. 5 Abs. 1 beschränkende Gesetz als allgemeines Gesetz eine bestimmte Qualität besitzt. Welches diese Qualität ist, gehört ebenso wie die Zuordnung der anderen Grundrechte zu den drei Typen der Gesetzesvorbehalte zu der späteren Behandlung der einzelnen Grundrechte. Hier gilt es nur festzuhalten, daß die Zuordnung gelegentlich schwierig sein mag, aber stets möglich ist.

302

e) Für ein Grundrecht einschlägige Gesetzesvorbehalte finden sich nicht nur in dem Artikel, in dem das Grundrecht selbst steht: **Art. 17a** enthält Gesetzesvorbehalte für anderorts verbürgte Grundrechte; diese Gesetzesvorbehalte ergänzen die bei den fraglichen Grundrechten schon statuierten Gesetzesvorbehalte. Als grundrechtsübergreifender Gesetzesvorbehalt wirkt auch **Art. 12a Abs. 1.** Keinen Gesetzesvorbehalt enthält **Art. 18,** doch hat er wie ein Gesetzesvorbehalt eine Eingriffsrechtfertigung zum Gegenstand: Unter den inhaltlichen Voraussetzungen des S. 1 darf gemäß S. 2 ausschließlich das BVerfG eine Verwirkung der Grundrechte feststellen.

303

2. Vom Gesetzesvorbehalt zum Parlamentsvorbehalt

Der Gesetzesvorbehalt erfordert für Grundrechtseingriffe der Verwaltung eine gesetzliche Ermächtigung. Seine *historische Funktion* lag im 19. Jahrhundert darin, die bürgerliche Gesellschaft gegen die monarchische Exekutive zu sichern (vgl. *Böckenförde,* Gesetz und gesetzgebende Gewalt, 2. Aufl. 1981). Aber auch nach dem Wegfall des Gegensatzes zwischen dem in der Verwaltung beheimateten monarchischen und dem in der Gesetzgebung erwachsenden demokratischen Prinzip hat die Verwaltung ein so starkes Eigenleben und besitzt ein so großes Eigengewicht, daß es weiter seinen guten Sinn hat, sie bei Grundrechtseingriffen an das Erfordernis der gesetzlichen Ermächtigung zu binden. Die Rechtsprechung des BVerfG hat diese Bindung über ihre ursprüngliche Bedeutung sogar noch *ausgeweitet.*

304

Ursprünglich verlangte der Gesetzesvorbehalt nur, daß eine gesetzliche Ermächtigung vorlag, aber nicht, wie die gesetzliche Ermächtigung aussah. Möglich war dabei, daß der Gesetzgeber das Grundrechtseingreifen der Verwaltungshandelnden detailliert regelte. Möglich war dabei aber auch, daß der Gesetzgeber bei Grundrechtseingriffen die Verwaltung großzügig zu eigenen Regelungen ermächtigte. Auch dann lag noch

305

eine gesetzliche Ermächtigung für die Grundrechtseingriffe der Verwaltung vor und war der Gesetzesvorbehalt gewahrt. Aber seiner Verantwortung hatte der Gesetzgeber sich in letzterem Fall weithin entledigt.

306 Den Gesetzgeber in seiner Verantwortung festzuhalten, ist zunächst die Aufgabe von *Art. 80:* Eine Ermächtigung zum Erlaß einer Rechtsverordnung muß im Gesetz nach Inhalt, Zweck und Ausmaß bestimmt sein. Aber Inhalt, Zweck und Ausmaß können bestimmt und zugleich doch so weit gefaßt sein, daß die eigentliche Entscheidung über die Voraussetzungen von Grundrechtseingriffen bei der ermächtigten Verwaltung liegt. Das BVerfG verhindert dies mit seiner sogenannten *Wesentlichkeitslehre.* Danach muß der Gesetzgeber „in grundlegenden normativen Bereichen, zumal im Bereich der Grundrechtsausübung, soweit diese staatlicher Regelung zugänglich ist, alle wesentlichen Entscheidungen selbst ... treffen" (zuletzt E 61, 260/275), d. h. er darf sie nicht an die Verwaltung delegieren. Der Gesetzesvorbehalt erstarkt insoweit zum *Parlamentsvorbehalt* (vgl. *Krebs,* Jura 1979, 304; *Pietzcker,* JuS 1979, 710).

307 Die Frage bleibt, was im Bereich der Grundrechtsausübung wesentlich ist (vgl. *Kisker,* NJW 1977, 1313). Sie wird dadurch erschwert, daß das BVerfG mit der Wesentlichkeitslehre den Gesetzes- bzw. Parlamentsvorbehalt von den „überholte(n) Formeln (Eingriff in Freiheit und Eigentum)" lösen will (E 47, 46/79). Das wirkt einerseits als *Ausdehnung,* die der neueren grundrechtstheoretischen Entwicklung (vgl. oben Rdnr. 90 ff.) folgt und vom Gesetzgeber auch Regelungen zu Organisation und Verfahren, Leistung und Teilhabe einfordert. Es könnte andererseits aber auch als *Einschränkung* wirken, wenn zwischen wesentlichen und unwesentlichen Eingriffen unterschieden und dem Gesetzgeber nur für die wesentlichen eine Regelung abverlangt würde. Dies ist *abzulehnen.* Die Wesentlichkeitslehre kann den Grundrechtsschutz nicht verkürzen, sondern nur verstärken (teilweise a. A. aufgrund einer rein rechtsstaatlichen Begründung des Parlamentsvorbehalts *Rottmann,* EuGRZ 1985. 277).

308 Die *Wesentlichkeitslehre* bedeutet danach, daß
— ein Eingriff nach wie vor nur durch Gesetz oder aufgrund Gesetzes erfolgen darf,
— darüber hinaus die wesentlichen Entscheidungen über Eingriffe vom Gesetzgeber selbst getroffen werden müssen und nicht an die Verwaltung delegiert werden dürfen, wobei die wesentlichen Entscheidungen über Eingriffe besonders die Entscheidungen über wesentliche Eingriffe sind und
— die Wesentlichkeit eines Eingriffs sich nach dessen Intensität bemißt.

309 **Beispiele:** Besonders intensiv sind Eingriffe, die gleich mehrere Verhalten, die in den Schutzbereich eines Grundrechts fallen, unmöglich machen; die ein Verhalten nicht nur kurz, sondern lange verwehren; die den Grundrechtsgebrauch nicht nur von subjektiven Voraussetzungen, die der einzelne erfüllen kann, sondern von objektiven, vom einzelnen unbeeinflußbaren Voraussetzungen abhängig machen (vgl. auch unten Rdnr. 318 ff.).

3. Vom Vorbehalt des Gesetzes zum Vorbehalt des verhältnismäßigen Gesetzes

310 Indem die Grundrechte grundrechtseingreifendes Verwaltungshandeln nur auf gesetzlicher Grundlage vorsehen, binden sie mit ihren Gesetzesvorbehalten die Verwaltung. Nach Art. 1 Abs. 3 binden die Grundrechte aber auch die *Gesetzgebung.* Die Frage ist, was diese Bindung bedeutet. Bisher haben die Grundrechte mit den Gesetzesvorbehal-

ten nur verlangt, *daß* ein Gesetz vorliegt bzw. wann irgendeine gesetzliche Grundlage ausreichend (Gesetzesvorbehalt) und wann eine die wesentlichen Entscheidungen treffende gesetzliche Grundlage erforderlich ist (Parlamentsvorbehalt). *Wie* das Gesetz auszusehen und welche Inhalte es aufzuweisen hat, wieviel Freiheit es dem einzelnen nehmen darf und wieviel es ihm lassen muß, läßt der Gesetzesvorbehalt bisher noch offen. Aber gerade in den *inhaltlichen Anforderungen* muß sich die Bindung der Gesetzgebung an die Grundrechte zeigen.

Wie die inhaltlichen Anforderungen der Grundrechte an die Gesetze aussehen, wird an den *qualifizierten Gesetzesvorbehalten* deutlich. Sie statuieren eine Bindung des Gesetzgebers, indem sie bei einzelnen Grundrechten u. U. für einzelne Situationen bestimmte Zwecke und bestimmte Mittel ge- oder verbieten.

> **Beispiele:** Zu Zwecken des Jugend- und des Ehrenschutzes dürfen Gesetze, die nicht allgemeine Gesetze sind, die Meinungs- und Pressefreiheit beschränken (Art. 5 Abs. 2); nur zum Zweck, die Verwahrlosung der Kinder zu verhindern, dürfen Gesetze das Mittel der Trennung von der Familie einsetzen (Art. 6 Abs. 3); wenn dem Schutz der freiheitlichen demokratischen Grundordnung dienen, dürfen Beschränkungen des Post- und Fernmeldegeheimnisses unter Ausschluß des Rechtswegs erfolgen (Art. 10 Abs. 2 S. 2); wenn die ausreichende Lebensgrundlage fehlt und dies die Allgemeinheit belastet, darf die Freizügigkeit zum Zweck der Entlastung der Allgemeinheit eingeschränkt werden (Art. 11 Abs. 2).

Dabei liegt die Bindung auch darin, daß es einerseits *Zwecke* und andererseits *Mittel* sind, die ge- bzw. verboten werden. Von Zwecken und Mitteln handelnd, verlangen die qualifizierten Gesetzesvorbehalte einen Zweck-Mittel-Zusammenhang, d. h. sie verlangen, daß das Gesetz als Mittel zur Erreichung des vom Gesetzgeber verfolgten Zwecks tatsächlich taugt. Damit geben sie zu erkennen, was Bindung der Gesetzgebung an die Grundrechte auch dort heißt, wo die qualifizierten Gesetzesvorbehalte fehlen. Auch dort verfolgt der Gesetzgeber Zwecke und setzt dafür Mittel ein. Fehlen nun die Ge- oder Verbote bestimmter Zwecke und bestimmter Mittel, dann bleibt doch das Erfordernis eines *stimmigen Zweck-Mittel-Verhältnisses,* und es bleibt die Bindung an dieses Erfordernis. Konsequent aktualisiert das BVerfG die Bindung der Gesetzgebung an die Grundrechte vornehmlich in der Kontrolle der Gesetze auf ihre *Verhältnismäßigkeit.* Denn Verhältnismäßigkeit heißt für den Gesetzgeber eben dies: Grundrechtseingreifende gesetzliche Regelungen und Ermächtigungen müssen geeignet und notwendig zur Erreichung des jeweils verfolgten, seinerseits verfassungslegitimen Zwecks sein.

Als *verfassungsrechtliche Grundlage* für den Grundsatz der Verhältnismäßigkeit wird oft das Rechtsstaatsprinzip genannt. Aber unter der Bindung der Gesetzgebung an die Grundrechte ist der grundrechtliche Vorbehalt des Gesetzes zum grundrechtlichen Vorbehalt des verhältnismäßigen Gesetzes geworden (vgl. *Schlink,* EuGRZ 1984, 457/459 f.). Mit dem Vorbehalt des Gesetzes wehrten und wehren die Grundrechte grundrechtseingreifendes Verwaltungshandeln ohne gesetzliche Grundlage ab, mit dem Vorbehalt des verhältnismäßigen Gesetzes wehren sie unverhältnismäßig in die Grundrechte eingreifende Gesetze ab.

§ 6 IV 4

4. Schranken-Schranken

315 a) Die Gesetzesvorbehalte erlauben dem Gesetzgeber, selbst in die Grundrechte einzugreifen bzw. die Verwaltung zu Eingriffen in die Grundrechte zu ermächtigen. Sie erlauben ihm damit, dem Grundrechtsgebrauch *Schranken* zu ziehen. **Der Begriff der Schranken-Schranken** bezeichnet die Beschränkungen, die *für den Gesetzgeber* gelten, wenn er dem Grundrechtsgebrauch Schranken zieht.

316 Die Begriffsverwendung beruht auf bloßer Übereinkunft, d. h. sie ist vom Grundgesetz nicht vorgegeben. Schon die Qualifizierungen der qualifizierten Gesetzesvorbehalte können als Schranken-Schranken verstanden werden: Sie beschränken den Gesetzgeber, der in den entsprechenden Schutzbereich eingreifen will, indem sie ihn auf bestimmte Zwecke oder bestimmte Mittel verpflichten. Auch der Parlamentsvorbehalt kann als Schranken-Schranke verstanden werden: Er beschränkt den Gesetzgeber, der die Verwaltung zu Eingriffen ermächtigen will, dahin, daß er die wesentlichen Entscheidungen nicht delegieren darf, sondern selbst treffen muß. Sogar die Gesetzgebungskompetenz- und -verfahrensordnung des Grundgesetzes kann als Beschränkung des eingreifenden Gesetzgebers verstanden werden. Unter den Begriff der Schranken-Schranken werden alle diese Beschränkungen jedoch nicht gefaßt.

317 Als Schranken-Schranken werden *üblicherweise* nur die folgenden verstanden:
— der Grundsatz der Verhältnismäßigkeit (Übermaßverbot),
— die Wesensgehaltsgarantie (Art. 19 Abs. 2),
— das Verbot des einschränkenden Einzelfallgesetzes (Art. 19 Abs. 1 S. 1),
— das Zitiergebot (Art. 19 Abs. 1 S. 2) und
— das rechtsstaatliche Gebot im Tatbestand und Rechtsfolge klar und bestimmt gefaßter Gesetze (Bestimmtheitsgrundsatz).

318 b) **Der Grundsatz der Verhältnismäßigkeit** verlangt im einzelnen zunächst, daß
— der vom Staat verfolgte *Zweck* als solcher verfolgt werden darf,
— das vom Staat eingesetzte *Mittel* als solches eingesetzt werden darf,
— der Einsatz des Mittels zur Erreichung des Zwecks *geeignet* ist und
— der Einsatz des Mittels zur Erreichung des Zwecks *notwendig* (erforderlich) ist.

319 Dies gilt für die eingreifende *Verwaltung* ebenso wie für den eingreifenden bzw. die Verwaltung zu Eingriffen ermächtigenden *Gesetzgeber*. Der Unterschied besteht aber darin, daß der Gesetzgeber bei der Frage, welche Zwecke er verfolgen und welche Mittel er einsetzen darf, viel freier ist als die Verwaltung. Dem Gesetzgeber sind nur im Grundgesetz, besonders in den Grundrechten bestimmte Zwecke und Mittel als solche ge- und verboten, ihm bleibt eine Vielzahl verfassungslegitimer Zwecke und Mittel. Für die Verwaltung ist die Vielzahl reduziert; für sie enthalten zusätzlich die Gesetze eine Fülle von Zweck- und Mittelge- und -verboten.

320 **Beispiel:** Art. 5 Abs. 2 enthält einen qualifizierten Gesetzesvorbehalt, der den Gesetzgeber bei Eingriffen in Art. 5 Abs. 1 u. a. auf den Zweck des Jugendschutzes verpflichtet. Wie der Gesetzgeber den Zweck des Jugendschutzes verfolgen, welche Mittel er dabei einsetzen will, ist ihm weitgehend freigestellt. Auch die Verwaltung verfolgt die Zwecke des Jugendschutzes, ist dabei aber in der Wahl und im Einsatz der Mittel durch das Jugendschutzrecht erheblich beschränkt.

Auch die Kriterien der Geeignetheit und der Notwendigkeit haben für Gesetzgebung und Verwaltung *unterschiedliche Bedeutung*. Der Gesetzgeber hat gegenüber der Verwaltung eine Einschätzungsprärogative, genießt gewissermaßen einen Vertrauensvorsprung bei der oft schwierigen Beurteilung des komplexen empirischen Zusammenhangs zwischen dem Zustand, der durch den Eingriff geschaffen wird, und dem anderen Zustand, in dem der Zweck erreicht ist. Auf eben diesen Zusammenhang beziehen sich die Kriterien der Geeignetheit und der Notwendigkeit:

aa) **Geeignetheit** bedeutet, daß der Zustand, den der Staat durch den Eingriff schafft, und der Zustand, in dem der verfolgte Zweck als verwirklicht zu betrachten ist, in einem durch bewährte Hypothesen über die Wirklichkeit vermittelten Zusammenhang stehen.

>**Beispiel:** Eine Geschwindigkeitsbegrenzung zum Zweck des Aufhaltens oder Verlangsamens des Waldsterbens ist unter dem Aspekt der Geeignetheit nur dann verhältnismäßig, wenn bewährte Hypothesen einen Zusammenhang zwischen der Verminderung des Schadstoffausstoßes (Zustand, der durch den Eingriff geschaffen wird) und der Verbesserung der Waldstruktur (Zustand, in dem der Zweck als verwirklicht zu betrachten ist) herstellen.

bb) **Notwendigkeit** bedeutet, daß es keinen anderen Zustand gibt, den der Staat ohne großen Aufwand ebenfalls schaffen kann, der für den Bürger weniger belastend ist und der mit dem Zustand, in dem der verfolgte Zweck als verwirklicht zu betrachten ist, ebenfalls in einem durch bewährte Hypothesen über die Wirklichkeit vermittelten Zusammenhang steht.

>**Beispiel:** Die Geschwindigkeitsbegrenzung wäre unter dem Aspekt der Notwendigkeit dann unverhältnismäßig, wenn die ohnehin anstehenden Aufforstungen, so sie bestimmte Baumsorten bevorzugen würden, eine bestimmte Waldlandschaft herstellen würden und bewährte Hypothesen einen Zusammenhang zwischen dieser Waldlandschaft (der andere Zustand, den der Staat ebenfalls ohne großen Aufwand schaffen kann und der für die Bürger weniger belastend ist) und derselben Verbesserung der Waldstruktur (Zustand, in dem der Zweck als verwirklicht zu betrachten ist) herstellen.

Bekanntlich sind die Bedingungen des Waldsterbens komplex und ist die Beurteilung der entscheidenden empirischen Zusammenhänge schwierig. Hier bedeutet die *gesetzgeberische Einschätzungsprärogative,* daß Zweifel zugunsten des Gesetzgebers gehen, während die Verwaltung nur dann schon im Zweifel zu Lasten des einzelnen handeln darf, wenn sie gesetzlich zur Gefahrenabwehr, der stets ein Ungewißheitsmoment innewohnt, ermächtigt ist (vgl. näher *Ossenbühl*, Festgabe BVerfG, 1. Bd., 1976, S. 458).

Die Kriterien der Geeignetheit und der Notwendigkeit haben *nicht dasselbe Gewicht.* Nur was geeignet ist, kann auch notwendig sein; was notwendig ist, kann nicht ungeeignet sein. Hinter der Notwendigkeitsprüfung tritt die Geeignetheitsprüfung systematisch zurück: Neben dem positiven Ergebnis der Notwendigkeitsprüfung kann auch das Ergebnis der Geeignetheitsprüfung nur positiv sein, und neben dem negativen Ergebnis der Notwendigkeitsprüfung kann das positive der Geeignetheitsprüfung die Verhältnismäßigkeit nicht mehr retten. Gleichwohl ist die Geeignetheitsprüfung strategisch wichtig: Sie erschließt die empirischen Zusammenhänge und führt in die Prüfung der Notwendigkeit ein.

§ 6 IV 4

328 cc) Rechtsprechung und h.L. gewinnen dem Grundsatz der Verhältnismäßigkeit unter dem Begriff der **Verhältnismäßigkeit i. e. S.** noch ein letztes Kriterium ab und verlangen, daß der Eingriff bzw. die Beeinträchtigung, die der Eingriff für den einzelnen bedeutet, und der mit dem Eingriff verfolgte Zweck in recht gewichtetem und wohl abgewogenem Verhältnis zueinander stehen (auch Angemessenheit oder Zumutbarkeit genannt; vgl. *Ossenbühl,* Festgabe Gesellschaft für Rechtspolitik, 1984, S. 315). Gelegentlich stellen die Grundrechte selbst einen Bezug zwischen Eingriff und Eingriffszweck her, der als entsprechende Gewichtung und Abwägung verstanden werden kann.

329 **Beispiel:** So kann davon gesprochen werden, daß Art. 6 Abs. 3 den Zusammenhalt der Familie höher gewichtet als die Ausbildung des Kindes und niedriger als die Vermeidung seiner Verwahrlosung und daß Art. 5 Abs. 2 der freien Meinungsäußerung und Presseberichterstattung weniger Gewicht als dem Schutz der Jugend und der Ehre und mehr Gewicht als z. B. der Selbstdarstellung des Staates durch Propaganda zumißt.

330 Aber bei solchen im Grundgesetz vorgegebenen Gewichtungen und Abwägungen wollen Rechtsprechung und h. L. nicht stehenbleiben. Sie verlangen das *eigenständige Gewichten und Abwägen* der jeweils einschlägigen öffentlichen und privaten Güter und Interessen. Dabei ist dann z. B. von absoluten, überragenden, besonders wichtigen und wichtigen Gemeinschaftsgütern, von lauter motiviertem und bloß formal korrektem Freiheitsgebrauch, vom Rang der Freiheitsrechte und der Bedeutung der freiheitlichen demokratischen Grundordnung die Rede.

331 **Beispiele** aus drei früheren Entscheidungen des BVerfG zu Art. 5 Abs. 1 und 2, Art. 12 Abs. 1 sowie Art. 4 Abs. 1 und 2: „Das Recht zur Meinungsäußerung muß zurücktreten, wenn schutzwürdige Interessen eines anderen von höherem Rang durch die Betätigung der Meinungsfreiheit verletzt würden" (E 7, 198/210 — Lüth —). „Eine Regelung . . ., die schon die Aufnahme der Berufstätigkeit von der Erfüllung bestimmter Voraussetzungen abhängig macht und die damit die Freiheit der Berufswahl berührt, ist nur gerechtfertigt, soweit dadurch ein überragendes Gemeinschaftsgut, das der Freiheit des Einzelnen vorgeht, geschützt werden soll" (E 7, 377/406 — Apothekenurteil —). „Die an sich erlaubte Glaubenswerbung und Glaubensabwerbung wird dann Mißbrauch des Grundrechts, wenn jemand unmittelbar oder mittelbar den Versuch macht, mit Hilfe unlauterer Methoden oder sittlich verwerflicher Mittel, andere ihrem Glauben abspenstig zu machen oder zum Austritt aus der Kirche zu bewegen" (E 12, 1/4 f. — Tabakfall —).

332 Ein derartiges Gewichten und Abwägen *entbehrt der rationalen und verbindlichen Maßstäbe* (vgl. *Schlink,* Abwägung im Verfassungsrecht, 1976). Auch die Berufung auf die Wertordnung der Grundrechte oder des Grundgesetzes behauptet lediglich einen Maßstab, kann ihn aber nicht aufweisen. Daher läuft die Prüfung der Verhältnismäßigkeit i.e.S. stets Gefahr, einfach die subjektiven Urteile und Vorurteile des Prüfenden zur Geltung zu bringen und zum Maßstab fallweiser Beurteilungen von Grundrechtsgebrauch als mehr oder weniger wertvoll zu machen.

333 Zur Vermeidung dieser Gefahr sind die Probleme eines Falls soweit möglich unter den anderen Prüfungspunkten abzuarbeiten. Auch beim BVerfG spielt die Prüfung der Verhältnismäßigkeit i.e.S. zwar theoretisch eine große, praktisch aber nur eine kleine Rolle; praktisch ist die Verhältnismäßigkeitsprüfung vor allem eine Notwendigkeitsprüfung. Wenn ein öffentliches Gut oder Interesse wirklich nur um den hohen Preis eines Grundrechtseingriffs erkauft werden kann, dann mag eben darin der

Beweis eines hohen Werts erblickt werden. Die Prüfung der Verhältnismäßigkeit hat die Bedeutung einer *Stimmigkeitskontrolle:* Erscheint die Fallösung schlechterdings unsinnig, dann ist das zunächst Anlaß, alle anderen Prüfungspunkte nochmals und zumal die Notwendigkeitsprüfung nochmals besonders sorgfältig durchzugehen; bleibt dabei der Eindruck der Unsinnigkeit, mag zur Korrektur ausnahmsweise die Frage nach der Verhältnismäßigkeit i.e.S. gestellt werden.

> **Beispiel:** Jemand wurde wegen einer Bagatellstraftat strafrechtlich verfolgt. Die Schuldfrage sollte durch eine Pneumoenzephalographie, d. h. die Entnahme von Gehirn- und Rückenmarksflüssigkeit geklärt werden. Gegen diesen erheblichen Eingriff in die körperliche Unversehrtheit (Art. 2 Abs. 2 S. 1) richtete sich die Verfassungsbeschwerde. Das BVerfG rügte, der beabsichtigte Eingriff stehe nicht in angemessenem Verhältnis zu der Schwere der Tat (E 16, 194/202) und gab der Verfassungsbeschwerde statt. Das klingt nach Verhältnismäßigkeit i.e.S., und tatsächlich wäre es schlechterdings unsinnig, jemanden einer Bagatellstraftat zu überführen, indem man ihn einem derart empfindlichen und gefährlichen Eingriff aussetzt. Allerdings kann sogar diese Unsinnigkeit vom Kriterium der Notwendigkeit her entwickelt werden. Das BVerfG fordert, daß „nicht die mit der Aufklärung der Tat verbundenen Folgen den Täter stärker belasten als die zu erwartende Strafe" (ebd.). Der hinter dem Zweck der Klärung der Schuldfrage liegende Strafzweck der tatschuldangemessenen Übelszufügung verbietet die Pneumoenzephalographie, weil sie als tatschuldunangemessene Übelszufügung zur Erreichung des Strafzwecks ungeeignet und unnötig ist.

334

Der Grundsatz der Verhältnismäßigkeit bzw. dessen Notwendigkeitskriterium ist in einigen *dogmatischen Figuren* näher ausgeformt worden. Das Notwendigkeitskriterium verlangt, daß von mehreren, gleichermaßen geeigneten Eingriffen der geringste, der schonendste gewählt wird. Soweit sich Stufen der Eingriffsintensität markieren lassen, verlangt daher der Grundsatz der Verhältnismäßigkeit, daß der Gesetzgeber die Stufe des intensiveren Eingriffs erst dann betritt, wenn er seinen Zweck auf der Stufe des weniger intensiven Eingriffs nicht erreichen kann.

335

Solche *Stufen* hat das BVerfG zu *Art. 12 Abs. 1* entwickelt (E 7, 377 — Apothekenurteil —), indem es unterschieden hat zwischen
— objektiven Zulassungsschranken, die die Wahl eines Berufs nur unter Voraussetzungen erlauben, die der einzelne nicht beeinflussen kann (z. B. Quotenregelungen, Niederlassungsbeschränkungen, Bedürfnisregelungen),
— subjektiven Zulassungsschranken, die beim einzelnen bestimmte Qualifikationen für die Wahl eines Berufs voraussetzen (z. B. Prüfungen, Leistungen, Eigenschaften),
— Ausübungsregelungen, die die Wahl des Berufs freistellen, aber die Ausübung reglementieren.

336

Diese Stufen abnehmender Eingriffsintensität lassen sich verallgemeinern; auch bei anderen Grundrechten kann zwischen Beschränkungen des *Ob* und Beschränkungen des *Wie* der Grundrechtsausübung und beim Ob zwischen *unbeeinflußbaren* und *beeinflußbaren* Beschränkungen unterschieden und können entsprechende Unterschiede der Eingriffsintensität angesetzt werden.

337

Andere, ebenfalls *verallgemeinerbare Stufen* hat das BVerfG zu Art. 2 Abs. 1 entwikkelt (E 20, 150 — Sammlungsgesetz —), indem es unterschieden hat zwischen
— repressivem Verbot mit Befreiungsvorbehalt (Verbot mit dem Ziel, das verbotene Verhalten möglichst zu unterbinden und nur ausnahmsweise zuzulassen) und

338

§ 6 IV 4

— präventivem Verbot mit Erlaubnisvorbehalt (Verbot mit dem Ziel der Kontrolle, bei der das Verhalten zwar grundsätzlich zugelassen sein, aber auf rechtswidriges Fehlverhalten hin überprüft werden soll).

In beiden Fällen darf die Genehmigung (Befreiung bzw. Erlaubnis) nicht dem Ermessen der Verwaltung überlassen bleiben, vielmehr muß sich aus dem Gesetz ergeben, von welchen Voraussetzungen die Genehmigung abhängt.

339 **Beispiele:** Präventive Verbote mit Erlaubnisvorbehalt finden sich im Gewerberecht. Grundsätzlich besteht Gewerbefreiheit (Art. 12 Abs. 1), die im Interesse der Allgemeinheit, z. B. der Kunden und anderer Gewerbetreibender, Schranken unterworfen ist. Der Gesetzgeber hat solche Schranken, z. B. die Zuverlässigkeit des Gewerbetreibenden, allgemein bestimmt; die Gewerbebehörden achten darauf, daß die gesetzlichen Schranken im konkreten Fall eingehalten werden. Erweist sich ein Gewerbetreibender als unzuverlässig, kann selbstverständlich gegen ihn eingeschritten werden. Dann ist aber möglicherweise schon ein großer Schaden entstanden. Deshalb wird im Verfahren der Erteilung der Gewerbeerlaubnis schon vorher die Zuverlässigkeit überprüft; liegt sie vor, *muß* die Gewerbeerlaubnis erteilt werden. Das zunächst bestehende Verbot, ohne Gewerbeerlaubnis ein Gewerbe zu eröffnen, hat den Zweck, die Durchführung des Verfahrens der Erteilung der Gewerbeerlaubnis zu gewährleisten. — Ein repressives Verbot mit Befreiungsvorbehalt besteht nach § 16 VersammlG und dem Bannmeilengesetz. Danach sind Versammlungen unter freiem Himmel in einem bestimmten Umkreis des Bundestages verboten; von dem Verbot können aber gem. § 3 Bannmeilengesetz Ausnahmen zugelassen werden. Hier wird die Versammlungsfreiheit unter freiem Himmel zulässigerweise generell eingeschränkt, um das Parlament vor Druck von der Straße zu bewahren. Besteht aber ausnahmsweise im Einzelfall keine Gefahr eines solchen Druckes, *ist* eine Ausnahmebewilligung zu erteilen. Zu Einzelheiten vgl. *Held*, Der Grundrechtsbezug des Verwaltungsverfahrens, 1984, S. 162 ff.; *Maurer*, Allg. VwR, § 9 Rdnr. 51 ff.

340 In derartigen Fällen entsteht der Eindruck, als gäben die Grundrechte nicht nur ein Abwehrrecht, sondern einen *Leistungsanspruch:* Art. 12 Abs. 1 einen Anspruch auf Gewerbeerlaubnis, Art. 8 einen Anspruch auf Ausnahmebewilligung nach dem Bannmeilengesetz, ferner: Art. 14 Abs. 1 einen Anspruch auf Erteilung der Baugenehmigung, Art. 2 Abs. 1 einen Anspruch auf Paßerteilung (vgl. E 6, 32 — Elfes —) usw. Das ist hier aber nur die *Folge des Abwehrrechts:* Die gesetzlichen Verbote beschränken die grundrechtliche Freiheit; da sie dies nur in verhältnismäßiger Weise dürfen, muß die Freiheit dort gewahrt bleiben, wo das Verbot ungeeignet und nicht erforderlich ist; rechtstechnisch erwächst daraus ein Anspruch.

341 **Lösungstechnischer Hinweis:** Dieser Anspruch ist üblicherweise in dem entsprechenden Verbotsgesetz ausdrücklich enthalten, so wenn es heißt, daß die Baugenehmigung zu erteilen *ist,* wenn dem Vorhaben öffentlich-rechtliche Vorschriften nicht entgegenstehen (z. B. § 70 Abs. 1 S. 1 nw BauO). Gelegentlich sind allerdings nur die Voraussetzungen der Versagung der Genehmigung festgelegt (z. B. § 7 PaßG). Dann ergibt sich der Anspruch auf Erteilung z. B. des Passes für den Fall, daß die Versagungsgründe nicht vorliegen, direkt aus dem Grundrecht (z. B. Art. 2 Abs. 1).

342 c) Der **Wesensgehalt,** dessen Antastung verfassungsrechtlich nicht gerechtfertigt werden kann, muß *bei jedem einzelnen Grundrecht gesondert* bestimmt werden (E 22, 180/ 219; *L. Schneider,* Der Schutz des Wesensgehalts von Grundrechten nach Art. 19 Abs. 2 GG, 1983, S. 193). Hier kann nur angegeben werden, wonach zu fragen und zu suchen ist, wenn der Wesensgehalt bestimmt werden soll.

Nach der vielfach vertretenen *Theorie vom relativen Wesensgehalt* (*Maunz*, M/D-GG, Art. 19 Abs. II Rdnr. 16 ff.) muß der Wesensgehalt nicht nur für jedes einzelne Grundrecht, sondern sogar für jeden einzelnen Fall gesondert bestimmt werden. Erst das Gewichten und Abwägen der im einzelnen Fall beteiligten öffentlichen und privaten Güter und Interessen erlaube die Feststellung, ob der Wesensgehalt angetastet ist oder nicht. Eine Antastung soll ausscheiden, wenn dem Grundrecht „das geringere Gewicht für die konkret zu entscheidende Frage beizumessen ist" (BVerwGE 47, 330/358), und muß entsprechend angenommen werden, wenn es beeinträchtigt wird, obwohl ihm das größere Gewicht für die konkret zu entscheidende Frage zukommt. Damit wird nur der Grundsatz der Verhältnismäßigkeit und dieser überdies im fragwürdigen Kriterium der Verhältnismäßigkeit i.e.S. wiederholt. 343

Die *Theorie vom absoluten Wesensgehalt* (*Hendrichs*, vM-GG, Art. 19 Rdnr. 25) versteht demgegenüber den Wesensgehalt als eine feste, vom einzelnen Fall und von der konkreten Frage unabhängige Größe. Sie ist mit den Begriffen des Wesenskerns, des Grundrechtskerns, der Grundsubstanz, des Mindestinhalts, der Mindestposition etc. nur vage angedeutet. Was genau unangetastet bleiben soll, mußte bisher aber auch noch nicht präziser bestimmt werden. Denn nach dem zu fragen, was von einem Grundrecht keinesfalls preisgegeben werden darf, besteht erst dann Anlaß, wenn die Eingriffe in das Grundrecht so intensiv werden, daß dessen Preisgabe droht. Die Eingriffe müssen aber solange nicht von äußerster Intensität sein, solange in Zeiten des Wachstums, des Wohlstands und des politischen Konsenses die harten gesellschaftlichen Konflikte, die nur durch harte Eingriffe geregelt werden könnten, ausbleiben und der Staat Alternativen für Grundrechtseingriffe finanzieren und Grundrechtseingriffe durch Gewährung von Leistungen und Teilhaben abfedern kann. 344

Zu Art. 19 Abs. 2 ist daher auch aus der *Rechtsprechung des BVerfG* nicht mehr festzuhalten, als daß vom Grundrecht trotz aller Eingriffe noch etwas bleiben muß. Wem es bleiben muß, ist dabei wieder offen: Das BVerfG hat gefragt, „ob Art. 19 Abs. 2 GG die restlose Entziehung eines Grundrechtskerns im Einzelfall verbietet oder ob er nur verhindern will, daß der Wesenskern des Grundrechts als solcher, z. B. durch praktischen Wegfall der im Grundgesetz verankerten, der Allgemeinheit gegebenen Garantie angetastet wird" (E 2, 266/285). Das eine Mal käme es darauf an, daß jeder einzelne noch vom Grundrecht Gebrauch machen kann, das andere Mal, daß überhaupt noch und im allgemeinen vom Grundrecht Gebrauch gemacht werden kann. 345

Beispiel: Der gezielte polizeiliche Todesschuß entzieht dem, den er trifft, das Leben restlos. Als allgemeine Gewährleistung wird das Recht auf Leben (Art. 2 Abs. 2 S. 1) dadurch aber nicht angetastet. 346

Art. 19 Abs. 2 gibt auf diese Frage keine Antwort. Zwar spricht er aus, daß der Wesensgehalt eines Grundrechts „in keinem Fall" angetastet werden darf. Aber dies kann die verschiedenen Fälle sowohl der verschiedenen Grundrechte als auch der verschiedenen Individuen und Situationen meinen. Die Frage kann wieder nur *für jedes einzelne Grundrecht gesondert* beantwortet werden. 347

Beispiele: Art. 2 Abs. 2 S. 3 sieht Eingriffe auch in das Recht auf Leben vor. Da der Eingriff in das Leben stets den Entzug des Lebens bedeutet, kann der Wesensgehalt von Art. 2 Abs. 2 S. 1 nicht dahin gehen, daß keinem einzelnen das Leben genommen werden darf. Hier also ist der Wesensgehalt in der Gewährleistung für die Allgemeinheit zu su- 348

§ 6 IV 4

chen. — Anders steht es schon beim Recht auf körperliche Unversehrtheit, in das anders als in das Recht auf Leben nicht nur ganz oder gar nicht, sondern mehr oder weniger eingegriffen werden kann. Hier besteht kein Grund, den Wesensgehalt in der Gewährleistung für die Allgemeinheit zu suchen.

349 Im Zweifel ist der Wesensgehalt in der Gewährleistung nicht für die Allgemeinheit, sondern *für den einzelnen* zu suchen. Den einzelnen sind die Grundrechte verbürgt, und wenn der eine von seinen Grundrechten keinen Gebrauch mehr machen kann, dann nützt ihm nicht, daß ein anderer es noch kann.

350 Gelegentlich wird behauptet, der Wesensgehalt eines Grundrechts sei mit seinem *Menschenwürdegehalt* identisch (*Dürig*, M/D-GG, Art. 1 Abs. II Rdnr. 81). Dagegen spricht schon die Überlegung, daß dann Art. 19 Abs. 2 funktionslos wäre; denn seine Schutzwirkung wäre in Art. 79 Abs. 3 vollständig enthalten. Außerdem stehen durchaus nicht alle Grundrechte im Zusammenhang mit der Menschenwürde (*Stern*, JuS 1985, 329/337). Wo allerdings ein Grundrecht einen Menschenwürdegehalt hat, dürfte er praktisch häufig mit dem Wesensgehalt dieses Grundrechts übereinstimmen.

351 d) Art. 19 Abs. 1 S. 1 enthält das **Verbot des einschränkenden Einzelfallgesetzes.** Danach kann ein (grundrechts)einschränkendes Gesetz nur dann verfassungsrechtlich gerechtfertigt sein, wenn es *allgemein* und nicht nur für den Einzelfall gilt. Das soll zum einen den Gesetzgeber daran hindern, in den Bereich der Verwaltung einzubrechen und in der Form des Gesetzes derart konkret und individuell tätig zu werden, wie dies die Sache der Verwaltung ist; Art. 19 Abs. 1 S. 1 hat insofern einen deutlichen thematischen Bezug zur Lehre von der Gewalten- oder Funktionenteilung (vgl. *Menger*, Gedächtnisschrift Klein, 1977, S. 321/324 f.). Zum anderen soll es verhindern, daß bei Grundrechtseinschränkungen in der einen oder anderen Richtung Ausnahmen gemacht und dadurch Grundrechtsprivilegien bzw. -diskriminierungen geschaffen werden.

352 Damit beschränkt Art. 19 Abs. 1 S. 1 den einschränkenden Gesetzgeber *nicht anders, als Art. 3* ihn schon beschränkt. Schon Art. 3 verbietet Privilegierungen und Diskriminierungen. Zwar verbietet er sie nur dann, wenn sie eines sachlichen Grundes entbehren. Aber wenn es nur einen „Fall dieser Art gibt und die Regelung dieses singulären Sachverhalts von sachlichen Gründen getragen wird", dann wird die Regelung auch mit Art. 19 Abs. 1 S. 1 für vereinbar gehalten (E 25, 371/399). Und wenn es mehrere Fälle dieser Art gibt und die Regelung des singulären Sachverhalts nicht von sachlichen Gründen getragen wird, dann ist sie weder mit Art. 19 Abs. 1 S. 1 noch mit Art. 3 vereinbar.

353 Über Art. 19 Abs. 1 S. 1 kann immerhin unter gewissen Voraussetzungen einem Gesetz die verfassungsrechtliche Rechtfertigung leichter abgesprochen werden als bei Art. 3. Bei einschränkenden Gesetzen, die
— einen oder mehrere Adressaten namentlich individualisieren oder
— die Adressaten zwar abstrakt-generell bezeichnen, damit aber ausschließlich bestimmte Individuen umschreiben und auch umschreiben wollen (sog. getarntes oder verdecktes Individualgesetz),
bedarf es keiner Überlegungen zu Art. 3 und dabei keiner Frage nach rechtfertigenden Gründen, die hier auch nicht zu finden wären, sondern kann mit Art 19 Abs. 1

S. 1 das Ergebnis der Verfassungswidrigkeit sogleich gewonnen werden. Bei anderen Einzelfall-, Maßnahme- und Anlaßgesetzen kann dagegen die Verfassungswidrigkeit nur aus dem Fehlen rechtfertigender Gründe abgeleitet werden.

e) Gem. dem **Zitiergebot** des Art. 19 Abs. 1 S. 2 kann ein Gesetz nur dann verfassungsrechtlich gerechtfertigt sein, wenn es das eingeschränkte Grundrecht unter Angabe des Artikels *nennt*. Dies soll für die Gesetzgebung eine Warn- und Besinnungsfunktion und für die Gesetzesauslegung und -anwendung eine Klarstellungsfunktion haben; die Gesetzgebung soll die Auswirkung eines Gesetzes auf die Grundrechte bedenken, und die Gesetzesauslegung und -anwendung soll wissen, in welche Grundrechte das Gesetz allein einzugreifen ermächtigt (*Herzog*, M/D-GG, Art. 19 Abs. I Rdnr. 48 spricht von einer „psychologischen Schranke"). 354

Das *BVerfG* legt Art. 19 Abs. 1 S. 2 in st. Rspr. eng aus, damit das Zitiergebot „nicht zu einer leeren Förmlichkeit erstarrt und den die verfassungsmäßige Ordnung konkretisierenden Gesetzgeber in seiner Arbeit unnötig behindert" (E 35, 185/188). Danach ist das Zitiergebot *nicht anwendbar* bei 355
— Art. 2 Abs. 1 (E 10, 89/99),
— Art. 12 Abs. 1 (E 64, 72/79 ff.), obwohl der Regelungsvorbehalt des Art. 12 Abs. 1 S. 2 die Wirkung eines Gesetzesvorbehalts hat (vgl. oben Rdnr. 253),
— Art. 14 Abs. 1 (E 21, 92/93),
— allgemeinen Gesetzen des Art. 5 Abs. 2 als Schranken des Art. 5 Abs. 1 (E 28, 282/ 289; 33, 52/77 f.),
— enteignenden Gesetzen gemäß Art. 14 Abs. 3 S. 2 (E 24, 367/396 ff.; diese Entscheidung kann auch damit gerechtfertigt werden, daß die Junktimklausel des Art. 14 Abs. 3 S. 2 schon die gleiche Funktion wie das Zitiergebot erfüllt, vgl. *Erichsen*, StR I, S. 133).

Für eine Formvorschrift versteht sich schließlich, daß *vorkonstitutionelle Gesetze* sie nicht beachten konnten (E 2, 121/122 f.). Diesen Ansatz hat das BVerfG in seiner restriktiven Tendenz zu Art. 19 Abs. 1 S. 2 ausgeweitet: Unter das Zitiergebot fallen nicht solche nachkonstitutionellen Gesetze, die bereits geltende Grundrechtsbeschränkungen unverändert oder mit geringen Abweichungen wiederholen (E 35, 185/189; 61, 82/113; krit. *Alberts*, JA 1986, 73). 356

f) Ob mit dem Erfordernis **rechtsstaatlicher Klarheit und Bestimmtheit** noch eine eigene Schranken-Schranke errichtet wird, kann bezweifelt werden. Denn ein unklares und unbestimmtes Gesetz würde mehr Eingriffe eröffnen, als zur Erreichung des Gesetzeszwecks notwendig sind, und dadurch den Grundsatz der Verhältnismäßigkeit verletzen. Das Gebot rechtsstaatlicher Klarheit und Bestimmtheit setzt jedoch insofern einen eigenen Akzent, als es auf die *Perspektive des einzelnen*, d. h. darauf abstellt, was dieser vorhersehen und berechnen kann. Ist das Gesetz hierfür zu unklar und zu unbestimmt, dann kann es ohne Verhältnismäßigkeitsprüfung schon daran scheitern. 357

> **Beispiel:** § 9 Abs. 1 S. 1 des Volkszählungsgesetzes 1983 gestattete den Gemeinden, bestimmte Angaben aus den Erhebungsunterlagen mit den Melderegistern zu vergleichen, zu deren Berichtigung zu verwenden und auch weiterzugeben. Ausgewählte Personendaten konnten so nicht nur zu statistischen Zwecken, sondern zusätzlich zu einem Ver- 358

waltungsvollzug verwandt werden, dem keine konkrete Zweckbindung entsprach. Das führte zur „Unverständlichkeit der gesamten Regelung" sowie „dazu, daß der auskunftspflichtige Bürger die Auswirkungen dieser Bestimmung nicht mehr zu übersehen vermag. Für den Betroffenen ist nicht erkennbar, daß seine statistischen Angaben nach Maßgabe der melderechtlichen Vorschriften in weitem Umfang an Behörden und öffentliche Stellen übermittelt werden können, ohne daß diese den statistischen Ursprung dieser Daten feststellen und dem Nachteilsverbot Rechnung tragen können" (E 65, 1/5; Rechtsprechungsnachweise bei *Schnapp*, vM-GG, Art. 20 Rdnr. 25).

V. Kollisionen und Konkurrenzen

1. Kollisionen

359 Kollisionen sind zunächst nichts anderes als Konflikte, die sich bei wildwüchsigem Freiheitsgebrauch ergeben. Sie durch Eingriffe einzudämmen, ist der Gesetzgeber durch die Gesetzesvorbehalte befähigt. Wo die Gesetzesvorbehalte bei den *vorbehaltlos* verbürgten, auch schrankenlos genannten Grundrechten fehlen, fehlt dem Gesetzgeber die Freiheit zur Eindämmung der Kollisionen. Aber damit sind sie als Gefahr nicht aus der Welt. Es gibt verschiedene Ansätze zur Lösung des Problems:

360 a) Gelegentlich wurde und wird versucht, das Problem der Kollisionen bei den vorbehaltlosen Grundrechten mit der **Übertragung von Schranken** von einem Grundrecht auf ein anderes zu lösen.

361 **Beispiele:** Die Auffassung kann dazu führen, daß Art. 5 Abs. 3 den Schranken von Art. 5 Abs. 2 unterliegt, und sie vertritt vor allem, die Schrankentrias („soweit...") des Art. 2 Abs. 1 als des allgemeinsten und „Muttergrundrechts" gelte auch für die speziellen, die „Tochtergrundrechte" und dabei auch für die vorbehaltlosen Grundrechte (vgl. z. B. *v. Mangoldt/Klein*, GG, Art. 5 Anm. X 6).

362 Dies ist jedoch abzulehnen. Es wird der Bedeutung spezieller Grundrechtsverbürgungen und der Bedeutung von Spezialität im Recht überhaupt nicht gerecht. Auch das BVerfG vertritt in ständiger Rechtsprechung: „Abzulehnen ist... die Meinung, daß die Freiheit der Kunst gemäß Art. 2 Abs. 1 Halbsatz 2 GG durch die Rechte anderer, durch die verfassungsmäßige Ordnung und durch das Sittengesetz beschränkt sei" (E 30, 173/192). Gleiches hat das Gericht für Art. 4 Abs. 1, 2 entschieden (E 32, 98/107).

363 b) In **systematischer Interpretation** läßt sich u. U. zeigen, daß die Reichweite des Schutzbereichs den kollidierenden wildwüchsigen Freiheitsgebrauch nicht deckt.

364 **Beispiel:** Der vorbehaltlos gewährleisteten Gewissensfreiheit in weitem Verständnis jedes von festen Überzeugungen geleitete Handeln unterfallen zu lassen, würde Art. 4 Abs. 1 in eine Fülle von Kollisionen mit anderen öffentlichen und privaten Interessen führen. Der systematische Blick auf Art. 5 Abs. 1 zeigt jedoch, daß das weite Verständnis nicht richtig sein kann: Feste Überzeugungen sind zunächst einfach Meinungen, und erst eine zusätzliche, als verpflichtend empfundene religiöse oder moralische Qualität macht das Gewissen aus.

365 Was derart gar nicht erst in den Schutzbereich eines Grundrechts fällt, muß auch nicht durch einen Eingriff in das Grundrecht daran gehindert werden, mit anderen Interessen, mit anderen Grundrechten und Verfassungsgütern zu kollidieren. In der Fallösung hat auch und gerade bei den vorbehaltlosen Grundrechten die sorgfältige Bestimmung des Schutzbereichs vor der Frage nach dem Eingriff und dessen verfassungsrechtlicher Rechtfertigung zu erfolgen.

c) Die systematische Interpretation soll nach verbreiteter Auffassung sogar bewirken, 366
daß die Schutzbereiche der vorbehaltlosen Grundrechte stets nur soweit reichen, wie
es ein i. S. praktischer Konkordanz erfolgender Ausgleich mit kollidierenden anderen
Grundrechten oder Verfassungsgütern jeweils erlaubt (**kollidierendes Verfassungsrecht als Schutzbereichsbegrenzung**).

> **Beispiel:** Bei Ableistung des Wehrdienstes merkt jemand, daß ihm sein Gewissen den 367
> Kriegs- und Wehrdienst mit der Waffe verbietet. Mit Rücksicht auf den ungestörten
> Dienstbetrieb wird jedoch seinem Recht zur Verweigerung von Kriegs- bzw. Wehrdienst
> bis zur rechtskräftigen Anerkennung nicht entsprochen (vgl. E 28, 243). Hierzu wird
> vertreten: „Eine gesetzliche, das Recht auf Kriegsdienstverweigerung zeitlich bis zur
> rechtskräftigen Anerkennung aussetzende Regelung definiert also nur eine sich aus der
> Kollision gegenläufiger Verfassungsrechtsgüter ergebende, auf die ‚Herstellung praktischer Konkordanz' gerichtete Schutzbereichsbegrenzung". Dabei ist vorausgeschickt,
> daß „Einrichtung und Funktionsfähigkeit (der Bundeswehr) verfassungsrechtlichen
> Rang" besitzen (*Erichsen*, Jura Extra: Studium und Examen, 2. Aufl. 1983, S. 214/234).

Das Beispiel zeigt das *erste Defizit* dieses Ansatzes: Die *Gesetzesvorbehalte* der Grundrechte werden tendenziell ihrer *Funktion beraubt*. Die Vorenthaltung des Verweigerungsrechts wird gar nicht erst darauf befragt, ob sie durch die Ermächtigung des Gesetzgebers, das Nähere zu regeln (Art. 4 Abs. 3 S. 2), gedeckt ist. Sie muß gar nicht erst darauf befragt werden, wenn die Verweigerung zur Unzeit schon aus dem Schutzbereich herausfällt. Auch bei jedem anderen Grundrecht ist es von diesem Ansatz aus eigentlich richtig, ein Gesetz als erstes darauf zu befragen, ob es den Schutz von anderen Grundrechten oder Verfassungsgütern bezweckt und Kollisionen vermeidet oder ausgleicht. Tut es das, definiert es den Schutzbereich; nur wenn es das nicht tut, behält der Gesetzesvorbehalt noch eine Funktion. Es kann sogar noch weitergehend gefragt werden, woraus sich überhaupt ergeben soll, daß es der gesetzgeberischen Definition des Schutzbereichs bedarf, und warum nicht die Verwaltung, wenn sie sich außerhalb des Schutzbereichs hält, nicht ohne gesetzliche Ermächtigung soll handeln dürfen. 368

Das *zweite Defizit* dieses Ansatzes liegt im *Verlust der Bestimmtheit* der Reichweite des 369
Schutzbereichs.

> **Beispiel:** Als der Roman „Mephisto" von Klaus Mann verlegt wurde, sah der Adoptiv- 370
> sohn von Gustav Gründgens dadurch das Persönlichkeitsrecht seines verstorbenen
> Adoptivvaters verletzt. Der BGH ist ihm darin gefolgt, und das BVerfG hat die Verfassungsbeschwerde des Verlegers von Klaus Mann zurückgewiesen: Der Roman sei zwar
> ein Kunstwerk und auch das Verlegen eines Kunstwerks sei durch die Kunstfreiheit geschützt. Es bestehe hier aber eine Kollision zwischen der Kunstfreiheit des Verlegers und
> dem ebenfalls verfassungsrechtlich geschützten Persönlichkeitsrecht von Gustav Gründgens, die aus mancherlei Umständen des einzelnen Falls zu Lasten des Verlegers gelöst
> werden müsse (E 30, 173/193 ff.).

Auch hier kann der erörterte Ansatz nur Fragen der übrigens richterlichen Definition 371
des Schutzbereichs sehen. Da die Entscheidung des BVerfG auf mancherlei Umstände
des einzelnen Falls abstellt, wird die Reichweite des Schutzbereichs fallabhängig. Sie
ist nicht mehr generell bestimmt, sondern nur noch ad hoc und punktuell zu bestimmen. — Aus beiden Gründen kann die Auffassung daher nicht überzeugen.

d) Eine ähnliche, wohl als herrschend zu bezeichnende Auffassung versteht kollidie- 372
rendes Verfassungsrecht (Grundrechte und Verfassungsgüter) als (immanente) Schran-

§ 6 V 1

ken und sieht Eingriffe in die vorbehaltlos gewährleisteten Grundrechte dann verfassungsrechtlich gerechtfertigt, wenn sie Kollisionen mit anderen Grundrechten oder Verfassungsgütern i. S. praktischer Konkordanz ausgleichen (**kollidierendes Verfassungsrecht als Eingriffsrechtfertigung;** vgl. *v. Münch*, vM-GG, Vorb. Art. 1—19 Rdnr. 56 f.).

373 Im Ergebnis trifft sich der vorliegende mit dem schon dargelegten Ansatz; sein *Vorzug* liegt darin, daß er durch das kollidierende Verfassungsrecht nicht die Reichweite der Schutzbereiche bemißt, sondern die Eingriffe in die Schutzbereiche verfassungsrechtlich rechtfertigt. Er gewährleistet daher die *Bestimmtheit der Reichweite des Schutzbereichs.* Mit dem schon dargelegten Ansatz trifft er sich auch in der Berufung auf die systematische Interpretation und die Einheit der Verfassung. Er beruft sich hierauf auch gewiß nicht mit geringerer Berechtigung: Wenn systematischer Interpretation überhaupt derart korrigierende Kraft zuerkannt wird, dann ist es ebenso einleuchtend, sie auf die Ergänzung von Eingriffsrechtfertigungen wie auf die Begrenzung von Schutzbereichen zu beziehen, da beide in die Einheit der Verfassung eingebettet sind.

374 *Einzuwenden* ist aber gegen diesen Ansatz, daß die *Funktion der Gesetzesvorbehalte unklar* wird. Denn er macht nicht hinreichend deutlich, ob die Schranken kollidierenden Verfassungsrechts
— nur bei den vorbehaltlosen oder auch bei den übrigen Grundrechten vorausgesetzt und
— nur vom Gesetzgeber oder auch von Rechtsprechung und Verwaltung nachgezeichnet
werden können.

375 Die *Auffassung des BVerfG* schwankt: Mal klingt seine Berufung auf kollidierendes Verfassungsrecht mehr nach Begrenzung eines Schutzbereichs, mal mehr nach Rechtfertigung eines Eingriffs. Dabei ist einige Großzügigkeit bei der Annahme von Gütern und Interessen als Verfassungsgütern, die vorbehaltlose Grundrechte einschränken können, zu beobachten. Das ist gefährlich: Wenn alles, was im Grundgesetz einschließlich seiner Kompetenzkataloge benannt wird, Verfassungsgut ist, dann ist die Berufung auf kollidierendes Verfassungsrecht billig zu haben (vgl. Sondervotum E 69, 57/58 ff.).

376 Beispiel: E 53, 30/56 erblickt in der Zuständigkeitsvorschrift des Art. 74 Nr. 11a (Kernenergie) die „grundsätzliche Anerkennung des darin behandelten Gegenstandes durch die Verfassung selbst" und wertet sie derart als Positivierung eines Verfassungsguts (vgl. auch *Bleckmann*, DÖV 1983, 129; *Menzel*, DÖV 1983, 805).

377 e) Soll einerseits auch bei vorbehaltlosen Grundrechten die Möglichkeit der Eindämmung von Kollisionen eingeräumt und sollen andererseits der besondere Rang, den das Grundgesetz einem Grundrecht durch die vorbehaltlose Gewährleistung zuerkennt, sowie Sinn und System der Gesetzesvorbehalte nicht preisgegeben werden, dann sind für die **Lösung des Kollisionsproblems** folgende Punkte zu beachten:

378 — Dort, wo das Grundgesetz *Gesetzesvorbehalte* enthält, hat es die Kollisionsgefahren gesehen und die Eingriffsmöglichkeit so geschaffen, wie es auch die Eingriffsnotwendigkeit bejaht hat. Bei den Grundrechten mit Gesetzesvorbehalten besteht zu Überlegungen über kollidierendes Verfassungsrecht kein Anlaß.

— Dort, wo das Grundgesetz keine Gesetzesvorbehalte enthält, hat es auch keine Kollisionsgefahren gesehen. Es hat keine Eingriffsmöglichkeit geschaffen, weil es auch die Eingriffsnotwendigkeit verneint hat. Alles spricht dafür, daß dabei eine Vorstellung des Schutzbereichs zugrunde liegt, die Kollisionen ausschließt. Die Lösung eines Kollisionsproblems hat daher mit der Frage, ob das kollidierende Verhalten überhaupt in den Schutzbereich fällt, bzw. mit einer präzisen Bestimmung der *Reichweite des Schutzbereichs* zu beginnen. Dies gilt umsomehr, als es *das* Problem der vorbehaltlosen Grundrechte nicht gibt, sondern nur die verschiedenen und verschieden zu lösenden Probleme der verschiedenen vorbehaltlosen Grundrechte. 379

— Dort, wo das Grundgesetz Eingriffsmöglichkeiten schaffen wollte, hat es die Eingriffe durch Gesetz oder aufgrund Gesetzes vorgesehen. Wenn Eingriffe auch dort möglich sein sollen, wo das Grundgesetz ihre Notwendigkeit nicht gesehen und daher ihre Möglichkeit nicht geschaffen hat, dann gewiß *nicht unter geringeren Voraussetzungen* als dort, wo es die Notwendigkeit gesehen und die Möglichkeit geschaffen hat. Der Eingriff in ein vorbehaltloses Grundrecht, der nicht durch Gesetz oder aufgrund Gesetzes erfolgt, mag das Gesetz auch weitgefaßt sein und Eingriffe nicht nur in das vorbehaltlose, sondern auch in andere Grundrechte ermöglichen, ist verfassungsrechtlich nicht zu rechtfertigen. 380

— Weil das Grundgesetz bei den vorbehaltlosen Grundrechten Eingriffe nicht vorsieht, müssen sie jedenfalls *Ausnahmen* bleiben. Zur Rechtfertigung unter Berufung auf kollidierendes Verfassungsrecht kann daher nicht alles das taugen, was das Grundgesetz für den Alltag des Verfassungslebens als Gegenstand von Gesetzgebungs- und Verwaltungskompetenzen benennt oder auch dem einzelnen als Grundrechtsgebrauch eröffnet. Zur Rechtfertigung taugen allenfalls die Inhalte des Grundgesetzes, die das Grundgesetz selbst dem Alltag des Verfassungslebens entzieht und ausnahmsweise (Art. 79 Abs. 3) unberührbar und unveränderbar stellt: die Menschenwürde mit den Menschenwürdegehalten auch der anderen Grundrechte und die Grundsätze des Art. 20. 381

— Bei Kollision zwischen einem vorbehaltlosen Grundrecht und anderem, zur Rechtfertigung eines Eingriffs tauglichen Verfassungsrecht muß das vorbehaltlose Grundrecht auch seinerseits in dem Ausmaß, in dem es mit seinem *Menschenwürdegehalt* über Art. 1 am Schutz des Art. 79 Abs. 3 teilnimmt, *gewahrt* bleiben. 382

Rechtsprechung und h. L. gehen, wie gezeigt, hierüber hinaus (ausführlich *Bethge*, Zur Problematik von Grundrechtskollisionen, 1977; *Rüfner*, Festgabe BVerfG, 2. Bd., 1976, S. 453; zur Beschränkung von Grundrechten im sog. besonderen Gewaltverhältnis vgl. *Merten* (Hrsg.), Das besondere Gewaltverhältnis, 1985). Die *folgende Darstellung* der einzelnen Grundrechte erwähnt die gängigen Eingriffsrechtfertigungen durch kollidierendes Verfassungsrecht und verzichtet darauf, sie jeweils einläßlicher Kritik zu unterziehen. Immerhin ist sie zurückhaltend und löst Probleme, die im gängigen Spektrum von Rechtsprechungs- und Schrifttumsmeinungen zwar auch, aber nicht durchweg oder nahezu durchweg über die Rechtfertigungsfigur des kollidierenden Verfassungsrechts gelöst werden, ohne diese Rechtfertigungsfigur. Auch die *Fallösung* tut gut daran, sie behutsam zu gebrauchen. Sie birgt nach wie vor viele offene Fragen und entsprechend viele Fehlerquellen. 383

2. Konkurrenzen

384 Das Problem der Konkurrenzen ist das Problem, *welches von mehreren,* auf den ersten Anschein einschlägigen Grundrechten jeweils *maßgeblich* ist. Es löst sich dadurch, daß der erste Anschein näher überprüft und die Einschlägigkeit näher bestimmt wird (vertiefend *Fohmann,* EuGRZ 1985, 49).

385 a) Fällt ein Verhalten sowohl in den Schutzbereich eines speziellen Grundrechts als auch in den des Auffanggrundrechts der allgemeinen Handlungsfreiheit, so bestimmt sich sein Schutz allein nach dem **speziellen Grundrecht.** Dies folgt aus dem Vorrang, den allgemein die spezielle vor der generellen Norm genießt.

386 **Beispiele:** Die verfassungsrechtliche Zulässigkeit eines polizeilichen Einschreitens gegen eine Versammlung oder eine Vereinigung oder eines Eindringens in eine Wohnung beurteilt sich jeweils nach Art. 8, 9 Abs. 1 und 2 sowie Art. 13, nicht aber nach Art. 2 Abs. 1. Eine staatliche Ungleichbehandlung zwischen Mann und Frau oder zwischen den Angehörigen verschiedener Bundesländer ist am Maßstab des Art. 3 Abs. 2 bzw. Art. 33 Abs. 1 zu überprüfen, nicht am allgemeinen Gleichheitssatz des Art. 3 Abs. 1.

387 b) Fällt ein Verhalten in den Lebensbereich, dem das Grundrecht zwar gilt, den es insoweit aber nicht schützt, fällt es mit anderen Worten in den Regelungs-, aber nicht in den Schutzbereich eines Grundrechts, dann bestimmt sich sein Schutz nach dem Auffanggrundrecht der **allgemeinen Handlungsfreiheit,** dem jedes Verhalten allemal unterfällt. Nach anderer Auffassung soll schon die Einschlägigkeit des Regelungsbereichs die Subsidiarität des Art. 2 Abs. 1 auslösen (vgl. oben Rdnr. 229 f.). Diese Konstruktion findet aber keinen Rückhalt in der Rechtsprechung des BVerfG.

388 **Beispiele:** Eine unfriedliche Versammlung fällt in den Regelungs-, nicht aber in den Schutzbereich des Art. 8 Abs. 1. Nach der hier vertretenen Auffassung hindert das nicht den Rückgriff auf Art. 2 Abs. 1 (a. A. *Erichsen,* StR I, S. 141 ff.; vgl. zur Frage der Grundrechtsgeltung für Ausländer oben Rdnr. 143 f.).

389 c) Fällt ein Verhalten in die Schutzbereiche zweier spezieller Grundrechte, dann kann sich gleichwohl das eine als **für diesen Fall spezieller** erweisen, ohne daß insgesamt zwischen beiden Grundrechten ein Verhältnis der Spezialität bestehen müßte. Voraussetzung ist, daß das eine Grundrecht das Verhalten durch gegenüber dem anderen Grundrecht zusätzliche Merkmale erfaßt.

390 **Beispiele:** Die Pressefreiheit (Art. 5 Abs. 1 S. 2) ist nicht insgesamt spezieller gegenüber der Meinungsäußerungsfreiheit (Art. 5 Abs. 1 S. 1). In einem weiten Überschneidungsbereich sind aber Meinungsäußerungen durch das zusätzliche Merkmal charakterisiert, daß sie in der Presse erfolgen. Insoweit ist Art. 5 Abs. 1 S. 2 speziell gegenüber Art. 5 Abs. 1 S. 1. Dasselbe gilt bei der beruflichen Tätigkeit eines Redakteurs für das Verhältnis der Pressefreiheit zur Berufsfreiheit (Art. 12 Abs. 1; ausführlich *Degen,* Pressefreiheit, Berufsfreiheit, Eigentumsgarantie, 1981).

391 d) Fällt ein Verhalten in die Schutzbereiche zweier spezieller Grundrechte, ohne daß zwischen beiden ein Spezialitätsverhältnis festgestellt werden kann, dann bestimmt sich der Schutz des Verhaltens nach **beiden Grundrechten.** Wenn dabei die Schutzwirkung beider Grundrechte unterschiedlich stark ist, dann bedeutet der doppelte Schutz, daß ein Eingriff nur gerechtfertigt werden kann, wenn er auch am Grundrecht mit dem stärkeren Schutz gerechtfertigt werden kann.

Beispiel: Die Prozession unter freiem Himmel verwirklicht die vorbehaltlose Glaubensfreiheit und die unter Gesetzesvorbehalt stehende Versammlungsfreiheit. Nimmt sie einen Weg, der in einer bestimmten religiösen Tradition wurzelt, dann muß sich ein Eingriff in die Wegführung auch an Art. 4 Abs. 2, nicht nur an Art. 8 Abs. 2 messen lassen. Andernfalls sind die Wegführung und ihre Beschränkung allein am Maßstab des Art. 8 zu beurteilen. 392

Literatur: *K. A. Bettermann,* Grenzen der Grundrechte, 2. Aufl. 1976; *P. Häberle,* Die Wesensgehaltgarantie des Art. 19 Abs. 2 GG, 3. Aufl. 1983; *G. Herbert,* Der Wesensgehalt der Grundrechte, EuGRZ 1985, 321; *M. C. Jakobs,* Der Grundsatz der Verhältnismäßigkeit, DVBl. 1985, 97; *M. Kloepfer,* Grundrechtstatbestand und Grundrechtsschranken in der Rechtsprechung des Bundesverfassungsgerichts, in: Festgabe BVerfG, 2. Bd., 1976, S. 405; *M. Kriele,* Vorbehaltlose Grundrechte und die Rechte anderer, JA 1984, 629; *H.-R. Lipphardt,* Grundrechte und Rechtsstaat, EuGRZ 1986, 149; *F. Müller,* Die Positivität der Grundrechte, 1969; *M. Ramsauer,* Die Bestimmung des Schutzbereichs von Grundrechten nach dem Normzweck, VerwArch 1981, 89; *W. Schmidt,* Der Verfassungsvorbehalt der Grundrechte, AöR 1981, 497; *F. E. Schnapp,* Grenzen der Grundrechte, JuS 1978, 729; *ders.,* Die Verhältnismäßigkeit des Grundrechtseingriffs, JuS 1983, 850; *J. Schwabe,* Probleme der Grundrechtsdogmatik, 1977; *T. Wülfing,* Grundrechtliche Gesetzesvorbehalte und Grundrechtsschranken, 1981.

Anhang: Aufbauschema

Die dargelegte Systematik von Grundrechtsgewährleistung und Grundrechtsbeschränkung kann für Zwecke der *Fallösung,* insbesondere in Übungsarbeiten, in ein Aufbauschema gebracht werden. Das folgende Aufbauschema bezieht sich auf den typischen Grundrechtsfall, in dem gefragt wird, ob ein Gesetz mit einem Grundrecht vereinbar ist (vgl. oben Rdnr. 10 ff.). Wenn nach der Rechtmäßigkeit einer Maßnahme der vollziehenden oder rechtsprechenden Gewalt gefragt wird, kommen Prüfungsgesichtspunkte hinzu, die aber das Aufbauschema nicht verändern. Entsprechendes gilt, wenn es um die Verpflichtung des Staats zur Vornahme einer Handlung geht. Modifikationen ergeben sich allerdings bei der Prüfung von Gleichheitsgrundrechten (vgl. das Aufbauschema unten Rdnr. 577). 393

Die Frage, ob ein Freiheitsgrundrecht durch ein Gesetz verletzt ist, ist in folgenden Einzelfragen abzuarbeiten (Drei-Schritt-Prüfung): 394

I. Fallen die Verhalten, die das Gesetz regelt, in den Schutzbereich des Grundrechts?

II. Stellt die Regelung des Gesetzes einen Eingriff in den Schutzbereich dar?

III. Ist der Eingriff verfassungsrechtlich gerechtfertigt?

   1. Ist das Gesetz kompetenz- und verfahrensmäßig zustande gekommen?

   2. a) Bei Grundrechten mit qualifiziertem Gesetzesvorbehalt: Genügt das Gesetz den Qualifikationsmerkmalen?

      b) Bei Grundrechten ohne Gesetzesvorbehalt: Greift das Gesetz um anderer Grundrechte oder sonstiger Verfassungsgüter willen ein?

   3. Genügt das Gesetz den Anforderungen des Parlamentsvorbehalts?

   4. Greift das Gesetz verhältnismäßig ein?

   5. Läßt das Gesetz den Wesensgehalt des Grundrechts unangetastet?

   6. Nur bei Grundrechten mit einfachem oder qualifiziertem Gesetzesvorbehalt:

      a) Gilt das Gesetz allgemein und nicht nur für den Einzelfall?

      b) Nennt das Gesetz das eingeschränkte Grundrecht unter Angabe des Artikels?

   7. Ist das Gesetz in Tatbestand und Rechtsfolge klar und bestimmt gefaßt?

§ 6 V 2

395 Streng genommen ist die jeweils nächste Frage des Aufbauschemas nur dann noch zu beantworten, wenn die jeweils vorangehende bejaht wird; denn mit der Verneinung einer der mit den römischen Ziffern I und II gekennzeichneten Fragen steht fest, daß keine Verletzung des Grundrechts vorliegt, und mit der Verneinung einer der mit arabischen Ziffern und mit Buchstaben gekennzeichneten Fragen steht fest, daß eine Verletzung des Grundrechts vorliegt. Meistens wird bei der Fallbearbeitung jedoch ein umfassendes Rechtsgutachten verlangt. Dann kann die Auseinandersetzung auch mit Prüfungsgesichtspunkten späterer Fragen erforderlich werden (Hilfsgutachten).

396 Immer aber gilt, daß Ausführungen zu einer der mit arabischen Ziffern und mit Buchstaben gekennzeichneten Fragen nur dann erforderlich sind, wenn Sachverhalt oder Rechtslage irgendwelche Anhaltspunkte dafür bieten, daß die Frage möglicherweise verneint werden kann. Das Aufbauschema soll eine gedankliche Stütze sein; es darf nicht in jedem Fall zur Gänze reproduziert werden.

ZWEITER TEIL:
Die einzelnen Grundrechte

§ 7 SCHUTZ DER MENSCHENWÜRDE (Art. 1 Abs. 1)

Fall: Das Entführungsdrama
A und B entführen den herzkranken Industriellen I. Sie fordern von den Angehörigen des I ein hohes Lösegeld. I schwebt in äußerster Lebensgefahr, da er seine gewohnten Medikamente nicht einnehmen kann. Selbst wenn die Forderung der Entführer erfüllt würde, dauerte das Verfahren der Übergabe des Lösegelds und der Freilassung doch so lange, daß die medikamentöse Hilfe zu spät käme. B weiß, wo I von A versteckt gehalten wird, weigert sich aber, dies preiszugeben. Um das Leben des I zu retten, entschließt sich die Polizei, den B mit Gewalt zum Sprechen zu bringen. Verstößt sie gegen Art. 1 Abs. 1?

I. Überblick

Die nationalsozialistischen Gewaltverbrechen vor Augen hat der Parlamentarische Rat an den Anfang des Grundrechtskatalogs gestellt: „Die Würde des Menschen ist unantastbar." Entsprechend dieser Stellung und im Hinblick darauf, daß auch eine Verfassungsänderung Art. 1 nicht „berühren" darf (Art. 79 Abs. 3), wird dieser Satz in der Rechtsprechung des BVerfG mit besonderem Nachdruck zitiert: „In der freiheitlichen Demokratie ist die Würde des Menschen der oberste Wert." (E 5, 85/204) Er gehört zu den „tragenden Konstitutionsprinzipien" des Grundgesetzes (E 6, 32/36). „Das Wertsystem des Grundgesetzes findet seinen Mittelpunkt in der innerhalb der sozialen Gemeinschaft sich frei entfaltenden menschlichen Persönlichkeit und ihrer Würde." (E 7, 198/205)

Wegen des proklamatorischen Charakters, der Unbestimmtheit und der Formulierung in Art. 1 Abs. 3, daß die öffentliche Gewalt durch „die nachfolgenden Grundrechte" gebunden wird, ist die Auffassung vertreten worden, Art. 1 Abs. 1 stelle kein Grundrecht dar (vgl. z. B. *Dürig*, M/D-GG, Art. 1 Abs. I Rdnr. 13; *Wertenbruch*, Grundgesetz und Menschenwürde, 1958, S. 31 ff.). Dagegen ist zu sagen, daß Art. 1 Abs. 1 nach Systematik (vgl. die Überschrift von Abschnitt I) und Entstehungsgeschichte *zu den Grundrechten gehört;* proklamatorischer Charakter und Unbestimmtheit finden sich im übrigen auch bei anderen Grundrechten. Das BVerfG hat Art. 1 Abs. 1 von Anfang an als Grundrecht bezeichnet (vgl. z. B. E 15, 249/255) und später ergänzt, „daß Art. 1 Abs. 1 kein ‚nachfolgendes' Grundrecht ist, schließt eine Bindung der staatlichen Gewalten an dieses oberste Konstitutionsprinzip des Grundgesetzes nicht aus" (E 61, 126/137; vgl. hierzu auch *Krawietz*, Gedächtnisschrift Klein, 1977, S. 245; *v. Mangoldt/Klein/Starck*, GG, Art. 1 Abs. 1 Rdnr. 17 f.).

Anders als bei den meisten Grundrechten ist die Rechtsfolge der Gewährleistung der Menschenwürde in einem eigenen Satz formuliert: Art. 1 Abs. 1 S. 2 verpflichtet alle staatliche Gewalt dazu, die Würde des Menschen zu *achten* und zu *schützen*. Während der Begriff „achten" bedeutet, daß in die Menschenwürde nicht eingegriffen werden darf, geht der Begriff „schützen" darüber hinaus. Es ist dies eine der wenigen Stellen im Grundrechtskatalog des Grundgesetzes, wo von der staatlichen Gewalt ausdrücklich ein Tätigwerden verlangt wird (vgl. oben Rdnr. 74 ff.). Würde des Menschen ist mit anderen Worten nicht nur *Grenze,* sondern auch *Aufgabe* der staatlichen Gewalt. Die wichtigste Folgerung hieraus hat das BVerfG in systematischer Zusammenschau der Menschenwürde mit dem Recht auf Leben (Art. 2 Abs. 2 S. 1) gezogen und als Pflicht des Staates bezeichnet, jedes menschliche Leben zu schützen, es vor allem vor rechtswidrigen Eingriffen von seiten anderer zu bewahren (vgl. oben Rdnr. 108 f. und unten Rdnr. 418).

II. Schutzbereich

400 Den Schutzbereich der Menschenwürde zu bestimmen, macht *Schwierigkeiten* in mehrfacher Hinsicht:
— In der heutigen Umgangs- und Wissenschaftssprache ist „Würde" kein geläufiger Begriff: „Erfahrungen von Würde werden immer seltener und beziehen sich vom Sprachgebrauch her immer häufiger auf periphere soziale Vorgänge" (*Podlech,* AG-GG, Art. 1 Abs. 1 Rdnr. 12).
— Würde ist ein Begriff, auf dem sozusagen zweieinhalbtausend Jahre Philosophiegeschichte lasten. Von Menschenwürde kann man schwer reden, ohne sich sogleich in einer bestimmten philosophischen Tradition wiederzufinden.
— Anforderungen, die die Menschenwürde stellt, sind im besonderen Maß zeit- und situationsabhängig. Unter welchen Umständen die Menschenwürde verletzt ist, läßt sich „offenbar nicht generell sagen, sondern immer nur in Ansehung des konkreten Falles" (E 30, 1/25). Der zivilisatorische und kulturelle Gesamtzustand einer Gesellschaft bedingt unterschiedliche Vorstellungen und Verwirklichungen der Menschenwürde.
— Schließlich gibt das Verhältnis der Menschenwürde zu anderen Grundrechten Probleme auf (dazu noch näher unter Rdnr. 414 ff.). Insbesondere fragt sich, worin neben etwa dem Recht auf Leben, den Gleichheitsrechten oder der Gewissensfreiheit das Eigenständige der Gewährleistung der Menschenwürde liegt.

401 Es gibt besonders zwei Auffassungen darüber, wie sich der Schutzbereich des Art. 1 Abs. 1 *positiv* bestimmen läßt: Nach der einen läßt sich Menschenwürde fassen als *Wert*, z. B. „der Eigenwert und die Eigenständigkeit, die Wesenheit, die Natur des Menschen schlechthin" (*Nipperdey,* in: Die Grundrechte II, S. 1). Diese Auffassung versteht sich in der Tradition der Philosophie Kants (vgl. *Vitzthum,* JZ 1985, 201/205 f.) und der christlichen Naturrechtslehre. Juristisch kann für sie ins Feld geführt werden, daß der Parlamentarische Rat bei der Schaffung des Art. 1 Abs. 1 von diesen Traditionen ausging (vgl. *Denninger,* JZ 1982, 225). Nach der anderen Auffassung ist das Entscheidende der Menschenwürde die *Leistung* der Identitätsbildung: Der Mensch hat seine Würde aufgrund seines eigenen selbstbestimmten Verhaltens (vgl. *Luhmann,* Grundrechte als Institution, 1965, S. 53 ff.). Hierfür spricht einmal, daß nicht eine bestimmte philosophische Tradition verbindlich gemacht wird, und zum anderen, daß der Zusammenhang der Menschenwürde mit anderen, die Leistung der Identitätsbildung ermöglichenden Grundentscheidungen des Grundgesetzes (Rechts- und Sozialstaatsprinzip, Gleichheits- und Freiheitsrechte) deutlich zum Ausdruck kommt (vgl. *Podlech,* AK-GG, Art. 1 Abs. 1 Rdnr. 17 ff.).

402 *Beide Auffassungen* greifen zentrale Aspekte dessen auf, was unter dem Begriff der Menschenwürde als unantastbar festgehalten zu werden verdient. Die zweite Auffassung stellt klar, daß es gerade der einzelne selbst ist, der bestimmt, was seine Würde ausmacht. Mit der Verbürgung der Menschenwürde ist die Aufoktroyierung von Würdekonzeptionen unvereinbar. Die zweite Auffassung ist jedoch dort ungenügend, wo der einzelne handlungs- oder willensunfähig und zur Leistung der Identitätsbildung außerstande ist. Ihn gleichwohl als Menschen zu respektieren, lehrt die erste Auffassung.

Im übrigen treffen sich beide Auffassungen darin, und sie treffen sich darin auch mit der Rechtsprechung, daß im Einzelfall weniger auf positive Bestimmungen der Menschenwürde, als vielmehr *auf negative Umschreibungen abgestellt* und gefragt wird, welche Akte der öffentlichen Gewalt als Verletzungen der Menschenwürde gekennzeichnet werden können. Wenn unter dieser Fragestellung mehr Einigkeit erreicht wird, als die Verschiedenheit der Auffassungen erwarten läßt, dann wird darin soziologisch die Funktion der Menschenwürdeverbürgung als Tabugrenze sichtbar: Unsere Gesellschaft ist sich, ohne dies jeweils hinterfragen zu wollen und allgemein begründen zu können, eben darin einig, daß gewisse Weisen des Umgangs der öffentlichen Gewalt mit dem Menschen schlechterdings unerträglich sind. — Dogmatisch wird mit dem Wechsel der Fragestellung von Problemen des Schutzbereichs zu Problemen des Eingriffs in den Schutzbereich übergegangen. 403

III. Eingriffe

Das BVerfG hat für Eingriffe in die Menschenwürde zunächst die Umschreibungen „Erniedrigung, Brandmarkung, Verfolgung, Ächtung" (E 1, 97/104) und „grausames oder hartes Urteil" (E 1, 332/347 f.) gefunden. Später hat es sich der sogenannten *Objektformel* bedient. Danach widerspricht es der Würde des Menschen, ihn zum bloßen Objekt im Staat zu machen (E 9, 89/95; 57, 250/275). Das gebieten die „sittliche Persönlichkeit" und der „soziale Wert- und Achtungsanspruch" des Menschen (E 9, 167/171; 45, 187/228). 404

Im *Abhörurteil* (E 30, 1) hat das BVerfG die Objektformel zu präzisieren versucht. Es kennzeichnet den Eingriff in die Menschenwürde dahin, daß der Mensch „einer Behandlung ausgesetzt wird, die seine Subjektqualität prinzipiell in Frage stellt, oder daß in der Behandlung im konkreten Fall eine willkürliche Mißachtung der Würde des Menschen liegt. Die Behandlung des Menschen durch die öffentliche Hand, die das Gesetz vollzieht, muß also, wenn sie die Menschenwürde berühren soll, Ausdruck der Verachtung des Wertes, der dem Menschen kraft seines Personseins zukommt, also in diesem Sinne eine ‚verächtliche Behandlung' sein" (E 30, 1/26). Aber dieser Präzisierungsversuch überzeugt nicht: Soll neben der unzulässigen „willkürlichen Mißachtung der Würde des Menschen" eine begründete Mißachtung der Menschenwürde zulässig sein? Was soll mit dem Erfordernis, die Behandlung müsse „Ausdruck" der Verachtung des Personenwerts sein, sinnvoll gemeint sein? Das abweichende Votum ist dem Präzisierungsversuch denn auch nicht gefolgt. Es hielt entgegen, der Mensch dürfe schlechterdings „nicht unpersönlich, nicht wie ein Gegenstand behandelt werden, auch wenn es nicht aus Mißachtung des Personenwertes, sondern in ‚guter Absicht' geschieht" (E 30, 33/39 f.). Es hat damit die Objektformel in ihrer ursprünglichen Fassung hochgehalten. Deren Fragwürdigkeit liegt jedoch auch auf der Hand: Sie ist zu *unbestimmt*. 405

So kann nur versucht werden, die spezifischen Gefährdungen der Menschenwürde nach Bereichen, in denen sie — besonders nach historischer Erfahrung — auftreten, zu konkretisieren. Hierbei ist der schon genannte Zusammenhang der Menschenwürde mit Gleichheits- und Freiheitsrechten, dem Rechts- und Sozialstaatsprinzip zu berücksichtigen. Geschichtlich-systematisch können so die folgenden vier *Bereiche typi-* 406 *scher Eingriffe* in Art. 1 Abs. 1 bestimmt werden (vgl. *Maihofer,* Rechtsstaat und menschliche Würde, 1968, S. 56 ff.; *Podlech,* AK-GG, Art. 1 Abs. 1 Rdnr. 17 ff.):

407 — Die rechtliche *Gleichheit* des Menschen. Einen Eingriff in die Menschenwürde stellen danach Sklaverei, Leibeigenschaft und rassische Diskriminierung dar.

408 — Die Wahrung menschlicher *Identität und Integrität.* Das bezieht sich zum einen auf die *körperliche* Integrität. Die Menschenwürde beeinträchtigen daher Folterung, Mißhandlung und körperliche Strafen. Demgegenüber hat E 47, 239/247 die Veränderung der Haar- und Barttracht eines Beschuldigten zum Zwecke seiner Gegenüberstellung mit Zeugen nicht als Eingriff in Art. 1 Abs. 1 gewertet. Erhebliche Probleme wirft in diesem Zusammenhang die Gentechnologie auf; ob eine Beeinträchtigung der Menschenwürde bei jedem Gentransfer in menschliche Keimzellen zur qualitativen Steigerung der Erbsubstanz angenommen werden kann (*Benda,* NJW 1985, 1730/1733; *Enders,* EuGRZ 1986, 241; *Vitzthum,* JZ 1985, 201/208) oder ob nach Heil- oder Züchtungszweck, freiwilliger oder unfreiwilliger Maßnahmen unterschieden werden muß, ist noch nicht hinreichend diskutiert. — Zum anderen gebietet die Menschenwürde die Achtung *geistig-seelischer* Identität und Integrität. Der Gebrauch eines Lügendetektors (vgl. BVerfG, NJW 1982, 375, wo aber das Persönlichkeitsrecht aus Art. 2 Abs. 1 i.V.m. Art. 1 Abs. 1 als betroffen angesehen wird) und eines Wahrheitsserums, die Anwendung von Hypnose sind daher dem Staat verboten. Er darf auch in Haftanstalten oder in psychiatrischen Kliniken nicht die Identität von Menschen brechen. Dagegen ist die Ehre nicht insgesamt von Art. 1 Abs. 1 geschützt (vgl. *v. Mangoldt/Klein/ Starck,* GG, Art. 1 Abs. 1 Rdnr. 70; a. A. beiläufig E 15, 283/286); erst systematische Ehrverletzungen durch Demütigung oder Erniedrigung fallen hierunter (vgl. *Dürig,* M/D-GG, Art. 1 Abs. I Rdnr. 41). — Um körperliche *und* geistig-seelische Integrität geht es bei der Frage, ob die lebenslange Freiheitsstrafe mit Art. 1 Abs. 1 vereinbar ist (vgl. ausführlich *Erichsen,* StR I, S. 191 ff.). E 45, 187 konnte andererseits nicht feststellen, daß die gegenwärtige Praxis zwangsläufig zu irreparablen Schäden psychischer oder physischer Art führt, welche die Menschenwürde verletzen; doch hat das Gericht andererseits die Verurteilung zu einer lebenslangen Freiheitsstrafe nur unter der Voraussetzung für verfassungsrechtlich zulässig bezeichnet, daß der Betroffene eine rechtlich abgesicherte Chance hat, vor seinem Lebensende die Freiheit zurückzuerhalten (E 45, 187/229).

409 — Die *Begrenzung staatlicher Gewaltanwendung.* Die Menschenwürde ist auch gedankliche Wurzel rechtsstaatlicher Verfahrensgarantien. Unter anderem aus ihr ergibt sich für das Strafverfahren „das zwingende Gebot, daß der Beschuldigte, im Rahmen der von der Verfahrensordnung aufgestellten, angemessenen Regeln, die Möglichkeit haben und auch tatsächlich ausüben können muß, auf das Verfahren einzuwirken, sich persönlich zu den gegen ihn erhobenen Vorwürfen zu äußern, entlastende Umstände vorzutragen, deren umfassende und erschöpfende Nachprüfung und gegebenenfalls auch Berücksichtigung zu erreichen" (E 63, 332/337 f.). Von der „Achtung vor der menschlichen Würde geprägt" ist auch der Grundsatz des Strafverfahrens und ähnlicher Verfahren, „daß niemand gezwungen werden darf, gegen sich selbst auszusagen" (E 55, 144/150; 56, 37/43).

— Die *Sicherung individuellen und sozialen Lebens*. In diesem Bereich geht es vornehmlich um die Pflicht des Staates zum Schutz der Menschenwürde, weniger um die Abwehr von Eingriffen. Art. 1 Abs. 1 gewährleistet eine menschenwürdige Existenz. Diese ist beispielsweise nicht gewährleistet für Gefangene, die zu dritt in einer Zelle von 23 cbm Rauminhalt mit einer Toilette ohne Trennwände untergebracht sind (OLG Hamm, MDR 1967, 1024). Kann sich der einzelne aus von ihm nicht zu vertretenden Gründen nicht selbst erhalten, ist der Staat nach BVerwGE 1, 159/161 zur Sozialhilfe verpflichtet (a. A. das BVerfG, allerdings in der sehr frühen Entscheidung E 1, 97/104, wonach Art. 1 Abs. 1 „nicht Schutz vor materieller Not" gewährleisten soll). Andererseits berechtigt das würdelose Auftreten einzelner — etwa in Darbietungen sexuellen Inhalts — allein nicht zum staatlichen Eingriff: „Zur Würde gehört auch, nicht zur Leistung von Würde gezwungen zu werden" (*Podlech*, AK-GG, Art. 1 Abs. 1 Rdnr. 46; a. A. BVerwGE 64, 264 — Peepshow —; dazu *Gronimus*, JuS 1985, 174).

410

In diesen Bereichen schützt die Menschenwürde also nur gegen *schwere Beeinträchtigungen* durch die staatliche Gewalt. Minderschwere Eingriffe beurteilen sich allein nach Maßgabe der anderen Grundrechte. Vor dem BVerfG sind häufig Verstöße gegen die Menschenwürde gerügt worden, die das Gericht als offensichtlich unbegründet oder abwegig zurückweisen mußte.

411

Beispiele: Evident aussichtslose Fälle betrafen etwa die Zahlung einer Geldbuße im Ordnungswidrigkeitsverfahren (E 9, 167/171); die Ladung zum Verkehrsunterricht (E 22, 21/28) und den Friedhofszwang für Urnen (E 50, 256/262). Problematisch ist dagegen die Berücksichtigung generalpräventiver Gründe (bei der Ausweisung nach E 50, 166/175 zulässig; für die Verhängung einer ausschließlich der Abschreckung dritter Personen dienender Strafe a. A. *Podlech*, AK-GG, Art. 1 Abs. 1 Rdnr. 42).

412

IV. Verfassungsrechtliche Rechtfertigung

Art. 1 Abs. 1 steht unter keinem Gesetzesvorbehalt. Da er wegen Art. 79 Abs. 3 nicht einmal bei einer Verfassungsänderung berührt werden darf, wäre eine Eingriffsrechtfertigung durch kollidierendes Verfassungsrecht allenfalls bei einer Kollision mit den ebenfalls durch Art. 79 Abs. 3 der Verfassungsänderung entzogenen Verfassungsgrundsätzen denkbar. Jedoch ist mit der Kennzeichnung der Menschenwürde als oberstem Wert in der freiheitlichen Demokratie (vgl. oben Rdnr. 397) zum Ausdruck gebracht, daß die anderen Verfassungsgrundsätze, auf die Art. 79 Abs. 3 Bezug nimmt, um der Menschenwürde willen bestehen. Auch sie scheiden daher zur Eingriffsrechtfertigung aus. Mit anderen Worten stellt jeder Eingriff in die Menschenwürde zugleich einen Verstoß gegen sie dar (so auch *v. Mangoldt/Klein/Starck*, GG, Art. 1 Abs. 1 Rdnr. 28 mit der einen Einschränkung, wenn in die Menschenwürde des einen zum Schutz der Menschenwürde eines anderen eingegriffen wird).

413

V. Verhältnis zu anderen Grundrechten

In vielen Normen des Grundgesetzes werden die Bereiche der Gefährdung der Menschenwürde (vgl. oben Rdnr. 407 ff.) weiter ausgeformt und konkretisiert. Das BVerfG bringt das immer wieder zum Ausdruck, wenn es zu einzelnen Folgerungen

414

aus dem Rechtsstaatsprinzip oder aus Freiheitsrechten sagt, sie seien auch in der Menschenwürde angelegt oder auf die Menschenwürde bezogen:

— Recht auf Leben (Art. 2 Abs. 2 S. 1): z. B. E 39, 1/41.
— Informationsfreiheit (Art. 5 Abs. 1 S. 1): E 27, 71/81.
— Glaubensfreiheit (Art. 4 Abs. 1 und 2): E 32, 98/108; 33, 23/28 f.; 52, 223/247.
— Rechtsstaatliche Verfahrensgrundsätze (Art. 19 Abs. 4, 103 Abs. 1, Schuldprinzip, Unschuldsvermutung): z. B. E 50, 125/133.

Besondere Bedeutung hat das Persönlichkeitsrecht, das nach ständiger Rechtsprechung in erster Linie in Art. 2 Abs. 1 verankert ist, für dessen Begründung aber stets zugleich Art. 1 Abs. 1 herangezogen wird (vgl. unten Rdnr. 419, 429).

415 Bei diesen Konkretisierungen ist stets auf eine genaue Unterscheidung der Schutzbereiche des Art. 1 Abs. 1 einerseits und seiner Konkretisierungen andererseits zu achten. Das ist vor allem wichtig im Hinblick auf Art. 79 Abs. 3, wonach auch eine *Verfassungsänderung* Art. 1 nicht berühren darf. Dadurch, daß andere Normen als Konkretisierungen der Menschenwürde erscheinen, fallen sie nicht als ganze unter Art. 79 Abs. 3. Andererseits kann man sagen, daß sie in dem Umfang, in dem ihr Schutzbereich sich mit dem des Art. 1 Abs. 1 deckt, d. h. also mit ihrem „Menschenwürdegehalt", ebenfalls unabänderlich i. S. d. Art. 79 Abs. 3 sind. Die genaue Trennung der Schutzbereiche ist außerdem wichtig wegen der zwischen Art. 1 Abs. 1 und den Konkretisierungen möglicherweise unterschiedlichen Schrankenregelungen.

416 **Beispiel:** Die körperliche Züchtigung von Schülern ist ein Eingriff in den Schutzbereich des Art. 2 Abs. 2 S. 1 (körperliche Unversehrtheit). Sie ist daher schon deshalb verfassungswidrig, weil für sie keine gesetzliche Ermächtigung (vgl. Art. 2 Abs. 2 S. 3) besteht. Ob sie durch Gesetz eingeführt werden könnte, hängt für Art. 2 Abs. 2 davon ab, ob sie verhältnismäßig wäre, d. h. ob sie als geeignet und notwendig für ihren pädagogischen Zweck erwiesen werden könnte. Bei Art. 1 Abs. 1 wäre weiter zu fragen, ob sie als körperliche Strafe gegen die Menschenwürde verstößt. Bei der spontan gegebenen Ohrfeige wäre die Beeinträchtigung noch nicht hinreichend schwer. Körperliches Strafen beginnt erst bei einem subtilen System körperlicher Sanktionen, wie es frühere Kadetten- und Lehranstalten kannten.

417 Gegenüber anderen Grundrechten steht Art. 1 Abs. 1 daher auch nicht in einem — dem Art. 2 Abs. 1 in der Auslegung des BVerfG vergleichbaren (vgl. unten Rdnr. 422 ff.) — Verhältnis der Subsidiarität. Wenn in der Rechtsprechung des BVerfG gleichwohl Art. 1 Abs. 1 als gegenüber speziellen Grundrechten subsidiär behandelt wird (vgl. zuletzt E 51, 97/105; 53, 257/300; 56, 363/393), dann ist das richtigerweise dahin zu verstehen, daß der Schutzbereich der Menschenwürde im konkreten Fall nicht beeinträchtigt ist.

418 **Lösungsskizze zum Fall:** Ein wesentlicher Teil des Schutzbereichs der Menschenwürde ist die Wahrung der menschlichen Identität und Integrität sowohl in körperlicher wie in geistig-seelischer Hinsicht. Aller staatlichen Gewalt, und damit auch der Polizei, sind daher Folterung und körperliche Mißhandlung verboten. Da B eine „festgehaltene Person" ist, ergibt sich dieses Verbot hier zugleich aus Art. 104 Abs. 1 S. 2. Eine verfassungsrechtliche Rechtfertigung des Vorgehens der Polizei kann auch nicht zum Schutz von I abgeleitet werden. Es wäre verfehlt, hier eine Kollision zwischen der Menschenwürde von B und der Menschenwürde von I anzunehmen und die von B der von I zu opfern, weil jener Unrecht getan und dieser Unrecht erlitten habe. Zwar ist der Staat aus Art. 1 Abs. 1

i.V.m. Art. 2 Abs. 2 S. 1 zum Schutz des Lebens verpflichtet. Aber wie er dieser Pflicht nachkommt, ist ihm durch das Grundgesetz nicht vorgezeichnet, sondern von ihm „grundsätzlich in eigener Verantwortung zu entscheiden" (E 46, 160/164 f.). Daß er die Menschenwürde nicht verletzen darf, ist ihm dagegen unbedingt vorgegeben. Bei I ist nun eben nur das Leben und nicht die Menschenwürde bedroht: Kriminalität und auch lebensgefährdende Kriminalität sind eine Geißel jeder Gesellschaft, aber kein Angriff speziell auf die Menschenwürde.

Literatur: *E. Benda*, Die Menschenwürde, in: Hdb. VerfR, S. 107; *B. Giese*, Das Würde-Konzept, 1975; *C. Grimm*, Allgemeine Wehrpflicht und Menschenwürde, 1982; *N. Hoerster*, Zur Bedeutung des Prinzips der Menschenwürde, JuS 1983, 93; *C. Starck*, Menschenwürde als Verfassungsgarantie im modernen Staat, JZ 1981, 457; *K. Stern*, Menschenwürde als Wurzel der Menschen- und Grundrechte, in: Festschrift Scupin, 1983, S. 627; *W. Vitzthum*, Die Menschenwürde als Verfassungsbegriff, JZ 1985, 201.

§ 8 FREIE ENTFALTUNG DER PERSÖNLICHKEIT (Art. 2 Abs. 1)

Fall: Der Falknerjagdschein (nach E 55, 159)

Durch eine Neuregelung im Bundesjagdgesetz wurde vom 1. 4. 1977 an die erste Erteilung eines Falknerjagdscheins davon abhängig gemacht, daß der Bewerber die Jäger- und Falknerprüfung bestanden hat. Zur Jägerprüfung gehört auch eine Schießprüfung und der Nachweis ausreichender Kenntnisse des Waffenrechts, der Waffentechnik und der Führung von Jagdwaffen (einschl. Faustfeuerwaffen). Wird dadurch die freie Entfaltung der Persönlichkeit eines Bewerbers um einen Falknerjagdschein verletzt?

I. Überblick

Art. 2 Abs. 1 gewährleistet das Recht auf die freie Entfaltung der Persönlichkeit, das im gleichen Satz den drei Schranken („Schrankentrias") der Rechte anderer, der verfassungsmäßigen Ordnung und dem Sittengesetz unterworfen wird. Dieses Grundrecht ist von der bundesverfassungsgerichtlichen Rechtsprechung einerseits zur allgemeinen Handlungsfreiheit erweitert worden (mit weitreichenden prozessualen Folgen) und andererseits — unter gleichzeitiger Berufung auf Art. 1 Abs. 1 — zu einzelnen Persönlichkeitsrechten, namentlich dem (Grund-)Recht auf informationelle Selbstbestimmung, fortentwickelt worden. Art. 2 Abs. 1 besitzt daher eine große Bedeutung in der verfassungsrechtlichen Praxis.

419

II. Schutzbereich

1. Persönlichkeitskerntheorie

Vom Beginn der Geltung des Grundgesetzes an hat es Schwierigkeiten gemacht, Schutzbereich und Grenzen des Art. 2 Abs. 1 zu bestimmen. Ein plausibler Interpretationsvorschlag aus den fünfziger Jahren ist die Persönlichkeitskerntheorie. Danach ist Art. 2 Abs. 1 ein Einzelgrundrecht wie die anderen in Art. 2 Abs. 2 normierten Grundrechte auch. Es unterfallen ihm also nicht beliebige menschliche Verhaltensweisen, sondern er ist auf einen bestimmten Ausschnitt aus der Wirklichkeit (Normbereich) bezogen. Aus der Gesamtheit menschlicher Entfaltung im sozialen, wirtschaftlichen und kulturellen Bereich schützt Art. 2 Abs. 1 danach nur den „Kernbereich des Persönlichen" (*Peters*, Festschrift Laun, 1953, S. 669; w. N. bei *v. Münch*, vM-

420

§ 8 II 1, 2

GG, Art. 2 Rdnr. 19) bzw. die „engere persönliche Lebenssphäre des Einzelnen" (*Hesse*, VerfR, Rdnr. 426). Für diese Interpretation spricht auch, daß dann die Schranke der „verfassungsmäßigen Ordnung" ebenfalls eng, und zwar genauso wie in Art. 9 Abs. 2, wo die gleiche Wendung die Schranken der Vereinigungsfreiheit markiert, verstanden werden kann; „verfassungsmäßige Ordnung" i.S.d. Art. 9 Abs. 2 wiederum heißt dasselbe wie „freiheitliche demokratische Grundordnung" in Art. 18 S. 2 und Art. 21 Abs. 2 (vgl. im einzelnen *v. Münch*, vM-GG, Art. 9 Rdnr. 25; gegen die Identität BVerwGE 1, 184/186 und wohl auch E 2, 1/12), nämlich die „elementaren Verfassungsgrundsätze und Grundentscheidungen des Verfassungsgesetzgebers" (*v. Mangoldt/Klein*, GG, Art. 2 Anm. IV 2 a). Obwohl also starke systematische Argumente für die Persönlichkeitskerntheorie sprechen, hat sie sich in der Praxis nicht durchgesetzt.

2. Allgemeine Handlungsfreiheit

421 Die Rechtsprechung des BVerfG ist seit E 6, 32 — Elfes — unter Berufung auf die Entstehungsgeschichte (vgl. JöR 1951, 54 ff.; *Dehler*, JZ 1960, 727; *Suhr*, S. 51 ff.) einen anderen Weg gegangen. Dem BVerfG haben sich alle obersten Gerichtshöfe des Bundes angeschlossen; auch in der Literatur wird dem inzwischen überwiegend gefolgt. Art. 2 Abs. 1 ist danach die grundrechtliche Garantie der allgemeinen Handlungsfreiheit. Er umfaßt also *jegliches menschliche Verhalten* und ist nicht auf einen bestimmten Ausschnitt der Wirklichkeit bezogen. Art. 2 Abs. 1 ist danach ein „Grundrecht des Bürgers, nur auf Grund solcher Vorschriften mit einem Nachteil belastet zu werden, die formell und materiell der Verfassung gemäß sind" (E 29, 402/408). Weil Art. 2 Abs. 1 in dieser Interpretation keinen eigenen Normbereich hat, spricht man von einer „Generalklausel". Das hat vor allem zwei Folgen:

422 a) Art. 2 Abs.1 ist **Auffanggrundrecht** gegenüber den speziellen Grundrechtsgewährleistungen. D. h. er tritt hinter diese zurück, soweit deren Schutzbereich reicht (Subsidiarität).

423 Beispiele: Ein Eingriff in die Glaubensfreiheit, Berufsfreiheit, Eigentumsfreiheit usw. ist an Art. 4 Abs. 1 und 2, Art. 12 Abs. 1, Art. 14 usw. zu messen. Art. 2 Abs. 1 kommt hier nicht mehr zur Anwendung. Das gilt nicht nur, wenn der Eingriff verfassungswidrig ist, sondern auch, wenn er — weil von Verfassungs wegen gerechtfertigt — gemessen am jeweiligen speziellen Grundrecht verfassungsmäßig ist.

424 Art. 2 Abs. 1 hat demgegenüber *Bedeutung* für Fälle, in denen kein Schutzbereich eines speziellen Grundrechts einschlägig ist.

425 Beispiele: Veranstaltung von Sammlungen (E 20, 150/154); Abschluß oder Nichtabschluß von privatrechtlichen Verträgen (E 8, 274/238; 12, 341/347); Führen eines Kraftfahrzeuges oder Kraftrads (E 59, 275/278); Mitnehmen anderer im Kraftfahrzeug (E 17, 306/313); Züchten von Tieren (E 10, 55/59); Rauchen in der Öffentlichkeit (vgl. *Merten*, JuS 1982, 365; *Scholz*, JuS 1976, 232; *Suhr*, JZ 1980, 166); Verfügung über das Vermögen als solches — soweit es mit dem BVerfG nicht als von Art. 14 geschützt angesehen wird (vgl. unten Rdnr. 1003 ff.). Darüber hinaus wird auch die Freiheit, etwas zu unterlassen, nicht in Anspruch genommen zu werden (negative Freiheit), häufig nicht von speziellen Grundrechten geschützt, z. B. Kirchensteuerpflicht einer juristischen Person (E 19, 206/215); Unterwerfung von Nichtmitgliedern unter die Normsetzung eines privaten Verbandes (E 64, 208/214); Zwangszusammenschluß zu einer öf-

fentlich-rechtlichen Körperschaft — soweit hier mit dem BVerfG nicht die negative Vereinigungsfreiheit als einschlägig erachtet wird (vgl. unten Rdnr. 816 ff.).

Lösungstechnischer Hinweis: In Übungsarbeiten ist zunächst zu behandeln, ob der Schutzbereich eines oder mehrerer spezieller Grundrechte beeinträchtigt ist. Nur soweit das nicht der Fall ist, darf Art. 2 Abs. 1 geprüft werden. Diese Aussagen betreffen den sachlichen Schutzbereich; zum persönlichen Schutzbereich vgl. oben Rdnr. 128 ff. 426

b) Art. 1 eröffnet in seiner Funktion als Generalklausel in weitem Umfang die **Verfassungsbeschwerde.** Art. 2 Abs. 1 ist eines der in Art. 93 Abs. 1 Nr. 4 a genannten Grundrechte, auf die die Verfassungsbeschwerde gestützt werden kann. Die Ausweitung des Schutzbereichs hat also eine Ausweitung des Anwendungsbereichs der Verfassungsbeschwerde zur Folge. Soweit nicht die Verletzung eines speziellen Grundrechts gerügt werden kann, kann immer noch die Verletzung des Art. 2 Abs. 1 gerügt werden. Eine derartige Verletzung liegt aber unter Berücksichtigung der Rechtsprechung des BVerfG zur Schrankenregelung (vgl. unten Rdnr. 440 f.) schon dann vor, wenn der Eingriff verfassungswidrig ist. Auf diese Weise kann sich der einzelne mit der Verfassungsbeschwerde auch gegen Verstöße gegen solche Verfassungsnormen wehren, die gar keine Grundrechte enthalten und nach der ursprünglichen Konzeption der Verfassungsbeschwerde auch nicht dem einzelnen den Weg zum BVerfG eröffnen sollten. 427

Beispiele: Die Verfassungsbeschwerde hat Erfolg wegen mangelnder Gesetzgebungskompetenz (E 38, 281/298 f.), wegen Verstoßes gegen Art. 140 i.V.m. Art. 137 Abs. 3 WRV (E 42, 312), das Rechtsstaatsprinzip (E 35, 382) oder allgemeine Regeln des Völkerrechts (E 31, 145). 428

3. Das allgemeine Persönlichkeitsrecht

Das BVerfG ist bei der geschilderten Rechtsprechung zu Art. 2 Abs. 1 als allgemeiner Handlungsfreiheit nicht stehen geblieben. Es hat den Art. 2 Abs. 1 — unter gleichzeitiger Berufung auf Art. 1 Abs. 1 (vgl. oben Rdnr. 414) — für einzelne Lebensbereiche konkretisiert und so richterrechtlich *spezielle Grundrechtskonkretisierungen* aus der allgemeinen Handlungsfreiheit heraus entwickelt. 429

Die *Rechtfertigung* hierzu hat das Gericht zu Recht in folgendem erblickt: Aufgabe des durch Art. 2 Abs. 1 i.V.m. Art. 1 Abs. 1 verfassungsrechtlich gewährleisteten allgemeinen Persönlichkeitsrechts ist es, „die engere persönliche Lebenssphäre und die Erhaltung ihrer Grundbedingungen zu gewährleisten, die sich durch die traditionellen konkreten Freiheitsgarantien nicht abschließend erfassen lassen. Diese Notwendigkeit besteht namentlich auch im Blick auf moderne Entwicklungen und die mit ihnen verbundenen neuen Gefährdungen für den Schutz der menschlichen Persönlichkeit" (E 54, 148/153). Der Schutz der Entfaltung des einzelnen im Sinne seiner Selbstbestimmung und Privatheit wird hier angesichts moderner Informations-, Überwachungs- und Kontrollmöglichkeiten fortentwickelt (zu den „informationsorientierten" Entscheidungen vgl. auch *Podlech,* AK-GG, Art. 2 Abs. 1 Rdnr. 20; *Rohlf,* S. 70 ff.; insgesamt auch *Scholz,* AöR 1975, 80, 265). 430

Entsprechende Einzelverbürgungen des allgemeinen Persönlichkeitsrechts, bei denen „die tatbestandlichen Voraussetzungen enger gezogen werden als diejenigen der allge- 431

§ 8 II 3

meinen Handlungsfreiheit" (E 54, 148/153), hat die Rechtsprechung des BVerfG mit folgenden Inhalten anerkannt:
— Schutz der *Privat- oder Geheimsphäre,* insbes. bei einer statistischen Erhebung (E 27, 1/6), einer Übersendung von Ehescheidungsakten (E 27, 344/350 f.), bei den Krankenakten eines Arztes (E 32, 373/379) und einer Suchtberatungsstelle (E 44, 353/372) sowie beim Vertrauensverhältnis zu einem Sozialarbeiter (E 33, 367/374 f.); hierzu gehört auch, daß der einzelne seine „Einstellung zum Geschlechtlichen" selbst bestimmen darf (E 47, 46/73), das Recht auf einen Personenstand entsprechend dem Geschlecht, dem der einzelne „nach seiner psychischen und physischen Konstitution zugehört" (E 49, 286/298; vgl. auch E 60, 123/134), und für die Frau, „sich gegen eine Elternschaft und die daraus folgenden Pflichten zu entscheiden" (E 39, 1/43).
— Schutz der *persönlichen Ehre* (E 54, 208/217).
— Recht am *eigenen Bild* (E 34, 238/245 f.; 54, 148/154) samt dem Verfügungsrecht über Darstellungen der Person: „Jedermann darf grundsätzlich selbst und allein bestimmen, ob und wieweit andere sein Lebensbild im ganzen oder bestimmte Vorgänge aus seinem Leben öffentlich darstellen dürfen" (E 35, 202/220).
— Recht am *eigenen Wort:* Jedermann darf grundsätzlich „selbst und allein bestimmen, wer sein Wort aufnehmen soll sowie ob und vor wem seine auf einen Tonträger aufgenommene Stimme wieder abgespielt werden darf" (E 34, 238/246). Dieses Recht schützt auch dagegen, daß „jemandem Äußerungen in den Mund gelegt werden, die er nicht getan hat und die seinen von ihm selbst definierten sozialen Geltungsanspruch beeinträchtigen" (E 54, 148/155; 54, 208/217).
— Recht auf *Gegendarstellung,* das aus dem Recht am eigenen Bild und am eigenen Wort in der Weise folgt, „daß der von einer Darstellung in den Medien Betroffene die rechtlich gesicherte Möglichkeit haben muß, dieser mit *seiner* Darstellung entgegenzutreten; im anderen Fall wäre er zum bloßen Objekt öffentlicher Erörterungen herabgewürdigt" (E 63, 131/142 f.).
— Recht des Strafgefangenen auf *Resozialisierung:* „Als Träger der aus der Menschenwürde folgenden und ihren Schutz gewährleistenden Grundrechte muß der verurteilte Straftäter die Chance erhalten, sich nach Verbüßung seiner Strafe wieder in die Gemeinschaft einzuordnen" (E 35, 202/235 f.; vgl. auch E 45, 187/239; 64, 261/276 f.).
— Recht, in Straf- oder in ähnlichen Verfahren *nicht zur Selbstbezichtigung gezwungen* zu werden (E 38, 105/114 f.; vgl. oben Rdnr. 409).

In Rechtsprechung und Literatur werden weitere Einzelverbürgerungen des allgemeinen Persönlichkeitsrechts erörtert, besonders das Namensrecht (vgl. *Blankenagel,* DÖV 1985, 953).

432 Im *Volkszählungsurteil* (E 65, 1) geht das BVerfG in Richtung einer Zusammenfassung dieser Einzelverbürgungen. Es entwickelt aus dem allgemeinen Persönlichkeitsrecht das *informationelle Selbstbestimmungsrecht,* d. h. „die aus dem Gedanken der Selbstbestimmung folgende Befugnis des Einzelnen, grundsätzlich selbst zu entscheiden, wann und innerhalb welcher Grenzen persönliche Lebenssachverhalte offenbart werden" (E 65, 1/42; dazu *Hufen,* JZ 1984, 1072; *Simitis,* NJW 1984, 398; zu restriktiv *Krause,* JuS 1984, 268). Dieses informationelle Selbstbestimmungsrecht sieht es in den Einzelverbürgungen des Schutzes der Privat- oder Geheimsphäre, des Gegendarstellungs-

rechts, des Rechts auf Resozialisierung und des Schutzes vor Selbstbezichtigung schon „angedeutet". Zu den Rechten am eigenen Wort und am eigenen Bild zeigt das informationelle Selbstbestimmungsrecht bis in die Formulierung seine Verwandtschaft: Jeweils ist von der Selbstbestimmung über das Offenbarwerden, Darstellen, Wiedergeben, Abbilden und Abspielen von persönlichen Lebenssachverhalten, -vorgängen und -äußerungen die Rede. Soweit sie mit Informationen zu tun haben, sind somit die Einzelverbürgungen des allgemeinen Persönlichkeitsrechts zu Aspekten des informationellen Selbstbestimmungsrechts geworden.

Zu unterscheiden von der Eigenschaft des allgemeinen Persönlichkeitsrechts als Grundrecht ist seine Anerkennung und Ausgestaltung im Unterverfassungsrecht, namentlich im *BGB*. Das vom Gesetzgeber des BGB noch abgelehnte allgemeine Persönlichkeitsrecht hat sich nach jahrzehntelanger wissenschaftlicher Erörterung in der Rechtsprechung in der Weise durchgesetzt, daß es als Recht i. S. d. § 823 Abs. 1 BGB gilt und im Falle seiner Verletzung entgegen § 253 BGB Schmerzensgeld verlangt werden kann (vgl. E 34, 269/280 ff.; *Schwerdtner*, JuS 1978, 289). 433

4. Sphärentheorie

Im Volkszählungsurteil nimmt das BVerfG auch, jedenfalls soweit es um Informationen bzw. Informationseingriffe geht, von seiner *Sphärentheorie* Abschied. Diese hatte verschiedene Sphären der Persönlichkeitsentfaltung mit unterschiedlicher Schutzbedürftigkeit und Eingriffsresistenz zu unterscheiden versucht: 434

— Die innerste Sphäre (Intimsphäre) sollte der „letzte, unantastbare Bereich menschlicher Freiheit ...", der der Einwirkung der gesamten öffentlichen Gewalt entzogen ist" (E 6, 32/41 u. ö., z. B. E 38, 312/320), sein.

— Um diesen Kern herum war eine Privat- oder Geheimsphäre konzipiert, die zwar den Schranken des Art. 2 Abs. 1 (vgl. unten Rdnr. 439 ff.) unterliegt, in die aber nur unter strenger Wahrung des Verhältnismäßigkeitsgrundsatzes eingegriffen werden darf.

— In eine äußere Sphäre, gewissermaßen die Sozialsphäre, sollte unter weniger strengen Anforderungen eingegriffen werden dürfen (vgl. *v. Mangoldt/Klein/Starck*, GG, Art. 2 Abs. 1 Rdnr. 64 ff.).

An dieser Sphärentheorie ist seit langem *Kritik* geübt worden. In der Rechtsprechung des BVerfG reichte die Privatsphäre vom Ehebett (E 27, 344) bis zur Erholungsreise (E 27, 1), vom Verhalten, das der Außenwelt verschlossen ist, bis zum Verhalten, das ihr offenliegt, und ließ daneben die unantastbare Intim- und die schwach geschützte Sozialsphäre im Unbestimmten. Die einzelnen Sphären lassen sich eben nicht voneinander abgrenzen und können überdies für verschiedene Menschen von verschiedenem Inhalt sein (Relativität der Privatsphäre; vgl. *Steinmüller* u. a., Grundfragen des Datenschutzes, BT-Drucksache 6/3826, 1972, S. 48 ff.). Das Kriterium des Sozialbezugs, vom BVerfG verschiedentlich zur Abgrenzung herangezogen, ist zur Abgrenzung tatsächlich ungeeignet, weil rechtlich erheblich immer erst soziales Verhalten, Handeln und Kommunizieren mit anderen ist: „Privatheit ist eine mögliche Eigenschaft des Umgangs mit anderen" (*Podlech*, AK-GG, Art. 2 Abs. 1 Rdnr. 38). Im Volkszählungsurteil läßt das BVerfG den Schutz von *Informationen und Daten* nun nicht mehr von der Art der Angabe und d. h. auch von der Sphäre, aus der sie stammt, abhängen. 435

§ 8 II 4, III, IV

Weil durch Verarbeitung und Verknüpfung ein für sich gesehen belangloses Datum einen neuen Stellenwert bekommen kann, gibt es „kein ‚belangloses' Datum mehr" (E 65, 1/45). Ob die Sphärentheorie für andere als für Informationseingriffe noch Bedeutung behalten wird, bleibt abzuwarten.

III. Eingriffe

436 Entsprechend dem weiten Schutzbereich des Art. 2 Abs. 1 i.S.d. allgemeinen Handlungsfreiheit liegt in jeder *Belastung* durch eine staatliche Maßnahme ein Eingriff. Wegen der Auflösung des klassischen Eingriffsbegriffs (vgl. oben Rdnr. 271 ff.) scheitert ein Eingriff grundsätzlich nicht daran, daß er nicht ausdrücklich gegen den Belasteten gerichtet ist oder daß er nur „faktisch" oder „mittelbar" belastet. Andererseits bietet der Begriff der Belastung keine Handhabe, Eingriffe von Nicht-Eingriffen zu unterscheiden: Auch ein Regierungswechsel, auch das Mitansehen staatlichen Unrechts kann belasten. Diese Schwierigkeit der Rechtsprechung des BVerfG zur allgemeinen Handlungsfreiheit ist bis heute nicht befriedigend gelöst.

437 Ein erwägenswerter Lösungsansatz besteht darin, die Auflösung des *klassischen Eingriffsbegriffs* nur für die speziellen Grundrechte und die Einzelverbürgungen des Art. 2 Abs. 1 gelten zu lassen, nicht aber für die allgemeine Handlungsfreiheit. Dafür läßt sich anführen, daß die Rechtsprechung des BVerfG insoweit nur gezielte oder adressierte Belastungen zum Gegenstand gehabt hat. Ein Eingriff in die allgemeine Handlungsfreiheit würde danach nur unter zwei Voraussetzungen anzunehmen sein:
— Es muß sich um eine rechtliche (im Unterschied zu einer faktischen) Maßnahme handeln.
— Es muß sich um eine gegenüber dem betroffenen einzelnen (im Unterschied zu Dritten) ergehende Maßnahme handeln.
„Die ‚Belastung' durch faktische Maßnahmen oder durch an Dritte gerichtete Anordnungen unterfällt nicht schon deshalb dem Schutz des Art. 2 Abs. 1 und gehört nicht schon deshalb zur subjektiv-rechtlich geschützten Freiheitssphäre, weil es sich dem ‚Betroffenen' als Belastung erweist" (*Pietzcker*, Festschrift Bachof, 1984, S. 131/146).

438 **Beispiele:** Die Einrichtung eines Asylantenheimes in einer Kommune mag von deren Einwohnern als belastend empfunden werden, ist aber als faktische Maßnahme kein Eingriff in deren allgemeine Handlungsfreiheit. Die Zulassung von Kraftfahrzeugen an Dritte mag andere Bürger belasten, sie stellt aber diesen gegenüber keinen Eingriff in Art. 2 Abs. 1 dar. — Anders ist die Eingriffsqualität u. U. zu beurteilen, wenn ein Nachbar durch das Asylantenheim sein Grundstück beeinträchtigt sieht (Art. 14) oder wenn die staatliche Festlegung von Emissionswerten über die Luftverschmutzung zu einer Gesundheitsgefährdung führt (Art. 2 Abs. 2 S. 2).

IV. Verfassungsrechtliche Rechtfertigung

439 Die Gewährleistung des Art. 2 Abs. 1 steht unter den unmittelbaren Verfassungsschranken der „Rechte anderer", der „verfassungsmäßigen Ordnung" und des „Sittengesetzes". Die Schranke der „verfassungsmäßigen Ordnung" ist die in der Praxis wichtigste.

1. Verfassungsmäßige Ordnung

Die Rechtsprechung des BVerfG versteht diesen Begriff als *die gesamte der Verfassung gemäße Rechtsordnung* (seit E 6, 32/38 — Elfes —; aus neuerer Zeit etwa E 55, 159/165). Diese Ausweitung der Schranke ist eine Folge der Ausweitung des Schutzbereichs (vgl. oben Rdnr. 421 ff.). Zur verfassungsmäßigen Ordnung gehören also alle gültigen Rechtsnormen, Bundes- und Landesrecht jeder Rangstufe bis hin zu einer ordnungsbehördlichen Verordnung (E 54, 143: Straßen- und Anlagenverordnung der Stadt Mönchengladbach), sowie die darauf gestützten Einzelmaßnahmen, insbes. Verwaltungsakte. Die verfassungsmäßige Ordnung kann demgemäß als „Rechtsvorbehalt" bezeichnet werden (*Merten*, JuS 1976, 345/346). 440

Das die freie Entfaltung der Persönlichkeit einschränkende Recht muß aber formell und materiell mit der Verfassung übereinstimmen. Auf der Prüfung der „Schranken-Schranken", namentlich des *Verhältnismäßigkeitsgrundsatzes*, liegt in vielen Fällen der Schwerpunkt der Prüfung am Maßstab des Art. 2 Abs. 1. Als Folge des Übermaßverbots hat das BVerfG folgende Abwägungsdirektive aufgestellt: „Je mehr dabei der gesetzliche Eingriff elementare Äußerungsformen der menschlichen Handlungsfreiheit berührt, umso sorgfältiger müssen die zu seiner Rechtfertigung vorgebrachten Gründe gegen den grundsätzlichen Freiheitsanspruch des Bürgers abgewogen werden" (E 17, 306/314). Der Strukturierung dieses Abwägungsvorgangs diente früher die Sphärentheorie (vgl. oben Rdnr. 434 f.). 441

2. Rechte anderer

Rechte anderer sind von bloßen Interessen anderer zu unterscheiden. Der Begriff umfaßt danach *alle subjektiven Rechte*. Diese sind aber schon vollständig in der „verfassungsmäßigen Ordnung" in der weiten Auslegung des BVerfG enthalten. 442

3. Sittengesetz

Vielfach wird dieser Begriff mit historisch überlieferten Moralauffassungen gleichgesetzt (z. B. *Starck*, Festschrift Geiger, 1974, S. 259/276). Das widerspricht aber der freiheitsbewahrenden Funktion des Art. 2 Abs. 1. 443

> **Beispiele:** Im Jahr 1957 hat das BVerfG festgestellt: „Gleichgeschlechtliche Betätigung verstößt eindeutig gegen das Sittengesetz" (E 6, 389/434). Begründet wurde dies mit einer entsprechenden „allgemeinen Anerkennung", für die die strafgesetzliche Sanktion (§ 175 StGB a.F.) einen „Anhalt" lieferte. Dieser ist aber seit 1969 entfallen. — Im Jahr 1954 hat das OLG Karlsruhe die nichteheliche Lebensgemeinschaft als gegen das Sittengesetz verstoßend angesehen (FamRZ 1955, 117). Auch das erweist sich heute als unzulässige Freiheitsbeschränkung (*v. Münch*, vM-GG, Art. 2 Rdnr. 36). 444

Das Sittengesetz ist richtigerweise i. S. d. „altbewährten und praktikablen Rechtsbegriffe" (*Dürig*, M/D-GG, Art. 2 Abs. I Rdnr. 16; *v. Mangoldt/Klein/Starck*, GG, Art. 2 Abs. 1 Rdnr. 26) *gute Sitten, Treu und Glauben* (vgl. §§ 138, 242, 826 BGB) zu verstehen. Da diese ihrerseits grundgesetzkonform auszulegen sind (vgl. oben Rdnr. 98 ff.), kommt dem Sittengesetz als Grundlage für Freiheitsbeschränkungen keine praktische Bedeutung zu (ebenso *Stein*, StR, § 20 II 4; dagegen spricht *Erbel*, Das Sittengesetz als Schranke der Grundrechte, 1971, S. 209 von einer „Auffang-" und zugleich „rechtsethischen Kontrollschranke"). 445

446 Lösungsskizze zum Fall: I. Das Jagen mit Falken, die sog. Beizjagd, ist keine Tätigkeit, die durch ein spezielles Grundrecht geschützt ist; sie unterfällt daher dem Art. 2 Abs. 1. Innerhalb dieser Gewährleistung wiederum unterfällt sie keiner der besonderen Konkretisierungen des allgemeinen Persönlichkeitsrechts; sie ist daher ausschließlich durch die allgemeine Handlungsfreiheit in der Interpretation des BVerfG geschützt (zu einem anderen Ergebnis käme hier die Persönlichkeitskerntheorie). — II. Durch die Neuregelung im Bundesjagdgesetz wird der Bewerber um einen Falknerjagdschein belastet, weil er anders als bisher zwei Prüfungen bestehen muß. — III. Die Belastung ist gerechtfertigt, wenn sie zur verfassungsmäßigen Ordnung gehört, d. h. formell und materiell mit der Verfassung in Einklang steht. Zu prüfen ist ein Verstoß gegen das Übermaßverbot. Zweck der Neuregelung ist es, den Bestand der für die Falknerei in Betracht kommenden Federwildarten zu erhalten und Mißständen bei der Haltung von Greifvögeln zu begegnen. Hierfür ist die Erhöhung der Anforderungen an die Befähigung der Falkner ein geeignetes, erforderliches und verhältnismäßiges Mittel. Ein ungeeignetes Mittel ist dagegen der Nachweis waffentechnischer Kenntnisse und Fähigkeiten. Denn diese sind für die Ausübung der Beizjagd nicht erforderlich; es ist gerade das Besondere dieser Jagdart, daß keine Schußwaffen verwendet werden. „Die Nachweispflicht mag zwar bewirken, daß weniger Personen Greifvögel halten und die Beizjagd ausüben, dient aber nicht der vom Gesetzgeber gewollten sachgerechten Ausführung dieser Tätigkeiten. Es verstößt gegen den Grundsatz der Verhältnismäßigkeit, wenn für eine Erlaubnis Kenntnisse und Fähigkeiten verlangt werden, die in keinem Bezug zu der geplanten Tätigkeit stehen" (E 55, 159/166 unter Bezug auf E 34, 71/78 ff.). Damit ist die Neuregelung zugleich nicht das mildeste Mittel und verstößt auch insoweit gegen das Übermaßverbot.

Literatur: *D. Merten,* Das Recht auf freie Entfaltung der Persönlichkeit, JuS 1976, 345; *D. Rohlf,* Der grundrechtliche Schutz der Privatsphäre, 1980; *G. Rüpke,* Der verfassungsrechtliche Schutz der Privatheit, 1976; *W. Schmidt,* Die Freiheit vor dem Gesetz, AöR 1966, 42; *R. Scholz,* Das Grundrecht auf freie Entfaltung der Persönlichkeit in der Rechtsprechung des Bundesverfassungsgerichts, AöR 1975, 80, 265; *H. Schulz-Schaeffer,* Der Freiheitsschutz des Art. 2 Abs. 1 Grundgesetz, 1971; *H. Stoll,* Der Persönlichkeitsschutz in der neueren Entwicklung der verfassungsgerichtlichen Rechtsprechung, Jura 1981, 135; *D. Suhr,* Entfaltung des Menschen durch den Menschen, 1976.

§ 9 RECHT AUF LEBEN UND KÖRPERLICHE UNVERSEHRTHEIT (Art. 2 Abs. 2 S. 1)

Fall: Röntgenzwang für Studenten (nach VGH Mannheim, DÖV 1979, 338)

Das Hochschulgesetz eines Landes bestimmt, daß ein Student u. a. dann exmatrikuliert werden kann, wenn sein Gesundheitszustand ein ordnungsgemäßes Studium ausschließt. Das Gesetz ermächtigt zu einer Regelung der Einzelheiten der Exmatrikulation in einer Universitätssatzung. Diese sieht an einer Universität vor, daß ein Student exmatrikuliert werden kann, wenn er sich nicht alle 4 Semester einmal röntgenologisch untersuchen läßt. Verstößt diese Satzungsbestimmung gegen Art. 2 Abs. 2 S. 1?

I. Überblick

447 Das Grundrecht auf Leben und körperliche Unversehrtheit ist zum einen ein Abwehrrecht gegen den Staat. Noch E 1, 97/104 f. hat seine Wirkung ausdrücklich „darauf beschränkt, *negativ* ein Recht auf Leben und körperliche Unversehrtheit zu statuieren, d. h. insbesondere den staatlich organisierten Mord und die zwangsweise durchgeführten Experimente an Menschen auszuschließen". Seit E 39, 1/41 leitet das BVerfG dagegen aus Art. 2 Abs. 2 S. 1 auch eine Pflicht des Staates zum Schutz von Leben ab. Hierfür mag der systematische Zusammenhang mit Art. 1 Abs. 1 angeführt werden: Das Recht auf Leben und körperliche Unversehrtheit steht dem Gebot des Art. 1 Abs. 1, die menschliche Identität und Integrität zu achten und zu schützen (vgl. oben Rdnr. 408) nahe. Art. 2 Abs. 2 S. 1 hat mit anderen Worten einen besonders sichtbaren Menschenwürdegehalt.

Das Recht auf Leben und körperliche Unversehrtheit hat keine Vorläufer in der deutschen Verfassungsgeschichte. Es ist eine Reaktion auf die Verbrechen der nationalsozialistischen Zeit („Endlösung der Judenfrage", Vernichtung „rassisch wertlosen" oder „lebensunwerten" Lebens, Zwangssterilisationen, Zwangsversuche am lebenden Menschen, Folterungen). 448

II. Das Abwehrrecht des Art. 2 Abs. 2 S. 1

1. Schutzbereich

a) Das Recht auf **Leben** heißt soviel wie das Recht zu leben (*v. Münch*, vM-GG, Art. 2 Rdnr. 40); Leben ist körperliches Dasein (*Dürig*, M/D-GG, Art. 2 Abs. II Rdnr. 1). Das Recht auf Leben beginnt schon vor der Geburt (vgl. oben Rdnr. 149) und endet mit dem Tod. Es umfaßt nicht das Recht auf den Tod: Die Selbsttötung (der Selbstmord, Suizid) wird durch Art. 2 Abs. 2 S. 1 nicht gewährleistet, wohl aber durch die allgemeine Handlungsfreiheit des Art. 2 Abs. 1. Ob es ein Recht auf einen menschenwürdigen Tod gibt, beurteilt sich nach Art. 1 Abs. 1; Maßnahmen der Zwangsernährung in staatlichen Anstalten verstoßen nicht gegen das Recht auf Leben, möglicherweise aber gegen die allgemeine Handlungsfreiheit und die Menschenwürde (*v. Münch*, vM-GG, Art. 2 Rdnr. 42; *Podlech*, AK-GG, Art. 2 Abs. 2 Rdnr. 24). 449

b) **Körperliche Unversehrtheit** bedeutet zum einen Gesundheit im biologisch-physiologischen Sinn. Zum anderen ist Schutzgut auch die Gesundheit im geistig-seelischen Bereich. Das folgt aus dem Zusammenhang des Art. 2 Abs. 2 S. 1 mit der Menschenwürde, die die Wahrung der Identität und Integrität ebenfalls nicht auf den körperlichen Bereich beschränkt (vgl. oben Rdnr. 408), sowie aus der Entstehungsgeschichte: Zu den Verbrechen der nationalsozialistischen Zeit gehören gerade auch psychischer Terror, seelische Folterungen und entsprechende Verhörmethoden. Damit enthält also Art. 2 Abs. 2 S. 1 einen Schutz vor Schmerzen (E 56, 54/75). Nicht dagegen gehört zur körperlichen Unversehrtheit auch das soziale Wohlbefinden (*Schmidt-Aßmann*, AöR 1981, 205/209 f.; offengelassen E 56, 54/74 ff.). 450

2. Eingriffe

a) Zu den Eingriffen in das **Leben** gehört die Euthanasie, wie sie in der nationalsozialistischen Zeit als „staatlich organisierter Mord" (vgl. oben Rdnr. 447 f.) praktiziert wurde. Davon ist eine Sterbehilfe zu unterscheiden, die das Sterben erleichtert, ohne das Leben zu verkürzen, oder entsprechend dem Willen des Patienten unterläßt, eine lebensverlängernde Behandlung aufzunehmen oder fortzusetzen (auch passive Euthanasie genannt). Auch eine gesetzliche Regelung, die es erlauben würde, dem Willen des unheilbar und qualvoll kranken Patienten nach Beendigung des Lebens unter ma- 451 teriell- und verfahrensrechtlich engen Voraussetzungen Rechnung zu tragen (auch aktive Euthanasie genannt), wäre bei aller ethischer Problematik kein Eingriff in das Leben (vgl. *v. Münch*, vM-GG, Art. 2 Rdnr. 43 f.; *Zippelius*, JuS 1983, 659; a.A. *v. Mangoldt/Klein/Starck*, GG, Art. 2 Abs. 2 Rdnr. 139). Eingriffe sind dagegen die Verhängung und Vollstreckung der Todesstrafe, der polizeiliche Todesschuß und die Pflicht zum Einsatz von Leben und Gesundheit in den öffentlich-rechtlichen Dienstverhältnissen der Bundeswehr, Polizei, Feuerwehr und des Katastrophenschutzes (vgl. *Sachs*, BayVBl. 1983, 460, 489).

452 b) *Eingriffe* in die **körperliche Unversehrtheit** sind Menschenversuche, Zwangskastration und Zwangssterilisation, körperliche Strafen und Züchtigungen (vgl. oben Rdnr. 408, 416), Impfzwang (BVerwGE 9, 78/79) sowie strafprozessuale Eingriffe wie Blutentnahme (E 5, 13/15), Liquorentnahme (E 16, 194/198), Hirnkammerlüftung (E 17, 108/115) und Veränderung der Haar- und Barttracht (E 47, 239/248 f.). Auch die Gefährdung der Gesundheit hat das BVerfG als Eingriff gewertet (E 66, 39/57 f.).

453 *Kein Eingriff* ist dagegen die mit der Einwilligung des Betroffenen vorgenommene ärztliche Heilbehandlung (*v. Münch*, vM-GG, Art. 2 Rdnr. 54; vgl. auch oben Rdnr. 167). Nach einigen höchstrichterlichen Entscheidungen sollen auch unwesentliche Beeinträchtigungen der körperlichen Unversehrtheit keine Eingriffe sein.

454 **Beispiele:** Nach E 17, 108/115 ist die Beeinträchtigung durch eine Hirnstrommessung „nur geringfügig und damit zumutbar"; nach BVerwGE 46, 1/7 führt der Haarerlaß des Bundesministers der Verteidigung bloß zu „Eingriffen, die weder mit Schmerzzufügung noch mit einer Gesundheitsbeschädigung verbunden sind".

455 Dem kann *nicht gefolgt* werden (*Podlech*, AK-GG, Art. 2 Abs. 2 Rdnr. 33; vgl. auch *v. Münch*, vM-GG, Art. 2 Rdnr. 57: „nicht unproblematisch"). Die Frage der Intensität eines Eingriffs ist im Rahmen der verfassungsrechtlichen Rechtfertigung zu berücksichtigen.

3. Verfassungsrechtliche Rechtfertigung

456 a) Die Grundrechte auf Leben und auf körperliche Unversehrtheit stehen unter dem **Gesetzesvorbehalt** gem. Art. 2 Abs. 2 S. 3. Nach systematischer (vgl. zum Zusammenhang mit Art. 104 Abs. 1 S. 1, der ein förmliches Gesetz verlangt, unten Rdnr. 481 f.) und entstehungsgeschichtlicher (vgl. JöR 1951, 64 ff.) Interpretation bedeutet Gesetz hier nicht nur das Gesetz im formellen, sondern auch das *im materiellen Sinn* (*Kern*, in: Die Grundrechte II, S. 51/61 ff.; *v. Olshausen*, DÖV 1979, 340/341; a.A. VGH Mannheim, DÖV 1979, 338; *v. Münch*, vM-GG, Art. 2 Rdnr. 68 f.). Wegen der außerordentlichen Intensität, die staatliche Eingriffe in den Schutzbereich des Art. 2 Abs. 2 S. 1 haben können, ergibt sich aber aus der Wesentlichkeitslehre bzw. Lehre vom *Parlamentsvorbehalt* (vgl. oben Rdnr. 306 ff.), daß für Eingriffe in das Leben und regelmäßig auch für Eingriffe in die körperliche Unversehrtheit ein Parlamentsgesetz erforderlich ist. Lediglich für unwesentliche Beeinträchtigungen der körperlichen Unversehrtheit (vgl. oben Rdnr. 453 ff.) mag ein Gesetz im materiellen Sinn ausreichen.

457 **Beispiele:** Aufgrund Parlamentsgesetzes dürfen körperliche Eingriffe zu Untersuchungszwecken im Strafprozeß (§ 81 a StPO) und Impfungen zur Bekämpfung von Seuchen

(§ 14 Bundesseuchengesetz) vorgenommen werden. Als unwesentliche Beeinträchtigung hätte die Regelung des Haarschnitts durch den Bundesminister der Verteidigung einer Rechtsverordnung bedurft. Die Verwaltungsvorschrift reichte nicht aus (a.A. BVerwGE 46, 1/6 ff.). Körperliche Züchtigungen durch den Lehrer sind mit Schmerzen verbunden und sollen gerade damit verbunden sein; sie zählen nicht zu den unwesentlichen Beeinträchtigungen und bedürfen der Grundlage in einem Parlamentsgesetz (*Dürig*, M/D-GG, Art. 2 Abs. II Rdnr. 47 f.; *v. Münch*, vM-GG, Art. 2 Rdnr. 70; a.A. die strafrechtliche Rechtsprechung, z. B. BGHSt 11, 241; *v. Olshausen*, DÖV 1979, 340/341).

b) Als **Schranken-Schranken** sind die Rechtfertigungsanforderungen des *Verhältnismäßigkeitsgrundsatzes* hier besonders sorgfältig zu beachten, denn das Grundrecht auf Leben und körperliche Unversehrtheit ist besonders „sensibel" (*v. Münch*, vM-GG, Art. 2 Rdnr. 72). Es hat auch einen besonders sichtbaren Menschenwürdegehalt, der auch als sein Wesensgehalt i. S. d. Art. 19 Abs. 2 verstanden wird. Soweit der *Wesensgehalt* reicht, dürfen Leben und körperliche Unversehrtheit in keinem Fall angetastet werden; soweit der *Menschenwürdegehalt* reicht, sind sie wegen Art. 79 Abs. 3 sogar der Disposition des verfassungsändernden Gesetzgebers entzogen.

458

Dabei ist aber das Leben nicht zugleich sein eigener Wesens- oder Menschenwürdegehalt. Obwohl der *Entzug des Lebens* vom Leben nichts mehr übrig läßt, steht er als solcher mit Art. 19 Abs. 2 und auch Art. 79 Abs. 3 noch nicht in Widerspruch. Denn Art. 2 Abs. 2 S. 2 läßt Eingriffe auch in das Leben gerade zu, und Eingriffe in das Leben bedeuten immer und notwendig dessen Entzug. Wenn Art. 19 Abs. 2 verlangt, daß vom Grundrecht stets noch etwas übrig bleiben muß, kann dies also nicht im individuellen, sondern nur im kollektiven und generellen Sinn gemeint sein.

459

Für die Frage nach der Zulässigkeit des *gezielten polizeilichen Todesschusses,* der als Befreiungsschuß zur Rettung einer Geisel abgegeben wird, bedeutet dies, daß das verfassungsrechtliche Problem nicht darin liegt, ob eine Verletzung von Art. 19 Abs. 2 durch kollidierendes Verfassungsrecht ausnahmsweise gerechtfertigt werden kann, sondern in der sorgfältigen Beachtung des Verhältnismäßigkeitsgrundsatzes. Der gezielte polizeiliche Todesschuß darf nur als äußerstes und letztes Mittel zur Rettung der Geisel aus unmittelbar drohender Lebensgefahr abgegeben werden, und d. h. auch nur dann, wenn der Geiselnehmer die Möglichkeit hatte, durch Freilassung der Geisel den Befreiungsschuß abzuwenden (vgl. *Lerche*, Festschrift v. d. Heydte, 1977, S. 1033; *v. Münch*, vM-GG, Art. 2 Rdnr. 73). Sind diese Voraussetzungen gegeben, dann ist der Schuß aber selbst dann zulässig, wenn der Tod nicht nur billigend in Kauf genommen, sondern gewollt wurde (vgl. *v. Mangoldt/Klein/Starck*, GG, Art. 1 Abs. 1 Rdnr. 57; a. A. *Podlech*, AK-GG, Art. 2 Abs. 2 Rdnr. 13); u. U. muß er gerade gewollt sein, damit das Leben der Geisel gerettet werden kann.

460

Auch bei der Frage nach der Zulässigkeit einer *Wiedereinführung der Todesstrafe* liegt das Problem nicht einfach darin, daß mit der Todesstrafe das Leben entzogen wird. Das wäre wegen Art. 2 Abs. 2 S. 2 aufgrund Gesetzes möglich, und Art. 102, der die Todesstrafe abschafft und damit auch als Schranken-Schranke von Art. 2 Abs. 2 S. 2 ihre Wiedereinführung durch Gesetz verbietet, ist in Art. 79 Abs. 3 der Verfassungsänderung nicht entzogen. Mit der Aufhebung von Art. 102 durch verfassungsänderndes Gesetz wäre somit der Weg zur Wiedereinführung der Todesstrafe durch einfaches Gesetz frei (*Dürig*, M/D-GG, Art. 2 Abs. II Rdnr. 14; *Tettinger*, JZ 1978, 128; a. A. *Ku-*

461

nig, vM-GG, Art. 102 Rdnr. 16; *v. Mangoldt/Klein/Starck*, GG, Art. 1 Abs. 1 Rdnr. 29).

462 Wenn die Wiedereinführung der Todesstrafe an *Art. 1 Abs. 1* bzw. am Menschenwürdegehalt von Art. 2 Abs. 2 S. 1 scheitern soll, bedarf es *zusätzlicher Argumente*. Gelegentlich wird damit argumentiert, daß es keine Form der Vollstreckung der Todesstrafe gebe, die als Vorgang die Achtung der Menschenwürde gewährleiste, und daß daher „die Vollstreckung für die an diesem Vorgang Beteiligten die staatliche Zumutung würdelosen Verhaltens" bedeute (*Podlech*, AK-GG, Art. 1 Abs. 1 Rdnr. 43). Ferner kann auf die Schutzpflicht des Staates für das Leben verwiesen werden; die staatliche Schutzpflicht kommt bei irreparablen Schäden zu besonderer Geltung (vgl. oben Rdnr. 108 f. und unten Rdnr. 467) und Fehlurteile, die schlechterdings unvermeidbar sind, führen mit der Todesstrafe zu irreparablen Eingriffen.

463 Als Schranken-Schranke kann *Art. 102* auch bei der Verfassungsbeschwerde Bedeutung gewinnen, obwohl es sich bei ihm, der nicht in Abschnitt I des Grundgesetzes steht und auch nicht in Art. 93 Abs. 1 Nr. 4 a erwähnt ist, nicht um ein Grundrecht, sondern um objektives Verfassungsrecht handelt (*Kunig*, vM-GG, Art. 102 Rdnr. 3; a. A. *Scholz*, M/D-GG, Art. 102 Rdnr. 2 ff.). Etwaige Verstöße gegen Art. 102 können als Verletzung von Art. 2 Abs. 2 S. 1 geltend gemacht werden.

464 Umstritten ist, ob Art. 102 der deutschen öffentlichen Gewalt die *Auslieferung eines Ausländers* wegen einer Straftat verbietet, die in dem um die Auslieferung ersuchenden Staat mit der Todesstrafe bedroht ist. Das ist vom BVerfG früher mit dem Argument verneint worden, die Auslieferung entspreche der völkerrechtsfreundlichen Grundhaltung des Grundgesetzes, „die vor allem Achtung vor fremden Rechtsordnungen und Rechtsanschauungen fordert" (E 18, 112/121). Später hat das Gericht offengelassen, ob hieran „heute noch in vollem Umfang festzuhalten wäre"; es hat einen Verstoß gegen Art. 102 aber jedenfalls dann verneint, „wenn der Auszuliefernde in dem ersuchenden Staat hinreichend vor der Vollstreckung einer ihm drohenden Todesstrafe geschützt wird", und eine entsprechende Zusicherung des ersuchenden Staates ausreichen lassen (E 60, 348/354; vgl. *Frankenberg*, JZ 1986, 414).

III. Die Schutzpflicht des Art. 2 Abs. 2 S. 1

1. Grund der Schutzpflicht

465 Das BVerfG hat seine Ableitung staatlicher Schutzpflichten aus der grundrechtlichen Wertordnung zwar allgemein formuliert (vgl. oben Rdnr. 103 ff.). Es nahm aber jeweils Fälle zum Anlaß, bei denen es um den Schutz gegen Gefährdungen der Grundrechte des Lebens und der körperlichen Unversehrtheit ging.

466 **Beispiele:** Schwangerschaftsabbruch (E 39, 1), lebensbedrohende terroristische Erpressung (E 46, 160; 49, 24), Gefährdungen von Leib und Leben bei der friedlichen Nutzung der Kernenergie (E 49, 89; 53, 30), Fluglärm (E 56, 54), chemische Luftversuchung (BVerfG, NJW 1983, 2931).

467 Zum Recht auf Leben hat das BVerfG besonders nachdrücklich ausgesprochen: „Diese Schutzpflicht ist umfassend. Sie gebietet dem Staat, sich schützend und fördernd vor dieses Leben zu stellen; d. h. vor allem, es auch vor rechtswidrigen Eingriffen von

seiten anderer zu bewahren" (E 46, 160/164). Gerade beim Recht auf Leben eine Schutzpflicht zu bejahen, liegt deshalb nahe, weil hier Grundrechtsverletzungen, die sich aus Grundrechtsgefährdungen zu entwickeln drohen, *stets irreparabel* wären. Das ist bei anderen Grundrechten anders; Eigentum kann restituiert, ein Inhaftierter wieder freigelassen, eine Genehmigung nachträglich erteilt werden. Auch bei der körperlichen Unversehrtheit ist die Schutzpflicht schwächer als beim Leben, weil die Grundrechtsverletzungen nicht von derselben schrecklichen Endgültigkeit sein müssen. Die staatliche Schutzpflicht ist außerdem vom Anspruch auf staatliche Leistung zu unterscheiden; daß der Staat der Grundrechtsverletzung schon im Stadium der Grundrechtsgefährdung wehren und dabei Eingriffe nicht nur von seiten des Staates selbst, sondern auch von seiten des einzelnen vorbeugen muß, ist etwas anderes als die Gewährung sozialer Fürsorge und medizinischer Versorgung (vgl. dazu E 57, 70; *Jung,* Das Recht auf Gesundheit, 1982; *Seewald,* Zum Verfassungsrecht auf Gesundheit, 1981; vgl. zur Sicherung des Existenzminimums oben Rdnr. 410).

2. Erfüllung der Schutzpflicht

Ob und wie der Schutz verwirklicht werden kann, hängt von der Art, der Nähe und dem Ausmaß der drohenden Gefahren, von der Art und dem Rang der beteiligten und u. U. kollidierenden staatlichen und privaten Interessen sowie von dem zum Schutz schon vorhandenen Regelungen und schon getroffenen Maßnahmen ab. Diese Faktoren abzuschätzen und auf sie zu reagieren, ist grundsätzlich Sache der zuständigen staatlichen Organe, besonders des demokratisch legitimierten Gesetzgebers. Der Staat hat daher einen *erheblichen Spielraum* bei der Erfüllung der Schutzpflicht (*Schmidt-Aßmann,* AöR 1981, 205/216).

> **Beispiele:** E 46, 160/165 betont die Kollision zwischen der Schutzpflicht für das Leben des entführten Arbeitgeberverbandspräsidenten Schleyer und der Schutzpflicht für das Leben aller anderen Menschen, deren Bedrohung durch den Terrorismus wachsen würde, wenn der Staat den Entführern nachgeben und dadurch für Terroristen kalkulierbar würde; über eine solche Kollision könne nur von den staatlichen Organen in eigener Verantwortung entschieden werden. — Im übrigen besteht der Schwerpunkt des Grundrechtsschutzes darin, daß die staatlichen Verfahren so ausgestaltet werden, daß ein Ausgleich der widerstreitenden Schutzgüter herbeigeführt werden kann, etwa durch die Genehmigungsvorschriften für die das Leben und die körperliche Unversehrtheit gefährdenden Anlagen gemäß dem Atomgesetz, der Gewerbeordnung und dem Bundesimmissionsschutzgesetz (vgl. E 53, 30/55 ff.; 56, 54/73 ff.; vgl. zum Asylrecht E 56, 216/236 ff.). Zur Schutzpflicht des Staates beim Konflikt zwischen Aktiv- und Passivrauchern OVG Münster, DVBl. 1983, 53; *Merten,* JuS 1982, 365; *Scholz,* JuS 1976, 232; *Suhr,* JZ 1980, 166).

Äußerst fraglich ist, ob bzw. wann sich die Schutzpflicht auch auf den *Erlaß von Strafrechtsnormen* erstreckt. Das BVerfG hat die Straffreiheit des Schwangerschaftsabbruchs während der ersten drei Monate daran scheitern lassen, daß sie das Leben der Leibesfrucht nicht ausreichend schütze, und statt der Fristen- eine Indikationenregelung verlangt (E 39, 1). Grundsätzlich ist es jedoch eine Verkehrung des Sinns und Zwecks von Grundrechten, aus ihnen die staatliche Pflicht zum Strafen, und damit zu schwerwiegenden Eingriffen in die Grundrechte abzuleiten (vgl. das Sondervotum E 39, 68/73 ff.). Eine Ausnahme hiervon ist allenfalls dann anzuerkennen, wenn es

§ 9 III 2

andere Mittel zum Schutz des verfassungsrechtlich geschützten Rechtsgutes nicht gibt und die strafrechtliche Sanktion nachweisbar den Schutz dieses Rechtsgutes leistet. Diese Voraussetzungen sind bei der strafrechtlichen Sanktion des Schwangerschaftsabbruchs nicht gegeben. Das BVerfG hat selbst festgestellt, daß der Gesetzgeber eigentlich nicht gehindert sein könne „die grundgesetzlich gebotene rechtliche Mißbilligung des Schwangerschaftsabbruchs auch auf andere Weise zum Ausdruck zu bringen als mit dem Mittel der Strafandrohung" (E 39, 1/46). Außerdem sind zum Schutz des ungeborenen Lebens andere Maßnahmen besser geeignet (vgl. *v. Münch*, vM-GG, Art. 2 Rdnr. 50; *Stein*, StR, § 21 I 1). Demgegenüber sind die Strafandrohungen zum Schutz des Lebens gem. §§ 211 ff. StGB eher, wenn auch gewiß nicht in allen Einzelheiten, von der Schutzpflicht aus Art. 2 Abs. 2 S. 1 geboten (*v. Münch,* vM-GG, Art. 2 Rdnr. 48; *Podlech,* AK-GG, Art. 2 Abs. 2 Rdnr. 20).

471 **Lösungsskizze zum Fall:** I. Der *Schutzbereich* der körperlichen Unversehrtheit ist durch eine röntgenologische Untersuchung betroffen, da die Strahlen physiologische Veränderungen verursachen können. — II. Rechtsfolge der Ablehnung der Untersuchung ist die Exmatrikulation, die ihrerseits in das Grundrecht der Ausbildungsfreiheit (Art. 12 Abs. 1) eingreift. Um diese Sanktion zu vermeiden, ist jeder Student gezwungen, die Beeinträchtigung der körperlichen Unversehrtheit durch die röntgenologische Untersuchung hinzunehmen. Insofern wird ein Element des Schutzbereichs des Art. 2 Abs. 2 S. 1 zum Anknüpfungspunkt einer beeinträchtigenden staatlichen Maßnahme gemacht. Es liegt ein *Eingriff* auch in dieses Grundrecht vor (ebenso *v. Olshausen,* DÖV 1979, 340/341; a. A. VGH Mannheim, DÖV 1979, 338: nur Eingriff in Art. 12 Abs. 1). — III. Da die röntgenologische Untersuchung keineswegs völlig ungefährlich und also auch nicht unwesentlich ist, muß sie ein *Parlamentsgesetz* zur Grundlage haben. Das Hochschulgesetz verlangt zwar einen Gesundheitszustand, der ein ordnungsgemäßes Studium gewährleistet. Wesentlich ist aber, wie der Gesundheitszustand nachgewiesen werden muß und ob zum Nachweis der Eingriff der röntgenologischen Untersuchung verlangt werden kann. Hierzu schweigt das Hochschulgesetz und scheidet daher als Grundlage des Eingriffs aus. Allein in der Satzung findet der Eingriff nicht die gem. Art. 2 Abs. 2 S. 3 erforderliche gesetzliche Grundlage (a. A. *v. Olshausen,* DÖV 1979, 340). — Auch bei großzügigem Verständnis des Gesetzesvorbehalts in Art. 2 Abs. 2 S. 3 bleibt die Satzungsbestimmung verfassungsrechtlich problematisch. Denn auch wenn in der Satzung ein Gesetz i. S. d. Art. 2 Abs. 2 S. 3 erblickt wird, muß doch weiter gefragt werden, ob ihr Erfordernis der röntgenologischen Untersuchung nicht *unverhältnismäßig* ist. Hierfür sprechen die ohnehin durchgeführten Röntgenreihenuntersuchungen, die Gefährlichkeit von Röntgenstrahlen und die Seltenheit von Tuberkuloseerkrankungen.

Literatur: *W. Brugger,* Abreibung — ein Grundrecht oder ein Verbrechen?, NJW 1986, 896; *K. Doehring,* Zum „Recht auf Leben" in nationaler und internationaler Sicht, in: Festschrift Mosler, 1983, S. 145; *K. Geppert,* Die gegenwärtige gesetzliche Regelung der Zwangsernährung von Gefangenen (§ 101 Strafvollzugsgesetz), Jura 1982, 177; *H. Reis,* Das Lebensrecht des ungeborenen Kindes als Verfassungsproblem, 1984; *H. Rüping,* Therapie und Zwang bei untergebrachten Patienten, JZ 1982, 744; *R. Zippelius,* An den Grenzen des Rechts auf Leben, JuS 1983, 659.

§ 10 FREIHEIT DER PERSON (Art. 2 Abs. 2 S. 2, Art. 104)

Fall: Festnahme eines Eckenstehers (nach OVG Münster, DVBl. 1979, 733)
An einem Tag, an dem wegen nicht angemeldeter Demonstrationen mehrere Polizeieinsätze stattfinden, steht der Bürger B längere Zeit vor dem Polizeipräsidium. Er wird von dem Polizeibeamten P festgenommen, weil dieser annimmt, B spähe das Einsatzverhalten der Polizei aus, um weitere nicht angemeldete Demonstrationen organisieren zu helfen. P glaubte sich hierzu befugt durch § 13 Abs. 1 Nr. 2 nw PolG, wonach die Polizei eine Person in Gewahrsam nehmen kann, wenn das unerläßlich ist, um die unmittelbar bevorstehende Begehung oder Fortsetzung einer Straftat oder einer Ordnungswidrigkeit von erheblicher Bedeutung für die Allgemeinheit zu verhindern. Nach kurzer Zeit stellt sich heraus, daß B ein harmloser Eckensteher ist. Dennoch hält ihn P noch 5 Stunden lang fest. Hat P rechtmäßig gehandelt?

I. Überblick

Art. 2 Abs. 2 S. 2 und Art. 104 haben den gleichen Schutzbereich: die Freiheit der Person. Insofern stellt Art. 104 also eine eigentlich überflüssige *Verdoppelung der Gewährleistung* dar. Selbständige Bedeutung gewinnt er aber dadurch, daß er mit seinem qualifizierten Gesetzesvorbehalt lex specialis zum einfachen Gesetzesvorbehalt von Art. 2 Abs. 2 S. 3 ist. Soweit Art. 2 Abs. 2 S. 3 neben den Schutzbereichen des Lebens und der körperlichen Unversehrtheit den Schutzbereich der Freiheit der Person betrifft, wird er durch Art. 104 verdrängt (zu dem die Menschenwürde konkretisierenden Art. 104 Abs. 1 S. 2 vgl. schon oben Rdnr. 418).

Daß Art. 2 Abs. 2 S. 2 und Art. 104 innerhalb des Grundgesetzes so weit auseinandergerissen worden sind, hat rein entstehungsgeschichtliche Gründe. Art. 104 knüpft an das zunächst in der englischen Verfassungsgeschichte entwickelte Institut des *habeas corpus* an (vgl. *Riedel*, EuGRZ 1980, 192). Dieses betrifft die rechtsstaatlichen Maßstäbe für Festnahmen und sonstige Freiheitsbeschränkungen durch die öffentliche Gewalt, die vor allem durch den Richter zu gewährleisten sind. Daher hat sie der Parlamentarische Rat in den Abschnitt über die Rechtsprechung eingeordnet.

II. Schutzbereich

Freiheit der Person bedeutet *körperliche Bewegungsfreiheit*. Das Grundrecht umfaßt das Recht, (positiv) jeden beliebigen Ort aufzusuchen und (negativ) jeden beliebigen Ort zu meiden. In den Schutzbereich fällt mithin, daß man dort, wo man nicht bleiben will, auch nicht bleiben muß.

Die überwiegende Auffassung will die *negative Freiheit* hier nicht geschützt sehen (vgl. *Dürig*, M/D-GG, Art. 2 Abs. II Rdnr. 50; *v. Münch*, vM-GG, Art. 2 Rdnr. 62). Hoheitliche Gebote zum Erscheinen einer Person, wie die Vorladung eines Zeugen und die Verpflichtung zur Teilnahme am Verkehrsunterricht (E 22, 21/26; BVerwGE 6, 354/355), sollen die Art. 2 Abs. 2 S. 2 und 104 nicht berühren. Aber wie bei den anderen Grundrechten vervollständigt auch hier die negative Freiheit den Schutzbereich. Die überwiegende Auffassung ist letztlich inkonsequent. Denn auch sie bestreitet nicht, daß ein Verbot, sich zu einem bestimmten Zeitpunkt an einem bestimmten Ort aufzuhalten, die Freiheit der Person beeinträchtigt. Das Gebot, sich zu einem bestimmten Zeitpunkt nur an einem bestimmten Ort aufzuhalten, ist aber logisch nichts anderes als ein Bündel unendlich vieler Verbote, zum selben bestimmten Zeitpunkt einen beliebigen anderen Ort aufzusuchen (*Podlech,* AK-GG, Art. 2 Abs. 2 Rdnr. 45 f.). Als Bündel von Verboten ist es sogar eine besonders schwerwiegende Beschränkung der Freiheit der Person.

476 Bei einer *Pflicht zum Erscheinen* muß daher differenziert werden: Die Pflicht, bis zu einem bestimmten Zeitpunkt an einem bestimmten Ort etwas Bestimmtes zu tun, läßt dem Betroffenen die Freiheit, wann und wie er der Pflicht nachkommen will und berührt damit noch nicht die Freiheit der Person. Denn deren Schutzbereich betrifft die körperliche Bewegungsfreiheit als solche und nicht die Freiheit von jeglicher Handlungspflicht, die mit körperlicher Bewegung verbunden ist. Wenn sich die Pflicht jedoch zusätzlich auf einen bestimmten Zeitpunkt bezieht, ist die Freiheit der Person in ihrer negativen Ausprägung berührt.

III. Eingriffe

477 Eingriffe in die Freiheit der Person *(Freiheitsbeschränkungen)* reichen von der Vorladung über die kurzfristige Festnahme bis zur lebenslangen Freiheitsstrafe (vgl. oben Rdnr. 408). Die körperliche Bewegungsfreiheit wird außerdem etwa durch die Wehr- und die Schulpflicht (a. A. ohne Begründung *v. Münch,* vM-GG, Art. 2 Rdnr. 63) beschränkt. Zu den Eingriffen zählen sowohl entsprechende Gebote und Verbote als auch die zu ihrer Durchsetzung eingesetzten Vollstreckungshandlungen, besonders der unmittelbare Zwang (die Einschränkung des Schutzbereichs des Art. 104 — im Gegensatz zu dem des Art. 2 Abs. 2 S. 2 — auf die Anwendung unmittelbaren Zwangs bzw. die Androhung der Anwendung unmittelbaren Zwangs durch *Podlech,* AK-GG, Art. 2 Abs. 2 Rdnr. 59, ist unbegründet).

478 **Beispiele:** Das Urteil eines Strafgerichts über die Verhängung einer Freiheitsstrafe ist zu unterscheiden von der Festnahme des Täters sowie von dem Vollzug der Strafe in einer Anstalt. Jede dieser drei Maßnahmen stellt aber einen Eingriff in die Freiheit der Person dar (vgl. auch E 14, 174/186). — Auch das Nachsitzen eines Schülers ist nach hier vertretener Auffassung ein Eingriff in die Freiheit der Person; a. A. VGH Mannheim, NVwZ 1984, 808, wonach der Regelungsinhalt des Nachsitzens „nicht darin (besteht), daß von dem Schüler verlangt wird, eine Einschränkung seiner körperlichen Bewegungsfreiheit zu dulden, sondern darin, daß er verpflichtet wird, über sein Stundenmaß hinaus in seiner Freizeit ... zusätzliche Unterrichtsstunden zu besuchen und sich dabei vom Lehrer mit besonderen Aufgaben beschäftigen zu lassen".

479 Als besonderen Fall eines Eingriffs in die Freiheit der Person hebt Art. 104 Abs. 2—4 die *Freiheitsentziehung* hervor. Sie bedeutet das Festhalten (durch Anordnung und/oder Vollzug) an eng umgrenztem Ort (BVerwGE 62, 325/328; BGHZ 82, 261/267; *Azzola,* AK-GG, Art. 104 Rdnr. 21; *Dürig,* M/D-GG, Art. 104 Rdnr. 6), also jede Art von Festnahme, Arrest, Gewahrsam, Haft, Freiheitsstrafe, Unterbringung und Sicherungsverwahrung. Keine Freiheitsentziehungen, sondern nur Freiheitsbeschränkungen sind Pflichten zum Erscheinen, Vorladungen und Vorführungen, auch soweit sie zwangsweise durchgesetzt werden (vgl. BVerwGE 62, 325/327; BGHZ 82, 261/267; BayObLG, DVBl. 1983, 1069; KG, NJW 1983, 690). Eine Freiheitsentziehung ist aber das Festhalten über den mit der Vorladung und Vorführung verfolgten Zweck hinaus (vgl. *Kunig,* vM-GG, Art. 104 Rdnr. 20).

IV. Verfassungsrechtliche Rechtfertigung

1. Qualifizierter Gesetzesvorbehalt des Art. 104

Art. 104 stellt verschiedene *form- und verfahrensmäßige Anforderungen* an die Zulässigkeit von Eingriffen in die Freiheit der Person, die auf verschiedene Eingriffsarten und -situationen zugeschnitten sind. Sie sind als Spezial- und Ausnahmeregelungen ineinander verschachtelt: Die Absätze 2—4, die der Freiheitsentziehung gelten, sind leges speciales zu Abs. 1, der von der Freiheitsbeschränkung handelt. Abs. 2 S. 2 und 3 sowie Abs. 3 normieren Ausnahmen zur Regel des Abs. 2 S. 1, wonach die Freiheitsentziehung der vorgängigen richterlichen Entscheidung bedarf. Dabei sind Abs. 2 S. 3 und Abs. 3 wiederum Spezialvorschriften zu Abs. 2 S. 2; sie gelten den besonderen Situationen, in denen jemand von der Polizei und wegen Strafverdachts in Gewahrsam bzw. festgenommen wurde. 480

a) Für alle **Freiheitsbeschränkungen** gilt gem. Art. 104 Abs. 1 S. 1, daß sie 481
— nur aufgrund förmlichen Gesetzes, also nicht aufgrund Rechtsverordnung, Satzung oder Gewohnheitsrechts, und
— nur unter Beachtung der im förmlichen Gesetz vorgeschriebenen Formen ergehen dürfen.

> **Beispiel:** Die polizeiliche Vorladung nach § 11 nw PolG kann schriftlich oder mündlich (Abs. 1) und soll unter Angabe ihres Grundes (Abs. 2) erfolgen; ihre Durchsetzung mittels zwangsweiser Vorführung setzt, außer bei Gefahr im Verzug, eine entsprechende richterliche Anordnung voraus (Abs. 3). Das Gesetz ist hier von um so größerer Formstrenge, je intensiver der Eingriff ist; bei der Freiheitsentziehung überläßt Art. 104 die Aufstellung der Formerfordernisse nicht allein dem Gesetz, sondern formuliert sie z. T. in Abs. 2—4 selbst (vgl. sogleich Rdnr. 483 f.). Aber auch schon der Verstoß gegen eine gesetzliche Formvorschrift ist, da Art. 104 Abs. 1 ihre Beachtung zur Verfassungspflicht macht, ein Verfassungsverstoß und möglicher Gegenstand einer Verfassungsbeschwerde. 482

b) Die *zusätzliche* Anforderung für die verfassungsrechtliche Zulässigkeit einer **Freiheitsentziehung** besteht in erster Linie darin, daß *vorher* ein Richter entscheiden muß (Art. 104 Abs. 2 S. 1). Ausnahmsweise ist gem. Art. 104 Abs. 2 S. 2 und 3 und Abs. 3 auch eine Freiheitsentziehung ohne vorherige richterliche Entscheidung zulässig. Dann ist aber „unverzüglich eine richterliche Entscheidung herbeizuführen" (S. 2). Aus der *Unverzüglichkeit* folgt, daß nur dann von der vorherigen richterlichen Entscheidung abgesehen werden darf, wenn „der mit der Freiheitsentziehung verfolgte verfassungsrechtlich zulässige Zweck nicht erreichbar wäre, wenn der Festnahme die richterliche Entscheidung vorausgehen müßte" (E 22, 311/317). Abs. 2 S. 3 und Abs. 3 stellen noch besondere Voraussetzungen für die Fälle auf, in denen die ohne vorherige richterliche Entscheidung ergehende Freiheitsentziehung durch die Polizei bzw. im Zuge einer vorläufigen Festnahme wegen Verdachts einer strafbaren Handlung geschieht. 483

Eine weitere zusätzliche Anforderung für die verfassungsrechtliche Zulässigkeit einer Freiheitsentziehung ist die *Benachrichtigungspflicht* gem. Abs. 4. Sie begründet ein subjektives Recht auf die Benachrichtigung lediglich in der Person des Festgehaltenen, nicht auch bei den Angehörigen oder Vertrauenspersonen (vgl. *Dürig*, M/D-GG, Art. 104 Rdnr. 43; E 16, 119/122 spricht auch nur, allerdings nicht ausdrücklich aus- 484

§ 10 IV 1, 2

schließlich, vom subjektiven Recht des Festgehaltenen; vgl. auch BVerwG, NJW 1985, 339).

485 *Gesetze* gestalten die Formerfordernisse des Art. 104 Abs. 2—4 näher aus und verstärken sie gelegentlich sogar.

486 **Beispiel:** Die Landesgesetze über die Unterbringung von psychisch Kranken regeln die Voraussetzungen und das Verfahren für das zwangsweise Einweisen und Festhalten in einer Krankenanstalt. Sie verlangen eine Entscheidung des Amtsgerichts und konkretisieren damit Art. 104 Abs. 2, der einfach vom Richter spricht. Sie verlangen zusätzlich, daß das Amtsgericht grundsätzlich den Kranken mündlich anhört. Weil dieses Verlangen den in Art. 104 Abs. 1 S. 1 genannten „vorgeschriebenen Formen" unterfällt, ist die Unterlassung der Anhörung nicht nur ein Verstoß gegen das entsprechende Landesgesetz, sondern zugleich gegen Art. 104 und kann mit der Verfassungsbeschwerde gerügt werden (vgl. E 58, 208/220 f.; 65, 317/321 f.; 66, 191/195 ff.).

2. Schranken-Schranken

487 Freiheitsbeschränkung und Freiheitsentziehung müssen wie immer sowohl auf der Ebene des Gesetzes als auch auf der des Vollzugsakts geeignet, erforderlich und auch verhältnismäßig im engeren Sinn sein.

488 **Beispiele:** Betreibt ein Gläubiger gegen einen Schuldner die Zwangsvollstreckung wegen einer Geldforderung und führt die Pfändung nicht zur vollständigen Befriedigung des Gläubigers, so ist der Schuldner auf Antrag des Gläubigers verpflichtet, ein Verzeichnis seines Vermögens vorzulegen und zu Protokoll an Eides Statt zu versichern, daß er seine Angaben nach bestem Wissen und Gewissen richtig und vollständig gemacht hat (§ 807 ZPO). Die Einzelheiten des Verfahrens sind in den §§ 899 ff. ZPO geregelt. Danach kann das Gericht gegen den Schuldner auf Antrag die Haft zur Erzwingung der Angabe anordnen (§ 901 ZPO). Dies ist u. U. zur Sicherstellung des Erfolgs der Zwangsvollstreckung erforderlich und dann auch im engeren Sinne verhältnismäßig, weil die Schwere des Eingriffs und das Gewicht seiner Gründe in angemessenem Verhältnis zueinander stehen (vgl. E 61, 126/135 f.). Die Anordnung der Erzwingungshaft ist jedoch dann ungeeignet, wenn bereits feststeht, daß der Schuldner leistungsunfähig ist. Das Gericht kann in diesem Fall den Verhältnismäßigkeitsgrundsatz in der Weise berücksichtigen, daß es den Antrag des Gläubigers wegen mangelnden Rechtsschutzinteresses zurückweist. — Zu den strengen Anforderungen des Verhältnismäßigkeitsgrundsatzes bei strafrichterlichen Entscheidungen über die Unterbringung in einem psychiatrischen Krankenhaus vgl. E 70, 297/307 ff.

489 Einen besonders intensiven Eingriff stellt die *lebenslange Freiheitsstrafe* dar: Durch sie wird die Freiheit der Person „auf die Dauer entzogen" (E 45, 187/223). Sie bedarf daher „einer besonders strengen Prüfung am Maßstab des Verhältnismäßigkeitsgrundsatzes" (ebd.) wie auch der Rechtfertigung vor dem Verbot des Art. 1 Abs. 1, die Würde des Menschen anzutasten. Das BVerfG hält sie bei seiner Prüfung für rechtfertigbar; es verlangt allerdings, daß der Verurteilte nicht nur auf die gesetzlich nicht geregelte Begnadigung soll hoffen dürfen, sondern daß die Voraussetzungen, unter denen die Vollstreckung einer lebenslangen Freiheitsstrafe ausgesetzt werden kann, und das dabei anzuwendende Verfahren gesetzlich geregelt werden (E 45, 187/242 ff.; für Verfassungswidrigkeit dagegen *Erichsen,* NJW 1976, 1721).

490 Auch die *Untersuchungshaft* ist eine schwere Sanktion gegen jemanden, der wegen der rechtsstaatlichen Unschuldsvermutung bis zu seiner Verurteilung von der öffentlichen Gewalt als unschuldig anzusehen ist. Die Unschuldsvermutung findet ihre Grundlage nicht nur in der EMRK und in einigen Landesverfassungen, sondern ist

auch als ungeschriebener Bundes-Verfassungsrechtssatz anerkannt (vgl. *Müller/Pieroth*, in: Sozialwissenschaften im Öffentlichen Recht, 1981, S. 228). Anordnung und Vollzug der Untersuchungshaft sind verhältnismäßig, wenn sie geeignet und erforderlich zur Klärung von Schuld oder Unschuld des Verdächtigen bzw. zur Sicherung der Durchführung des Strafverfahrens sind, d. h. wenn

— wegen dringenden Tatverdachts begründete Zweifel an der Unschuld des Verdächtigen bestehen (§ 112 Abs. 1 S. 1 StPO),
— die vollständige Aufklärung der Tat und rasche Bestrafung des Täters nicht anders gesichert werden können als dadurch, daß der Verdächtige vorläufig in Haft genommen wird (§ 112 Abs. 2 StPO) und
— das Verfahren von den zuständigen Verfolgungsorganen mit größtmöglicher Beschleunigung betrieben wird (E 19, 342/347 f.; 20, 45/49; vgl. auch E 61, 28/34 f.).

Der *Haftgrund der Wiederholungsgefahr* (§§ 112 Abs. 3, 112a StPO) geht darüber hinaus, weil er den Schutz der Allgemeinheit vor weiteren Straftaten, also einen präventiv-polizeilichen Gesichtspunkt für die Verhängung der Untersuchungshaft genügen läßt. Er wird in E 19, 342/350 zunächst nur bei Verbrechen wider das Leben und bei Sittlichkeitsverbrechen „damit gerechtfertigt, daß es hier um die Bewahrung eines besonders schutzbedürftigen Kreises der Bevölkerung vor mit hoher Wahrscheinlichkeit drohenden schweren Straftaten geht". Später rechtfertigt E 35, 185/192 f. den Haftgrund der Wiederholungsgefahr auch bei Vermögensdelikten und sieht dabei den Verhältnismäßigkeitsgrundsatz schon dann gewahrt, wenn es um Kriminalität von einigem Gewicht geht (ebenso die h. L.; a. A. *Müller/Pieroth*, in: Sozialwissenschaften im Öffentlichen Recht, 1981, S. 228 ff.). 491

Lösungsskizze zum Fall: Es ist zu unterscheiden zwischen der Rechtmäßigkeit der Festnahme und der des Festhaltens des B, nachdem sich seine Harmlosigkeit herausgestellt hat. I. § 13 Abs. 1 Nr. 2 nw PolG ermächtigt zu einem Eingriff in die Freiheit der Person. Als förmliches Gesetz ist er von Art. 104 Abs. 1 S. 1 gedeckt. Art. 104 Abs. 2 S. 2 läßt auch eine nicht auf richterlicher Anordnung beruhende Freiheitsentziehung zu. Ob die Anwendung dieser Vorschrift im vorliegenden Fall rechtmäßig war, muß im Hinblick auf die Merkmale „unmittelbar bevorstehend" und „von erheblicher Bedeutung für die Allgemeinheit" bezweifelt werden, soll aber mangels näherer Sachverhaltsangaben dahinstehen. — II. Die Rechtmäßigkeit des weiteren Festhaltens des B beurteilt sich nach § 14 Abs. 1 S. 1 nw PolG, der mit Art. 104 Abs. 2 S. 2 übereinstimmt. Hier ist nicht unverzüglich eine richterliche Entscheidung herbeigeführt worden. Es fragt sich aber, ob die Polizei die in Art. 104 Abs. 2 S. 3 genannte Frist ausschöpfen darf, was der Fall wäre, wenn diese Vorschrift eine verdrängende lex specialis zu Art. 104 Abs. 2 S. 2 wäre. Diese Frist stellt jedoch — das ergibt sich aus dem Ausnahmecharakter der polizeilichen Freiheitsentziehung — eine *zusätzliche* Einschränkung dar; das Gebot der unverzüglichen Herbeiführung der richterlichen Entscheidung bleibt davon unberührt (vgl. *Azzola*, AK-GG, Art. 104 Rdnr. 36; *Kunig*, vM-GG, Art. 104 Rdnr. 27). Daher hat das OVG Münster, DVBl. 1979, 733 entschieden, daß im Normalfall zwei bis drei Stunden für das Herbeiführen einer richterlichen Entscheidung zu veranschlagen sind und das fünfstündige Festhalten des B rechtswidrig gewesen ist. 492

Literatur: *K. Amelung*, Rechtsschutz gegen strafprozessuale Grundrechtseingriffe, 1976; *K. Bernsmann*, Maßregelvollzug und Grundgesetz — Einige Anmerkungen zum Verhältnis von Verfassung und strafrechtlicher Unterbringung in einem psychiatrischen Krankenhaus, in: Straftäter in der Psychiatrie, 1984, S. 142; *R. Hoffmann*, Polizeiliche „Schutzhaft" und Grundrechte, DVBl. 1970, 473; *H.-H. Jescheck/O. Triffterer* (Hrsg.), Ist die lebenslange Freiheitsstrafe verfassungsmäßig?, 1978; *K.-H. Moritz,* Vereinbarkeit des Vorführungsrechts der Staatsanwaltschaft mit Art. 104?, NJW 1977, 796; *V. Neumann,* Freiheitssicherung und Fürsorge im Unterbringungsrecht, NJW 1982, 2588; *E. Sage/H. Göppinger,* Freiheitsentziehung und Unterbringung, 2. Aufl. 1975.

§ 11 DAS GLEICHHEITSGEBOT
(Art. 3, 6 Abs. 5, 33 Abs. 1—3, 38 Abs. 1 S. 1)

Fall: Ausbildungsförderungsabgabe (nach E 55, 274)

Das Ausbildungsplatzförderungsgesetz von 1976 traf folgende Regelungen: Bei unzureichendem Ausbildungsplatzangebot sollten Betriebe für die Schaffung von Ausbildungsplätzen Zuschüsse erhalten, und es sollten überbetriebliche Ausbildungsstätten geschaffen werden. Zur Finanzierung sollte bei den Arbeitgebern eine Ausbildungsplatzförderungsabgabe erhoben werden, errechnet aus der Lohn- und Gehaltssumme unter Abzug eines Freibetrags. Wegen dieses Freibetrags kamen als Abgabepflichtige nur rund 10% aller Arbeitgeber in Betracht. Ist die Ausbildungsplatzförderungsabgabe mit Art. 3 vereinbar?

I. Überblick

493 Das Grundgesetz enthält Gewährleistungen der Gleichheit an verschiedenen Stellen und mit verschiedenen Akzenten. Art. 3 Abs. 1 ist der allgemeine Gleichheitssatz; er verlangt allgemein die *Rechtsanwendungsgleichheit* (Gleichheit vor dem Gesetz) und die *Rechtsetzungsgleichheit* (Gleichheit des Gesetzes). Das Gebot der Rechtsetzungsgleichheit folgt zwar nicht aus dem Wortlaut von Art. 3 Abs. 1, aber aus dem Zusammenhang von Art. 3 Abs. 1 mit Art. 1 Abs. 3, der Bindung der Gesetzgebung an die Grundrechte. Art. 3 Abs. 2 und 3 verbieten, bestimmte Gegebenheiten zum Grund für Bevorzugungen und Benachteiligungen zu nehmen. Sie lassen damit erkennen, daß Art. 3 Abs. 1 nicht die völlige Gleichbehandlung verlangt, nicht jede Bevorzugung und Benachteiligung verbietet. Wäre das der Inhalt von Art. 3 Abs. 1, dann bedürfte es der Art. 3 Abs. 2 und 3 nicht. Es bedarf ihrer darum, weil Art. 3 Abs. 1 nur die *grundlose Ungleichbehandlung* verbietet; Art. 3 Abs. 1 verlangt rechtfertigende Gründe für Ungleichbehandlungen, und Art. 3 Abs. 2 und 3 statuiert, welche Gegebenheiten als rechtfertigende Gründe für Ungleichbehandlungen schlechthin ausfallen.

494 Neben Art. 3 enthalten Art. 38 Abs. 1 S. 1 und Art. 33 Abs. 1—3 spezielle Gleichheitsgebote und Diskriminierungsverbote für das politische Recht der *Wahl* und für die *staatsbürgerlichen* Rechte und Pflichten. Unter letzteren hat Art. 33 Abs. 2, der den Zugang zum öffentlichen Dienst regelt, besondere praktische Bedeutung. Auch diese speziellen Gleichheitssätze stellen besondere Anforderungen an die rechtfertigende Begründung von Ungleichbehandlungen.

495 Die *politische Forderung* nach möglichst viel gesellschaftlicher Freiheit gerät mit der politischen Forderung nach möglichst viel gesellschaftlicher Gleichheit in *Konflikt:* Gesellschaftliche Freiheit ist auch die Ellenbogenfreiheit des Stärkeren, gesellschaftliche Gleichheit ist gerade die Chancengleichheit des Schwächeren. Die *grundrechtlichen Verbürgungen* von Freiheit und Gleichheit stehen dagegen *konfliktfrei* nebeneinander. Sie überlassen weitgehend dem Gesetzgeber, wieviel Spielraum er den Starken lassen und wieviel Schutz er den Schwachen geben, d. h. wie er die gegenläufigen politischen Forderungen befriedigen will. Sie setzen ihm dabei nach beiden Seiten nur gewisse Grenzen. Gemeinsam ist den Grenzsetzungen durch Freiheitsverbürgungen und durch Gleichheitsverbürgungen, daß sowohl die Freiheitsverkürzung als auch die Ungleichbehandlung *nicht grundlos* geschehen darf. Unterschiedlich ist jedoch die *Rechtstechnik* der Ver-

bürgungen. Bei den Freiheitsrechten gibt es die einzelnen Lebensbereiche oder das Handeln schlechthin als Schutzbereiche und gibt es die Eingriffe in die Schutzbereiche. An die Feststellung eines Eingriffs schließt dann die Frage nach seiner verfassungsrechtlichen Rechtfertigung an. Bei den Gleichheitsrechten gibt es dagegen keine Schutzbereiche und daher auch keinen Eingriff in den Schutzbereich. Hier vollzieht sich die Prüfung einer Grundrechtsverletzung in *zwei Schritten;* sie besteht aus der Feststellung einer Ungleichbehandlung und aus der Frage nach deren verfassungsrechtlicher Rechtfertigung.

II. Ungleichbehandlung

1. Ungleichbehandlung von wesentlich Gleichem

Das BVerfG verwendet in ständiger Rechtsprechung die Formel, der Gleichheitssatz verbiete, „wesentlich Gleiches willkürlich ungleich... zu behandeln" (z. B. E 49, 148/165). Zwar zielt diese Formel mit dem Willkürverbot schon auf die verfassungsrechtliche Rechtfertigung der Ungleichbehandlung. Sie läßt aber auch erkennen, daß eine relevante, verfassungsrechtlicher Rechtfertigung bedürftige Ungleichbehandlung nur die Ungleichbehandlung von *wesentlich Gleichem* ist. Was wesentlich gleich ist, sagt das BVerfG nicht. Erste Voraussetzung ist, daß die Ungleichbehandlung durch dieselbe Rechtsetzungsgewalt erfolgt. Soweit die Bürger eines Landes durch ein Landesgesetz anders behandelt werden als die Bürger eines anderen Landes, das kein entsprechendes oder ein abweichendes Landesgesetz erlassen hat, fehlt von vornherein die wesentliche Gleichheit; entsprechendes gilt im Verhältnis zwischen Bundes- und Landesgesetzen und zwischen Satzungen verschiedener Gemeinden, Universitäten usw. (vgl. E 33, 224/231; *Bethge,* AöR 1985, 169/207 ff.). Im übrigen gilt, daß kein Mensch genau wie der andere und keine Situation genau wie die andere ist. Daher kann wesentliche Gleichheit nur bedeuten, daß Personen, Personengruppen oder Situationen vergleichbar sind. Vergleichbarkeit bedarf zunächst eines *Bezugspunkts* (tertium comparationis).

496

> **Beispiel:** Für den, der einen Personenkraftwagen führt, gilt das Straßenverkehrsrecht, und für den, der eine Schankwirtschaft betreibt, das Gaststättenrecht. Hier werden zwar verschiedene Personengruppen rechtlich verschieden behandelt, aber es fehlt der Bezugspunkt eines Vergleichs, der von einer relevanten, verfassungsrechtlicher Rechtfertigung bedürftigen Ungleichbehandlung reden ließe. Vergleichbar ist dagegen das Führen von Personenkraftwagen mit dem Führen von Lastkraftwagen und Krafträdern und das Betreiben von Schankwirtschaften mit dem Betreiben von Speisewirtschaften und Beherbergungsbetrieben. Der Bezugspunkt liegt das eine Mal darin, daß Kraftfahrzeuge geführt, das andere Mal darin, daß Gaststätten betrieben werden.

497

Der Bezugspunkt ist der *gemeinsame Oberbegriff* (genus proximum), unter den die rechtlich verschieden behandelten verschiedenen Personen, Personengruppen oder Situationen fallen. Unter ihm müssen die gemäß einem Unterscheidungsmerkmal (differentia specifica) verschiedenen Personen, Personengruppen oder Situationen vollständig und abschließend sichtbar werden. Anders werden auch der Inhalt, das Ausmaß und der mögliche Grund der Ungleichbehandlung nicht sichtbar.

498

> **Beispiel:** Daß das Führen von Kleinkrafträdern anders als das Führen von Fahrrädern einer Fahrerlaubnis bedarf (§ 5 StVZO), reicht als Feststellung einer relevanten Ungleichbehandlung noch nicht. Zwar gibt es insoweit einschlägige Oberbegriffe. Aber ein gemeinsamer Oberbegriff, der nur diese beiden Gruppen von Personen einschließt, fehlt: Der Oberbegriff der Führer von Zweiradfahrzeugen schließt noch andere Gruppen ein. Soll das Erfordernis der Fahrerlaubnis für Kleinkrafträder gerügt werden, muß

499

es zusammen mit demselben Erfordernis für Fahrräder mit größerem Hilfsmotor dem Fehlen des Erfordernisses für Fahrräder gegenübergestellt werden; soll das Fehlen des Erfordernisses der Fahrerlaubnis für Fahrräder gerügt werden, muß es entweder zusammen mit demselben Fehlen des Erfordernisses für Fahrräder mit kleinerem Hilfsmotor (§ 4 Abs. 1 S. 2 Nr. 1 StVZO) dem Erfordernis für andere Krafträder gegenübergestellt oder es muß die Rüge auf das Fehlen des Erfordernisses der Bescheinigung beschränkt werden, die für Fahrräder mit kleinerem Hilfsmotor statt einer Fahrerlaubnis vorgeschrieben ist (§ 4a StVZO).

500 Eine Ungleichbehandlung, die verfassungsrechtlicher Rechtfertigung bedarf, ist also dann *gegeben*, wenn
— eine Person, Personengruppe oder Situation in einer bestimmten Weise rechtlich behandelt wird,
— eine andere Person, Personengruppe oder Situation in einer bestimmten anderen Weise rechtlich behandelt wird und
— beide Personen, Personengruppen oder Situationen unter einen gemeinsamen, weitere Personen, Personengruppen oder Situationen ausschließenden Oberbegriff gefaßt werden können.

2. Gleichbehandlung von wesentlich Ungleichem?

501 Die Formel des BVerfG verbietet nicht nur, „wesentlich Gleiches willkürlich ungleich", sondern auch „wesentlich Ungleiches willkürlich gleich zu behandeln" (z. B. E 49, 148/165). Somit gäbe es neben der Ungleichbehandlung, die verfassungsrechtlicher Rechtfertigung bedarf, auch eine Gleichbehandlung, die verfassungsrechtlicher Rechtfertigung bedarf. Wie aus den vielen rechtlichen Ungleichbehandlungen wären auch aus den vielen rechtlichen Gleichbehandlungen zunächst einmal die relevanten, verfassungsrechtlicher Rechtfertigung bedürftigen herauszufiltern. Wie dies genau zu geschehen hätte, mag jedoch dahinstehen. Die zweite Hälfte der Formel kann *vernachlässigt* werden. Denn Probleme der Gleichbehandlung lassen sich stets auch als Probleme der Ungleichbehandlung fassen. Es muß nur die richtige Vergleichsgruppe gewählt werden (*Podlech*, S. 53 ff.).

502 **Beispiele:** Nach dem Ladenschlußgesetz gibt es eine weitgehende Ausnahme von den allgemeinen Ladenschlußzeiten für Bahnhofsverkaufsstellen und eine weniger weitgehende Ausnahmeregelung für Apotheken. Für Bahnhofsapotheken gilt nach dem Gesetz letztere. Bahnhofsapotheken werden also im Vergleich mit anderen Bahnhofsverkaufsstellen ungleich, im Vergleich mit anderen Apotheken dagegen gleich behandelt (vgl. E 13, 225/228 f.). — E 13, 46 hatte die Anwendung von § 6 Abs. 1 Nr. 2 BEG zu überprüfen. Die Bestimmung schloß alle diejenigen von der Entschädigung aus, die die freiheitliche demokratische Grundordnung bekämpft hatten. Die Anwendung machte keinen Unterschied zwischen denen, die als Funktionäre einer vom BVerfG zu späterem Zeitpunkt als verfassungswidrig festgestellten Partei deren Ziele mit durchaus erlaubten Mitteln verfolgt hatten, und den anderen, die die freiheitliche demokratische Grundordnung mit verbotenen Mitteln bekämpft hatten. Das BVerfG sah hierin eine willkürliche, mit Art. 21 unvereinbare Gleichbehandlung von wesentlich Ungleichem. Ebenso kann darin aber auch eine willkürliche Ungleichbehandlung von wesentlich Gleichem gesehen werden. Zwischen Funktionären, die die Ziele ihrer Partei mit allgemein erlaubten Mitteln verfolgen, darf dann eben wegen Art. 21 nicht danach unterschieden werden, ob die Partei zu einem späteren Zeitpunkt vom BVerfG als verfassungswidrig festgestellt wird oder nicht. Vergleichsgruppe sind dabei nicht die, die die freiheitliche demokratische Grundordnung mit verbotenen Mitteln bekämpft haben, sondern die Funktionäre anderer Parteien.

III. Verfassungsrechtliche Rechtfertigung

1. Allgemeine Anforderungen

Eine Ungleichbehandlung ist verfassungsrechtlich gerechtfertigt, wenn sie nicht willkürlich erfolgt. Da Willkür das Fehlen eines sachlichen Grundes bedeutet (E 17, 122/ 130: „sachfremd und deshalb willkürlich"), verlangt die verfassungsrechtliche Rechtfertigung einen *sachlichen Grund*. 503

Oft stellt das BVerfG das Vorliegen eines sachlichen Grundes fest, ohne einem bestimmten Prüfungs- oder Begründungsschema zu folgen. Es appelliert gewissermaßen an die Einsicht in die *Evidenz* sachlicher Gegebenheiten und plausibler Wertung. 504

> **Beispiel:** Ein baden-württembergisches Feuerwehrgesetz sah für alle männlichen Gemeindeeinwohner zwischen 18 und 50 Jahren die Pflicht zu einem Feuerwehrdienst bzw., wenn dieser nicht geleistet wurde, zu einer Feuerwehrabgabe vor, die je nach persönlichen und wirtschaftlichen Verhältnissen des Pflichtigen auf jährlich zwischen 5 und 100 DM festgesetzt werden konnte. Die Abgabepflicht sollte auch den treffen, der zwar den Dienst leisten wollte, den die Feuerwehr aber nicht brauchte. Hieran wurde ein doppelter Verstoß gegen den Gleichheitssatz gerügt: Zum einen die Auferlegung hier von Dienstleistungspflicht und dort von Abgabepflicht und zum anderen die Staffelung der Abgabe nach den persönlichen und sachlichen Verhältnissen des Betroffenen. E 13, 167 weist beide Rügen knapp zurück: Die Dienst- und die Abgabepflichtigen „werden — der Idee nach — weder mehr noch weniger, sondern nur in anderer Form belastet" (171), und die Staffelung ist „sachgerecht, weil der auszugleichende Vorteil vor allem in Zeitersparnis besteht und deren wirtschaftlicher Wert bei den einzelnen Pflichtigen je nach ihrer persönlichen und wirtschaftlichen Lage sehr verschieden sein kann" (174). 505

Derart knappe Begründungen des Vorliegens eines sachlichen Grundes lassen leicht Zweifel offen. Vorzugswürdig ist das in der Rechtsprechung des BVerfG ebenfalls anzutreffende *Prüfungs- und Begründungsschema*, in dem der sachliche Grund für die Ungleichbehandlung dieselbe Rolle spielt wie die Verhältnismäßigkeit bei der Freiheitsverkürzung (vgl. oben Rdnr. 318 ff.). Wie die Freiheitsverkürzung muß die Ungleichbehandlung 506
— einen legitimen Zweck verfolgen,
— zur Erreichung dieses Zwecks geeignet und notwendig sein und
— auch sonst in angemessenem Verhältnis zum Wert des Zwecks stehen.

> **Beispiel:** Der Berechnung des Arbeitslosengelds wird für einen nicht verheirateten Arbeitnehmer mit einem Kind, das in seinem Haushalt lebt, eine günstigere Leistungsgruppe zugrunde gelegt, als für einen nicht verheirateten Arbeitnehmer mit einem Kind, das nicht in seinem Haushalt lebt. E 63, 255 hält diese Ungleichbehandlung für gerechtfertigt. Der Gesetzgeber verfolgt bei der Berechnung des Arbeitslosengelds den legitimen Zweck, die „Relation zu dem infolge Arbeitslosigkeit weggefallenen Arbeitseinkommen (zu) erhalten" (263). Die Gleichbehandlung beider Gruppen würde „der Zweckbestimmung des Arbeitslosengeldes widersprechen" (265), d. h. die Ungleichbehandlung ist zur Erreichung des Zwecks geeignet und notwendig. Eine zusätzliche Prüfung der Angemessenheit des Verhältnisses zwischen Ungleichbehandlung und Wert des Zwecks entfällt; sie spielt bei den Ungleichbehandlungen ebenso wie bei den Freiheitsverkürzungen regelmäßig keine Rolle. 507

Der Gesetzgeber hat bei Ungleichbehandlungen einen weiten *Ermessens- oder Gestaltungsspielraum*. Das BVerfG will „nur die Überschreitung äußerster Grenzen (des Spielraums) beanstanden": Es kommt nicht darauf an, „ob der Gesetzgeber die jeweils 508

§ 11 III 1

gerechteste und zweckmäßigste Regelung getroffen" hat, sondern ob für die Regelung „sachlich einleuchtende Gründe schlechterdings nicht mehr erkennbar sind" (ständige Rechtsprechung, vgl. zuletzt E 64, 158/168 f.; 66, 84/95). Im obigen Prüfungs- und Begründungsschema bedeutet dies

— Betonung der gesetzgeberischen Freiheit bei der Wahl der zu verfolgenden Zwecke und
— Anerkennung einer gesetzgeberischen Prärogative bei der Einschätzung von Geeignetheit und Notwendigkeit.

509 **Beispiele:** Einen Verstoß gegen Art. 3 Abs. 1 hat das BVerfG bei folgenden Regelungen *angenommen:* Ablehnung des Armenrechts bei Klageerzwingungsverfahren im Unterschied zu sonstigen Verfahrensarten (E 2, 336/340); unterschiedliche Besoldung von Richtern verschiedener Gerichtsbarkeiten in gleicher Instanz (E 12, 326/333 ff.; 26, 100/110 f.); unterschiedliche Gewährung von Kinderfreibeträgen bei Lohnsteuerpflichtigen einerseits und Einkommensteuerpflichtigen andererseits (E 23, 1/7 ff.; 33, 106); Begünstigung der Gewerkschaften gegenüber sonstigen Arbeitnehmervereinigungen bei den Sozialversicherungswahlen (E 30, 227/246 ff.); Differenzierung in der umsatzsteuerlichen Belastung zwischen ärztlichen Laborgemeinschaften jeglicher Größenordnung einerseits und gewerblichen Analyseunternehmen andererseits (E 43, 58/72 ff.); unterschiedliche Berechnung der Beschäftigungsdauer von Arbeitern und Angestellten als Voraussetzung für die Verlängerung der Kündigungsfrist (E 62, 256/274). — *Abgelehnt* hat das BVerfG einen Verstoß gegen Art. 3 Abs. 1 in folgenden Fällen: Allgemein bei Stichtagsregelungen, „wenn die Einführung eines Stichtags überhaupt und die Wahl des Zeitpunkts am gegebenen Sachverhalt orientiert und somit sachlich vertretbar ist" (E 13, 31/38; zuletzt z. B. E 58, 81/126); Nichtzulassung von staatlich nicht anerkannten Dentisten zu den gesetzlichen Krankenkassen im Unterschied zu den staatlich anerkannten (E 25, 236/249); die „besondere Lage der landwirtschaftlichen Unternehmer sowie ihrer Ehegatten" rechtfertige es, die Leistungsvoraussetzungen in der Altershilfe für Landwirte anders als in der Arbeiterrenten- und Angestelltenversicherung zu regeln (E 25, 314/321 f.); Nichterstreckung des Zeugnisverweigerungsrechts gemäß § 53 Abs. 1 StPO auf Sozialarbeiter und Tierärzte (E 33, 367/382; 38, 312/323 f.); Erhebung des Stabilitätszuschlags in den Jahren nach 1973 nur von den Beziehern mittlerer und höherer Einkommen, weil an die Leistungsfähigkeit der Steuerpflichtigen angeknüpft werden darf (E 36, 66/72); die „Bewältigung der außergewöhnlichen Probleme, die ihren Ursprung in historischen Vorgängen aus der Zeit vor der Entstehung der Bundesrepublik haben", rechtfertigt es u. a., daß Renten an Deutsche in den Oder-Neiße-Gebieten nicht ausgezahlt werden (E 53, 164/177 ff.).

510 **Lösungstechnischer Hinweis:** In Übungsarbeiten ist eine bestimmte Maßstabsnorm zum Ausgangspunkt der Prüfung zu machen, wobei die spezielle Norm vor der allgemeinen zu prüfen ist. Anders als in der vorliegenden Darstellung sind daher in Übungsarbeiten die im folgenden näher erläuterten speziellen Gleichheitsgebote und Diskriminierungsverbote, die jeweils besondere Anforderungen im Rahmen des entwickelten Prüfungs- und Begründungsschemas stellen, *vor* dem allgemeinen Gleichheitssatz zu prüfen. Kommt keiner der speziellen Gleichheitssätze in Betracht, ist zu fragen, ob die Ungleichbehandlung nach den allgemeinen Anforderungen des Art. 3 Abs. 1 zu rechtfertigen ist oder nicht. Andernfalls sind zwei Fallkonstellationen zu unterscheiden: *Entweder* die Ungleichbehandlung ist gemäß dem speziellen Gleichheitssatz nicht zu rechtfertigen; dann braucht Art. 3 Abs. 1 nicht mehr untersucht zu werden. *Oder* der spezielle Gleichheitssatz steht der Ungleichbehandlung nicht entgegen; dann ist es immer noch möglich, daß die Ungleichbehandlung den allgemeinen Anforderungen nicht genügt, und es ist Art. 3 Abs. 1 zu untersuchen. Insoweit unterscheidet sich also die Spezialität eines speziellen gegenüber dem allgemeinen Gleichheitssatz von der Spezialität eines

speziellen Freiheitsrechts gegenüber der allgemeinen Handlungsfreiheit (vgl. oben Rdnr. 422 ff.). Der Grund liegt darin, daß die speziellen Gleichheitssätze keinen Schutzbereich haben, sondern Rechtfertigungsanforderungen stellen.

Beispiel: Durch Gesetz wird eine bestimmte Frauensportart verboten, weil sie eine überdurchschnittliche Unfallquote aufweist. Das Gesetz scheitert nicht an Art. 3 Abs. 2, weil das Gesetz nicht auf dem Unterschied zwischen Mann und Frau, sondern auf der erhöhten Gefährlichkeit der Sportart beruht. Weiter ist zu fragen, ob nicht Art. 3 Abs. 1 verletzt ist. Es ist nämlich wegen der grundsätzlichen Zulässigkeit der Selbstgefährdung zweifelhaft, ob hier ein legitimer Zweck vorliegt und im übrigen die Notwendigkeit für ein Verbot besteht. 511

2. Die besonderen Anforderungen aus Art. 3 Abs. 2 und 3

Von den hier genannten *Merkmalen* braucht der Unterschied von Mann und Frau (inhaltsgleich mit dem Merkmal „Geschlecht" in Abs. 3) nicht näher erläutert zu werden. „Abstammung" bezieht sich auf die biologische Beziehung zu den Vorfahren. „Heimat" bedeutet die örtliche Beziehung zur Umwelt und zielt vor allem auf eine Gleichbehandlung deutscher Flüchtlinge; es ist nicht zu verwechseln mit dem Merkmal „Staatsangehörigkeit", das hier nicht genannt ist; selbstverständlich gilt für Ausländer aber der allgemeine Gleichheitssatz des Art. 3 Abs. 1 (vgl. auch *Sachs*, NJW 1981, 1133; *Zuleeg*, DÖV 1973, 361). „Herkunft" meint den sozialen, schichtenspezifischen Aspekt der Abstammung. „Rasse" umfaßt Gruppen mit bestimmten vererblichen Eigenschaften. Die Merkmale „Sprache", „religiöse Anschauungen" (ohne inhaltlichen Unterschied zum Begriff „Glauben", vgl. näher unten Rdnr. 578) und „politische Anschauungen" verstehen sich hier von selbst. 512

Art. 3 Abs. 2 und 3 setzt der Ermessens- oder Gestaltungsfreiheit „feste Grenzen" (ständige Rechtsprechung, vgl. etwa E 48, 346/365 f.). Das BVerfG formuliert, eine Ungleichbehandlung dürfe nicht „gerade wegen eines der dort genannten Gründe erfolgen" (vgl. etwa E 59, 128/157; zum Merkmal „wegen" vgl. auch *Dürig*, M/D-GG, Art. 3 Abs. III Rdnr. 134 ff.). Prägnanter ist dahin zu formulieren, daß der in Art. 3 Abs. 2 angesprochene Unterschied von Mann und Frau und die in Art. 3 Abs. 3 bezeichneten Merkmale nicht als rechtfertigende Gründe für Ungleichbehandlungen taugen. Im obigen Prüfungs- und Begründungsschema wirkt sich das so aus: 513

a) Nach dem Unterschied von Mann und Frau und nach den Merkmalen des Art. 3 Abs. 3 zu differenzieren, ist kein **Zweck**, den die öffentliche Gewalt verfolgen dürfte. 514

Beispiele: Der Gesetzgeber darf sich nicht zum Ziel nehmen, Frau und Mann in ihren tradierten Rollen festzuhalten oder aus ihnen hinauszudrängen; er darf nicht eine Rasse züchten, nicht bestimmte sprachliche oder regionale Minderheiten assimilieren oder erhalten wollen, nicht die Förderung oder Unterdrückung bestimmter religiöser oder politischer Anschauungen anstreben. 515

Von diesen durch Art. 3 Abs. 2 und 3 verwehrten Zwecksetzungen ist zu unterscheiden, wenn der Gesetzgeber kulturelles, religiöses und politisches Leben, sprachliche oder regionale Vielfalt *insgesamt fördert*. 516

Beispiele: Gemäß § 6 Abs. 4 S. 2 BWahlG findet die 5%-Klausel „auf die von Parteien nationaler Minderheiten eingereichten Listen keine Anwendung". Hierin liegt keine Bevorzugung wegen Abstammung, Sprache oder Heimat, weil nicht eine bestimmte, son- 517 dern jede nationale Minderheit privilegiert wird, obwohl diese Bestimmung derzeit nur für die Dänen in Schleswig-Holstein praktisch wird (vgl. auch E 5, 77/83). — Schwieriger ist eine Antidiskriminierungsgesetzgebung zugunsten der Frau zu beurteilen. Quotenregelungen, die einen bestimmten Prozentsatz der Stellen mit Frauen zu besetzen verlangen, wären, wenn sie zu einer „reversed discrimination", d. h. zur Zurücksetzung eines geeigneten männlichen Bewerbers hinter einer ungeeigneten weiblichen Bewerberin führen, mit Art. 3 Abs. 2 und 3 schwerlich vereinbar. Kontrollen und Sanktionen, die gewährleisten, daß Frauen nicht wegen ihres Geschlechts nicht eingestellt oder schlechter bezahlt werden, geraten dagegen mit Art. 3 Abs. 2 und 3 von vornherein nicht in Konflikt. Dabei überläßt der Gesetzgeber der Frau, ob sie arbeiten oder nicht arbeiten will, drängt sie also nicht in eine bestimmte Rolle, läßt seine Antidiskriminierungsmaßnahme auch nicht als Diskriminierung auf den Mann zurückschlagen, sondern sorgt nur dafür, daß die Gleichheit von Mann und Frau in der Arbeitswelt zur Geltung kommt.

518 b) Die **Geeignetheit** und **Notwendigkeit** einer Ungleichbehandlung für die Erreichung eines legitimen Zwecks muß begründet werden können, ohne daß auf den Unterschied von Mann und Frau oder auf die Merkmale des Art. 3 Abs. 3 abgestellt wird. Gelingt eine solche Begründung nicht, dann scheitert die Ungleichbehandlung an Art. 3; gelingt sie jedoch, dann hat sie vor Art. 3 selbst dann Bestand, wenn sie zu einer verschiedenen rechtlichen Behandlung von einerseits Männern und andererseits Frauen, von Personen verschiedener Sprache oder Herkunft, verschiedener religiöser oder weltanschaulicher Anschauung führen. „Differenzierungen, die auf anderen Unterschiedlichkeiten der Person oder auf Unterschiedlichkeiten der Lebensumstände beruhen, bleiben von dem Differenzierungsverbot unberührt" (E 3, 225/241; 57, 335/342 f.).

519 **Beispiel:** Ein nordrhein-westfälisches Gesetz räumte Frauen mit eigenem Hausstand Anspruch auf einen bezahlten arbeitsfreien Wochentag (Hausarbeitstag) ein. E 52, 369 erklärte es für unvereinbar mit Art. 3 Abs. 2, Männern in der gleichen Lage den gleichen Anspruch vorzuenthalten. Das BAG hatte die Regelung noch für vereinbar mit Art. 3 Abs. 2 gehalten: Das Ziel, die Doppelbelastung durch Berufs- und Hausarbeit zu mildern, habe der Gesetzgeber in Anknüpfung an die typische Arbeitsteilung der Geschlechter verfolgen dürfen. Das BVerfG verwarf diese Begründung: Sie beruhe „allein auf der herkömmlichen Vorstellung, daß es der Frau zufällt, den Haushalt . . . zu besorgen" (376). Eine andere Begründung, die nicht auf den Unterschied von Mann und Frau in ihren tradierten Rollen abstellt, ist nicht ersichtlich.

520 Das BVerfG hat früher die „Unanwendbarkeit" des Art. 3 Abs. 2 behauptet, „wenn der zu ordnende Lebenstatbestand überhaupt nur in einem Geschlecht verwirklicht werden kann". Deshalb spiele die Gleichberechtigung im Sexualstrafrecht und im Mutterschutzrecht keine Rolle (E 6, 389/423). Später hat es für die Mutterschutzregelungen doch eine Rechtfertigung gesucht und in den *„objektiven biologischen und funktionalen Unterschieden"* beider Geschlechter gefunden (E 10, 59/74; 68, 384/390). Soweit diese Formel die funktionalen Unterschiede anspricht, kann sie nicht überzeugen: Entweder die Funktion ist eine objektiv biologische, dann braucht sie nicht eigens erwähnt zu werden; oder sie ist eine sozial tradierte, dann beruht sie auf unmaßgeblichen „herkömmlichen Vorstellungen" (vgl. auch *Gubelt*, vM-GG, Art. 3 Rdnr. 83). Für die rechtliche Behandlung von Eltern bedeutet dies, daß Art. 3 Abs. 2 die Privilegierung der Mutter gegenüber dem Vater nur soweit erlaubt, als sie den Belastungen der Schwangerschaft, der Geburt und des Stillens Rechnung trägt. Im übrigen verdient der Mann, wenn er die Funktion der primären Bezugsperson erfüllt, nicht weniger Schutz als die Mutter, die dieselbe Funktion erfüllt.

Allerdings spielt hier noch *Art. 6 Abs. 4* mit hinein: Er kann dahin verstanden werden, daß der Verfassungsgeber selbst einer „herkömmlichen Vorstellung" in auch für Art. 3 Abs. 2 maßgebender Weise gefolgt ist. Überzeugender stellt sich das Zusammenspiel zwischen Art. 3 Abs. 2 und Art. 6 Abs. 4 aber dar, wenn Art. 6 Abs. 4 die Verpflichtung zum Schutz der Mutter und Art. 3 Abs. 2 die Verpflichtung zur Gleichstellung des Vaters, wenn er die Funktion der Mutter übernimmt, entnommen wird (vgl. *Gernhuber*, Familienrecht, 3. Aufl. 1980, S. 57 f.).

521

Art. 3 Abs. 2 spricht nur vom Unterschied zwischen Männern und Frauen und Art. 3 Abs. 3 nur von bestimmten Merkmalen. Vom Verhalten, das aus dem Unterschied bzw. aus den Merkmalen folgt, ist nicht die Rede. Die Zulässigkeit solchen *Verhaltens* beurteilt sich auch nicht nach Art. 3, sondern nach den anderen Grundrechten, in deren Schutzbereiche das Verhalten fällt. Ist allerdings ein Verhalten nach Maßgabe der anderen Grundrechte zulässig und die gewissermaßen natürliche Folge der in Art. 3 Abs. 2 und 3 genannten Gegebenheiten, dann darf es ebensowenig wie diese Gegebenheiten selbst zur Begründung einer Ungleichbehandlung herangezogen werden. Eine Ungleichbehandlung darf dann mit dem Sprechen ebensowenig begründet werden wie mit der Sprache, mit dem schichtenspezifischen Verhalten ebensowenig wie mit der Herkunft, mit dem Äußern und Betätigen einer politischen Anschauung ebensowenig wie mit deren Haben.

522

> **Beispiel:** Der gleiche Zugang zum öffentlichen Dienst kann einem Bewerber nicht allein mit der Begründung verwehrt werden, er habe nicht nur eine verfassungsfeindliche politische Anschauung, sondern er äußere und betätige sie auch. Entscheidend ist, ob das Äußern und Betätigen der als verfassungsfeindlich bezeichneten Anschauung von Art. 5, 8, 9 und 2 Abs. 1, besonders aber von Art. 5 gedeckt und durch ein Gesetz, besonders durch ein allgemeines Gesetz nach Art. 5 Abs. 2, zulässigerweise beschränkt ist. Ist es nach Maßgabe der genannten Freiheitsrechte frei, dann darf es auch nicht zum Grund für eine Ungleichbehandlung genommen werden. Beim BVerfG klingt dies anders: Es „geht ... nicht an, das Verbot in Art. 3 Abs. 3 GG nicht nur auf das bloße ‚Haben' einer politischen Überzeugung, sondern auch auf das Äußern und Betätigen dieser politischen Anschauung zu beziehen" (E 39, 334/368). Aber das BVerfG will damit nur deutlich machen, daß das Verbot von Art. 3 Abs. 3 dem Gesetzgeber, der das Äußern und Betätigen politischer Anschauungen nach Maßgabe der Freiheitsrechte zulässigerweise beschränkt, nicht „im Wege steht" (vgl. zum gleichen Zugang zum öffentlichen Dienst unten Rdnr. 538 ff.).

523

Schließlich ist zu beachten, daß von den Anforderungen der Abs. 2 und 3 durch spezielle Verfassungsnormen *Ausnahmen* zugelassen werden. So hatte Art. 117 Abs. 1 das dem Art. 3 Abs. 2 entgegenstehende Recht (vor allem Regelungen des BGB, wie das Letztentscheidungsrecht des Vaters über die Kindererziehung bei fehlender Einigung der Eltern, der Name des Mannes als Ehe- und Familienname) für eine Übergangszeit, „jedoch nicht länger als bis zum 31. März 1953", in Kraft gelassen. Heute noch aktuell ist demgegenüber Art. 12a Abs. 1, wonach nur Männer zum Wehrdienst verpflichtet werden können (vgl. auch Art. 12a Abs. 4 S. 2).

524

3. Die besonderen Anforderungen aus Art. 6 Abs. 5

Art. 6 Abs. 5 liest sich als *Auftrag* an den Gesetzgeber. Das BVerfG hat in seiner frühen Rechtsprechung auch noch „dahinstehen (lassen), ob dem Art. 6 Abs. 5 ein zum

525

unmittelbaren Vollzug geeigneter präziser Rechtsgehalt innewohnt, so daß dieser Artikel eine ähnliche Funktion übernehmen könnte wie Art. 3 Abs. 2" (E 8, 210/216). Später hat es Art. 6 Abs. 5 jedoch zunächst die „Wertentscheidung, daß ein Kind nicht wegen seiner unehelichen Geburt benachteiligt werden darf", entnommen (E 17, 148/154) und dann auch die *unmittelbare Anwendbarkeit* dieses Grundrechts anerkannt (E 25, 167/178 ff.). Für die Ehelichkeit oder Nichtehelichkeit der Geburt gilt somit dasselbe wie für die Eigenschaft, Mann oder Frau zu sein (Art. 3 Abs. 2), und die Merkmale des Art. 3 Abs. 3: Sie taugen nicht als rechtfertigende Gründe für Ungleichbehandlungen.

4. Die besonderen Anforderungen bei den politischen Rechten

526 a) Art. 38 Abs. 1 S. 1 schreibt für die Wahl der Abgeordneten zum Deutschen Bundestag u. a. die **Allgemeinheit und die Gleichheit der Wahl** vor (zu den anderen Geboten des Art. 38 Abs. 1 S. 1 vgl. unten Rdnr. 1137 ff.). Gemäß Art. 28 Abs. 1 S. 2 gilt dies auch für die Wahlen in den Ländern, Kreisen und Gemeinden. Unter *Wahl* wird der gesamte Wahlvorgang verstanden: von der Aufstellung der Bewerber über die Stimmabgabe und Auswertung der abgegebenen Stimmen bis zur Zuteilung der Abgeordnetensitze (*Stern,* StR I, S. 304 f.). Art. 38 Abs. 1 S. 1 gilt für das aktive wie für das passive Wahlrecht. Die einzelnen Gebote schützen verschiedene Teilbereiche des Gesamtvorgangs der Wahl.

527 Allgemeinheit bedeutet Gleichheit aller Deutschen (vgl. oben Rdnr. 129) bezüglich der *Fähigkeit,* zu wählen und gewählt zu werden. Allgemeinheit der Wahl ist also ein Sonderfall der Gleichheit der Wahl. Diese bedeutet darüber hinaus für das aktive Wahlrecht gleichen *Zählwert* („one man, one vote") und gleichen *Erfolgswert* (jede Stimme muß bei der Umsetzung der Stimmen in die Zuteilung von Parlamentssitzen Berücksichtigung finden). Für das passive Wahlrecht bedeutet Gleichheit der Wahl *Chancengleichheit aller Wahlbewerber.*

528 „Der Grundsatz der Gleichheit der Wahl ist ein Anwendungsfall des allgemeinen Gleichheitssatzes ... Er unterscheidet sich vom allgemeinen Gleichheitssatz durch seinen formalen Charakter" (E 57, 43/56). Unter dem Gebot *rechnerisch formaler Gleichbehandlung* „verbleibt dem Gesetzgeber nur ein eng bemessener Spielraum. Differenzierungen in diesem Bereich bedürfen stets eines besonderen rechtfertigenden Grundes".

529 Der eng bemessene Spielraum des Gesetzgebers und natürlich ebenso der Verwaltung bedeutet wieder eine Verschärfung der Rechtfertigungs- bzw. Begründungslast. Diese Verschärfung wirkt im obigen Prüfungs- und Begründungsschema als
— Beschränkung auf wenige zu verfolgende Zwecke und
— strenger Maßstab der Geeignetheit und Notwendigkeit.

530 **Beispiele:** Die *Allgemeinheit* wird durchbrochen durch das Erfordernis der Seßhaftigkeit im Wahlgebiet (§ 12 Abs. 1 Nr. 2 BWahlG). Diese Durchbrechung ist in § 12 Abs. 2 BWahlG jedoch wieder stark relativiert; auch Auslandsdeutsche können seit 1985 weitgehend wählen. Von ihnen eine, durch gelegentliche Aufenthalte in der Bundesrepublik gewährleistete, gewisse Vertrautheit mit den politischen Problemen der Bundesrepublik zu verlangen, ist legitim. — Die *Gleichheit* der Wahl wird durch die 5 %-Sperrklausel (z. B. § 6 Abs. 4 BWahlG) durchbrochen. Die Stimmen, die für die danach nicht berück-

sichtigten Parteien abgegeben wurden, haben nicht den gleichen Erfolgswert wie die übrigen Stimmen. Diese Ungleichbehandlung wird damit gerechtfertigt, daß sie unter den Bedingungen der Verhältniswahl, die das Aufkommen kleiner Parteien begünstigt, zur Sicherung der Funktionsfähigkeit des Parlaments „unbedingt" erforderlich ist (zuletzt E 51, 222/235 ff.). — In dieser Entscheidung hat das BVerfG diesen seinen eigenen Anforderungen allerdings nicht genügt; es hat die 5 %-Sperrklausel bei der Wahl zum Europäischen Parlament mit dem Gleichheitssatz für vereinbar gehalten, obwohl die Funktionsfähigkeit nicht gefährdet war. Die meisten anderen europäischen Staaten kannten keine 5%-Sperrklausel, so daß ohnehin Splitterparteien in das Europäische Parlament kamen, deren allfällig funktionsgefährdende Wirkung durch zusätzliche deutsche Mandate eher funktionsgünstig verbessert worden wäre (vgl. zur 5 %-Sperrklausel im Europawahlgesetz krit. *Murswiek,* JZ 1979, 48). — Die ungleiche Gewichtung des Erfolgswerts der abgegebenen Stimmen, der mit einem Mehrheitswahlsystem verbunden wäre, scheint dem BVerfG dagegen überhaupt nicht rechtfertigungsbedürftig zu sein; es sieht gemäß Art. 38 dem Gesetzgeber die Entscheidung zwischen Mehrheits- und Verhältniswahlsystem freigestellt (E 1, 208/246; 34, 81/100).

Auch hier gilt, daß von den besonderen Anforderungen durch spezielle Verfassungsnormen *Ausnahmen* zugelassen werden. So ist es für den legitimen Zweck, das Wahlrecht von einem Mindestmaß an Einsichtsfähigkeit abhängig zu machen, möglicherweise nicht notwendig, dies erst mit der Vollendung des achtzehnten Lebensjahres als gegeben anzusehen (vgl. §§ 12 Abs. 1 Nr. 1, 15 Abs. 1 Nr. 2 BWahlG). Darauf kommt es aber nicht an, weil Art. 38 Abs. 2 diese Durchbrechung der Allgemeinheit der Wahl ausdrücklich vorsieht. Eine weitere Ausnahme sieht Art. 137 Abs. 1 vor (E 48, 64/89). Auf die hergebrachten Grundsätze des Berufsbeamtentums (Art. 33 Abs. 5) hat BayVerfGHE 21, 83/90 die Altersgrenzen für die Wählbarkeit kommunaler Wahlbeamter gestützt (krit. *Gramlich,* JA 1986, 129/132 f.).

b) Chancengleichheit bei der politischen Meinungsbildung, insbesondere Chancengleichheit der Parteien. Das BVerfG hat diese besonderen Anforderungen an die verfassungsrechtliche Rechtfertigung vom Wahlrecht als dem Recht der politischen Willensbildung auch auf das „Vorfeld der politischen Meinungsbildung" erstreckt und allgemein vom „Grundsatz der formalen Gleichheit, der die Ausübung politischer Rechte in der freien Demokratie beherrscht", gesprochen (E 8, 51/68 f.; 14, 121/132). Das Gebot rechnerisch formaler Gleichbehandlung kann bei der Wahlvorbereitung und bei der politischen Meinungsbildung aber nur dann gelten, wenn Chancen, Sendezeiten, Plakatflächen und Steuervorteile rechnerisch zugeteilt werden. Selbst dann muß es Modifikationen erfahren: Art. 38 Abs. 1 S. 1 spricht jeder Stimme das gleiche Gewicht beim staatsorganschaftlichen Akt der Wahl zu; die Vorbereitung der Wahl und die Bildung des politischen Willens finden dagegen in der Gesellschaft statt, und hier lassen die Freiheitsrechte zu, daß die Bürger, Gruppen und Parteien sich verschieden stark Gehör und Geltung verschaffen können. Der Staat brächte diese Freiheit um ihren Ertrag und die Freiheitsrechte um ihre Bedeutung, wenn er formale Gleichbehandlung im Sinn nivellierenden Eingreifens praktizieren würde.

Das BVerfG hat dies in seiner umfangreichen Rechtsprechung zur *Chancengleichheit der Parteien* durchweg berücksichtigt. Sie hängt mit der Wahlrechtsgleichheit zusammen und ergibt sich aus der Freiheit der Parteigründung und dem Mehrparteienprinzip des Art. 21 Abs. 1 (näher *Frowein,* AöR 1974, 72/97 ff.). Zwar wird auch die Chancengleichheit der Parteien als besondere Ausprägung des allgemeinen Gleichheitssatzes (Art. 3 Abs. 1) angesehen und sind vom BVerfG für Ungleichbehandlungen besondere, „zwingende" Gründe verlangt worden (z. B. E 41, 399/413 f.; vgl. auch *v. Mangoldt/Klein/Starck*, GG, Art. 3 Abs. 1 Rdnr. 31). Gleichwohl ist insoweit keine formale, schematische Gleichheit gefordert worden; das BVerfG gibt sich mit einer „abgestuften", einer „proportionalen" Gleichheit zufrieden.

534   **Beispiel:** § 5 Abs. 1 Parteiengesetz bestimmt, daß u. a. bei der Zuteilung von Sendezeiten für die Wahlwerbung durch die öffentlich-rechtlichen Rundfunkanstalten alle Parteien gleichbehandelt werden „sollen". Die Zuteilung kann aber „nach der Bedeutung der Parteien ... abgestuft werden. Die Bedeutung der Parteien bemißt sich insbesondere auch nach den Ergebnissen vorausgegangener Wahlen zu Volksvertretungen." Diese Vorschrift entspricht der Rechtsprechung des BVerfG, die im Ergebnis überzeugt (a. A. *Lipphardt*, Die Gleichheit der politischen Parteien vor der öffentlichen Gewalt, 1975): Eine formale Gleichbehandlung würde im Sinn eines nivellierenden Eingreifens Parteien um die Bedeutung bringen, die sie sich selbst in der Gesellschaft erkämpft haben. Die Begründung beispielsweise von E 14, 121 ist allerdings wenig stimmig: Sie stellt einerseits auf die soeben vorgetragene Überlegung ab, die dem Grundsatz der formalen Gleichbehandlung bei der Zuteilung von Sendezeiten keinen Raum gibt (134), um andererseits doch einen besonders wichtigen Grund für das Abweichen vom Grundsatz der formalen Gleichheit zu suchen und in der Funktionsfähigkeit des Parlaments auch zu finden (135 ff.).

5. Die besonderen Anforderungen bei den staatsbürgerlichen Rechten und Pflichten

535 a) **Art. 33 Abs. 1** ist gegenüber Art. 3 in doppelter Weise speziell: Er verbürgt nicht die Gleichheit allgemein, sondern die gleichen *staatsbürgerlichen* Rechte und Pflichten, und er verbürgt sie nicht allen Menschen, sondern den *Deutschen*. Dabei bestimmt sich der Begriff des Deutschen nach Art. 116 und versteht sich der Begriff der staatsbürgerlichen Rechte und Pflichten in weitem Sinn und umfaßt „das gesamte Rechtsverhältnis des Staatsbürgers zum Staat", Wahlrecht, Zugang zu Ausbildungsstätten, Steuer- und Dienstleistungspflicht etc. (*Maunz*, M/D-GG, Art. 33 Rdnr. 6). Als Ausnahme zu Art. 33 Abs. 1 ist der wiederum speziellere Art. 36 zu beachten.

536 Art. 33 Abs. 1 verdrängt Art. 3 Abs. 2 und 3 nicht, sondern ergänzt ihn. Die *Ergänzung* liegt darin, daß neben die Begründungs- und Rechtfertigungsverbote von Art. 3 Abs. 2 und 3 ein weiteres Begründungs- und Rechtfertigungsverbot tritt: Daß ein Deutscher Landeskind des einen Bundeslandes ist, kann kein Grund sein, ihn im anderen Bundesland anders als dessen Landeskinder zu behandeln; daß er von außerhalb der Bundesrepublik Deutschland kommt, kann kein Grund sein, ihn anders zu behandeln, als den, der aus der Bundesrepublik Deutschland stammt. Wieder ist damit aber nicht ausgeschlossen, daß eine Regelung die verschiedenen Deutschen in verschiedener Weise trifft.

537   **Beispiele:** Seßhaftigkeit im Land als Voraussetzung für das Wahlrecht zum Landtag (vgl. z. B. § 1 Nr. 3 nwWahlG) führt dazu, daß der, der kurz vor der Wahl innerhalb des Landes umgezogen ist, wählen darf, während der, der kurz vor der Wahl von außerhalb des Landes zugezogen ist, nicht wählen darf. Obwohl die Versagung des Wahlrechts die Landeskinder zumeist verschonen und vielmehr die treffen wird, die nicht Landeskinder sind, ist sie zulässig. Die Begründung, daß erst Seßhaftigkeit die nötige Nähe zu den politischen Problemen eines Landes vermittelt und die sinnvolle Ausübung der politischen Rechte erlaubt (vgl. oben Rdnr. 530), stellt nicht auf die Landeskindereigenschaft ab. Zur Vergleichsgruppe, die kurz vor der Wahl von außerhalb des Landes zugezogen sind, ge-

hören denn auch Landeskinder, die das Land zuvor verlassen haben. — Entsprechendes gilt, wenn beim Zugang zum Referendariat die Absolventen der Universitäten des Landes bevorzugt werden; darin kann allerdings ein Problem von Art. 33 Abs. 2 liegen (vgl. einerseits BVerwGE 68, 109/111; andererseits BayVGH, NJW 1982, 786).

b) Art. 33 Abs. 2 enthält nochmals und zusätzlich Begründungs- und Rechtfertigungsverbote. Bei der Übertragung eines *öffentlichen Amts* darf nicht nur weder auf die Gegebenheiten von Art. 3 Abs. 2 und 3 noch darauf abgestellt werden, ob der Bewerber Landeskind ist oder aus der Bundesrepublik Deutschland — im Unterschied zu Deutschen von außerhalb der Bundesrepublik Deutschland — stammt. Bei der Übertragung darf nichts anderes als allein Eignung, Befähigung und fachliche Leistung des Bewerbers zählen. Dabei stehen diese Begründungs- und Rechtfertigungsverbote nicht neben-, sondern greifen ineinander: Eignung, Befähigung und fachliche Leistung dürfen ihrerseits nicht mit Gesichtspunkten begründet werden, die nach Art. 3 Abs. 2 und 3 und nach Art. 33 Abs. 1 verpönt sind. Beim Begriff der fachlichen Leistung, der sich auf Fachwissen, Fachkönnen und Bewährung im Fach bezieht, und beim Begriff der Befähigung, der Begabung, Allgemeinwissen und Lebenserfahrung meint, liegt dies auch nicht nahe. Wohl aber bei der Eignung, der die ganze Person mit ihren körperlichen, seelischen und charakterlichen Eigenschaften erfaßt. 538

Beispiel: BVerfGE 39, 334 und die h. M. rechnen zur Eignung auch die Verfassungstreue, die dann fehlen soll, wenn jemand einer verfassungsfeindlichen Partei angehört. Dabei meint Verfassungsfeindlichkeit etwas anderes als Verfassungswidrigkeit: Über diese kann nach Art. 21 Abs. 2 S. 2 nur das BVerfG entscheiden, über jene soll der Dienstherr bzw. das die Entscheidung des Dienstherrn kontrollierende Gericht befinden können. Mit Art. 3 Abs. 3, der nach politischen Anschauungen zu diskriminieren verbietet, ist dieses Verständnis von Eignung bzw. Verfassungstreue unverträglich: Von Grundgesetz wegen genießt, solange das BVerfG nicht gemäß Art. 21 Abs. 2 S. 2 entschieden hat, die politische Position jeder Partei dieselbe Freiheit; erst wenn das BVerfG entschieden hat, können an die politische Position einer Partei bzw. an die entsprechende politische Anschauung eines Bürgers negative Rechtsfolgen geknüpft werden. BVerfG und die h. M. versuchen, dieser Konsequenz unter Berufung auf Art. 33 Abs. 4 und 5 und auf die dogmatische Figur der streitbaren Demokratie zu entgehen: Seit jeher verlange das Beamtenverhältnis als Treueverhältnis eine besondere Identifikation des Beamten mit dem Staat und der Verfassung; dies gelte zumal in der streitbaren Demokratie des Grundgesetzes. Aber das Verständnis des Beamtenverhältnisses als Treueverhältnis schwankt in der Geschichte, und die Streitbarkeit der Demokratie ist in Art. 21 Abs. 2 S. 2 durch das Entscheidungsmonopol des BVerfG gerade begrenzt (vgl. näher *Pieroth/Schlink*, JuS 1984, 345; *Schlink*, Staat 1976, 335 m. w. N.). 539

Wieder gilt, daß die Begründungs- und Rechtfertigungsverbote nicht dadurch verletzt werden, daß der Mann statt der Frau, der Inlandsdeutsche statt des Auslandsdeutschen, der Protestant statt des Katholiken das Amt bekommt. Entscheidend ist, daß eben hierin nicht die Begründung liegt. Das BVerfG meint, es sollte „auf der Hand liegen", daß z. B. die Leitungsfunktion einer Mädchenschule von einer Frau versehen wird (E 39, 335/368). Aber auf der Hand liegt es nicht. Nicht weil die Schule eine Mädchenschule und die Bewerberin eine Frau ist, darf ihr das Amt gegeben werden, sondern nur wenn die Leitungsaufgaben gerade von ihr pädagogisch und disziplinarisch besonders gut erfüllt werden können. Erfüllt ein Mann sie besser, verdient er den Vorzug. 540

541 Auch insoweit ist Art. 36 als *Ausnahme* zu beachten. Auch das Sozialstaatsprinzip soll Ausnahmen verlangen, wenn es um die Unterbringung von Schwerbehinderten geht (*Maunz*, M/D-GG, Art. 33 Rdnr. 22). Das erscheint jedoch fraglich; dem Sozialstaatsprinzip und Art. 33 Abs. 2 kann entsprochen werden, wenn Schwerbehinderte so gefördert werden, daß sie für bestimmte Funktionen nach Eignung, Befähigung und fachlicher Leistung ebenso gut wie ihre nicht behinderten Mitbewerber qualifiziert sind (zum Problem vgl. auch *Schmidt-Aßmann*, NJW 1980, 16).

542 c) **Art. 33 Abs. 3** *wiederholt* schon erörterte Begründungs- und Rechtfertigungsverbote und wird seinerseits teilweise nochmals in Art. 140 i.V.m. 136 Abs. 2 WRV wiederholt. In Art. 33 wurde er aus historischen und systematischen Gründen aufgenommen: Die Irrelevanz der historisch besonders konfliktträchtigen Religions- und Konfessionsunterschiede sollte im systematischen Zusammenhang der staatsbürgerlichen Rechte- und Pflichtenstellung nochmals deutlich herausgestellt werden, das Verbot konfessioneller Patronage und konfessionellen Proporzes im öffentlichen Dienst sollte besonders betont werden.

543 Art. 33 Abs. 3 ist neben den anderen Begründungs- und Rechtfertigungsverboten zwar eigentlich überflüssig, aber er ist doch *spezieller* als sie. Einschlägige Fälle und Probleme sind daher in erster Linie an ihm zu überprüfen.

544 **Beispiel:** Aufgrund eines Vertrags zwischen dem Heiligen Stuhl und dem Freistaat Bayern unterhält dieser an mehreren Universitäten sog. Konkordatslehrstühle für Philosophie, Soziologie und Pädagogik, „gegen deren Inhaber hinsichtlich ihres katholisch-kirchlichen Standpunkts keine Erinnerung zu erheben ist". Damit hat der zuständige Diözesanbischof eine Zustimmungsbefugnis. Für den Bewerber um ein solches öffentliches Amt, dem die Zulassung wegen einer Erinnerung hinsichtlich seines katholisch-kirchlichen Standpunkts verweigert wird, ist Art. 33 Abs. 3 lex specialis zu Art. 3 Abs. 3 und zu Art. 33 Abs. 2 (vgl. zur Problematik der Konkordatslehrstühle *F. Müller*, DuR 1976, 175).

545 **Lösungstechnischer Hinweis:** In welcher Reihenfolge die speziellen Gleichheitsgebote und Diskriminierungsverbote *untereinander* — im Gegensatz zum allgemeinen Gleichheitssatz (vgl. oben Rdnr. 510 f.). — zu prüfen sind, mag zuweilen Schwierigkeiten bereiten. Nur teilweise, wie etwa im letzten Beispiel, liegen Spezialitätsverhältnisse vor; die verdrängte(n) Norm(en) braucht (brauchen) dann nicht mehr untersucht zu werden. Häufig greifen die speziellen Gleichheitsgebote und Diskriminierungsverbote aber, wie beispielsweise bei Art. 33 Abs. 1 und 2 deutlich geworden ist, ineinander. In einem solchen Fall ist die sachnächste Bestimmung als Ausgangspunkt der Prüfung zu nehmen und ein einschlägiges weiteres Begründungs- und Rechtfertigungsverbot, etwa aus Art. 3 Abs. 2 und 3, in diese Rechtfertigungsprüfung einzuarbeiten. So hätte die schulmäßige Prüfung der Verfassungsmäßigkeit des § 6 Abs. 4 S. 2 BWahlG (vgl. das Beispiel oben Rdnr. 517) mit Art. 38 Abs. 1 S. 1 zu beginnen; im Rahmen der Rechtfertigung der Wahlrechtsungleichheit müßte zusätzlich Art. 3 Abs. 3 untersucht werden.

6. Die besonderen Anforderungen bei einzelnen Freiheitsrechten

546 Das BVerfG sieht dem Spielraum, den besonders der Gesetzgeber bei Ungleichbehandlungen hat, auch „dort engere Grenzen gezogen, wo es sich um Regelungen handelt, die Auswirkungen auf die durch Art. 12 Abs. 1 GG geschützte Freiheit der beruflichen Tätigkeit haben" (E 62, 256/274). Es entwickelte dies aus der allgemeinen Überlegung, daß „bei der Anwendung des Gleichheitsgebotes ... der jeweilige Le-

bens- und Sachbereich zu berücksichtigen" ist. Unter dieser allgemeinen Überlegung muß der Spielraum auch dort engere Grenzen finden, wo Auswirkungen auf andere *grundrechtliche Freiheiten* in Rede stehen. Dabei kann eine Auswirkung auf das Grundrecht der allgemeinen Handlungsfreiheit nicht genügen, da sonst der Spielraum stets begrenzt wäre.

Im obigen Prüfungs- und Begründungsschema bedeutet die Begrenzung eine *Verschärfung* der Anforderungen an Geeignetheit und Notwendigkeit der Ungleichbehandlung als des Mittels zur Zweckerreichung. Während Zweifel mit Rücksicht auf die gesetzgeberische Einschätzungsprärogative sonst eher zu Lasten des Bürgers gehen, gehen sie hier eher zu Lasten des Staates. Das ist keine sehr klare Aussage, aber auch in den einschlägigen Entscheidungen des BVerfG ist nur zu verzeichnen, daß das Vorliegen eines die Ungleichbehandlung rechtfertigenden Grundes besonders sorgfältig geprüft wird (E 37, 342; 62, 256; 68, 155). 547

IV. Wirkungen eines Gleichheitsverstoßes

1. Gleichheitsverstoß durch Gesetzgebung

Die folgenden Ausführungen betreffen die Gesetzgebung im *materiellen* Sinne, d. h. nicht nur die Gesetzgebung durch das Parlament, sondern auch die vom Parlament auf die Exekutive delegierte Rechtsetzung in Form von Rechtsverordnungen und Satzungen. 548

a) **Allgemeines.** Eine verfassungswidrige Ungleichbehandlung hat *andere Folgen* als ein verfassungswidriger Eingriff in ein Freiheitsrecht. Der Eingriff in das Freiheitsrecht muß einfach abgestellt werden; der Bürger muß wieder in den Genuß der Freiheit kommen, in dem er ohne den Eingriff war. Die Ungleichbehandlung zweier Gruppen kann dagegen verschieden behoben werden: Die eine Gruppe kann ebenso wie die andere, die andere kann ebenso wie die eine, und beide können auf neue dritte Weise behandelt werden. 549

Diese verschiedenen Möglichkeiten, eine Ungleichbehandlung zu beheben, gibt es sowohl dann, wenn ein Bürger sich gegen eine *Belastung* wendet, die ihn gegenüber anderen ungleich trifft, als auch dann, wenn er eine *Begünstigung* erstrebt, die ihm gegenüber anderen ungleich vorenthalten wird. Beidemal kann sich der Bürger auf das Gleichheitsgebot berufen: Es wehrt nicht nur Belastungen ab, sondern alle verfassungswidrigen Ungleichbehandlungen, auch wenn sie Begünstigungen, Leistungen und Teilhaben betreffen. Es ist bei Ungleichbehandlungen auch oft eine Frage der Perspektive, ob die Belastung oder die Begünstigung im Vordergrund steht, denn bei zwei ungleich behandelten Gruppen ist für die eine Begünstigung, was für die andere Belastung ist. Die Behebung der Ungleichbehandlung kann in der Ausweitung der Begünstigung, in der Ausweitung der Belastung und neuartiger gleichmäßiger Begünstigung oder Belastung bestehen. 550

Gleichwohl kann es einen *Unterschied* machen, ob ein Bürger sich gegen eine ihn ungleich treffende Belastung wendet oder eine ihm ungleich vorenthaltene Begünstigung erstrebt. Der Unterschied ist allerdings nicht nur darin begründet, daß das Gleichheitsgebot nur Belastungen abwehren würde, sondern im Zusammenspiel zwischen Gesetzgebung und Rechtsprechung. 551

§ 11 IV 1

552 — Wendet sich ein Bürger gegen eine *Belastung,* die unter Verstoß gegen das Gleichheitsgebot für ihn bzw. seine Gruppe in einem Rechtssatz niedergelegt ist, dann kann die Rechtsprechung den Rechtssatz aufheben und dadurch die Belastung beseitigen.

553 — Erstrebt ein Bürger eine *Begünstigung,* die unter Verstoß gegen das Gleichheitsgebot für eine andere Gruppe in einem Rechtssatz niedergelegt ist, dann kann die Rechtsprechung ihm durch Aufhebung des Rechtssatzes die Begünstigung nicht verschaffen. Ist der Rechtssatz aufgehoben, dann bekommt zwar die andere Gruppe, dann bekommt aber auch der Bürger die Begünstigung nicht. Lediglich dann, wenn ausnahmsweise ein Rechtssatz die Begünstigung allen Bürgern zuspricht und ein weiterer Rechtssatz eine Gruppe von Bürgern von der Begünstigung ausschließt, kann durch Aufhebung dieses weiteren Rechtssatzes der Gruppe von Bürgern die Begünstigung verschafft werden (E 22, 349/360).

554 Die Rechtsprechung kann im gewaltenteiligen Gefüge des Grundgesetzes gegenüber der Gesetzgebung grundsätzlich zwar *kassatorisch,* nicht aber gestaltend tätig werden. Und selbst da, wo sie kassatorisch tätig werden kann — regelmäßig bei belastenden, ausnahmsweise bei Begünstigungsausschlußregelungen —, läßt sich die Rechtsprechung des BVerfG von *Zurückhaltung* leiten. Denn die Kassation enthält immerhin ein gestalterisches Moment: Sie realisiert eine Möglichkeit zur Behebung der Ungleichbehandlung, obwohl auch andere Möglichkeiten bestehen.

555 **b) Ungleich vorenthaltene Begünstigung.** Nur mit besonderer Zurückhaltung ist das BVerfG bereit, eine *Begünstigung,* die ein Rechtssatz der einen Gruppe vorbehält, auf die andere Gruppe *auszudehnen.* Die besondere Zurückhaltung entspricht dem besonderen gestalterischen Moment, das einer solchen Ausdehnung innewohnt: Das BVerfG, das die Begünstigung ausdehnt, füllt eine „Gesetzeslücke" (E 22, 349/360) und gestaltet da, wo der Gesetzgeber zu gestalten gerade unterlassen hat — das Schrifttum spricht von teilweisem Unterlassen (*Gubelt,* vM-GG, Art. 3 Rdnr. 9), Teilunterlassen (*v. Mangoldt/Klein/Starck,* GG, Art. 3 Abs. 1 Rdnr. 168) oder von unterlassener Teilregelung (*Stein,* AK-GG, Art. 3 Rdnr. 57), um den Unterschied zur völligen Untätigkeit des Gesetzgebers gegenüber einem sozialen Problem deutlich zu machen. Eine solche Gesetzeslücke zu schließen, sieht sich das BVerfG nur unter *zwei Voraussetzungen* berechtigt:

556 — Wenn ein *Verfassungsauftrag* oder sonst eine Verfassungsbestimmung eine bestimmte begünstigende Behandlung des Bürgers verlangt und der Gesetzgeber diese Behandlung einer Gruppe von Bürgern gleichheitswidrig vorenthalten hat, darf die Begünstigung auf diese Gruppe von Bürgern ausgedehnt werden (E 22, 349/ 360; *Dürig,* M/D-GG, Art. 3 Abs. I Rdnr. 374). Allerdings ist das Gleichheitsgebot in dieser Konstellation unergiebig, und es bedarf neben dem Eingehen auf den Verfassungsauftrag oder die sonstige Verfassungsbestimmung keines Eingehens auf das Gleichheitsgebot: Wenn die Verfassung eine bestimmte begünstigende Handlung der Bürger verlangt, dann muß die Behandlung die gleiche sein, weil sie die bestimmte sein muß.

557 — Hat der Gesetzgeber ein *Regelungssystem* geschaffen und will er daran erkennbar festhalten und bleibt das Regelungssystem nur dann *konsequent und stimmig,*

wenn eine Begünstigung auf eine übersehene Gruppe ausgedehnt wird, dann darf diese Ausdehnung auch durch das BVerfG erfolgen. In diesem Sinn hat das BVerfG bei Ungleichbehandlungen im Bereich des Beamtenrechts (E 21, 329/337 f.) und des Sozialrechts (E 22, 163/174 f.; 29, 283/303; 55, 100/113 f.), also dort entschieden, wo komplexe Regelungsmaterien ein entwickeltes System erkennen lassen.

Sind diese Voraussetzungen für eine Ausdehnung der Begünstigung nicht gegeben, dann stellt das BVerfG lediglich die *Verfassungswidrigkeit* des Ausschlusses von der Begünstigung fest, ohne die Norm für nichtig zu erklären (vgl. näher zu dieser Entscheidungsvariante *Schlaich,* Das BVerfG, 1985, S. 167 ff.). Es fordert zugleich den Gesetzgeber explizit oder implizit auf, eine verfassungsgemäße Rechtslage herzustellen. 558

Beispiel: Zum nordrhein-westfälischen Gesetz über den Hausarbeitstag (vgl. oben Rdnr. 519) tenorierte das BVerfG, es sei „mit Art. 3 Abs. 2 des Grundgesetzes unvereinbar, soweit der Hausarbeitstag weiblichen, aber nicht alleinstehenden männlichen Arbeitnehmern mit eigenem Hausstand gewährt wird" (E 52, 369/370). Das auf der verfassungswidrigen Vorschrift beruhende Urteil eines Arbeitsgerichts wird vom BVerfG unter Zurückverweisung aufgehoben: „Wenn (das Arbeitsgericht) sein Verfahren aussetzt, wird dem Beschwerdeführer die Chance offengehalten, an einer etwaigen Erweiterung des Rechts auf den Hausarbeitstag durch den Gesetzgeber teilzunehmen" (ebd.). 559

Dieselbe Zurückhaltung, die das BVerfG bei der Ausdehnung einer Begünstigung beobachtet, hält es auch bei der Kassation eines *Ausschlusses von einer Begünstigung* für angezeigt. Denn derselbe Wille des Gesetzgebers habe im einen und im anderen Fall lediglich einen unterschiedlichen gesetzestechnischen Ausdruck gefunden; in beiden Fällen liege eigentlich dieselbe Gesetzeslücke vor (E 22, 349/360 f.). 560

c) **Ungleich auferlegte Belastung.** Auch einen ungleich belastenden Rechtssatz hält das BVerfG seit Beginn seiner Rechtsprechung nur dann für nichtig, wenn „keinem Zweifel unterliegt, daß der Gesetzgeber die sonstige gesetzliche Regelung auch ohne den verfassungswidrigen Teil aufrechterhalten hätte" (E 4, 219/250). Daneben ist auch hier, obwohl vom BVerfG nicht benannt, die erste der beiden Voraussetzungen für die Ausdehnung einer Begünstigung einschlägig: Eine ungleiche Behandlung darf als nichtig kassiert werden, wenn eine Verfassungsbestimmung eben diese Belastung verbietet. 561

Im übrigen mag zunächst scheinen, das BVerfG könne dann, wenn die Voraussetzungen für die Kassation einer ungleichen Belastung als nichtig nicht gegeben sind, auch nur die Verfassungswidrigkeit der Regelung, soweit sie die eine Gruppe nicht belastet und die andere belastet, feststellen. Diese Möglichkeit scheidet aber aus, weil die Feststellung der Verfassungswidrigkeit und die Kassation als nichtig hier dasselbe Resultat hätten: So oder so dürfte die Belastung dem Bürger nicht mehr auferlegt werden. Bei der ungleichen Begünstigung ist das anders: Würde sie als nichtig kassiert, dann dürfte kein Bürger mehr in ihren Genuß kommen; wird lediglich ihre Verfassungswidrigkeit festgestellt, soweit sie eine Gruppe von der Begünstigung ausschließt, kann der anderen die Begünstigung weitergewährt werden (a. A. *Heußner,* NJW 1982, 258; BAG, NJW 1982, 2573; vgl. auch *Schlaich,* Das BVerfG, 1985, S. 175, 179). Hierfür spricht noch folgende Überlegung: Das Ergebnis, daß auch der anderen Gruppe die Begünstigung nicht mehr gewährt wird, könnte ohne weiteres durch Ausspruch der Nich- 562

§ 11 IV 1

tigkeit anstelle der Feststellung der Verfassungswidrigkeit erreicht werden. So spricht denn das BVerfG da, wo es nicht die ungleiche Belastung als nichtig kassieren kann, die Nichtigkeit der gesamten Regelung aus.

563 **Beispiel:** In einer Entscheidung zum Vorläufer des oben Rdnr. 505 erwähnten baden-württembergischen Feuerwehrgesetzes hatte das BVerfG einen Feuerwehrbeitrag zu beurteilen. Dieser sollte zwar nicht nach dem Text, aber nach dem Motiv des Gesetzes von denen erbracht werden, die, obwohl feuerwehrdienstpflichtig, keinen Feuerwehrdienst leisteten. Auferlegt wurde er jedoch allen Männern zwischen 18 und 60 Jahren, unter anderem auch Schwerkriegsbeschädigten, die nicht feuerwehrdienstpflichtig waren. Hierin hatten vorlegende Gerichte Gleichheitsverstöße erblickt. Die Schwerkriegsbeschädigten wurden gegenüber anderen Gruppen (Frauen, Kindern, Männern mit höherem Alter als 60 Jahre), die ebenfalls nicht feuerwehrdienstpflichtig waren, dadurch ungleich belastet, daß gerade ihnen der Feuerwehrbeitrag auferlegt wurde. Ein sachlicher Grund dafür war nicht ersichtlich. Das BVerfG hat die gesamte Regelung als nichtig kassiert. Es führte aus, es könne „nicht dadurch eine dem Gleichheitssatz gerecht werdende Fassung herstellen, daß es — unter Beschränkung auf den Gegenstand des Ausgangsverfahrens — feststellt, die Heranziehung der Schwerkriegsbeschädigten sei verfassungswidrig. Denn es muß mindestens auch entschieden werden, wie die übrigen nicht dienstpflichtigen Personen behandelt werden sollen ... Der Gesetzgeber wird sich deshalb zunächst darüber klarwerden müssen, welche der verschiedenen rechtlichen Gestaltungsmöglichkeiten er verwirklichen und wie er dabei dem Gleichheitssatz gerecht werden will" (E 9, 291/302).

564 d) **Zusammenfassend** sind die folgenden Situationen und Wirkungen, in bzw. mit denen das Gleichheitsgebot den Bürger gegen einen ihn ungleich treffenden Rechtssatz schützt, zu unterscheiden:
— Von einer Belastung, die den Bürger unter Verstoß gegen das Gleichheitsgebot trifft, wird er frei: Nichtig ist entweder die belastende Teilregelung oder die Gesamtregelung.
— An einer Begünstigung, die dem Bürger unter Verstoß gegen das Gleichheitsgebot vorenthalten wird, wird er dann beteiligt, wenn ein entsprechendes Verfassungsgebot oder die Systematik der Regelungsmaterie und des Regelungswillens dies verlangen.
— An einer Begünstigung, die dem Bürger zwar ebenfalls unter Verstoß gegen das Gleichheitsgebot vorenthalten wird, deren Ausdehnung aber weder ein Verfassungsgebot noch die Systematik von Regelungsmaterie und -willen verlangt, wird er nicht beteiligt. Er kann nur die Feststellung der Verfassungswidrigkeit, die Aufhebung abschlägiger Entscheidungen und die Aussetzung laufender Verfahren erreichen.

565 Von diesen Situationen bzw. Wirkungen sind die anderen Situationen zu unterscheiden, in denen ein Verstoß gegen das Gleichheitsgebot zwar vorliegt, aber nicht derart zu Lasten der Bürger geht, daß sie dagegen den Schutz des Gleichheitsgebots genießen würden:
— Wird den Bürgern eine begründete und gerechtfertigte Belastung auferlegt und wird davon eine Gruppe willkürlich ausgenommen, dann verbürgt das Gleichheitsgebot den Bürgern weder, daß auch sie in den Genuß dieser Willkür kommen, noch daß die Willkür beseitigt und die Belastung der Gruppe auferlegt wird. Das Gleichheitsgebot ist hier zwar in seiner Qualität als *objektives Recht* verletzt,

128

nicht aber als subjektives Recht. Es gibt kein subjektives Recht auf Willkür, und es gibt auch kein subjektives Recht dort, wo die eigene Position nicht verbessert, sondern nur eine andere verschlechtert werden soll. Verfahrensrechtlich bedeutet das, daß zwar eine abstrakte oder konkrete Normenkontrolle zulässig und begründet wäre, nicht aber eine Verfassungsbeschwerde.

— Wird einer Gruppe willkürlich eine Begünstigung zugeteilt, dann verbürgt das Gleichheitsgebot den Bürgern ebenfalls weder die Teilnahme an dieser Willkür noch ihre Beseitigung.

Beispiel: Ein Amnestiegesetz, das willkürlich eine bestimmte Tätergruppe straffrei stellen würde, würde das Gleichheitsgebot, wie es den übrigen Tätern verbürgt ist, nicht verletzen. 566

2. Gleichheitsverstoß durch Verwaltung und Rechtsprechung

a) **Allgemeines:** Die Möglichkeit, gleich oder ungleich zu behandeln, haben Verwaltung und Rechtsprechung nur dort, wo sie einen *Handlungsspielraum* haben. Wo ein Rechtssatz keinen Handlungsspielraum läßt, sondern bei Vorliegen einer bestimmten Voraussetzung die Setzung einer bestimmten Rechtsfolge vorschreibt, behandeln Verwaltung und Rechtsprechung, wenn sie bei vorliegender Voraussetzung die Rechtsfolge nicht anwenden, den Bürger zwar ungleich. Diese ungleiche Behandlung ist aber schlicht eine unrichtige Anwendung des Rechtssatzes und wird auch als solche gerügt und durch die Fachgerichte korrigiert. 567

Einen Handlungsspielraum hat die Verwaltung zunächst dort, wo sie zur Rechtsetzung ermächtigt ist (Erlaß von Rechtsverordnungen und Satzungen). Insoweit gelten die Aussagen oben Rdnr. 548 ff. Einen Handlungsspielraum hat die Verwaltung weiter im Bereich des *Ermessens* und haben Verwaltung und Rechtsprechung bei der Auslegung und Anwendung *unbestimmter Rechtsbegriffe*. 568

b) **Gleichheitsverstoß durch die Verwaltung.** Im Bereich des *Ermessens* realisiert sich die Bindung an das Gleichheitsgebot als Selbstbindung dadurch, daß die Verwaltung von 569

— Verwaltungsvorschriften, mit denen sie selbst die Ausübung ihres Ermessens steuern will, und

— ständiger Verwaltungspraxis, die sie selbst bei Ausübung ihres Ermessens eingeübt hat,

nicht ohne rechtfertigenden Grund abweichen darf (zur Selbstbindung vgl. *Burmeister*, DÖV 1981, 503; *Ossenbühl*, DVBl. 1981, 857; *Pietzcker*, JuS 1981, 207).

Bei Verstoß gegen diese Selbstbindung kann der Bürger sowohl Belastungen abwehren als auch Begünstigungen erreichen. Die Bedenken, die gegen die Ausdehnung einer durch Rechtssatz vorenthaltenen Begünstigung sprechen, greifen hier nicht: Die Gestaltungsfreiheit bei der Vollziehung ist geringer als die bei der Gesetzgebung, und im Zusammenspiel von Rechtsprechung und Verwaltung hat die nicht nur kassatorische, sondern auch *gestaltende* Entscheidung ihren legitimen Ort. 570

Beispiel: Ein Sozialhilfeträger gewährte Sozialhilfeempfängern für die Weihnachtsfeier eine Weihnachtsbeihilfe. Obdachlosen wurde die Weihnachtsbeihilfe vorenthalten, weil sie ohne Obdach Weihnachten gar nicht feiern könnten. VGH Mannheim, NVwZ 1983, 571

§ 11 IV 2

427 erkannte auch ihnen ohne Umschweife den Anspruch auf Weihnachtsbeihilfe zu. Der vom Sozialhilfeträger angegebene Grund sei diskriminierend und auch mit dem Sozialstaatsprinzip unvereinbar.

572 Dasselbe gilt für die Wertungen und Entscheidungen innerhalb eines *Beurteilungsspielraums*. Auch hier bindet die den Spielraum konkretisierende Verwaltungsvorschrift und -praxis. Allerdings will der Gesetzgeber bei Einräumung eines gerichtlich nur beschränkt zu kontrollierenden Beurteilungsspielraums zuweilen gerade der Situationsgebundenheit und Unwiederholbarkeit der Wertungen und Entscheidungen Rechnung tragen (vgl. den Beurteilungsspielraum bei Leistungsbewertungen und Prüfungsentscheidungen). In diesen Fällen sind die Konkretisierungen des Beurteilungsspielraums ebenso unvergleichbar wie unwiederholbar.

573 Standen Verwaltungsvorschriften oder -praxis im Widerspruch zum Gesetz und geht die Verwaltung bei einem Bürger zu gesetzmäßiger Verwaltungspraxis über, so steht dies nicht im Widerspruch zum Gleichheitsgebot. Der Bürger genießt *keine Gleichheit im Unrecht*, hat keinen Anspruch auf Fehlerwiederholung (h. M.; a. A. — Abwägung zwischen Vertrauensschutz und Gesetzmäßigkeit — *Götz*, Festgabe BVerfG, 2. Bd., 1976, S. 421; NJW 1979, 1478; *Berg*, JuS 1980, 418; *v. Mangoldt/Klein/Starck*, GG, Art. 3 Abs. 1 Rdnr. 185).

574 c) **Gleichheitsverstoß durch die Rechtsprechung.** Eine Selbstbindung durch ständige Rechtsprechung entsprechend der durch ständige Verwaltungspraxis wird vom BVerfG nur *zögernd* und auch vom Schrifttum nur vorsichtig anerkannt. Das BVerfG hat einerseits ausgesprochen, daß durch das Gleichheitsgebot Rechtsentwicklung und Rechtsfortbildung nicht behindert werden dürfen; andererseits läßt es offen, ob nicht eine Entscheidung des BFH, die „ohne schwerwiegende Argumente eine aus wohlerwogenen Gründen geschaffene Rechtsprechung, die auch zur Grundlage der Verwaltungspraxis geworden ist, wieder umstieße, den verfassungsrechtlichen Grundsatz der Gleichbehandlung aller Steuerpflichtigen verletzen würde" (E 19, 38/47). Vorstellbar ist dem BVerfG immerhin, daß „einzelne Entscheidungen so sehr die Bahnen organischer Fortentwicklung der Rechtsprechung verließen, daß sie als willkürlich bezeichnet werden müßten" (E 18, 224/240). Auch das Schrifttum will Rechtsentwicklung und Rechtsfortbildung nicht behindert, zugleich aber eine Selbstbindung gewahrt sehen (*Gubelt*, vM-GG, Art. 3 Rdnr. 38; *Dürig*, M/D-GG, Art. 3 Abs. I Rdnr. 402 ff. mit dem Verlangen einer Ankündigung der Rechtsprechungsänderung durch Warnurteile; *Stein*, AK-GG, Art. 3 Rdnr. 69 mit der sonderbaren Beschränkung der Selbstbindung auf die Person und Tätigkeit des einzelnen Richters).

575 Gelegentlich nutzt das BVerfG das Gleichheitsgebot auch zu einer *Gerechtigkeitskontrolle,* mit der es einer von ihm für schlechthin unvertretbar und willkürlich gehaltenen unrichtigen Anwendung einfachen Rechts entgegentritt (zuletzt E 70, 93/97). Mit dem Anspruch des BVerfG, keine Superrevisionsinstanz zu sein, ist dies schwer verträglich (krit. denn auch *Stein*, AK-GG, Art. 3 Rdnr. 32).

576 **Lösungsskizze zum Fall:** I. Spezielle Gleichheitsgebote oder Diskriminierungsverbote kommen ersichtlich nicht in Betracht. Der allgemeine Gleichheitssatz verlangt, daß der Staat seinen Finanzbedarf unter Wahrung des Grundsatzes der Lastengleichheit deckt. Wenn der Staat bestimmte öffentliche Aufgaben nicht aus Steuergeldern finanziert, sondern die Finanzierung einer Gruppe als Sonderabgabe zusätzlich zu ihrer Steuerlast auf-

bürdet, behandelt er diese Gruppe ungleich und bedarf der verfassungsrechtlichen Rechtfertigung (E 55, 274/303 unter Berufung auf *Friauf,* Festschrift Jahrreiß, 1974, S. 45/48). In der Auferlegung der Ausbildungsplatzförderungsabgabe kann eine doppelte *Ungleichbehandlung* erblickt werden: Zum einen wird die Gruppe der Arbeitgeber gegenüber dem Rest der Steuerzahler ungleich belastet, zum anderen werden unter dem Oberbegriff der Arbeitgeber die großen Betriebe, bei denen der Freibetrag nicht greift, ungleich gegenüber den mittleren und kleinen Betrieben belastet. Die zweite Ungleichbehandlung wird vom BVerfG keines Wortes gewürdigt. Der Grund dürfte darin liegen, daß es im Steuer- und Abgabenrecht zu selbstverständlich ist, daß der einzelne „nach seiner individuellen und damit (nur) relativ gleichen Leistungsfähigkeit" herangezogen wird (302). Freibeträge sind ein überkommenes und anerkanntes Mittel, der individuell verschiedenen Leistungsfähigkeit gerecht zu werden. Rechtfertigungsbedürftig ist jedoch die erste Ungleichbehandlung. — II. Als *rechtfertigender Zweck* der Ausbildungsplatzförderungsabgabe kann nicht einfach die Deckung eines Finanzbedarfs genügen. Denn sonst könnten Sonderabgaben beliebig gerechtfertigt werden, während doch der Finanzbedarf der Gemeinschaft grundsätzlich von der Gemeinschaft, d. h. aus den Steuern gedeckt werden soll, die von allen gemeinsam aufgebracht werden (303). Eine Sonderabgabe darf nicht der „Mittelbeschaffung für den allgemeinen Finanzbedarf eines öffentlichen Gemeinwesens" dienen (309). Als rechtfertigender Zweck einer Sonderabgabe taugt nur ein besonderer Finanzbedarf, zu dem die Gruppe, die besonders belastet wird, eine besondere Beziehung hat. Die Sonderabgabe muß „ein zweckbezogenes Mittel zur Bewältigung einer besonderen Aufgabe durch Einschaltung der Beteiligten" sein (309). Das BVerfG prüft und bejaht (309 ff.), daß

— die Ausbildung der Arbeitskräfte, der die Ausbildungsplatzförderungsabgabe dient, eine besondere, von den allgemeinen Aufgaben der Gemeinschaft abgrenzbare Aufgabe ist,
— die Arbeitgeber eine homogene, durch besondere gemeinsame Interessen verbundene Gruppe sind,
— diese Gruppe an der Ausbildung der Arbeitskräfte ein besonderes Interesse und für sie eine besondere Verantwortung hat und daß
— die Gruppe der Arbeitgeber von der Ausbildung der Arbeitskräfte auch besonders profitiert (Gruppennützigkeit).

Daher hält es die Ausbildungsplatzförderungsabgabe mit Art. 3 Abs. 1 für vereinbar. — III. Das Sondervotum (329 f.) meldet Kritik an; bei der Ausbildungsplatzförderungsabgabe gehe es nicht um ein besonderes Interesse, eine besondere Verantwortung und einen besonderen Nutzen der Arbeitgeber, sondern um das allgemeine Interesse der Gemeinschaft am Bildungs- und Ausbildungsstand der Jugend. Der Finanzbedarf sei von der Gemeinschaft über Steuern aufzubringen (vgl. zu den Sonderabgaben ferner E 57, 139 — Schwerbehinderte — mit vorsichtigem Abrücken vom Erfordernis der Gruppennützigkeit (167 ff.) und E 67, 256 — Investitionshilfe —).

Literatur: Zu Art. 3 Abs. 1: *H.-U. Erichsen,* Art. 3 Abs. 1 als Grundlage von Ansprüchen des Bürgers gegen die Verwaltung, VerwArch 1980, 289; *C. Gusy,* Der Gleichheitsschutz des Grundgesetzes, JuS 1982, 30; *K. Hesse,* Der Gleichheitssatz in der neueren deutschen Verfassungsentwicklung, AöR 1984, 174; *M. Kloepfer,* Gleichheit als Verfassungsfrage, 1980; *A. Podlech,* Gehalt und Funktionen des allgemeinen verfassungsrechtlichen Gleichheitssatzes, 1971; *H. H. Rupp,* Art. 3 GG als Maßstab verfassungsrechtlicher Gesetzeskontrolle, in: Festgabe BVerfG, 2. Bd., 1976, S. 364; *M. Sachs,* Zur dogmatischen Struktur der Gleichheitsrechte als Abwehrrechte, DÖV 1984, 411. — Zu Art. 3 Abs. 2: *D. Coester-Waltjen,* Zielsetzung und Effektivität eines Antidiskriminierungsgesetzes, ZRP 1982, 217; *K. H. Friauf,* Grundrechtsprobleme bei der Durchführung von Maßnahmen zur Gleichberechtigung, 1981; *P. Hanau,* Die umgekehrte Geschlechtsdiskriminierung im Arbeitsleben, in: Festschrift Herschel, 1982, S. 191; *C. Hohmann-Dennhardt,* Ungleichheit und Gleichberechtigung, 1982; *H.-J. Mengel,* Maßnahmen „positiver Diskrimini-

§ 11 IV 2, § 12 I 1

rung" und Grundgesetz, JZ 1982, 530; *H. M. Pfarr*, Gleichstellung der Frau im Arbeitsleben — Vorschläge zur Rechtsreform, in: Von der bürgerlichen zur sozialen Rechtordnung, 1. Bd., 1981, S. 75; *W. Schmitt Glaeser*, Die Sorge des Staates um die Gleichberechtigung der Frau, DÖV 1982, 381.

Anhang: Aufbauschema

577   Die Frage, ob ein Gleichheitsgrundrecht durch ein Gesetz verletzt ist, ist in folgenden Einzelfragen abzuarbeiten (Zwei-Schritt-Prüfung):

    I. Behandelt das Gesetz wesentlich Gleiches (Vergleichbares) ungleich (verschieden)?

    II. Ist die Ungleichbehandlung verfassungsrechtlich gerechtfertigt?

        1. Ist das Gesetz kompetenz- und verfahrensmäßig zustande gekommen?

        2. Genügt das Gesetz den Anforderungen des Parlamentsvorbehalts?

        3. a) Sind die besonderen Anforderungen der speziellen Gleichheitssätze an die Begründung der Ungleichbehandlung erfüllt?

           b) Ist die allgemeine Anforderung der willkürfreien Begründung erfüllt?

        4. Ist das Gesetz in Tatbestand und Rechtsfolge klar und bestimmt gefaßt?

Zum Arbeiten mit diesem Aufbauschema wird auf die Anmerkungen zum Aufbauschema zu den Freiheitsgrundrechten (vgl. oben Rdnr. 393 ff.) verwiesen.

§ 12 RELIGIONS-, WELTANSCHAUUNGS- UND GEWISSENSFREIHEIT (Art. 4, 12 a Abs. 2, 140 i.V.m. Art. 136 Abs. 1, 3 und 4, Art. 137 Abs. 2, 3 und 7 WRV)

Fall: Gesundbeter (nach E 32, 98)

A gehört der religiösen Vereinigung des evangelischen Brüdervereins an. Seine Ehefrau ist ebenfalls Mitglied dieser Gemeinschaft. Nach der Geburt ihres vierten Kindes leidet sie unter akutem Blutmangel. Trotzdem lehnt sie ab, sich ärztlichem Rat gemäß in eine Krankenhausbehandlung zu begeben und insbesondere eine Bluttransfusion vornehmen zu lassen. A unterläßt es, seinen Einfluß auf seine Ehefrau im Sinne der ärztlichen Ratschläge geltend zu machen; er beruft sich vielmehr auf die Bibel, in der steht: „Ist jemand krank, der rufe zu sich die Ältesten der Gemeinde und lasse über sich beten und das Gebet des Glaubens wird dem Kranken helfen." Daraufhin unterbleibt eine Heilbehandlung; die Ehefrau, die bis zuletzt bei klarem Bewußtsein ist, stirbt. A wird wegen unterlassener Hilfeleistung (§ 323 c StGB) letztinstanzlich verurteilt. Verletzt das Urteil die Glaubensfreiheit von A?

I. Überblick

1. Textaussage

578   Dem unbefangenen Verständnis bietet Art. 4 verschiedene Schutzbereiche (vgl. auch *Herzog*, M/D-GG, Art. 4 Rdnr. 5 ff.): Abs. 1 schützt mit der Freiheit des Glaubens und Gewissens das *Denken*, das sog. forum internum der religiösen (Glauben) und moralischen (Gewissen) Überzeugungen, und mit der Freiheit des religiösen und weltanschaulichen Bekenntnisses das *Äußern* religiöser und areligiöser Sinngebungen und -deutungen. Abs. 2 und Abs. 3 schützen glaubens- und gewissensgeleitetes *Handeln*, allerdings nicht schlechthin, sondern in zwei vor dem Hintergrund des Nationalsozialismus besonders schutzwürdigen Bereichen: Nach dem Kirchenkampf sollte die ungestörte Reli-

gionsausübung, nach der moralischen Katastrophe des Kriegs die Kriegsdienstverweigerung aus Gewissensgründen gewährleistet werden.

Zur Textaussage gehören auch die durch Art. 140 zum Bestandteil des Grundgesetzes gemachten Art. 136, 137, 138, 139 und 141 WRV. Diese *inkorporierten Artikel* sind „vollgültiges Verfassungsrecht der Bundesrepublik Deutschland geworden und stehen gegenüber den anderen Artikeln des Grundgesetzes nicht etwa auf einer Stufe mindern Ranges" (E 19, 206/219). Die drei Schutzbereiche des Denkens, Redens und Handelns werden hier ausdrücklich durch das *negative* und *kollektive* Element ergänzt: Gem. Art. 136 Abs. 3 S. 1 WRV ist niemand verpflichtet, seine religiöse Überzeugung zu offenbaren. Gem. Art. 137 Abs. 2 S. 1 WRV wird die Freiheit der Vereinigung zu Religionsgesellschaften gewährleistet, wobei den Religionsgesellschaften die Vereinigungen gleichgestellt sind, die sich die gemeinschaftliche Pflege einer Weltanschauung zur Aufgabe machen (Art. 137 Abs. 7 WRV). 579

Art. 4 enthält keine Eingriffsermächtigung. Lediglich beim Recht der Kriegsdienstverweigerung aus Gewissensgründen ist in Abs. 3 S. 2 eine nähere Regelung vorbehalten. Im übrigen ist Art. 4 ein *vorbehaltloses Grundrecht*. Demgegenüber enthalten Art. 140 i.V.m. Art. 136 Abs. 1 und 3 S. 2, 137 Abs. 3 S. 1 einzelne Schrankenregelungen. 580

2. Einheitlicher Schutzbereich

Zwischen den aufgezeigten verschiedenen Schutzbereichen wurden *Schutzlücken* entdeckt. Wenn vom überzeugungsgeleiteten Handeln neben der Kriegsdienstverweigerung aus Gewissensgründen nur die Religionsausübung geschützt ist, dann wird Religion gegenüber anderen Gewissen und Weltanschauungen privilegiert. Das paßt schlecht zur Gleichsetzung von Religion und Weltanschauung in Art. 4 Abs. 1, Art. 33 Abs. 3 S. 2 und Art. 137 Abs. 2 und Abs. 7 WRV. Es schneidet auch ab, wozu Gewissen und Weltanschauung ebenso wie Religion drängen: Betätigung dessen, was aus tiefer Überzeugung als richtig empfunden wird. Daher ist verständlich, daß die aufgezeigten textlichen Unterscheidungen in der Rechtsprechung des BVerfG nicht genau genommen werden: Art. 4 Abs. 1 und Abs. 2 werden als *einheitlicher Bereich* gefaßt und schützen die Freiheit, Glauben und Gewissen, Religion und Weltanschauung zu bilden, zu haben, zu äußern und demgemäß zu handeln. Wenn dabei die Religions- und Weltanschauungsfreiheit einerseits und die Gewissensfreiheit andererseits als getrennte Schutzbereiche behandelt werden, bedeutet das keinen Unterschied in der jeweiligen Intensität des verbürgten Schutzes. Er reicht beidemal vom Denken über das Äußern bis zum Handeln. 581

Die Vereinheitlichung hat freilich *Folgeprobleme*: Zum einen werden Abs. 2 und Abs. 3 neben Abs. 1 nahezu überflüssig; auch das Verhältnis des Art. 4 zu den verwandten Gewährleistungen der inkorporierten Artikel der Weimarer Reichsverfassung einschließlich der dort normierten Schranken verschwimmt (vgl. näher unten Rdnr. 609 ff.). Zum anderen wachsen durch die Ausweitung des Schutzbereichs auf jedes glaubens-, gewissens-, religiös und weltanschaulich geleitete Handeln die Konfliktmöglichkeiten. Dadurch wächst auch die Notwendigkeit und Schwierigkeit, Eingriffe zu rechtfertigen, wo doch Art. 4 entsprechende ausdrückliche Ermächtigungen nicht enthält. Art. 4 muß unter den Vorbehalt kollidierenden Verfassungsrechts gestellt werden. Gleichwohl ist das einheitliche Verständnis von Art. 4 ganz herrschend geworden; auch die folgende Darstellung knüpft daran an. 582

II. Schutzbereich

1. Religions- und Weltanschauungsfreiheit

a) Positive Religions- und Weltanschauungsfreiheit. Der Schutzbereich umfaßt insoweit die Freiheit, einen Glauben (religiöse Überzeugung) oder eine Weltanschau- 583

§ 12 II 1

ung (areligiöse Überzeugung) zu *bilden*, zu *haben* und zu *äußern* sowie demgemäß zu *handeln*.

584 Näher bestimmt werden muß der Schutzbereich vor allem für das *Handeln* gemäß dem Glauben und der Weltanschauung. Der Wortlaut des Art. 4 Abs. 2 („ungestörte Religionsausübung") und die historische Entwicklung der Glaubensfreiheit (vgl. *Lutz*, Zur Geschichte der Toleranz und Religionsfreiheit, 1977) lassen eine *Beschränkung* auf die (häusliche und öffentliche) Manifestation der Glaubensinhalte durch Riten und Symbole, Gebete, Gottesdienste, Sakramente, Prozessionen, Glockengeläut usw. als plausibel erscheinen (vgl. auch *Preuß*, AK-GG, Art. 4 Abs. 1, 2 Rdnr. 25 f.).

585 Das BVerfG ist *weit darüber hinaus* gegangen. Geschützt sind danach nicht nur die genannten kultischen Handlungen und überkommenen religiösen Gebräuche, sondern „auch religiöse Erziehung, freie religiöse und atheistische Feiern sowie andere Äußerungen des religiösen und weltanschaulichen Lebens" (E 24, 236/246 — Aktion Rumpelkammer —), schließlich insgesamt „das Recht des einzelnen, sein gesamtes Verhalten an dem Leben seines Glaubens auszurichten und seiner inneren Glaubensüberzeugung gemäß zu handeln" (E 32, 98/106 — Gesundbeter —).

586 Es ist dann nur *folgerichtig*, wenn die Aussage von E 12, 1/4 — Tabakfall —, das Grundgesetz schütze nur diejenige freie Betätigung des Glaubens, „die sich bei den heutigen Kulturvölkern auf dem Boden gewisser übereinstimmender sittlicher Grundanschauungen im Laufe der geschichtlichen Entwicklung herausgebildet hat", von E 41, 29/50 aufgegeben worden ist. Auch auf die zahlenmäßige Stärke und die soziale Relevanz einer religiösen Vereinigung kommt es nicht an (E 32, 98/106); die Glaubensfreiheit ist den Mitgliedern der Großkirchen und den Angehörigen anderer kirchlicher und religiöser Gemeinschaften in gleicher Weise gewährleistet. Auf sie können sich auch die Angehörigen sog. Minderheitenreligionen und Jugendsekten berufen; die Probleme, die sich aus dem Aufkommen unserem Kulturkreis fremder oder ihn sogar ablehnender religiöser Vereinigungen ergeben (vgl. *Franz*, NVwZ 1985, 81; *v. Mangoldt/Klein/Starck*, GG, Art. 4 Abs. 1, 2 Rdnr. 31, 34; *Müller-Volbehr*, JZ 1981, 41; *Schatzschneider*, BayVBl. 1985, 321), können nicht durch eine Verengung des Schutzbereichs gelöst werden. Hinzuzufügen ist, daß auch die vereinzelt auftretende Glaubensüberzeugung, die von den offiziellen Lehren der Kirchen und Religionsgemeinschaften abweicht, von Art. 4 Abs. 1 und 2 geschützt wird (*Steiner*, JuS 1982, 157/160).

587 Bei dieser extensiven Interpretation besteht die *Gefahr*, daß der Schutzbereich *konturenlos* wird. Das BVerfG sucht diese Gefahr zum einen dadurch zu bannen, daß es nicht genügen läßt, wenn der einzelne die Glaubensgeleitetheit seines Handelns bloß behauptet. Der einzelne muß vielmehr das entsprechende Handeln als für ihn verpflichtend (im Wege von Ge- oder Verboten) darstellen und begründen können.

588 **Beispiele** für bloß behauptete Glaubensgeleitetheit: Schulbesuchspflicht hinsichtlich der Förderstufe (E 34, 165/195); Pflicht der Mitglieder und Angehörigen der Universitäten, die gesellschaftlichen Folgen wissenschaftlicher Erkenntnis mitzubedenken (E 47, 327/385); Friedhofszwang für Urnen (E 50, 256/262).

589 Ein weiteres dogmatisches Hilfsmittel zur Konturierung des Schutzbereichs besteht darin, Verhaltensweisen *bei Gelegenheit* der Grundrechtsausübung aus dem Schutzbereich auszusondern (vgl. *F. Müller*, Die Positivität der Grundrechte, 1969, S. 99 f.).

Beispiele: Zwar ist die Werbung für den Glauben von Art. 4 geschützt, nicht aber jedes 590
Mittel der Werbung beispielsweise unter Ausnutzung einer Zwangslage (E 12, 1) oder
eines Abhängigkeitsverhältnisses (BVerwGE 15, 134); zwar ist der Übertritt zu einer anderen Glaubensgemeinschaft geschützt, nicht aber jedes Verhalten bei Gelegenheit dieses
Übertritts (E 17, 302); zwar ist die Veranstaltung von religiösen Treffen geschützt, nicht
aber der Verkauf von Speisen und Getränken an die Teilnehmer (E 19, 129).

b) **Negative Religions- und Weltanschauungsfreiheit.** Die Religions- und Weltan- 591
schauungsfreiheit wäre unvollständig gewährleistet, wenn nicht auch die Negationen
des entsprechenden Denkens, Redens und Handelns mit gewährleistet wären. Das ergibt sich in gewisser Weise schon aus der Gleichstellung von Glaube und Weltanschauung; ein Teilbereich der negativen Religions- und Weltanschauungsfreiheit ist ferner in
Art. 136 Abs. 3 S. 1 und Abs. 4 WRV i.V.m. Art. 140 normiert. Zum Schutzbereich gehört daher auch die Freiheit, nicht zu glauben, einen Glauben oder eine Weltanschauung nicht zu bekennen, d. h. zu verschweigen, sowie glaubensgeleitete Handlungen zu
unterlassen (vgl. E 46, 266/267; 49, 375/376; 52, 223/245 f.; 65, 1/38 f.).

c) **Kollektive Religions- und Weltanschauungsfreiheit.** In Art. 137 Abs. 2 und 7 592
WRV ist die *Freiheit der Vereinigung* zu religiösen und weltanschaulichen Gemeinschaften gewährleistet. Dies ist eine gegenüber Art. 9 spezielle Regelung. Die extensive Deutung der Religions- und Weltanschauungsfreiheit durch das BVerfG führt
dazu, daß die religiöse und weltanschauliche Vereinigungsfreiheit schon von Art. 4
Abs. 1 und 2 erfaßt wird. Auch die Betätigung weltanschaulicher und religiöser Gemeinschaften genießt unabhängig von ihrer Rechtsform grundrechtlichen Schutz aus
Art. 4; Art. 19 Abs. 3 hat insofern nur noch deklaratorische Bedeutung (vgl. E 19,
129/132; 53, 366/386 f.). Unmittelbar aus Art. 4 grundrechtsberechtigt sollen sogar
gegenüber den Kirchen verselbständigte Vereinigungen sein, wie ein nichtrechtsfähiger katholischer Jugendverein (E 24, 236/247), privatrechtlich organisierte konfessionelle Krankenhäuser (E 46, 73/85 ff.; 53, 366/391 f.) und Erziehungseinrichtungen als
Körperschaften des öffentlichen Rechts (E 70, 138).

Mit dem *Selbstbestimmungsrecht* der Religionsgesellschaften gemäß Art. 137 Abs. 3 593
WRV i.V.m. Art. 140 werden die institutionellen und organisatorischen Voraussetzungen und Bedingungen der Religions- und Weltanschauungsfreiheit gewährleistet
(vgl. näher *Hesse*, in: Handbuch des Staatskirchenrechts I, 1974, S. 409). In der Konsequenz der weiten Interpretation des BVerfG würde es liegen, auch das Selbstbestimmungsrecht als zum Schutzbereich des Art. 4 Abs. 1, 2 gehörig anzusehen (so auch
Listl, S. 372 ff.). Anders ist aber wohl die neuere Rechtsprechung des BVerfG zu verstehen: Art. 137 Abs. 3 WRV ist eine „notwendige, wenngleich rechtlich selbständige
Gewährleistung, die der Freiheit des religiösen Lebens und Wirkens der Kirchen und
Religionsgemeinschaften die zur Wahrnehmung dieser Aufgaben unerläßliche Freiheit der Bestimmung über Organisation, Normsetzung und Verwaltung hinzufügt"
(E 53, 366/401; 57, 220/244).

Die kollektive Religions- und Weltanschauungsfreiheit betrifft auch Religionsgesell- 594
schaften als *Körperschaften des öffentlichen Rechts* (Art. 137 Abs. 5 WRV i.V.m. Art.
140), die — gerade wegen Art. 4! — nicht als „normale", d. h. in den Staat eingegliederte Körperschaften des öffentlichen Rechts betrachtet werden können (vgl. auch
oben Rdnr. 201). „Sie können also unbeschadet ihrer besonderen Qualität wie der Je-

§ 12 II 1, 2

dermann dem Staat ‚gegenüber' stehen, eigene Rechte *gegen* den Staat geltend machen" (E 42, 312/322). Das gilt nur dann nicht, wenn sie aufgrund verfassungsrechtlicher Ermächtigung in bestimmten Teilbereichen (Beispiel: Kirchensteuer, Art. 137 Abs. 6 WRV) selbst öffentliche Gewalt ausüben.

2. *Gewissensfreiheit*

595 a) **Der Begriff des Gewissens** betrifft psychische Vorgänge und Zustände, die sich auch analysieren und beschreiben lassen (vgl. *Klier,* S. 32 ff.). Wesentliches Element ist danach eine *moralische Haltung,* die die personale Identität eines Menschen mitkonstituiert und dem einzelnen in einer konkreten historischen Situation ein bestimmtes Handeln nach den Kriterien „gut" oder „gerecht" (im Unterschied zu „böse" oder „ungerecht") subjektiv bindend vorschreibt. Keine Gewissensentscheidung liegt danach vor bei einer Bewertung nach den Kategorien „anziehend/abstoßend", „schön/häßlich", „sympathisch/unsympathisch" oder „wahr/unwahr".

596 E 12, 45/55 hat daher zu Recht wie folgt *definiert:* „Als eine Gewissensentscheidung ist somit jede ernste sittliche, d. h. an den Kategorien von „gut" und „böse" orientierte Entscheidung anzusehen, die der einzelne in einer bestimmten Lage als für sich bindend und unbedingt verpflichtend innerlich erfährt, so daß er gegen sie nicht ohne ernste Gewissensnot handeln könnte." Es ist unstreitig, daß der Begriff des Gewissens in Art. 4 Abs. 1 und 3 *identisch* ist.

597 b) **Reichweite des Schutzbereichs.** Wie oben Rdnr. 581 dargelegt, wird in der Rechtsprechung des BVerfG zwischen der Religions- und Weltanschauungsfreiheit einerseits und der Gewissensfreiheit andererseits kein Unterschied gemacht, was die Intensität des verbürgten Schutzes angeht: Auch hier reicht er vom *Denken* über das *Äußern* bis zum *Handeln.* Es läßt sich im übrigen gut begründen, daß die Gewissensfreiheit nicht auf den Innenbereich („forum internum") beschränkt ist, sondern auch den Außenbereich, das vom Gewissen ausgelöste und von ihm bestimmte Handeln („forum externum") umfaßt: Eine Gewissensentscheidung wird regelmäßig überhaupt erst durch ein entsprechendes Handeln zu einem gesellschaftlichen Konflikt, den zu regeln Aufgabe des Art. 4 ist; für sozial folgenlose Gewissensentscheidungen wäre das Grundrecht der Gewissensfreiheit praktisch entbehrlich (vgl. *v. Mangoldt/Klein/ Starck,* GG, Art. 4 Abs. 1, 2 Rdnr. 37; a. A. *Zippelius,* BK, Art. 4 Rdnr. 39 f., 44).

598 c) **Kriegsdienstverweigerung aus Gewissensgründen gemäß Art. 4 Abs. 3.** Der extensiven Interpretation des Art. 4 Abs. 1 durch das BVerfG würde es entsprechen, dem Art. 4 Abs. 3 keine selbständige Bedeutung zuzuerkennen, weil alles gewissensgeleitete Handeln schon durch Art. 4 Abs. 1 erfaßt ist. Diese Folgerung hat das BVerfG hier aber nicht gezogen; vielmehr hält es Art. 4 Abs. 3 für eine *lex specialis* gegenüber Abs. 1, die die Wirkungen der Gewissensfreiheit im Bereich der Wehrpflicht abschließend regelt: Es würde — wie E 19, 135/138; 23, 127/132 festgestellt haben — dem Sinn der Beschränkung des Zwangsverbots auf den „Kriegsdienst mit der Waffe" widersprechen, wenn man ein Verbot des Zwanges zum Kriegsdienst „ohne Waffe" unter Rückgriff auf Art. 4 Abs. 1 annehmen wollte. In der Konsequenz dieser Auffassung liegt, daß der Ersatzdienst nicht aus Gewissensgründen verweigert werden kann

(a. A. *Ewald*, Ersatzdienstverweigerung und Bekenntnisfreiheit, 1970, S. 42 ff.; *Kempen*, AK-GG, Art. 4 Abs. 3 Rdnr. 22; *Stein*, StR, § 21 V 2).

„Kriegsdienst mit der Waffe" heißt nicht nur Dienst mit der Waffe im Krieg, sondern auch *im Frieden*, d. h. die Ausbildung mit der Waffe. Das ergibt sich aus einer systematischen Auslegung mit Art. 12 a Abs. 2, da der Ersatzdienst, zu dessen Einführung der Gesetzgeber in dieser Vorschrift ermächtigt wird, gerade an die Stelle des Wehrdienstes im Frieden treten soll. Diese Auslegung ist auch die einzig sinnvolle, „nicht nur, weil der Staat kein Interesse daran haben kann, Wehrpflichtige mit der Waffe auszubilden, die im Kriegsfall die Waffenführung verweigern werden, sondern auch vom Standpunkt des einzelnen aus, dem eine Ausbildung nicht aufgezwungen werden darf, die einzig den Zweck hat, ihn zu einer Betätigung vorzubereiten, die er aus Gewissensgründen ablehnt" (E 12, 45/56; weiter differenzierend *v. Mangoldt/Klein/ Starck*, GG, Art. 4 Abs. 3 Rdnr. 93 ff.). 599

Das Kriegsdienstverweigerungsrecht wird aber nicht nur derart weiter ausgelegt, als es zunächst verstanden werden könnte, sondern in einer wichtigen Hinsicht auch enger: Das BVerfG erkennt das Kriegsdienstverweigerungsrecht des sogenannten *situationsbedingten Kriegsdienstverweigerers* nicht an, wenn nämlich jemand „geltend macht, sein Gewissen verbiete ihm nicht den Kriegsdienst mit der Waffe schlechthin, sondern lediglich die Teilnahme an bestimmten Kriegen, etwa an Kriegen gegen bestimmte Gegner, unter bestimmten Bedingungen, in bestimmten historischen Situationen, mit bestimmten Waffen" (E 12, 45/57). Dies wurde damit begründet, daß sich eine Gewissensentscheidung gemäß Art. 4 Abs. 3 gegen „das Töten im Kriege schlechthin" wenden müsse. Diese Einschränkung ist aber mit dem Gewissensbegriff nicht vereinbar (vgl. Sondervotum E 69, 57/77 ff.; *Böckenförde*, VVDStRL 28, 1970, 3/74 f.; *Herzog*, M/D-GG, Art. 4 Rdnr. 179 f.; *Podlech*, S. 126 ff.). Außerdem spricht hiergegen Art. 12a Abs. 2 (vgl. unten Rdnr. 616). 600

III. Eingriffe

Hier empfiehlt es sich, nochmals an die durch die Textaussage nahegelegten drei Bereiche des Denkens, Redens und Handelns anzuknüpfen: In das *Denken* wird schon dann eingegriffen, wenn der Staat die Bildung und den Bestand der religiösen und weltanschaulichen Überzeugungen sowie der moralischen Haltung bzw. sittlichen Wertkonzepte beeinflußt (vgl. *v. Münch*, vM-GG, Art. 4 Rdnr. 40; a. A. *Herzog*, M/D-GG, Art. 4 Rdnr. 14: Verortung im Bereich des Art. 1 oder 2). Eingriffe in das *Reden* können — je nachdem ob die positive oder negative Dimension der Freiheit betroffen ist — in einer Verpflichtung oder einem Zwang zum Offenbaren oder Verschweigen bestehen. *Verhaltens*mäßige Eingriffe können in einer Verpflichtung oder einem Zwang zu einem Handeln oder Unterlassen bestehen, das gegen eine Glaubens-, Weltanschauungs- oder Gewissensposition des einzelnen oder gegebenenfalls einer Gemeinschaft verstößt. Daran fehlt es, wenn die entsprechende Position das Handeln lediglich erlaubt, und man es sowohl tun als auch lassen kann. Die Identität der Person, die mit deren Glauben und Gewissen, Religion und Weltanschauung geschützt werden soll, ist hier noch nicht gefährdet. 601

§ 12 III

602 **Beispiel:** Ein Mitglied einer Glaubensgemeinschaft, die Vielehe erlaubt, schließt, da die staatliche Rechtsordnung seinem Verhältnis zu mehreren Frauen die rechtliche Anerkennung verweigert, obwohl schon verheiratet, unter Verheimlichung dieser Ehe weitere Ehen. Die Bestrafung gemäß § 171 StGB ist kein Eingriff in Art. 4.

603 Die Rechtsordnung kann Eingriffe dadurch vermeiden, daß sie bei Geboten und Verboten *Alternativen* eröffnet. So läßt sie den Eid mit oder ohne religiöse Beteuerung zu, wobei allerdings E 33, 23 in der Nichteröffnung der weiteren Alternative einer dem Eid gleichstehenden Bekräftigung (vgl. nunmehr § 484 ZPO, § 66 d StPO) einen Eingriff in Art. 4 erblickt hat. Es kann auch demjenigen, dem seine Überzeugungen ein Handeln ge- oder verbieten, zugemutet und abverlangt werden, *seinerseits Alternativen* zu eröffnen und die Verantwortung anderen zu überlassen.

604 **Beispiel:** Ein Mitglied einer Glaubensgemeinschaft, die die Verwendung der Erzeugnisse moderner medizinischer und pharmazeutischer Forschung als Teufelswerk verbietet, hat ein todkrankes Kind. Der Arzt verschreibt ein heilendes Antibiotikum und gibt dem Vater das Rezept. Vom Vater kann zwar nicht verlangt werden, daß er gegen seine Überzeugung dem Kind das Medikament besorgt und verabreicht. Aber es kann verlangt werden, daß er seine fehlende Bereitschaft, das Kind medikamentös zu versorgen, dem Arzt offenlegt, so daß dieser die Verlegung ins Krankenhaus veranlassen kann, und es kann auch verlangt werden, daß er im Krankenhaus nicht den Schlauch zerschneidet, über den dem Kind das Medikament zugeführt wird. Entsprechende Verpflichtungen stellen also keine Eingriffe in Art. 4 dar.

605 Zu beachten ist eine gewisse *Wechselwirkung* zwischen den verschiedenen Ausübungsarten des Denkens, Redens und Handelns sowie der positiven und negativen Freiheitsausübung. Wer sich gegenüber einer staatlichen Handlungs- oder Unterlassungspflicht auf eine entgegenstehende Glaubens- oder Gewissensposition beruft, kann nicht zugleich sein Recht auf Verschweigen seiner Glaubens- oder Gewissensposition geltend machen. Die Verfassung setzt also „für die Ausübung des Verweigerungsgrundrechts gerade die Offenbarung der Überzeugung voraus" (E 52, 223/246).

606 **Beispiele** für Eingriffe in die individuelle Religions- und Weltanschauungsfreiheit: Schulpflicht in einer bekenntnisgebundenen Schule (E 41, 29/48 gegen E 6, 309/339 f.); strafrechtliche Sanktion gegenüber glaubensgeleitetem Verhalten (E 32, 98/106 f.); prozeßrechtliche Pflichten, die Glaubens- oder Gewissenspositionen widerstreiten, wie die Ableistung eines Eids (E 33, 23/29 f.) und das Verhandeln unter einem Kruzifix (E 35, 366/375 f.); Kirchensteuerpflicht aufgrund einer Zwangsmitgliedschaft in einer Religionsgemeinschaft (E 30, 415/423 f.; 44, 37/50 ff.) oder gegenüber einem Nichtmitglied einer Religionsgemeinschaft (E 19, 206/216; 44, 59/67 f.). — Beispiele für Eingriffe in die kollektive Religions- und Weltanschauungsfreiheit: Verbot der Kanzelabkündigung einer karitativen Sammlung (E 24, 236); Verbot des Läutens der Kirchenglocken (vgl. *v. Campenhausen*, S. 54 m. w. N.); speziell zum *Selbstbestimmungsrecht:* Durchführung einer Betriebsratswahl in einem kirchlichen Krankenhaus (E 46, 73); Mitbestimmungsrechte von Mitarbeitern in kirchlichen Krankenhäusern (E 53, 366 mit Sondervotum 408); Kündigungsschutz für Angehörige des kirchlichen Dienstes (E 70, 138/166 f.).

607 Speziell zu Art. 4 Abs. 3 ist die Frage viel diskutiert worden, ob nicht ein Verwaltungsverfahren zur Anerkennung als Kriegsdienstverweigerer aus Gewissensgründen einen Eingriff in dieses Grundrecht darstellt. Da sich die Gewissensentscheidung auf ein bestimmtes moralisches bzw. sittliches Wertkonzept beziehen muß, darf nachgeprüft werden, ob es sich um ein solches (und nicht etwa um ein ästhetisches, ökonomisches oder dergleichen) Konzept handelt. Zu diesem Zweck kann von demjenigen,

der sich auf eine Gewissensentscheidung beruft, eine Begründung verlangt werden. In Art. 4 Abs. 1 und 3 wird nämlich wohl eine freie, nicht aber auch eine heimliche Gewissensentscheidung geschützt. Das Begründungserfordernis verletzt deshalb nicht die Gewissensfreiheit, weil die Bewußtwerdung der moralischen Haltung zum Gewissensphänomen hinzugehört. Damit die Pflicht zur Begründung der Gewissensentscheidung — soweit sie vorgesehen wird — nicht leerläuft, kann auch ein Mindestmaß an inhaltlichen Anforderungen gestellt werden: Die Begründung muß mit anderen Worten glaubhaft sein (vgl. *Böckenförde*, VVDStRL 28, 1970, 3/70 f.; krit. *Kempen*, AK-GG, Art. 4 Abs. 3 Rdnr. 16 ff.); insoweit kann von einer „Darlegungslast" des Wehrpflichtigen gesprochen werden (*v. Mangoldt/Klein/Starck*, GG, Art. 4 Abs. 3 Rdnr. 107).

IV. Verfassungsrechtliche Rechtfertigung

1. Die Problematik

Art. 4 enthält keine Eingriffsermächtigung; er ist ein *vorbehaltloses Grundrecht*. Auch der Regelungsvorbehalt des Art. 4 Abs. 3 S. 2 kann keine Eingriffe in die Gewissensfreiheit des Kriegsdienstverweigerers legitimieren (E 12, 45/53; 28, 243/259). Die inkorporierten Artikel der Weimarer Reichsverfassung enthalten zwar Schrankenregelungen; doch ist im Zuge der extensiven Interpretation durch das BVerfG fraglich geworden, wie sie mit Art. 4 zusammenpassen. Darüber hinaus ist in der Rechtsprechung des BVerfG anerkannt, daß eine „Schrankenübertragung" aus Art. 2 Abs. 1 und Art. 5 Abs. 2 unzulässig ist; d. h. weder die Rechte anderer, die verfassungsmäßige Ordnung oder das Sittengesetz noch die allgemeinen Gesetze dürfen als Rechtfertigung für Eingriffe in die Religions-, Weltanschauungs- und Gewissensfreiheit herangezogen werden (E 32, 98/107 — Gesundbeter —). — Gleichwohl wird in Glaubens- und Gewissens-, religiöse und weltanschauliche Positionen eingegriffen, und gewisse Eingriffe erscheinen zwingend geboten. Nur ein Stück weit werden hier die speziellen Schrankenregelungen angewandt (vgl. unten Rdnr. 609 ff.); in manchen Fällen erscheint daher der Rückgriff auf kollidierendes Verfassungsrecht unausweichlich (vgl. unten Rdnr. 618 f.). 608

2. Art. 136 Abs. 1, 3 S. 2, Art. 137 Abs. 3 S. 1 WRV i.V.m. Art. 140

Von diesen Schrankenregelungen hat lediglich Art. 136 Abs. 3 S. 2 in der Rechtsprechung des BVerfG praktische Bedeutung erlangt. Durch ihn können Eingriffe in die negative *Religions- und Weltanschauungsfreiheit* gerechtfertigt werden (vgl. auch *Zippelius*, BK, Art. 4 Rdnr. 78). 609

> Beispiele: E 46, 266 hat die Frage nach der Konfessionszugehörigkeit bei der Aufnahme in ein staatliches Krankenhaus für zulässig gehalten, allerdings ohne davon abhängige Rechte und Pflichten zu benennen, vielmehr mit Rücksicht auf eine institutionelle Gewährleistung der Krankenhausseelsorge in Art. 141 WRV. Die Eintragung der Religionszugehörigkeit eines Bürgers auf der Lohnsteuerkarte ist wegen Art. 137 Abs. 6 WRV bzw. bei Kirchensteuerpflicht des Bürgers zulässig (E 49, 375). Die statistische Erhebung der Zugehörigkeit oder Nichtzugehörigkeit zu einer Religionsgemeinschaft ist in Art. 136 Abs. 3 S. 2 ausdrücklich vorgesehen (vgl. E 65, 1/38 f. — Volkszählungsurteil —). 610

Eine Schranke der Religionsausübung bzw., in Konsequenz des einheitlichen Verständnisses von Art. 4, allen glaubens-, gewissens-, religiös und weltanschaulich gelei- 611 teten Handelns kann in Art. 136 Abs. 1 WRV erblickt werden. Diese Bestimmung drückt aus, daß die *privat- und öffentlich-rechtlichen* Pflichten ungeachtet des Glaubens und Gewissens, der Religion und Weltanschauung eingefordert und durchgesetzt werden dürfen. Sie enthalten damit nicht weniger als einen allgemeinen Gesetzesvorbehalt. Dies hält das BVerfG mit der vorbehaltlosen Verbürgung der Glaubens- und Gewissens-, Religions- und Weltanschauungsfreiheit in Art. 4 für unvereinbar; es sieht Art. 136 Abs. 1 WRV von Art. 4 „überlagert" (E 33, 23/31). Dies ist konsequent; lediglich bei differenziertem Verständnis von Art. 4 (vgl. oben Rdnr. 578 ff.) würde Art. 136 Abs. 1 mit Art. 4 Abs. 2 zusammenstimmen (krit. aber *v. Mangoldt/Klein/Starck*, GG, Art. 4 Abs. 1, 2 Rdnr. 48; *Stolleis*, JuS 1974, 770; vgl. auch *v. Campenhausen*, S. 57).

612 Eine weitere Schranke enthält Art. 137 Abs. 3 S. 1 WRV (vgl. oben Rdnr. 593). Allerdings gilt sie nur für den Schutzbereich der *Ordnung und Verwaltung eigener Angelegenheiten* und ist selbst insoweit vom BVerfG auf ein Gebot der Güterabwägung mit möglichster Schonung des Selbstverständnisses der religiösen oder weltanschaulichen Gemeinschaft zurückgenommen worden (E 53, 366).

3. Art. 12a Abs. 2

613 Für das BVerfG und die h. M. hat Art. 12a Abs. 2 im wesentlichen keine konstitutive, sondern nur *deklaratorische (klarstellende) Bedeutung:* Da Art. 4 Abs. 3 die Wirkungen der Gewissensfreiheit im Bereich der Wehrpflicht abschließend regele, könne nicht auch der Ersatzdienst aus Gewissensgründen verweigert werden. Es ist darauf hingewiesen worden, daß diese Auffassung schon vom eigenen Ansatz des BVerfG zu Art. 4 aus problematisch ist (vgl. oben Rdnr. 598; zum Zusammenhang zwischen Art. 4 Abs. 3, 12a Abs. 1 und 2 vgl. auch E 48, 127/159 ff. — Wehrpflichtnovelle — mit abw. M. *Hirsch*, 185).

614 Nach seinem Wortlaut ist Art. 12a Abs. 2 S. 1 eine *Eingriffsermächtigung:* Daß eine Gewissensentscheidung, die gemäß Art. 4 Abs. 3 grundrechtlichen Schutz genießt, zum Anknüpfungspunkt für eine belastende Regelung, nämlich den Ersatzdienst, gemacht wird, ist hierdurch verfassungsrechtlich gerechtfertigt. Art. 12a Abs. 2 S. 2 und 3 sind dann *Schranken-Schranken* folgenden Inhalts:

615 — Das den Ersatzdienst regelnde Gesetz darf die *Freiheit der Gewissensentscheidung* nicht beeinträchtigen. Beispielsweise darf keine abschreckend wirkende Form der Durchführung des Ersatzdienstes vorgeschrieben werden.

616 — In dem den Ersatzdienst regelnden Gesetz muß auch eine Möglichkeit des Ersatzdienstes vorgesehen werden, die in *keinem Zusammenhang* mit den Verbänden der Streitkräfte und des Bundesgrenzschutzes steht. Hieraus läßt sich ein Argument gegen die Rechtsprechung des BVerfG gewinnen, wonach die sogenannte situationsbedingte Kriegsdienstverweigerung nicht grundrechtlich geschützt sein soll (vgl. oben Rdnr. 600).

617 — Die *Dauer* des Ersatzdienstes darf die *Dauer* des Wehrdienstes nicht übersteigen. Bedenklich ist danach die seit 1. 1. 1984 geltende neue Regelung des § 24 Abs. 2 ZDG, wonach der Zivildienst um ein Drittel länger als der Grundwehrdienst dau-

ert. Der Wehrdienst dauert gemäß § 5 Abs. 1 Satz 2 WPflG 15 Monate, gemäß § 6 Abs. 2 WPflG kommen bei Mannschaften höchstens 9 Monate Wehrübungen hinzu. Faktisch werden aber von Mannschaften nur wenige Wehrübungen abgehalten; 1979 betrugen sie durchschnittlich 3,5 Tage (vgl. *Dörig,* Gewissensfreiheit und Diskriminierungsverbot als Grenzen einer Neugestaltung des Zivildienstes nach Art. 12a Abs. 2 GG, 1981, S. 68 f.). Gleichwohl haben E 48, 127/171 und E 69, 1/28 ff. für § 24 Abs. 2 ZDG bestätigt, daß es unbedenklich wäre, „den Zivildienst bis auf 24 Monate zu verlängern, so daß er der Dauer des Wehrdienstes einschließlich der in § 6 WPflG vorgesehenen Wehrübungen voll entspricht" (krit. Sondervotum E 69, 57/66 ff.; *Gubelt,* vM-GG, Art. 12a Rdnr. 10; *Kempen,* AK-GG, Art. 4 Abs. 3 Rdnr. 29, 31; *v. Mangoldt/Klein/Starck,* GG, Art. 4 Abs. 3 Rdnr. 111).

4. Kollidierendes Verfassungsrecht

Zu Art. 4 hat das BVerfG zum ersten Mal ausgesprochen, auf welchem Wege allein auch Eingriffe in vorbehaltlos gewährleistete Grundrechte verfassungsrechtlich gerechtfertigt werden können: „Nur kollidierende Grundrechte Dritter und andere mit Verfassungsrang ausgestattete Rechtswerte sind mit Rücksicht auf die Einheit der Verfassung und die von ihr geschützte gesamte Wertordnung ausnahmsweise imstande, auch uneinschränkbare Grundrechte in einzelnen Beziehungen zu begrenzen. Dabei auftretende Konflikte lassen sich nur lösen, indem ermittelt wird, welche Verfassungsbestimmung für die konkret zu entscheidende Frage das höhere Gewicht hat. Die schwächere Norm darf nur soweit zurückgedrängt werden, wie das logisch und systematisch zwingend erscheint; ihr sachlicher Grundwertgehalt muß in jedem Fall respektiert werden" (E 28, 243/260 f.). Das bedeutet insbesondere, daß auch die Eingriffsrechtfertigung durch kollidierendes Verfassungsrecht unter den „Schranken-Schranken" des Übermaßverbots und der Wesensgehaltsgarantie steht.

618

Beispiel: Gemäß den Schulgesetzen vieler Länder haben die öffentlichen Grund- und Hauptschulen einen religiös-weltanschaulichen Charakter. Das kann dann zu Konflikten mit areligiösen Eltern und Kindern führen. E 41, 29 sieht verfassungsrechtlich eine doppelte Kollision: zwischen Art. 4 auf seiten der areligiösen Eltern und Kinder und der staatlichen Schulhoheit, die in Art. 7 Abs. 1 anerkannt und in Art. 7 Abs. 5 speziell zur Errichtung von Gemeinschafts- und Bekenntnisschulen legitimiert ist, aber auch zwischen Art. 4 auf seiten der areligiösen und auf seiten der religiösen Eltern und Kinder. Diese Kollision läßt keinen Beteiligten ungeschoren, sie verlangt und rechtfertigt bei allen Beteiligten Beschränkungen. Das Ergebnis muß i. S. „praktischer Konkordanz" die verschiedenen betroffenen Grundrechtspositionen miteinander ausgleichen. — Zu einer ähnlichen Kompromißlösung beim Schulgebet vgl. E 52, 223 sowie *Böckenförde,* DÖV 1980, 323; *Link,* JZ 1980, 564; *Scheuner,* DÖV 1980, 513.

619

Lösungsskizze zum Fall: I. Ob der *Schutzbereich* der Religions- und Weltanschauungsfreiheit des Herrn A beeinträchtigt ist, läßt sich dann bezweifeln, wenn man — eng am Text des Art. 4 Abs. 1 und 2 — im Bereich des Verhaltens nur überlieferte kultische Handlungsweisen unter der „ungestörten Religionsausübung" versteht; nach dieser Auffassung wäre dann aber jedenfalls die Gewissensfreiheit berührt (vgl. *Preuß,* AK-GG, Art. 4 Abs. 1, 2 Rdnr. 26). Das BVerfG interpretiert den Art. 4 extensiv dahin, daß er das Recht des einzelnen umfaßt, sein gesamtes Verhalten an den Lehren seines Glaubens auszurichten. Das hat Herr A getan, als er das Gebet als besseren Weg zur Heilung seiner Ehefrau angesehen hat. — II. In der strafrechtlichen Verurteilung liegt ein *Eingriff,* weil eine glaubensgeleitete Handlung zum Anknüpfungspunkt für eine Belastung gemacht worden ist.

620

— III. Zur *Rechtfertigung des Eingriffs* können nicht die Art. 2 Abs. 1 und 5 Abs. 2, möglicherweise aber Art. 140 i.V.m. Art. 136 Abs. 1 WRV herangezogen werden; die dem § 323 c StGB zugrundeliegende Pflicht, bei Unglücksfällen oder gemeiner Gefahr oder Not Hilfe zu leisten, wäre dann als eine staatsbürgerliche Pflicht im Sinne dieser Vorschrift anzusehen. Nach BVerfG wird Art. 136 Abs. 1 WRV jedoch von Art. 4 „überlagert" (E 33, 23/31). Als Rechtfertigung kommt dann allenfalls noch kollidierendes Verfassungsrecht (Schutzpflicht des Staates für Leben und Gesundheit, Art. 2 Abs. 2 S. 1) in Betracht. Unter Beachtung des Übermaßverbots kann damit aber kein Schuldvorwurf gegen Herrn A begründet werden: „Kriminalstrafe ist — unabhängig von ihrer Höhe — bei solcher Fallgestaltung unter keinem Aspekt (Vergeltung, Prävention, Resozialisierung des Täters) eine adäquate Sanktion" (E 32, 98/109). — IV. *Strafrechtlich* wird — im wesentlichen als Folge dieser Entscheidung des BVerfG — die Gewissensposition als eine „andere wichtige Pflicht" i. S. d. § 323 c StGB und damit als Frage der Zumutbarkeit angesehen. Da diese überwiegend als Tatbestandsmerkmal qualifiziert wird, fehlt es im vorliegenden Fall schon am objektiven Tatbestand des § 323 c StGB.

Literatur: Zur Religions- und Weltanschauungsfreiheit: *A. v. Campenhausen,* Staatskirchenrecht, 2. Aufl. 1983; *J. Listl,* Das Grundrecht der Religionsfreiheit in der Rechtsprechung der Gerichte der Bundesrepublik Deutschland, 1971; *P. Mikat,* Staat, Kirchen und Religionsgemeinschaften, in: Hdb.VerfR, S. 1059; *E. Niebler,* Die Rechtsprechung des Bundesverfassungsgerichts zum Verhältnis Staat und Kirche, BayVBl. 1984, 1; *K. Obermayer,* Die Schranken des Grundrechts der Religionsfreiheit, ZevKR 1982, 253; *U. Steiner,* Der Grundrechtsschutz der Glaubens- und Gewissensfreiheit (Art. 4 Abs. 1, 2 GG), JuS 1982, 157. — Zur Gewissensfreiheit: *W. Berg,* Das Grundrecht der Kriegsdienstverweigerung in der Rechtsprechung des Bundesverfassungsgerichts, AöR 1982, 585; *R. Ekkertz,* Die Kriegsdienstverweigerung aus Gewissensgründen als Grenzproblem des Rechts, 1986; *C. Gusy,* Kriegsdienstverweigerung — das verwaltete Grundrecht, JuS 1979, 254; *G. Klier,* Gewissensfreiheit und Psychologie, 1978; *J. Listl,* Gewissen und Gewissensentscheidung im Recht der Kriegsdienstverweigerung, DÖV 1985, 801; *A. Podlech,* Das Grundrecht des Gewissensfreiheit und die besonderen Gewaltverhältnisse, 1969; *F. K. Schoch,* Das neue Kriegsdienstverweigerungsrecht, Jura 1985, 127; *P. Tiedemann,* Der Gewissensbegriff in der höchstrichterlichen Rechtsprechung, DÖV 1984, 61.

§ 13 MEINUNGS-, INFORMATIONS-, PRESSE-, RUNDFUNK- UND FILMFREIHEIT (Art. 5 Abs. 1 und 2)

Fall: Die Beschlagnahme nationalsozialistischer Propagandamittel

Als „Führer" der nicht verbotenen, in den Verlautbarungen des Bundesinnenministers als neonazistisch bezeichneten Organisation ANS gibt F auch das Kampfblatt der ANS „Die Faust" heraus, das monatlich an die Mitglieder verschickt wird. In der Januar-Ausgabe verfaßt F einen Artikel, in dem er die ANS als „legalen Arm der nationalsozialistischen Bewegung der neuen Generation in der Tradition der SA" bezeichnet. Wer behaupte, daß die Juden unter Hitler in Massenvernichtungslagern zu Tausenden ermordet wurden, sei ein „Lügner" und betreibe „Verrat am deutschen Vaterland". Am Tag nach dem Erscheinen werden alle bereits gedruckten, aber noch nicht verschickten Exemplare der Januar-Ausgabe beschlagnahmt. F wird später wegen Verbreitung nationalsozialistischer Propagandamittel (§ 86 Abs. 1 Nr. 4 StGB) in Tateinheit mit Verunglimpfung des Andenkens Verstorbener (§ 189 StGB) zu einer mehrjährigen Freiheitsstrafe verurteilt. Ist er in seinen Grundrechten aus Art. 5 Abs. 1 verletzt?

I. Überblick

Art. 5 Abs. 1, der oft pauschal als das Grundrecht der Meinungsfreiheit bezeichnet wird, enthält insgesamt fünf Grundrechte: 621
— die Meinungsäußerungsfreiheit (S. 1, 1. Halbsatz) als das Recht, seine Meinung in Wort, Schrift und Bild frei zu äußern und zu verbreiten,
— die Informationsfreiheit (S. 1, 2. Halbsatz) als das Recht, sich aus allgemein zugänglichen Quellen ungehindert zu unterrichten,
— die Pressefreiheit (S. 2, 1. Variante),
— die Freiheit der Rundfunkberichterstattung (S. 2, 2. Variante) und
— die Freiheit der Filmberichterstattung (S. 2, 3. Variante).

Einige dieser Grundrechte sind nicht vom Grundrechtsberechtigten („jeder hat das Recht ..."), sondern vom Schutzbereich her („die Pressefreiheit ...") formuliert. Gleichwohl verbürgen auch sie subjektive Rechte. Für die Pressefreiheit hat das BVerfG das Verhältnis zwischen der subjektiv-rechtlichen und der objektiv-rechtlichen Dimension der Grundrechte (vgl. oben Rdnr. 90 ff.) richtig dahingehend bestimmt, daß „zunächst — entsprechend der systematischen Stellung der Bestimmung und ihrem traditionellen Verständnis — ein subjektives Grundrecht" gewährt wird und die Bestimmung „zugleich auch eine objektiv-rechtliche Seite" hat (E 20, 162/175 — Spiegel —). 622

Die Regelung des Art. 5 Abs. 1 S. 3 („Eine Zensur findet nicht statt.") ist kein selbständiges Grundrecht, sondern nur eine für die Grundrechte des Art. 5 Abs. 1 geltende Schranken-Schranke (h. M.; a. A. *Löffler*, § 1 LPG Rdnr. 151). 623

Art. 5 Abs. 2 enthält drei Schrankenregelungen, von denen die erste, die der „allgemeinen Gesetze" praktisch die bedeutsamste ist. Alle drei gelten — wie sich schon aus der systematischen Stellung ergibt — nur für die Grundrechte des Art. 5 Abs. 1 (E 30, 173/191 — Mephisto —). 624

II. Schutzbereiche und Eingriffe

1. Meinungsäußerungsfreiheit (Art. 5 Abs. 1 S. 1, 1. Halbsatz)

a) Schutzbereich

aa) Bestimmend für den **Begriff der Meinung** ist „das Element der Stellungnahme, des Dafürhaltens, des Meinens im Rahmen einer geistigen Auseinandersetzung; auf den Wert, die Richtigkeit, die Vernünftigkeit der Äußerung kommt es nicht an" (E 61, 1/8; 65, 1/41). Erfaßt werden also jedenfalls *Werturteile*, und zwar gleichgültig, auf welchen Gegenstand sie sich beziehen. Deshalb ist die vom BVerfG selbst gelegentlich benutzte Formulierung, Meinungen seien „Werturteile über Tatsachen, Verhaltensweisen oder Verhältnisse" (E 33, 1/14), zu eng, weil hierdurch Werturteile über Werturteile ausgeklammert würden, obwohl gerade sie eine erhebliche Bedeutung in geistigen Auseinandersetzungen haben. Auch sonst kommt es auf den Inhalt des Werturteils nicht an; es kann politisch oder unpolitisch sein, private oder öffentliche Angelegenheiten betreffen. Es kann sogar beleidigend sein, wie sich aus der Schranke „Recht der persönlichen Ehre" in Art. 5 Abs. 2 rückschließen läßt. 625

Beispiele aus der Rechtsprechung sind der Boykottaufruf, die Filme des nationalsozialistischen Regisseurs Veit Harlan nicht mehr zu spielen und zu besuchen (E 7, 198; vgl. dazu schon oben Rdnr. 211); die Unterschriftensammlung eines Wehrdienstleistenden auf dem Kasernengelände gegen den in der Nähe geplanten Bau eines Kernkraftwerks (E 44, 197); der Brief eines Strafgefangenen, in dem beleidigende Äußerungen über den Anstaltsleiter fallen (E 33, 1); die Werbung mit Greenpeace-Symbol auf Briefumschlag (BVerwG, JZ 1986, 438). 626

§ 13 II 1

627 Seit alters wird die Frage diskutiert, ob bzw. wieweit auch *Tatsachenbehauptungen* unter den Meinungsbegriff fallen. Besonders in den fünfziger Jahren ist unter Berufung auf das Weimarer Schrifttum die Auffassung vertreten worden, die rein sachliche Behauptung oder Mitteilung von Tatsachen könne keine Meinungsäußerung sein (*Ridder*, in: Die Grundrechte II, S. 243/264; *Wernicke*, BK, Erstbearbeitung, Art. 5 Anm. II 1b; *Hamann/Lenz*, GG, Art. 5 Anm. B 1). *Für* diese Auslegung sprechen grammatische, historische und systematische Argumente: Der begriffliche Gegensatz von Meinung und Tatsache hat in unserer Rechtsordnung eine lange Tradition. Das Strafrecht knüpft bei den Beleidigungsdelikten (§§ 186 ff. StGB) und auch beim Betrugstatbestand (§ 263 StGB) unterschiedliche Rechtsfolgen an eine Äußerung, je nachdem ob sie sich als Meinungskundgabe oder Tatsachenmitteilung darstellt. Die Landespressegesetze gewähren einen Gegendarstellungsanspruch nur dann, wenn Tatsachenbehauptungen vorliegen. Art. 5 Abs. 1 S. 2 schützt die Freiheit der „Berichterstattung" durch Rundfunk und Film, was zu dem Umkehrschluß verleiten kann, die Berichterstattung, d. h. die Tatsachenmitteilung, sei durch Art. 5 Abs. 1 S. 1 noch nicht geschützt.

628 *Gegen* die Ausklammerung der Tatsachenbehauptung spricht indessen, daß auch sie regelmäßig (zumindest stillschweigend) mit einem Werturteil des Behauptenden verbunden ist. Mit Blick auf den Rundfunk hat das BVerfG ausgeführt: „Jedes Rundfunkprogramm wird durch die Auswahl und Gestaltung der Sendungen eine gewisse Tendenz haben, insbesondere soweit es um die Entscheidung darüber geht, was nicht gesendet werden soll, was die Hörer nicht zu interessieren braucht, was ohne Schaden für die öffentliche Meinungsbildung vernachlässigt werden kann, und wie das Gesendete geformt und gesagt werden soll" (E 12, 205/260). Diese Aussage gilt sinngemäß für alle Medien: Nicht nur die Aufmachung und die Placierung einer Tatsache innerhalb der Berichterstattung, sondern bereits die Entscheidung darüber, ob sie überhaupt in der Zeitung oder dem Rundfunk- bzw. Fernsehprogramm berichtet wird, ist mit einem Werturteil verbunden. Im Schrifttum wird teilweise die Abgrenzung von Tatsachenbehauptungen und Werturteilen generell für unmöglich gehalten: „Es gibt keinen Menschen, der imstande wäre, auch die geringfügigste Tatsache ohne irgendeine persönliche Regung zu referieren" (*Herzog*, M/D-GG, Art. 5 Abs. I, II Rdnr. 51; vgl. auch *Stein*, StR, § 10 II 2).

629 Das *BVerfG* geht einen Mittelweg, tendiert dabei aber zu einem weiten Meinungsbegriff: Eine Äußerung, die durch „die Elemente der Stellungnahme, des Dafürhaltens oder Meinens geprägt" sei, falle auch dann in den Schutzbereich des Art. 5 Abs. 1 S. 1, wenn „sich diese Elemente, wie häufig, mit Elementen einer Tatsachenmitteilung oder -behauptung verbinden oder vermischen" (E 61, 1/7 ff.). Das BVerfG erkennt auch an, daß sachliche Informationen essentiell für die Bildung von Meinungen sind: „Durch das Grundrecht der Meinungsäußerungsfreiheit geschützt ist sie (d. h. die Mitteilung einer Tatsache), weil und soweit sie Voraussetzung der Bildung von Meinungen ist" (E 61, 1/8; 65, 1/41). Nur die Tatsachenmitteilungen, die weder mit Werturteilen untrennbar verbunden noch für die Meinungsbildung relevant sind, sollen aus dem Schutzbereich von Art. 5 Abs. 1 S. 1, 1. Halbsatz herausfallen (zust. *v. Mangoldt/Klein/Starck*, GG, Art. 5 Abs. 1, 2 Rdnr. 19 f.).

Beispiele: Angaben im Rahmen statistischer Erhebungen (E 65, 1/41 — Volkszählungsurteil —); unrichtige Zitate (E 54, 208/219 — Böll/Walden —); bewußte Behauptung unrichtiger Tatsachen (E 61, 1/8). 630

Mit dem letzten Beispiel erkennt das BVerfG unausgesprochen ein in der Literatur gelegentlich gefordertes Kriterium zur Bestimmung des Meinungsbegriffs an: die *subjektive Wahrhaftigkeit* (vgl. *Ridder,* in: Die Grundrechte II, S. 243/265). Danach müssen die Äußerungen, um als Meinungen im Sinne des Art. 5 Abs. 1 S. 1, 1. Halbsatz geschützt zu sein, zwar nicht objektiv richtig sein und der Wirklichkeit entsprechen, sie müssen aber die Überzeugung des Äußernden wiedergeben; bewußte Entstellungen der Wahrheit sollen schutzlos sein (krit. *Köhler,* NJW 1985, 2389/2390). 631

bb) **Äußern und Verbreiten in Wort, Schrift und Bild.** Mit diesen Schutzbereichsmerkmalen ist die Form angesprochen, in der eine Meinung den Mitmenschen kundgegeben wird. Bei den Kundgabemodalitäten des Äußerns und Verbreitens in Wort, Schrift und Bild handelt es sich nur um beispielhafte Aufzählungen; das Äußern und das Verbreiten können überhaupt nicht im Sinne fester Tatbestandsmerkmale streng voneinander getrennt werden (*v. Münch,* vM-GG, Art. 5 Rdnr. 11). Geschützt ist *jede* Form der Meinungskundgabe. 632

Eine Ausnahme ist lediglich in den Fällen zu machen, in denen eine Meinung einem anderen mehr oder weniger gewaltsam *aufgezwungen* werden soll. Das BVerfG hat immer wieder darauf hingewiesen, daß der Sinn und das Wesen des Grundrechts der Meinungsäußerungsfreiheit darin liegt, „den geistigen Kampf der Meinungen" zu gewährleisten, der als elementare Grundvoraussetzung einer freiheitlich demokratischen Staatsordnung anzusehen ist (E 25, 256/265 — Blinkfüer —). Entsprechend endet der Schutz des Art. 5 Abs. 1 S. 1, 1. Halbsatz dort, wo das Feld rein geistiger Auseinandersetzung verlassen wird und Druckmittel anstelle von Argumenten zur Meinungsbildung eingesetzt werden (vgl. oben Rdnr. 213). 633

Zum Äußern und Verbreiten einer Meinung gehört nicht nur, daß sich der Äußernde und Verbreitende ihrer entledigt. Geschützt ist auch, daß die Meinung beim Adressaten ankommt, von ihm *empfangen* werden kann. Allerdings wirkt dieser Schutz lediglich zu Gunsten dessen, der seine Meinung äußert und verbreitet. Dem Adressaten ist das Recht auf den Empfang nicht durch Art. 5 Abs. 1 S. 1, 1. Halbsatz, sondern nur durch die Informationsfreiheit des Art. 5 Abs. 1 S. 1, 2. Halbsatz verbürgt, d. h. soweit es um den Empfang aus allgemein zugänglichen Quellen geht. 634

Art. 5 Abs. 1 S. 1, 1. Halbsatz gewährleistet ferner das Recht, Meinungen nicht zu äußern und nicht zu verbreiten. Diese *negative* neben der positiven Meinungsäußerungsfreiheit schützt vor der Pflicht zur Teilnahme an staatlich organisierten Grußbotschaften, Ergebenheitsadressen und Kundgebungen. Ihre Gewährleistung macht verständlich, daß das BVerfG statistische Angaben und Tatsachenbehauptungen und -mitteilungen ohne jedes Moment wertender Stellungnahme aus dem Meinungsbegriff herausfallen lassen will. Denn sie einzubeziehen würde bedeuten, daß die zahlreichen, besonders wirtschafts- und gewerberechtlichen Auskunfts- und Meldepflichten Eingriffe in die negative Meinungsäußerungsfreiheit wären. Die Gewährleistung der negativen Meinungsäußerungsfreiheit macht weiter eine Abgrenzung zwischen den Schutzbereichen der Art. 5 Abs. 1 und 10 Abs. 1 erforderlich. Denn wie zur positiven 635

Meinungsäußerungsfreiheit gehört, daß die Meinung ihren Adressaten erreicht, so gehört zur negativen, daß die Meinung dem, dem der Äußernde und Verbreitende sie nicht zukommen lassen will, auch nicht zukommt. Das aber gewährleistet bei brieflichen, telefonischen und ähnlichen Mitteilungen auch Art. 10 Abs. 1: Sie sollen an niemanden anders als an den gelangen, an den sie gerichtet sind. Art. 10 Abs. 1 ist insoweit lex specialis (vgl. oben Rdnr. 389 f.).

b) Eingriffe

636 Zu den Eingriffen in die Meinungsäußerungsfreiheit rechnen
— das Verbot, eine bestimmte Meinung zu äußern,
— das Verbot, eine Meinung auf bestimmte Art zu äußern,
— die Sanktion des einen wie des anderen Verbots,
— tatsächliche Maßnahmen, die den Schutzbereich verkürzen.
In die negative Meinungsäußerungsfreiheit wird statt durch Verbote durch Gebote eingegriffen.

637 **Beispiele:** In § 88a StGB wird das Verbreiten bestimmter rechtsstaats- und sicherheitsgefährdender Meinungen verboten; in § 4 GjS wird verboten, jugendgefährdende Schriften über den Versandhandel zu vertreiben (E 30, 347); E 44, 197 überprüft die Verhängung von Disziplinararrest für einen Gefreiten, der in der Kaserne Unterschriften gegen den Bau eines Kernkraftwerks gesammelt hatte; eine einschlägige tatsächliche Maßnahme liegt etwa im polizeilichen Entfernen von verkehrsgefährdenden Aushängen. — Im Verbot für Soldaten, an politischen Veranstaltungen in Uniform teilzunehmen (§ 15 Abs. 3 SG), sieht E 47, 34 keinen Eingriff, sofern dieselbe Meinungsäußerung in Zivil möglich bleibt. Daraus folgt, daß das Verbot dann ein Eingriff ist, wenn der Soldat gerade durch das Tragen der Uniform eine Meinung zum Ausdruck bringen will.

2. *Informationsfreiheit (Art. 5 Abs. 1 S. 1, 2. Halbsatz)*

a) Schutzbereich

638 Informations*quelle* ist zum einen jeder denkbare *Träger* von Informationen, zum anderen der *Gegenstand* der Information selbst (*Herzog*, M/D-GG, Art. 5 Abs. I, II Rdnr. 87; *v. Münch*, vM-GG, Art. 5 Rdnr. 15).

639 **Beispiele:** Zeitung, Rundfunk- und Fernsehsendung, Akte, Brief, mündliche Auskunft einer Person; Verkehrsunfall, Naturkatastrophe, Gerichtsverhandlung.

640 *Allgemein zugänglich* ist eine Informationsquelle dann, wenn sie „technisch geeignet und bestimmt ist, der Allgemeinheit, d. h. einem individuell nicht bestimmbaren Personenkreis, Informationen zu verschaffen" (E 27, 71/83). Daraus, daß nur die technische, d. h. die *tatsächliche* Eignung zur Information der Allgemeinheit gegeben sein muß, ergibt sich, daß der Staat durch rechtliche Regelungen oder Maßnahmen nicht die Möglichkeit hat, über die allgemeine Zugänglichkeit einer Informationsquelle zu entscheiden. Sonst könnten durch vorweggenommene Verengung des Begriffs „allgemein zugängliche Quellen" die Schranken des Art. 5 Abs. 2 unterlaufen werden (E 27, 71/83 ff.).

641 **Beispiele:** Eine Zeitung, die von der Post zum Abonnenten befördert wird, ist, anders als ein privater Brief, der mit derselben Sendung an den Empfänger gelangt, eine allgemein zugängliche Quelle, weil die Gesamtauflage allgemein zugänglich ist. Die Tatsache, daß das konkrete, von der Post beförderte Exemplar dem Zugriff für jedermann entzogen ist, ändert hieran nichts (E 27, 71/84). Besonders die Massenkommunikationsmittel

der Presse, des Rundfunks, Fernsehens und Films sind grundsätzlich allgemein zugänglich. Dagegen ist das Abhören von Polizeifunk nicht durch das Grundrecht der Informationsfreiheit gedeckt. Keine allgemein zugänglichen Quellen sind ferner Behördenakten (OVG Hamburg, NJW 1979, 1219), Verwaltungsvorschriften, die von einer übergeordneten an eine nachgeordnete Behörde gerichtet sind (BVerwGE 61, 15/22), die Redaktion eines privaten Verlags (E 66, 116/137).

b) Eingriffe

Ein Eingriff in die Informationsfreiheit liegt zum einen dann vor, wenn der Zugang zur Information staatlicherseits *endgültig* verwehrt wird. 642

> **Beispiel:** Da auch die grundsätzlich öffentliche Gerichtsverhandlung eine allgemein zugängliche Quelle ist, ist der Ausschluß der Öffentlichkeit ein Eingriff in die Informationsfreiheit (vgl., allerdings bezogen auf den Ausschluß eines Pressevertreters, E 50, 234/239 ff.). 643

Aber auch die auf einer Kontrolle beruhende zeitliche Verzögerung des Eingangs der Information beim Empfänger ist an Art. 5 Abs. 1 S. 1, 2. Halbsatz zu messen. „Dies folgt schon aus dem Wortlaut des Art. 5 Abs. 1, der die *ungehinderte* Unterrichtung gewährleistet, vor allem aber aus dem Sinn und der Bedeutung der Informationsfreiheit. Besonders bei Tageszeitungen ist auch der Zeitpunkt einer Nachricht und der Vergleich mit anderen zur gleichen Zeit erscheinenden Publikationen von wesentlicher Bedeutung" (E 27, 88/98 f.). Es versteht sich, daß nicht erst eine Zugriffsbeschränkung für *alle* allgemein zugänglichen Quellen in die Informationsfreiheit eingreift, sondern bereits das Verbot, *eine einzige* Informationsquelle auszuschöpfen. Insofern beinhaltet Art. 5 Abs. 1 S. 1, 2. Halbsatz das Recht auf Auswahl zwischen mehreren zur Verfügung stehenden Informationsquellen. 644

> **Beispiel:** Der Leiter einer Strafanstalt hat einem Untersuchungshäftling den Rundfunkempfang u. a. mit der Begründung verweigert, es stehe ihm frei, Zeitungen zu halten (E 15, 288). 645

3. Pressefreiheit (Art. 5 Abs. 1 S. 2, 1. Variante)

a) Schutzbereich

aa) Der **Begriff der Presse** umfaßt alle zur Verbreitung geeigneten und bestimmten Druckerzeugnisse. Hiermit stimmen die Legaldefinitionen in den Landespressegesetzen inhaltlich überein (z. B. § 7 nw PresseG; Aufzählung bei *Herzog,* M/D-GG, Art. 5 Abs. I, II Rdnr. 129 Fn. 3). Zur Presse gehören daher nicht nur *periodisch* erscheinende Druckwerke (Zeitungen, Zeitschriften), sondern auch solche, die *einmalig* gedruckt werden, wie etwa Bücher, Flugblätter, Handzettel, Aufkleber und Plakate (*v. Münch,* vM-GG, Art. 5 Rdnr. 21; *Jarass,* S. 195; a. A. *F. Schneider,* Presse- und Meinungsfreiheit nach dem Grundgesetz, 1962, S. 58 ff.). 646

bb) **Umfang der Gewährleistung.** Die Pressefreiheit „reicht von der Beschaffung der Information bis zur Verbreitung der Nachrichten und Meinungen" (E 20, 162/176 — Spiegel —); sie schützt mit anderen Worten „alle wesensmäßig mit der Pressearbeit zusammenhängenden Tätigkeiten" (*v. Münch,* vM-GG, Art. 5 Rdnr. 23; vgl. auch *v. Mangoldt/Klein/Starck,* GG, Art. 5 Abs. 1, 2 Rdnr. 41). 647

> **Beispiele:** Freie Gründung von Presseorganen (E 20, 162/175 ff.), Bestimmung und Verwirklichung der Tendenz einer Zeitung (E 52, 283/296), Vertraulichkeit der Redaktions- 648

§ 13 II 3

arbeit (E 66, 116/133), Vertrieb einer Zeitung durch sog. fliegende Händler (vgl. *Papier,* AfP 1981, 249; weitere Beispiele bei *Herzog,* M/D-GG, Art. 5 Abs. I, II Rdnr. 136).

649 **Grundrechtsberechtigt** sind alle „im Pressewesen tätigen Personen und Unternehmen" (E 20, 162/175). Dazu gehören neben dem Verleger, Herausgeber, den Redakteuren und Journalisten auch der Buchhalter im Presseunternehmen (E 25, 296/304; a. A. *Rebe,* Die Träger der Pressefreiheit nach dem Grundgesetz, 1968, S. 51) und der Sachbearbeiter in der Anzeigenabteilung (E 64, 108/114 f.). Daraus, daß die Pressefreiheit sowohl dem Verleger als auch dem Redakteur und dem Journalisten zusteht, können sich schwierige Drittwirkungsprobleme ergeben: Darf ein Verleger einem Redakteur und dieser einem Journalisten vorschreiben, über bestimmte Ereignisse nicht oder nur in bestimmter Weise zu berichten? Diese Fragen werden unter dem Stichwort der inneren Pressefreiheit diskutiert (vgl. *Liesegang,* JuS 1975, 215; *v. Mangoldt/Klein/Starck,* GG, Art. 5 Abs. 1, 2 Rdnr. 59 ff.).

650 cc) **Verhältnis zu den Grundrechten aus Art. 5 Abs. 1 S. 1.** Die Pressefreiheit ist insofern ein *Spezialfall* der Meinungsäußerungs- und Informationsfreiheit des Art. 5 Abs. 1 S. 1, als sie die Meinungsäußerung durch das Medium der Presse und auch die vorbereitende Beschaffung von Informationen aus allgemein zugänglichen Quellen schützt. Insofern verdrängt die Gewährleistung von Art. 5 Abs. 1 S. 2, 1. Variante die von Art. 5 Abs. 1 S. 1: Der Herausgeber eines beschlagnahmten Flugblatts kann sich nicht auf Art. 5 Abs. 1 S. 1, sondern nur auf Art. 5 Abs. 1 S. 2, 1. Variante berufen. Die Pressefreiheit ist jedoch in einem wichtigen Punkt *mehr* als nur ein Spezialfall der Meinungsäußerungs- und Informationsfreiheit. Sie umfaßt, wie das BVerfG allgemein formuliert, „die Beschaffung der Information", d. h. die Beschaffung von Informationen nicht nur aus allgemein zugänglichen Quellen, sondern auch durch besondere Recherchen, Beobachtungen, Interviews etc., und verlangt dabei sogar einen gewissen Schutz des Vertrauensverhältnisses zwischen der Presse und ihrem privaten Informanten (E 36, 193/204). Sie gewährleistet aber gegenüber öffentlichen Stellen keinen Anspruch auf Auskünfte; ein solcher Anspruch findet sich in den Landespressegesetzen (BVerwGE 70, 310/315). Der Schutzbereich von Art. 5 Abs. 1 S. 1 und der von Art. 5 Abs. 1 S. 2, 1. Variante überschneiden sich zwar, decken sich aber nicht (*Erichsen,* StR I, S. 23). Im Überschneidungsbereich hat die Spezialität zur Folge, daß die oben zu den Schutzbereichen der Meinungsäußerungs- und Informationsfreiheit getroffenen Feststellungen sinngemäß auch für die Pressefreiheit gelten.

651 **Beispiele:** Ebenso wie es für den Meinungsbegriff nicht auf den Inhalt ankommt, spielt es auch für den Pressebegriff keine Rolle, ob die Veröffentlichung ein bestimmtes Niveau besitzt oder — Regenbogenpresse — nicht besitzt (E 34, 269/283 — Soraya —; 66, 116/134 — Wallraff —; a. A. *v. Mangoldt/Klein,* GG, Art. 5 Anm. VI 3). — Die Frage der subjektiven Wahrhaftigkeit von Meinungsäußerungen taucht auch bei der Pressefreiheit als Problem der Wahrheits- und Nachforschungspflicht der Presse wieder auf (vgl. *Herzog,* M/D-GG, Art. 5 Abs. I, II Rdnr. 145 ff.). — Ähnlich wie die Einbeziehung von bloßen Tatsachenbehauptungen oder -mitteilungen in den Schutz von Art. 5 Abs. 1 S. 1, 1. Halbsatz ist die Einbeziehung des Anzeigenteils, bei dem das Element der wertenden Stellungnahme durch das veröffentlichende Presseunternehmen fast ganz hinter der sachlichen Wiedergabe zurücktritt, in den Schutz der Pressefreiheit zum Problem geworden; das BVerfG hat sie bejaht (E 21, 271/278 — Südkurier —; 64, 108/114), und OLG Köln, NJW 1984, 1121 hat sie zum Schutz auch der Anzeigenblätter ohne redaktionellen Teil erweitert.

b) Eingriffe

652 Eingriffe in die Pressefreiheit können wegen ihrer Spezialität in denselben Modalitäten erfolgen wie bei Art. 5 Abs. 1 S. 1.

§ 13 II 3, 4

Beispiele: Durchsuchung von Redaktionsräumen und Beschlagnahme von Pressematerial (E 20, 162 — Spiegel —), Festsetzung eines Ordnungsgeldes gegen einen Anzeigenredakteur, der sich weigert, im Rahmen eines Strafverfahrens Angaben über den Auftraggeber einer Chiffreanzeige zu machen (E 64, 108/115). — Ein Eingriff liegt dagegen noch nicht vor, wenn der Staatsanwalt den Erlaß eines Durchsuchungsbefehls für die Räume eines Verlages beim Richter beantragt, weil es sich hierbei lediglich um einen internen Vorgang zwischen der Staatsanwaltschaft und dem Richter handelt. Erst wenn der Richter den Durchsuchungsbefehl erläßt, ist der Betroffene beschwert (E 20, 162/172). 653

4. Freiheit der Rundfunkberichterstattung (Art. 5 Abs. 1 S. 2, 2. Variante)

a) Schutzbereich

aa) Der **Rundfunkbegriff** umfaßt neben dem — in der Umgangssprache allein sogenannten — Hörfunk auch das Fernsehen (E 12, 205/226 — 1. Fernseh-Urteil —: „Hörrundfunk und Fernsehrundfunk"; 31, 314/315; 57, 295/319). Rundfunk ist jede an eine unbestimmte Vielzahl von Personen gerichtete Übermittlung von Gedankeninhalten durch physikalische, besonders elektromagnetische Wellen. Nach dieser Definition spielt es keine Rolle, ob die Übermittlung drahtlos oder über Leitungen erfolgt. Daher werden auch Kabelhörfunk und -fernsehen von der Rundfunkfreiheit erfaßt, nicht aber das private Telefongespräch, weil es nicht an eine unbestimmte Vielzahl von Personen gerichtet ist (*Herzog*, M/D-GG, Art. 5 Abs. I, II Rdnr. 194 f.). Beim Bildschirmtext ist umstritten, ob er den Medien der Massenkommunikation (Adressat: unbestimmte Vielzahl von Personen) oder denen der Individualkommunikation (Adressat: bestimmte einzelne Personen) zugeordnet werden muß (vgl. *v. Mangoldt/Klein/Starck*, GG, Art. 5 Abs. 1, 2 Rdnr. 63; *Schlink/Wieland*, Jura 1985, 570/572, 575). 654

bb) **Umfang der Gewährleistung.** Was zum engen Zusammenhang zwischen Tatsachenmitteilung und Werturteil gesagt wurde (vgl. oben Rdnr. 628), gilt auch hier. Vom BVerfG werden Tatsachenmitteilungen und Werturteile gleichermaßen in den Schutzbereich der Rundfunkfreiheit einbezogen: „Trotz der engeren Fassung des Wortlauts (,Berichterstattung') unterscheidet sich die Rundfunkfreiheit wesensmäßig nicht von der Pressefreiheit. Sie gilt in gleicher Weise für rein berichtende Sendungen wie für Sendungen anderer Art. Information und Meinung können ebenso durch ein Fernsehspiel oder durch eine Musiksendung vermittelt werden wie durch Nachrichten oder politische Kommentare" (E 35, 202/222 — Lebach —; ebenso *Herzog*, M/D-GG, Art. 5 Abs. I, II Rdnr. 200 ff.; a. A. *Hesse*, VerfR, Rdnr. 396, der Meinungsäußerungen in Rundfunk und Film nur durch Art. 5 Abs. 1 S. 1, 1. Halbsatz geschützt sieht). 655

Seit Jahrzehnten ist problematisch, *wer* das Grundrecht der Rundfunkfreiheit für sich in Anspruch nehmen kann. Dabei geht es um die medienpolitische Grundentscheidung zwischen öffentlich-rechtlichem, privatrechtlichem und gemischtem Hörfunk- und Fernsehsystem. Bis Dezember 1983 wurden die Rundfunkprogramme in der Bundesrepublik Deutschland ausschließlich von den öffentlich-rechtlichen *Rundfunkanstalten* ausgestrahlt. Diese können, obwohl juristische Personen des öffentlichen Rechts, das Grundrecht aus Art. 5 Abs. 1 S. 2, 2. Variante für sich in Anspruch nehmen. Denn das BVerfG verneint zwar grundsätzlich die Grundrechtsberechtigung der juristischen Personen des öffentlichen Rechts, läßt aber dann etwas anderes gelten, 656

§ 13 II 4

"wenn ausnahmsweise die juristische Person des öffentlichen Rechts unmittelbar dem durch die Grundrechte geschützten Lebensbereich zuzuordnen ist" (E 31, 314/322; vgl. oben Rdnr. 189 f.). Dadurch ergibt sich die Besonderheit, daß die Rundfunkanstalten gleichzeitig Grundrechtsberechtigte und — als juristische Personen des öffentlichen Rechts sind sie Bestandteil der vollziehenden Gewalt i. S. d. Art. 1 Abs. 3 — Grundrechtsverpflichtete sind. Dies wurde vom BVerfG für die Vergabe von Sendezeiten an politische Parteien ausdrücklich anerkannt (E 7, 99/103; 14, 121/133).

657 Ob und wieweit sich der *einzelne Rundfunkjournalist* gegenüber der Rundfunkanstalt auf sein Grundrecht aus Art. 5 Abs. 1 S. 2, 2. Variante berufen kann, ist umstritten. Nach teilweise vertretener Auffassung kann er das Grundrecht nur gegenüber den außerhalb der Rundfunkanstalt stehenden staatlichen Instanzen geltend machen, d. h. sein Grundrechtsschutz wirkt lediglich parallel zu dem der Anstalt selbst (OVG Münster, NJW 1982, 670; *Bethge,* UFITA 1973, 143; *H. P. Ipsen,* Mitbestimmung im Rundfunk, 1972, S. 36 f.). Gegen diese Auffassung wird eingewandt, sie eliminiere den Grundrechtsschutz der Rundfunkmitarbeiter gegenüber der Rundfunkanstalt, ohne daß die Verfassung dafür einen Anhalt biete. Wird dem Einwand folgend auch dem Rundfunkjournalisten die Berufung auf die Rundfunkfreiheit in vollem Umfang zugestanden (vgl. *F. Müller/Pieroth,* Politische Freiheitsrechte der Rundfunkmitarbeiter, 1976, S. 39), dann ist es Aufgabe des Gesetzgebers, die Grundrechtspositionen beider zueinander ins rechte Verhältnis zu setzen.

658 In der aktuellen Diskussion um die neuen Medien geht es vornehmlich darum, ob und vor allem unter welchen Voraussetzungen auch *Privaten* die *Veranstaltung* von Rundfunksendungen zusteht. Das BVerfG hatte bereits 1961 im 1. Fernseh-Urteil ausgeführt: „Auch eine rechtsfähige Gesellschaft des privaten Rechts könnte Träger von Veranstaltungen dieser Art sein, wenn sie nach ihrer Organisationsform hinreichende Gewähr bietet, daß in ihr in ähnlicher Weise wie in der öffentlich-rechtlichen Anstalt alle gesellschaftlich relevanten Kräfte zu Wort kommen" (E 12, 205/262). Damit wollte das BVerfG zwar die Frage eines grundrechtlichen Anspruchs auf die Veranstaltung privater Rundfunksendungen nicht beantworten; es hat sie auch im 3. Fernseh-Urteil nochmals ausdrücklich offengelassen (E 57, 295/318), und im Schrifttum wird sie gelegentlich nachdrücklich verneint (*Böckenförde/Wieland,* AfP 1982, 77). Aber auch bei Fehlen eines grundrechtlichen Anspruchs kann es die Veranstaltung privater Rundfunksendungen geben, wenn der Gesetzgeber sie gestattet oder einfach nicht verhindert, und für diesen Fall stellt das BVerfG in der zitierten Passage seine Anforderungen an die Organisationsform des privaten Veranstalters. Es will damit den gesellschaftlichen Pluralismus sichern, den es lange durch die sogenannte Sondersituation des Rundfunks gefährdet sah: „Im Bereich des Rundfunks ist — jedenfalls vorerst (1971) — sowohl aus technischen Gründen (Knappheit der Sendefrequenzen) als auch wegen der hohen finanziellen Anforderungen, die der Rundfunkbetrieb mit sich bringt, eine dem Pressewesen entsprechende Vielfalt von miteinander konkurrierenden Darbietungen nicht möglich" (E 31, 314/326; vgl. schon E 12, 205/261 und zuletzt E 57, 295/322).

659 Seit dem *Wegfall der Sondersituation* mehren sich im Schrifttum die Stimmen, die nicht nur einen grundrechtlichen Anspruch auf die Veranstaltung privater Rundfunksendungen bejahen, sondern auch die Anforderungen an die Organisationsform des

privaten Veranstalters gering halten wollen (vgl. *Bullinger,* Kommunikationsfreiheit im Strukturwandel der Telekommunikation, 1980; *Klein,* Die Rundfunkfreiheit, 1978; *Scheuner,* Das Grundrecht der Rundfunkfreiheit, 1982). Ihnen wird unter Berufung auf die objektiv-rechtliche Bedeutung der Rundfunkfreiheit entgegengehalten, daß ein freies, den Informationsrechten und -interessen der Bürger gerecht werdendes Rundfunkwesen strenge Anforderungen verlangt (*Stock,* Medienfreiheit als Funktionsgrundrecht, 1985, S. 325 ff.). Die Länder haben Rundfunk- oder Mediengesetze erlassen oder in Vorbereitung, die durchaus unterschiedliche Anforderungen stellen und teils auf eine Meinungsvielfalt durch viele Veranstalter setzen (Außenpluralismus), teils mit wenigen Veranstaltern rechnen und bei diesen meinungsmäßige Ausgewogenheit verlangen (Binnenpluralismus). Das BVerfG verlangt im 3. Fernseh-Urteil (E 57, 295) auch nach Wegfall der Sondersituation vom (Landes-)Gesetzgeber eine Regelung des Rundfunks, die

— sicherstellt, daß das Gesamtangebot der inländischen Programme der bestehenden Meinungsvielfalt im wesentlichen entspricht,
— ein Mindestmaß an inhaltlicher Ausgewogenheit, Sachlichkeit und gegenseitiger Achtung gewährleisten,
— eine begrenzte Staatsaufsicht (durch die Länder) vorsehen und
— den gleichen Zugang zur Veranstaltung privater Rundfunksendungen eröffnen (zu diesen Anforderungen näher vgl. *v. Mangoldt/Klein/Starck,* GG, Art. 5 Abs. 1, 2 Rdnr. 89 ff.; *Schlink/Wieland,* Jura 1985, 570/574 f.).

b) Eingriffe

Eingriffe in die Rundfunkfreiheit der öffentlich-rechtlich organisierten Rundfunkanstalten sind selten gewesen und haben wegen der organisatorisch bedingten Nähe der Rundfunkanstalten zum Staat nicht den inhaltlichen Nerv der Rundfunkfreiheit getroffen. 660

Beispiel: E 31, 314 hat in der Heranziehung der Rundfunkanstalten zur Umsatzsteuer einen Eingriff in deren Rundfunkfreiheit erblickt. 661

Falls die bisher offen gebliebene Frage eines grundrechtlichen Anspruchs auf die Veranstaltung privater Rundfunksendungen bejaht wird, dann allerdings weisen die erlassenen oder vorbereiteten Rundfunk- und Mediengesetze der Länder eine Fülle von Eingriffen auf. 662

5. Freiheit der Filmberichterstattung (Art. 5 Abs. 1 S. 2, 3. Variante)
a) Schutzbereich

Angelehnt an die Definition des Rundfunks versteht man unter Film eine Übermittlung von Gedankeninhalten durch Bilderreihen, die zur Projektierung bestimmt sind (*Herzog,* M/D-GG, Art. 5 Abs. I, II Rdnr. 198). Entgegen einer auch heute noch vertretenen Auffassung ist auch für die Filmfreiheit mit der h. L. zu betonen, daß sie, anders als der Wortlaut nahelegen mag, nicht nur dokumentarische Filme erfaßt (so aber *Hamann/Lenz,* GG, Art. 5 Anm. B 7), sondern auch Spielfilme und alle anderen filmischen Meinungsäußerungen. 663

b) Eingriffe

Auch in die Freiheit der Filmberichterstattung kann in derselben Weise wie in die Meinungsäußerungsfreiheit, d. h. besonders durch Verbote, Sanktionen und auch tatsächliche Maßnahmen eingegriffen werden. 664

665 **Beispiele:** Verbote von Filmen wegen ihres politischen oder pornographischen Inhalts, Beschränkung des Filmbesuchs auf bestimmte Altersgruppen (§ 6 JÖSchG), Auflösung einer verkehrsgefährdenden Besucherschlange vor einem Filmtheater.

III. Verfassungsrechtliche Rechtfertigung

1. Schranken

666 Die wichtigsten Schranken der Grundrechte aus Art. 5 Abs. 1 sind in Art. 5 Abs. 2 normiert. Daneben findet sich in Art. 17a ein Gesetzesvorbehalt, der nur für das Grundrecht der Meinungsäußerungsfreiheit gilt. Schließlich können auch die Eingriffsermächtigungen der Art. 9 Abs. 2, 18, 21 Abs. 2 für die Grundrechte aus Art. 5 Abs. 1 von Bedeutung werden.

a) Die qualifizierten Gesetzesvorbehalte des Art. 5 Abs. 2

667 aa) **Allgemeine Gesetze** sind Gesetze sowohl im formellen wie im materiellen Sinn. Daher können die Grundrechte aus Art. 5 Abs. 1 auch durch auf gesetzlicher Grundlage ergehende Rechtsverordnungen und durch Satzungen eingeschränkt werden.

668 **Beispiel:** Nach der Marktordnung der Stadt Bochum ist es unzulässig, Geschäftsanzeigen, Reklamezettel, Werbeprospekte oder sonstige Gegenstände auf dem Markt zu verteilen (vgl. BVerfG, JuS 1980, 141).

669 *Allgemein* ist ein solches Gesetz nicht schon dann, wenn es abstrakt-generell formuliert ist. Wäre das nämlich der Fall, dann würde sich das Erfordernis der Allgemeinheit vollständig mit dem Verbot des Einzelfallgesetzes in Art. 19 Abs. 1 S. 1 decken und wäre daneben überflüssig. Ferner würden die allgemeinen Gesetze auch die weiteren Schranken der gesetzlichen Bestimmungen zum Schutze der Jugend und des Rechts der persönlichen Ehre schon mitumfassen. Der Vorbehalt der allgemeinen Gesetze wäre schlicht der einfache Gesetzesvorbehalt, obwohl er gerade anders formuliert ist als der einfache Gesetzesvorbehalt anderer Grundrechte. Daher besteht Einigkeit, daß der Begriff der allgemeinen Gesetze in Art. 5 Abs. 2 nicht einfach die Abstraktheit und Generalität von Gesetzen, sondern eine bestimmte inhaltliche Qualität meint (*Herzog,* M/D-GG, Art. 5 Abs. I, II Rdnr. 252 ff.; *v. Mangoldt/Klein/Starck,* GG, Art. 5 Abs. 1, 2 Rdnr. 122).

670 Schon zum insoweit gleichlautenden Art. 118 Abs. 1 S. 2 WRV wurde die sogenannte *Sonderrechtslehre* vertreten, die das Merkmal der nicht-allgemeinen, also der besonderen Gesetze darin erblickte, daß sie „eine an sich erlaubte Handlung allein wegen ihrer geistigen Zielrichtung und der dadurch hervorgerufenen schädlichen geistigen Wirkung verbieten oder beschränken" (*Häntzschel,* in: Anschütz/Thoma, Handbuch des Deutschen Staatsrechts II, 1932, S. 651/659 f.). In anderer Formulierung wurde dasselbe Merkmal dahin gefaßt, daß allgemeine Gesetze „sich nicht gegen eine bestimmte Meinung als solche richten, nicht eine Meinung als solche verbieten" (*Anschütz,* VVDStRL 4, 1928, 75), sondern „dem Schutze eines schlechthin ohne Rücksicht auf eine bestimmte Meinung zu schützenden Rechtsgutes dienen" (*Rothenbücher,* VVDStRL 4, 1928, 5/20). In diesem Sinn sind die nicht-allgemeinen, also die besonderen Gesetze „Sonderrecht gegen die Meinungsfreiheit" (*Häntzschel,* a.a.O.).

671 **Beispiele:** Als Beispiel für ein besonderes Gesetz wurde in der Weimarer Staatsrechtslehre ein „Gesetz, das die Verbreitung kommunistischer oder faszistischer oder atheistischer

oder bibelwidriger Lehrmeinungen (etwa solcher, die mit dem biblischen Schöpfungsbericht in Widerspruch stehen) verbietet", angeführt (*Anschütz*, Die Verfassung des Deutschen Reichs, 14. Aufl. 1933, Art. 118 Anm. 3), als Beispiel für allgemeine Gesetze die meisten Strafgesetze und die allgemeinen Polizeigesetze.

Diese Sonderrechtslehre wahrt die *Freiheit des Geistes;* sie traut und mutet der Gesellschaft einen freien Prozeß des Austauschs und auch Konflikts zwischen Meinungen zu, solange nicht ein „Einbruch vom Gebiet des Überzeugens in das Gebiet des unmittelbaren Handelns erfolgt" (*Häntzschel*, a.a.O.). Sie greift damit genau das, was in der *Entwicklung* der Grundrechte als Meinungsfreiheit gefordert und erkämpft wurde. Sie erhellt auch, warum dem Vorbehalt der allgemeinen Gesetze noch die Schranken des Ehren- und Jugendschutzes beigefügt wurden: Gesetze zum Schutze der Jugend und der Ehre sind Sonderrecht gegen die Meinungsfreiheit, denn sie beschränken oder verbieten Meinungsäußerungen wegen ihrer geistigen Zielrichtung und Wirkung und mußten daher neben den allgemeinen Gesetzen *gesondert* aufgeführt werden. 672

Aber schon unter der WRV wurde die Sonderrechtslehre als formalistisch, ihr Begriff des allgemeinen Gesetzes als formal kritisiert und ein *materialer Begriff* des allgemeinen Gesetzes gefordert. Danach sollten als allgemeine Gesetze diejenigen gelten, „die deshalb den Vorrang vor Art. 118 haben, weil das von ihnen geschützte gesellschaftliche Gut wichtiger ist als die Meinungsfreiheit" (*Smend*, VVDStRL 4, 1928, 44/52). In diesem Sinn sollte es z. B. die „materiale Überwertigkeit des Strafrechtsgutes gegenüber dem Grundrechtsgut (sein), die dem Strafrecht den Vorzug gibt" (*Smend*, a.a.O.). Die Feststellung, ob ein Gesetz allgemein ist, ist danach das Ergebnis einer Abwägung, und *Smend* selbst hat gesehen: „Derartige Abwägungsverhältnisse können schwanken..." (a.a.O., S. 53). 673

Diese Weimarer Konkurrenz zwischen herrschender Sonderrechtslehre und Abwägungslehre fand das *BVerfG* vor, als es sich im *Lüth-Urteil* (E 7, 198) erstmals mit dem Begriff des allgemeinen Gesetzes zu befassen hatte. Es hat einfach beide Lehren kombiniert und versteht seitdem in ständiger Rechtsprechung unter allgemeinen Gesetzen die Gesetze, „die nicht eine Meinung als solche verbieten, die sich nicht gegen die Äußerung der Meinung als solche richten, die vielmehr dem Schutze eines schlechthin, ohne Rücksicht auf eine bestimmte Meinung, zu schützenden Rechtsguts dienen, dem Schutze eines Gemeinschaftswerts, der gegenüber der Betätigung der Meinungsfreiheit den Vorrang hat" (E 7, 198/209 f.). Diese Formel läßt die Sonderrechtslehre noch intakt; sie scheint deren freiheitssichernde Wirkung durch das zusätzliche Erfordernis, daß mit dem allgemeinen Gesetz nicht ein beliebiger, sondern nur ein besonders wertvoller Zweck verfolgt werden darf, nur zu verstärken. Allerdings ist unschwer zu sehen, daß der Frage nach dem Wert und dem Vorrang des Gesetzeszwecks dasselbe Rationalitätsdefizit eignet wie der Prüfung der Verhältnismäßigkeit im engeren Sinn: Beidemal werden mangels eines objektiven Maßstabs letztlich die subjektiven Einschätzungen der Wert- und Rangverhältnisse zwischen Meinungsfreiheit und Gesetzeszweck entscheidend. Bedenklich sind darum Formulierungen, die sich beim BVerfG ebenfalls zum Begriff des allgemeinen Gesetzes finden und in denen das Erbe der Sonderrechtslehre hinter dem der Abwägungslehre völlig zurücktritt: „Es wird ... eine ‚Güterabwägung' erforderlich: Das Recht zur Meinungsäußerung muß zu- 674 rücktreten, wenn schutzwürdige Interessen eines anderen von höherem Rang durch die Betätigung der Meinungsfreiheit verletzt würden" (E 7, 198/210). Derartige Formulierungen sind die unglückliche und mißverständliche Verselbständigung eines Aspekts des Begriffs des allgemeinen Gesetzes. Ihnen gegenüber ist daran zu erinnern, daß das BVerfG die Sonderrechtslehre keineswegs preisgeben, sondern aufrechterhalten und sogar verstärken will (vgl. auch *Hesse*, VerfR, Rdnr. 399; *Schmitt Glaeser*, AöR 1972, 276/278; *Schwark*, Der Begriff der „allgemeinen Gesetze" in Art. 5 Abs. 2 des Grundgesetzes, 1970, S. 131).

675 Was das BVerfG in Aufrechterhaltung der Sonderrechtslehre verlangt, ist — zu einem Leitbegriff zusammengezogen — die *Meinungsneutralität* der allgemeinen Gesetze. In mehrere Prüfschritte auseinandergelegt bedeutet es, daß ein allgemeines Gesetz
— nicht den Zweck verfolgen darf, den einzelnen zu bestimmten Meinungsinhalten zu bekehren oder von bestimmten Meinungsinhalten abzubringen (Verbot des missionarischen Eingriffszwecks),
— nicht das Mittel einsetzen darf, die Wertlosigkeit oder Schädlichkeit von Meinungsinhalten zu Tatbestandsvoraussetzungen von Eingriffen zu machen (Verbot des diskriminierenden Eingriffsmittels),
— sich als geeignet und notwendig zur Erreichung eines legitimen Zwecks begründen lassen muß, ohne daß die Begründung auf den inhaltlichen Wert und die geistige Wirkung von Meinungsinhalten abstellt (*Hoffmann-Riem*, JZ 1986, 494; *Schlink*, Staat 1976, 335/353 ff.).

676 Der Ergänzung durch die Abwägungslehre kommt dabei dieselbe Bedeutung wie sonst der *Verhältnismäßigkeit i. e. S.* zu (vgl. oben Rdnr. 333 f.). Die Prüfung, wie wertvoll die Verfolgung des Gesetzeszwecks und die Betätigung der Meinungsfreiheit sind und ob das Rangverhältnis zwischen Gesetzeszweck und Meinungsfreiheit stimmt, ist eine das Ergebnis der vorangegangenen Prüfschritte in den Blick nehmende Stimmigkeitskontrolle, die, wenn sie unbefriedigend ausfällt, zunächst die nochmalige Kontrolle der vorausgegangenen Prüfschritte verlangt und nur als letzten Ausweg die Korrektur unter Hinweis auf das Abwägungsverhältnis erlaubt (vgl. auch *Erichsen*, StR I, S. 29 f.; *Schmitt Glaeser*, AöR 1972, 276/286; *Starck*, Festschrift Weber, 1974, S. 189/215).

677 Das BVerfG hat noch einen weiteren Aspekt der Eingriffsrechtfertigung, der auch bei den übrigen Grundrechten einschlägig ist, bei Art. 5 Abs. 2 begrifflich verselbständigt: Seiner zum allgemeinen Gesetz entwickelten sogenannten *Wechselwirkungslehre*, auch spöttisch Schaukeltheorie genannt, kommt hier dieselbe Bedeutung zu wie sonst dem Grundsatz der *verfassungskonformen Auslegung* (*Herzog*, M/D-GG, Art. 5 Abs. I, II Rdnr. 264): „Die allgemeinen Gesetze müssen in ihrer das Grundrecht beschränkenden Wirkung ihrerseits im Lichte der Bedeutung dieses Grundrechts gesehen und so interpretiert werden, daß der besondere Wertgehalt dieses Rechts, der in der freiheitlichen Demokratie zu einer grundsätzlichen Vermutung für die Freiheit der Rede in allen Bereichen, namentlich aber im öffentlichen Leben, führen muß, auf jeden Fall gewahrt bleibt. Die gegenseitige Beziehung zwischen Grundrecht und ‚allgemeinem Gesetz' ist also nicht als einseitige Beschränkung der Geltungskraft des Grundrechts durch die ‚allgemeinen Gesetze' aufzufassen; es findet vielmehr eine Wechselwirkung in dem Sinne statt, daß die ‚allgemeinen Gesetze' zwar dem Wortlaut nach dem Grundrecht Schranken setzen, ihrerseits aber aus der Erkenntnis der wertsetzenden

Bedeutung dieses Grundrechts im freiheitlichen demokratischen Staat ausgelegt und so in ihrer das Grundrecht begrenzenden Wirkung selbst wieder eingeschränkt werden müssen" (E 7, 198/208 f.; aus neuerer Zeit BVerfG, NJW 1986, 1239). Besonders „eine Auslegung der die Meinungsfreiheit beschränkenden Gesetze, die an die Zulässigkeit öffentlicher Kritik überhöhte Anforderungen stellt, ist mit Art. 5 nicht vereinbar"; das BVerfG läßt bei einem „Beitrag zum geistigen Meinungskampf in einer die Öffentlichkeit wesentlich berührenden Frage ... die Vermutung für die Zulässigkeit der freien Rede" sprechen (E 54, 129/137; 68, 226/232). Das bedeutet, daß ein allgemeines Gesetz wie jedes Gesetz, wenn es mehrere Auslegungen zuläßt, nur in der Auslegung gilt und zur Grundlage und Rechtfertigung eines Eingriffs taugt, die mit der Verfassung und dabei besonders dem Grundsatz der Verhältnismäßigkeit vereinbar ist.

Beispiele: Die Landesstraßengesetze enthalten Vorschriften einerseits zum Gemeingebrauch und andererseits zur Sondernutzung von Straßen, Wegen und Plätzen und treffen dabei die Abgrenzung zwischen beidem in auslegungsfähiger und -bedürftiger Weise. Die an Art. 5 Abs. 1 orientierte verfassungskonforme Auslegung verlangt, auch die sogenannten kommunikativen Nutzungsformen der Straße (z. B. das Verteilen von Flugblättern) noch als erlaubnisfreien Gemeingebrauch anzusehen (vgl. *Meissner*, JA 1980, 583; *Pappermann/Löhr*, JuS 1980, 350/351 f.; *Steinberg/Herbert*, JuS 1980, 108). — § 13 Abs. 1 Nr. 3 PostO verbietet, auf der Aufschriftseite von Postsendungen Vermerke politischen Inhalts anzubringen. Das ist offensichtlich keine meinungsneutrale Regelung. Sie ist aber verfassungsmäßig, wenn sie einschränkend dahin ausgelegt wird, daß sie sich nur auf solche Vermerke bezieht, bei denen nicht auszuschließen ist, daß sie der Bundespost zugeschrieben werden oder daß sie den Postverkehr mit dem Ausland stören (BVerwG, JZ 1986, 438).

678

Unter den Begriff des allgemeinen Gesetzes fällt die große Menge der Gesetze, die das nicht nur geistige, sondern handfeste und tatkräftige *Wirken* der Menschen regeln.

679

Beispiele: Meinungsneutral sind etwa die ordnungs- und polizeirechtliche Generalklausel (*Hesse*, VerfR, Rdnr. 399), die meisten Bestimmungen des materiellen Strafrechts und des Strafprozeßrechts (vgl. zu § 119 Abs. 3 StPO unten Rdnr. 871; zu § 353 d Nr. 3 StGB, der die Meinungsäußerungen über Strafverfahren beschränkt, BVerfG, NJW 1986, 1239), die Bestimmungen des Straßenverkehrs-, Bau-, Gewerberechts usw. — Das BVerfG hat überhaupt erst einer Bestimmung die Qualität eines allgemeinen Gesetzes abgesprochen: der Genehmigungspflicht zur Veröffentlichung von Stellenangeboten für die Beschäftigung von Arbeitnehmern im Ausland (E 21, 271/280 — Südkurier —).

680

Einige Bestimmungen des *politischen Strafrechts* und auch des *Beamtenrechts* verbieten allerdings zum Schutz der freiheitlichen demokratischen Grundordnung bestimmte Meinungsäußerungen und -betätigungen. Die entsprechenden Bestimmungen des Strafrechts beziehen sich jedoch überwiegend entweder nur auf das in der Verfassung vorgesehene Partei- und Vereinigungsverbot (§§ 84 ff. StGB; vgl. auch unten Rdnr. 691) oder bloß auf die verunglimpfende Art und Weise, in der Meinungen geäußert und betätigt werden (§§ 90 ff. StGB). Die letzteren Bestimmungen haben ebenso wie die Mäßigungs- und Zurückhaltungspflichten des Beamten sowie seine Pflicht zu achtungs- und vertrauenswürdigem Verhalten (§§ 35 Abs. 2, 36 S. 3 BRRG) vor Art. 5 Abs. 2 deswegen Bestand, weil sie nicht mit dem inhaltlichen Wert oder der geistigen Wirkung von Meinungsinhalten begründet werden müssen, sondern mit der *Art und Weise* ihrer Äußerung und Betätigung, d. h. mit dem manchmal schwierigen, aber insgesamt deutlichen und traditionsreichen Unterschied von Form und Inhalt. An der Grenze der Verletzung von Art. 5 Abs. 2 lag § 88a StGB, der geistiges Wirken pönalisierte, wo es vom Umschlagen in handfeste und tatkräftige Folgen noch weit entfernt war.

681

§ 13 III 1

682 Das BVerfG faßt auch den *zivilrechtlichen Persönlichkeits- und Ehrenschutz* (§§ 823, 826, 1004 BGB) unter die Schranke der allgemeinen Gesetze (E 7, 198/211; 34, 269/282). Gewiß sind §§ 823, 826, 1004 BGB nicht gegen bestimmte Meinungen oder speziell die Meinungsfreiheit gerichtet, sondern schützen Rechtsgüter gegen Beeinträchtigungen aller Art. Aber der Persönlichkeits- und Ehrenschutz, den sie bieten, ist im Text und in der Dogmatik deutlich verselbständigt. Insoweit sind diese Vorschriften eben doch gegen bestimmte Meinungen gerichtet und würden treffender unter die Schranke des Rechts der persönlichen Ehre gefaßt.

683 bb) Das *BVerfG* neigt dazu, den **gesetzlichen Bestimmungen zum Schutze der Jugend** ihre eigenständige Bedeutung abzusprechen und sie lediglich als Unterfall der allgemeinen Gesetze zu betrachten (E 11, 234/238; vgl. aber auch E 30, 336/353). Auch das **Recht der persönlichen Ehre** wird teilweise um seine schrankenziehende Bedeutung gebracht, indem das BVerfG den zivilrechtlichen Persönlichkeits- und Ehrenschutz unter die Schranke der allgemeinen Gesetze faßt. Seinen Grund mag beides darin haben, daß die Abwägungslehre, wenn sie, wie in manchen Wendungen des BVerfG, die Sonderrechtslehre nicht etwa ergänzt, sondern ersetzt, den Jugend- und Ehrenschutz als vorrangig gegenüber der Meinungsfreiheit verstehen und damit unter den materialen Begriff des allgemeinen Gesetzes ziehen kann. Am Wortlaut von Art. 5 Abs. 2 geht dieser Bedeutungsverlust der zusätzlichen Teilschranken und mit ihm auch die Abwägungslehre jedoch vorbei; die zusätzlichen Teilschranken sind ernst zu nehmen (*v. d. Decken*, NJW 1983, 1400/1401; *Herzog*, M/D-GG, Art. 5 Abs. I, II Rdnr. 244 f.; *Schmitt Glaeser*, AöR 1972, 276/290). Für das „Recht" der persönlichen Ehre scheint nach dem Wortlaut ein formelles Gesetz nicht erforderlich zu sein. Diese Notwendigkeit kann sich indes aus dem Parlamentsvorbehalt ergeben (vgl. oben Rdnr. 304 ff.).

684 Beispiele: §§ 3 und 4 GjS verbieten die Verbreitung jugendgefährdender Schriften; § 6 JÖSchG verbietet Kindern den Besuch bestimmter öffentlicher Filmveranstaltungen; § 185 StGB stellt beleidigende Meinungsäußerungen unter Strafe; § 823 Abs. 2 BGB i.V.m. § 185 StGB gewährt dabei auch Schadensersatz; § 31 Abs. 1 Nr. 4 StVollzG ermächtigt den Anstaltsleiter, Häftlingsbriefe anzuhalten, wenn sie grobe Beleidigungen enthalten.

b) Art. 17a Abs. 1

685 Auch diese Schranke gewinnt ihre besondere Bedeutung dadurch, daß kein allgemeines Gesetz erforderlich ist. Die Vorschrift ermöglicht im Sinne eines einfachen Gesetzesvorbehalts gesetzliche Einschränkungen der Meinungsäußerungsfreiheit für die Angehörigen der Streitkräfte und des Ersatzdienstes.

686 Beispiel: § 15 Abs. 1 SG, der den Soldaten politische Betätigung im Dienst verbietet, ist entgegen E 28, 282/292 f. kein allgemeines Gesetz; sein Eingriff in Art. 5 Abs. 1 ist aber durch Art. 17a verfassungsrechtlich gerechtfertigt (zu § 15 Abs. 2 SG vgl. E 44, 197/201 f.).

c) Art. 9 Abs. 2, 18, 21 Abs. 2

687 An diese sog. Staatsschutzbestimmungen ist hier deswegen zu erinnern, weil sie zwar nicht speziell auf Art. 5 Abs. 1 bezogen sind, für Art. 5 Abs. 1 aber besondere Bedeutung besitzen. Individuelle wie kollektive politische Meinungsäußerungen, Partei- und Vereinigungszeitungen, -plakate, -embleme können insoweit einem Sonderrecht unterzogen werden, als dieses die Entscheidungen nach Art. 9 Abs. 2, 18 und 21 Abs. 2 vollzieht (vgl. z. B. § 86 Abs. 1 Nr. 1—3 StGB).

2. Zensurverbot (Art. 5 Abs. 1 S. 3)

Zu den allgemeinen, bei allen Grundrechtseingriffen geltenden Schranken-Schranken tritt für Art. 5 Abs. 1 und 2 mit dem Zensurverbot eine spezielle Schranken-Schranke hinzu. Sie gilt entsprechend ihrer systematischen Stellung grundsätzlich für alle Grundrechte des Abs. 1. Auf die Informationsfreiheit will E 27, 88/102 diese Vorschrift hingegen nicht anwenden. Das Zensurverbot schütze „der Natur der Sache nach" nur den „Hersteller eines Geisteswerkes", nicht aber dessen Bezieher und Leser. Für die bei diesen allein betroffene Informationsfreiheit wirke das Zensurverbot nur als Reflex (ebenso *Herzog*, M/D-GG, Art. 5 Abs. I, II Rdnr. 297; in andere Richtung weist allerdings E 33, 52/65 ff.; widersprüchlich *v. Mangoldt/Klein/Starck*, GG, Art. 5 Abs. 1, 2 Rdnr. 102).

688

Zensur i.S.d. Art. 5 Abs. 1 S. 3 ist jede „einschränkende Maßnahme vor der Herstellung oder Verbreitung eines Geisteswerkes, insbesondere das Abhängigmachen von behördlicher Vorprüfung und Genehmigung seines Inhalts" (E 33, 52/72; 47, 198/236). Damit ist nur die sogenannte *Vor- oder Präventivzensur* erfaßt (a. A. *Hamann/Lenz*, GG, Art. 5 Anm. B 8; *Löffler*, § 1 LPG Rdnr. 147 f.). Nachträgliche Kontroll- und Repressionsmaßnahmen (Nachzensur) sind dagegen solange zulässig, als sie sich im Rahmen der dargestellten Schranken des Art. 5 Abs. 2 halten. Umstritten ist, wann Präventivmaßnahmen, die die Herstellung oder Verbreitung zwar nicht rechtlich von einer behördlichen Genehmigung abhängig machen, wohl aber faktisch dahin wirken, daß eine behördliche Äußerung abgewartet wird, als Vor- oder Präventivzensur anzusehen sind (vgl. einerseits E 33, 52/74 ff., andererseits Sondervotum E 33, 78/88 ff.).

689

Aus der dogmatischen Einordnung des Zensurverbots als Schranken-Schranke folgt, daß es selbst nicht den Schranken des Art. 5 Abs. 2 unterliegen kann. Erwägungen, die etwa eine Zensur durch Jugend- und Ehrschutzbestimmungen für zulässig halten wollen, sind daher abzulehnen (E 33, 52/72; *Jarass*, S. 209 f.; *v. Mangoldt/Klein/Starck*, GG, Art. 5 Abs. 1, 2 Rdnr. 104).

690

> **Lösungsskizze zum Fall:** Soweit F als Herausgeber der Zeitschrift betroffen ist, geht es um seine Pressefreiheit (Art. 5 Abs. 1 S. 2, 1. Variante). Soweit er als Verfasser des inkriminierten Artikels betroffen ist, könnte man an die Meinungsäußerungsfreiheit (Art. 5 Abs. 1, S. 1, 1. Halbsatz als einschlägigen Prüfungsmaßstab denken. Da es aber um eine Meinungsäußerung durch Veröffentlichung in der Presse geht, ist auch insofern die Pressefreiheit das vorrangig zu prüfende Grundrecht. — I. Der *Schutzbereich* der Pressefreiheit umfaßt auch die Herstellung und den Vertrieb des von F herausgegebenen Kampfblattes. Dieses ist ein zur Verbreitung geeignetes und bestimmtes Druckerzeugnis und damit Presse im Sinne des Art. 5 Abs. 1 S. 2, 1. Variante. — II. *Eingriffe* in die Pressefreiheit können sowohl durch rechtliche und tatsächliche Behinderungen der Pressearbeit als auch durch nachträglich hieran anknüpfende Sanktionen erfolgen. Deshalb liegen hier zwei getrennt zu beurteilende Eingriffe vor, nämlich einmal die Beschlagnahme der noch nicht verschickten Exemplare der Januar-Ausgabe und zum anderen die Verurteilung des F gemäß §§ 86 Abs. 1 Nr. 4, 189 StGB. — III. *Verfassungsrechtliche Rechtfertigung.* — 1. Als gesetzliche Grundlage für die *Beschlagnahme* kommt nicht § 94 Abs. 1 StPO in Betracht, weil es zum Zweck der Beweissicherung in einem Strafverfahren ausgereicht hätte, ein einziges Exemplar zu beschlagnahmen. Die Beschlagnahme einer ganzen Auflage ist in §§ 111 b, c, m und n StPO i.V.m. §§ 74 und 74d StGB geregelt. Zwar sind einige dieser Vorschriften pressespezifisch, doch enthalten sie insoweit nur Vergün-

691

§ 13 III 2, § 14

stigungen für die Presse; die eigentliche Eingriffsnorm, § 111b Abs. 1, ist dagegen meinungsneutral: Es können alle Gegenstände, nicht nur Presseerzeugnisse, sichergestellt bzw. beschlagnahmt werden. — 2. Die *Bestrafung gem.* § *189 StGB* findet ihre Rechtfertigung in den Schranken des Art. 5 Abs. 2. Zwar ist § 189 StGB kein allgemeines Gesetz, weil es ausschließlich schwer beleidigende, tief kränkende Meinungsäußerungen unter Strafe stellt. Die Vorschrift gehört aber zum Recht der persönlichen Ehre. — 3. Die *Bestrafung gem.* § *86 Abs. 1 Nr. 4 StGB* wäre rechtmäßig, wenn diese Vorschrift ein allgemeines Gesetz ist. Sie knüpft die Strafdrohung an das „Verbreiten von Propagandamitteln einer ehemaligen nationalsozialistischen Organisation" und richtet sich daher gegen eine bestimmte Meinung („Sonderrecht gegen die Meinungsfreiheit"). Nur nach dem materialen Verständnis des Begriffs des allgemeinen Gesetzes (Abwägungslehre) könnte in § 86 Abs. 1 Nr. 4 StGB ein allgemeines Gesetz erblickt werden. (Der Unterschied zu § 86 Abs. 1 Nr. 1—3 StGB liegt darin, daß diese Vorschriften ausschließlich als — vgl. BGHSt 23, 64/70 — „mittelbares Organisationsdelikt" ausgestaltet sind, während § 86 Abs. 1 Nr. 4 StGB zusätzlich auf eine bestimmte Meinung abstellt; vgl. auch *Lüttger,* JR 1969, 121/129). — Die Bestrafung des F kann auch nicht durch die sog. Staatsschutzbestimmungen der Art. 9 Abs. 2, 18 und 21 Abs. 2 gerechtfertigt werden. Aus ihnen ergibt sich zwar, daß das Grundgesetz die freiheitliche demokratische Grundordnung vor Handlungen schützen will, mit denen die Freiheitsrechte zur Bekämpfung der freiheitlichen demokratischen Grundordnung mißbraucht werden. Demselben Zweck dient auch § 86 Abs. 1 Nr. 4 StGB. Es ist jedoch zu beachten, daß die Art. 9 Abs. 2, 18 und 21 Abs. 2 ein Zurücktreten der politischen Freiheitsrechte gegenüber der freiheitlichen demokratischen Grundordnung nur dann zulassen, wenn ihr Mißbrauch durch staatlichen Hoheitsakt verbindlich festgestellt worden ist (Parteiverbot und Verwirkungsausspruch nur durch das BVerfG, Vereinigungsverbot durch den Innenminister). § 86 Abs. 1 Nr. 4 StGB knüpft im Gegensatz zu dessen Nrn. 1—3 nicht an eine solche verbindliche Feststellung an. Daher wird die Vereinbarkeit dieser Vorschrift mit den Staatsschutzbestimmungen des Grundgesetzes denn auch bezweifelt (*Backes,* Rechtsstaatsgefährdungsdelikte und Grundgesetz, 1969, S. 198). Allerdings ist die NSDAP schon 1945 von den Besatzungsmächten durch das Kontrollratsgesetz Nr. 2 verboten worden. Dieser Verbotsbeschluß könnte möglicherweise dann als Surrogat eines förmlichen Feststellungsaktes betrachtet werden, wenn er noch heute fortgilt. Aber auch das ist nicht der Fall. § 86 Abs. 1 Nr. 4 StGB ist daher verfassungswidrig. Die auf seiner Grundlage ausgesprochene Bestrafung verletzt den F in seiner Pressefreiheit (ausführliche Lösung in Jura 1986, 217).

Literatur: *H. Bethge,* Freiheit und Gebundenheit der Massenmedien, DVBl. 1983, 369; *J. A. Frowein,* Reform durch Meinungsfreiheit, AöR 1980, 169; *A. Hesse,* Die Organisation privaten Rundfunks in der Bundesrepublik, DÖV 1986, 177; *W. Hoffmann-Riem,* Massenmedien, in: Hdb. VerfR, S. 389; *H. D. Jarass,* Die Freiheit der Massenmedien, 1978; *B. Schlink/J. Wieland,* Rechtsprobleme der Organisation neuer Medien, Jura 1985, 570; *B. Schmidt,* Der verfassungsrechtliche Grundrechtsschutz im öffentlichen Meinungskampf, NJW 1980, 2066; *W. Schmitt Glaeser,* Die Meinungsfreiheit in der Rechtsprechung des Bundesverfassungsgerichts, AöR 1972, 60, 276; *J. Wieland,* Die Freiheit des Rundfunks, 1984; *J. Wilke* (Hrsg.), Pressefreiheit, 1984.

§ 14 KUNST- UND WISSENSCHAFTSFREIHEIT (Art. 5 Abs. 3)

Fall: Der Sprayer (nach BVerfG, NJW 1984, 1293)

S praktiziert eine Spray-Kunst, die ihn heimlich auf die Fassaden von Büro- und Geschäftshäusern bizarre, vom Betrachter durchaus als künstlerisch aussagestark empfundene Gestalten sprühen läßt. Die Eigentümer sehen dadurch ihre Büro- und Geschäftsgebäude beschädigt. Als S schließlich gefaßt wird, wird er wegen Sachbeschädigung zu Freiheitsstrafe verurteilt. Verletzt die Verurteilung sein Grundrecht der Kunstfreiheit?

I. Überblick

Art. 5 Abs. 3 S. 1 enthält zwei Grundrechte, nämlich die Kunstfreiheit und die Wissenschaftsfreiheit, wobei Wissenschaft der gemeinsame Oberbegriff für Forschung und Lehre ist (E 35, 79/113 — Hochschulurteil —; a. A. *Hailbronner*, S. 21 ff.). Art. 5 Abs. 3 S. 2 normiert, daß die Freiheit der Lehre nicht von der Treue zur Verfassung entbindet; dies stellt eine Schutzbereichsbegrenzung dar. Kunst- und Wissenschaftsfreiheit unterliegen keinem Gesetzesvorbehalt.

692

Zu Art. 5 Abs. 3 S. 1 hat das BVerfG festgestellt, er enthalte „zunächst eine objektive ... wertentscheidende Grundsatznorm. Zugleich gewährleistet die Bestimmung jedem, der in diesem Bereich tätig ist, ein individuelles Freiheitsrecht" (E 30, 173/188; 35, 79/112). Das ist ein weder durch den Wortlaut geforderter noch mit der Systematik oder mit der Tradition verträglicher Vorrang der objektiv-rechtlichen vor der subjektiv-rechtlichen Grundrechtsdimension. Auch die Freiheiten der Kunst und der Wissenschaft sind wie die Pressefreiheit (vgl. oben Rdnr. 622) in erster Linie subjektive Rechte.

693

II. Schutzbereiche und Eingriffe

1. Kunstfreiheit

a) Schutzbereich

aa) Die Bemühungen in Rechtsprechung und Schrifttum, eine allgemeingültige **Definition der Kunst** zu entwickeln, waren bislang vergebens. Zunehmend setzt sich auch die Einsicht durch, daß eine solche Definition gar *nicht möglich* ist.

694

Das *BVerfG* war noch in E 30, 173/188 f. — Mephisto — von der Definierbarkeit der Kunst ausgegangen: „Das Wesentliche der künstlerischen Betätigung ist die freie schöpferische Gestaltung, in der Eindrücke, Erfahrungen, Erlebnisse des Künstlers durch das Medium einer bestimmten Formensprache zu unmittelbarer Anschauung gebracht werden." In neuerer Zeit betont das BVerfG aber die „Unmöglichkeit, Kunst generell zu definieren" (E 67, 213/225 — Anachronistischer Zug —). Es verwendet nebeneinander mehrere Kunstbegriffe:
— den von ihm als material bezeichneten Kunstbegriff der Mephisto-Entscheidung,
— einen von ihm formal genannten Kunstbegriff, der das „Wesentliche eines Kunstwerks" darin sieht, daß es einem bestimmten Werktyp (Malen, Bildhauen, Dichten, Theaterspielen usw.) zugeordnet werden kann,
— einen gewissermaßen offenen Kunstbegriff, der „das kennzeichnende Merkmal einer künstlerischen Äußerung darin sieht, daß es wegen der Mannigfaltigkeit ihres Aussagegehalts möglich ist, der Darstellung im Wege einer fortgesetzten Interpretation immer weiterreichende Bedeutungen zu entnehmen, so daß sich eine praktisch unerschöpfliche, vielstufige Informationsvermittlung ergibt" (E 67, 213/226 f.).

695

Den Anachronistischen Zug, die schauspielerische Darstellung eines Gedichts von Bertolt Brecht, subsumiert das *BVerfG* unter alle drei Kunstbegriffe. Es läßt offen, welcher Definition der Kunst es folgen will, wenn die verschiedenen Kunstbegriffe

696

§ 14 II 1

miteinander in Konflikt geraten. Immerhin stellt es im Fortgang der Entscheidungsbegründung immer wieder auf die Interpretationsfähigkeit, die Interpretationsbedürftigkeit und die vielfältigen Interpretationsmöglichkeiten des Anachronistischen Zugs ab und steht damit dem *offenen Kunstbegriff* nahe (E 67, 213/228 ff.; vgl. auch *Zöbeley*, NJW 1985, 254). Dessen Vorzug liegt nicht zuletzt darin, daß er auch die innere Rechtfertigung für die vorbehaltlose Gewährleistung der Kunstfreiheit erkennen läßt: Weil die Kunst vielfältig interpretierbar ist, entbehrt sie weithin der eindeutigen Aussage- und Stoßrichtung, die sie mit anderen Rechten, Gütern und Interessen in Konflikt bringen und einzuschränken verlangen würde.

697 Im *Schrifttum* hat jeder der drei Kunstbegriffe seine Vertreter (vgl. die Nachweise E 67, 213/226 f.; zum formalen Kunstbegriff *Müller*, S. 40; zum offenen Kunstbegriff *v. Noorden*, S. 82 ff.). Ferner wird nach dem sogenannten Kriterium der Drittanerkennung verfahren und die Frage, ob ein Gegenstand ein Kunstwerk ist, davon abhängig gemacht, daß ein in Kunstfragen kompetenter Dritter für vertretbar hält, den Gegenstand als Kunstwerk anzusehen (*v. Mangoldt/Klein/Starck*, GG, Art. 5 Abs. 3 Rdnr. 186; *v. Münch*, vM-GG, Art. 5 Rdnr. 60 b). Schließlich wird die Kunstfreiheit auch als Definitionsverbot verstanden, das dem Staat verwehrt, dem Kommunikationsprozeß Kunst seine Vorstellungen von richtiger, wahrer und guter Kunst aufzuoktroyieren (*Knies*, Schranken der Kunstfreiheit als verfassungsrechtliches Problem, 1967, S. 214 ff.; *Hoffmann*, NJW 1985, 237). Angesichts der Verschiedenheit der Kunstbegriffe besteht auch im Schrifttum weitgehend Einigkeit darüber, daß die Gewährleistung der Kunstfreiheit offen verstanden werden muß und auch ungewöhnliche und überraschende Ausdrucksformen umfassen kann (Happening, satirischer Aufkleber, pornografische Provokation, Duftmuseum, Spraybild usw.).

698 **bb) Umfang der Gewährleistung.** Der einzelne muß nicht als Künstler anerkannt sein, Kunst nicht als Beruf ausüben und seine Produkte weder publizieren oder ausstellen noch sonst öffentlich darbieten. Tut er letzteres allerdings, dann wird es von der Kunstfreiheit geschützt (*Wirkbereich* im Unterschied zum *Werkbereich;* E 30, 173/189 im Anschluß an *Müller*, S. 97 ff.). Das BVerfG erstreckt den Schutz der Kunstfreiheit sogar vom Künstler auf diejenigen, die eine „unentbehrliche Mittlerfunktion" zwischen Künstler und Publikum ausüben (ebenso *v. Mangoldt/Klein/Starck*, GG, Art. 5 Abs. 3 Rdnr. 190; a.A. *Müller*, S. 101; *Scholz*, M/D-GG, Art. 5 Abs. III Rdnr. 13).

699 **Beispiele:** E 30, 173/191 erstreckt den Schutz der Kunstfreiheit auf den Verleger eines Romans, E 36, 321/331 auf den Hersteller von Schallplatten; entsprechend unterfallen ihm auch Buchhändler, Theater- und Museumsdirektoren, Galeristen, Literaturagenten usw.

700 Die vorbehaltlose Gewährleistung mit ihren Problemen der Rechtfertigung von Eingriffen macht eine besonders sorgfältige Bestimmung des Schutzbereichs notwendig. Das BVerfG äußert sich dazu neuestens eindeutig und entschieden: Die „Reichweite erstreckt sich aber von vornherein nicht auf die eigenmächtige Inanspruchnahme oder Beeinträchtigung fremden Eigentums zum Zwecke der künstlerischen Entfaltung (sei es im Werk- oder Wirkbereich der Kunst)" (BVerfG, NJW 1984, 1293). Das muß ebenso bei der *eigenmächtigen Beeinträchtigung* von fremdem Leib und Leben, fremder Ehre und Freiheit gelten. Es „kann sich Kunst auch ohne Beschädigung frem-

den Eigentums entfalten" — diese Aussage, in der „kann" auch „muß" bedeutet, geht in ihrer Konsequenz über das Eigentum hinaus. Wird die Reichweite des Schutzbereichs derart bestimmt, dann konzentriert sich die Gewährleistung der Kunstfreiheit darauf, auch sonst erlaubtes Verhalten dann zu schützen, wenn es Kunst herstellt und darbietet. Wie die Berufsfreiheit ein sonst verbotenes Verhalten nicht etwa dann schützt, wenn es beruflich betätigt wird, sondern sich auf die Bündelung sonst erlaubter Handlungen zum Beruf bezieht (vgl. unten Rdnr. 905), so bezieht sich auch die Kunstfreiheit auf die spezifische künstlerische Betätigung erlaubten Verhaltens. Das ist nicht etwa eine überflüssige zusätzliche Erlaubnis des ohnehin schon Erlaubten. Es schützt die spezifische Anstößigkeit und Provokation, die in der Kunst mit der Mannigfaltigkeit ihres Aussagegehalts stecken kann. Denn im Zusammenhang mit dem offenen Kunstbegriff bedeutet Kunstfreiheit im gekennzeichneten Sinn, daß der rechtlichen Würdigung von mehreren möglichen Interpretationen eines Kunstwerks diejenige zugrunde zu legen ist, in der das Kunstwerk fremde Rechte *nicht beeinträchtigt*. Ist das Kunstwerk in dieser einen Interpretation erlaubt, dann ist auch das Herstellen und Darbieten des Kunstwerks erlaubtes Verhalten; die ebenfalls möglichen, u. U. anstößigen und provokativen weiteren Interpretationen sind nur Folge der spezifisch künstlerischen Betätigung des erlaubten Verhaltens und genießen den Schutz der Kunstfreiheit.

> **Beispiel:** Unzulässig wären nicht nur das Verbot einer Kunst als entartet, ein Verbot für Straßenmaler und -musikanten, wo Verkaufsstände und Straßenhändler erlaubt sind, Anforderungen an die künstlerische Gestaltung von Bauwerken, die ansonsten bauplanungs- und bauordnungsrechtlich zulässig sind. Unzulässig wäre besonders auch, die tiefere Bedeutung von Satire und Ironie mit der interpretatorischen Elle eines angeblich gesunden Menschenverstandes zu messen und Verletzungen des Ehr-, Persönlichkeits- oder auch Staatsschutzes anzunehmen, wo es auch andere, symbolische und metaphorische Interpretationen gibt. Wird etwa ein Politiker satirisch so gezeichnet, daß sein Körper ein Hakenkreuz oder Sichel und Hammer formt, dann muß das nicht als verbotener Angriff auf seine persönliche Ehre interpretiert werden; es kann vielmehr auch eine künstlerische Aussage über dem Politiker gerade nicht bewußte und von ihm gerade nicht gewollte objektive Tendenzen einer von ihm bloß symbolisierten Politik und als diese Aussage erlaubt sein (vgl. zur politischen Satire auch *Zechlin*, NJW 1984, 1091). 701

Die neuere Bestimmung der Reichweite des Schutzbereichs der Kunstfreiheit durch das BVerfG berührt sich mit einer älteren, die das kunstspezifische Verhalten durch die Ausgrenzung dessen zu bestimmen versucht, was bloß *bei Gelegenheit* der künstlerischen Betätigung geschieht, was nur im Zusammenhang mit ihr steht (*Müller*, S. 104 ff.). 702

> **Beispiele:** Der Bildhauer, der den Marmor, und der Musikant, der das Instrument stiehlt, tut dies nur im Zusammenhang mit seiner künstlerischen Betätigung; der Maler, der sein 13jähriges Modell verführt, handelt lediglich bei Gelegenheit seines Kunstschaffens. — Wer ein Happening dadurch veranstaltet, daß er die Bahnschranke zerstört und dadurch Zug und Bus zusammenstoßen läßt, handelt allerdings in diesem Sinn nicht nur bei Gelegenheit oder im Zusammenhang seines künstlerischen Schaffens. Ein solches Happening fällt nur beim bundesverfassungsgerichtlichen Verständnis von Kunstfreiheit aus dem Schutzbereich heraus. 703

b) Eingriffe

Eingriffe in die Kunstfreiheit können wie die Eingriffe in die Grundrechte von Art. 5 Abs. 1 durch Verbote, Sanktionen und (schutzbereichsverkürzende) tatsächliche 704

§ 14 II 1, 2

Maßnahmen erfolgen. Sie können sowohl das Herstellen (Werkbereich) als auch das Darbieten (Wirkbereich) der Kunst treffen.

705 **Beispiele:** Bestrafung der Darstellung des Kanzlerkandidaten F. J. Strauß im Anachronistischen Zug als Beleidigung (E 67, 213); Auslieferung des sog. Sprayers von Zürich an die Schweiz, damit er dort die Haftstrafe antrete, zu der er wegen des Sprayens verurteilt worden war (BVerfG, NJW 1984, 1293); Verbot des Vertriebs des Romans „Mephisto" von Klaus Mann, weil er das Persönlichkeitsrecht von Gustav Gründgens verletzte (E 30, 173).

2. *Wissenschaftsfreiheit*

a) Schutzbereich

706 aa) Nach der Definition des *BVerfG* ist **Wissenschaft** „jede Tätigkeit, die nach Inhalt und Form als ernsthafter planmäßiger Versuch der Wahrheitsermittlung anzusehen ist" (E 35, 79/113; 47, 327/367). Diese Formel wird im Schrifttum zu Recht für präzisierungsbedürftig gehalten. Nähme man sie nämlich wörtlich, so wäre jeder Kriminalbeamte, der einen Ladendiebstahl aufzuklären hat, Wissenschaftler. Zusätzlich sind daher folgende Kriterien zu fordern:
— Das Merkmal „planmäßig" muß im Sinne methodisch geordneten Denkens verstanden werden;
— das Merkmal „ernsthaft" bringt zur Geltung, daß Wissenschaft stets einen gewissen Kenntnisstand voraussetzt und pflegt;
— die Ermittlung der Wahrheit lebt wesentlich davon, daß die schon gewonnenen Erkenntnisse ständig wieder kritisch infrage gestellt werden.

707 Demnach ist *Wissenschaft* der ernsthafte, auf einem gewissen Kenntnisstand aufbauende Versuch der Ermittlung wahrer Erkenntnisse durch methodisch geordnetes und kritisch reflektierendes Denken (vgl. *v. Münch*, vM-GG, Art. 5 Rdnr. 66; *Scholz*, M/D-GG, Art. 5 Abs. III Rdnr. 91; dagegen wollen *v. Mangoldt/Klein/Starck*, GG, Art. 5 Abs. 3 Rdnr. 222 auf das Erfordernis einer rationalen Methode verzichten). Dabei ist zu beachten, daß die Wahrheitsermittlung und ihre Methode und Kritik selbst wieder Gegenstand der Wissenschaft sind und sich wandeln können. Auch der Prozeß der Wissenschaft gewinnt immer wieder ungewöhnliche und überraschende Inhalte und Formen, auch der Wissenschaftsbegriff ist insofern offen.

708 bb) **Umfang der Gewährleistung.** „Jeder, der in Wissenschaft, Forschung und Lehre tätig ist, hat — vorbehaltlich der Treuepflicht gemäß Art. 5 Abs. 3 S. 2 — ein Recht auf Abwehr jeder staatlichen Einwirkung auf den Prozeß der Gewinnung und Vermittlung wissenschaftlicher Erkenntnisse" (E 35, 79/112 f.). Daraus ergibt sich, daß der Schutzbereich nicht auf die wissenschaftliche Tätigkeit an der Hochschule beschränkt ist. Allerdings liegt hier ein Schwerpunkt wissenschaftlicher Betätigung (*v. Münch*, vM-GG, Art. 5 Rdnr. 69). Dabei steht die Wissenschaftsfreiheit nicht nur den *Hochschullehrern* und *Assistenten*, sondern auch den *Studenten* zu, freilich in unterschiedlichem Umfang; nichtwissenschaftliche Bedienstete der Universität sind dagegen nicht erfaßt. Auch die *staatlichen Hochschulen* und ihre *Fakultäten* selbst sind als juristische Personen des öffentlichen Rechts aus Art. 5 Abs. 3 grundrechtsberechtigt (vgl. oben Rdnr. 189 f.). Das gleiche muß für *Privathochschulen* gelten (vgl. *Lorenz*, in: Handbuch des Wissenschaftsrechts, 2. Bd., 1982, S. 1131). Außerhalb der Hochschule

ist der Unterricht an allgemeinbildenden Schulen nicht von Art. 5 Abs. 3 erfaßt, und zwar auch dann nicht, wenn er in höheren Klassen ein wissenschaftliches Gepräge besitzt. Denn Art. 7 Abs. 1 ist insoweit als lex specialis anzusehen. Hingegen genießen *private Forschungseinrichtungen* in Wirtschaft und Gesellschaft, von den Labors des Chemiegiganten bis zum ökologischen Institut der Umweltschützer, den Grundrechtsschutz ebenso wie der einzelne *Privatgelehrte*.

Auch bei der Wissenschaftsfreiheit macht die Vorbehaltlosigkeit der Gewährleistung die besonders sorgfältige Bestimmung des Schutzbereichs erforderlich. Denn Art. 5 Abs. 3 S. 2 begrenzt die Reichweite des Schutzbereichs nur für den Teilbereich der *Lehre* und hat selbst insoweit nur eine beschränkte Bedeutung: Von seiner Entstehungsgeschichte her soll Art. 5 Abs. 3 S. 2 nur eine die Verfassung vom Katheder aus verächtlich machende, diffamierende und verunglimpfende Politik verwehren, aber die Freiheit auch kritischer Äußerungen lassen (*Schlink*, Staat 1976, 335/352 f.). Im übrigen geht es auch bei der Wissenschaftsfreiheit um die Frage, ob eine wissenschaftliche Betätigung, die eigenmächtig fremde Rechte beeinträchtigt, noch in den Schutzbereich fällt. Die Frage besitzt hier allerdings nicht dieselbe Brisanz wie bei der Kunstfreiheit: Wissenschaft ist spezialisierter, stilisierter und abgehobener als Kunst, die alles und jedes zu ihrem Inhalt und Gegenstand macht. Denkbar sind *eigenmächtige Beeinträchtigungen* von fremdem Leib, Leben und Eigentum, fremder Ehre und Gesundheit aber auch hier. 709

> **Beispiele:** Für den Sozialwissenschaftler mag es ergiebig sein, soziale Situationen durch den Einsatz unerlaubten technischen Geräts zu belauschen und zu beobachten; der Archäologe mag versucht sein, Ausgrabungsgegenstände zu stehlen; beim Arzt ist an verbotene Tier- oder gar Menschenversuche sowie an genetische Manipulationen zu denken (vgl. *Hofmann*, JZ 1986, 253). 710

Es spricht alles dafür, die Reichweite des Schutzbereichs bei der Wissenschaftsfreiheit nicht anders als bei der Kunstfreiheit zu bestimmen. Auch sie gilt der spezifischen *wissenschaftlichen Betätigung erlaubten Verhaltens*. Wiederum ist dies nicht etwa die überflüssige zusätzliche Erlaubnis des ohnehin schon Erlaubten. Denn auch Wissenschaft kann mit ihrem kritischen und der Wahrheit verpflichteten Anspruch von einer Anstößigkeit und Provokation sein, die spezifischen Schutzes bedarf. 711

b) Eingriffe

Auch hier können Eingriffe in den von Art. 5 Abs. 1 und von der Kunstfreiheit bekannten Formen erfolgen. Die höchstrichterliche, auch die bundesverfassungsgerichtliche Rechtsprechung ist hierzu unergiebig; der abgehobene Charakter der Wissenschaft hat kein nennenswertes Konfliktpotential zwischen Wissenschaft und Gesellschaft und daher auch keine nennenswerten Eingriffsnotwendigkeiten aufkommen lassen. Zu den innerorganisatorischen Konflikten an den Hochschulen hat das BVerfG mehr aus der objektiv- als aus der subjektiv-rechtlichen Dimension der Grundrechte argumentiert (E 35, 79/112 ff., 120 ff.); allerdings geht es dabei um einen vorbeugenden Eingriffsschutz, der für die Zusammensetzung und Entscheidungsfindung der Hochschulgremien Verfahren verlangt, die Verletzungen der individuellen Freiheit des einzelnen Wissenschaftlers von vornherein ausschließen (vgl. oben Rdnr. 114). Gesetzliche Lehrziel- und Lehrstoffvorgaben sind erst dann Eingriffe in die Wissenschaftsfreiheit, wenn sie dem wissenschaftlich Lehrenden nicht mehr die Freiheit der Aufbereitung und Darbietung des Stoffs, der Wahl von Lehrmethoden und -mitteln lassen (VGH Mannheim, NVwZ 1985, 667). 712

III. Verfassungsrechtliche Rechtfertigung

713 Dem Art. 5 Abs. 3 ist kein Gesetzesvorbehalt beigefügt. Zur Anwendung der Schranken des Art. 5 Abs. 2 oder auch des Art. 2 Abs. 1 auf Art. 5 Abs. 3 hat das BVerfG festgestellt: „Die systematische Trennung der Gewährleistungsbereiche in Art. 5 weist den Abs. 3 dieser Bestimmung gegenüber Abs. 1 als lex specialis aus und verbietet es deshalb, die Schranken des Abs. 2 auf die in Abs. 3 genannten Bereiche anzuwenden... Abzulehnen ist auch die Meinung, daß die Freiheit der Kunst gemäß Art. 2 Abs. 1 Halbsatz 2 durch die Rechte anderer, durch die verfassungsmäßige Ordnung und durch das Sittengesetz beschränkt sei" (E 30, 173/191 f.). Der Vorbehaltlosigkeit des Grundrechts soll die Bedeutung zukommen, „daß die Grenzen der Kunstfreiheitsgarantie nur von der Verfassung selbst zu bestimmen sind" (E 30, 173/193). Daraus folgt — allgemeiner formuliert —, daß Eingriffe in die Grundrechte des Art. 5 Abs. 3 nur, aber immerhin durch *kollidierendes Verfassungsrecht* gerechtfertigt werden können.

714 **Beispiele:** Die Kunstfreiheit des Verlegers des Romans „Mephisto" war durch das kollidierende Persönlichkeitsrecht (Art. 2 Abs. 1 i.V.m. Art. 1 Abs. 1) beschränkt (E 30, 173/193 ff.); die Kunstfreiheit soll einem Film dann nicht zugute kommen, wenn „durch die Wirkung eines solchen Films auf den verständigen Durchschnittsbetrachter eine unmittelbare und gegenwärtige Gefahr für den Bestand der Bundesrepublik Deutschland und ihrer Grundordnung herbeigeführt wird" (E 33, 52/71); durch kollidierendes Verfassungsrecht (Art. 2 Abs. 2 S. 1) wäre auch ein Verbot des destruktiven Happenings (vgl. oben Rdnr. 703) gerechtfertigt. — Die Beschränkung oder das Verbot von Tierexperimenten durch das Tierschutzrecht läßt sich mit kollidierendem Verfassungsrecht dagegen kaum noch rechtfertigen; der Rückgriff auf die Kompetenzbestimmung des Art. 74 Nr. 20 ist ebenso problematisch (vgl. oben Rdnr. 375 f.) wie die Annahme, die Würde des Menschen verlange auch den Respekt vor der Natur.

715 Die neue Linie der Rechtsprechung des BVerfG, die schon in der Bestimmung der Reichweite des Schutzbereichs von Kunst und Wissenschaft verlangt, sich ohne Beeinträchtigung fremder Rechte zu entfalten (vgl. oben Rdnr. 700 f.), macht den Rückgriff auf die Schranken kollidierenden Verfassungsrechts *entbehrlich*. Ob der Rückgriff gleichwohl Bedeutung behalten wird, bleibt abzuwarten.

716 **Lösungsskizze zum Fall:** I. Nach sowohl dem materialen und dem formalen als auch dem offenen Kunstbegriff und dem sogenannten Kriterium der Drittanerkennung könnten die Spray-Werke in den *Schutzbereich* der Kunstfreiheit fallen. Wird dieser jedoch mit der neueren Rechtsprechung des BVerfG in seiner Reichweite durch die Rechte anderer begrenzt und damit auf die spezifisch künstlerische Betätigung erlaubten Verhaltens bezogen, handelt der Spray-Künstler nicht mehr im Schutzbereich der Kunstfreiheit. Damit wäre die Lösung schon gewonnen: Eine Verletzung der Kunstfreiheit scheidet aus. Im folgenden wird skizziert, wie die Lösung unter Zugrundelegung eines weiteren Verständnisses des Schutzbereichs fortzusetzen ist. — II. Die Verurteilung zu Freiheitsstrafe ist Sanktion für die Produktion der Spray-Werke und also ein *Eingriff* in den Schutzbereich. — III. Die *verfassungsrechtliche Rechtfertigung* des Eingriffs in den vorbehaltlos gewährleisteten Art. 5 Abs. 3 kann nur im kollidierenden Verfassungsrecht gefunden werden. Das „Eigentumsgrundrecht (enthält) gleichfalls eine Verbürgung von Freiheit; nach den vom Grundgesetz getroffenen Wertungen steht es nicht prinzipiell hinter der Freiheit der Kunst zurück" (BVerfG, NJW 1984, 1293). In der Kollision zwischen Kunst- und Eigentumsfreiheit erscheint es gerechtfertigt, die Kunstfreiheit jenseits der Grenze der Strafbarkeit hinter der Eigentumsfreiheit zurücktreten zu lassen. Es bleibt also bei dem Ergebnis, daß eine Verletzung der Kunstfreiheit ausscheidet.

Literatur: Zur Kunstfreiheit: *G. Erbel,* Wie weit darf das Theater gehen?, DVBl. 1986, 114; *P. Häberle,* Die Freiheit der Kunst im Verfassungsstaat, AöR 1985, 577; *F. Hufen,* Die Freiheit der Kunst in staatlichen Institutionen, 1982; *F. Müller,* Freiheit der Kunst als Problem der Grundrechtsdogmatik, 1969; *W. D. v. Noorden,* Die Freiheit der Kunst nach dem Grundgesetz (Art. 5 Abs. 3 Satz 1 GG) und die Strafbarkeit der Verbreitung unzüchtiger Darstellungen (§ 184 Abs. 1 Nr. 1 StGB), Diss. Köln 1969. — Zur Wissenschaftsfreiheit: *R. Dreier,* Forschungsbegrenzung als verfassungsrechtliches Problem, DVBl. 1980, 471; *H.-J. Faller,* Schutz der Wissenschaftsfreiheit in der Gruppenuniversität, in: Festschrift Stein, 1983, S. 25 ; *P. Häberle,* Die Freiheit der Wissenschaften im Verfassungsstaat, AöR 1985, 329; *K. Hailbronner,* Freiheit der Forschung und Lehre als Funktionsgrundrecht, 1979; *D. Lorenz,* Wissenschaft zwischen Hochschulautonomie und Staatsintervention, JZ 1981, 113; *B. Pieroth,* Störung, Streik und Aussperrung an der Hochschule, 1976; *B. Schlink,* Die Wissenschaftsfreiheit des Bundesverfassungsgerichts, DÖV 1973, 541.

§ 15 SCHUTZ VON EHE UND FAMILIE (Art. 6)

Fall: Streit um ein Pflegekind

Ein zweijähriges Kind wurde zu Pflegeeltern gegeben, nachdem seinen leiblichen Eltern wegen drohender Verwahrlosung des Kindes gemäß § 1666 Abs. 2 BGB das Aufenthaltsbestimmungsrecht entzogen worden war. Später verbesserten sich die Lebensverhältnisse der leiblichen Eltern wesentlich; sie wollten das inzwischen fünfjährige Kind wieder zu sich nehmen. Im Rechtsstreit zwischen leiblichen Eltern und Pflegeeltern ordnete das Landgericht gemäß § 1632 Abs. 4 BGB die Herausgabe des Kindes an die leiblichen Eltern an. Hierzu waren die Pflegeeltern nicht bereit. Ist ihre auf Art. 6 gestützte Verfassungsbeschwerde begründet?

I. Überblick

Art. 6 betrifft Ehe und Familie, Eltern und Kinder in verschiedenen Hinsichten. Abs. 1 verbürgt grundsätzlich und allgemein den Schutz von Ehe und Familie durch die staatliche Ordnung. Abs. 2 und Abs. 3 gewährleisten die Beziehung zwischen Eltern und Kindern in ihrer pflegerischen und erzieherischen Funktion (Abs. 2) und ihrer Grundlage räumlichen Zusammenseins (Abs. 3). Abs. 4 hebt unter den Eltern die Mutter hervor und räumt für die besonderen Belastungen von Schwangerschaft, Geburt und Stillzeit einen besonderen Anspruch auf Schutz und Fürsorge ein. Abs. 5, die Forderung nach Gleichstellung un- bzw. nichtehelicher Kinder, trifft sich mit Abs. 2 und Abs. 3 in dem Anliegen, daß die Entwicklungsbedingungen der Kinder nicht durch Defizite der familiären Situation beeinträchtigt werden sollen. **717**

In Art. 6 treffen auch verschiedene grundrechtliche Wirkweisen zusammen. Abs. 1 bis Abs. 3 enthalten *Abwehrrechte* und sichern die Freiheit des ehelichen und familiären Zusammenlebens gegen staatliche Eingriffe. Abs. 1 und Abs. 4 formulieren mit der Verbürgung von Schutz für Ehe und Familie bzw. des Anspruchs der Mutter auf Schutz und Fürsorge aber auch *Leistungsrechte.* Allerdings bedürfen diese der gesetzgeberischen Umsetzung und werden dadurch zu *Gesetzgebungsaufträgen.* Umgekehrt spricht Abs. 5 einen Gesetzgebungsauftrag aus, der jedoch in der Rechtsprechung des BVerfG in einen unmittelbaren Anspruch des un- bzw. nichtehelichen Kindes auf Gleichbehandlung umgeschlagen ist (vgl. oben Rdnr. 525). Schließlich enthält Abs. 1 *Institutsgarantien* und beschränkt dadurch nochmals die gesetzgeberische Gestaltungsmacht bei der Regelung ehelicher und familiärer Rechtsbeziehungen. **718**

Als Verfassungsnorm soll Art. 6 dem Staat für den Umgang mit Ehe und Familie, Eltern und Kindern verbindliche Maßstäbe vorgeben. Zugleich sind die Beziehungen der Ehe, **719** in der Familie und zwischen Eltern und Kindern aber stets schon vom Staat rechtlich geregelte Beziehungen. Obwohl der Bereich von Ehe und Familie dem Staat nicht unverfügbar vorausliegt, sondern von ihm mitkonstituiert wird, soll er gegenüber dem Staat gesichert sein — hierin liegt das Grundproblem der Interpretation von Art. 6.

II. Abwehrrechte

1. Schutzbereiche

720 a) Die **Ehe** in Art. 6 Abs. 1 ist zugleich soziales und rechtliches Gebilde. Als *soziales Gebilde* ist sie die Gemeinschaft, die einen Mann und eine Frau nach beiderseitiger Absicht und gegenseitigem Versprechen umfassend und — zwar nicht ausnahmslos, aber doch grundsätzlich — lebenslang verbindet. Insoweit verzichtet der Ehebegriff noch auf alle rechtliche Förmlichkeit und umfaßt jedes dauernde Zusammenleben, auch die sog. wilde oder freie Ehe, die nichteheliche oder eheähnliche Lebensgemeinschaft. Aber diese Formen des Zusammenlebens sollen nach allgemeiner, schon vom Verfassungsgeber geäußerter und vom BVerfG bekräftigter Auffassung nicht unter den Begriff der Ehe fallen. Die Ehe ist zugleich *rechtliches Gebilde;* der Verfassung liegt insoweit „das Bild der ‚verweltlichten' bürgerlich-rechtlichen Ehe" zugrunde, die in der rechtlich vorgesehenen Form geschlossen wird (E 53, 224/245).

721 Dieser Ehebegriff drückt ein Idealbild aus. Fraglich ist, wie *Abweichungen vom Idealbild,* die es sowohl nach der rechtlichen als auch nach der sozialen Seite gibt, zu beurteilen sind.

722 **Beispiele:** Eine Deutsche und ein Engländer werden in Deutschland von einem englischen Geistlichen getraut. Sie leben zunächst in England, später in Deutschland und gehen stets von der Rechtswirksamkeit ihrer Ehe aus. Auch ihre Umwelt betrachtet und behandelt sie als Ehepaar; bei der Geburt ihres Kindes stellt der deutsche Standesbeamte die entsprechenden Urkunden aus. Als die Frau nach dem Tod ihres Mannes Rente beansprucht, lehnt die zuständige Versicherungsanstalt ab, weil die Eheschließung nach deutschem Recht unwirksam ist. E 62, 323 bezieht auch eine derartige, sog. hinkende Ehe in den Schutzbereich von Art. 6 Abs. 1 ein. Umgekehrt erstreckt das Schrifttum den Schutzbereich von Art. 6 Abs. 1 auf die sogenannte Namens- oder Scheinehe, die zwar in der rechtlich vorgesehenen Form, aber ohne Absicht umfassender, lebenslanger Gemeinschaft nur zur Weitergabe des Namens oder zur Verhinderung der Abschiebung eines Ausländers geschlossen wird (*Huber,* Ausländer- und Asylrecht, 1983, Rdnr. 63; *Wacke,* Münchener Kommentar zum Bürgerlichen Gesetzbuch, 5. Bd., 1978, § 1353 Rdnr. 2; a. A. BVerwGE 65, 174/179 ff.). Zum Problem, ob auch die Mehrehe unter den Schutz von Art. 6 Abs. 1 fällt, vgl. BVerwGE 71, 228/231.

723 Sowohl die *hinkende* als auch die *Namens-* oder *Scheinehe* in den Schutzbereich einzubeziehen, leuchtet ein: Würde der verfassungsrechtliche Ehebegriff den einfach-rechtlichen schlicht abbilden, dann wäre das Verfassungsrecht dem einfachen Recht nicht mehr über-, sondern untergeordnet; würde der verfassungsrechtliche Ehebegriff auf die persönlichen Motive abstellen, dann müßten diese erforscht und gewertet werden und nähme das Grundrecht als Freiheitsrecht Schaden. Die Abweichungen lassen als entscheidenden Gesichtspunkt hervortreten, daß die Partner für ihr Verhältnis zueinander die *öffentliche Anerkennung als Ehe* gesucht und gefunden haben. Unter diesem Gesichtspunkt bleiben die wilde oder freie Ehe, die nichteheliche oder eheähnliche Lebensgemeinschaft aus dem Schutzbereich von Art. 6 Abs. 1 ausgespart; sie stehen aber verfassungsrechtlich unter dem Schutz von Art. 2 Abs. 1 und einfach-rechtlich unter dem Regime der §§ 705 ff. BGB.

§ 15 II 1

Der Schutzbereich der Ehe *reicht* von der Eheschließung über das eheliche Zusammenleben bis zur Ehescheidung. Frei ist die Wahl des Ehepartners und des Zeitpunkts der Eheschließung, frei sind die Ehepartner bei der Bestimmung des Ehenamens und bei der Verteilung der Aufgaben in der Ehegemeinschaft (E 68, 256/267 f.). Die Ehescheidung fällt in den Schutzbereich der Ehe, da sie die Wiedererlangung der Eheschließungsfreiheit bedeutet (E 53, 224/245). 724

b) **Familie** ist das *Beziehungsverhältnis zwischen Eltern und Kindern,* seien diese ehelich oder nichtehelich, minder- oder volljährig (E 57, 170/178), aus Ein- oder Mehrehe hervorgegangen (BVerwGE 71, 228/231 f.), Adoptiv-, Stief- oder Pflegekinder (E 18, 97/105 f.). Auch hier können Formfehler bei der Begründung der Adoptiv- oder Pflegeelternschaft die Familienqualität nicht ausschließen, sofern der entsprechende soziale Zusammenhalt gelebt und dafür die *öffentliche Anerkennung* gesucht und gefunden wurde. Der natürliche Zusammenhang genügt allein noch nicht; das nichteheliche Kind und sein Vater werden unter den Familienbegriff des Art. 6 Abs. 1 erst gefaßt, seit das BGB beide als miteinander verwandt anerkennt (E 45, 104/123). 725

Das familiäre Beziehungsverhältnis muß nicht in einer Hausgemeinschaft gelebt werden; wird es aber in einer Hausgemeinschaft gelebt, dann umschließt der Familienbegriff *alle,* die einander durch das Beziehungsverhältnis verbunden sind. Ihn auf die Kleinfamilie im Gegensatz zur Großfamilie (so E 48, 327/339; *Maunz,* M/D-GG, Art. 6 Rdnr. 16; *v. Münch,* vM-GG, Art. 6 Rdnr. 4; a. A. aber *Richter,* AK-GG, Art. 6 Rdnr. 15a; vorsichtig auch *Pirson,* BK, Art. 6 Rdnr. 21), auf die Hausgemeinschaft mit verheirateten im Gegensatz zu der mit unverheirateten Eltern zu beschränken (so *Maunz,* M/D-GG, Art. 6 Rdnr. 16a; a. A. aber *v. Münch,* vM-GG, Art. 6 Rdnr. 4a) besteht kein Grund. Den Schutz als Ehe *und* Familie genießt allerdings nur die Hausgemeinschaft mit verheirateten Eltern. 726

Der Schutzbereich der Familie *reicht* von der Familiengründung bis in alle Bereiche des familiären Zusammenlebens. Er umfaßt unter anderem die freie Entscheidung der Eltern, wann und wieviele Kinder sie haben wollen. 727

c) Wie die Eltern für das körperliche Wohl *(Pflege)* und für die seelische und geistige Entwicklung, die Bildung und Ausbildung *(Erziehung)* der Kinder sorgen wollen, ist im **Elternrecht** des Art. 6 Abs. 2 S. 1 gegenüber dem Schutzbereich der Familie zum eigenen Schutzbereich verselbständigt. Das Elternrecht reicht bis dahin, wo die *Schulhoheit des Staates* (Art. 7 Abs. 1) beginnt. Über den Auseinandersetzungen um die Reform des Schulwesens hat es insoweit seine Konturen gewonnen. 728

> **Beispiele:** Vom Ausgangspunkt aus, daß hier eine „gemeinsame Erziehungsaufgabe" von Eltern und Schule vorliege (E 34, 165/183 — Förderstufenurteil —), hat das BVerfG den Eltern ein Wahlrecht zwischen verschiedenen Schulformen zuerkannt, das aber solange noch nicht verletzt wird, als es nicht bloß eine einzige Schulform mit einem einzigen Bildungsgang gibt (E 45, 400/416); es hat das Elternrecht bei der Einrichtung einer Förderstufe (E 34, 165), bei der Neuordnung der Oberstufe (E 45, 400; 53, 185) und bei der Gestaltung des inhaltlichen und didaktischen Unterrichtsprogramms (E 45, 400; 47, 46 — Sexualkunde —) erwogen, aber hinter der staatlichen Gestaltungsmacht im Schulbereich grundsätzlich zurücktreten lassen; lediglich bei der Einführung eines fächerübergreifenden Sexualkundeunterrichts hat es aus dem Elternrecht einen Anspruch auf Information über Inhalt und Methode abgeleitet (E 47, 46). Die landesrechtlich normierten elterli- 729

§ 15 II 1, 2

chen Anhörungs- und Mitspracherechte in Art. 6 Abs. 2 S. 1 verankert zu sehen, wird im Schrifttum zuweilen gefordert (*v. Münch,* vM-GG, Art. 6 Rdnr. 25; *Fehnemann,* AöR 1980, 529/559 ff.), findet aber beim BVerfG keinen Anhalt (E 59, 360/380 f.). Ihre Veränderung und Reduzierung berührt also den Schutzbereich des Elternrechts nicht; ihrer vollständigen Beseitigung würde aber nach E 47, 46 wohl Art. 6 Abs. 2 entgegenstehen.

2. Eingriffe

730 Weil Ehe und Familie zugleich soziale und rechtliche Gebilde sind, ist nicht jede ehe- und familienbezogene Regelung auch schon ein Eingriff. Vielmehr kann es sich um eine der Regelungen handeln, die Ehe und Familie als rechtliche Gebilde überhaupt definieren (vgl. oben Rdnr. 241 ff.). Zu den *definierenden Regelungen* gehören grundsätzlich die Normen des Ehe- und Familienrechts; zu den *eingreifenden Regelungen* können die Normen anderer Rechtsgebiete gehören, wenn sie auf Ehe und Familie freiheitsbeschränkend einwirken.

731 **Beispiele** zur Eheschließungsfreiheit: Eine definierende Regelung war das ehemalige Eheverbot der Geschlechtsgemeinschaft, das die Eheschließung z. B. zwischen einem geschiedenen oder verwitweten Mann und seiner Stieftochter untersagte (E 36, 146). Dagegen stellte die ehemals übliche Zölibatsklausel, die Polizisten während der Jahre des kasernierten Dienstes die Eheschließung verwehrte (BVerwGE 14, 21), eine eingreifende Regelung dar. Auf der Grenze des Unterschieds liegt es, wenn Normen ausländischen Eherechts, die vom deutschen Eherecht abweichen, aber nach internationalem Privatrecht (vgl. Art. 13 Abs. 1 EGBGB) maßgebend sind, einer Eheschließung in Deutschland mit oder zwischen Ausländern entgegenstehen (E 31, 58). — Beispiele für das eheliche und familiäre Zusammenleben: Auch hier gibt es die definierenden Regelungen, die im früheren Recht z. B. mit der Haushaltsführungspflicht der Ehefrau und dem Stichentscheid des Ehemanns die Verteilung der Aufgaben in der Ehegemeinschaft der freien Bestimmung beider Ehegatten entzogen (E 10, 59; 48, 327/338) oder dem Ehepaar verwehrt haben, den Geburtsnamen der Frau als Ehenamen zu wählen (E 48, 327). Andererseits kann z. B. das Ausländerrecht in Ehe und Familie eingreifen, wenn es mit der Ausweisung von Ausländern, die in der Bundesrepublik Deutschland verheiratet sind und/oder Kinder haben, den ehelichen und familiären Zusammenhalt zerreißt (E 51, 386). — Beispiele zur Auflösung der Ehe: Auch hier sind neben den definierenden Regelungen des Ehescheidungsrechts (E 53, 224) eingreifende Regelungen oder Praktiken denkbar, z. B. wenn im Beamtenrecht durch eine Erschwerung der Beförderung für geschiedene Beamte die scheidungswilligen Beamten an der Auflösung der alten und Eingehung einer neuen Ehe gehindert würden. — Beispiele zum Elternrecht: Die vormundschaftsgerichtliche Zuweisung des Sorgerechts an einen Elternteil greift in das Sorgerecht des anderen Elternteils ein. Dagegen ist das Verbot entwürdigender Erziehungsmaßnahmen in § 1631 Abs. 2 BGB nur eine Definition dessen, was Art. 6 Abs. 2 S. 1 mit verantwortungsbewußter „Pflege und Erziehung" meint.

732 Die *definierenden* Regelungen des einfachen Rechts sind aber stets am verfassungsrechtlichen Ehe- und Familienbegriff zu *messen;* wenn sie ihm nicht entsprechen, schlägt die Definition in einen *Eingriff* um. Es handelt sich dann, genau besehen, um eine zwar versuchte, aber nicht gelungene Definition. Die Prüfung, ob eine Definition vor Art. 6 Abs. 1 Bestand hat, nimmt das BVerfG ganz ähnlich vor wie sonst die Prüfung, ob ein Eingriff in ein Grundrecht vor diesem Grundrecht Bestand hat: Es fragt nach *rechtfertigenden Gründen.*

733 **Beispiele:** Für das ehemalige Eheverbot der Geschlechtsgemeinschaft hat das BVerfG weder in der traditionellen Gestalt oder sozialen Funktion der Ehe noch im allgemeinen sittlichen Empfinden oder in erbbiologischen Erkenntnissen hinreichende Gründe gefunden und daher die Vereinbarkeit mit Art. 6 Abs. 1 GG verneint (E 36, 146). Bei einer

Orientierung an Tradition, Funktion und Sittlichkeitsempfinden werden der Wandel der Gesellschaft, der Wandel der Rollen und die grundrechtliche Gewährleistung der Gleichberechtigung von Mann und Frau (Art. 3 Abs. 2) bedeutsam (vgl. oben Rdnr. 513 ff.). Das BVerfG hat daran den Stichentscheid des Ehemanns scheitern lassen (E 10, 59), die Haushaltsführungspflicht der Ehefrau problematisiert (E 48, 327/338) und die Freiheit bei der Bestimmung des Ehenamens erweitert (E 48, 327).

3. Verfassungsrechtliche Rechtfertigung

Der Unterschied zwischen definierenden und eingreifenden Regelungen und Maßnahmen ist wichtig, weil *Ehe und Familie* in Art. 6 Abs. 1 *vorbehaltlos* geschützt werden. Lediglich beim *Elternrecht* ermächtigen Abs. 2 und Abs. 3 zu Eingriffen. Art. 6 Abs. 2 enthält diese Ermächtigung *implizit*, indem er eine Pflicht der Eltern zur Pflege und Erziehung der Kinder begründet und die staatliche Gemeinschaft zum Wächter über die Betätigung der Pflicht einsetzt (*Erichsen*, S. 48; *Maunz*, M/D-GG, Art. 6 Rdnr. 26a, b; a. A. *Ossenbühl*, S. 59 f., 76, 84). Daß von dieser Ermächtigung nur durch oder aufgrund Gesetzes Gebrauch gemacht werden darf, folgt aus dem Parlamentsvorbehalt (vgl. oben Rdnr. 306 ff.). Art. 6 Abs. 3 stellt das räumliche Zusammensein von Eltern und Kindern *explizit* unter *Gesetzesvorbehalt*. Beide Eingriffsermächtigungen sind *qualifiziert:* Staatliche Regelungen und Maßnahmen müssen bei Eingriffen in das Elternrecht der Pflege und Erziehung der Kinder dienen bzw., wenn sie zur Trennung der Kinder ermächtigen, dies um der Verhinderung einer Verwahrlosung willen tun. 734

a) In die **vorbehaltlosen Schutzbereiche von Ehe und Familie** darf der Staat nicht eingreifen, er darf sie durch *definierende Regelungen* von Ehe und Familie nur gestalten. 735

> **Beispiel:** Nicht eine Definition der Ehe, sondern einen Eingriff in die Eheschließungsfreiheit sieht E 31, 58 in der Beachtung ausländischer Ehehindernisse, die vom deutschen Recht abweichen, aber nach internationalem Privatrecht (vgl. Art. 13 Abs. 1 EGBGB) maßgebend sind und einer Eheschließung in Deutschland mit oder zwischen Ausländern entgegenstehen. Allerdings läßt es die Beachtung nicht schon daran scheitern, daß sie einen Eingriff in die Eheschließungsfreiheit darstellt, sondern erst an der Unverhältnismäßigkeit des Eingriffs — vielleicht, weil die Grenze zwischen Definition und Eingriff hier nur schwer zu ziehen ist. 736

Ist der Bereich der definierenden Regelungen verlassen, dann können ehe- oder familienungünstige Regelungen oder Maßnahmen ihre Legitimation allenfalls in *kollidierendem Verfassungsrecht* finden. 737

> **Beispiel:** Einem Bereitschaftspolizisten, der wie alle Bereitschaftspolizisten unter Zölibatsklausel stand, wurde die Heiratserlaubnis verweigert. BVerwGE 14, 21 hat die Zölibatsklausel für Bereitschaftspolizisten bei freiwilligem Eintritt in den Bereitschaftspolizeidienst grundsätzlich als verfassungsmäßig akzeptiert. Aber es ist nicht einzusehen, warum die Effizienz der Polizei als möglicherweise in Betracht kommendes kollidierendes Verfassungsrechtsgut vom Bereitschaftspolizisten mehr verlangen soll, als daß er, ob unverheiratet oder verheiratet, seinen Dienst versieht. Auch BVerwGE 14, 21 hat die Verweigerung als unverhältnismäßig und verfassungswidrig abgelehnt, weil die Geburt eines Kindes bevorstand, dem die Nichtehelichkeit erspart werden sollte (vgl. zur Zölibatsklausel *Maunz*, M/D-GG, Art. 6 Rdnr. 18; *v. Münch*, vM-GG, Art. 6 Rdnr. 12; *Richter*, AK-GG, Art. 6 Rdnr. 19). 738

§ 15 II 3

739 Auch Ausländer genießen den Schutz des Ehe- und des Familiengrundrechts. Allerdings hat dieser wie jeder Grundrechtsschutz von Ausländern deren Aufenthalt in der Bundesrepublik Deutschland zur Voraussetzung (vgl. oben Rdnr. 135; speziell zu Art. 6 vgl. *Gusy*, DÖV 1986, 321). Die Rechtfertigung für die *Ausweisung eines Ausländers*, die den ehelichen oder familiären Zusammenhang zerreißt, wird auch darin gesehen, daß das Grundgesetz den Staat der Deutschen konstituiert und mithin Ausweisungen von Ausländern grundsätzlich zuläßt (vgl. *Hailbronner*, Ausländerrecht, 1984, Rdnr. 275 ff.). Jedenfalls gilt der Grundsatz der Verhältnismäßigkeit: Die Ausweisung von Ausländern, die in der Bundesrepublik verheiratet sind und/oder Kinder haben, bedarf umso wichtigerer Gründe, je verwurzelter die Ehe und/oder Familie in der Bundesrepublik Deutschland sind. Ein Ausländer, dessen Ehepartner die deutsche Staatsangehörigkeit hat, darf nicht wegen Bagatelldelikten ausgewiesen werden, und verstärkt spricht gegen die Ausweisung, wenn Kinder deutscher Staatsangehöriger vorhanden sind (E 51, 386; vgl. zum Schutz von Ehe und Familie bei der Aufenthaltserlaubnis und bei Asylberechtigung ähnlich BVerwGE 42, 133; 56, 246).

740 Nun trifft die Ausweisung eines in Ehe und Familie lebenden Ausländers nicht nur ihn, der den Grund der Ausweisung verantworten muß, sondern auch seinen *Ehepartner* und seine *Familienangehörigen*, die mit dem Ausweisungsgrund unter Umständen nichts zu tun haben. Hier ist das Ehegrundrecht des Ehepartners betroffen, das Familiengrundrecht der Familienangehörigen (*Huber*, Ausländer- und Asylrecht, 1983, Rdnr. 70; *Hailbronner*, Ausländerrecht, 1984, Rdnr. 283 ff.). Das BVerfG läßt die Rechtfertigung der Ausweisung gegenüber dem Ausländer auch gegenüber dessen Ehepartner und Familienangehörigen gelten (E 51, 386). VGH Mannheim, NJW 1970, 2178 spricht den Grund hierfür aus: Wer die Ehe mit einem Ausländer schließt, muß damit rechnen, daß das eheliche und familiäre Zusammenleben sich nicht stets in Deutschland vollziehen kann. Für abhängige minderjährige Kinder gilt, daß ihre Minderjährigkeit und Abhängigkeit sie das Schicksal ihrer Eltern teilen läßt.

741 Ähnliches gilt für die Problematik des *Nachzugs von ausländischen Ehegatten und Familienangehörigen*. Auch hier hat die Rechtsprechung in abschlägigen Entscheidungen der Aufenthaltsbehörden Eingriffe in die Schutzbereiche des Art. 6 Abs. 1 und 2 erblickt, die aber grundsätzlich durch Belange der Bundesrepublik Deutschland gerechtfertigt werden können. An diese werden um so höhere Anforderungen gestellt, je verwurzelter die Ehe und/oder Familie in der Bundesrepublik Deutschland sind. So macht es einen Unterschied, ob der bereits in der Bundesrepublik Lebende Deutscher oder Ausländer ist, wie lange der Ausländer schon in der Bundesrepublik lebt, ob Kinder deutscher Staatsangehörigkeit da sind oder nicht, ob die Kinder minderjährig sind oder nicht, ob volljährige Kinder oder Eltern auf die in der Familiengemeinschaft geleistete Lebenshilfe angewiesen sind oder nicht (zu den Einzelheiten vgl. *Hailbronner*, JZ 1983, 574; *Weber*, NJW 1983, 1225).

742 b) Eingriffe in das **Elternrecht** sind nur gerechtfertigt, wenn sie dem *Wohl des Kindes* dienen. Allerdings tritt der Staat den Eltern nicht nur als Wächter über deren Pflichtbetätigung gegenüber. Mit seiner Schulhoheit begrenzt er schon den Schutzbereich des Elternrechts (vgl. oben Rdnr. 728); mit der Regelung des Sorgerechts, nach der die Eltern Rücksicht auf die zunehmende Einsichts- und Verantwortungsfähigkeit der Kinder nehmen müssen, trifft er den Ausgleich zwischen dem Elternrecht und erstarkenden Grundrechten der heranwachsenden Kinder (vgl. *Böckenförde, Geiger, Simon*, in: Essener Gespräche, 1980, S. 54, 9, 128).

Der Eingriff in das Elternrecht des einen Elternteils, der in der Zuweisung des Sorgerechts an den anderen Elternteil liegt, ist meistens durch das Kindeswohl gerechtfertigt. Den gesetzlichen *Ausschluß eines gemeinsamen Sorgerechts* geschiedener Ehegatten hat das BVerfG für den Fall als verfassungswidrig verworfen, daß die geschiedenen Eltern willens und fähig sind, ihre Elternverantwortung zum Wohl des Kindes weiterhin zusammen zu tragen (E 61, 358). Den gesetzlichen Ausschluß eines gemeinsamen Sorgerechts nichtehelicher Kinder hat es dagegen für verfassungsgemäß gehalten; das gelte auch dann, wenn die nichtehelichen Eltern die mit der Pflege und Erziehung des Kindes verbundenen Aufgaben gemeinsam wahrnehmen und die Mutter das Sorgerecht mit dem Vater zusammen ausüben möchte (E 56, 363). Daß hier das Kindeswohl ein anderes Ergebnis rechtfertigen soll als dort, leuchtet nicht ein (krit. *Richter,* AK-GG, Art. 6 Rdnr. 26; *Simitis/Zenz,* Seminar Familie und Familienrecht, 2. Bd., 1975, S. 215 ff.); es verträgt sich auch schlecht mit Art. 6 Abs. 5, weil es das nichteheliche Kind u. U. um ein Verhältnis zum Vater bringt, das dem des ehelichen Kindes zu dessen Vater entspricht (vgl. oben Rdnr. 525, 718). Das Kindeswohl kann sogar den *Verlust des Elternrechts* rechtfertigen. 743

> **Beispiel:** Ein Kind einer Witwe wächst nicht bei dieser, sondern bei den Eltern ihres Mannes auf. Als die Witwe wieder heiratet, holt sie das siebenjährige Kind zu sich, bringt es aber nach einem Jahr wieder zurück, weil das Zusammenleben nicht klappt. Die Großeltern wollen das Kind adoptieren. Die Mutter ist damit zunächst einverstanden, verweigert jedoch schließlich die Einwilligung. Das Vormundschaftsgericht möchte die Einwilligung ersetzen, weil die Mutter ihre Pflichten schuldhaft verletzt habe, die Einwilligung böswillig verweigere und weil das Wohl des Kindes die Adoption verlange. E 24, 119 bejaht die Möglichkeit einer Ersetzung der Einwilligung. Damit übe der Staat sein Wächteramt aus. In den Wesensgehalt des Elternrechts greife er dabei nicht ein; die wahren Eltern seien hier nicht die natürlichen, sondern die Adoptiveltern. 744

Den Entzug des Elternrechts will das BVerfG nicht aus Art. 6 Abs. 3, sondern *allein aus Art. 6 Abs. 2* rechtfertigen. Es kann sich darauf berufen, daß das Anliegen des Verfassungsgebers bei Art. 6 Abs. 3 die Verhinderung der Organisation einer obligatorischen Staatsjugend mit Schulungslagern und Zwangsinternaten war. Der Wortlaut geht jedoch darüber hinaus: Jeder Eingriff in das Elternrecht bedarf der Rechtfertigung durch das Kindeswohl; bei dem Eingriff, der die Kinder von den Eltern trennt, muß das Kind in seinem Wohl nicht nur irgendwie, sondern von Verwahrlosung bedroht sein. Die zwangsweise Adoption trennt das Kind nicht einfach von den falschen Eltern, um es den wahren zu geben. Bis zur Trennung sind die natürlichen Eltern die einzigen Eltern; die zwangsweise Adoption muß daher durch *drohende Verwahrlosung* gerechtfertigt werden können. 745

Auch in der Literatur wird Art. 6 Abs. 3 zuweilen wenig ernst genommen. Es findet sich die Auffassung, neben dem Versagen der Erziehungsberechtigten und der drohenden Verwahrlosung der Kinder gebe es noch *andere Trennungsgründe,* z. B. die Einberufung zum Wehrdienst und den Vollzug einer Freiheitsstrafe (*Maunz,* M/D-GG, Art. 6 Rdnr. 37; *v. Münch,* vM-GG, Art. 6 Rdnr. 32). Mit dem Wortlaut von Art. 6 Abs. 3 ist das *nicht vereinbar* (vgl. auch *Erichsen,* S. 56). Vor Eintritt der Volljährigkeit verbietet Art. 6 Abs. 3 die Einberufung gegen den Willen der Erziehungsberechtigten, und bei der Verhängung einer Freiheitsstrafe verlangt er das Einverständnis der Erziehungsberechtigten, deren Versagen oder aus anderen Gründen drohende Verwahrlosung. 746

III. Institutsgarantien

747 Art. 6 Abs. 1 garantiert Ehe und Familie als Institute. Für den Inhalt der Institutsgarantie kann auf oben *verwiesen* werden: Der Staat darf Ehe und Familie zwar definieren und gestalten, er ist dabei aber nicht völlig frei. Schon oben wurde auf die Bedeutung verwiesen, die die traditionelle Gestalt und Funktion, aber auch der Wandel der Lebensverhältnisse und Betrachtungsweisen sowie die grundrechtliche Gewährleistung der Gleichberechtigung von Mann und Frau hierbei haben.

748 Die Institutsgarantie des Art. 6 Abs. 1 hat wie alle Institutsgarantien einen *bewahrenden* Gehalt. Die soziale und rechtliche Gestalt, die Ehe und Familie als Institute geschichtlich gewonnen haben, ist zwar nicht jeder Änderung durch den Gesetzgeber entzogen, muß aber im Kern oder Wesen intakt bleiben. Dieses Prinzip wird erfüllt, wenn die Änderung aus der gesellschaftlichen Entwicklung gewissermaßen wächst und vom Staat nicht als Fremdkörper aufgezwungen wird.

749 **Beispiele:** Dem staatlichen Zugriff entzogen sind die Gestalt der Ehe als Einehe, das Erfordernis des Einverständnisses bei Begründung der Ehe, die grundsätzlich lebenszeitliche Dauer der Ehe (E 31, 58/69; 53, 224/245). Dagegen durfte das Eherecht vom Verschuldens- zum Zerrüttungsprinzip übergehen (E 53, 224), den Versorgungsausgleich einführen (E 53, 257), und, indem es die Wahlfreiheit beim Ehenamen erweitert, die Aufgabenverteilung in der Ehegemeinschaft den Eheleuten überlassen und ihnen gleichberechtigt Entscheidungsmacht eingeräumt hat (E 10, 59; 48, 327), ist es nicht nur der gesellschaftlichen Entwicklung gefolgt, sondern hat dem Gleichberechtigungsgebot des Art. 3 Abs. 2 gehorcht (vgl. oben Rdnr. 513 ff.).

750 Mit diesem Inhalt scheint die Institutsgarantie lediglich objektiv-rechtliche Widerspiegelung dessen zu sein, was oben schon subjektiv-rechtlich ausgeführt wurde. Der Garantiegehalt *geht* jedoch *darüber hinaus*. Auch dort, wo Art. 6 Abs. 1 als subjektives Recht gar nicht betroffen ist, ist der Gesetzgeber in seiner Gestaltungsfreiheit durch die Institutsgarantie des Art. 6 Abs. 1 beschränkt.

751 **Beispiel:** Würde für diejenigen, die polygam leben wollten, die Mehr- oder Vielehe als Institut des Privatrechts eingeführt, wären diejenigen, die monogam leben wollen und denen dafür nach wie vor die Einehe als Institut des Privatrechts offen steht, in keiner Weise betroffen. Gleichwohl wäre die Relativierung der Einehe durch Einführung der Mehr- oder Vielehe mit der Institutsgarantie des Art. 6 Abs. 1 unvereinbar.

IV. Leistungsrechte

752 Art. 6 Abs. 1 verbürgt Ehe und Familie den Schutz der staatlichen Gemeinschaft, Art. 6 Abs. 4 räumt der Mutter einen Anspruch auf Schutz und Fürsorge der Gemeinschaft ein, und in Art. 6 Abs. 5 hat das BVerfG hinter dem Auftrag an den Gesetzgeber einen Anspruch des nichtehelichen Kindes auf die gleichen Bedingungen für leibliche und seelische Entwicklung und gesellschaftliche Stellung, wie sie die ehelichen Kinder haben, gesehen (E 25, 167). Diese Leistungsrechte bedürfen letztlich der *gesetzgeberischen Umsetzung*, sei es im bürgerlichen Recht, im Steuer- oder Sozial-, Beamten- oder Dienstrecht. Dabei können sie Ungleichbehandlungen legitimieren. So rechtfertigt Art. 6 Abs. 4 eine ungleiche Behandlung von Frau und Mann, die den biologischen Gegebenheiten von Schwangerschaft, Geburt und Stillzeit, nicht aber her-

kömmlichen Vorstellungen über die Rollenverteilung zwischen Mann und Frau Rechnung trägt (vgl. oben Rdnr. 513 ff.).

Die Leistungsrechte wirken außerdem als *Diskriminierungsverbote* (vgl. oben Rdnr. 546 f.). So kann unter Berufung auf Art. 6 Abs. 1 einer Benachteiligung von Ehe und Familie z. B. gegenüber Ledigen (E 13, 290/299) oder gegenüber eheähnlichen Gemeinschaften (E 67, 186), unter Berufung auf Art. 6 Abs. 4 einer Benachteilung der Mutter entgegengetreten werden. 753

Lösungsskizze zum Fall: I. Der Rechtsstreit zwischen leiblichen Eltern und Pflegeeltern wird im Verfahren der freiwilligen Gerichtsbarkeit geführt. Dies ist ein sog. objektives Verfahren, in dem die leiblichen und die Pflegeeltern nicht die Stellung von Parteien haben, sondern nur antrags- und anhörungsberechtigt sind. Hier spricht der Staat nicht Parteien private Rechte zu, sondern trifft selbst Anordnungen. Die Grundrechte gelten nicht lediglich nach Maßgabe der Lehre von der mittelbaren Drittwirkung, sondern unmittelbar. — II. Die Verpflichtung der Pflegeeltern zur Herausgabe des Kindes an die leiblichen Eltern könnte ein Eingriff in das *Elternrecht der Pflegeeltern* sein. Denn „auch die aus dem Kind und den Pflegeeltern bestehende Pflegefamilie (ist) durch Art. 6 Abs. 1 geschützt", und damit wirkt Art. 6 Abs. 2 und 3 bei der Trennung des Kindes von den Pflegeeltern auch zu deren Gunsten (BVerfGE 68, 176/187). — Ein Eingriff in das Elternrecht, der in der Trennung des Kindes von der Familie liegen könnte, ist gem. Art. 6 Abs. 3 nur bei Versagen der Erziehungsberechtigten und bei sonst drohender Verwahrlosung des Kindes gerechtfertigt. Im vorliegenden Fall haben die Pflegeeltern nicht versagt und droht dem Kind bei den Pflegeeltern auch sonst keine Verwahrlosung. — Dennoch ist die Verpflichtung der Pflegeeltern zu einer Herausgabe des Kindes an die leiblichen Eltern vorliegend gerechtfertigt. Das Verhältnis des Kindes zu den leiblichen Eltern ist auf Dauer, das zu den Pflegeeltern auf Zeit angelegt. Wenn ein Kind wegen drohender Verwahrlosung von den leiblichen Eltern getrennt und zu Pflegeeltern gegeben wird, dann wird nicht der dauernde Verbleib des Kindes bei den Pflegeeltern, sondern die behutsame Rückkehr zu den leiblichen Eltern angestrebt. Wenn bei diesen keine Verwahrlosung mehr droht, endet das Elternrecht der Pflegeeltern. — In der Verpflichtung der Pflegeeltern zur Herausgabe des Kindes an die leiblichen Eltern liegt vorliegend also gar *kein Eingriff* in deren Elternrecht. Der Schutz von Art. 6 Abs. 3 zugunsten der Pflegeeltern wirkt zwar gegenüber Dritten und gegenüber dem Staat, nicht aber gegenüber den leiblichen Eltern, bei denen dem Kind keine Verwahrlosung mehr droht. — III. Der rechte *Zeitpunkt* für das Ende des Elternrechts der Pflegeeltern kann jedoch schwer zu bestimmen sein. Die Gefahr, daß die richterliche Anordnung der Herausgabe des Kindes an die leiblichen Eltern den Zeitpunkt falsch ansetzt, bedeutet eine Gefährdung des Elternrechts der leiblichen Eltern und der Pflegeeltern. Durch das Antragsrecht und die Anhörung sowohl der leiblichen Eltern als auch der Pflegeeltern (§ 1632 Abs. 1 bzw. 4 BGB, §§ 50a bzw. 50c FGG) sind beide Grundrechte immerhin *verfahrensrechtlich* gleichermaßen gesichert. Dadurch ist außerdem gewährleistet, daß der richterlichen Anordnung die relevanten Gesichtspunkte zugrunde liegen. Im Zweifel verlangt Art. 6 Abs. 2, daß „das Wohl des Kindes immer den Richtpunkt" bildet (BVerfGE 68, 176/188). — IV. BVerfGE 68, 176 verfolgt bei dem etwas anders gelagerten Fall einen unterschiedlichen Lösungsweg: Das Gericht sieht zunächst die Elternrechte der leiblichen Eltern und der Pflegeeltern miteinander kollidieren und stellt in der Tradition seiner Rechtsprechung (vgl. oben Rdnr. 745) auch nicht mit der nötigen Deutlichkeit auf den entscheidenden Gesichtspunkt der Verwahrlosung ab. Es löst die Kollision dann von der Dauerhaftigkeit des Elternrechts der leiblichen Eltern und der Vorläufigkeit des Elternrechts der Pflegeeltern her. Eben darum läßt sich aber von einer Kollision der Elternrechte letztlich gar nicht sprechen. 754

Literatur: Zu Art. 6 Abs. 1: *D. Giesen,* Ehe und Familie in der Ordnung des Grundgesetzes, JZ 1982, 817; *C. Gusy,* Der Grundrechtsschutz von Ehe und Familie, JA 1986, 183; *P. Häberle,* Verfassungsschutz der Familie — Familienpolitik im Verfassungsstaat, 1984; *H. Lecheler,* Der Schutz der Familie, FamRZ 1979, 1; *I. v. Münch,* Verfassungsrecht und nichteheliche Lebensgemeinschaft, in: G. Landwehr (Hrsg.), Die nichteheliche Lebensgemeinschaft, 1978, S. 137; *W. Zeidler,* Ehe und Familie, in: Hdb. VerfR, S. 555. — Zu Art. 6 Abs. 2: *H.-U. Erichsen,* Elternrecht — Kindeswohl — Staatsgewalt, 1985; *U. Fehnemann,* Zur näheren Bestimmung des grundgesetzlichen Elternrechts, DÖV 1982, 353; *W. Geiger,* Recht des Staates und Elternrecht, FamRZ 1979, 457; *F. Ossenbühl,* Das elterliche Erziehungsrecht im Sinne des Grundgesetzes, 1981; *A. Schmitt-Kammler,* Elternrecht und schulisches Erziehungsrecht nach dem Grundgesetz, 1983; *C. Starck,* Schulhoheit, pädagogische Freiheit und Elternrecht, DÖV 1979, 269.

§ 16 SCHULISCHE GRUNDRECHTE UND PRIVATSCHULFREIHEIT (Art. 7 Abs. 2—5)

Fall: Genehmigung eines privaten Gymnasiums

P ist ein bekannter Pädagoge und möchte seine Theorien in die Praxis umsetzen. Er hat einen „Förderverein des P-Gymnasiums" gegründet, der die erforderlichen Mittel für die Errichtung und den Betrieb des privaten Gymnasiums in der Stadt S aufgebracht hat. Der Antrag des Vereins auf Genehmigung des P-Gymnasiums als Ersatzschule wird von der zuständigen Schulbehörde mit der Begründung abgelehnt, in S bestünden schon Gymnasien aller Art und bei dem in den nächsten Jahren zu erwartenden Schülerrückgang sei für ein weiteres Gymnasium kein Bedürfnis vorhanden. Verstößt die Ablehnung gegen Art. 7 Abs. 4?

I. Überblick

755   Art. 7 enthält nicht nur ein oder mehrere Grundrechte, sondern „Einrichtungsgarantien, Grundrechtsnormen und Auslegungsregeln für den Bereich des Schulrechts" (E 6, 309/355). Auf die rein organisationsrechtlichen Regelungen des Art. 7 Abs. 1 und Abs. 6 wird hier nicht näher eingegangen. Auch Art. 7 Abs. 3 S. 1 stellt eine Organisationsnorm dar, die aber im engen Zusammenhang mit den Grundrechten aus Art. 7 Abs. 2 und Abs. 3 S. 2 und 3 steht. Art. 7 Abs. 4 und 5 regeln die Freiheit der Privatschulen oder Freien Schulen, wie sie teilweise genannt werden. Entsprechend der überwiegenden Gesetzgebungskompetenz der Länder für diesen Bereich sind die — teilweise ausführlichen — landesverfassungsrechtlichen Grundrechte hier von besonderer Bedeutung (vgl. *Evers,* Die Befugnis des Staates zur Festlegung von Erziehungszielen in der pluralistischen Gesellschaft, 1979, S. 34 ff.; *Tettinger,* in: Landesverfassungsgerichtsbarkeit, 3. Bd., 1983, S. 271/298 ff.).

II. Schulische Grundrechte (Art. 7 Abs. 2 und 3)

1. Schutzbereiche

756   a) **Art. 7 Abs. 3 S. 2.** Es handelt sich um ein *Grundrecht der Religionsgemeinschaften* (vgl. oben Rdnr. 65). Die Vorschrift konkretisiert Art. 4 Abs. 1 und 2, der nach der Rechtsprechung des BVerfG auch die religiöse Erziehung beinhaltet (vgl. oben Rdnr. 585). Sie geht aber über die Religions- und Weltanschauungsfreiheit hinaus; denn hier

wird — im Zusammenhang mit S. 1 — die Religionsausübung in der Form des Religionsunterrichts *innerhalb* des staatlichen Schulwesens und als Teil der Ausübung öffentlicher Gewalt garantiert. Zugleich wird hierdurch die grundsätzliche Trennung von Staat und Kirche durchbrochen; Art. 7 Abs. 3 ist lex specialis zu Art. 137 Abs. 1 WRV i.V.m. Art. 140.

Religionsgemeinschaften sind nicht nur diejenigen, die die Rechte einer Körperschaft des öffentlichen Rechts erworben haben (vgl. Art. 140 i.V.m. Art. 137 Abs. 5 WRV); es genügt die Erlangung einer bürgerlich-rechtlichen Rechtsfähigkeit (vgl. Art. 140 i.V.m. 137 Abs. 4 WRV). Unter dieser Voraussetzung kann z. B. auch islamischer Religionsunterricht in öffentlichen Schulen erteilt werden (vgl. *Füssel/Nagel*, EuGRZ 1985, 497). 757

Art. 7 Abs. 3 S. 2 garantiert — im Zusammenhang mit S. 1 — den Religionsgemeinschaften einen Anspruch darauf, daß Religionsunterricht vorgesehen und *veranstaltet* wird, und zwar unter folgenden tatbestandlichen Voraussetzungen: Der Begriff *Schulen* steht im Gegensatz zum Begriff Hochschulen (E 37, 314/320). — „*Öffentliche*" Schulen bezeichnet den Gegensatz zu Privatschulen; es fallen alle Schulen darunter, die vom Staat, den Gemeinden oder öffentlich-rechtlichen Körperschaften — nicht aber den Religionsgemeinschaften selbst! — getragen werden. — „*Bekenntnisfreie Schulen*" meint weltliche, herkömmlich — und im Widerspruch dazu, daß in Art. 4 Abs. 1 auch bezüglich der Weltanschauungen von Bekenntnis die Rede ist — auch Weltanschauungsschulen. — Eine *territoriale* Beschränkung ergibt sich aus der Sondervorschrift des Art. 141, von der die Länder Berlin und Bremen betroffen sind. — „*Ordentliches Lehrfach*" bedeutet, daß der Religionsunterricht Pflichtfach — nicht Wahlfach — ist (unbeschadet der aus Art. 7 Abs. 2 und Abs. 3 S. 3 folgenden Besonderheiten). Er ist also anderen Fächern grundsätzlich gleichberechtigt. Im System der Jahrgangsklassen muß er also jedes Jahr im Fächerkanon vertreten sein; im System der Jahrgangsstufen zählt er zwar zum „Pflichtbereich", kann aber auf bestimmte Jahrgangsstufen konzentriert werden. Wegen des Charakters als „ordentliches Lehrfach" darf die Landesgesetzgebung gewisse Mindestschülerzahlen für die Erteilung des Religionsunterrichts festsetzen. — Daraus, daß der Religionsunterricht ordentliches Lehrfach „*in*" den öffentlichen Schulen ist, folgt schließlich, daß der Staat verpflichtet ist, Räume zur Verfügung zu stellen und die Kosten zu tragen. 758

Dieser Anspruch richtet sich von vornherein nur auf die *inhaltlichen* Fragen des Religionsunterrichts, nicht auf solche der äußeren Organisation, die ganz beim Staat liegt. Früher wurde allgemein angenommen, der Religionsunterricht sei in konfessioneller Positivität und Gebundenheit zu erteilen. Wenn es aber die Religionsgemeinschaften sind, die den Religionsunterricht inhaltlich bestimmen sollen, können diese nicht auf einen bestimmten Inhalt festgelegt werden. Danach ist sowohl ein Religionsunterricht möglich, der eher Verkündigung oder eher Information ist, ebenso etwa ein konfessionell-kooperativer, bikonfessioneller, multikonfessioneller oder konfessionell geöffneter Religionsunterricht (die Einzelheiten sind streitig; vgl. *Listl*, Religionsunterricht als bekenntnisgebundenes Lehrfach, 1983). Die Zulassung bekenntnisfremder Schüler zum Religionsunterricht gehört danach zu den Grundsätzen der Religionsge- 759

§ 16 II 1

meinschaften (BVerwGE 68, 16/20). Zu der inhaltlichen Einflußnahme gehören ferner die Möglichkeiten, sie personell zu gewährleisten — dazu darf die Erteilung des Religionsunterrichts von einer kirchlichen Erlaubnis (vocatio, missio canonica) abhängig gemacht werden — und sich zu informieren — dazu darf der Religionsunterricht besucht werden (visitatio) —. Schließlich ist die staatliche Dienstaufsicht über die Religionslehrer durch die inhaltliche Bestimmungsbefugnis der Religionsgemeinschaften eingeschränkt (vgl. *Winter,* VBlBW 1982, 287).

760 b) **Art. 7 Abs. 3 S. 3.** Das Recht der Lehrer, die Erteilung von Religionsunterricht *abzulehnen,* ist eine Konkretisierung ihrer Religions- und Weltanschauungsfreiheit und hat vor allem zur Folge, daß dem Lehrer hieraus keine Nachteile entstehen dürfen. Dieses Grundrecht hat insofern selbständige Bedeutung, als mögliche Beschränkungen der Grundrechte der Lehrer aus Art. 4 Abs. 1 und 2, die mit ihrem Sonderstatus als Beamte begründet werden könnten, hierdurch ausdrücklich ausgeschlossen werden. Aus dem systematischen Zusammenhang mit Art. 7 Abs. 3 S. 1 sowie aus der allgemeinen Überlegung der grundsätzlichen Staatsgerichtetheit der Grundrechte (vgl. oben Rdnr. 204) ergibt sich, daß nur die Lehrer an öffentlichen Schulen erfaßt sind und sich das Grundrecht nur gegen den jeweiligen öffentlichen Schulträger richtet.

761 c) **Art. 7 Abs. 2.** Das Recht der Erziehungsberechtigten, über die Teilnahme des Kindes am Religionsunterricht zu bestimmen, ist eine Konkretisierung des elterlichen Erziehungsrechts (Art. 6 Abs. 2) und der Religions- und Weltanschauungsfreiheit der Eltern (Art. 4 Abs. 1 und 2). Erziehungsberechtigte sind diejenigen, die nach dem Familienrecht — das selbstverständlich seinerseits nicht gegen Art. 6 Abs. 2 verstoßen darf — das Recht der Personensorge haben, d. h. in der Regel die *Eltern* gemeinsam. Das Recht des *Kindes* selbst, über die Teilnahme am Religionsunterricht zu bestimmen, ergibt sich unmittelbar aus Art. 4 Abs. 1 und 2 (vgl. *Maunz,* M/D-GG, Art. 7 Rdnr. 32). Soweit Art. 7 Abs. 2 reicht, ist er aber gegenüber Art. 4 Abs. 1 und 2 speziell.

762 **Beispiel:** Nach den schulrechtlichen Bestimmungen eines Landes ist Religionslehre ein versetzungserhebliches Fach. Darin liegt kein Verstoß gegen Art. 7 Abs. 3, da „ordentliches Lehrfach" bedeutet: Pflichtfach, abgesehen von den besonderen verfassungsrechtlichen Ausnahmen. Der systematische Zusammenhang des Art. 7 Abs. 3 S. 1 mit Art. 7 Abs. 2 kann nicht dazu führen, den Religionsunterricht als (nicht versetzungserhebliches) Wahlfach zu qualifizieren; denn wenn „ordentliches Lehrfach" auch diese Bedeutung hätte, wäre die Normierung des Art. 7 Abs. 2 überflüssig gewesen. Die Versetzungserheblichkeit kann auch nicht als Verstoß gegen Art. 4 Abs. 1 und 2 gewertet werden (so aber OVG Münster als Vorinstanz zu BVerwGE 42, 346 und *Obermayer,* NJW 1973, 1817). Denn die Verwirklichung der Religions- und Weltanschauungsfreiheit gegenüber dem Religionsunterricht als staatliche Veranstaltung ist durch Art. 7 Abs. 2 speziell und abschließend in der Weise gesichert, daß der Schüler jederzeit die Teilnahme verweigern darf (BVerwGE 42, 346 mit zust. Anm. *Scheuner,* NJW 1973, 2315 und ausführlich *Müller/Pieroth,* Religionsunterricht als ordentliches Lehrfach, 1974).

763 Fraglich ist, bis zu welchem *Alter des Kindes* die Frage der Bestimmung der Teilnahme am Religionsunterricht als eine Frage der „Erziehung" i. S. d. Art. 6 Abs. 2 — mit der Folge des Vorrangs des Bestimmungsrechts der Eltern gegenüber dem des Kindes selbst — angesehen werden kann. § 5 RelKErzG hat hier eine Regelung getroffen, die allgemein als eine dem Grundgesetz entsprechende Abgrenzung angesehen wird (vgl. BGHZ 21, 340): Vor dem 12. Lebensjahr entscheiden allein die Erziehungsberechtig-

ten. Zwischen dem 12. und 14. Lebensjahr bedarf eine Entscheidung der Erziehungsberechtigten der Zustimmung des Kindes. Nach dem 14. Lebensjahr entscheidet allein das Kind (Einzelheiten bei *Feuchte*, DÖV 1965, 661 ff.).

2. Eingriffe und verfassungsrechtliche Rechtfertigung

Art. 7 Abs. 2 und 3 unterliegen keinem Gesetzesvorbehalt. Art. 7 Abs. 1 ist eine Kompetenzvorschrift und begrenzt gem. dem Wortlaut des Art. 7 Abs. 3 S. 2 von vornherein das Bestimmungsrecht der Religionsgemeinschaften auf inhaltliche Fragen. Art. 7 Abs. 1 kann aber darüber hinaus keine Eingriffe rechtfertigen, da die genannten Konkretisierungen der Religions- und Weltanschauungsfreiheit sowie des Elternrechts spezielle Ausprägungen dieser Grundrechte gegenüber dem staatlichen Schulwesen beinhalten. Ihr eigentlicher Sinn würde also zunichte gemacht, wollte man aus der Kompetenzvorschrift für das staatliche Schulwesen die Rechtfertigung von Eingriffen ableiten.

764

III. Privatschulfreiheit

1. Schutzbereich

Art. 7 Abs. 4 S. 1 ist als Einrichtungsgarantie gewährleistet. Gleichwohl ist unstreitig, daß er auch ein *Grundrecht* für Einzelpersonen, Personenmehrheiten und juristische Personen (Art. 19 Abs. 3) enthält, Privatschulen zu errichten. Selbstverständlich ist ferner, daß hier zugleich das Recht gewährleistet ist, die Privatschule auch zu *betreiben,* da sonst die Verfassungsnorm praktisch leerliefe.

765

Insgesamt sichert Art. 7 Abs. 4 S. 1 der Privatschule „eine ihrer Eigenart entsprechende Verwirklichung ... Der dem staatlichen Einfluß damit entzogene Bereich ist dadurch gekennzeichnet, daß in der Privatschule ein eigenverantwortlich geprägter und gestalteter Unterricht erteilt wird, insbesondere soweit er die Erziehungsziele, die weltanschauliche Basis, die Lehrmethode und Lehrinhalte betrifft" (E 27, 195/200 f.). Im einzelnen hat der Träger der Privatschule danach das Recht zur

766

— Gestaltung des *äußeren Schulbetriebs* (Organisation von Schule und Unterricht),
— Gestaltung des *inneren Schulbetriebs* (Aufstellung von Lehrplänen, Festlegung von Lehrzielen, Lehrstoffen und Lehrmethoden, Auswahl der Lehr- und Lernmittel),
— *freien Schülerwahl* und
— *freien Lehrerwahl* (vgl. *Heckel*, Deutsches Privatschulrecht, 1955, S. 233 ff.).

Nach Art. 7 Abs. 4 und 5 ist begrifflich zu unterscheiden: Privatschulen „als Ersatz für öffentliche Schulen", d. h. Privatschulen, „die nach dem mit ihrer Errichtung verfolgten Gesamtzweck als Ersatz für eine in dem Land vorhandene oder grundsätzlich vorgesehene öffentliche Schule dienen sollen" (E 27, 195/201 f.), nennt man *Ersatzschulen*. Diejenigen Privatschulen, die diese Eigenschaft nicht haben, heißen *Ergänzungsschulen*. Die in Abs. 5 angesprochenen Volksschulen sind danach Ersatzschulen. Art. 7 Abs. 4 S. 2—4, Abs. 5 betrifft ausschließlich Ersatzschulen.

767

§ 16 III 1, 2

768 Die Ersatzschulen stehen unter einem Genehmigungsvorbehalt (S. 2, 1. Halbsatz), haben aber — ausgenommen die Volksschulen gem. Abs. 5 — unter folgenden Voraussetzungen bei ihrer Gründung einen *Anspruch auf Genehmigung* (S. 3 und 4) bzw. auf Nicht-Rücknahme der Genehmigung, solange die Voraussetzungen fortdauern:
 — Sie dürfen in ihren Lehrzielen und Einrichtungen sowie der wissenschaftlichen Ausbildung ihrer Lehrkräfte nicht hinter den öffentlichen Schulen zurückstehen;
 — sie dürfen keine Sonderung der Schüler nach den Besitzverhältnissen der Eltern fördern;
 — sie müssen die wirtschaftliche und rechtliche Stellung der Lehrkräfte genügend sichern (ausführlich vgl. *Müller*, S. 127 ff.).

769 Nicht im Normtext des Art. 7 Abs. 4 findet sich die Rechtsfigur der *Anerkennung* von Ersatzschulen. In fast allen Landesrechten wird sie aber als Voraussetzung dafür vorgesehen, daß die Ersatzschulen Berechtigungen mit öffentlich-rechtlicher Wirkung (Zeugnisse, Hochschulzugangsberechtigung und dergl.) erteilen (BVerwGE 68, 185/187 f.). Soweit die Ersatzschulen in diesem Bereich öffentliche Gewalt ausüben, spricht man von „*Beliehenen*". Einzig in Nordrhein-Westfalen wird mit der Genehmigung zugleich die Anerkennung erteilt (Art. 8 Abs. 4 S. 2 nw Verf.). Die verfassungsrechtliche Zulässigkeit einer von der Genehmigung gesonderten Anerkennung von Ersatzschulen ist von E 27, 195/204 ff. damit *bejaht* worden, daß dem Art. 7 Abs. 4 S. 2 der herkömmliche, die „Öffentlichkeitsrechte" nicht umfassende Ersatzschulbegriff zugrundeliege, daß die Ordnung des Berechtigungswesens eine „natürliche Aufgabe des Staates" sei und daß die Gegenauffassung zu „unannehmbaren Ergebnissen" führe. Das ist allerdings keine sehr überzeugungskräftige Argumentation (vgl. *Müller*, S. 353 ff.): Damit die Privatschulen im eigentlichen Sinn als „Ersatz" für öffentliche Schulen fungieren können, gehört unter den heutigen Bedingungen das Berechtigungswesen unbedingt hinzu.

770 Ebenfalls über den Normtext gehen Fragen der *Privatschulförderung* mit öffentlichen Mitteln hinaus. Das BVerwG hat allerdings einen Anspruch anerkannter Eratzschulen auf Kostenhilfe für ihre Unterhaltung aus Art. 7 Abs. 4 abgeleitet (BVerwGE 23, 347; 27, 360; ausführlich *Müller/Pieroth/Fohmann*, Leistungsrechte im Normbereich einer Freiheitsgarantie, 1982). BVerwGE 70, 290 schränkt ein: Die einzelne Ersatzschule hat einen entsprechenden verfassungsrechtlichen Anspruch nur nach Maßgabe dessen, was zur Erhaltung des privaten Ersatzschulwesens als Einrichtung insgesamt erforderlich ist. Nach anderer Auffassung enthält Art. 7 Abs. 4 keinen Anspruch auf Kostenhilfe (vgl. BayVerfGH, NVwZ 1985, 481; *Gramlich*, JuS 1985, 607/609).

2. Eingriffe und verfassungsrechtliche Rechtfertigung

771 Art. 7 Abs. 4 enthält *keinen Gesetzesvorbehalt*. Auch Art. 7 Abs. 4 S. 2, 2. Halbsatz („unterstehen den Landesgesetzen") stellt nach Wortlaut, Systematik und Entstehungsgeschichte keinen Gesetzesvorbehalt dar; er enthält nur den Hinweis darauf, daß Ersatzschulen Gegenstand der Gesetzgebung der Länder sind (vgl. *Müller*, S. 98 ff.).

Ersatzschulen unterliegen aber den unmittelbaren Verfassungsschranken des *Art. 7* 772
Abs. 4 S. 2—4, d. h. sie bedürfen der Genehmigung und müssen bei Gründung und
während ihres Bestandes die dort genannten drei *Voraussetzungen* erfüllen. Die Genehmigung darf also — ohne daß dies ein Verstoß gegen Art. 7 Abs. 4 wäre — zurückgenommen werden, wenn die Ersatzschule eine der Voraussetzungen nicht mehr erfüllt.

Als eine unmittelbare Verfassungsschranke ist auch *Art. 7 Abs. 1* zu betrachten, wo- 773
nach das gesamte Schulwesen — und damit auch die Privatschulen — unter der Aufsicht des Staates steht. Art. 7 Abs. 1 gibt dem Staat, d. h. nach der Kompetenzordnung
des Grundgesetzes: den Ländern, die Befugnis zum Schulhalten. Nach der Rechtsprechung des BVerwG (vgl. BVerwGE 6, 101/104; 18, 38/39; 47, 201/204) bedeutet
Schulaufsicht „die Gesamtheit der staatlichen Befugnisse zur Organisation, Planung,
Leitung und Beaufsichtigung des Schulwesens" (vgl. auch E 26, 228/238; 34, 165/182;
47, 46/71 f.; 52, 223/236; 59, 360/379). Soweit es sich um Schulaufsicht gegenüber der
Grundrechtsausübung aus Art. 7 Abs. 4 handelt, kommt allerdings kein inhaltliches
Bestimmen, sondern nur ein Überwachen von Grenzen in Betracht: Die Grenzen der
Freiheit der privaten Ersatzschulen werden in Art. 7 Abs. 4 S. 2—4 speziell markiert.
Die Schulaufsicht ist zu allen Maßnahmen befugt, die nach den Regeln des Übermaßverbots geeignet, erforderlich und nach h. M. im Einzelfall verhältnismäßig sind, um
beim Betrieb einer Ersatzschule die Einhaltung der genannten Voraussetzungen zu gewährleisten.

Lösungsskizze zum Fall: Ein Verein kann ohne weiteres Berechtigter aus Art. 7 Abs. 4 774
sein. Das P-Gymnasium ist eine Ersatzschule, weil Gymnasien in allen Ländern vorgesehene öffentliche Schulen sind. Aus Art. 7 Abs. 4 S. 2—4 ergibt sich daher ein Anspruch
auf Genehmigung unter den Voraussetzungen, daß das P-Gymnasium in seinen Lehrzielen und Einrichtungen sowie in der wissenschaftlichen Ausbildung seiner Lehrkräfte
nicht hinter anderen Gymnasien zurücksteht und eine Sonderstellung der Schüler nach
den Besitzverhältnissen der Eltern nicht gefördert wird (d. h. daß kein diskriminierendes
Schulgeld erhoben werden darf); schließlich muß auch die wirtschaftliche und rechtliche
Stellung der Lehrkräfte genügend gesichert sein. Da diese Voraussetzungen hier erfüllt
sind und der Katalog der Genehmigungsvoraussetzungen abschließend ist, ließe sich die
Ablehnung des Antrags des Vereins nur noch mit sonstigen verfassungsrechtlichen Eingriffsrechtfertigungen begründen. Jedoch unterliegt Art. 7 Abs. 4 keinem Gesetzesvorbehalt, und die Schulaufsicht ist gegenüber Art. 7 Abs. 1 ist gegenüber Ersatzschulen darauf beschränkt zu überwachen, ob die genannten Voraussetzungen erfüllt werden. Das Bedürfnis ist keine für die Errichtung oder den Betrieb einer Ersatzschule zulässige Genehmigungsvoraussetzung. Dies gilt sogar bei der nach Art. 7 Abs. 5 schwächer geschützten
privaten Volksschule. Die Ablehnung verstößt also gegen Art. 7 Abs. 4.

Literatur: Zu II: *C. Link,* Religionsunterricht, in: Handbuch des Staatskirchenrechts der
Bundesrepublik Deutschland, 2. Bd., 1975, S. 503; *B. Pieroth,* Religionsunterricht, in:
Evangelisches Staatslexikon, 2. Aufl. 1975, Sp. 2191. — Zu III: *K. Blau,* Bedeutung und
Probleme der Privatschulfreiheit, JA 1984, 463; *J. A. Frowein,* Zur verfassungsrechtlichen Lage der Privatschulen, 1979; *F. Müller,* Das Recht der Freien Schule nach dem
Grundgesetz, 2. Aufl. 1982.

§ 17 VERSAMMLUNGSFREIHEIT (Art. 8)

Fall: Sitzstreik gegen Fahrpreiserhöhung (nach BGHSt 23, 46 — Laepple —)
Nachdem — entgegen den vorherigen Verlautbarungen der Stadtverwaltung Köln — die Fahrpreise der städtischen Verkehrsbetriebe erhöht wurden, veranstaltete der „Arbeitskreis Kölner Hochschulen" (AKH) am Tage der Bekanntgabe der Fahrpreiserhöhungen um 13.00 Uhr einen Sitzstreik in der Kölner Innenstadt. Hierdurch wurde der Straßenbahnverkehr an zwei wichtigen Kreuzungspunkten blockiert. Verstößt eine Auflösung der Demonstration durch den Polizeipräsidenten der Stadt Köln gegen Art. 8 Abs. 1?

I. Überblick

775 Das Grundrecht der Versammlungsfreiheit schützt eine Form der Kommunikation mit anderen, das Sich-Versammeln. Gemeinsam mit Art. 5 und 9 wird es daher als „Kommunikationsgrundrecht" bezeichnet (*Ossenbühl*, Staat 1971, 53/60). Im Hinblick auf einen wichtigen Anwendungsfall der Art. 5 und 8 nennt man beide auch „Demonstrationsgrundrechte" (*Blumenwitz*, in: Loccumer Protokolle, Heft 23, 1981, S. 113 ff.). Die Versammlungsfreiheit gehört wie die Meinungsfreiheit zu den „unentbehrlichen und grundlegenden Funktionselementen eines demokratischen Gemeinwesens" (BVerfGE 69, 315/344 f. — Brokdorf —). Art. 8 Abs. 2 enthält einen Gesetzesvorbehalt nur für Versammlungen unter freiem Himmel, so daß Art. 8 Abs. 1 Versammlungen in geschlossenen Räumen vorbehaltlos schützt.

II. Schutzbereich

1. Versammlungsbegriff

776 Bei der Frage nach dem Versammlungsbegriff ist man sich einig, daß nicht jedes rein zufällige Zusammenkommen mehrerer Personen ausreichen kann, vielmehr eine gewisse *innere Verbindung* erforderlich sein muß. Keine Versammlungen, sondern bloße Ansammlungen sind daher ein Menschenauflauf (z. B. bei einem Verkehrsunfall, vor einem Schaufenster) oder zuhörende Passanten vor einem politischen Informationsstand (BVerfG, NJW 1977, 671; BVerwGE 56, 63/69). Doch auch solche zufälligen Ansammlungen können zu Versammlungen werden, wenn sich die anfangs fehlende innere Verbindung einstellt (*v. Münch*, vM-GG, Art. 8 Rdnr. 10).

777 Keine Einigkeit herrscht über ein weiteres Erfordernis des Versammlungsbegriffs: Nach überwiegender Auffassung soll es neben der inneren Verbindung auf den *Zweck der Zusammenkunft* ankommen, der in der gemeinsamen Meinungsbildung und -äußerung gesehen wird. Hierbei ist weiter streitig, ob diese Meinung öffentliche Angelegenheiten betreffen muß (so der engste Versammlungsbegriff; vgl. *v. Mangoldt/Klein*, GG, Art. 8 Anm. III 2) oder ob die Erörterung irgendwelcher Angelegenheiten ausreicht, gleich ob es um private oder öffentliche Meinungsäußerungen geht (so die noch h. M.; vgl. BVerwGE 56, 63/69; *Hoffmann-Riem*, AK-GG, Art. 8 Rdnr. 12; *v. Münch*, vM-GG, Art. 8 Rdnr. 12; *Schwäble*, S. 97 ff.). Diese Ansichten stützen sich auf die Komplementärfunktion der Versammlungsfreiheit zur Meinungsfreiheit, wobei die Vertreter des engsten Versammlungsbegriffs zusätzlich darauf hinweisen, daß nach der geschichtlichen Erfahrung, die zu Art. 8 geführt hat, vor allem politische Versammlungen staatlichen Eingriffen ausgesetzt waren.

778 **Beispiele:** Unstreitig Versammlungen sind nach allen Auffassungen: politische Diskussionsveranstaltungen oder Demonstrationen; wissenschaftliche Kongresse, Betriebs-

oder Gesellschafterversammlungen fallen nach dem engsten Versammlungsbegriff aus dem Schutzbereich heraus; rein gesellige Zusammenkünfte sind vom Schutz des Art. 8 nur umfaßt, wenn man für eine Versammlung nicht den Zweck gemeinsamer Meinungsbildung und -äußerung fordert.

Die Einschränkung des Versammlungsbegriffs auf die Erörterung *öffentlicher Angelegenheiten* ist *nicht haltbar.* Sie ergibt sich weder aus dem Wortlaut noch aus der systematischen Stellung des Art. 8. Die Tatsache, daß sich der Kampf um die Versammlungsfreiheit historisch gesehen vorwiegend an politischen Zusammenkünften entzündet hat, schließt nicht aus, andere Treffen ebenfalls als schützenswert anzusehen. Die engste Auffassung zum Versammlungsbegriff ist damit abzulehnen. 779

Doch auch die h. M. vermag nicht zu überzeugen. Die behauptete Komplementärfunktion des Art. 8 zur Meinungsfreiheit läßt sich ebenfalls nicht aus Wortlaut oder Systematik herleiten. Es ist nicht ersichtlich, warum die Versammlungsfreiheit gerade auf die gemeinsame Meinungsbildung und -äußerung beschränkt sein soll (ausführlich *Geck,* DVBl. 1980, 797; *Müller,* S. 42 ff.). Gegen die einengende Auslegung des Art. 8 spricht ferner der Zusammenhang mit der freien Entfaltung der Persönlichkeit (Art. 2 Abs. 1): Das Grundrecht der Versammlungsfreiheit soll die drohende Isolierung des einzelnen verhindern und (gemeinsam mit Art. 9) die Persönlichkeitsentfaltung in Gruppenform gewährleisten (*Herzog,* M/D-GG, Art. 8 Rdnr. 43; *Geck,* DVBl. 1980, 800; ähnlich *Müller,* S. 44, 48 ff.; inkonsequent *Hoffmann-Riem,* AK-GG, Art. 8 Rdnr. 13). Auch das BVerfG (E 69, 315/343) neigt zum weiten Versammlungsbegriff (a. A. *Frowein,* NJW 1985, 2376; *Götz,* DVBl. 1985, 1347): Es sieht „Versammlungen und Aufzüge ... als Ausdruck gemeinschaftlicher, auf Kommunikation angelegter Entfaltung (geschützt). Dieser Schutz ist nicht auf Versammlungen beschränkt, auf denen argumentiert und gestritten wird, sondern umfaßt vielfältige Formen gemeinsamen Verhaltens bis hin zu nichtverbalen Ausdrucksformen". Den Schutz speziell der meinungsbildenden und -äußernden Versammlung gewährleistet Art. 8 *i. V. m. Art. 5* (344 ff.). Somit kann auf das Erfordernis eines *besonderen Versammlungszwecks* neben dem der inneren Verbindung ganz *verzichtet* werden (vgl. auch *Herzog,* M/D-GG, Art. 8 Rdnr. 44). 780

> **Beispiele:** Gemeinsames Musizieren stellt daher ebenso wie ein Vereinsabend eine Versammlung dar. Bei dem Besuch kultureller und sportlicher Veranstaltungen kommt es darauf an, ob eine innere Verbindung mit anderen vorliegt. So gibt es Kinovorführungen, Konzerte und Sportfeste, bei denen gerade das Zusammenkommen mit anderen von besonderer Bedeutung ist (z. B. Kultfilme, Rockkonzerte). Treten die Teilnehmer dagegen nicht als Akteure, sondern als bloße Konsumenten in Erscheinung, bilden sie keine Versammlung. 781

Umstritten ist auch das Erfordernis einer bestimmten *Teilnehmerzahl.* Unter Hinweis auf bürgerlich-rechtliche Bestimmungen zum Verein (§§ 56, 73 BGB) werden als Mindestzahl 7 oder 3 Personen erwogen, teilweise wird mit dem allgemeinen Sprachgebrauch argumentiert, wonach mindestens 3 Teilnehmer erforderlich seien (vgl. *v. Münch,* vM-GG, Art. 8 Rdnr. 9). Beides überzeugt nicht: Der Wortlaut deckt auch eine Versammlung von 2 Personen, und der Rückgriff auf unterverfassungsrechtliche Normen ist wie immer problematisch. Legt man den weiten Versammlungsbegriff zugrunde, so reichen bereits 2 Personen für die Annahme einer Versammlung aus, denn „die systematische Isolierung des Individuums (...) macht auch vor der Isolierung vom letzten Freund nicht halt" (*Herzog,* M/D-GG, Art. 8 Rdnr. 40; im Ergebnis ebenso *Dietel/Gintzel,* VersG, § 1 Rdnr. 6; *Müller,* S. 54). 782

2. Weitere Schutzbereichsmerkmale

783 Der sachliche Schutzbereich wird von Art. 8 Abs. 1 auf friedliche Versammlungen ohne Waffen begrenzt. *Waffen* sind neben den Waffen im technischen Sinne (Pistole, Schlagring, chemische Kampfmittel usw.) auch solche gefährlichen Werkzeuge, die zum Zweck des Einsatzes mitgeführt werden. Das bloße Vorhandensein derartiger Gegenstände (Bierkrüge, Flaschen, Spazierstöcke) reicht also allein noch nicht aus. Keine Waffen sind reine Schutzgegenstände, wie Helme, Gasmasken, Schutzbrillen. Der hierfür häufig gebrauchte Ausdruck „passive Bewaffnung" ist insoweit irreführend (*Herzog*, M/D-GG, Art. 8 Rdnr. 55; *Hoffmann-Riem*, AK-GG, Art. 8 Rdnr. 22).

784 Wann eine Versammlung *friedlich* ist, wird meist negativ in Anlehnung an §§ 5 Nr. 3, 13 Abs. 1 Nr. 2 VersammlG in der Weise definiert, daß sie keinen „gewalttätigen, aufrührerischen Verlauf nimmt". Zwar kann das Grundrecht nicht durch eine unterverfassungsrechtliche Norm definiert werden, doch handelt es sich hier um einen einleuchtenden Definitionsansatz, auf den aus Vereinfachungsgründen verwiesen werden kann (vgl. *v. Münch*, vM-GG, Art. 8 Rdnr. 19).

785 Damit bleibt jedoch der Begriff „friedlich" immer noch weithin *offen*. Völlig unbestimmt und daher untauglich ist es, wenn BGH, DVBl. 1951, 736 auf die „Störung des staatsbürgerlichen Friedens in der Bevölkerung" abstellt. Zu klaren Abgrenzungen führt demgegenüber die Auffassung, wonach jede Rechtsverletzung zur Unfriedlichkeit der Versammlung führt. Dagegen ist aber zu sagen, daß damit ein Gesetzesvorbehalt schon in Art. 8 Abs. 1 hineininterpretiert wird (*Hoffmann-Riem*, AK-GG, Art. 8 Rdnr. 17). Daher wird teilweise vorgeschlagen, eine Versammlung erst dann nicht mehr als friedlich anzusehen, wenn es zu körperlicher Gewalt gegen Personen oder Sachen oder zu schweren Rechtsverstößen kommt (*Erichsen*, VerwArch 1973, 197/199; *Müller*, S. 99 f.; *Schneider*, in: Loccumer Protokolle, Heft 23, 1981, S. 137). Diese Auffassung führt jedoch zu praktisch nicht lösbaren Abgrenzungsschwierigkeiten: Man kann zwar das vereinzelte Werfen mit „weichen Gegenständen" (Farbbeutel, Eier, Tomaten etc.) relativ unproblematisch als leichten Rechtsverstoß qualifizieren; wo jedoch bei den §§ 240, 125, 223 StGB (Nötigung, Landfriedensbruch, Körperverletzung) im einzelnen die Grenze zwischen leicht und schwer gezogen werden soll, bleibt unklar. Daher muß die von der Literatur zu Recht geforderte einschränkende Auslegung der Unfriedlichkeit auf andere Weise erreicht werden.

786 Das bedeutet: Nicht schon jede Rechtsverletzung, wohl aber jeder Verstoß gegen das Strafrecht macht die Versammlung zu einer unfriedlichen. Dabei muß jedoch bei der Frage, ob eine Strafrechtsverletzung vorliegt, die Bedeutung des Art. 8 — stärker als dies in manchen Entscheidungen von Strafgerichten geschehen ist — berücksichtigt werden.

787 **Beispiel:** Ein passiver Sitzstreik ist unter Berücksichtigung von Art. 8 nicht notwendig eine gewaltsame Nötigung; eine derartige Versammlung kann, je nach den näheren Umständen, als rechtmäßig i. S. d. § 240 StGB und damit als friedlich angesehen werden (im Ergebnis ebenso, aber mit der Differenzierung leicht/schwer argumentieren: *Erichsen*, VerwArch 1973, 197/200; *Schneider*, in: Loccumer Protokolle, Heft 23, 1981, S. 138 f.; *Tiedemann*, JZ 1969, 717/722). Auch der BGH, NJW 1986, 1883 urteilt insoweit neuestens vorsichtig; er macht die Rechtswidrigkeit bzw. Verwerflichkeit „von Umfang und Intensität der Zwangswirkungen . . . sowie von allen anderen Gesichtspunkten (Tatumständen, Rechten und Interessen), die im Einzelfall für die Mittel-Zweck-Relation und ihre Bewertung wesentlich sind", abhängig; a. A. noch BGHSt 23, 46/57 — Laepple —.

Gesondert zu würdigen ist das unfriedliche Verhalten *einzelner.* Werden die Rechtsverstöße nicht von der Gesamtgruppe getragen, sondern gehen sie nur von einzelnen innerhalb einer ansonsten friedlichen Versammlung aus, so wird dadurch die Friedlichkeit der Versammlung insgesamt nicht beeinträchtigt (BVerfGE 69, 315/359 ff.). Der Übergang zu einer unfriedlichen Versammlung ist jedoch besonders im Fall der „Sprengung" (Gewalttätigkeiten zwischen einzelnen Versammlungsteilnehmern) schwierig zu bestimmen (ausführlich *Herzog,* M/D-GG, Art. 8 Rdnr. 60). 788

Unfriedlich ist eine Versammlung schließlich auch dann schon, wenn ein gewalttätiger, aufrührerischer Verlauf *droht,* also unmittelbar bevorsteht. Hierfür ist jedoch die Vermummung von Versammlungsteilnehmern allein kein ausreichendes Indiz; es müssen weitere Anhaltspunkte vorliegen (*Herzog,* M/D-GG, Art. 8 Rdnr. 55, 61; *Hoffmann-Riem,* AK-GG, Art. 8 Rdnr. 20; unklar *v. Münch,* vM-GG, Art. 8 Rdnr. 25). 789

> **Beispiele:** Als nicht mehr von Art. 8 Abs. 1 gedeckt wurden angesehen der Aufruf zu verbrecherischen Handlungen (VG Köln, NJW 1971, 210); Sperraktionen gegen die Auslieferung von Zeitungen (BGH, NJW 1972, 1366; NJW 1972, 1571); Behinderung einer Versammlung durch Gegendemonstrationen (OVG Saarlouis, JZ 1970, 283; vgl. auch *Broß,* DVBl. 1981, 208). 790

3. Umfang der Gewährleistung

Durch Art. 8 werden die Organisation und Vorbereitung der Versammlung (Versendung von Einladungen, Werbung), die Leitung sowie die Teilnahme an der Versammlung geschützt. Darüber hinaus enthält Art. 8 die negative Versammlungsfreiheit, daß niemand zur Teilnahme an oder Bildung von Versammlungen gezwungen werden darf. 791

III. Eingriffe

In Art. 8 Abs. 1 werden zwei Eingriffsfälle genannt: *Anmeldungs- und Erlaubnispflicht.* Klare Eingriffe sind auch Auflösungen und Verbote von Versammlungen sowie Teilnahmebehinderungen oder -beschränkungen, wie „Behinderung von Anfahrten und schleppende vorbeugende Kontrollen" (E 69, 315/349 — Brokdorf —). Schwieriger ist die Eingriffsqualität *staatlicher Überwachungsmaßnahmen* zu beurteilen. Nach h. M. soll es auf den Abschreckungseffekt ankommen: Da auch die innere Entschlußfreiheit, an einer Versammlung teilzunehmen, geschützt werde, liege ein Eingriff vor, wenn die Angst vor staatlicher Überwachung dazu führe, daß man lieber auf die Grundrechtsausübung verzichte (E 65, 1/43 — Volkszählungsurteil —; *Hoffmann-Riem,* AK-GG, Art. 8 Rdnr. 36). Von daher hat das BVerfG einen Eingriff bei „exzessiven Observationen und Registrierungen" (E 69, 315/349) angenommen. Damit ist das wesentliche noch nicht hinreichend erfaßt, weil unklar bleibt, welche Überwachung „exzessiv" ist, und weil Angst auch bei „normaler" Überwachung entstehen kann. Vielmehr ist ein Eingriff immer dann anzunehmen, wenn es um die Beobachtung und Registrierung gerade der Versammlung oder ihrer Teilnehmer gerade in dieser Eigenschaft geht (*Bäumler,* JZ 1986, 469/471; vgl. auch *Herzog,* M/D-GG, Art. 8 Rdnr. 73). 792

793 **Beispiele:** Die Observation eines einer Straftat Verdächtigen wird nicht dadurch zu einem Eingriff in die Versammlungsfreiheit, daß der Verdächtige an einer Versammlung teilnimmt. Ebenso verhält es sich bei der Beobachtung von gegen die Verfassung gerichteten Aktivitäten bestimmter Personen oder Gruppen. Gilt die Beobachtung dagegen der Frage, ob die Versammlung oder die Teilnahme an ihr selbst eine gegen die Verfassung gerichtete Aktivität ist, so liegt ein Eingriff in Art. 8 vor.

IV. Verfassungsrechtliche Rechtfertigung

1. Gesetzesvorbehalt des Art. 8 Abs. 2

794 Dieser Gesetzesvorbehalt gilt nur für Versammlungen *unter freiem Himmel*, nicht dagegen für Versammlungen in geschlossenen Räumen, bei denen der Raum nach oben überdacht und nach den Seiten umschlossen ist (Haus, Zelt). Problematisch ist die Anwendung des Art. 8 Abs. 2 bei nur teilweise geschlossenen Räumen wie ummauerten Innenhöfen, Stadien, überdachten Forumsplätzen. Hierbei sollte man den Sinn der Unterscheidung von Versammlungen unter freiem Himmel und in geschlossenen Räumen bedenken: Es geht nicht um die Gefahr des Naßwerdens durch Regen, sondern darum, daß die Kommunikation mit der Außenwelt die Versammlung besonders störanfällig und gefährlich macht (BVerwGE 26, 135/137; *Frowein*, NJW 1969, 1081/1083). Beachtet man diese Zielrichtung, so wird man für das Erfordernis des freien Himmels insbesondere auf die seitlichen Begrenzungen zu achten haben (im Ergebnis ebenso *v. Münch*, vM-GG, Art. 8 Rdnr. 31; vgl. auch *Herzog*, M/D-GG, Art. 8 Rdnr. 77, der allerdings inkonsequent ist bei Stadien).

795 **Beispiele:** Zusammenkünfte in ummauerten Innenhöfen und Stadien finden demnach nicht „unter freiem Himmel" statt; (bloß) überdachte Forumsplätze sind andererseits keine geschlossenen Räume.

796 Gemäß Art. 8 Abs. 2 kann die Beschränkung durch Gesetz oder aufgrund eines Gesetzes erfolgen. Beispiel für letzteres ist die *aufgrund* des Gesetzes zum Schutz des olympischen Friedens vom 31. 5. 1972 erlassene Verordnung vom 25. 7. 1972 (BGBl. 1972 I, S. 865). *Durch* Gesetz wird die Versammlungsfreiheit vor allem durch das Versammlungsgesetz, aber auch durch die Bannmeilengesetze (vgl. *Schwarze*, DÖV 1985, 213), die Sonn- und Feiertagsgesetze sowie die Straßen- und Wegegesetze eingeschränkt.

797 Bei Anwendung des Versammlungsgesetzes muß man beachten, daß es gemäß § 1 Abs. 1 nur auf *öffentliche*, d. h. jedermann zugängliche, Versammlungen Anwendung findet. Soweit es eingreift, geht es als Spezialgesetz dem allgemeinen Polizei- und Ordnungsrecht vor (str., wie hier *v. Münch*, vM-GG, Art. 8 Rdnr. 34; ausführlich *Drosdzol*, JuS 1983, 409/412 f.). Fraglich ist, ob dies auch schon für gegebenenfalls als Eingriff qualifizierte Vorfeldmaßnahmen gilt, oder ob sich die Polizei insoweit auf andere Ermächtigungsgrundlagen stützen kann (vgl. BayVGH, BayVBl. 1983, 434).

798 Die in § 14 VersamlG normierte *Anmeldepflicht* und die in § 15 VersamlG geregelte Auflösungsmöglichkeit bei Verletzung dieser Pflicht verstoßen für den Regelfall, daß eine Anmeldung binnen 48 Stunden möglich ist, nicht gegen das Grundgesetz. Das öffentliche Interesse erfordert die rechtzeitige Benachrichtigung der Polizei von dem Vorhaben, damit sie ausreichende Maßnahmen zum Schutze der öffentlichen Sicher-

heit und Ordnung treffen kann. Häufig dient die Information der zuständigen Stellen auch unmittelbar den Interessen der Veranstalter, indem z. B. durch Verkehrsregelungen bei einer Demonstration für einen reibungslosen Ablauf gesorgt wird (vgl. zu dieser doppelten Schutzrichtung *Crombach*, S. 30). Ist eine rechtzeitige Anmeldung nicht möglich (sog. Spontandemonstrationen; vgl. ausführlich *Ossenbühl*, Staat 1971, 53), ist § 14 VersammlG verfassungskonform dahin auszulegen, daß eine kürzere Anmeldefrist ausreicht oder die Anmeldepflicht überhaupt entfällt (E 69, 315/ 350 ff.).

2. Art. 17a Abs. 1

Neben Art. 8 Abs. 2 enthält Art. 17a Abs. 1 einen Gesetzesvorbehalt für das Wehrdienst- und Ersatzdienstverhältnis. Die besondere Bedeutung dieses gleichrangig neben Art. 8 Abs. 2 bestehenden Vorbehalts liegt in der Möglichkeit, auch Versammlungen in geschlossenen Räumen zu reglementieren. Das Zivildienstgesetz hat von dieser Ermächtigung bisher noch keinen Gebrauch gemacht. Anders ist die Lage bei Soldaten. Diese dürfen z. B. nach § 15 Abs. 3 SG nicht in Uniform an politischen Veranstaltungen, d. h. auch nicht an Versammlungen, teilnehmen.

799

3. Kollidierendes Verfassungsrecht

Einschränkungen des Art. 8 Abs. 1 aufgrund kollidierenden Verfassungsrechts sind bezüglich einzelner Bestimmungen des Versammlungsgesetzes in Betracht zu ziehen, die Versammlungen in *geschlossenen Räumen* betreffen und damit nicht dem Gesetzesvorbehalt des Art. 8 Abs. 2 unterfallen.

800

> **Beispiel:** Die Polizei erhält Kenntnis davon, daß möglicherweise eine Bombe in einer Versammlung in einem geschlossenen Raum detonieren wird. Um keine Panik hervorzurufen, löst die Polizei die Versammlung kurzerhand auf. Dieses Vorgehen ist durch § 13 Abs. 1 Nr. 2, 2. Alt. VersammlG („unmittelbare Gefahr für Leben und Gesundheit der Teilnehmer") gedeckt, der seinerseits als Konkretisierung des insoweit mit Art. 8 Abs. 1 kollidierenden Art. 2 Abs. 2 S. 2 anzusehen ist.

801

> Zweifelhaft ist die Verfassungsmäßigkeit der *Pflicht zur Bestellung eines Leiters* (§ 7 Abs. 1 VersammlG). Bei größeren Versammlungen läßt sie sich damit rechtfertigen, daß ohne einen Veranstalter solche Versammlungen faktisch nicht organisiert werden können und die Pflicht zur Bestellung eines Leiters damit der Verwirklichung der Versammlungsfreiheit selbst dient. Das gilt aber nicht für kleinere Zusammenkünfte. Die ausnahmslose Pflicht zur Bestellung eines Leiters ist daher verfassungswidrig (*Hoffmann-Riem*, AK-GG, Art. 8 Rdnr. 41; anders die h. M., vgl. *Herzog*, M/D-GG, Art. 8 Rdnr. 96).

802

> **Lösungsskizze zum Fall:** I. Die dem Aufruf des AKH nachgekommenen Veranstaltungsteilnehmer haben sich getroffen, um gemeinsam ihre Mißbilligung über die Tariferhöhung der Verkehrsbetriebe kundzutun. Hierin liegt nach allen Auffassungen eine Versammlung. Fraglich ist, ob es sich um eine *friedliche Versammlung* handelt. BGHSt 23, 46/57 f. hat eine Nötigung und damit eine unfriedliche Versammlung angenommen. Im Schrifttum ist diese Entscheidung vielfach kritisiert worden und unter Hinweis darauf, daß bei einem passiven Sitzstreik gerade auf Aufruhr und Gewalt verzichtet werde, eine

803

§ 17 IV 3, § 18

friedliche Versammlung angenommen worden (vgl. *Herzog*, M/D-GG, Art. 8 Rdnr. 62; *Schwäble*, S. 121; *Stein*, StR, § 10 VII 2; *Tiedemann*, JZ 1969, 717/723). Dabei soll dies teilweise selbst dann gelten, wenn der Straftatbestand der Nötigung vorliegt. Demgegenüber macht nach der hier vertretenen Auffassung jede, nicht auf das Verhalten einzelner Versammlungsteilnehmer beschränkte Strafrechtsverletzung die Versammlung zu einer unfriedlichen. Allerdings ist die extensive Interpretation des § 240 StGB durch die Strafgerichte (vgl. *Bergmann*, Jura 1985, 457) gerade auch unter grundrechtlichem Aspekt fragwürdig. Strafrechtsdogmatisch sind zwei Ansatzpunkte für eine engere Auslegung denkbar: einmal der Gewaltbegriff (vgl. z. B. *Köhler*, NJW 1983, 10), zum anderen die Prüfung der Rechtswidrigkeit gemäß § 240 Abs. 2 StGB (so jetzt auch BGH, NJW 1986, 1883; ferner *Ott*, NJW 1985, 2384). Der passive Sitzstreik ist jedenfalls solange nicht als strafbare Nötigung anzusehen, wie die zuständige Versammlungsbehörde nicht einschreitet (vgl. *Brohm*, JZ 1985, 501/505 ff.). — II. Die Auflösung durch den Polizeipräsidenten ist ein *Eingriff* in den Schutzbereich des Art. 8 Abs. 1. — III. Der Eingriff könnte jedoch gemäß Art. 8 Abs. 2 durch § 15 Abs. 1 und 2 VersammlG *verfassungsrechtlich gerechtfertigt* sein. Eine Auflösung wegen fehlender Anmeldung der Versammlung scheidet aus, weil es sich hier um eine Spontandemonstration handelt. Nach § 15 Abs. 1 und 2 VersammlG war die Auflösung zulässig, wenn nach den Umständen die öffentliche Sicherheit und Ordnung unmittelbar gefährdet war. Zum Schutzgut der öffentlichen Sicherheit gehört auch die Bewegungsfreiheit der (Straßenbahn-)Verkehrsteilnehmer. Unter dem Gesichtspunkt des Übermaßverbots ist allerdings die sofortige Auflösung zweifelhaft. In der Literatur wird bei Straßenbahnblockaden ein Zeitraum von 15—30 Minuten zur Artikulation des Protests durch diese Art der Versammlung für angemessen gehalten (weniger z. B. bei IC-Zügen; vgl. *Schneider*, in: Loccumer Protokolle, Heft 23, 1981, S. 139). Erst bei Überschreitung dieser Frist ist die Auflösung nach § 15 Abs. 1 und 2 VersammlG somit zulässig — ansonsten verletzt sie Art. 8 Abs. 1.

Literatur: *H. Bäumler*, Versammlungsfreiheit und Verfassungsschutz, JZ 1986, 469; *E. Crombach*, Die öffentliche Versammlung unter freiem Himmel, 1976; *W.-D. Drosdzol*, Grundprobleme des Demonstrationsrechts, JuS 1983, 409; *W. K. Geck*, Zum Versammlungsbegriff des Art. 8 GG, DVBl. 1980, 797; *K. Kühl*, Demonstrationsfreiheit und Demonstrationsstrafrecht, NJW 1985, 2379; *W. Müller*, Wirkungsbereich und Schranken der Versammlungsfreiheit, insbesondere im Verhältnis zur Meinungsfreiheit, 1974; *U. Schwäble*, Das Grundrecht der Versammlungsfreiheit, 1975. — Kommentare zum Versammlungsgesetz: *Dietel/Gintzel*, 8. Aufl. 1985; *Füßlein*, 1954; *Ott*, 4. Aufl. 1983.

§ 18 VEREINIGUNGS- UND KOALITIONSFREIHEIT (Art. 9)

Fall: Zwangsmitgliedschaft in der Studentenschaft (nach VG Sigmaringen, DVBl. 1968, 717)

S ist als Jurastudent an der Universität Bochum immatrikuliert und entrichtet bei jeder Rückmeldung den Studentenbeitrag in Höhe von DM 47,—. Im Laufe seines Studiums erfährt er, daß ein gewisser Prozentsatz des Studentenbeitrags dem AStA als Organ der Studentenschaft zufließt. S ist der Ansicht, er sei kein Mitglied der Studentenschaft, da er nie einen Mitgliedsantrag unterschrieben habe; er sei daher auch nicht verpflichtet, den Studentenbeitrag in dieser Höhe zu zahlen. Eine Mitgliedschaft, die ohne sein Dazutun entstehe, sei mit seinem Grundrecht der allgemeinen Vereinigungsfreiheit aus Art. 9 Abs. 1 nicht vereinbar. Hat S Recht?

I. Überblick

In Art. 9 Abs. 1 wird die allgemeine Vereinigungsfreiheit garantiert. Art. 9 Abs. 3 schützt das Recht, Vereinigungen zur Wahrung und Förderung der Arbeits- und Wirtschaftsbedingungen zu bilden (Koalitionsfreiheit) als Sonderfall der allgemeinen Vereinigungsfreiheit. Das Grundrecht, sich zu politischen Parteien zusammenzuschließen, ist von Art. 9 Abs. 1 gewährleistet; die verfassungsrechtliche Stellung der Parteien bestimmt sich im übrigen nach Art. 21; einfach-gesetzlich ist darüber hinaus das Parteiengesetz lex specialis zum Vereinsgesetz (vgl. auch dessen § 2 Abs. 2). 804

Die allgemeine Vereinigungsfreiheit und die Koalitionsfreiheit umfassen beide nach h. M. das *Individualfreiheitsrecht* der Vereinigungsmitglieder einerseits und das *kollektive Freiheitsrecht* der Vereinigungen selbst andererseits. Art. 9 Abs. 3 enthält darüber hinaus unbestrittenermaßen die *Institutsgarantie* des Kernbestandes eines Tarifvertragssystems (st. Rspr.: E 4, 96/106; 44, 322/340). Gelegentlich wird versucht, aus Art. 9 Abs. 1 eine entsprechende Garantie der Rechtsinstitute Verein und Gesellschaft herauszulesen. Da aber die Nennung dieser Vereinigungen nur beispielhaften Charakter hat (vgl. unten Rdnr. 809 f.), ist diese Ansicht unzutreffend. 805

Art. 9 Abs. 3 schützt nicht nur vor Eingriffen von staatlicher Seite, sondern entfaltet unmittelbare *Drittwirkung* auch gegenüber Beeinträchtigungen durch Private. Der ausdrückliche Hinweis in Art. 9 Abs. 3 S. 2, wonach Abreden, die die Koalitionsfreiheit einzuschränken oder zu behindern suchen, nichtig od darauf gerichtete Maßnahmen rechtswidrig sind, bezieht sich auf alle privat- oder arbeitsrechtlichen Vereinbarungen einschließlich der Tarifverträge. Insbesondere sind auch die Koalitionen selbst daran gebunden. 806

Der im Zuge der Notstandsgesetzgebung eingefügte Art. 9 Abs. 3 S. 3 sichert das Arbeitskampfrecht auch im *Notstandsfall*. 807

Art. 9 Abs. 2 enthält eine verfassungsrechtliche Rechtfertigung für ein *Vereinigungsverbot*, die sowohl für die allgemeine Vereinigungsfreiheit als auch — entgegen der systematischen Stellung — für die Koalitionsfreiheit gilt (vgl. unten Rdnr. 845 f.). 808

II. Schutzbereiche

1. Allgemeine Vereinigungsfreiheit

a) Art. 9 spricht von Vereinen und Gesellschaften. Der **Begriff des Vereins** wird in § 2 Abs. 1 *VereinsG* beschrieben als „Vereinigung, zu der sich eine Mehrheit natürlicher oder juristischer Personen für längere Zeit zu einem gemeinsamen Zweck freiwillig zusammengeschlossen und einer organisierten Willensbildung unterworfen hat"; die Rechtsform dieser Vereinigung ist nicht ausschlaggebend. 809

Es ist anerkannt, daß diese Definition den Schutzgegenstand des Art. 9 Abs. 1 *zutreffend* umschreibt. Sie legt den Begriff Verein sehr weit aus und macht damit deutlich, daß nicht an die bürgerlich-rechtlichen Bestimmungen bezüglich des Vereins und die gesellschaftsrechtlichen Vorschriften bezüglich der Gesellschaften anzuknüpfen ist. Vielmehr stellt die Nennung von „Verein" und „Gesellschaft" in Art. 9 Abs. 1 nur eine beispielhafte Aufzählung dar, die nicht den Unterschied dieser privatrechtlichen Vereinigungen betonen, sondern verdeutlichen soll, daß Art. 9 einen umfassenden Freiheitsschutz gewährleisten will, der „das gesamte Spektrum des Assoziationswesens von der lose gefügten Bürgerinitiative bis zum hoch-aggregierten Spitzenver- 810

§ 18 II 1

band" umfaßt (*Rinken*, AK-GG, Art. 9 Abs. 1 Rdnr. 41). Gemeinsamer Nenner ist der Begriff der Vereinigung (vgl. auch den Wortlaut von Art. 9 Abs. 2).

811 Damit ist aber noch nichts darüber ausgesagt, ob Art. 9 Abs. 1 nur privatrechtliche oder auch *öffentlich-rechtliche Vereinigungen* schützt. Bereits aus dem Charakter der öffentlich-rechtlichen Vereinigungen, die nur durch einen staatlichen Hoheitsakt, also aufgrund des dem Staat als Sonderrecht vorbehaltenen öffentlichen Rechts, errichtet werden können, folgt, daß Private nicht die Freiheit haben, sich zu öffentlich-rechtlichen juristischen Personen zusammenzuschließen. Insofern fehlt ihnen das Merkmal der Freiwilligkeit. Öffentlich-rechtliche Zusammenschlüsse werden daher vom Vereinigungsbegriff nicht umfaßt (so auch das BVerfG in st. Rspr.: E 10, 89/102; 38, 281/ 297 f.). Der Zusammenschluß zu Religionsgesellschaften als Körperschaften des öffentlichen Rechts ist nicht durch Art. 9 Abs. 1, sondern durch Art. 140 i.V.m. Art. 137 Abs. 5 WRV geschützt (vgl. oben Rdnr. 592). Im übrigen sind für eine Vereinigung folgende Elemente konstitutiv: Es muß sich um einen *Zusammenschluß mehrerer* — natürlicher oder juristischer — *Personen* handeln.

812 **Beispiele:** Vereinigungen i. S. d. Art. 9 Abs. 1 sind auch Handels- und Kapitalgesellschaften, Konzerne und Holdings. Keine Vereinigungen stellen Ein-Mann-GmbH und Stiftung dar, da sie nicht auf einem personalen Zusammenschluß beruhen. Kartelle, bei denen lediglich Marktstrategien abgesprochen werden, sind noch nicht Vereinigungen; sie werden dies erst mit organisatorischem Zusammenschluß.

813 Der Zusammenschluß muß einem *gemeinsamen Zweck* dienen, der allerdings völlig frei bestimmt werden kann. Für die Gemeinsamkeit des Zwecks reicht eine Übereinstimmung in den Hauptzielen aus (*v. Münch*, vM-GG, Art. 9 Rdnr. 12). Als Zweck einer Vereinigung sind Kunst, Sport, Wohltätigkeit, Geselligkeit, Politik etc. denkbar.

814 Der Zusammenschluß muß *freiwillig* erfolgen; Zwangszusammenschlüsse genießen daher *selbst* keinen Grundrechtsschutz aus Art. 9 Abs. 1 (zur negativen Vereinigungsfreiheit des einzelnen gegenüber solchen Vereinigungen vgl. unten Rdnr. 816 ff.).

815 b) **Art. 9 Abs. 1 als Individualgrundrecht.** Nach seinem Wortlaut schützt Art. 9 Abs. 1 die *Bildung* von Vereinen und Gesellschaften. Ausdrücklich ist mit Bildung nur die Konstituierung angesprochen, nämlich das Individualrecht der Mitglieder, sich mit anderen zusammenzuschließen und Vereine zu gründen. Das schließt die Freiheit der Entscheidung über den Zeitpunkt der Gründung, den Zweck und die Rechtsform ein.

816 Würde in Art. 9 Abs. 1 nicht mehr als die Möglichkeit freier Vereinsbildung garantiert, bestünde die Gefahr, daß der Schutz der Vereinigungsfreiheit leerliefe. Es ist daher anerkannt, daß Art. 9 Abs. 1 auch den *Beitritt* zu bereits bestehenden Vereinen, die *Betätigung* innerhalb der Vereine und durch die Vereine und den *Verbleib* (sog. positive Vereinigungsfreiheit) schützt sowie dem korrespondierend das Recht zum *Fernbleiben* (E 4, 7/26; 10, 89/102) und *Austritt* (sog. negative Vereinigungsfreiheit), soweit es sich um privatrechtliche Vereinigungen handelt (a. A. *Friauf*, Festschrift Reinhardt, 1972, S. 389/392, der eine negative Vereinigungsfreiheit nur aus Art. 2 Abs. 1 ableitet).

817 Umstritten ist, ob die negative Vereinigungsfreiheit auch das Recht umfaßt, *öffentlich-rechtlichen Zwangsvereinigungen* fernzubleiben, z. B. Rechtsanwalts-, Ärzte-, Indu-

strie- und Handelskammern. Das BVerfG sieht den Schutzbereich von Art. 9 Abs. 1 als nicht einschlägig an und mißt die Zulässigkeit von Pflichtmitgliedschaften ausschließlich an Art. 2 Abs. 1 (st. Rspr.: E 10, 89/102; 38, 281/297 f.).

Begründet wird dies mit dem Vereinigungsbegriff, der nur privatrechtliche Vereinigungen schützt: Da der einzelne aus Art. 9 Abs. 1 kein Recht ableiten könne, sich mit anderen zu einer öffentlich-rechtlichen Vereinigung zusammenzuschließen, sei umgekehrt auch von Art. 9 Abs. 1 nicht das Recht umfaßt, solchen Vereinigungen fernzubleiben (*Füßlein,* in: Die Grundrechte II, S. 425/435; *Huber,* Wirtschaftsverwaltungsrecht, Bd. 1, 2. Aufl. 1953, S. 198 f.; *v. Münch,* BK, Art. 9 Rdnr. 52). Die negative Vereinigungsfreiheit stelle lediglich das Korrelat zur positiven dar und könne daher nicht weitergehenden Schutz gewähren als die positive. 818

Dieser Umkehrschluß ist *nicht zwingend* (*Friauf,* Festschrift Reinhardt, 1972, S. 389/394; *v. Mutius,* VerwArch 1973, 81; *Quidde,* DÖV 1958, 521/523). Zwar trifft es zu, daß Privaten kein Recht auf positive Vereinigungsfreiheit zu öffentlich-rechtlichen Körperschaften zusteht. Das Fernbleiben bedeutet aber gerade keine für den Privaten unmögliche Inanspruchnahme öffentlich-rechtlicher Gestaltungsformen. Vielmehr geht es insoweit um die klassische Grundrechtsfunktion: die Abwehr eines staatlichen Zwangsaktes. Geschichtlich richtete sich die allgemeine Vereinigungsfreiheit gerade auch gegen hoheitliche Zwangszusammenschlüsse wie beispielsweise Zünfte (vgl. *F. Müller,* Korporation und Assoziation, 1965, S. 231 ff.). Diese Schutzfunktion wird auch von der h. M. anerkannt, wonach Art. 9 Abs. 1 gegen privatrechtliche Zwangszusammenschlüsse schütze. Wenn aber Art. 9 Abs. 1 vor Vereinigungszwang schützen soll (so auch *Etzrodt,* S. 42 ff. und 123), kann es keinen Unterschied machen, ob sich ein Privater gegen die Pflichtmitgliedschaft in privatrechtlichen oder in öffentlich-rechtlichen Vereinigungen wehrt (*Friauf,* Festschrift Reinhardt, 1972, S. 389/395; *Mronz,* Körperschaften und Zwangsmitgliedschaft, 1973, S. 208 ff.; *v. Mutius,* VerwArch 1973, 81). In beiden Fällen wird die Vereinigungsfreiheit des Bürgers gleichermaßen beschnitten. Schließlich ist der h. M. entgegenzuhalten, daß die unterschiedliche Behandlung der negativen Vereinigungsfreiheit bei privatrechtlichen Vereinigungen (von Art. 9 Abs. 1 geschützt) und öffentlich-rechtlichen Zusammenschlüssen (von Art. 9 Abs. 1 nicht erfaßt) den Staat, soweit er Formenwahlfreiheit genießt, verleiten könnte, statt der Bildung einer privatrechtlichen Vereinigung die Einrichtung eines öffentlich-rechtlichen Zwangsverbandes vorzuschreiben. Damit könnte der Schutz des Art. 9 Abs. 1 ausgehöhlt werden (*Scholz,* M/D-GG, Art. 9 Rdnr. 90; ähnlich *v. Mutius,* VerwArch 1973, 81/83; *Rode,* DÖV 1976, 841/845). 819

Die negative Vereinigungsfreiheit schützt den einzelnen nach allem auch vor dem staatlichen Zwang, einer öffentlich-rechtlichen Vereinigung beizutreten und in ihr zu verbleiben. 820

c) **Art. 9 Abs. 1 als kollektives Freiheitsrecht.** Das BVerfG sieht in ständiger Rechtsprechung (E 13, 174/175; 30, 227/241; 50, 290/353 f.) neben den aufgezeigten Gewährleistungen für die einzelnen Vereinigungsmitglieder auch die *Vereinigungen selbst* durch Art. 9 Abs. 1 als geschützt an. Es beruft sich auf den Gesichtspunkt der Effektivität des Grundrechtsschutzes, der erst bei Einbeziehung auch der Vereinigungen selbst voll gewährleistet sei. Hiergegen kann folgendes eingewandt werden (vgl. *W.* 821

§ 18 II 1, 2

Schmidt, Festschrift Mallmann, 1978, S. 233): Die Frage, in welchem Umfang Vereinigungen grundrechtsberechtigt sind, ist in Art. 19 Abs. 3 speziell und abschließend geregelt. Danach hat die Vereinigung gerade nicht den gleichen Grundrechtsschutz wie ihre Mitglieder. Die dogmatische Konstruktion des „Doppelgrundrechts" von individueller und kollektiver Vereinigungsfreiheit paßt somit nicht zu Art. 19 Abs. 3.

822 Die kollektive Vereinigungsfreiheit soll die *Existenz* und die *Funktionsfähigkeit* der Vereinigungen umfassen sowie — nach innen — die „Selbstbestimmung über die eigene Organisation, das Verfahren ihrer Willensbildung und die Führung ihrer Geschäfte" (E 50, 290/354 — Mitbestimmung —). Umstritten ist, ob — nach außen — *jede* Vereinstätigkeit geschützt ist; das BVerfG hat insofern nur einen „Kernbereich der Vereinstätigkeit" als geschützt anerkannt, wozu es beispielsweise die Namensführung gerechnet hat (E 30, 227/241), nicht aber das Tätigwerden im Rechtsverkehr „wie jedermann" (E 70, 1/25).

2. Koalitionsfreiheit

823 a) Die Aussage des Art. 9 Abs. 3 S. 1 zum **Koalitionsbegriff** beschränkt sich auf die Beschreibung des Koalitionszwecks, nämlich die Wahrung und Förderung der Arbeits- und Wirtschaftsbedingungen. *Arbeitsbedingungen* sind Bedingungen, die sich auf das Arbeitsverhältnis selbst beziehen, z. B.: Lohnbedingungen, Arbeitszeit, Arbeitsschutz, Urlaubsregelungen. *Wirtschaftsbedingungen* haben darüber hinaus wirtschafts- und sozialpolitischen Charakter, wie z. B. Maßnahmen zur Verringerung der Arbeitslosigkeit, Einführung von neuen Technologien, Konjunkturfragen. Beide Ziele müssen *gemeinsam*, d. h. nicht bloß alternativ, angestrebt werden. Daher genießen reine Wirtschaftsvereinigungen, die die Arbeitsbedingungen nicht berücksichtigen, wie z. B. Kartelle, Einkaufsgenossenschaften, Verbraucherverbände, nicht den Schutz von Art. 9 Abs. 3.

824 Nach allgemeiner Auffassung wird der Koalitionsbegriff aber nicht allein durch die Zweckbestimmung definiert. Vielmehr müssen die Vereinigungen noch *weitere Merkmale* aufweisen, um als Koalition angesehen werden zu können. Die Bestimmung dieser Voraussetzungen im einzelnen ist umstritten, nicht zuletzt deswegen, weil der verfassungsrechtliche Koalitionsbegriff vielfach mit dem (engeren) arbeitsrechtlichen Begriff der Tariffähigkeit einer Koalition vermischt wird. Die Tariffähigkeit ist jedoch für die Koalition i. S. d. Art. 9 Abs. 3 ohne Bedeutung (E 18, 18/32). Allgemein anerkannt ist dagegen, daß eine Koalition jedenfalls *Gegnerfreiheit* — Ausschließlichkeit von entweder Arbeitnehmern oder Arbeitgebern als Mitglieder (E 50, 290/368) — und *Unabhängigkeit* — wirtschaftliche Selbständigkeit gegenüber der Gegenseite — voraussetzt (vgl. *Däubler/Hege*, S. 57 ff.; *v. Münch*, BK, Art. 9 Rdnr. 125 ff.). Erst wenn diese Voraussetzungen erfüllt sind, hat eine Vereinigung eine so starke Stellung, daß sie in der Lage ist, wirksam und nachhaltig auf die in Art. 9 Abs. 3 genannten arbeits- und sozialrechtlichen Ziele hinzuarbeiten. Andernfalls liegt nur eine Vereinigung i. S. d. Art 9 Abs. 1 vor.

825 **Beispiele:** Koalitionen sind die Berufsverbände der Arbeitnehmer und Arbeitgeber (Gewerkschaften und Arbeitgeberverbände) sowie deren Spitzenorganisationen Deutscher Gewerkschaftsbund und Bundesvereinigung der Deutschen Arbeitgeberverbände (vgl. § 2 Abs. 2 TVG). Die Einzelverbände sind in der Regel nach dem Industrieverbandsprinzip organisiert, d. h. sie betätigen sich nur in einem bestimmten Wirtschafts- oder Ge-

werbezweig (IG Metall, IG Bergbau etc.; Ausnahme: Deutsche Angestelltengewerkschaft (DAG), deren Mitglieder allen Wirtschaftszweigen angehören).

b) Art. 9 Abs. 3 gibt dem einzelnen Arbeitnehmer oder Arbeitgeber das **Individualgrundrecht,** Koalitionen zu bilden, d. h. sich mit anderen zu einer Koalition zusammenzuschließen. Dies gilt für jedermann und alle Berufe, z. B. auch für Beamte (§ 57 BRRG), Richter (§ 46 DRiG), Soldaten (§ 6 S. 1 SG). Außer dem Gründungsvorgang selbst werden von Art. 9 Abs. 3 geschützt der *Beitritt* zu bereits bestehenden Vereinigungen, der *Verbleib* und die *Betätigung* innerhalb und mit der Organisation (sog. positive Koalitionsfreiheit). Darüber hinaus gehört auch das Recht, sich keiner Koalition anzuschließen oder aus ihr auszutreten (sog. negative Koalitionsfreiheit), zum Schutzbereich von Art. 9 Abs. 3 (E 50, 290/367; so auch: *Mayer-Maly*, in: Negative Koalitionsfreiheit?, 1971, S. 23 f.; *v. Münch*, BK, Art. 9 Rdnr. 140; *Scholz*, M/D-GG, Art. 9 Rdnr. 226; a. A. aufgrund einer historischen Argumentation: *Däubler/Hege*, S. 89; *Däubler*, in: Negative Koalitionsfreiheit?, 1971, S. 35 ff.; *Kittner*, AK-GG, Art. 9 Abs. 3 Rdnr. 41).

826

c) Wie bei Art. 9 Abs. 1 tritt nach h. L. auch hier die **kollektive Freiheit** neben die individuelle: der Schutz der Koalition als solcher und ihr Recht, durch spezifisch koalitionsmäßige Betätigung die in Art. 9 Abs. 3 genannten Zwecke zu verfolgen (E 50, 290/367). Wie bei Art. 9 Abs. 1 ist auch bei Art. 9 Abs. 3 die Annahme einer eigenständigen kollektiven Freiheit dem Einwand aus Art. 19 Abs. 3 ausgesetzt (vgl. oben Rdnr. 821); allerdings ist mit dem Arbeitskampf immerhin eine spezifisch koalitionsmäßige Betätigung der kollektiven Freiheit in Art. 9 Abs. 3 S. 3 ausdrücklich benannt.

827

Die kollektive Koalitionsfreiheit bedeutet vor allem den Abschluß von *Tarifverträgen,* durch die die Tarifpartner insbesondere die Arbeitsbedingungen regeln. Dadurch überläßt es der Staat weitgehend den Koalitionen, „in einem von staatlicher Rechtsetzung frei gelassenen Raum in eigener Verantwortung und im wesentlichen ohne staatliche Einflußnahme ... die von Art. 9 Abs. 3 intendierte autonome Ordnung des Arbeitslebens (zu) verwirklichen" (E 44, 322/341). Zur koalitionsmäßigen Betätigung rechnet auch der *Ausschluß von Mitgliedern,* die gegen die Ziele der Koalition handeln (BGH, JZ 1973, 167; JZ 1978, 448). Eine weitere Form koalitionsmäßiger Betätigung ist der *Arbeitskampf.* Dessen Einbeziehung in den Schutzbereich des Art. 9 Abs. 3 folgt aus der ausdrücklichen Erwähnung des Arbeitskampfs in Art. 9 Abs. 3 S. 3. Der Bezug zur Förderung und Wahrung der Arbeits- und Wirtschaftsbedingungen führt allerdings von vornherein dazu, den *politischen* (d. h. nicht gegen den Tarifvertragspartner gerichteten) und den *wilden* (d. h. nicht von einer Koalition geführten) Arbeitskampf als nicht von Art. 9 Abs. 3 geschützt anzusehen.

828

Beispiele: Arbeitskampfmittel der Arbeitnehmerseite sind insbesondere Streik, d. h. die gemeinsame und planmäßig durchgeführte Arbeitsniederlegung durch eine größere Anzahl von Arbeitnehmern zu einem bestimmten Kampfziel (BAGE 1, 291/304), und Boykott. — Arbeitskampfmittel der Arbeitgeberseite sind insbesondere Aussperrung, d. h. die planmäßige Ausschließung einer Mehrzahl von Arbeitnehmern von der Arbeit zwecks Erreichung eines bestimmten Kampfzieles (*Scholz*, M/D-GG, Art. 9 Rdnr. 326), wobei als spezifisch koalitionsgemäß und damit verfassungsrechtlich geschützt nur die suspendierende Abwehraussperrung angesehen wird (vgl. *Brox/Rüthers*, Arbeitskampf-

829

recht, 2. Aufl. 1982, S. 30 ff.; ein Aussperrungsrecht lehnt ganz ab: *Kittner,* AK-GG, Art. 9 Abs. 3 Rdnr. 66); Einstellung der Lohnzahlung; Massenänderungskündigung (zusammenfassend zu den verfassungsrechtlichen Grundlagen des Arbeitskampfrechts *v. Münch,* Jura 1979, 25). — Zur Koalitionsfreiheit im kirchlichen Dienst vgl. *Pahlke,* Kirche und Koalitionsrecht, 1983.

III. Eingriffe

1. Eingriffe in die allgemeine Vereinigungsfreiheit

830   Staatliche Beeinträchtigungen der Vereinigungsfreiheit sind vom Gründungs- bis zum Auflösungsstadium denkbar. Keine Eingriffe stellen aber solche Normen dar, die die Typen der Vereinigungen (OHG, AG etc.) festlegen. Sie erschweren nicht die Möglichkeit, überhaupt eine Vereinigung zu bilden, sondern normieren lediglich die Voraussetzungen für die Inanspruchnahme bestimmter Rechtsformen, die in ihrer einfach-gesetzlichen Ausprägung nicht vom Schutzbereich umfaßt werden. In der Literatur werden sie deshalb als bloße *Ordnungsvorschriften* bezeichnet, die die Ausübung der Vereinigungsfreiheit in besonderen Formen überhaupt erst ermöglichen, beispielsweise Mindestkapitalvorschriften oder Eintragungspflichten in Vereins- und Handelsregister.

831   **Beipiele** für Eingriffe in die *individuelle* allgemeine Vereinigungsfreiheit: Verbot der Gründung eines Vereins; präventive Kontrolle, etwa durch ein Konzessionssystem (vgl. *Knittel,* DB 1965, 243; *v. Münch,* BK, Art. 9 Rdnr. 44); Verhinderung des Beitritts oder Verbleibs in der Vereinigung durch den Staat. Davon muß die Frage, inwieweit die Vereinigung verpflichtet ist, Mitglieder aufzunehmen, als ein Drittwirkungsproblem scharf unterschieden werden. — Beispiele für Eingriffe in die *kollektive* allgemeine Vereinigungsfreiheit: Untersagung oder Erschwerung der vereinsspezifischen Tätigkeit; Abhängigmachung der Vereinssatzung von einer behördlichen Genehmigung; Reglementierung der Mitgliederwerbung. Ein vollständiges Vereinsverbot ist der stärkste Eingriff. (Es zeigt sich an diesen Beispielen, daß die Annahme einer eigenständigen kollektiven Vereinigungsfreiheit auch deswegen entbehrlich ist, weil Eingriffe in die kollektive Vereinigungsfreiheit in aller Regel ohnehin zugleich Eingriffe in die individuelle Vereinigungsfreiheit sind.)

2. Eingriffe in die Koalitionsfreiheit

832   Die Koalitionsfreiheit ist nicht nur vor staatlichen Beeinträchtigungen geschützt, sondern Art. 9 Abs. 3 S. 2 verbietet ausdrücklich auch *Dritten,* in die Koalitionsfreiheit einzugreifen.

833   **Beispiele** für Eingriffe in die *individuelle* Koalitionsfreiheit: Verhinderung des Beitritts oder des Verbleibs in einer Gewerkschaft durch einen Arbeitgeber; daraus folgen die Unzulässigkeit einer Kündigung wegen Beitritts zu einer Gewerkschaft und die Nichtigkeit eines Versprechens, aus einer Gewerkschaft auszutreten. Ausübung von Zwang zum Austritt oder Beitritt durch unterschiedliche Behandlung wegen Gewerkschaftszugehörigkeit oder -nichtzugehörigkeit; unzulässig sind daher tarifvertragliche Klauseln, die Arbeitgeber verpflichten, nur organisierte Arbeitnehmer einzustellen oder weiter zu beschäftigen (sog. Organisations- oder Absperrklauseln) oder bei der Gewährung von Leistungen zwischen organisierten und nichtorganisierten Arbeitnehmern zu unterscheiden (sog. Differenzierungsklauseln; vgl. BAGE 20, 175/218 ff.; *Scholz,* M/D-GG, Art. 9 Rdnr. 231). — Beispiele für Eingriffe in die *kollektive* Koalitionsfreiheit: Zuweisung der

den Koalitionen nach Art. 9 Abs. 3 obliegenden Aufgaben an öffentlich-rechtliche Körperschaften mit Zwangsmitgliedschaft (sog. Arbeitnehmerkammern, die die Interessen der Arbeitnehmer in wirtschaftlicher, sozialer und kultureller Hinsicht wahrnehmen; vgl. E 38, 281/302; *Peters,* Die Arbeitnehmerkammern, 1972); staatliche Zwangsschlichtung eines Arbeitskampfes (E 18, 18/30; BAGE 12, 184/190); Einsatz von Beamten während eines Streiks auf bestreikten Arbeitnehmer-Dienstposten (vgl. BVerwGE 69, 208/213 ff.).

IV. Verfassungsrechtliche Rechtfertigung

1. Allgemeine Vereinigungsfreiheit

a) Die allgemeine Vereinigungsfreiheit des Art. 9 Abs. 1 steht nicht unter Gesetzesvorbehalt; in Art. 9 Abs. 2 ist aber das **Verbot bestimmter Vereinigungen** enthalten. Der Wortlaut „sind verboten" läßt an sich vermuten, daß die dort genannten Vereinigungen bereits vom Schutzbereich des Art. 9 Abs. 1 nicht erfaßt werden (so wie unfriedliche und bewaffnete Versammlungen bei Art. 8 Abs. 1). 834

Nach allgemeiner Auffassung ist Art. 9 Abs. 2 jedoch nicht als Schutzbereichsbegrenzung, sondern als *verfassungsrechtliche Rechtfertigung* für einen Eingriff anzusehen (*v. Münch,* BK, Art. 9 Rdnr. 32; *v. Mutius,* Jura 1984, 193/199; *Scholz,* M/D-GG, Art. 9 Rdnr. 113). Dafür spricht erstens ein Vergleich von Art. 9 Abs. 2 und Art. 21 Abs. 2: Obwohl auch nach Art. 21 Abs. 2 S. 1 bestimmte Parteien verfassungswidrig „sind", bedeutet dies anerkanntermaßen nicht, daß sie bereits vom Schutzbereich des Art. 21 Abs. 1 nicht erfaßt würden. Für die Interpretation des Art. 9 Abs. 2 als Eingriffsermächtigung sprechen zweitens rechtsstaatliche Gründe: Der Grundsatz der Rechtssicherheit verlangt bestimmte Verfahrens- und Zuständigkeitsregelungen; hiermit wäre es unvereinbar, wenn es beliebigen Verwaltungsbehörden überlassen bliebe, Vereinigungen als verboten zu behandeln. 835

Ebenso wie Art. 21 Abs. 2 S. 1 stellt daher Art. 9 Abs. 2 eine verfassungsrechtliche Rechtfertigung für einen Eingriff dar. Das Vereinsverbot hat mit anderen Worten *konstitutive Wirkung* (vgl. *v. Münch,* BK, Art. 9 Rdnr. 77; *Scholz,* M/D-GG, Art. 9 Rdnr. 132; a. A. *Ridder,* AK-GG, Art. 9 Abs. 2 Rdnr. 23 ff.). Diese Auslegung liegt auch der unterverfassungsrechtlichen Regelung des § 3 Abs. 1 S. 1 VereinsG zugrunde, wonach Vereine erst dann „als verboten behandelt werden" dürfen, wenn dies „durch Verfügung der Verbotsbehörde festgestellt ist", in der die Auflösung des Vereins angeordnet wird. Für die Verbotsverfügung ist anders als bei politischen Parteien nicht das BVerfG, sondern der Bundes- oder Landesinnenminister zuständig (§ 3 Abs. 2 VereinsG). Das Vereinsgesetz geht — ebenso wie das Versammlungsgesetz (vgl. oben Rdnr. 597) — als Spezialgesetz dem allgemeinen Polizei- und Ordnungsrecht vor. 836

Die *Verbotsgründe* sind in Art. 9 Abs. 2 abschließend aufgezählt, d. h. aus anderen Gründen ist ein Verbot nicht möglich: 837

aa) Verboten sind Vereinigungen, deren Zwecke oder deren Tätigkeit den **Strafgesetzen** zuwiderlaufen. Mit Strafgesetzen sind nur die allgemeinen Strafgesetze gemeint, d. h. solche Strafvorschriften, die kein gegen die Vereinigungsfreiheit gerichtetes Sonderstrafrecht darstellen. Würde man diese Beschränkung auf die allgemeinen Strafgesetze nicht machen, stünde Art. 9 Abs. 1 ganz zur Disposition des Gesetzgebers. 838

Beispiele: Kein Strafgesetz i. S. d. Art. 9 Abs. 2 wäre ein Gesetz, das eine einem einzelnen erlaubte Betätigung allein deshalb unter Strafe stellt, weil er sie gemeinsam mit ande- 839

§ 18 IV 1, 2

ren ausübt. — Demgegenüber ist § 129 StGB (Bildung krimineller Vereinigungen) kein gegen die Vereinigungsfreiheit gerichtetes Sonderstrafrecht, weil bei Vereinigungen, „deren Zwecke oder deren Tätigkeit darauf gerichtet sind, Straftaten zu begehen", schon die entsprechende Betätigung eines einzelnen nicht erlaubt ist.

840 bb) Verboten sind Vereinigungen, die sich gegen die **verfassungsmäßige Ordnung** richten. Wegen der sachlichen Zusammengehörigkeit mit Art. 18 S. 2 und 21 Abs. 2 S. 1 ist der Begriff „verfassungsmäßige Ordnung" in Art. 9 Abs. 2 dem der „freiheitlichen demokratischen Grundordnung" gleichzusetzen (vgl. unten Rdnr. 895). Anders wird der Begriff „verfassungsmäßige Ordnung" in Art. 2 Abs. 1 in der verfassungsgerichtlichen Praxis seit E 6, 32 — Elfes — verstanden (vgl. oben Rdnr. 440 f.).

841 cc) Verboten sind Vereinigungen, die sich gegen den Gedanken der **Völkerverständigung** richten, insbesondere indem sie die rassische oder nationale Minderwertigkeit von bestimmten Gruppen propagieren, z. B. Bekämpfung des Judentums (HessVGH, DÖV 1961, 830). Allein die bloße Kritik an fremden Staaten reicht aber ebensowenig aus, wie die Ablehnung von politischen oder völkerrechtlichen Kontakten mit bestimmten Ländern.

842 In allen Fällen ist Voraussetzung für ein Vereinsverbot gem. Art. 9 Abs. 2, daß sich die Vereinigung gegen die genannten Rechtsgüter *„richtet"*. Wie bei Art. 21 Abs. 2 ist hierfür eine „aggressiv kämpferische Haltung" (E 5, 85/141) erforderlich. Es genügt also nicht die bloße Nichtanerkennung oder Ablehnung der in Art. 9 Abs. 2 aufgezählten Rechtsgüter. Soweit es um das Verhalten *einzelner Mitglieder* geht, kommt es darauf an, ob dies der Vereinigung zuzurechnen ist, z. B. weil die Mehrheit der Mitglieder dieses Verhalten billigt oder weil der Vorstand keine Maßnahmen dagegen ergreift (*v. Münch*, StR I, Rdnr. 379).

843 b) Wird der Schutzbereich der Vereinigungsfreiheit so weit gefaßt, daß auch die Vereinstätigkeit geschützt ist (vgl. oben Rdnr. 822), dann kann die Figur des **kollidierenden Verfassungsrechts** als Eingriffsrechtfertigung unverzichtbar werden.

844 Beispiele: Die Vereinigung von Strafgefangenen, die sich nicht nur kulturell und sportlich, sondern auch dadurch betätigt, daß Ausbruchstechniken entwickelt und unterrichtet werden, ist mit dieser Tätigkeit bei der weiten Auslegung des Schutzbereichs durch Art. 9 Abs. 1 zunächst geschützt. Der Eingriff, der in der Unterbindung dieser Tätigkeit liegt, ist dann durch kollidierendes Verfassungsrecht zu rechtfertigen: durch Art. 103 Abs. 2 und 3 und Art. 104, aus denen sich die verfassungsrechtliche Anerkennung des Strafvollzugs ableiten läßt, oder durch die verfassungsrechtlich geschützten Rechtsgüter, denen die Strafrechtspflege einschließlich des Strafvollzugs dient. Entscheidend ist dabei, daß die Beschränkung der Vereinstätigkeit für den Bestand und die Funktionsfähigkeit des Strafvollzugs erforderlich ist (vgl. *H.-P. Schneider*, Festschrift Klug, 1983, S. 597). — Kartellverbote werden mit der Aufrechterhaltung der Wettbewerbsfreiheit (vgl. unten Rdnr. 909 f.) gerechtfertigt (vgl. *Scholz*, Konzentrationskontrolle und Grundgesetz, 1971, S. 61 ff.).

2. Koalitionsfreiheit

845 a) Umstritten ist, ob die Eingriffsermächtigung des **Art. 9 Abs. 2** auch auf die Koalitionsfreiheit anwendbar ist. Dies wird teilweise verneint unter Hinweis auf die systematische Stellung des Abs. 2 — *nach* der Vereinigungsfreiheit, aber *vor* der Koalitionsfreiheit — sowie auf eine angebliche Parallele zu Art. 5, wo anerkanntermaßen (vgl.

E 30, 173/191) die in Abs. 2 normierten Schranken nur für Abs. 1, nicht aber für Abs. 3 gelten (*Kittner,* AK-GG, Art. 9 Abs. 3 Rdnr. 36; *W. Schmidt,* NJW 1965, 426).

Die h. M. wendet demgegenüber Art. 9 Abs. 2 zu Recht auf die Koalitionsfreiheit an. Zwar ist die systematische Stellung ein Argument dafür, daß sich Art. 9 Abs. 2 nur auf Art. 9 Abs. 1 bezieht. Aber die Koalitionsfreiheit ist ein spezieller Fall der Vereinigungsfreiheit: Koalitionen erfüllen alle Voraussetzungen, die auch bei Vereinigungen i. S. d. Art. 9 Abs. 1 vorliegen müssen, und haben darüber hinaus eine spezielle Zweckbestimmung. Koalitionen sind daher immer zugleich Vereinigungen i. S. d. Art. 9 Abs. 1. Da aber keine für sie als Spezialfall der allgemeinen Vereinigungsfreiheit eigens geschaffene Verbotsregelung existiert und bei der Annahme der Nichtanwendbarkeit des Abs. 2 auf Abs. 3 die Koalitionsfreiheit entgegen der Intention des Parlamentarischen Rats umfassender geschützt wäre als die Parteienfreiheit nach Art. 21, können auch Koalitionen gem. Art. 9 Abs. 2 verboten werden. 846

b) **Kollidierendes Verfassungsrecht.** Kollisionen können sich in Art. 9 Abs. 3 selbst ergeben, wenn individuelle (besonders negative) und kollektive Koalitionsfreiheit gegenläufig wirken oder die Koalitionsfreiheit einer Koalition mit der einer anderen in Konflikt gerät. 847

Beispiele: Gewerkschaftliche Werbung neuer Mitglieder kann u. U. gegen deren negative Koalitionsfreiheit verstoßen (BAGE 19, 217/227); ruinöser Arbeitskampf, in dessen Verlauf gegen eine andere Koalition in hetzerischer Weise vorgegangen wird oder die Vernichtung des Gegners angestrebt wird (BAG, NJW 1967, 843). 848

Ferner können nach den allgemeinen Grundsätzen Rechtsgüter, die mit Verfassungsrang ausgestattet sind, Art. 9 Abs. 3 einschränken. 849

Beispiele: Beamte genießen zwar Koalitionsfreiheit (vgl. den Wortlaut von Art. 9 Abs. 3: „für jedermann und alle Berufe"), jedoch liegt in Art. 33 Abs. 5 („hergebrachte Grundsätze des Berufsbeamtentums") wenn nicht überhaupt eine Begrenzung des Schutzbereichs, dann jedenfalls eine Rechtfertigung für Eingriffe. Für Beamte gibt es daher kein Streikrecht und keine Tarifautonomie (E 44, 249/264; *Stern,* StR I, S. 373 f.; *Tettinger,* ZBR 1981, 357); unzulässig sind ferner Arbeitskämpfe, wenn dadurch die Funktionsfähigkeit von Betrieben gefährdet ist, die die Bevölkerung mit lebensnotwendigen Gütern versorgen, etwa Krankenhäuser, Feuerwehr (arg. Art. 2 Abs. 2 S. 2). Art. 33 Abs. 4, 5 rechtfertigt auch den Einsatz von Beamten während eines Streiks auf bestreikten Arbeitnehmer-Dienstposten (BVerwGE 69, 208/214 f.). 850

Lösungsskizze zum Fall: I. Vom *Schutzbereich* der Vereinigungsfreiheit wird nicht nur die positive, sondern auch die negative Freiheit erfaßt, einer Vereinigung fernzubleiben oder aus ihr auszutreten. Fraglich ist, ob sich S gegen die Mitgliedschaft in der Studentenschaft auf seine negative Vereinigungsfreiheit gem. Art. 9 Abs. 1 berufen kann. Die Studentenschaft ist eine rechtsfähige Gliedkörperschaft der Hochschule, deren Mitgliedschaft mit der Immatrikulation erworben wird (§ 71 Abs. 1 nw WissHG). S ist daher als immatrikulierter Student auch ohne Antrag Mitglied der Studentenschaft als öffentlich-rechtlicher Körperschaft geworden. Ob die negative Vereinigungsfreiheit auch gegen öffentlich-rechtliche Zwangsverbände schützt, ist umstritten (zum Streitstand vgl. oben Rdnr. 817 ff.). Nach der Rechtsprechung ist Art. 9 Abs. 1 insoweit nicht einschlägig; doch sprechen die besseren Argumente für die Gegenmeinung. — II. Die Zwangsmitgliedschaft der immatrikulierten Studenten in der Studentenschaft *greift* in die negative Vereinigungsfreiheit des S *ein.* — III. Problematisch ist die *verfassungsrechtliche Rechtfertigung* für diesen Eingriff. Ein Verbotstatbestand gem. Art. 9 Abs. 2 liegt nicht vor. Es kommt allenfalls eine Rechtfertigung durch kollidierendes Verfassungsrecht in Betracht: 851

§ 18 IV 2, § 19 I

Aus Art. 5 Abs. 3 ist zwar ein Mindestmaß an Mitwirkungsrechten der Studenten in den Selbstverwaltungsorganen der Hochschule abzuleiten (vgl. dazu E 35, 79/125 — Hochschulurteil —), aber dies erfordert nicht notwendig den öffentlich-rechtlichen Zwangszusammenschluß der Studenten. Die meisten der in § 71 Abs. 2 Nr. 1—6 nw WissHG genannten Aufgaben der Studentenschaft gehören noch nicht einmal zum Schutzbereich der Wissenschaftsfreiheit (z. B. wirtschaftliche, soziale und kulturelle Belange der Studenten, Förderung des Studentensports, Pflege der überörtlichen und internationalen Studentenbeziehungen). Soweit einzelne Aufgaben der Studentenschaft in den Schutzbereich des Art. 5 Abs. 3 fallen (z. B. fachliche Belange der Studenten), ist sehr fraglich, ob zu ihrer Verfolgung die Zwangsmitgliedschaft erforderlich ist oder nicht privatrechtliche Zusammenschlüsse ausreichend sind (vgl. *Damkowski,* DVBl. 1978, 229; *Pieroth,* Störung, Streik und Aussperrung an der Hochschule, 1976, S. 192 f.). — Es sprechen daher gute Gründe dafür, daß S Recht hat. Demgegenüber hat BVerwGE 59, 231/236 ff. die Zwangsmitgliedschaft in der Studentenschaft für vereinbar mit Art. 2 Abs. 1 gehalten.

Literatur: Zu Art. 9 Abs. 1 allgemein: *C. F. Gastroph,* Die politischen Vereinigungen, 1969; *A. v. Mutius,* Die Vereinigungsfreiheit gemäß Art. 9 Abs. 1 GG, Jura 1984, 193; *T. Schmidt,* Die Freiheit verfassungswidriger Parteien und Vereinigungen, 1983. — Zur negativen Vereinigungsfreiheit gegenüber öffentlich-rechtlichen Zwangsverbänden: *H. Bethge,* Grundrechtsprobleme einer Zwangsmitgliedschaft in Verbänden des öffentlichen Rechts, Jura 1979, 281; *W. Etzrodt,* Der Grundrechtsschutz der negativen Vereinigungsfreiheit, 1980; *K. H. Friauf,* Die negative Vereinigungsfreiheit als Grundrecht, in: Festschrift Reinhardt, 1972, S. 389; *R. Jäckel,* Voraussetzungen und Grenzen der Zwangsmitgliedschaft in öffentlich-rechtlichen Körperschaften, DVBl. 1983, 1133. — Zu Art. 9 Abs. 3: *W. Däubler/H. Hege,* Koalitionsfreiheit, 1976; *R. Scholz,* Koalitionsfreiheit als Verfassungsproblem, 1971; *G. Schwerdtfeger,* Individuelle und kollektive Koalitionsfreiheit, 1981; *H. Seiter,* Die Rechtsprechung des Bundesverfassungsgerichts zu Art. 9 Abs. 3 GG, AöR 1984, 88; *P. J. Tettinger,* Grundlinien der Koalitionsfreiheit nach Art. 9 Abs. 3 GG, Jura 1981, 1.

§ 19 BRIEF-, POST- UND FERNMELDEGEHEIMNIS (Art. 10)

Fall: Überwachung des Bildschirmtextverkehrs

U ist Unternehmer mit zahlreichen Auslandskontakten. Er wickelt seine Geschäfte über Bildschirmtext ab, d. h. er wählt per Telefon über Leitungen der Bundespost Computer von Geschäftspartnern an, verfolgt auf seinem Fernseh-Bildschirm deren Angebote und nimmt auf diese Weise auch Bestellungen vor. Als U auf dem deutschen Markt fortwährend Rindfleisch zu enorm günstigen Preisen anbietet, schöpfen die Zollbehörden den Verdacht, daß U minderwertiges Fleisch aus dem Ausland einkauft und in der Bundesrepublik Deutschland als Rindfleisch veräußert. Mit Hilfe der Post überwachen die Zollbehörden den Bildschirmtextverkehr des U und stellen tatsächlich fest, daß U nie Rindfleisch, sondern immer nur australisches Känguruhfleisch einkauft, das er in Deutschland als Rindfleisch anbietet. U hält die Überwachung des Bildschirmtextverkehrs für unvereinbar mit Art. 10. Zu Recht?

I. Überblick

852

Art. 10 schützt einen wichtigen Aspekt der Privatheit: die Vertraulichkeit bestimmter Kommunikationsmedien. Dagegen gewährt Art. 10 keinen Anspruch auf Postbeförderung oder Anschluß an das Telefonnetz; dieser kann sich nur aus einfachem Recht bzw. aus der Monopolstellung der Post ergeben (vgl. dazu z. B. BVerwG, NJW 1971, 532). Die Unterscheidung von Brief-, Post- und Fernmeldegeheimnis beruht auf der historischen Entwicklung des modernen Nachrichtenverkehrs. Heute hat das Briefgeheimnis selbständige Bedeutung nur noch im nichtpostalischen Bereich, also besonders vor und nach der Postbeförderung, ansonsten ist es lediglich ein Sonderfall des Postgeheimnisses. Auch das Fernmeldegeheimnis stellt einen Sonderfall des Postgeheimnisses für die Fälle dar, in denen — wie zur Zeit üblich — die Post die Fernmeldeanlage betreibt. Darüber hinaus schützt das Fernmeldegeheimnis auch den außerpostalischen Fernmeldeverkehr.

Art. 10 Abs. 2 S. 1 enthält einen einfachen Gesetzesvorbehalt. Art. 10 Abs. 2 S. 2 ist kein qualifizierter Gesetzesvorbehalt in dem Sinn, daß er die Ermächtigung zum Eingriff in den Schutzbereich durch Gesetz an zusätzliche Voraussetzungen bindet. Vielmehr ermächtigt er in bestimmten Fällen (des Verfassungs- und Staatsschutzes) zu besonders weitgehenden Eingriffen in die Schutzbereiche des Art. 10 Abs. 1. 853

II. Schutzbereiche

1. Briefgeheimnis

Das Briefgeheimnis schützt den *Briefverkehr außerhalb des Postbereichs* dagegen, daß die öffentliche Gewalt von dem Inhalt des Briefes Kenntnis nimmt (vgl. E 33, 1/11). Das Briefgeheimnis hat gegenüber dem Postgeheimnis selbständige Bedeutung zum einen für die nicht per Post beförderten, sondern vom hilfsbereiten Gast mitgenommenen oder im Großbetrieb von Boten überbrachten Schriftstücke, zum anderen — bei Postbenutzung — für die Zeiträume vor der Einlieferung des Briefes bei der Post und nach seinem Ausscheiden aus dem Postbereich. Vom Briefgeheimnis erfaßt werden nach h. M. nicht nur Briefe i. S. d. Postrechts (vgl. § 15 Abs. 1 PostO), sondern alle den mündlichen Verkehr ersetzenden *schriftlichen Mitteilungen*. 854

Beispiele: Normale und eingeschriebene Briefe, Telegramme, Drucksachen, Postwurfsendungen und Postkarten (a. A. *Dürig*, M/D-GG, Art. 10 Rdnr. 13, der zusätzlich das Verschließen der schriftlichen Mitteilung verlangt). — Demgegenüber sind Päckchen und Pakete, Zeitungs- und Büchersendungen keine Briefe i. S. d. Art. 10 Abs. 1, weil sie nicht der Beförderung schriftlicher Mitteilungen des Absenders an den Empfänger dienen. 855

2. Postgeheimnis

In den Schutzbereich des Postgeheimnisses fällt der gesamte durch die Post vermittelte Verkehr von der Einlieferung der Sendung bei der Post bis zur Ablieferung an den Empfänger. *Gegenstände* des Postgeheimnisses sind alle der Post übergebenen Sendungen, vom Brief über die Warenprobe bis zur Postanweisung. 856

Der *Zweck* des Postgeheimnisses ist die Geheimhaltung der postalischen Kommunikation. Dies ist vor allem deshalb vonnöten, weil der Post als staatlicher Einrichtung das Übermittlungsmonopol zusteht und „der Staat der dauernden Versuchung ausgesetzt ist, sein Postmonopol zur Befriedigung seines Informationsbedarfs zu instrumentalisieren" (*Schuppert*, AK-GG, Art. 10 Rdnr. 1). 857

Vom *Umfang* her erstreckt sich das Postgeheimnis nicht nur auf den Inhalt der Sendung, sondern auch auf alle Daten des Postverkehrs. 858

Beispiele: Tatsache der Postbenutzung als solche, Absender- und Empfängerangaben, Art und Weise der Beförderung, Ort und Zeit der Benutzung, Häufigkeit des Eingehens bestimmter Sendungen. 859

860 Das Postgeheimnis *verpflichtet* gem. Art. 1 Abs. 3 nicht nur die Post, sondern auch alle postfremden Staatsorgane, die mit der Beförderung selbst nicht in Berührung kommen, zumal die Sicherheitsorgane (*Gusy*, JuS 1986, 89/91).

3. Fernmeldegeheimnis

861 Gegenstand des Fernmeldegeheimnisses ist die gesamte individuelle Kommunikation über das Medium drahtloser oder drahtgebundener elektromagnetischer Wellen. Geschützt sind daher nicht nur Telephon-, Telegramm- und Telexverkehr, sondern auch der Kontakt mittels neuer Medien (z. B. Teletext, Telefax, Bildschirmtext). Dies gilt unabhängig davon, ob die Kommunikation von der Post vermittelt wird oder von Privaten (z. B. Amateuerfunk, Haustelephon). Zu beachten ist aber, daß Art. 10 nur vor Eingriffen durch die öffentliche Gewalt schützt; vor Beeinträchtigungen durch Privatpersonen schützt er auch dann nicht, wenn diese den Fernmeldeverkehr unterhalten. Privatpersonen können sich aber gem. § 201 StGB strafbar machen. — Bezüglich Zweck, Umfang und Adressaten des Fernmeldegeheimnisses gilt das zum Postgeheimnis Gesagte entsprechend.

III. Eingriffe

1. Eingriffe in das Briefgeheimnis

862 Das Briefgeheimnis wird beeinträchtigt, wenn staatliche Stellen Briefe öffnen oder sich auf andere Weise (z. B. durch Durchleuchtung) vom Inhalt *Kenntnis verschaffen*. Einen Eingriff stellt es auch dar, wenn die Kenntnisnahme erfolgt, nachdem ein anderer den Brief geöffnet oder der Verschluß sich von selbst gelöst hat.

2. Eingriffe in das Postgeheimnis

863 Das Postgeheimnis wird beeinträchtigt, wenn die Post oder andere staatliche Stellen sich selbst oder Dritten vom Inhalt der Postsendungen *Kenntnis verschaffen* oder Dritten die Daten des Postverkehrs *mitteilen*. Staatliche Stellen außerhalb der Post greifen auch dadurch in das Postgeheimnis ein, daß sie sich von der Post Kenntnisnahme von Inhalten der Postsendungen oder Daten des Postverkehrs gewähren lassen. Die Nichtweiterleitung von Postsendungen wird dagegen aus begrifflichen Gründen nicht als Eingriff in Art. 10 Abs. 1 angesehen (*Dürig*, M/D-GG, Art. 10 Rdnr. 17).

864 Umstritten ist die rechtliche Qualifikation von *betriebsbedingten Maßnahmen* zur störungsfreien Abwicklung des Postverkehrs, etwa Öffnung unzustellbarer, absenderloser Sendungen oder Überprüfung von Drucksachen auf ihren gedruckten Inhalt. Teilweise werden solche Maßnahmen als Schutzbereichsbegrenzung angesehen (*Badura*, BK, Art. 10 Rdnr. 49; BVerwG, NJW 1969, 1637; NJW 1984, 2112); teilweise werden sie als Eingriffe in den Schutzbereich gewertet und konsequent an Art. 10 Abs. 2 S. 1 gemessen (*Pappermann*, vM-GG, Art. 10 Rdnr. 16; vgl. auch *Schatzschneider*, ZRP 1981, 130).

865 Richtigerweise muß *differenziert* werden: Betriebsbedingte Maßnahmen, die wie das Sortieren von Sendungen und auch das Öffnen unzustellbarer, absenderloser Sendungen bereits für die Beförderung durch die Post unerläßlich sind, stellen keine Eingriffe

dar. Ohne sie wäre die Postbenutzung nicht möglich und würde sich ein Postgeheimnis überhaupt erübrigen. Andere betriebliche Maßnahmen, die vor einem Mißbrauch der Postbenutzung, einer Gebührenmanipulation oder einer Gefährdung der Postbediensteten durch gefährliche Stoffe schützen sollen, stellen einen Eingriff in den Schutzbereich dar. Wenn sämtliche der störungsfreien Postabfertigung dienenden Maßnahmen bereits den Schutzbereich verkürzen würden, könnte der Geheimnisschutz leicht unterlaufen werden. Betriebsbedingte, aber für die Beförderung durch die Post nicht unerläßliche Maßnahmen stellen daher Eingriffe in den Schutzbereich dar.

3. Eingriffe in das Fernmeldegeheimnis

Auch hier ist zwischen den für die Vermittlung des Fernmeldekontakts unerläßlichen (keine Eingriffe) und den übrigen betriebsbedingten Beschränkungen des Fernmeldegeheimnisses (Eingriffe) zu unterscheiden. 866

> **Beispiel:** Eine Hochschullehrerin führte binnen weniger Monate Telephongespräche in der exorbitanten Gebührenhöhe von 7 000,— DM. Von der Hochschule wurde sie mit Leistungsbescheid zur Erstattung von 5 800,— DM herangezogen, weil dienstliche Telephongespräche nur in Gebührenhöhe von 1 200,— DM anerkannt werden könnten. Sie klagte dagegen u. a. mit dem Antrag auf Feststellung, daß die elektronische Registrierung der von ihr geführten Telephongespräche rechtswidrig gewesen sei. VG Bremen gab der Klage statt; in der Registrierung habe ein Eingriff in das Fernmeldegeheimnis gelegen, der ohne gesetzliche Grundlage erfolgt sei (NJW 1978, 66). OVG Bremen (NJW 1980, 606) und BVerwG (NJW 1982, 840) versagten der Klägerin die Berufung auf Art. 10 Abs. 1, u. a. weil Art. 10 Abs. 1 den dienstlichen Telephonverkehr nicht schütze bzw. die Klägerin als Beamtin gegenüber dem Diensttherrn auf das Fernmeldegeheimnis für dienstliche Telephongespräche verzichtet habe. Richtigerweise ist die Registrierung, von der die Klägerin überdies wußte, als betriebsbedingte Maßnahme anzusehen, ohne die die Hochschule außerstande wäre, den Hochschullehrern Freileitungen für private und dienstliche Telephongespräche zur Verfügung zu stellen. 867

Im übrigen liegen Eingriffe besonders darin, daß zu Staats- und Verfassungsschutzzwecken sowie zum Zweck der Bekämpfung schwerer Kriminalität *abgehört* wird. Regelmäßig vermittelt die Post die Leitungen, über die besonders die Geheimdienste die Telephongespräche verfolgen können; denkbar ist aber auch, daß die Geheimdienste sich selbst in die Leitung einschalten. Von diesen Eingriffen zu unterscheiden sind die sog. Lauschangriffe, bei denen nicht Fernmeldeanlagen angezapft, sondern sog. Wanzen installiert oder Richtmikrophone benutzt werden. Sie beurteilen sich, sofern Gespräche in der Wohnung belauscht werden, nach Art. 13 (vgl. unten Rdnr. 974). Stets ist zu beachten, daß Eingriffe in das Fernmeldegeheimnis nicht nur einen, sondern beide Kommunikationspartner treffen (*Gusy*, JuS 1986, 89/94 ff.). 868

IV. Verfassungsrechtliche Rechtfertigung

1. Gesetzesvorbehalt des Art. 10 Abs. 2 S. 1

Beschränkungen des Brief-, Post- und Fernmeldegeheimnisses sind aufgrund eines Gesetzes im materiellen Sinn (a. A. ohne Begründung BVerwGE 6, 299/301: formelles Gesetz oder vorkonstitutionelle Rechtsverordnung) zulässig. Hierzu zählen zahlreiche postrechtliche und andere Bestimmungen. 869

§ 19 IV 1, 2

870 **Beispiele:** Einschränkung des Postgeheimnisses im Interesse des Postbetriebs gem. § 5 Abs. 2 PostG; Postsperre des Gemeinschuldners gem. § 121 Abs. 1 S. 1 KO; zollamtliche Überwachung von Postsendungen gem. § 6 Abs. 7 ZollG; Postbeschlagnahme und Überwachung des Fernmeldeverkehrs in Strafverfahren gem. §§ 99 ff. StPO, 12 f. FernmG; Überwachung des Schriftwechsels aus Gründen der Sicherheit oder Ordnung der Anstalt gem. § 29 Abs. 3 StrafVollzG; Öffnung von Post zur Verhinderung der Verbreitung übertragbarer Krankheiten gem. § 7 Abs. 3 BSeuchG.

871 Problematisch sind die strafprozessualen Einschränkungen des Art. 10 für Untersuchungshäftlinge. Die h. M. leitet die Rechtfertigung zum Anhalten, Öffnen und Lesen aller ein- und ausgehenden *Post von Untersuchungshäftlingen* aus § 119 Abs. 3 StPO ab. Hiernach dürfen dem Untersuchungshäftling aber nur solche Beschränkungen auferlegt werden, die der Zweck der Untersuchungshaft oder die Ordnung in der Vollzugsanstalt erfordert. Das BVerfG hält § 119 Abs. 3 StPO in ständiger Rechtsprechung für eine zulässige und ausreichende gesetzliche Einschränkung von Grundrechten der Untersuchungsgefangenen (E 35, 35/39 f.; 35, 311/316 ff.; 42, 234/236). Aber die unbestimmten Rechtsbegriffe „Zweck der Untersuchungshaft" und „Ordnung in der Vollzugsanstalt" müssen im Sinne einer verfassungskonformen Auslegung jedenfalls restriktiv verstanden werden und können nicht die Kontrolle aller Post des Untersuchungshäftlings rechtfertigen.

2. Erweiterung des Gesetzesvorbehalts gem. Art. 10 Abs. 2 S. 2

872 Art. 10 Abs. 2 S. 2 eröffnet die Möglichkeit, daß dem Betroffenen Überwachungs- und Abhörmaßnahmen *nicht mitgeteilt* werden. Dadurch gewinnt der entsprechende Eingriff eine besondere Intensität: Der Betroffene kann ihn nicht bemerken, nicht vermeiden und auch nicht gerichtlich angreifen. Ohnehin ist durch Art. 10 Abs. 2 S. 2 (vgl. auch Art. 19 Abs. 4 S. 3) auch die Möglichkeit eröffnet, daß die Kontrolle durch Kommissionen des Bundestages den *Rechtsweg ersetzt*. Beides gilt dann, wenn der Eingriff dem Schutz der freiheitlichen demokratischen Grundordnung oder des Bestandes oder der Sicherung des Bundes oder eines Landes dient.

873 Die *Verfassungsmäßigkeit* des durch die Notstandsgesetzgebung von 1968 eingefügten Satzes 2 in Art. 10 Abs. 2 sowie des darauf gestützten Gesetzes zur Beschränkung des Brief-, Post- und Fernmeldegeheimnisses (G 10) war heftig umstritten: Wegen Verstoßes gegen die Menschenwürde und das Rechtsstaatsprinzip bzw. deren Schutz durch Art. 79 Abs. 3 habe Satz 2 auch mittels Verfassungsänderung nicht eingeführt werden dürfen. Auch das BVerfG, das Art. 10 Abs. 2 S. 2 und das darauf gestützte Gesetz mit dem Grundgesetz für vereinbar hielt (E 30, 1 — Abhörurteil —), wurde stark kritisiert, besonders weil es Art. 79 Abs. 3 dahingehend relativiert, daß er es nicht ausschließe, „elementare Verfassungsgrundsätze systemimmanent zu modifizieren" (vgl. Sondervotum E 30, 33/38 ff.).

874 Das auf Art. 10 Abs. 2 S. 2 gestützte Gesetz ist mit den umfangreichen, sog. *strategischen Überwachungen* des Post- und Fernmeldeverkehrs mit Ostblockstaaten, die es erlaubt, Gegenstand einer weiteren Entscheidung des BVerfG geworden (E 67, 157). Das BVerfG hat auch diese Überwachungsmaßnahmen mit dem Grundgesetz für vereinbar gehalten, aber angedeutet, die Überwachungsmaßnahmen seien nicht mehr erforderlich und mit dem Grundgesetz unvereinbar, „wenn die Erkenntnisse zum Bei-

spiel durch den Einsatz von Satelliten gewonnen werden können, die in der Lage sind, aus großer Höhe jede Bewegung in anderen Staaten exakt zu übermitteln" (E 67, 157/ 177; vgl. auch *Arndt*, NJW 1985, 107).

Lösungsskizze zum Fall: I. Betroffen sein könnte der *Schutzbereich* des Fernmeldegeheimnisses. Das Fernmeldegeheimnis erstreckt sich auf alle mit Fernmeldeanlagen vermittelten Kommunikationsvorgänge und schützt sowohl die Vertraulichkeit des Inhalts als auch die Daten des Fernmeldeverkehrs. Die Bildschirmtextübermittlung mit Hilfe von Posteinrichtungen stellt eine neuere Form des Fernmeldeverkehrs dar und wird daher vom Fernmeldegeheimnis erfaßt. Die Abwicklung der Geschäftsbeziehungen zwischen U und seinen Geschäftspartnern mit Hilfe von Bildschirmtext fällt also unter den Geheimnisschutz des Art. 10 Abs. 1. — II. Dadurch, daß staatliche Stellen den Bildschirmtextverkehr überwacht haben, haben sie die Vertraulichkeit der Kommunikation beeinträchtigt, das Geheimnis gebrochen. Die Überwachung stellt also einen *Eingriff* in das Fernmeldegeheimnis dar. — III. Die Überwachung könnte *verfassungsrechtlich gerechtfertigt* sein, wenn sie auf eine gesetzliche Grundlage gestützt werden könnte, die dem Gesetzesvorbehalt des Art. 10 Abs. 2 entspricht. In Betracht kommt § 6 Abs. 1 und 7 ZollG: Danach ist die Post verpflichtet, eingeführtes Zollgut zu „gestellen", d. h. den Zollbehörden vorzuführen; insoweit ist das Brief- und Postgeheimnis eingeschränkt. Hier geht es aber nicht um die Vorführung der eingeführten Ware, sondern allein um die Überwachung des Bestellvorgangs mittels Bildschirmtextes. Für die der Einfuhr vorausgehenden Handlungen findet das Zollgesetz aber keine Anwendung. Andere Ermächtigungsgrundlagen sind nicht ersichtlich. Daher ist die Überwachung verfassungsrechtlich nicht gerechtfertigt. U ist in seinem Grundrecht aus Art. 10 Abs. 1 verletzt.

875

Literatur: *C. Arndt*, Rechtsprobleme der Post- und Fernmeldekontrolle, in: Festschrift Schäfer, 1980, S. 147; *K. Engels*, Die Grenzen des Brief-, Post- und Fernmeldegeheimnisses, 1972; *C. Gusy*, Das Grundrecht des Post- und Fernmeldegeheimnisses, JuS 1986, 89; *R. Riegel*, Die Kontrolle von Überwachungsmaßnahmen nach dem Gesetz zu Art. 10 GG, DÖV 1985, 314; *W. Schatzschneider*, Fernmeldegeheimnis und Telefonbeschattung, NJW 1981, 268; *J. Welp*, Nachrichtendienstliche und strafprozessuale Eingriffe in das Post- und Fernmeldegeheimnis, DÖV 1970, 267. — Zum Abhörurteil: *G. Dürig/H.-U. Evers*, Zur verfassungsändernden Beschränkung des Post-, Telefon- und Fernmeldegeheimnisses, 1969; *P. Häberle*, Die Abhörentscheidung des Bundesverfassungsgerichts vom 15. 12. 1970, JZ 1971, 145; *B. Schlink*, Das Abhörurteil des Bundesverfassungsgerichts, Staat 1973, 85.

§ 20 FREIZÜGIGKEIT (Art. 11)

Fall: Entschärfung eines Blindgängers

Bei Bauarbeiten innerhalb einer Gemeinde wird eine nicht gezündete Fliegerbombe aus dem Zweiten Weltkrieg gefunden. Die zuständige Polizei- bzw. Ordnungsbehörde gibt allen im Umkreis von 300 m von der Fundstelle wohnenden Personen auf, sich für die Dauer der Entschärfung der Bombe (3 Stunden) außerhalb dieses Gebiets zu begeben, und sperrt es ab. Rechtsgrundlage dieser Maßnahme ist die polizeiliche Generalermächtigung bzw. — in einzelnen Ländern — die spezielle Ermächtigung zur Platzverweisung (z. B. § 12 S. 1 nw PolG: „Die Polizei kann zur Abwehr einer Gefahr eine Person vorübergehend von einem Ort verweisen oder ihr vorübergehend das Betreten eines Ortes verbieten"). Der betroffene Bürger B hält die Maßnahme für verfassungswidrig.

§ 20 I, II 1,

I. Überblick

876 Im Vergleich mit anderen Grundrechten hat Art. 11 in der Rechtsprechung, gerade auch in der Rechtsprechung des BVerfG, bislang wenig Bedeutung gewonnen. Moderne Industriegesellschaften sind auf hohe Mobilität angelegt, so daß sich für einen Staat, der auf das Funktionieren seiner Industriegesellschaft angewiesen ist, die Freizügigkeit fast von selbst versteht. Lediglich in Krisenlagen verhält es sich anders und können Lenkungen der Bevölkerungsbewegungen notwendig werden. Angesichts der durch Evakuierung, Vertreibung und Flucht gekennzeichneten Lage nach dem Zweiten Weltkrieg wurde Art. 11 formuliert und mit besonders detaillierten qualifizierten Gesetzesvorbehalten versehen. Diese mögen in künftigen Krisenlagen auch wieder stärkere Bedeutung gewinnen; gegenwärtig sind sie weitgehend Gesetzesvorbehalte in Reserve.

II. Schutzbereich

1. Aufenthalts- und Wohnsitznahme

877 „Freizügigkeit" bedeutet die Möglichkeit, „an jedem Ort innerhalb des Bundesgebietes Aufenthalt und Wohnsitz zu nehmen" (E 2, 266/273; 43, 203/211). Dies ist eine der geschichtlichen Entwicklung (dazu *Randelzhofer*, BK, Art. 11 Rdnr. 1 ff.; speziell zur Ausreisefreiheit *Hartmann*, JöR 1968, 437) entsprechende Inhaltsbestimmung, die vom Parlamentarischen Rat nur deshalb nicht in Art. 11 verwandt wurde, weil sie als inhaltsgleich mit dem Begriff Freizügigkeit betrachtet wurde (JöR 1951, 130).

878 „*Wohnsitz*" ist gegenüber „Aufenthalt" der speziellere Begriff. Wohnsitz wird von § 7 Abs. 1 BGB als ständige Niederlassung an einem Ort bestimmt. Die ständige Niederlassung wiederum wird verstanden als Aufenthaltsnahme mit dem Willen, nicht nur vorübergehend zu bleiben, sondern den Ort zum Mittel- oder Schwerpunkt der Lebensverhältnisse zu machen. Von Art. 11 Abs. 1 wird danach geschützt: die Begründung, Verlagerung oder Aufhebung eines Wohnsitzes und auch mehrerer weiterer Wohnsitze. Die bloße, d. h. die vorübergehende im Unterschied zur ständigen, Niederlassung unterfällt dagegen dem Begriff des Aufenthalts.

879 „*Aufenthalt*" bedeutet vorübergehendes Verweilen. Umstritten ist, von welcher Zeitdauer des Verweilens an der Schutz der Freizügigkeit eingreift. Teilweise wird angenommen, daß erst eine Übernachtung ein Aufenthaltsverhältnis begründe, ein nur stundenweises Verweilen daher nicht durch Art. 11 Abs. 1 geschützt werde (*Merten*, S. 43 f.). Teilweise wird ein „Mindestmaß an Bedeutung und Dauer" verlangt (*Rittstieg*, AK-GG, Art. 11 Rdnr. 32): Eine derartige zeitliche Grenze ist aber willkürlich. Auch ein Besuch von nur wenigen Minuten kann von elementarer Bedeutung für die persönliche Entfaltung des einzelnen sein und verdient daher den Schutz des Grundrechts (übereinstimmend *Dürig*, M/D-GG, Art. 11 Rdnr. 37; *Randelzhofer*, BK, Art. 11 Rdnr. 26). Genausowenig darf nach heute einhelliger Ansicht (a. A. noch BVerwGE 3, 308/312) der Zweck des Aufenthalts Kriterium für die Einschlägigkeit des Grundrechts sein. Eine Argumentation mit der Schutzwürdigkeit oder -unwürdigkeit von Zwecken würde die Freizügigkeit als Freiheitsrecht aushöhlen. Jeder Zweck kann einen Ortswechsel subjektiv notwendig machen, auch wenn er objektiv noch so unwichtig erscheinen mag. Es kommt also für den Schutzbereich nur darauf an, ob es um Aufenthalt geht; unerheblich ist, wie lange und zu welchem Zweck der Aufenthalt jeweils begründet wird.

2. Fortbewegung zwecks Ortswechsels

„Wohnsitz" und „Aufenthalt" sind nur die Anfangs- und Endpunkte der auf sie bezogenen Fortbewegung, des „Ziehens". Das entscheidende Merkmal des Schutzbereichs der Freizügigkeit ist die *Fortbewegung* zwecks Ortswechsels. Sie umfaßt die Möglichkeit, den Weg zwischen altem und neuem Aufenthaltsort zurückzulegen. Sie umfaßt jedoch weder einen bestimmten Weg noch ein bestimmtes Fortbewegungsmittel. Garantiert wird allein die Erreichbarkeit des Ziels, also die Existenz irgendeines zumutbaren Weges und die Benutzung irgendeines zumutbaren Fortbewegungsmittels zum gewünschten Aufenthaltsort. Verkehrs- und straßenrechtliche Regelungen berühren daher, sofern sie den Zugang zu einem bestimmten Ort nicht überhaupt verbieten, schon gar nicht den Schutzbereich.

880

Ortswechsel läßt sich als interterritoriale, interkommunale und interlokale Freizügigkeit typisieren: *Interterritoriale* Freizügigkeit meint den freien Zug innerhalb des Bundesgebiets ohne Rücksicht auf die Ländergrenzen. Die Garantie des Art. 11 wird insoweit ergänzt durch Art. 33 Abs. 1. *Interkommunale* Freizügigkeit bedeutet den freien Zug von einer Gemeinde zu einer anderen Gemeinde. *Interlokale* Freizügigkeit bedeutet den freien Zug innerhalb von Gemeinden. In allen diesen Fällen umschließt das aus Art. 11 Abs. 1 folgende Recht zum Ortswechsel die Begründung und die Aufhebung von Aufenthalt oder Wohnsitz. Im Schrifttum wird der Begriff des Ortswechsels gelegentlich enger verstanden. Dies führt jedoch zu befremdlichen Ergebnissen.

881

Beispiele: *Dürig* (M/D-GG, Art. 11 Rdnr. 23) hält einen Ortswechsel nur für gegeben bei einem Wechsel zwischen Ortschaften i. S. von Gemeinden. Das führt zu widersinnigen Ergebnissen angesichts zufälliger Gemeindegrenzen; es macht vor allem den Schutzbereich abhängig von Entscheidungen der Exekutive, z. B. im Rahmen der kommunalen Gebietsreform. *Randelzhofer* (BK, Art. 11 Rdnr. 29) hält einen Ortswechsel dann nicht für gegeben, wenn es sich um „Bewegungen innerhalb des Lebenskreises des Bürgers" handelt. Das ist ein viel zu vages Kriterium, ganz abgesehen davon, daß anerkannt typische Ausübungsweisen des Art. 11, etwa Verwandtenbesuche oder Ausflüge, als solche Bewegungen innerhalb des Lebenskreises bezeichnet werden müssen und damit aus dem Schutzbereich herausfielen.

882

3. Einreise und Einwanderung

Nach h. M. fallen auch die Einreise und die Einwanderung in das Bundesgebiet unter den Schutzbereich des Art. 11 (vgl. *Randelzhofer,* BK, Art. 11 Rdnr. 72), wobei unter Einreise der Zuzug in das Bundesgebiet zur Aufenthaltsnahme und unter Einwanderung der Zuzug zur Wohnsitznahme verstanden wird.

883

Gegen die h. M. könnte zum einen der *Wortlaut* des Art. 11 Abs. 1 sprechen: Wenn dort von „Freizügigkeit *im* ganzen Bundesgebiet" die Rede ist, so könnten damit sämtliche Grenzüberschreitungen ausgeklammert sein. Demgegenüber ist aber die genannte Definition der Freizügigkeit als des Rechts, „Aufenthalt und Wohnsitz zu nehmen", zu berücksichtigen. Danach ist das *Ziel* des Ortswechsels das Entscheidende: Es muß im Bundesgebiet liegen. Der Ausgangspunkt des Ortswechsels ist dagegen gleichgültig. Es kommt hinzu, daß Art. 11 Abs. 1 „allen Deutschen" und damit auch den Bewohnern der DDR zusteht. Für diese kann die Freizügigkeit aber nur praktisch werden durch den Zuzug in die Bundesrepublik. Der Parlamentarische Rat hat mit der gewählten Formulierung auch diese Frage des Zuzugsrechts der Bewohner der damaligen sowjetischen Besatzungszone in das Gebiet der Bundesrepublik entscheiden

884

wollen (JöR 1951, 129 ff.). Danach können also die sprachlichen Zweifel, die der Wortlaut läßt, durch die *Entstehungsgeschichte* entschieden werden. Auch dem Umstand, daß in Art. 73 Nr. 3 die Freizügigkeit neben der Einwanderung genannt ist, läßt sich nicht i. S. eines systematischen Arguments entnehmen, daß Einreise und Einwanderung nicht von Art. 11 erfaßt werden. Denn bei Art. 11 kann es nur um den Zuzug der Deutschen gehen, wogegen Art. 73 Nr. 3 nach der geschichtlichen Erfahrung und gegenwärtigen Bedeutung vornehmlich der Einwanderung von Nichtdeutschen gilt.

885 Gegen die h. M. wird schließlich vorgebracht, das Recht der Deutschen, überhaupt im Staatsgebiet der Bundesrepublik Deutschland zu verweilen bzw. in es zu gelangen, wurzele unmittelbar in der Staatsangehörigkeit und liege mit dieser dem Grundrecht der Freizügigkeit voraus (*Doehring*, Das Staatsrecht der Bundesrepublik Deutschland, 3. Aufl., 1984, S. 337 f.). In Art. 16 Abs. 2 S. 1 findet diese staatstheoretische Überlegung ihre verfassungsrechtliche Stütze: Wenn dort vorbehaltlos gewährleistet ist, daß kein Deutscher an das Ausland ausgeliefert werden darf, dann ist es konsequent, den Deutschen den Zuzug aus dem Ausland nicht nur unter dem Vorbehalt von Art. 11 Abs. 2, sondern schrankenlos zu gewährleisten (*Isensee*, VVDStRL 32, 1974, 49/62). Demgegenüber kann allerdings wieder an die Entstehungsgeschichte erinnert werden: Im Parlamentarischen Rat fielen Äußerungen, die Art. 11 Abs. 2 dahin verstehen, daß er auch Deutsche von der Bundesrepublik fernhalten kann.

4. Ausreise und Auswanderung?

886 Nach der Rechtsprechung (E 6, 32/35 f.— Elfes —; BVerwG, DÖV 1969, 74; NJW 1971, 820) sind Ausreise und Auswanderung nicht vom Schutzbereich des Art. 11 umfaßt. Im Schrifttum sind die Stimmen geteilt (vgl. *Erichsen*, StR I, S. 135 ff.). Dabei wird unter Ausreise die vorübergehende Entfernung aus dem Bundesgebiet ohne Aufgabe des Wohnsitzes und unter Auswanderung das Verlassen des Bundesgebiets in der Absicht, für immer oder jedenfalls für längere Zeit im Ausland einen Wohnsitz zu begründen, verstanden.

887 Die Worte „*im* ganzen Bundesgebiet" ebenso wie die Erwähnung der Auswanderung neben der Freizügigkeit in Art. 73 Nr. 3 sprechen hier wie bei der Einreise und der Einwanderung gegen die Einschlägigkeit des Art. 11 Abs. 1. Anders als dort wird dies aber hier nicht durch gewichtigere Argumente ausgeräumt: Aus dem *Wortlaut* „alle Deutschen" folgt in bezug auf Ausreise und Auswanderung keine unterschiedliche Lage für Bewohner der DDR und Bewohner der Bundesrepublik. Auch das *systematische* Argument aus Art. 73 Nr. 3 hat für die Ausreise und Auswanderung ein größeres Gewicht als für Einreise und Einwanderung; denn anders als die Einwanderungsgesetzgebung bezieht sich die Auswanderungsgesetzgebung fast ausschließlich auf Deutsche, so daß die Erwähnung der Auswanderung neben der Freizügigkeit in Art. 73 Nr. 3 für deren Nichteinbeziehung im Rahmen des Art. 11 Abs. 1 spricht. Des weiteren kann die *Entstehungsgeschichte* nicht dafür angeführt werden, daß Ausreise und Auswanderung zum Schutzbereich des Art. 11 Abs. 1 gehören: Vom Parlamentarischen Rat wurde es im Ergebnis abgelehnt, die Auswanderungsfreiheit in den Grundrechtskatalog aufzunehmen (vgl. E 6, 32/34 f.); es kann vermutet werden, daß man unter den damaligen Umständen im Nachkriegsdeutschland eine größere Auswande-

rungswelle befürchtete. Schließlich spricht die *historische* Auslegung für das Ergebnis der Rechtsprechung: In der deutschen verfassungsgeschichtlichen Entwicklung hat sich die Auswanderungsfreiheit bereits im 19. Jahrhundert gegenüber der Freizügigkeit verselbständigt und neben dieser in eigenen Verfassungsbestimmungen ihren Schutz gefunden (vgl. Art. 111 im Unterschied zu Art. 112 WRV; ausführlich *Merten*, S. 109 ff.).

5. Mitnahme der persönlichen Habe

Der Schutzbereich des Art. 11 Abs. 1 erstreckt sich zusätzlich darauf, daß die einzelnen ihre persönliche Habe mitnehmen dürfen. Das ergibt sich aus dem systematischen Zusammenhang von Art. 11 mit der Freiheit zur persönlichen Entfaltung: Eine Freizügigkeit, die auf die „nackte Existenz" beschränkt wäre, würde den Grundvoraussetzungen freier Persönlichkeitsentfaltung widersprechen. Die Mitnahme *jeden* Eigentums ist dagegen um der persönlichen Entfaltung willen nicht geboten und wird von Art. 11 nicht geschützt. 888

> **Beispiel:** Ein Ausfuhrverbot für Fabrikationsanlagen berührt die Freizügigkeit auch dann nicht, wenn der Eigentümer sich mit den Anlagen im Ausland niederlassen will (BGH, JR 1953, 296; a. A.: *Kunig*, vM-GG, Art. 11 Rdnr. 17; *Randelzhofer*, BK, Art. 11 Rdnr. 49; *Rittstieg*, AK-GG, Art. 11 Rdnr. 36). 889

6. Negative Freizügigkeit

Art. 11 schützt nicht nur die Möglichkeit, Ortswechsel vorzunehmen, sondern auch die Möglichkeit, Ortswechsel nicht vorzunehmen (negative Freizügigkeit). Diese Abrundung des Schutzbereichs des Art. 11 Abs. 1 folgt wiederum aus dem Zusammenhang der Freizügigkeit mit der personalen Freiheit. Das Recht zum Ziehen gewinnt erst durch die Möglichkeit, am Ort der Wahl auch zu bleiben, seine Bedeutung. Die Ausweisung und die Abschiebung von Deutschen sind daher an Art. 11 zu messen; gegen die Auslieferung bietet Art. 16 Abs. 2 S. 1 speziellen Schutz. 890

III. Eingriffe

Ein Eingriff liegt vor, wenn ein Element des Schutzbereichs des Art. 11 Abs. 1 zum Anknüpfungspunkt einer beeinträchtigenden staatlichen Maßnahme gemacht bzw. durch eine staatliche Maßnahme unmittelbar rechtlich sanktioniert wird. Indirekte Auswirkungen auf den Schutzbereich genügen nicht. 891

> **Beispiele:** In die Freizügigkeit wird eingegriffen, wenn sie von Bedingungen, Genehmigungen, Nachweisen etc. abhängig gemacht wird (E 2, 266/274; 8, 95/97 f.; BVerwGE 3, 308/312 f.). Ein Eingriff ist die sog. Residenzpflicht, die den Wohnort vom Beruf abhängig macht. Ist dagegen die Berufsausübung lediglich faktisch abhängig von einem bestimmten Wohnort, liegt kein Eingriff in Art. 11 vor (E 10, 354/372; 12, 319/323; BVerwGE 2, 151/152). Bei einer an den Ortswechsel knüpfenden Abgabe liegt ein Eingriff vor, wenn sie *wegen* des Zuzugs, nicht jedoch, wenn sie nur *anläßlich* des Zuzugs erhoben wird (BVerwG, Buchholz 406.11 § 186 BBauG Nr. 2). 892

IV. Verfassungsrechtliche Rechtfertigung

1. Qualifizierter Gesetzesvorbehalt des Art. 11 Abs. 2

Der Gesetzesvorbehalt des Abs. 2 ist durch verschiedene Merkmale qualifiziert: In die Freizügigkeit darf nur durch Gesetze eingegriffen werden, die auf die in Abs. 2 genannten Fälle reagieren und die in Abs. 2 genannten Zwecke verfolgen. 893

§ 20 IV 1

894 a) **Fehlende ausreichende Lebensgrundlage und daraus entstehende besondere Lasten der Allgemeinheit.** Von einer ausreichenden Lebensgrundlage ist auszugehen, „wenn vernünftigerweise nach Beruf, Alter und Gesundheit des Antragstellers die Erwartung begründet ist, daß er sich den Lebensmindestbedarf selbst werde verdienen können" (BVerwGE 3, 135/140). Sie fehlt dagegen, „wenn der Aufzunehmende nicht nur vorübergehend — d. h. im Zeitpunkt seiner Zuwanderung und während des Notaufnahmeverfahrens — hilfsbedürftig im Sinne des Fürsorgerechts ist" (BVerwGE 5, 31/36). Im übrigen folgt aus dem Sozialstaatsprinzip eine restriktive Auslegung dieses Gesetzesvorbehalts: Ein Grundrecht darf jedenfalls nicht allein wegen Alters oder Krankheit beschränkt werden (vgl. *Kunig*, vM-GG, Art. 11 Rdnr. 22; *Dürig*, M/D-GG, Art. 11 Rdnr. 59 ff.).

895 b) **Erforderlichkeit zur Abwehr einer drohenden Gefahr für den Bestand oder die freiheitliche demokratische Grundordnung des Bundes oder eines Landes.** Dieser Vorbehalt wird in der Literatur als innerer Notstand bezeichnet — im Gegensatz zum äußeren Notstand (Spannungsfall, Art. 80a, und Verteidigungsfall, Art. 115a), der unter besonderen Kautelen jeweils vom Parlament festgestellt werden muß. — Der Begriff „Bestand des Bundes oder eines Landes" wird auch in Art. 10 Abs. 2 S. 2, 73 Nr. 10b, 87a Abs. 4 S. 1, 91 Abs. 1 verwandt; in Art. 21 Abs. 2 ist vom „Bestand der Bundesrepublik Deutschland" die Rede. In allen Vorschriften wird „*Bestand*" in gleicher Weise verstanden, nämlich als Bevölkerung, territoriale Integrität und Handlungsfähigkeit des Staates. — Der Begriff „*freiheitliche demokratische Grundordnung*" wird außer in den eben genannten Vorschriften noch in Art. 18 S. 1 verwandt; er ist darüber hinaus inhaltsgleich mit dem Begriff „verfassungsmäßige Ordnung" in Art. 9 Abs. 2 und 98 Abs. 2 S. 1. Die freiheitliche demokratische Grundordnung läßt sich mit dem BVerfG „als eine Ordnung bestimmen, die unter Ausschluß jeglicher Gewalt- und Willkürherrschaft eine rechtsstaatliche Herrschaftsordnung auf der Grundlage der Selbstbestimmung des Volkes nach dem Willen der jeweiligen Mehrheit und der Freiheit und Gleichheit darstellt. Zu den grundlegenden Prinzipien dieser Ordnung sind mindestens zu rechnen: die Achtung vor den im Grundgesetz konkretisierten Menschenrechten, vor allem vor dem Recht der Persönlichkeit auf Leben und freie Entfaltung, die Volkssouveränität, die Gewaltenteilung, die Verantwortlichkeit der Regierung, die Gesetzmäßigkeit der Verwaltung, die Unabhängigkeit der Gerichte, das Mehrparteienprinzip und die Chancengleichheit für alle politischen Parteien mit dem Recht auf verfassungsmäßige Bildung und Ausübung einer Opposition" (E 2, 1/12 f.; vgl. *Gusy*, AöR 1980, 279). — Der Begriff „*drohende Gefahr*" bedeutet wie im Polizeirecht, daß eine hinreichende Wahrscheinlichkeit dafür besteht, daß eine Verletzung des Schutzgutes eintreten wird. Erst recht greift der Vorbehalt natürlich ein, wenn es bereits zu einer Verletzung der Schutzgüter gekommen ist. — Denkbare gesetzliche Maßnahmen zur Ausfüllung dieses Vorbehalts sind die Errichtung von Sperrbereichen, Evakuierungen und Ausgangssperren. Allerdings existiert bis heute keine entsprechende Gesetzgebung. Verfassungspolitisch wird der Vorbehalt kritisiert (*Dürig*, M/D-GG, Art. 11 Rdnr. 67 f.; *Evers*, AöR 1966, 193/199 f.; *Hall*, JZ 1968, 159/161 f.).

896 c) **Erforderlichkeit zur Bekämpfung von Seuchengefahr, Naturkatastrophen oder besonders schweren Unglücksfällen.** Unter „*Seuchengefahr*" ist die Gefahr der

Ausbreitung übertragbarer Krankheiten zu verstehen. Die Ausweitung des Begriffs auf jegliche Gesundheitsgefahr, einschließlich etwa einer Lärmverseuchung oder einer allgemeinen Umweltverseuchung (vgl. *Dagtoglou,* BK, Art. 13 Rdnr. 138), widerspricht der überkommenen Wortbedeutung und ist auch aus systematischen Gründen abzulehnen, weil sie der Normierung der Fälle der Naturkatastrophen und besonders schweren Unglücksfälle neben dem Fall der Seuchengefahr ihren Sinn nehmen würde. Anwendungsfälle des Seuchenvorbehalts sind §§ 34 ff. BSeuchenG und § 19 Abs. 2 TierSG. — Unter *„Naturkatastrophen"* versteht man durch Naturgewalten hervorgerufene, unvorhersehbare Ereignisse, die für viele Personen und/oder in größeren Gebieten schwerwiegende schädliche Folgen herbeiführen; *„schwere Unglücksfälle"* sind Katastrophen technischen Ursprungs.

d) **Erforderlichkeit zum Schutze der Jugend vor Verwahrlosung.** Anwendungsfälle dieses Vorbehalts sind das JÖSchG, § 71 Abs. 1 JWG und die Maßnahmen des Vormundschaftsgerichts nach §§ 1666 f. BGB.

897

e) **Erforderlichkeit, um strafbaren Handlungen vorzubeugen.** Dieser sog. Kriminalvorbehalt des Art. 11 Abs. 2 betrifft nur Vorbeuge- (präventive) Maßnahmen. Aus rechtsstaatlichen und systematischen Gründen ist anerkannt, daß dieser Vorbehalt eng auszulegen ist. Die tatbestandliche Ausdifferenzierung will ja gerade generalklauselartige Ermächtigungen zur Einschränkung der Freizügigkeit vermeiden. Anwendungsfälle des Kriminalvorbehalts sind §§ 56 c Abs. 2 Nr. 1, 68 b StGB und § 10 Abs. 1 Nr. 1 und 2 JGG.

898

2. Weitere Eingriffsrechtfertigungen

Einen weiteren Gesetzesvorbehalt enthält Art. 17a Abs. 2 für „Gesetze, die der Verteidigung einschließlich des Schutzes der Zivilbevölkerung dienen" (vgl. BVerwGE 35, 146/149). Die Vorbehalte der Art. 117 Abs. 2 und Art. 119 sind heute obsolet.

899

> **Lösungsskizze zum Fall:** Die polizeiliche Maßnahme ist jedenfalls von der speziellen Ermächtigung, nach h. M. auch von der Generalermächtigung gedeckt. Fraglich ist aber, ob diese insoweit mit Art. 11 vereinbar sind. Unter Berufung auf die Voraussetzung einer Übernachtung oder eines Mindestmaßes an Bedeutung und Dauer des Aufenthalts könnte die Einschlägigkeit des Schutzbereichs verneint werden. Hält man es dagegen für unerheblich für den Begriff des Aufenthalts i. S. d. Freizügigkeitsgrundrechts, wie lange der Aufenthalt dauert, ist ein Eingriff in den Schutzbereich nicht zu leugnen. Daraus folgt aber noch nicht die Verfassungswidrigkeit der hier herangezogenen Rechtsgrundlagen. Sie können vielmehr verfassungskonform dahin interpretiert werden, daß sie zu Eingriffen in Art. 11 Abs. 1 nur unter den Voraussetzungen der Tatbestände des Art. 11 Abs. 2 ermächtigen (vgl. *Denninger* u. a., Alternativentwurf einheitlicher Polizeigesetze des Bundes und der Länder, 1979, § 19 m. Begr.; hier wird der Platzverweis dann mit Art. 11 für vereinbar gehalten, wenn – abgesehen von den Einschränkungsmöglichkeiten des Art. 11 Abs. 2 — sich die Maßnahme gegen den Verhaltensstörer richtet). Da es hier um die Bekämpfung eines besonders schweren Unglücksfalles geht, verstößt die Maßnahme nicht gegen Art. 11.

900

> **Literatur:** *A. Bleckmann/B. Busse,* Die Ausreisefreiheit der Deutschen, DVBl. 1977, 794; *K. Hailbronner,* Die Freizügigkeit im Spannungsfeld zwischen Staatsräson und europäischem Gemeinschaftsrecht, DÖV 1978, 857; *D. Merten,* Der Inhalt des Freizügigkeitsrechts, 1970; *B. Pieroth,* Das Grundrecht der Freizügigkeit (Art. 11 GG), JuS 1985, 81; *C. Tomuschat,* Freizügigkeit nach deutschem Recht und Völkerrecht, DÖV 1974, 757; *M. Zuleeg,* Einwanderungsland Bundesrepublik Deutschland, JZ 1980, 425.

§ 21 BERUFSFREIHEIT (Art. 12)

Fall: Versagung der Zulassung zur Rechtsanwaltschaft (nach E 63, 266)

Einem Assessor wurde die Zulassung zur Rechtsanwaltschaft versagt, weil er für eine Partei angetreten war, die verfassungsfeindlich sei. Die Entscheidung wurde auf § 7 Nr. 5 BRAO gestützt, wonach die Zulassung zu versagen ist, „wenn der Bewerber sich eines Verhaltens schuldig gemacht hat, das ihn unwürdig erscheinen läßt, den Beruf eines Rechtsanwalts auszuüben". Daß die Zulassung zu versagen ist, „wenn der Bewerber die freiheitliche demokratische Grundordnung in strafbarer Weise bekämpft" (§ 7 Nr. 6 BRAO), war nicht einschlägig. Verstößt die Versagung der Zulassung gegen Art. 12 Abs. 1?

I. Überblick

1. Textaussage

901   Dem unbefangenen Verständnis bietet Art. 12 bereits in Abs. 1 *verschiedene Schutzbereiche*. Satz 1 schützt die Freiheit der *Wahl des Berufs*, der *Wahl des Arbeitsplatzes* und der *Wahl der Ausbildungsstätte*. Diese Schutzbereiche entsprechen den Abschnitten eines Berufswegs, der mit der Ausbildung beginnt, sich in der Entscheidung für den erlernten Beruf fortsetzt und in der Arbeit im gewählten Beruf erfüllt. Aber da die Schutzbereiche selbständig nebeneinander stehen, schützt Satz 1 die Wahl einer Ausbildungsstätte unabhängig davon, ob sie in die Wahl eines entsprechenden Arbeitsplatzes mündet, und die Entscheidung für einen ungelernten ebenso wie für einen gelernten Beruf. Satz 2 schließt mit einem *Regelungsvorbehalt für die Berufsausübung* an. Das deutet an, daß neben den genannten Schutzbereichen noch ein weiterer Schutzbereich der Berufsausübung gewährleistet ist. Nur hier ist das Tätigwerden des Gesetzgebers vorgesehen, wobei die Wahl des Regelungs- statt des Eingriffsbegriffs zusätzlich dahin verstanden werden kann, daß der Gesetzgeber besonders behutsam tätig werden muß.

902   Abs. 2 und Abs. 3 verbürgen die nur unter besonderen Voraussetzungen einschränkbare *Freiheit von Arbeitszwang* (Zwang zur Erbringung bestimmter einzelner Arbeitsleistungen) *und von Zwangsarbeit* (Zwang zum Einsatz der gesamten Arbeitskraft in bestimmter Weise). Sie lassen erkennen, daß die Freiheit der Berufs- und Arbeitsplatzwahl mehr ist als die Freiheit der Entscheidung, welche Arbeitsleistungen man erbringen und wie man seine Arbeitskraft einsetzen will; denn anders wären die Abs. 2 und 3 überflüssig. Beruf ist mithin nicht einfach Erbringung von Arbeitsleistung oder Einsatz der Arbeitskraft, sondern auf gewisse Dauer angelegte, der Schaffung und Erhaltung einer Lebensgrundlage dienende Tätigkeit; Arbeitsplatz ist der Platz, an dem nicht nur gearbeitet, sondern der Beruf ausgeübt wird.

2. Einheitliches Grundrecht

903   Die aufgezeigte Textaussage des Absatz 1 wurde schon früh anders gelesen (E 7, 377 — Apothekenurteil —). *Berufswahl und Berufsausübung hängen miteinander zusammen:* Mit der Berufswahl beginnt die Berufsausübung, und in der Berufsausübung wird die Berufswahl immer wieder neu bestätigt. Dann ist schon mit der Berufswahl auch die Berufsausübung gewährleistet und mit der Berufsausübung auch die Berufswahl vom Regelungsvorbehalt betroffen. Der Regelungsvorbehalt wurde also ausgedehnt, und zwar bald nicht mehr nur auf die Berufswahl, sondern auch auf die Wahl von Ausbildungsstätte (E 33, 303/336 — Numerus clausus —) und Arbeitsplatz. Zugleich wurde der Regelungsvorbehalt als Gesetzesvorbehalt, d. h. als Vorbehalt nicht nur besonders behutsamen, sondern jedweden gesetzgeberischen Tätigwerdens verstanden. In neueren Ent-

scheidungen spricht das BVerfG auch von „Gesetzesvorbehalt" (z. B. E 54, 224/234; 54, 237/246). So ist Art. 12 Abs. 1 heute ein einheitliches Grundrecht, das auch einheitlich unter Gesetzesvorbehalt steht. Allerdings sollen für Eingriffe in seinen Wahlaspekt höhere Anforderungen an die verfassungsrechtliche Rechtfertigung gelten als für Eingriffe in seinen Ausübungsaspekt.

II. Das Abwehrrecht des Art. 12 Abs. 1

1. Schutzbereich

Das einheitliche Grundrecht von Art. 12 Abs. 1 hat zwar einen einheitlichen Schutzbereich. Dessen Inhalt und Umfang werden aber zweckmäßig dadurch beschrieben, daß an die Begriffe Beruf, Ausbildungsstätte und Arbeitsplatz angeknüpft wird. 904

a) Der **Berufsbegriff** wird denkbar weit verstanden. Er umfaßt nicht nur die traditionell fixierten Berufsbilder, sondern auch neu entstandene und frei erfundene Betätigungen. Einschränkend gilt jedoch, daß die einzelnen Handlungen, die der Bürger zum Inhalt seines Berufs macht, *nicht verboten* sein dürfen (vgl. E 7, 377/397; *Berg,* GewArch 1977, 249). Dieses Kriterium, wonach die beruflichen Handlungen nicht verboten sein dürfen, wird gelegentlich dadurch ersetzt, daß sie nicht sozial- oder gemeinschaftsschädlich sein dürfen (BVerwGE 22, 286/289; *Bachof,* in: Die Grundrechte III/1, S. 155/189 f.; *Gubelt,* vM-GG, Art. 12 Rdnr. 9). Dahinter steht das richtige Anliegen, den Berufsbegriff nicht zur Disposition des Gesetzgebers zu stellen, d. h. diesem nicht zu gestatten, durch ein Verbot einen Beruf einfach aus dem Schutzbereich von Art. 12 Abs. 1 auszuschließen und dem Maßstab von Art. 12 Abs. 1 zu entziehen. Aber zum einen sind die Ersatzkriterien der Sozial- oder Gemeinschaftsschädlichkeit völlig vage. Zum anderen verkennt die Kritik am Kriterium des Verbotenseins, daß es sich auf einzelne Handlungen unabhängig von ihrer beruflichen Vornahme bezieht. Beruf ist die Bündelung vieler Handlungen, und ob diese Bündelung verboten oder beschränkt werden darf, bemißt sich stets nach Art. 12 Abs. 1. Die einzelnen Handlungen sind dagegen durch andere Grundrechte geschützt, und ob sie verboten werden dürfen, richtet sich nach diesen anderen Grundrechten. 905

> **Beispiele:** Taschendiebe, Rauschgifthändler, Zuhälter oder Spione haben als solche keine Berufe im Sinn von Art. 12 Abs. 1; ihre Handlungen sind schlechthin strafbar, unabhängig davon, ob sie professionell und dauernd oder nur einmalig und amateurhaft vorgenommen werden. Anders steht es mit dem Schwarzarbeiter, der z. B. mit dem Renovieren einer Wohnung oder der Reparatur eines Autos eine erlaubte Tätigkeit vornimmt und lediglich die steuer- und sozialversicherungsrechtlich geschuldeten Abgaben nicht abführt; hier liegt ein Beruf im Sinn von Art. 12 Abs. 1 vor, dessen Ausübung aber steuer- und sozialversicherungsrechtlich geregelt ist (vgl. *Scholz,* M/D-GG, Art. 12 Rdnr. 29). Auch die Prostitution ist ein Beruf, dessen Ausübung lediglich an gewissen Regelungen Schranken findet, denn der nichteheliche Geschlechtsverkehr gegen Entgelt ist nicht schlechthin verboten (vgl. *Scholz,* M/D-GG, Art. 12 Rdnr. 25). 906

Außerdem muß eine Tätigkeit, um unter den Berufsbegriff zu fallen, auf *gewisse Dauer* angelegt sein (E 32, 1/32 ff.; *Scholz,* M/D-GG, Art. 12 Rdnr. 19). Auch dies ist nicht eng zu verstehen; auch der Gelegenheits- und der Ferienjob, das zur Überbrückung eines Zeitraums und das probeweise eingegangene Beschäftigungsverhältnis sind Berufe. Ebenso ist weit zu verstehen, daß die Tätigkeit der *Schaffung und Erhaltung einer* 907

§ 21 II 1

Lebensgrundlage dienen muß (E 7, 377/397); die Nebentätigkeit fällt darunter, weil sie, anders als ein bloßes Hobby, zur Schaffung und Erhaltung der Lebensgrundlage immerhin beiträgt; und der Künstler hat einen Beruf, auch wenn ihn das Malen, Dichten oder Komponieren nicht so ernährt, wie er es gerne hätte (*Scholz*, M/D-GG, Art. 12 Rdnr. 21). Offen ist der Berufsbegriff schließlich auch insoweit, als er *selbständige und unselbständige Tätigkeiten* abdeckt (E 7, 377/398 f.; 54, 301/322).

908 Die in Art. 12 Abs. 1 geschützte Berufsfreiheit beginnt schon bei der Entscheidung, überhaupt einen Beruf zu ergreifen, und schützt auch den, der ohne Beruf bleiben und z. B. von seinem Vermögen leben möchte (*negative Berufsfreiheit;* vgl. E 58, 358/ 364). Sie umfaßt besonders die Wahl eines bestimmten Berufs und dessen Ausübung. Sie reicht bis zur Berufsbeendigung, sei es die Aufgabe einer bestimmten oder der Rückzug aus jeder beruflichen Tätigkeit.

909 Eine Gesellschaft, deren Bürgern die Berufs- und die Eigentumsfreiheit grundrechtlich verbürgt sind, wird dadurch in ihrer Wirtschaft geprägt. Nicht, daß das Grundgesetz eine bestimmte Wirtschaftsverfassung enthielte oder eine bestimmte Wirtschaftspolitik verlangte; es ist, wie das BVerfG mehrfach betont hat, *„wirtschaftspolitisch neutral"* und überläßt die Wirtschaftspolitik grundsätzlich dem gesetzgeberischen Ermessen (vgl. z. B. E 50, 290/336 ff. — Mitbestimmung —). So ist nicht etwa die gegenwärtige Wirtschaftsordnung im Schutzbereich von Art. 12 Abs. 1 oder von Art. 12 Abs. 1 i.V.m. Art. 14 enthalten. Gleichwohl sind unter der Bedingung der Berufsfreiheit bestimmte Aspekte der gegenwärtigen Wirtschaftsordnung geschützt. Berufe frei wählend und frei ausübend geraten die einzelnen als Unternehmer, als Handel- und Gewerbetreibende, als Freiberufler, aber auch als Arbeitnehmer, notwendig miteinander in Wettbewerb. Das Verhalten im Wettbewerb gehört zur Berufsausübung und zum Schutzbereich der Berufsfreiheit. Mit dieser *Freiheit zum Wettbewerb* ist die Vorstellung einer Freiheit von Konkurrenz unverträglich.

910 **Beispiele:** Die Berufsfreiheit eines staatlich zugelassenen Unternehmers wird dadurch, daß der Staat andere Unternehmer zuläßt, die den ersten durch scharfe Konkurrenz zur Aufgabe von Unternehmen und Beruf bringen, nicht berührt (E 34, 252/256; BVerwGE 65, 167/173; BVerwG, DVBl. 1983, 1251; HessStGH, NVwZ 1983, 542). Berührt wird die Berufsfreiheit eines Unternehmers aber dann, wenn er im Wettbewerb mit einem Konkurrenten darum unterliegt, weil der Staat dem Konkurrenten durch Subventionen einen Vorteil im Wettbewerb verschafft (BVerwGE 30, 191/197 ff.; *Friehe*, JuS 1981, 867).

Bei der beruflichen Ausübung von *Staatsfunktionen* ist zu unterscheiden:

911 — Als Inhalt eines *selbständigen* Berufs scheidet sie von vornherein aus. Zwar können von Privaten regelnde, richtende und schlichtende sowie verwaltende Dienstleistungen angeboten und erbracht werden. Aber sie entbehren der verbindlichen Geltung, die den entsprechenden Staatsakten eignet.

912 — Zum Inhalt eines *unselbständigen* Berufs wird sie im Staatsdienst. Dabei ist aber nicht nur Art. 12 Abs. 1, sondern auch Art. 33 einschlägig: Art. 33 verdrängt Art. 12 Abs. 1 nicht insgesamt, statuiert und erlaubt als Spezialvorschrift jedoch Sonderregelungen für den öffentlichen Dienst, wobei Art. 33 Abs. 2 in Rücksicht auf die staatliche Organisationsgewalt den Schutzbereich des Art. 12 Abs. 1 hinsichtlich der Berufswahl auf das Recht des gleichen Zugangs zu den öffentlichen Ämtern reduziert (E 7, 377/397 f.; 16, 6/21; 39, 334/369).

— Auch bei den sogenannten *staatlich gebundenen* Berufen (z. B. Notar, Schornsteinfeger, öffentlich bestellter und vereidigter Sachverständiger), die halbamtlichen Charakter haben und bei denen öffentliche Aufgaben in privater Hand liegen, „können Sonderregelungen in Anlehnung an Art. 33 die Wirkung des Grundrechts aus Art. 12 Abs. 1 tatsächlich zurückdrängen" (E 7, 377/398; 47, 285/319). Dies bedeutet hier jedoch nicht, daß schon der Schutzbereich von Art. 12 Abs. 1 durch Art. 33 reduziert wäre. Die fraglichen Sonderregelungen stellen durchaus Eingriffe in die Berufsfreiheit dar, und Art. 33 ist nicht mehr als ein Argument dafür, daß sie verfassungsrechtlich gerechtfertigt werden können (vgl. *Scholz*, M/D-GG, Art. 12 Rdnr. 220 ff. mit der Anregung, auf den Begriff des staatlich gebundenen Berufs überhaupt zu verzichten). 913

b) Art. 12 Abs. 1 spricht nicht von einer freien Wahl und auch nicht von einer freien Durchführung der **Ausbildung,** sondern nur von der freien Wahl der Ausbildungsstätte. Das BVerfG sieht dadurch jedoch allgemein ein *„Abwehrrecht gegen Freiheitsbeschränkungen im Ausbildungswesen"* verbürgt (E 33, 303/329 — Numerus clausus —). Das überzeugt: Wer seine Ausbildung individuell bei einem Lehrer oder Meister, in Gruppen oder Kursen, durch Lesen oder Reisen arrangiert, verdient denselben Schutz wie der, der sie an öffentlichen oder privaten Ausbildungsstätten absolviert. Beidemal sind mithin die Entscheidungen für eine bestimmte, sei es die erste oder eine zweite, zusätzliche Ausbildung, für deren Durchführung und für deren Beendigung frei. Frei ist auch die Entscheidung gegen jede Ausbildung. 914

Dabei ist Ausbildung nicht Bildung. Zum Inhalt der Bildung kann alles werden, was überhaupt geistig erworben werden kann, und wie die Inhalte sind auch die Ziele der Bildung offen. Dagegen ist Ausbildung auf das Ziel einer *berufsbezogenen Qualifikation* gerichtet, und dieses Ziel bestimmt auch den Inhalt. Daran mangelt es nicht nur bei der Bildung allgemein, sondern auch bei der schulischen Bildung ohne Berufsbezug. 915

> **Beispiele:** Zu den Ausbildungsstätten im Sinn des Art. 12 Abs. 1 S. 1 gehören ebensowenig wie kirchliche Akademien und private Sport- und Kultureinrichtungen auch Grund- und Hauptschulen, wohl aber nach h. M. weiterführende Schulen (E 41, 251/262 f.; 58, 257/273), Fachhochschulen und Hochschulen/Universitäten, staatliche Vorbereitungsdienste (Referendardienste), betriebliche und überbetriebliche Ausbildungsgänge, private Lehrstellen, Sprachschulen, Therapeutenausbildungseinrichtungen etc. Bei städtischen Volkshochschulen ist danach zu differenzieren, ob ihr Bildungsangebot Berufsbezug hat oder nicht hat. 916

c) Der **Arbeitsplatz** ist die Stätte, an der eine berufliche Tätigkeit ausgeübt wird, sei es bei unselbständiger Tätigkeit in der staatlichen Verwaltung, in der Produktion oder Administration eines Unternehmens, sei es bei selbständiger Tätigkeit in der eigenen Praxis oder Werkstatt, im eigenen Büro oder Atelier. Frei ist die Entscheidung über Wahl, Wechsel, Beibehaltung und Aufgabe des Arbeitsplatzes. 917

2. Eingriffe

a) Um ein **Eingriff in die Berufsfreiheit** zu sein, darf eine staatliche Regelung oder Maßnahme nicht nur irgendwie geartete, entfernte Folgen für die berufliche Tätigkeit haben. Vielmehr muß ihr subjektiv oder objektiv eine *berufsregelnde Tendenz* eignen, 918

§ 21 II 2

d. h. sie muß entweder gerade auf die Berufsregelung zielen oder, bei berufsneutraler Zielsetzung, sich unmittelbar auf die berufliche Tätigkeit auswirken oder in ihren mittelbaren Auswirkungen von einigem Gewicht sein.

919 **Beispiele:** So sieht E 54, 251/270 in der Pflicht zur Übernahme einer Vormundschaft und Pflegschaft grundsätzlich eine „allgemeine staatsbürgerliche Pflicht ohne spezielle berufsregelnde Tendenz". Wird jedoch ein Anwalt gerade wegen seiner beruflichen Qualifikation und in erheblichem Umfang mit Vormundschaften und Pflegschaften betraut, die er nur im Rahmen seiner beruflichen Tätigkeit wahrnehmen kann und in diesem Rahmen unentgeltlich wahrnehmen soll, dann liegt ausnahmsweise ein Eingriff in die Berufsfreiheit vor. — Auch eine Steuer, bei deren Erlaß dem Gesetzgeber zwar eine berufsregelnde subjektive Zielsetzung fehlt, die sich aber objektiv auf bestimmte Berufe wirtschaftlich besonders auswirkt, bedeutet einen Eingriff in die Berufsfreiheit (E 13, 181/186; 47, 1/21 f.). — Das gleiche gilt für die Veröffentlichung von Arzneimittel-Transparenzlisten (BVerwGE 71, 183/191 ff.).

920 Die berufsregelnde Tendenz kann der Berufsfreiheit mehr in ihrem Ausübungsaspekt (*Wie* der beruflichen Tätigkeit) oder mehr in ihrem Wahlaspekt (*Ob* der beruflichen Tätigkeit) gelten. Ein Eingriff, der die Berufsfreiheit in ihrem Wahlaspekt betrifft, kann die Wahl entweder an subjektive oder an objektive Zulassungsvoraussetzungen knüpfen. Diese verschiedenen Eingriffe sind zu unterscheiden, weil sie regelmäßig *verschieden intensiv* sind und unter verschieden hohen Rechtfertigungsanforderungen stehen.

921 *Objektive Zulassungsschranken* verlangen für die Wahl eines Berufs die Erfüllung objektiver, dem Einfluß des Berufswilligen entzogener und von seiner Qualifikation unabhängiger Kriterien. Zu ihnen gehören besonders *Bedürfnisklauseln*, wie sie das Personenbeförderungsgesetz für den Linienverkehr in § 13 Abs. 2 Nr. 2 und für den Verkehr mit Taxen in § 13 Abs. 4 (E 11, 168), das Güterkraftverkehrsgesetz in §§ 8 und 9 (E 40, 196) oder die Zivilprozeßordnung für die Tätigkeit des Prozeßagenten in § 157 Abs. 3 S. 2 (E 10, 185) enthält. Auch das Apothekenurteil, Ausgangspunkt des einheitlichen Verständnisses der Berufsfreiheit, hatte eine Bedürfnisklausel zum Gegenstand, die als Voraussetzung für die Errichtung einer Apotheke verlangte, daß die vorhandenen Apotheken ohne die Errichtung zur Versorgung der Bevölkerung mit Arzneimitteln nicht ausreichten und durch die Errichtung wirtschaftlich nicht wesentlich beeinträchtigt würden (E 7, 377). Bedürfnisklauseln begegnen auch bei den staatlich gebundenen Berufen; so begrenzen manche Landesgesetze die Zahl der Notare nach Maßgabe der ordnungsgemäßen Erfüllung der anfallenden Aufgaben (E 17, 371).

922 Zu den objektiven Zulassungsbeschränkungen können weiter *steuerliche Vorschriften* zählen, die bestimmten Berufen gelten. Obwohl sie nur mittelbar auf die Berufsfreiheit einwirken, können sie doch bei entsprechender Belastung einen Beruf wirtschaftlich „erdrosseln" und die Möglichkeit seiner Ergreifung tatsächlich ausschließen.

923 **Beispiel:** Würde der Verkauf von Tabak, Zigarren und Zigaretten derart besteuert, daß er keinen Gewinn mehr abwirft, dann könnten die Tabakwaren zwar noch verkauft und würden wohl auch im Sortiment des Handels gehalten werden, aber der Beruf des selbständigen Tabakwareneinzelhandelskaufmanns wäre tatsächlich erledigt. — Das BVerfG hat bisher noch keiner steuerlichen Vorschrift diese erdrosselnde Wirkung zuerkannt und nur angelegentlich ausgesprochen, daß erdrosselnde Besteuerung vor Art. 12 schwerlich Bestand haben könnte (E 8, 222/228; vgl. ferner E 13, 181/185 ff.). Ihre Einordnung als objektive Zulassungsvoraussetzung hat es dabei nicht ausdrücklich vorge-

nommen; und die mittelbare tatsächliche statt einer unmittelbaren rechtlichen Wirkung unterscheidet die erdrosselnde Besteuerung auch von der sonstigen objektiven Zulassungsschranke.

Wo ein *Verwaltungsmonopol* die Ausübung einer Tätigkeit dem Staat vorbehält, da kann der Bürger sie nicht mehr zum Inhalt eines selbständigen Berufs machen. Entsprechend versperrt das Postmonopol (§ 2 PostG) den Beruf des Postbeförderers, das Fernmeldemonopol (§ 1 FernmG) den des Telefonbetreibers (vgl. zum Fernmeldemonopol E 46, 120), das Arbeitsvermittlungsmonopol (§ 4 AFG) den des Arbeitsvermittlers (E 21, 245), das Abfallbeseitigungsmonopol (§ 3 Abs. 2 AbfG) den des Abfallbeseitigers (BVerwG, DVBl. 1981, 983) etc. Zwar kennen die Verwaltungsmonopole regelmäßig Ausnahmen, die bestimmte Aspekte der monopolisierten Tätigkeit unter bestimmten Voraussetzungen zum Inhalt eines Berufs zu machen gestatten, wobei unter diesen Voraussetzungen wieder objektive Zulassungsvoraussetzungen begegnen. Stets bleibt die monopolisierte Tätigkeit der selbständigen beruflichen Ausübung jedoch überwiegend schlechthin verschlossen (zu Art. 12 Abs. 1 als Maßstab für Verwaltungsmonopole vgl. auch *Fiedler,* DÖV 1977, 390). 924

> **Beispiele:** § 2 Abs. 4 PostG sieht die Ausnahme vom Postmonopol und § 2 FernmG die Ausnahme vom Fernmeldemonopol vor, ohne dafür Voraussetzungen zu statuieren. Die Bestimmungen nennen lediglich die für die Bewilligung der Ausnahmen zuständigen Stellen. Diesen ist damit die größte Freiheit gelassen; sie können die Bewilligung der Ausnahmen an sachgerechte objektive und subjektive Zulassungsvoraussetzungen knüpfen. Für die Ausnahme vom Abfallbeseitigungsmonopol sind dagegen schon in § 12 Abs. 1 AbfG sowohl objektive (keine „Beeinträchtigung des Wohls der Allgemeinheit") als auch subjektive (keine „Bedenken gegen die Zuverlässigkeit") Voraussetzungen vorgesehen. 925

Auch der Zugang zum *Staatsdienst* wird durch objektive Zulassungsschranken reglementiert. Wenn die verfügbaren Stellen, über deren Zahl der Staat kraft seiner Organisationsgewalt entscheidet, erschöpft sind, dann bleibt selbst dem qualifiziertesten Lehrer oder Juristen der Zugang zum Staatsdienst verschlossen (vgl. oben Rdnr. 912). 926

Subjektive Zulassungsvoraussetzungen knüpfen die Wahl eines Berufs an persönliche Eigenschaften und Fähigkeiten, erworbene Abschlüsse und erbrachte Leistungen. Hierunter fallen die Erfordernisse eines bestimmten Lebensalters (für Hebammen E 9, 338), der Zuverlässigkeit (für Einzelhandelsunternehmer BVerwGE 39, 247/251), der Würdigkeit (für Rechtsanwälte E 63, 266), der Geschäfts- und Prozeßfähigkeit (für Rechtsanwälte E 37, 67), erfolgreich abgelegter Prüfungen und beruflich erworbener Erfahrungen (E 13, 97; 19, 330; 34, 71). Die Erfordernisse der Zuverlässigkeit und der Würdigkeit sind unbestimmte Rechtsbegriffe, unter denen verschiedene Charakterzüge und Verhaltensweisen beurteilt werden müssen. Auch die Eignung und die Befähigung, von denen neben der fachlichen Leistung der Zugang zum öffentlichen Dienst gemäß Art. 33 Abs. 2 abhängt, können ganz verschiedene charakterliche und körperliche Voraussetzungen für das betreffende Amt bezeichnen, daneben auch Eigenschaften wie bestimmte Begabungen, Allgemeinwissen und Lebenserfahrung. 927

Mit einer dichten Normierung subjektiver Zulassungsvoraussetzungen fixiert der Gesetzgeber bestimmte *Berufsbilder.* Wenn oben bemerkt wurde, daß der Berufsbegriff des Art. 12 Abs. 1 nicht an fixierte Berufsbilder anknüpft, dann heißt das nicht etwa, 928

§ 21 II 2

daß es fixierte Berufsbilder auch gar nicht geben dürfe oder könne. Es heißt, daß der Schutzbereich von Art. 12 Abs. 1 nicht über fixierte Berufsbilder definiert ist, daß vielmehr die Fixierung eines Berufsbilds einen Eingriff in den Schutzbereich darstellt.

929 *Berufsausübungsregelungen* gelten den Bedingungen, unter denen, und den Modalitäten, in denen sich die berufliche Tätigkeit vollzieht. Sie sind einfach die übrigen Eingriffe in die Berufsfreiheit und umfassen z. B. Festsetzungen von Ladenschlußzeiten (E 13, 237; vgl. *Hufen*, NJW 1986, 1291) und Polizeistunden (BVerwGE 20, 321/323), Beschränkungen des Schwerlastverkehrs in Ferienzeiten (E 26, 259), Werbeverbote für Rechtsanwälte, Ärzte, Apotheker und Architekten (E 36, 212; 53, 96), die Verpflichtung von Rechtsanwälten, vor Gericht in Robe aufzutreten (E 28, 21), die Verpflichtung von Apothekern, nur eine Apotheke zu betreiben (E 17, 232), das Verbot einer Sozietät von Anwaltsnotar und Wirtschaftsprüfer (E 54, 237), die Heranziehung von Banken zur Einbehaltung und Abführung der Kapitalertragssteuer (E 22, 380). Sie umfassen auch steuerliche Vorschriften, deren berufsregelnde Tendenz nicht auf die Erdrosselung eines Berufs, aber doch auf eine Lenkung seiner Ausübung hinausläuft (E 13, 181/187).

930 Die *Abgrenzung* zwischen Berufswahl- und Berufsausübungsregelungen ist zuweilen schwierig. Mit der Fixierung von Berufsbildern werden jeweils bestimmte Betätigungen als typisch festgehalten und andere als untypisch ausgeschlossen. Dies wirkt für diejenigen, die gemäß dem fixierten Berufsbild tätig sind und tätig sein wollen, als bloße Ausübungsregelung. Für diejenigen, die sich aus den als typisch festgehaltenen und den als atypisch ausgeschlossenen Betätigungen einen Beruf eigenständig zusammenstellen wollen, wirkt es jedoch als Berufswahlregelung.

931 **Beispiel:** Das Steuerberatungsgesetz hatte früher die geschäftsmäßige Erledigung der laufenden Lohnbuchhaltung den steuerberatenden Berufen vorbehalten. Gleichwohl bot eine Kaufmannsgehilfin und Datentypistin die geschäftsmäßige Erledigung der laufenden Datenerfassung und Lohnbuchhaltung an. Sie wurde wegen Verstoßes gegen das Steuerberatungsgesetz belangt. Im Verfassungsbeschwerdeverfahren hat das BVerfG die einschlägigen Bestimmungen des Steuerberatungsgesetzes als Berufsausübungsregelung gekennzeichnet, die jedoch auch die Berufswahl beschränkten und daher den Rechtfertigungsanforderungen genügen müßten, die für Berufswahlbeschränkungen gelten. Es hat sie daran scheitern lassen (E 59, 302).

932 Auch mit der Einordnung von Vorschriften, die die *Aufgabe des Berufs* verlangen oder verbieten, tut sich die Rechtsprechung gelegentlich schwer; das BVerfG ordnet die Festsetzung einer Altersgrenze für Hebammen überzeugend den subjektiven Zulassungsvoraussetzungen zu (E 9, 338/345), das BVerwG versteht eine Bestimmung des Soldatengesetzes, die Berufssoldaten vom Antrag auf Entlassung abhält, als Ausübungsregelung (BVerwGE 65, 203/207).

933 b) Auch bei den **Eingriffen in die Ausbildungsfreiheit** lassen sich objektive Zulassungsschranken, subjektive Zulassungsvoraussetzungen und sonstige Regelungen des Ausbildungswesens unterscheiden. *Objektive Zulassungsschranken* sieht das BVerfG im sogenannten absoluten Numerus clausus, der nicht nur die Wahl einer bestimmten Universität und die Abfolge der Abschnitte und Veranstaltungen des Studiums reglementiert, sondern das gewünschte Studium bundesweit und langfristig Bewerbern

versperrt, die mit dem Abiturzeugnis eigentlich die Hochschulreife erworben haben (E 33, 303/337 f.). Auch wenn der Zugang zu staatlichen Vorbereitungsdiensten, die z. B. für Juristen und Lehrer bestimmte Ausbildungsabschnitte monopolisieren, langfristig verschlossen ist, liegen objektive Zulassungsschranken vor. *Subjektive Zulassungsvoraussetzungen* regeln den Zugang und auch den Abgang von Ausbildungsstätten nach Maßgabe persönlicher Qualifikationen. Sie gelten sowohl für staatliche als auch für private Ausbildungsstätten, deren Abschlüsse staatlich anerkannt werden. Schließlich wird in das Ausbildungswesen auch durch *ausbildungsbezogene Regelungen* über Arbeitszeit, Kündigungsschutz und Betriebsverfassung eingegriffen.

c) **Bei Eingriffen in die freie Wahl des Arbeitsplatzes** kann nochmals nach objektiven und subjektiven Voraussetzungen für den Erhalt eines Arbeitsplatzes bzw. danach unterschieden werden, ob der Erhalt des Arbeitsplatzes von persönlichen Qualifikationen abhängt oder dem Einfluß des einzelnen gänzlich entzogen ist. In der vorwiegend privatwirtschaftlich organisierten Arbeitswelt begegnen entsprechende Eingriffe nur bei Annahme einer Drittwirkung der Grundrechte. 934

> Beispiele: Vereinbarungen, die den Arbeitnehmer bei vorzeitigem Ausscheiden aus dem Arbeitsverhältnis zur Erstattung vom Arbeitgeber aufgewandter Ausbildungskosten verpflichten, greifen in die freie Wahl des Arbeitsplatzes ein (BAG, NJW 1977, 973; vgl. zur Bedeutung von Art. 12 Abs. 1 bei Wettbewerbsverboten BAG, NJW 1981, 1174). Derartige Vereinbarungen finden sich aber auch im öffentlichen Dienst (E 39, 128/141 ff.; BVerwGE 30, 65/69; 40, 237/239; BVerwG, NJW 1982, 1412); hier wie dort sind sie den subjektiven Zulassungsschranken zuzuordnen, solange sie das Ausscheiden aus dem alten Beschäftigungsverhältnis als Voraussetzung für die Wahl eines neuen Arbeitsplatzes von einer dem Ausbildungsvorteil angemessenen vertret- und erbringbaren Geldleistung abhängig machen. Eine exorbitante Geldforderung würde die Vereinbarung zur objektiven Zulassungsschranke machen. 935

3. Verfassungsrechtliche Rechtfertigung

a) **Gesetzesvorbehalt.** Ein Eingriff muß, um verfassungsrechtlich gerechtfertigt zu sein, *durch Gesetz* oder *aufgrund Gesetzes* erfolgen (Art. 12 Abs. 1 S. 2; vgl. oben Rdnr. 903). Erfolgt er durch Rechtsverordnung, Satzung oder Hoheitsakt, dann müssen diese eine Ermächtigung in einem formellen Gesetz haben. Das gilt nur nicht für vorkonstitutionelles Recht, das sich ja noch nicht an diesem Erfordernis orientieren konnte; davon abgesehen muß vorkonstitutionelles Recht inhaltlich mit dem Grundgesetz vereinbar sein (vgl. Art. 123 Abs. 1). 936

> Beispiele: Eine Rechtsverordnung und ein Gewohnheitsrechtssatz aus der Zeit vor dem ersten Zusammentritt des Bundestages (7. 9. 1949) sind taugliche Ermächtigungsgrundlagen für Eingriffe in die Berufsfreiheit, sofern sie nicht inhaltlich gegen sonstiges Verfassungsrecht verstoßen (E 9, 73/76; 15, 226/233). — Dagegen ist nachkonstitutionelles Gewohnheitsrecht kein Gesetz i. S. d. Art. 12 Abs. 1 S. 2; um nachkonstitutionelles Gewohnheitsrecht handelt es sich auch dann, wenn eine angebliche Auslegung bereits bestehenden Gewohnheitsrechts im Ergebnis zu einem neuen Eingriffstatbestand führt (E 22, 114/122). — Bedenklich sind einige Entscheidungen des BVerfG, wonach bei Fehlen einer ausdrücklichen und bestimmten Eingriffsermächtigung im Gesetz auch eine „Gesamtregelung unter Berücksichtigung ihrer Auslegung in Rechtsprechung und Schrifttum" den Eingriff in die Berufsfreiheit rechtfertigen könne (E 54, 224/234 ff.; 54, 237/247). 937

§ 21 II 3

938 Allerdings ist der Gesetzgeber bei der Delegation von Eingriffsermächtigungen begrenzt. Die Grenzen sind zum einen allgemeiner Art: Die gesetzliche Ermächtigung zum Erlaß von Rechtsverordnungen muß gemäß *Art. 80 Abs. 1 S. 2* nach Inhalt, Zweck und Ausmaß bestimmt sein, und außerdem darf der Gesetzgeber gemäß dem *Parlamentsvorbehalt* sich durch keinerlei Ermächtigung der Aufgabe entledigen, das Wesentliche selbst zu regeln. Zum anderen gibt es spezielle Grenzen der Ermächtigung bei Art. 12 Abs. 1: Durch Verleihung von Satzungsgewalt an Berufsverbände des öffentlichen Rechts kann der Gesetzgeber nur zu satzungsrechtlichen Regelungen der Berufsausübung ermächtigen; die sogenannten statusbildenden Regelungen der Berufswahl muß er selbst treffen (E 33, 125 — Facharzt —; 38, 373; 57, 121). Diese spezielle Grenze der Ermächtigung kann als Ausprägung der allgemeinen Grenze verstanden werden, die durch den Parlamentsvorbehalt gezogen wird. Sie ist vom BVerfG jedoch schon vor dem Parlamentsvorbehalt entwickelt worden und will dem Umstand, daß Eingriffe in die Berufswahlfreiheit regelmäßig intensiver sind als Eingriffe in die Berufsausübungsfreiheit, dadurch Rechnung tragen, daß sie der größeren Intensität auch einen größeren verfassungsrechtlichen Rechtfertigungsbedarf im Sinn einer höheren gesetzgeberischen Verantwortung korrespondieren läßt (E 33, 125/158 ff.). Diese Zuordnung von Eingriffsintensität und Rechtfertigungsanforderung wird vom BVerfG an der Stufenlehre orientiert.

939 b) Die **Stufenlehre**, im Apothekenurteil (E 7, 377) entwickelt, unterscheidet die Stufen der Regelung der *Berufsausübung, subjektiver Zulassungsvoraussetzungen* und *objektiver Zulassungsschranken* als drei Stufen zunehmender Eingriffsintensität. Mit der Zunahme der Eingriffsintensität geht eine Abnahme der Gestaltungsfreiheit des Gesetzgebers einher. Dieser steht unter um so höheren Rechtfertigungsanforderungen, je intensiver er eingreift oder einzugreifen ermächtigt. In den Rechtfertigungsanforderungen kommt der *Verhältnismäßigkeitsgrundsatz (Übermaßverbot)* zur Geltung: Die „'Stufentheorie' ist das Ergebnis strikter Anwendung des Prinzips der Verhältnismäßigkeit bei den vom Gemeinwohl her gebotenen Eingriffen in die Berufsfreiheit" (E 13, 97/104).

940 aa) Stufenlehre bzw. Verhältnismäßigkeitsgrundsatz verlangen also zunächst, daß der Eingriff in die Berufsfreiheit einen **legitimen Zweck** verfolgt und zur Erreichung des Zwecks **geeignet** ist.

941 Beispiel: Angenommen, ein Gesetz würde vorschreiben, daß in die zwischen Arbeitgebern und Gewerkschaften abgeschlossenen Tarifverträge Quotenregelungen zugunsten der Beschäftigung von Frauen aufgenommen werden. Abgesehen von der Problematik unter dem Aspekt des Art. 9 Abs. 3 wäre hierin ein Eingriff (objektive Zulassungsschranke) in die Berufsfreiheit männlicher Arbeitnehmer zu sehen. Die Förderung des Abbaus der überproportional hohen Frauenarbeitslosigkeit ist aber gemäß Art. 3 Abs. 2 ein legitimer Zweck. Problematischer ist die Geeignetheit. Um vor diesem Maßstab standzuhalten, müßte das Gesetz vielfältig, z. B. nach Branchen oder Betriebsgrößen differenzieren bzw. zeitliche Staffelungen und Ausnahmeregelungen vorsehen (zur Vereinbarkeit mit Art. 3 Abs. 2 vgl. oben Rdnr. 517).

942 Stufenlehre bzw. Verhältnismäßigkeitsgrundsatz verlangen weiter, daß der Eingriff zur Erreichung des Zwecks notwendig ist und zur Bedeutung des Zwecks in angemessenem Verhältnis steht (Verhältnismäßigkeit im engeren Sinn). Bei der Bestimmung

216

von Notwendigkeit und Angemessenheit machen sie von der Unterscheidung der drei Eingriffsstufen Gebrauch:

bb) Daß der Eingriff zur Erreichung des Zwecks **notwendig** sein muß, bedeutet, daß nicht ein anderer Eingriff, der den Bürger weniger belastet, zur Erreichung des Zwecks ebenso geeignet sein darf. Ob nun ein Eingriff den Bürger mehr oder weniger belastet, mehr oder weniger intensiv ist, bemißt sich besonders nach den oben erörterten Eingriffsstufen: Grundsätzlich gilt, daß am intensivsten die objektiven Zulassungsschranken sind, daß dann die subjektiven Zulassungsvoraussetzungen kommen und daß am wenigsten belastend die bloßen Berufsausübungsregelungen sind. Ein Eingriff auf einer höheren Stufe ist nur dann verhältnismäßig, wenn sein Zweck nicht ebenso gut durch einen Eingriff auf einer niederen Stufe erreicht werden kann. Auch auf ein und derselben Stelle kann es mehr und weniger intensive Eingriffe geben. Dies ist der erste Teil der Stufenlehre. 943

> **Beispiele:** Gegenstand des Apothekenurteils war ein bayerisches Apothekengesetz gewesen, das die Eröffnung neuer Apotheken von einer objektiven Zulassungsschranke, einem entsprechenden Bedürfnis der Allgemeinheit, abhängig gemacht hatte. Ziel der Niederlassungsbeschränkung war die Erhaltung der Volksgesundheit gewesen; der Gesetzgeber fürchtete, freie Konkurrenz vieler Apotheken werde zu einer Vernachlässigung der gesetzlichen Verpflichtungen, zu leichtfertigem Medikamentenverkauf, zu verführerischer Medikamentenwerbung und zu schädlicher Tablettensucht führen. Das BVerfG hat gefragt, ob das gesetzgeberische Ziel nicht auch durch Berufsausübungsregelungen, durch staatliche Kontrollen der Medikamentenherstellung sowie durch Beschränkungen der freien Werbung und des freien Verkaufs erreicht werden könne. Es hat die Frage bejaht und daran das bayerische Apothekengesetz scheitern lassen. — E 69, 209/218 f. hat eine Zulassungsbeschränkung für Angehörige der Finanzverwaltung zur Steuerberaterprüfung verworfen, weil der drohende Loyalitätskonflikt auch durch das — zwar auf derselben Stufe, aber später und milder eingreifende — Mittel der Inkompatibilitätsregelung vermieden werden kann. 944

Allerdings hat die weitere Entwicklung der Rechtsprechung des BVerfG gezeigt, daß die *Stufen ineinander verschwimmen* können; nicht nur kann, wie oben schon bemerkt, die Zuordnung eines Eingriffs zur einen oder zur anderen Stufe schwerfallen, sondern es kann auch ein Eingriff auf niederer Stufe intensiver sein als ein Eingriff auf höherer. 945

> **Beispiele:** Eine Berufsausübungsregelung, die für bestimmte Handelssparten die Öffnungszeiten oder das Warensortiment empfindlich beschneiden oder hohe und teure Anforderungen an Verpackungs- und Lagerungshygiene stellen würde, könnte den Handel in der fraglichen Sparte empfindlicher treffen als leicht zu erfüllende subjektive Zulassungsvoraussetzungen. — Das BVerfG hat schon bald nach dem Apothekenurteil die Regelung der Zulassung zum Kassenarzt als eine Berufsausübungsregelung gekennzeichnet, die aber in ihrer Intensität einer objektiven Berufszulassungsschranke nahekomme (E 11, 30). 946

In derartigen Fällen kann die Prüfung der Notwendigkeit nicht einfach fragen, ob es einen Eingriff auf derselben oder auf niederer Stufe gäbe, der den Zweck ebenfalls erreichte. Vielmehr muß sie die Intensität des Eingriffs und seiner allfälligen Alternativen aus den Sach- und Fallgegebenheiten bestimmen. So eröffnet die Stufenlehre zwar den *Einstieg* in die Frage nach der Notwendigkeit eines Eingriffs und läßt immer wieder auch die Antwort finden. Gelegentlich reicht sie jedoch nicht aus und muß sich die Frage nach der Notwendigkeit des Eingriffs von ihr lösen. 947

cc) Für das BVerfG und die h. L. bedeutet Verhältnismäßigkeit weiter **Verhältnismäßigkeit im engeren Sinn**, d. h., daß der Zweck, dem der Eingriff dient, um so wert- 948

§ 21 II 3

voller sein muß, je intensiver der Eingriff ist. Es ist mit anderen Worten eine *Güterabwägung* vorzunehmen. Dies ist der zweite Teil der Stufenlehre:
— Objektive Zulassungsschranken sind nur gerechtfertigt, wenn sie zur „Abwehr nachweisbarer oder höchstwahrscheinlicher schwerer Gefahren für ein überragend wichtiges Gemeinschaftsgut" notwendig sind;
— subjektive Zulassungsvoraussetzungen sind nur gerechtfertigt, wenn die Ausübung des Berufs ohne Erfüllung der Voraussetzungen „unmöglich oder unsachgemäß wäre" und auch, wenn sie Gefahren oder Schäden für die Allgemeinheit mit sich brächte;
— Berufsausübungsregelungen sind gerechtfertigt, wenn „Gesichtspunkte der Zweckmäßigkeit" sie verlangen, wobei es mal mehr um die Allgemeinheit, der Gefahren oder Schäden drohen, und mal mehr um den Berufsstand, der gesichert und gefördert werden soll, gehen kann.

949 Diese im Apothekenurteil geprägten und seitdem regelmäßig wiederholten Formeln sind blaß, und mit ihnen läßt sich nicht leicht arbeiten. Auch die Bestimmungen der Wertigkeiten von einzelnen Gemeinschaftsgütern und -zwecken, die das BVerfG vorgenommen hat, zeigen eine ziemliche *Beliebigkeit*.

950 **Beispiele:** Als überragend wichtig hat das BVerfG so heterogene Gemeinschaftsgüter und -zwecke wie z. B. die Volksgesundheit (E 7, 377/414 f.), die Steuerrechtspflege (E 21, 173/179; 69, 209/218), die Leistungsfähigkeit des öffentlichen Verkehrs (E 11, 168/184 f.) und die Wirtschaftlichkeit der Deutschen Bundesbahn (E 40, 196/218) anerkannt.

951 Die Beliebigkeit war in der Rechtsprechung des BVerfG jedoch deswegen *unschädlich*, weil jeweils die Prüfung der Notwendigkeit ganz im Vordergrund stand. Nur wenn ein Eingriff zur Erreichung des verfolgten Zwecks wirklich notwendig ist, stellt sich noch die Frage, ob der Zweck auch hinreichend wertvoll ist. Zwar hat das BVerfG gelegentlich auf den Nachweis mangelnder Notwendigkeit zugunsten des Hinweises auf offensichtlich nicht hinreichende Wertigkeit verzichtet (z. B. E 11, 168/187). War aber ein Eingriff wirklich notwendig, dann hat das BVerfG ihn nie an der mangelnden Wertigkeit des Zwecks scheitern lassen, sondern hat stets die hinreichende Wertigkeit eingeräumt. Unausgesprochen mag die folgende Erkenntnis dahinter stehen: Wenn ein Gemeinschaftszweck oder -gut tatsächlich nur um den teuren Preis eines intensiven Grundrechtseingriffs erreicht werden kann, dann zeigt sich regelmäßig eben darin sein hoher Wert. Die Prüfung der Verhältnismäßigkeit im engeren Sinn hat die Bedeutung einer Stimmigkeitskontrolle: Zeigt sich ein krasses Mißverhältnis, dann ist das Anlaß, die Prüfung der Notwendigkeit nochmals und besonders sorgfältig vorzunehmen. Sollte sich das krasse Mißverhältnis auch dabei nicht beheben lassen, dann mag ausnahmsweise auf das Kriterium der Verhältnismäßigkeit im engeren Sinn zurückgegriffen werden. Dann bedarf es aber auch keiner schwierigen Bestimmung der Wertigkeiten, sondern liegt das Mißverhältnis auf der Hand.

952 **Beispiele,** bei denen das BVerfG den Eingriff in die Berufsfreiheit für gerechtfertigt hielt:
— hinsichtlich objektiver Zulassungsschranken: Festsetzung von Höchstzahlen der Genehmigungen für Kraftfahrzeuge im Güterfernverkehr (E 40, 196/218); Verbot der Errichtung und Erweiterung von Mühlenbetrieben (E 25, 1/11); Arbeitsvermittlungsmonopol der Bundesanstalt für Arbeit (E 21, 245/250);

— hinsichtlich subjektiver Zulassungsvoraussetzungen: Altersgrenzen für Hebammen (E 9, 338/345 ff.) und Prüfingenieure für Baustatik (E 64, 72/82 f.); Befähigungsnachweis für das Handwerk (E 13, 97/114 ff.); Erfordernis, Baupläne von Architekten verfassen zu lassen (E 28, 364/374 f.); Zulassungsregelungen für Rechtsanwälte und Rechtsbeistände (E 41, 378/389 f.); Amtsenthebung eines Notars wegen Amtsunfähigkeit (E 45, 422/428 f.);
— hinsichtlich Berufsausübungsregelungen: Ladenschlußregelung (E 13, 237/240 f.); Nachtbackverbot (E 23, 50/56; 41, 360/370); Anbaubeschränkung von Weinreben auf ungeeigneten Böden (E 21, 150/160); Vergnügungssteuer auf Gewinnapparate (E 14, 76/100 f.; 31, 8/26 f.); Sonderbesteuerung des Werkfernverkehrs (E 16, 147/162 ff.); Verbot des Betriebs einer zweiten Apotheke (E 17, 232/238 ff.).

Die aufgezeigte Prüfungs- bzw. Rechtfertigungsweise gilt nicht nur bei den Eingriffen in den Teilbereich der Berufsfreiheit, sondern auch bei denen in die Teilbereiche der *Ausbildungsfreiheit* und der *Freiheit der Wahl des Arbeitsplatzes.* Jeweils kann nach objektiven Zulassungsschranken, subjektiven Zulassungsvoraussetzungen und sonstigen Eingriffen unterschieden, eine entsprechende Stufung von Eingriffsintensitäten vorgenommen und der Verhältnismäßigkeitsprüfung zugrunde gelegt werden. **953**

III. Teilhabe- und Leistungsrechte des Art. 12 Abs. 1

Soweit die Rechte auf freie Wahl des Berufs, des Arbeitsplatzes und der Ausbildungsstätte gegen den Staat, d. h. auf Zugang zu staatlichen Berufen, Arbeitsplätzen und Ausbildungsstätten gerichtet sind, werden sie unter den Bedingungen der *Knappheit* notwendig zu Teilhaberechten. Wenn es mehr Interessenten als Güter gibt, dann kann jeder Interessent nur noch einen Teil des knappen Guts bekommen. Da staatliche Berufe, Arbeitsplätze und Ausbildungsstätten als Güter nicht teilbar sind, können sie nur unter allen Interessenten in gleicher Weise, d. h. nach gleichen Kriterien verteilt werden. Teilhaberechte sind *Gleichheitsrechte.* Für den Zugang zum öffentlichen Dienst spricht Art. 33 Abs. 2 dies auch aus. Für den Zugang zum Universitäts- oder Hochschulstudium hat das BVerfG es aus der Logik des Problems entwickelt. **954**

> **Beispiele:** Die Studienplatzkapazitätsgrenzen müssen in Orientierung an der Funktionsfähigkeit der Universität und unter Ausschöpfung aller sachlichen und personellen Mittel bestimmt und die begrenzten Studienplatzkapazitäten so verteilt werden, daß jeder Interessent die gleiche Chance hat, überhaupt und auch an der bevorzugten Universität zu studieren (E 33, 303/338). Die Chancengleichheit verlangt die gleiche Anwendung legitimer Auswahlkriterien; das BVerfG akzeptiert eine Auswahl nach Leistung (Abiturnoten und Testergebnissen), Los, Wartezeit und Gesichtspunkten sozialer Härte (E 43, 291/317 ff.) und formuliert für die Kumulation dieser Kriterien wiederum Kriterien (E 59, 1/21 ff.; vgl. zu dieser Rechtsprechung v. *Mutius,* VerwArch 1973, 183; *Scholz,* M/D-GG, Art. 12 Rdnr. 454 ff.; *Schuppert,* Festschrift Hirsch, 1981, S. 567; *Wahrendorf/Arnold,* DVBl. 1978, 258). **955**

Zum *Leistungsrecht* würden die Rechte auf freie Wahl des Berufs, des Arbeitsplatzes und der Ausbildungsstätte, wenn sie vom Staat nicht nur die gleiche Teilhabe an vorhandenen, sondern die Schaffung von zusätzlichen Arbeits- und Ausbildungsmöglichkeiten verlangten. Ein entsprechendes Recht auf Arbeit oder Recht auf Ausbildung wird allgemein verneint (*Scholz,* M/D-GG, Art. 12 Rdnr. 44; *Rittstieg,* AK-GG, Art. 12 Rdnr. 111; *Isensee,* Staat 1980, 367/376 f.; *Schwerdtner,* ZfA 1977, 47); es wäre ohne umfassende, ihrerseits freiheitsgefährdende Ausbildungs- und Berufslenkung auch **956** nicht realisierbar. Für den Zugang zum Studium hat das BVerfG immerhin gefragt, „ob aus den grundrechtlichen Wertentscheidungen und der Inanspruchnahme des Ausbildungsmonopols ein objektiver sozialstaatlicher Verfassungsauftrag zur Bereitstellung ausreichender Ausbildungskapazitäten für die verschiedenen Studienrichtungen folgt" (E 33, 303/333). Es hat aber sogleich hinzugefügt: Ein dem objektiven Verfassungsauftrag entsprechendes subjektives Recht stehe aber jedenfalls „unter dem Vorbehalt des Möglichen im Sinne dessen, was der einzelne vernünftigerweise von der Gesellschaft beanspruchen kann".

IV. Freiheit von Arbeitszwang und Zwangsarbeit (Art. 12 Abs. 2 und 3)

1. Schutzbereich

957 Die Freiheit, sich weder zu bestimmten einzelnen Arbeitsleistungen noch zum Einsatz der gesamten Arbeitskraft in bestimmter Weise zwingen zu lassen, gehört systematisch eher zu *Art. 2 Abs. 1* als zu Art. 12 Abs. 1. Denn es geht nicht um den Zwang, bestimmte Berufe und Arbeitsplätze zu wählen oder nicht zu wählen, bestimmte berufliche Tätigkeiten auszuüben oder nicht auszuüben. Zwar kann man während der Zeit, während der man einem Arbeitszwang oder einer Zwangsarbeit unterliegt, nicht seinem Beruf nachgehen. Aber während der Zeit ist man ebenso an allen anderen Betätigungen gehindert, und außerhalb ihrer ist man zu allen beruflichen und nichtberuflichen Aktivitäten frei. Art. 12 Abs. 2 und 3 schützen mithin die *allgemeine Handlungsfreiheit* gegen bestimmte Eingriffe.

2. Eingriffe und verfassungsrechtliche Rechtfertigung

958 In der Qualifizierung einer Pflicht als *Arbeitszwang* (Art. 12 Abs. 2) sind Rechtsprechung und Schrifttum äußerst *zurückhaltend*. Sie verlangen, daß die Arbeitsleistung, zu der gezwungen wird, einen gewissen Aufwand erfordert und üblicherweise erwerbsmäßig erbracht wird; gelegentlich fordern sie auch, daß sie „durch persönliche Arbeitsleistung (zu) erfüllen" ist (BVerwGE 22, 26/29). Aus der Entstehungsgeschichte ergibt sich, daß „im wesentlichen nur die gemeindlichen Hand- und Spanndienste, die Pflicht zur Deichhilfe und die Feuerwehrpflicht als überkommene Pflichten" (E 22, 380/383) zugelassen werden sollten.

959 **Beispiele:** Kein Arbeitszwang soll in der Schulpflicht, der Meldepflicht, der Pflicht zu ehrenamtlicher Tätigkeit (BayVGH 7, 77/80), der Pflicht der Straßenanlieger zur Gehwegreinigung (BVerwGE 22, 26; HessVGH, DVBl. 1979, 83) und der Mitwirkungspflicht der Arbeitgeber bei der Einziehung von Lohnsteuer und Sozialversicherung (E 22, 380) liegen.

960 Art. 12 Abs. 2 erweist sich, derartig auf traditionelle Dienstleistungen beschränkt und gerade sie erlaubend, als wenig bedeutsam. Eine gewisse *aktuelle Bedeutung* erhielt Art. 12 Abs. 2 neuerlich dadurch, daß die gemeinnützige Arbeit des § 19 Abs. 2 BSHG als Arbeitszwang erörtert wurde.

961 **Beispiel:** Ein Asylbewerber unterfällt gem. § 19 Abs. 1 S. 3 AFG i.V.m. § 1 Abs. 2 S. 1 Nr. 3 AEVO der Arbeitsmarktsperre und erhält gem. § 11 BSHG Hilfe zum Lebensunterhalt. Das zuständige Sozialamt fordert ihn auf, auf dem städtischen Friedhof gegen Entschädigung von DM 0,50 pro Stunde täglich acht Stunden Laub zu fegen und Kies zu

rechen. Der Asylbewerber weigert sich, diese Arbeit zu verrichten. Darauf streicht ihm das Sozialamt unter Hinweis auf §§ 19 und 25 Abs. 1 BSHG die Hilfe zum Lebensunterhalt vollständig. — Durch die „Alternative ‚Arbeit oder Hungertod'" stehe, so wird vertreten, die gemeinnützige Arbeit unter Arbeitszwang (*Friehe*, NVwZ 1983, 382/387). Dem wird entgegengehalten, der von § 25 Abs. 1 BSHG ausgehende Druck entspreche schlicht dem allgemeinen Grundsatz der Subsidiarität der Sozialhilfe (*Oetker*, DVBl. 1983, 1175/1178 f.). Aber der Druck zur Arbeit will eigentlich nur den Weg auf den Arbeitsmarkt und in ein reguläres Arbeitsverhältnis weisen; wird Asylbewerbern der Arbeitsmarkt versperrt und zugleich § 25 Abs. 1 BSHG auf die gemeinnützige Arbeit angewendet, tendiert der Druck zur Arbeit tatsächlich zum Arbeitszwang (vgl. BVerwG, NVwZ 1984, 241; NVwZ 1983, 410; OVG Koblenz, NVwZ 1983, 428; *Münder*, NVwZ 1984, 206; *Schnapp*, NJW 1983, 973).

Auch Art. 12 Abs. 3 hat bisher wenig Bedeutung gewonnen. Die Einführung von *Zwangsarbeit* in Arbeits-, Erziehungs- und Konzentrationslagern liegt dem freiheitlichen Staat ohnehin fern. Im freiheitlichen Staat hat nur die Anordnung von Zwangsarbeit bei gerichtlich angeordneter Freiheitsentziehung Tradition (vgl. § 41 Abs. 1 StVollzG); eben sie ist vom Verbot der Zwangsarbeit aber auch ausgenommen (zu Art. 12 Abs. 2 und 3 vgl. auch *Uber*, Festschrift Schack, 1966, S. 167). 962

Lösungsskizze zum Fall: I. Der Beruf des Rechtsanwalts ist ein *Beruf*, dessen freie Wahl und freie Ausübung durch Art. 12 Abs. 1 geschützt sind. Art. 33 ist nicht einschlägig; der Beruf des Rechtsanwalts ist in seiner Unabhängigkeit vom Staat anerkannt und aus beamtenrechtlichen Bindungen gelöst (freie Advokatur). — II. Die Versagung der Zulassung ist ein *Eingriff* in den Wahlaspekt der Berufsfreiheit. Der Versagungsgrund des Eintretens für eine verfassungsfeindliche Partei statuiert eine subjektive Zulassungsvoraussetzung. — III. Die Versagung wegen dieses Versagungsgrunds bedarf einer gesetzlichen *Grundlage*. Als solche kommt die Würdigkeitsklausel des § 7 Nr. 5 BRAO in Betracht. Diese Würdigkeitsklausel ist ihrerseits verfassungsmäßig. Daß als subjektive Zulassungsvoraussetzung die „Gesamtpersönlichkeit des Bewerbers ... und dabei neben seinem Fehlverhalten auch sein früheres und späteres Wohlverhalten sowie seine Lebensverhältnisse im Ganzen berücksichtigt werden müssen", läßt sich mit der „hohen Bedeutung der Rechtsanwaltschaft für die Rechtspflege" rechtfertigen (E 63, 266/287 f.). — Die Würdigkeitsklausel deckt jedoch nicht den Versagungsgrund des Eintretens für eine verfassungsfeindliche Partei. Die BRAO statuiert in § 7 Nr. 6, daß das Bekämpfen der freiheitlichen demokratischen Grundordnung, wozu das Eintreten für eine verfassungsfeindliche Partei gehören mag, nur dann ein Grund der Versagung der Zulassung ist, wenn es in strafbarer Weise geschieht. Das Eintreten für eine verfassungsfeindliche Partei, das nicht in strafbarer Weise geschieht, kann darum nicht über § 7 Nr. 5 BRAO doch noch zum Versagungsgrund gemacht werden. Die Versagung wegen des Versagungsgrunds des Eintretens für eine verfassungsfeindliche Partei entbehrt somit der gesetzlichen Grundlage und verstößt gegen Art. 12 Abs. 1. 963

Literatur: *P. Badura*, Arbeit als Beruf (Art. 12 I GG), in: Festschrift Herschel, 1982, S. 21; *H.-U. Erichsen*, Das Grundrecht der Berufsfreiheit, Jura 1980, 551; *K. H. Friauf*, Die Freiheit des Berufes nach Art. 12 Abs. 1 GG, JA 1984, 537; *P. Häberle*, Arbeit als Verfassungsproblem, JZ 1984, 345; *H. Hege*, Das Grundrecht der Berufsfreiheit im Sozialstaat, 1977; *G. Hoffmann*, Berufsfreiheit als Grundrecht der Arbeit, 1981; *K. M. Meessen*, Das Grundrecht der Berufsfreiheit, JuS 1982, 397; *H. J. Papier*, Art. 12 GG — Freiheit des Berufs und Grundrecht der Arbeit, DVBl. 1984, 801; *J. Pietzcker*, Artikel 12 Grundgesetz — Freiheit des Berufs und Grundrecht der Arbeit, NVwZ 1984, 550; *R. Pitschas*, Berufsfreiheit und Berufslenkung, 1983; *P. J. Tettinger*, Das Grundrecht der Berufsfreiheit in der Rechtsprechung des Bundesverfassungsgerichts, AöR 1983, 92.

§ 22 UNVERLETZLICHKEIT DER WOHNUNG (Art. 13)

Fall: Durchsuchung im Studentenwohnheim (nach VG Berlin, DÖV 1972, 103)

T unterhält ein Studentenwohnheim in Berlin. Im Zuge von Auseinandersetzungen mit den Mietern übernimmt ein Teil der Mieter die Hausverwaltung und läßt eine größere Anzahl von Personen ohne Mietvertrag einziehen; auch im übrigen herrschen leicht chaotische Zustände. T bittet die Polizei nach einiger Zeit um Einschreiten und überträgt ihr das Hausrecht. Bei dem anschließenden, vom Polizeipräsidenten angeordneten Großeinsatz wollen Polizeibeamte auch das Zimmer der Studentin S durchsuchen, die sich aber weigert zu öffnen. Daraufhin dringen die Beamten über den Balkon in das Zimmer ein. Es wird festgestellt, daß S ordnungsgemäße Mieterin ist. Haben die Beamten gegen Art. 13 verstoßen?

I. Überblick

964 Der Schutzbereich dieses Grundrechts wird in Abs. 1 nur mit dem einen Begriff Wohnung umrissen. Abs. 2 und 3 enthalten Eingriffsermächtigungen, wobei Abs. 2 ein Spezialfall von Abs. 3 ist. Abs. 2 und Abs. 3, 2. Halbsatz sind qualifizierte Gesetzesvorbehalte; Abs. 3, 1. Halbsatz läßt in engem Umfang unmittelbar auf die Verfassung gestützte Eingriffe zu.

965 Art. 13 ist ein Abwehrrecht gegen die öffentliche Gewalt. Er gibt also nicht etwa dem Mieter ein Abwehrrecht gegen den Vermieter. Er enthält außerdem kein Leistungsrecht gegen die öffentliche Gewalt, z. B. keinen Anspruch auf Wohnraum. Derartiges sehen aber einige Landesverfassungen vor (vgl. Art. 106 Abs. 1 bayVerf; Art. 19 Abs. 1 berlVerf; Art. 14 Abs. 1 bremVerf).

II. Schutzbereich

966 Nach seiner geschichtlichen Entwicklung (dazu *Berkemann*, AK-GG, Art. 13 Rdnr. 1 ff.; *Dagtoglou*, BK, Art. 13 Rdnr. 5 ff.) steht das Grundrecht der Unverletzlichkeit der Wohnung im Zusammenhang mit der freien Entfaltung der Persönlichkeit. Es soll dem einzelnen einen „elementaren Lebensraum" (E 42, 212/219; 51, 97/110) gewährleisten; es gibt ihm das Recht, „in Ruhe gelassen zu werden" (E 27, 1/6). Wohnung bedeutet von daher „räumliche Privatsphäre" (E 65, 1/40). Sie umfaßt *nicht nur die Wohnräume i. e. S.*, sondern geht nach ständiger Rechtsprechung und ganz überwiegender Lehre darüber hinaus.

967 Fraglich ist, wo die *Grenzen* des Schutzbereichs zu ziehen sind. Eine Möglichkeit bestünde in der Anknüpfung an unterverfassungsrechtliche Begriffsverständnisse. So ist im *Strafrecht* neben der Wohnung i. e. S. und den Geschäftsräumen auch das befriedete Besitztum i. S. eines eingehegten Teils der Erdoberfläche geschützt (§ 123 Abs. 1 StGB). Der eingefriedete Acker hat aber mit der Privatsphäre des Bauern nichts mehr zu tun (a. A. *Pappermann*, vM-GG, Art. 13 Rdnr. 10). Als *zivilrechtlicher* Anknüpfungspunkt kommt zwar offensichtlich nicht das Eigentum in Betracht, weil dann alle Mieter ohne den Grundrechtsschutz des Art. 13 wären, wohl aber der unmittelbare Besitz (§§ 854 ff. BGB; so besonders *Gentz*, S. 46 f.). Auch das kann aber zu einer von der Verfassung nicht gewollten Verkürzung des Schutzbereichs führen, z. B. im Hinblick auf den Besitzdiener (§ 855 BGB).

§ 22 II, III

Unterverfassungsrechtliche Bestimmungen bieten einen ersten Anhaltspunkt, können aber nicht den Schutzbereich abschließend definieren. Dies muß wie immer aus dem *Schutzzweck* des Grundrechts und dem *Gesamtzusammenhang der Verfassung* geschehen. Entscheidend für die „räumliche Privatsphäre" ist danach zum einen der nach außen erkennbare Wille des einzelnen zur bloß privaten Zugänglichkeit von Räumen und Örtlichkeiten und zum anderen die rechtliche Anerkennung dieser individuellen Bestimmung der räumlichen Privatsphäre (zu weitgehend *Berkemann*, AK-GG, Art. 13 Rdnr. 12 ff., der auf die soziale Anerkennung abstellt). 968

>Beispiele: Ohne weiteres „Wohnung" im verfassungsrechtlichen Sinne sind daher neben den Wohnräumen i. e. S.: Keller, Garage, Innenhof, Campingwagen, Zelt, Yacht usw. Auch dem gekündigten Mieter, der trotz abgelaufener Kündigungsfrist die Wohnung noch innehat, wird der Schutz des Art. 13 zugebilligt (*Maunz*, M/D-GG, Art. 13 Rdnr. 4). Darüber hinaus kann auch das Zimmer eines Besitzdieners, z. B. die Unterkunft eines Soldaten (a. A. *Gentz*, S. 47; Art. 13 Rdnr. 2; *Pappermann*, vM-GG, Art. 13 Rdnr. 13, 17), und unter bestimmten Voraussetzungen die von Hausbesetzern okkupierte Wohnung (a. A. *Maunz*, M/D-GG, Art. 13 Rdnr. 8 b) unter Art. 13 fallen. 969

Umstritten ist, ob *Betriebs- und Geschäftsräume* zum Schutzbereich der Unverletzlichkeit der Wohnung gehören. Der Zusammenhang des Art. 13 mit der freien Entfaltung der Persönlichkeit und der individuellen Privatheit könnte zunächst dafür sprechen, diese Räume auszuklammern und Wohnung auf den Schutz des einzelnen „im Kreis seiner Familie" zu beschränken (*Stein*, StR, § 22 I). Dagegen spricht aber die in Art. 12 und 14 zum Ausdruck kommende Bedeutung, die Arbeit, Beruf und Gewerbe für die menschliche Selbstverwirklichung haben. E 32, 54/68 ff. hat daher im Ergebnis zu Recht die Betriebs- und Geschäftsräume in den Schutzbereich des Art. 13 einbezogen. Dies gilt ohne weiteres aber nur für die der Öffentlichkeit nicht zugänglichen Betriebs- und Geschäftsräume. Die dem Zutritt für jedermann offenstehenden Geschäfts-, insbesondere Laden- und Verkaufsräume, genießen für die Zeit ihrer öffentlichen Zugänglichkeit nicht den Schutz des Art. 13 (so zu Recht differenzierend *Maunz*, M/D-GG, Art. 13 Rdnr. 4; *Pappermann*, vM-GG, Art. 13 Rdnr. 10; weitergehend *Gusy*, JuS 1980, 718). Dies ist keine Frage des Grundrechtsverzichts oder einer Einwilligung in einen Eingriff in das Grundrecht, sondern der sachgemäßen Absteckung des Schutzbereichs. 970

III. Eingriffe

Die Verletzungshandlung besteht in einem Eindringen in die Wohnung durch die staatliche Gewalt. Welche Formen des Eindringens dazu zählen, kann vor allem durch Abs. 2 und 3 ermittelt werden, wo für die Unverletzlichkeit der Wohnung typische Gefährdungslagen behandelt sind. *Durchsuchung* i. S. d. Art 13 Abs. 2 bedeutet „das ziel- und zweckgerichtete Suchen staatlicher Organe nach Personen oder Sachen oder zur Ermittlung eines Sachverhalts, um etwas aufzuspüren, was der Inhaber der Wohnung von sich aus nicht offenlegen oder herausgeben will" (E 51, 97/107). 971

>Beispiele: Unter Art. 13 Abs. 2 fallen nicht nur strafprozessuale, sondern auch administrative Durchsuchungen, z. B. des Gerichtsvollziehers nach § 758 ZPO (E 51, 97), der Finanzbehörden nach der Abgabenordnung (E 57, 346), der Polizeibehörden nach den Polizeigesetzen (BVerwGE 28, 285; 47, 31). 972

973 Sonstige *Eingriffe und Beschränkungen* (Art. 13 Abs. 3) sind durch ein Eindringen in die Wohnung gekennzeichnet. Das Eindringen kann körperlich (betreten, besichtigen, verweilen) geschehen. Der beabsichtigte Schutz der Privatheit muß darüber hinaus sonstige Formen der Aufhebung der räumlichen Privat- und Geheimnissphäre erfassen.

974 **Beipiele:** E 65, 1/40 hat als Eingriff den „Einbau von Abhörgeräten und ihre Benutzung in der Wohnung" genannt. Ferner kann das Eindringen auch durch Infrarotkameras, Richtmikrophone, also einen Lauschangriff von außen erfolgen (*Berkemann*, AK-GG, Art. 13 Rdnr. 28; *Pappermann*, vM-GG, Art. 13 Rdnr. 46; vgl. auch *de Lazzer/Rohlf*, JZ 1977, 207). Dagegen stellen staatliche Erhebungen und Einholungen von Auskünften, die ohne Eindringen in die Wohnung vorgenommen werden, keinen Eingriff dar.

975 Fraglich ist, ob Art. 13 auch gegen *substanzielle Eingriffe* schützt, mit denen die räumliche Privatsphäre der eigenen Verfügung oder Nutzung oder Kontrolle ganz oder teilweise entzogen wird; dann würden auch „die Räumung wegen Brand-, Einsturz- oder Seuchengefahr, die Zuweisung der Ehewohnung nach §§ 1,6 HausratVO, die Beschlagnahme, der Abriß, aber auch die Zwangskasernierung" einen Eingriff in die Wohnungsfreiheit darstellen (so *Berkemann*, AK-GG, Art. 13 Rdnr. 28; bezüglich einer Abbruchverfügung auch *Pappermann*, vM-GG, Art. 13 Rdnr. 7; bezüglich Substanzeingriffen sowie Ein- und Austrittsverboten auch *Dagtoglou*, BK, Art. 13 Rdnr. 44 ff.). Damit wird aber das Spezifische der Wohnungsfreiheit verkannt und ihr Anwendungsbereich überdehnt (vgl. *Gentz*, S. 96 ff.). Eingriffe in die Substanz sind grundsätzlich an Art. 14 zu messen; das Institut der Enteignung ist lex specialis für die Entziehung von Wohnraum (a. A. Sondervotum E 49, 228/238). Die Abrißverfügung beeinträchtigt daher den Art. 13 nicht. Gegen Wohnraumbewirtschaftungsmaßnahmen (vgl. Abs. 3 „Behebung der Raumnot") schützt Art. 13 allerdings insoweit, als die Privatheit durch Zwangsbelegungen beeinträchtigt wird (offengelassen von E 8, 95/98). Bloße Gebrauchsbeeinträchtigungen, etwa Immissionen, stellen kein Eindringen im dargelegten Sinne dar. Das gleiche gilt für Ein- und Austrittsverbote, für die überdies Art. 2 Abs. 2 S. 2 und Art. 104 leges speciales sind.

IV. Verfassungsrechtliche Rechtfertigung

1. Durchsuchungen

976 Sie sind unter den Voraussetzungen des Art. 13 Abs. 2 verfassungsrechtlich zulässig. Durchsuchung ist ein Spezialfall eines Eingriffs, der schärferen verfassungsrechtlichen Zulässigkeitsanforderungen unterliegt als die von Art. 13 Abs. 3 erfaßten sonstigen Eingriffe (vgl. BVerwGE 28, 285/286; 47, 31/55 ff.; zu einer anderen Abgrenzung der Abs. 2 und 3 vgl. *Dagtoglou*, BK, Art. 13 Rdnr. 71 ff.; *Gentz*, S. 129 ff.). Grundsätzlich dürfen Durchsuchungen nur durch den Richter angeordnet und nur in der gesetzlich vorgeschriebenen *Form* durchgeführt werden. Aus welchen *inhaltlichen* Gründen der Richter die Durchsuchung anordnen darf, wird hier nicht normiert. Diese ergeben sich aus den entsprechenden Gesetzen, die die Voraussetzungen für die Durchsuchung in rechtsstaatlich einwandfreier Weise festlegen müssen. Auch für die Anwendung der Gesetze gilt wie immer der rechtsstaatliche Grundsatz der Verhältnismäßigkeit.

977 **Beispiel:** Die strafprozessuale Durchsuchung setzt voraus, daß sie den Erfolg verspricht, geeignete Beweismittel zu erbringen, zur Ermittlung und Verfolgung der Straftat erforderlich ist sowie in angemessenem Verhältnis zur Schwere der Straftat und zur Stärke des

Tatverdachts steht. Außerdem ist „durch eine geeignete Formulierung des Durchsuchungsbeschlusses im Rahmen des Möglichen und Zumutbaren sicherzustellen, daß der Eingriff in die Grundrechte meßbar und kontrollierbar bleibt" (E 42, 212/220; vgl. auch E 20, 162/223; 44, 353/371 f.; 59, 95/97).

Ausnahmsweise sind *bei Gefahr im Verzuge* auch andere gesetzlich vorgesehene Organe befugt, Durchsuchungen anzuordnen. Das betrifft vor allem Staatsanwaltschaft und Polizei. Gefahr im Verzuge liegt nur dann vor, „wenn die vorherige Einholung der richterlichen Anordnung den Erfolg der Durchsuchung gefährden würde" (E 51, 97/111). Aus dem Vergleich der Wortlaute (Abs. 2: „in den Gesetzen", Abs. 3: „auf Grund eines Gesetzes") ergibt sich, daß für Abs. 2 ein förmliches, also Parlamentsgesetz erforderlich ist; denn die Zulassung von Eingriffen „auf Grund eines Gesetzes" weist auf die Unterscheidung zwischen förmlichem Gesetz und Untergesetzesrecht („materielles" Gesetz) hin, und es ist nicht anzunehmen, daß in beiden Absätzen der gleiche Begriff in unterschiedlichem Sinne verwendet wird (vgl. *Maunz,* M/D-GG, Art. 13 Rdnr. 15). Kein Gesetz i. S. d. Abs. 2 ist die polizeiliche Generalermächtigung, weil sie keine Form für die Durchführung der Durchsuchung enthält (im Ergebnis ebenso *Berkemann,* AK-GG, Art. 13 Rdnr. 53; *Dagtoglou,* JuS 1975, 753/758; a. A. aber BVerwGE 47, 31/38 f.). **978**

Sieht das Gesetz, das zur Durchsuchung ermächtigt, auch in Fällen fehlender Gefahr im Verzuge keine richterliche Anordnung vor, ergibt sich deren Erforderlichkeit unmittelbar aus Abs. 2; die gesetzliche Regelung wird also durch die im Verfassungstext enthaltene Verfahrensvorschrift *ergänzt* (E 51, 97/114 f.). Das ist ein Anwendungsfall der verfassungkonformen Gesetzesauslegung (vgl. oben Rdnr. 98 ff.). **979**

2. Sonstige Eingriffe

Sie sind unter den Voraussetzungen des Art. 13 Abs. 3 verfassungsrechtlich zulässig. Dabei sind die beiden Alternativen des *1. Halbsatzes* eng zu interpretieren, weil sonst die gesteigerten Voraussetzungen des 2. Halbsatzes unterlaufen würden. „Gemein" ist eine Gefahr, die sich auf eine unbestimmte Zahl von Personen und Sachen bezieht und die in ihrer Bedeutung einer Lebensgefahr nahekommt. Zu denken ist an Überschwemmungen, Lawinenkatastrophen, Erdbeben usw. Ein Beispiel für einen Eingriff zur Abwehr einer Lebensgefahr für einzelne Personen ist die (zeitweise) Unterbringung eines Unfallverletzten in einer Wohnung. **980**

Nach dem 2. *Halbsatz* sind Eingriffe aufgrund eines Gesetzes und zur Verhütung dringender Gefahren für die öffentliche Sicherheit und Ordnung zulässig; die weiter genannten Fälle sind nicht abschließend („insbesondere"). Die polizeiliche Generalermächtigung ist ein Gesetz i. S. d. Abs. 3; wiederum in verfassungkonformer Auslegung ist aber eine dringende Gefahr Voraussetzung der Befugnis zum polizeilichen Einschreiten (BVerwGE 47, 31/40). Dringende Gefahr bedeutet im Hinblick auf die in Abs. 3 aufgeführten Beispielsfälle, daß Rechtsgüter von besonderem Gewicht gefährdet sein müssen (vgl. BVerwGE 47, 31/40). **981**

§ 22 IV 2, 3

982 Umstritten ist die verfassungsrechtliche Rechtfertigung der *Betretungs- und Besichtigungsbefugnisse* im Bereich der Wirtschafts-, Gewerbe- und Steueraufsicht (vgl. ausführlich *Dagtoglou*, BK, Art. 13 Rdnr. 149 ff.). E 32, 54/75 ff. will im Hinblick auf die unterschiedliche Schutzbedürftigkeit der Geschäfts- und Betriebsräume einerseits und der im engeren Sinne privaten Räume andererseits erstere von den Anforderungen des Abs. 3 ausnehmen und stellt für die Betretungs- und Besichtigungsbefugnisse in den Geschäfts- und Betriebsräumen nur folgende aus dem rechtsstaatlichen Grundsatz der Verhältnismäßigkeit abgeleitete Erfordernisse auf:
— Eine besondere gesetzliche Vorschrift muß zum Betreten der Räume ermächtigen;
— das Betreten der Räume, die Vornahme der Besichtigungen und Prüfungen müssen einem erlaubten Zweck dienen und für dessen Erreichung erforderlich sein;
— das Gesetz muß den Zweck des Betretens, den Gegenstand und den Umfang der zugelassenen Besichtigung und Prüfung deutlich erkennen lassen;
— das Betreten der Räume und die Vornahme der Besichtigung und Prüfung sind nur in den Zeiten statthaft, zu denen die Räume normalerweise für die jeweilige geschäftliche oder betriebliche Nutzung zur Verfügung stehen.

983 Diese Rechtsprechung ist *inkonsequent:* Wenn die Geschäfts- und Betriebsräume dem Schutzbereich unterfallen, sind auch Eingriffe nur nach Maßgabe der Abs. 2 und 3 verfassungsrechtlich zulässig (krit. zum BVerfG auch *Battis*, JuS 1973, 25; *Dagtoglou*, JuS 1975, 753; *Gusy*, JuS 1980, 718; *Schwan*, DÖV 1975, 661). Auch die genannten Betretungs- und Besichtigungsbefugnisse müssen sich daher an den Erfordernissen des Abs. 3 legitimieren. Unter Berücksichtigung des Grundsatzes der Verhältnismäßigkeit führt das zu einer differenzierten Beurteilung ihrer Verfassungmäßigkeit: Soweit sie zur Abwendung einer dringenden Gefahr von einem verfassungsrechtlich geschützten oder sonst besonders wichtigen Gut geeignet und erforderlich sind, sind sie verfassungsrechtlich zulässig (E 17, 232/251 f.); andernfalls sind sie es nicht.

3. Weitere Eingriffsrechtfertigungen

984 Einen Gesetzesvorbehalt enthält noch Art. 17a Abs. 2 für „Gesetze, die der Verteidigung einschließlich des Schutzes der Zivilbevölkerung dienen".

985 **Lösungsskizze zum Fall:** I. Der *Schutzbereich* des Art. 13 Abs. 1 ist einschlägig, da ein Zimmer im Studentenwohnheim eine Wohnung ist; das Grundrecht des Mieters besteht unabhängig von einem evtl. bestehenden Grundrecht des Vermieters. — II. Es liegt auch ein *Eingriff* durch die öffentliche Gewalt vor; durch die Übertragung des Hausrechts werden die Polizeibeamten nicht zu Privatleuten; im übrigen kann das Zutrittsrecht zu den Mieträumen, das vertraglich dem Vermieter eingeräumt war, im Weigerungsfall nur gerichtlich von T gegenüber S durchgesetzt werden. — III. Da es um eine Durchsuchung geht, kann der Eingriff nur durch Art. 13 Abs. 2 *gerechtfertigt* werden. Eine richterliche Anordnung fehlt. Eine spezielle gesetzliche Durchsuchungsermächtigung ist in der Strafprozeßordnung und heute auch in den Polizeigesetzen der meisten Länder enthalten. Verfassungsrechtliche Voraussetzung ist aber, daß eine Gefahr im Verzuge vorliegt. Da hier die Anrufung des Richters den Erfolg der Durchsuchung nicht gefährdet hätte, lag ein solcher Eilfall nicht vor, so daß die Durchsuchung verfassungswidrig war.

Literatur: *P. Dagtoglou*, Das Grundrecht der Unverletzlichkeit der Wohnung (Art. 13 GG), JuS 1975, 753; *A. Dittmann*, Grundrechtlicher Wohnungsschutz und Vollstrekkungseffizienz, Verwaltung 1983, 17; *M. Gentz,* Die Unverletzlichkeit der Wohnung, 1968; *D. Jaeschke,* Durchsuchung besetzter Häuser nach der Strafprozeßordnung, NJW 1983, 434; *J. D. Kühne,* Grundrechtlicher Wohnungsschutz und Vollstreckungsdurchsuchungen, 1980; *E. Schwan,* Art. 13 GG und die gefahrenabwehrenden Eingriffe in die Wohnungsfreiheit, DÖV 1975, 661.

§ 23 EIGENTUMSGARANTIE (Art. 14, 15)

Fall: Die Buchshecke als Naturdenkmal

Die Einfahrt des schloßartigen Landhauses des E ist von einer selten hohen und sehr schönen Buchshecke flankiert. Vorfahren von E haben sie nicht nur aus ästhetischen, sondern auch aus wirtschaftlichen Gründen gepflanzt: Der langsam wachsende Buchs hat ein außerordentlich festes Holz, das schon immer für die Herstellung mancher Produkte unentbehrlich und entsprechend teuer war. Inzwischen ist der Preis für Buchsholz weiter erheblich gestiegen. E, der in finanziellen Schwierigkeiten und der Buchshecke außerdem überdrüssig ist, will das Holz abschlagen lassen und verkaufen. Die für Natur- und Landschaftsschutz zuständige Behörde erfährt von diesem Vorhaben und setzt die Buchshecke als Naturdenkmal fest. Damit ist das Verbot des Abholzens verbunden (vgl. z. B. §§ 22, 34 Abs. 3 nw LG). Die Zahlung einer Entschädigung lehnt die Behörde ab. Wie ist die Rechtslage nach Art. 14?

I. Überblick

Art. 14 und 15 gelten dem Eigentum und dem Erbrecht. Von der wirtschafts- und gesellschaftspolitischen Bedeutung her tritt Art. 15 hinter Art. 14 und tritt das Erbrecht hinter das Eigentum zurück. Auch Rechtsprechung und Rechtslehre konzentrieren sich auf die Gewährleistung des Eigentums. Deren Verständnis befindet sich gerade im *Umbruch:* In einigen wichtigen neueren Entscheidungen des BVerfG (E 37, 132 — Wohnraumkündigung —; 45, 297 — Hamburger U-Bahn-Bau —; 50, 290 — Mitbestimmung —; 52, 1 — Kleingarten —; 58, 137 — Pflichtexemplar —; 58, 300 — Naßauskiesung —) ist das überkommene Verständnis der Eigentumsgarantie teils preisgegeben, teils in Frage gestellt worden, ohne daß ein neues Verständnis schon durchweg feste Konturen gewonnen hätte. 986

Diese Unsicherheiten resultieren nicht zuletzt aus einer *Schwierigkeit,* die Art. 14 selbst enthält: Abs. 1 gewährleistet das Eigentum und überantwortet zugleich nicht nur die Schranken-, sondern auch die Inhaltsbestimmung des Eigentums dem Gesetzgeber. Wie aber soll Art. 14 das Eigentum gegen den Gesetzgeber schützen, wenn es inhaltlich überhaupt erst durch den Gesetzgeber bestimmt wird? Diese Schwierigkeit läßt sich nicht dadurch lösen, daß auf vorrechtliche, natürliche oder soziale Gegebenheiten zurückgegriffen wird. Denn unter den normgeprägten Schutzbereichen zeichnet sich der Schutzbereich von Art. 14 durch eine besonders *intensive Normprägung* aus. Während sich z. B. die Ehe immerhin als soziales Gebilde ohne Rückgriff auf Normen beschreiben läßt (vgl. oben Rdnr. 720), bestimmt sich das Eigentum allein durch die normative Zuordnung von Gütern und Rechten zu Personen. 987

Somit erscheint Art. 14 auf einen ersten Blick als *Grundrecht mit mehreren Unbekannten:* Unklar ist zunächst, wie Art. 14 Abs. 1 überhaupt etwas als Eigentum soll gewährleisten können bzw. wie er der gesetzgeberischen Inhalts- und Schrankenbestimmungsmacht soll Grenzen ziehen können, in welchem Verhältnis die Inhalts- und Schrankenbestimmungen, die der Gesetzgeber trifft, zu der Pflichtigkeit des Eigentums stehen sollen, die 988

Art. 14 Abs. 2 statuiert, und welche Bedeutung, Notwendigkeit und Berechtigung die Enteignung (Art. 14 Abs. 3) neben der Inhalts- und Schrankenbestimmung (Art. 14 Abs. 1 S. 2) haben soll. Klar ist demgegenüber, welche *Aufgaben* der Auslegung von Art. 14 gestellt sind:

989 — Art. 14 Abs. 1 S. 2 kann dem Gesetzgeber, den Art. 1 Abs. 3 auch an Art. 14 bindet, nicht völlige Bestimmungsmacht einräumen. Art. 14 muß absolute Vorgaben und Maßstäbe für die einfach-rechtliche Eigentumsordnung und dabei auch gewisse verfassungsrechtliche Konturen eines Eigentumsbegriffs enthalten. Insoweit wird nach der *Institutsgarantie* (Einrichtungsgarantie) des Eigentums gefragt.

990 — Als Grundrecht, d. h. als subjektives Recht des einzelnen, muß Art. 14 vor allem dem einzelnen einen Bestand an Gütern und Rechten garantieren. Unter dem Begriff der *Bestandsgarantie* (Rechtsstellungsgarantie) des Eigentums wird vom einzelnen her danach gefragt, welches dieser Bestand an Gütern und Rechten ist und welches seine Garantien gegenüber der öffentlichen Gewalt sind.

991 — Mit der Möglichkeit der Enteignung gegen Entschädigung zeigt Art. 14 Abs. 3, daß es wie die Eigentumsbestandsgarantie auch eine *Eigentumswertgarantie* gibt: Mit ihr wird dem einzelnen nicht der Bestand, sondern der Wert des Eigentums garantiert, wird ihm das Eigentum zwar nicht gelassen, wohl aber entschädigt. Dabei gelten die Fragen zum einen den Voraussetzungen der Enteignung und zum anderen dem Umfang der Entschädigung.

992 Ein Hauptproblem der Auslegung von Art. 14 ist die Abgrenzung der verschiedenen Garantieebenen. Hierzu kann das *herkömmliche Verständnis* (vgl. *Dicke,* vM-GG, 2. Aufl., Art. 14) grob dahin zusammengefaßt werden, daß

— Instituts- und Bestandsgarantie die objektiv- und subjektiv-rechtliche Seite derselben Medaille sind und einen recht weit gespannten Güter- und Rechtsschutz gegenüber der legislativen wie gegenüber der administrativen öffentlichen Gewalt bewirken,

— die Bestands- in die Wertgarantie umschlägt, wenn der Gesetzgeber oder die Verwaltung in die geschützten Güter und Rechte gleichheitswidrig oder unzumutbar eingreift, und

— entschädigungslose Eingriffe soweit verfassungsrechtlich gerechtfertigt sind, wie die sog. Sozialbindung, d. h. die in Art. 14 Abs. 2 angelegte und vom Gesetzgeber durch Inhalts- und Schrankenbestimmungen gem. Art. 14 Abs. 1 S. 2 ausgestaltete Pflichtigkeit des Eigentums reicht.

993 Wo die Sozialbindung endete, da begann die Enteignung, und zur Abgrenzung zwischen beiden hatte der BGH die *Sonderopfertheorie* entwickelt, die den Gleichheitssatz zum Kriterium machte (st. Rspr. seit BGHZ 6, 270), während das BVerwG mit der *Schweretheorie* auf die Zumutbarkeit abstellte (st. Rspr. seit BVerwGE 5, 143): Enteignung war beim BGH der gleichheitswidrig treffende und beim BVerwG der nicht mehr entschädigungslos zumutbare Eingriff. Jeweils löste der die Sozialbindung überschreitende und daher verfassungsrechtlich nicht gerechtfertigte Eingriff automatisch die Entschädigung aus.

994 Das *BVerfG* hat mit diesem überkommenen Verständnis gebrochen (vgl. neben den Entscheidungen des BVerfG auch den Aufsatz des die Rechtsprechung des BVerfG besonders prägenden Bundesverfassungsrichters Böhmer, AgrarR 1984, Beilage I, 2). Im Bestreben, den Text des Art. 14 ernster zu nehmen, stellt es die Inhalts- und Schrankenbestimmungen einerseits und die Enteignung andererseits selbständig nebeneinander (E 52, 1/27 f.; 58, 300/320). Es sieht dabei auch Bestands- und Wertgarantie sowie Instituts- und Bestandsgarantie selbständig nebeneinander stehen. Mit dieser *Trennung der Garantieebenen* ergeben sich neue systematische Linien bei Art. 14: Die Bestandsgarantie be-

schreibt den Schutzbereich von Art. 14; bei den Eingriffen in den Schutzbereich ist nach gesetzlichen Inhalts- und Schrankenbestimmungen, Legal- und Administrativenteignungen und sonstigen administrativen Maßnahmen zu unterscheiden; die Beachtung der Eigentumswertgarantie ist eine Voraussetzung für die verfassungsrechtliche Rechtfertigung sowohl gewisser Inhalts- und Schrankenbestimmungen als auch der Enteignung; die Institutsgarantie wirkt als Schranken-Schranke. Die folgende Darstellung legt diese Systematik zugrunde.

II. Schutzbereich

1. Begriff des Eigentums

Eigentum i. S. d. Art. 14 Abs. 1 S. 1 umfaßt zu einem bestimmten *Zeitpunkt* alles, was das einfache Recht zu diesem bestimmten Zeitpunkt als Eigentum definiert (vgl. E 58, 300/336). Aus dem Bezug auf den bestimmten Zeitpunkt folgt die *Wandelbarkeit* des Eigentumsbegriffs und damit auch des Eigentumsschutzes (vgl. *Hesse*, VerfR, Rdnr. 444). Daraus folgt auch, daß Änderungen des eigentumsrelevanten einfachen Rechts zugleich Inhalt und Schranke bestimmen, d. h. zugleich den Schutzbereich definieren und Eingriffe darstellen können: In das vor dem Änderungszeitpunkt nach altem Recht begründete Eigentum wird durch das neue Recht eingegriffen; nach dem Änderungszeitpunkt wird Eigentum nur nach neuem Recht begründet und ist von vornherein entsprechend definiert. Auch soweit es einen Eingriff darstellt, ist das neue Recht, wenn es verfassungsrechtlich gerechtfertigt ist, für die Zukunft die verbindliche Definition des Eigentums. 995

Bei anderen normgeprägten Grundrechten hat das BVerfG recht hohe *Anforderungen an die einfach-rechtlichen Definitionen* des Schutzbereichs gestellt (z. B. bei Art. 6 — vgl. oben Rdnr. 730 ff. — und bei Art. 19 Abs. 4 — vgl. unten Rdnr. 1111 ff. —). Bei Art. 14 sind die Anforderungen des BVerfG geringer, vielleicht weil die Definitionsmacht des Gesetzgebers erst kürzlich so deutlich festgestellt wurde und seitdem noch nicht kasuistisch eingeschränkt werden konnte, vielleicht aber auch, weil die Definitionsmacht des Gesetzgebers hier besonders weit gesehen wird. Der Wortlaut von Art. 14, der dem Gesetzgeber ausdrücklich schon die Inhaltsbestimmung überantwortet, spricht in der Tat für eine weite Definitionsmacht. Diese findet ihre Grenze erst an der *Institutsgarantie,* die zugleich Schranken-Schranke jedes Eingriffs und vor allem als solche ihre Bedeutung hat (vgl. unten Rdnr. 1047 f.). 996

Das *bürgerliche Recht* definiert das Eigentum als Grund- und Fahrniseigentum unter Einräumung der Befugnis, mit der Sache nach Belieben zu verfahren (§ 903 BGB). Das entgegenstehende Gesetz und die entgegenstehenden Rechte Dritter erscheinen in § 903 BGB als gewissermaßen von außen kommende und nachträgliche Beschränkungen. Das Eigentum i. S. d. Art. 14 Abs. 1 S. 1 wird aber durch das gesamte einfache Recht definiert; die privat- und auch die öffentlich-rechtlichen Beschränkungen des Eigentümerbeliebens sind nicht von außen kommend und nachträglich, sondern von vornherein Bestandteile der Eigentumsdefinition. 997

> **Beispiele:** Die Baufreiheit wird nicht gemäß dem Eigentümerbelieben des Grundeigentümers geschützt und durch das Bauplanungs- und -ordnungsrecht beschränkt, sondern die Eigentumsgarantie schützt von vornherein nur das „Recht . . ., (das) Grundstück im Rahmen der Gesetze zu bebauen" (E 35, 263/276). Das Grundeigentum wird durch die wasser- und die bergrechtlichen Regelungen nicht beschränkt, sondern die wichtigen 998

§ 23 II 1

Bergbauberechtigungen und die Nutzung des Grundwassers sind vom Grundeigentum abgespalten und zu eigenen vermögenswerten Rechten verselbständigt (zum Grundwasser vgl. E 58, 300/337). Andererseits gehört zum Grundeigentum auch der Kontakt nach außen und der Zugang zur Straße (als Anliegerrecht, vgl. *Ossenbühl*, S. 108 ff.).

999 Eigentum i. S. d. Art. 14 Abs. 1 S. 1 geht über das hinaus, was das einfache Recht als Eigentum benennt. Unter den Eigentumsbegriff von Art. 14 fallen alle *privatrechtlichen vermögenswerten Rechte* und Güter. Dies ist ein Ertrag schon der Diskussion zu Art. 153 WRV (*M. Wolff*, Festgabe Kahl, 1923, S. 3), mit der den gewandelten gesellschaftlichen Rahmenbedingungen Rechnung getragen wurde: Während im 19. Jahrhundert der Schutz des Sacheigentums, besonders des Grundeigentums, maßgebliche wirtschaftliche Grundlage gesicherter wirtschaftlicher Existenz war, kommt heute auch anderen Vermögensrechten eine gleiche Bedeutung zu.

1000 **Beispiele:** Hypotheken, Grundschulden, Pfandrechte, Bankguthaben, Lohnforderungen, Aktien, GmbH-Anteile, Urheber-, Patent- und Warenzeichenrechte, sonstige Forderungen und Beteiligungen.

1001 Auch das *Recht am eingerichteten und ausgeübten Gewerbebetrieb* wird von BGH, BVerwG und h. L. dem Eigentumsbegriff unterstellt (vgl. BGHZ 23, 157/162 f.; BVerwGE 62, 224; *Ossenbühl*, S. 105 ff.). Das BVerfG ist skeptisch: „Es ist die Frage, ob der Gewerbebetrieb als solcher die konstituierenden Merkmale des verfassungsrechtlichen Eigentumsbegriffs aufweist. Eigentumsrechtlich gesehen ist das Unternehmen die tatsächliche — nicht aber die rechtliche — Zusammenfassung der zu einem Vermögen gehörenden Sachen und Rechte, die an sich schon vor verfassungswidrigen Eingriffen geschützt sind. Nach allgemeiner Auffassung werden dagegen bloße Chancen und tatsächliche Gegebenheiten nicht dem geschützten Bestand zugerechnet" (E 51, 193/221 f.). Der Schutz des Gewerbebetriebs soll jedenfalls „nicht weitergehen als der Schutz, den seine wirtschaftliche Grundlage genießt" (E 58, 300/353). Damit dürfte das BVerfG zumindest das ausgrenzen wollen, was auch das Deliktsrecht dadurch ausklammert, daß es wegen des weiten Tatbestands die Rechtswidrigkeit nicht schon durch die Tatbestandsmäßigkeit indiziert sieht, sondern durch ein eigenes wertendes und abwägendes Rechtswidrigkeitsurteil festzustellen verlangt (vgl. die Dogmatik zu § 823 Abs. 1 BGB). Unter den Eigentumsbegriff fallen daher nur die betrieblichen Vorteile, auf deren Bestand der Betriebsinhaber *von Rechts wegen vertrauen* kann. Das Vertrauen in das Ausbleiben rechtlich möglichen und zulässigen Staatshandelns ist dabei grundsätzlich nicht geschützt (vgl. *Bryde,* vM-GG, Art. 14 Rdnr. 18 ff.).

1002 **Beispiele:** Die Nachbarschaft der Kaserne, die der Gaststätte die Kunden verschafft (BGHZ 55, 261), oder die Parkmöglichkeiten auf öffentlicher Straße in der Nähe des Geschäfts (BVerwG, NJW 1983, 770) fallen nicht unter den Eigentumsbegriff, und der Betriebsinhaber wird auch nicht in seinem Vertrauen darauf geschützt, daß eine widerrufliche Konzession oder Genehmigung nicht widerrufen (BVerwGE 62, 224) oder daß ein Anschluß- und Benutzungszwang, obwohl zulässig, nicht eingeführt wird (BVerwGE 62, 224; BGHZ 40, 355). Auch Beeinträchtigungen durch Straßenarbeiten muß der an der Straße gelegene Gewerbebetrieb wie jeder Anlieger hinnehmen, es sei denn, die Straßenarbeiten würden rechtswidrig verzögert und die Beeinträchtigungen wären von ganz unerwartbarer außergewöhnlicher Schwere (BGHZ 57, 359).

1003 Erst recht ist fraglich, ob dem Eigentumsbegriff das *Vermögen als solches* unterfällt. Die Frage ist bedeutsam dafür, ob die Auferlegung staatlicher Geldleistungspflichten, namentlich von Steuern, an Art. 14 zu messen ist. Dagegen sprechen der Wortlaut —

der Unterschied zwischen Eigentum und Vermögen ist in vielen Rechtsgebieten geläufig — wie die Entstehungsgeschichte — bei den Beratungen des Grundgesetzes stand das Eigentum noch „als das Ausmaß, in dem ein Individuum über Sachen verfügen kann", vor Augen (vgl. JöR 1951, 146) —. Das BVerfG hat denn auch früher betont, „daß Art. 14 GG nicht das Vermögen gegen Eingriffe durch Auferlegung von Geldleistungen schützt" (E 4, 7/17). Es sah einen „Verstoß gegen Art. 14 GG allenfalls dann in Betracht kommen, wenn die Geldleistungspflichten den Pflichtigen übermäßig belasten und seine Vermögensverhältnisse grundlegend beeinträchtigen würden" (E 14, 221/241; sog. konfiskatorische Besteuerung). Später hat es die „Frage, ob die Eigentumsgarantie des Art. 14 GG durch Auferlegung von Geldleistungen und insbesondere auch durch Steuern verletzt werden kann", offen gelassen (E 50, 57/104). Die überwiegende Auffassung im Schrifttum unterstellt das Vermögen als solches nicht dem Eigentumsbegriff (vgl. *Bryde,* vM-GG, Art. 14 Rdnr. 23; *Papier,* M/D-GG, Art. 14 Rdnr. 150; *Rittstieg,* AK-GG, Art. 14 Rdnr. 125; a. A. *Kimminich,* BK, Art. 14 Rdnr. 57 ff.). Allerdings sieht auch die h. L. in Art. 14 einen Maßstab für das Steuerrecht, da Steuern zwar aus dem Vermögen bezahlt werden, die Besteuerungstatbestände aber an Eigentumserwerb, -bestand oder -verwendung anknüpfen (vgl. *v. Arnim,* VVDStRL 39, 1981, 286; *Bryde,* vM-GG, Art. 14 Rdnr. 23; *Kirchhof,* VVDStRL 39, 1981, 213).

Die *vermögenswerten subjektiv-öffentlichen Rechte* werden vom BVerfG dann in den Eigentumsbegriff einbezogen, „wenn der ein subjektiv-öffentliches Recht begründende Sachverhalt dem einzelnen eine Rechtsposition verschafft, die derjenigen des Eigentümers entspricht" (E 53, 257/289). Entsprechungs- oder Vergleichskriterium ist neben der Ausschließlichkeit, Privatnützigkeit und Existenzsicherungsfunktion der Zuordnung des Rechts die eigene Arbeit und Leistung; das BVerfG stellt darauf ab, ob das vermögenswerte subjektiv-öffentliche Recht „im Zusammenhang mit einer eigenen Leistung" steht oder „ausschließlich auf einem Anspruch (beruht), den der Staat in Erfüllung seiner Fürsorgepflicht durch Gesetz einräumt" (E 53, 257/289 ff.; 69, 272/299 ff.). Dabei kennt das BVerfG nicht nur das Entweder-Oder, sondern auch Abstufungen: „Je höher ... der einem Anspruch zugrundeliegende Anteil eigener Leistung ist, desto stärker tritt der verfassungsrechtlich wesentliche personale Bezug und mit ihm ein tragender Grund des Eigentumsschutzes hervor" (E 53, 257/291). Das Schrifttum ist dem BVerfG gefolgt (vgl. *Bryde,* vM-GG, Art. 14 Rdnr. 25; *Hesse,* VerfR, Rdnr. 444 ff.; *Ossenbühl,* S. 102 f.; teilw. abw. *Papier,* M/D-GG, Art. 14 Rdnr. 125 ff.); gelegentlich wird neben der eigenen Leistung auch das eigene Opfer als Kriterium genannt (*Dürig,* Festschrift Apelt, 1958, S. 13/24 ff.).

1004

> Beispiele: Anspruch auf Erstattung zuviel gezahlter Steuern (E 70, 278/285), Arbeitslosengeld und Anwartschaft auf Arbeitslosengeld (BVerfG, NJW 1986, 1159), Versichertenrenten und Anwartschaften auf Versichertenrenten (E 58, 81/109; 70, 101/110), rentenversicherungsrechtlicher Anspruch auf Beiträge oder Zuschüsse zur Krankenversicherung, nicht aber auf beitragslosen Krankenversicherungsschutz im Rentenfall (E 69, 272), Ansprüche von Soldaten (E 16, 94/110 f.), nicht aber beamtenrechtliche Ansprüche, da insoweit Art. 33 Abs. 5 lex specialis ist (E 52, 303/344 f.). Nicht im Zusammenhang mit einer eigenen Leistung stehen dagegen Sozialhilfe und Subventionen.

1005

2. Umfang des Eigentumsschutzes

Die Gewährleistung des Eigentums hat „die Aufgabe ..., dem Träger des Grundrechts einen Freiheitsraum im vermögensrechtlichen Bereich zu sichern und ihm da-

1006

durch eine eigenverantwortliche Gestaltung seines Lebens zu ermöglichen"; das Eigentum soll in der Hand des Grundrechtsträgers „als Grundlage privater Initiative und im eigenverantwortlichen privaten Interesse ‚von Nutzen' sein" (E 50, 290/339).

1007 Geschützt ist somit nicht nur der Bestand des Eigentums in der Hand des Eigentümers, sondern auch dessen *Nutzung* des Eigentums. Der Eigentümer hat die Freiheit, sein Eigentum nicht nur schlicht zu behalten, sondern auch es zu verwenden, zu verbrauchen und zu veräußern. Geschützt ist auch die Freiheit, Eigentum zu *erwerben*. Neben dieser positiven gibt es wieder eine *negative* Eigentumsfreiheit, d. h. die Freiheit, kein Eigentum zu erwerben und das Eigentum nicht zu nutzen.

1008 Zwar werden die meisten menschlichen *Handlungen an Gegenständen* oder durch Gegenstände vorgenommen und stellen insofern Nutzungen dieser Gegenstände dar. Sie fallen darum aber noch nicht in den Schutzbereich von Art. 14. Zumal die Nutzung des konsumtiven Eigentums fällt vielmehr in den Schutzbereich desjenigen Grundrechts, dem die Handlung von ihrer sozialen Funktion her zugehört (vgl. *Rittstieg*, AK-GG, Art. 14 Rdnr. 75 ff.).

1009 **Beispiele:** Die Lektüre der gekauften Zeitung ist Ausübung nicht der Eigentumsfreiheit, sondern der Freiheit, sich aus allgemein zugänglichen Quellen ungehindert zu unterrichten (Art. 5 Abs. 1 S. 1); das Autofahren wird von der allgemeinen Handlungsfreiheit (Art. 2 Abs. 1) geschützt.

1010 Geschützt ist auch das Recht des Eigentümers, seine Eigentümerinteressen im Verwaltungs- und im Gerichtsverfahren effektiv vertreten und gegenüber anderen Privatrechtssubjekten verfolgen und durchsetzen zu können. Diese Schutzwirkungen werden oft unter dem Stichwort der *Verfahrensgarantie* des Art. 14 Abs. 1 zusammengefaßt bzw. daraus abgeleitet (vgl. *Bryde*, vM-GG, Art. 14 Rdnr. 36 ff.; *Papier*, M/D-GG, Art. 14 Rdnr. 43 ff.; *Suhr*, NJW 1979, 145). Wie weit sie gehen sollen, ist strittig.

1011 **Beispiele:** Im Schrifttum wird z. T. vertreten, der Schutz des Eigentümers im Verwaltungsprozeß- und -verfahrensrecht müsse über § 44a VwGO und §§ 45, 46 VwVfG hinausgehen, und das Recht des Eigentümers, im immissionsschutz- und im atomrechtlichen Genehmigungsverfahren Einwendungen vorzubringen, müsse auch noch nach Fristablauf bestehen (vgl. *Papier*, M/D-GG, Art. 14 Rdnr. 50 f.). Dagegen hat das BVerfG die materielle Präklusion im Atomrecht anerkannt (E 61, 82/109 ff.; vgl. unten Rdnr. 1113). Vor allem im Mietrecht (E 37, 132/143 ff.; 53, 352/357 ff.) und im Zwangsversteigerungsrecht (E 46, 325/333 ff.; 51, 150/156) hat das BVerfG das Recht des Eigentümers auf Verfolgung und Durchsetzung seiner Interessen betont.

3. Erbrecht

1012 Das Recht des Erblassers, sein Vermögen an den zu vererben, an den er es vererben möchte (Testierfreiheit), fällt eigentlich ebenso unter den Schutz des Eigentums wie das Recht des Erben am ererbten Vermögen. Das Erbrecht verdankt seine besondere Erwähnung lediglich der *Tradition:* Schon die Weimarer Reichsverfassung hatte es neben dem Eigentum erwähnt, sogar in einem eigenen Artikel (Art. 154 neben Art. 151). Wie das Eigentum wird auch das Erbrecht durch die Inhalts- und Schrankenbestimmungen des einfachen Rechts *definiert*. Andererseits *greifen* die Inhalts- und Schrankenbestimmungen wie in das Eigentum auch in das Erbrecht *ein;* die folgende Darstellung gilt insoweit auch zum Erbrecht.

III. Eingriffe

1. Inhalts- und Schrankenbestimmungen

Die gesetzlichen Inhalts- und Schrankenbestimmungen können die Eigentumsfreiheit erweitern oder verkürzen: Sie können die Eigentümerbefugnisse vermehren oder vermindern, Eigentumsnutzungen eröffnen oder verschließen. *Verkürzen* die Inhalts- und Schrankenbestimmungen die Eigentumsfreiheit, dann stellen sie, auch wenn sie dadurch das Eigentum für die Zukunft definieren, für das in der Vergangenheit begründete Eigentum Eingriffe dar (vgl. oben Rdnr. 995). 1013

Das BVerfG definiert die Inhalts- und Schrankenbestimmungen auch noch *formell.* Sie „legen generell und abstrakt die Rechte und Pflichten des Eigentümers fest" (E 58, 300/330). Verkürzen gesetzliche Bestimmungen die Eigentumsfreiheit konkret und individuell, dann setzen sie zwar Eingriffe, aber nicht Eingriffe durch Inhalts- und Schrankenbestimmungen. 1014

2. Enteignung

Auch die Enteignung *verkürzt,* sogar besonders drastisch, die Eigentumsfreiheit. Gleichwohl fällt sie aus den Inhalts- und Schrankenbestimmungen heraus. Im Unterschied zu den abstrakten und generellen Inhalts- und Schrankenbestimmungen ist die Enteignung auf „die vollständige oder teilweise Entziehung konkreter subjektiver Rechtspositionen ..., die durch Art. 14 Abs. 1 S. 1 gewährleistet sind", gerichtet (E 52, 1/27). Enteignung bedeutet, entweder „durch Gesetz einem bestimmten oder bestimmbaren Personenkreis konkrete Eigentumsrechte zu entziehen" *(Legalenteignung)* oder aufgrund Gesetzes durch administrative Maßnahmen „konkretes Eigentum Einzelner zu entziehen" *(Administrativenteignung)* (E 58, 300/330 f.). Der Sache nach nähert sich das BVerfG damit dem klassischen Begriff der Enteignung als Vorgang der Güterbeschaffung (vgl. *Ossenbühl,* S. 77 f.). 1015

Die Enteignung ist somit durch drei Merkmale von den Inhalts- und Schrankenbestimmungen unterschieden: Sie ist *konkret* statt abstrakt, trifft *individuell* statt generell und beläßt das Eigentum dem Eigentümer nicht, sondern *entzieht* es ihm. Allerdings rechnet das BVerfG neben der vollständigen auch die teilweise Entziehung zur Enteignung. Die teilweise Entziehung des Eigentums und eine weitgehende Verkürzung der Eigentümerbefugnisse durch Inhalts- und Schrankenbestimmungen sind u. U. schwer gegeneinander abzugrenzen; jedenfalls ist eine Verkürzung der Eigentümerbefugnisse, die das Eigentum zum nudum ius werden läßt, schon Enteignung. Auch die Unterscheidung nach abstrakten und konkreten und nach generellen und individuellen Eingriffen fällt u. U. schwer. Das BVerfG sieht denn auch selbst einen *Überschneidungsbereich:* Es will nicht ausschließen, „daß eine neue, für die Zukunft geltende ... Regelung i. S. d. Art. 14 Abs. 1 S. 2 GG zugleich eine Legalenteignung bewirkt, weil und soweit sie subjektive Rechte entzieht, die der Einzelne aufgrund des alten Rechts ausgeübt hat" (E 58, 300/331 f.). Soll dies den Unterschied zwischen Enteignung und Inhalts- und Schrankenbestimmungen nicht aufheben, kann es nur bedeuten, daß Abgrenzungsschwierigkeiten, die ausnahmsweise auftreten können, nicht zu Lasten des Grundrechtsberechtigten gehen sollen; im Zweifel wird das Gesetz zugunsten des alten Eigentümers als Enteignungsgesetz behandelt. 1016

§ 23 III 2, 3

1017 Mit der Abgrenzung von Inhalts- und Schrankenbestimmungen und Enteignung nach den genannten Merkmalspaaren (abstrakt-konkret, generell-individuell, Beschränkung-Entziehung) hat das BVerfG einen „rechtstheoretisch erstaunlichen Bruch mit einer völlig h. L. . . . und der st. Rspr." vollzogen (*Bryde,* vM-GG, Art. 14 Rdnr. 52). Das Schrifttum folgt überwiegend der Abgrenzung des BVerfG (vgl. *Hendler,* DVBl. 1983, 873/874 ff.; *J. Ipsen,* DVBl. 1983, 1029/1030; *Ossenbühl,* NJW 1983, 1/2; *Rittstieg,* NJW 1982, 721/723; *Schwerdtfeger,* JuS 1983, 104/107 ff.; zur Kritik vgl. *Papier,* M/D-GG, Art. 14 Rdnr. 313 ff.), ist dabei lediglich über die Konsequenzen uneins.

1018 **Beispiele** zur Abgrenzung zwischen Inhalts- und Schrankenbestimmungen und Enteignung: Das Wasserhaushaltsgesetz entzieht nicht dem Grundeigentümer die Befugnis des freien Zugriffs auf das Grundwasser, sondern definiert das Grundeigentum und den Zugriff auf das Grundwasser als verschiedene vermögenswerte Rechte (E 58, 300/332 ff. — Naßauskiesung —); der nahezu völlige Ausschluß der Kündigung kleingartenrechtlicher Pachtverträge ist keine Enteignung des Eigentümers, sondern eine Inhalts- und Schrankenbestimmung (E 52, 1/26 ff. — Kleingarten —); die Belastung eines Grundstücks mit dinglichen Rechten ist Enteignung (E 45, 297/323 ff.), 339 — Hamburger U-Bahn-Bau —; 56, 249/259 f. — Dürkheimer Gondelbahn —).

3. Enteignungsgleicher und enteignender Eingriff

1019 Neben den Inhalts- und Schrankenbestimmungen des Gesetzgebers und den Enteignungen des Gesetzgebers oder der Verwaltung gibt es noch weitere Eingriffe in das Eigentum: Denkbar, allerdings praktisch bedeutungslos sind konkret-individuelle Eingriffe des Gesetzgebers, die keine Enteignungen sind; von äußerst praktischer Bedeutung sind dagegen *Eingriffe der Verwaltung,* die weder gesetzliche Inhalts- und Schrankenbestimmungen vollziehen noch Enteignungen sind. Ihnen fehlt besonders die Finalität, bei ihnen ist die Beschränkung oder die Entziehung des Eigentums ein nicht beabsichtigtes Ergebnis des Verwaltungshandelns. Sie sind entweder rechtswidrig *(enteignungsgleicher Eingriff)* oder rechtmäßig *(enteignender Eingriff).* Im ersten Fall ist der Eingriff schon darum nicht final, weil die Verwaltung rechtswidriges Handeln nicht beabsichtigt, im zweiten Fall ist er die unbeabsichtigte Nebenfolge eines auf ganz andere Folgen gerichteten rechtmäßigen Verwaltungshandelns (vgl. zu beiden Eingriffsarten *Ossenbühl,* S. 144 ff.).

1020 **Beispiele:** Es wurde schon festgestellt, daß der Eigentumsschutz des an der Straße gelegenen Gewerbebetriebs auch das Vertrauen umfaßt, daß Beeinträchtigungen durch Straßenbauarbeiten nicht von ganz unerwartbarer außergewöhnlicher Schwere sind (vgl. oben Rdnr. 1002). Sind nun existenzvernichtende Beeinträchtigungen die Folge davon, daß die Behörde die Straßenbauarbeiten nicht in möglichst schonender Weise angekündigt, vorbereitet und durchgeführt hat, dann handelt es sich um einen (rechtswidrigen) enteignungsgleichen Eingriff; treten sie dagegen ein, obwohl die Behörde alles ihr Mögliche unternommen hat, um den Gewerbebetrieb zu schonen, handelt es sich um einen (rechtmäßigen) enteignenden Eingriff. Entsprechende Eingriffe sah die Rechtsprechung in der Verursachung eines Waldbrands durch Artillerieschießübungen (BGHZ 37, 44: enteignungsgleicher Eingriff), in der Beeinträchtigung eines Grundstücks durch einen Rohrbruch der gemeindlichen Wasserleitung (BGHZ 55, 229: enteignender Eingriff), in der Verwüstung eines Ackers durch Möwen und Krähen, die von der gemeindlichen Mülldeponie angelockt worden waren (BGH, NJW 1980, 770: enteignender Eingriff).

IV. Verfassungsrechtliche Rechtfertigung

1. Inhalts- und Schrankenbestimmungen

a) Um verfassungsrechtlich gerechtfertigt zu sein, müssen Inhalts- und Schrankenbestimmungen durch **Gesetz** erfolgen. Es genügen Gesetze im materiellen Sinn, d. h. neben den Gesetzen im formellen Sinn auch Rechtsverordnungen, Satzungen und Gewohnheitsrecht (vgl. *Papier*, M/D-GG, Art. 14 Rdnr. 279 ff.).

b) Inhalts- und Schrankenbestimmungen müssen weiter dem **Grundsatz der Verhältnismäßigkeit** entsprechen. Die Bindung an den Verhältnismäßigkeitsgrundsatz leitet das BVerfG bei Art. 14 Abs. 1 S. 2 besonders aus dem Nebeneinander von Art. 14 Abs. 1 S. 1 und Art. 14 Abs. 2 her: Es sieht den Gesetzgeber vor der Aufgabe, ein „Sozialmodell zu verwirklichen, dessen normative Elemente sich einerseits aus der grundgesetzlichen Anerkennung des Privateigentums durch Art. 14 Abs. 1 Satz 1 GG und andererseits aus dem Sozialgebot des Art. 14 Abs. 2 GG ergeben: Der Gebrauch des Eigentums soll zugleich dem Wohle der Allgemeinheit dienen"; der Gesetzgeber muß „beiden Elementen ... in gleicher Weise Rechnung tragen", muß sie „in einen gerechten Ausgleich und ein ausgewogenes Verhältnis bringen" (E 52, 1/29; vgl. schon E 37, 132/140, wo vom „dialektischen Verhältnis von verfassungsrechtlich garantierter Freiheit und dem Gebot einer sozialgerechten Eigentumsordnung" die Rede ist).

Mit dieser Herleitung ist der Grundsatz der Verhältnismäßigkeit bei Art. 14 Abs. 1 S. 2 von *besonderer Struktur*. Sonst ist er dadurch geprägt, daß der Gesetzgeber eine große Freiheit bei der Wahl seiner Zwecke hat; er darf jeden Zweck verfolgen, den ihm das Grundgesetz nicht verbietet. Bei der Bestimmung von Inhalt und Schranken des Eigentums gebietet ihm das Grundgesetz dagegen, die sog. Sozialbindung des Eigentums gemäß Art. 14 Abs. 2 zu verwirklichen. Er darf hier nicht nur die Freiheit nicht mehr als verhältnismäßig verkürzen, er darf auch die Sozialbindung nicht mehr als verhältnismäßig vernachlässigen. So wäre denn in beiden Richtungen nach der Geeignetheit, Notwendigkeit und Verhältnismäßigkeit i. e. S. zu fragen. Das BVerfG formuliert besonders deutlich in der einen Richtung: „die Einschränkung der Eigentümerbefugnisse muß zur Erreichung des angestrebten Zieles geeignet und notwendig, sie darf nicht übermäßig belastend und deshalb unzumutbar sein" (E 21, 150/155; 52, 1/30). In der anderen Richtung sind die Formulierungen von geringerer Deutlichkeit und gehen etwa dahin, daß „die Eigentumsgarantie (nicht) eine die soziale Funktion eines Eigentumsobjekts mißachtende Nutzung schützt" (E 37, 132/140 f.).

Im *Aufbau der Verhältnismäßigkeitsprüfung* orientiert sich das BVerfG an der ersten Richtung, d. h. es verfährt bei Art. 14 wie bei anderen Grundrechten. Da es dem Verhältnismäßigkeitsgrundsatz aber auch in der zweiten Richtung Rechnung trägt, gerät der Aufbau zuweilen weniger klar als sonst. Ein einzelfallbezogenes Moment kommt in die Prüfung auch dadurch hinein, daß das BVerfG bei den Inhalts- und Schrankenbestimmungen darauf abstellt, ob sie „vom geregelten Sachbereich her geboten und auch in ihrer Ausgestaltung sachgerecht" sind (E 52, 1/29). Weil Inhalts- und Schrankenbestimmungen nie völliges Neuland betreten, sondern stets einen durch natürliche und soziale Gegebenheiten stark geprägten, dicht geregelten Lebenszusammenhang schon vorfinden und in ihn hineinwirken, müssen sie auf dessen Strukturen Bedacht neh-

§ 23 IV 1

men. Insgesamt geht das BVerfG von einem „verhältnismäßig weiten Gestaltungsspielraum" des Gesetzgebers aus (E 8, 71/80; 21, 73/83), der aber unter den folgenden Aspekten und für die folgenden Situationen eingeschränkt ist. Sie können als besondere Ausprägungen des Verhältnismäßigkeitsgrundsatzes betrachtet werden.

1025 c) Der Gesetzgeber muß die **Eigenart des vermögenswerten Guts oder Rechts** beachten. Unter diesem Gesichtspunkt werden Inhalts- und Schrankenbestimmungen gerechtfertigt, die um der Sozialbindung willen notwendig sind.

1026 **Beispiele:** „Die Tatsache, daß der Grund und Boden unvermehrbar und unentbehrlich ist, verbietet es, seine Nutzung dem unübersehbaren Spiel der freien Kräfte und dem Belieben des Einzelnen vollständig zu überlassen; eine gerechte Rechts- und Gesellschaftsordnung zwingt vielmehr dazu, die Interessen der Allgemeinheit beim Boden in weit stärkerem Maße zur Geltung zu bringen als bei anderen Vermögensgütern" (E 21, 73/82 f.; 52, 1/32 f.). — Der BGH hat mit der Lehre von der Situationsgebundenheit des Eigentums für die Beurteilung der Zulässigkeit entschädigungsloser Verbote bestimmter Eigentumsverwendungen einen ähnlichen Gesichtspunkt fruchtbar gemacht und gefragt, ob der vernünftige und einsichtige Eigentümer von sich aus mit Rücksicht auf die natürliche Situation die verbotene Verwendung überhaupt ins Auge fassen würde (BGHZ 23, 30/35; 80, 111/116; vgl. *Ossenbühl*, S. 119 ff.).

1027 d) Der Gesetzgeber muß die **Bedeutung des vermögenswerten Guts oder Rechts für den Eigentümer** beachten. Unter diesem Gesichtspunkt kann sowohl die personale wie die soziale Funktion des Eigentums bedeutsam und nach der Geeignetheit und Notwendigkeit von Inhalts- und Schrankenbestimmungen in der einen wie in der anderen Richtung gefragt werden.

1028 **Beispiele:** „Soweit es um die Funktion des Eigentums als Element der Sicherung der persönlichen Freiheit des Einzelnen geht, genießt dieses einen besonders ausgeprägten Schutz" (E 50, 290/340 — Mitbestimmung —). Hieraus folgert das BVerfG, daß der Gesetzgeber beim Verbot der Veräußerung von Eigentum, die ein elementarer Bestandteil der Eigentumsfreiheit sei, und bei Eingriffen in diejenigen vermögenswerten Güter und Rechte, die durch eigene Arbeit und Leistung erworben worden sind, einen eingeschränkteren Gestaltungsspielraum hat. — „Dagegen ist die Befugnis des Gesetzgebers zur Inhalts- und Schrankenbestimmung um so weiter, je mehr das Eigentumsobjekt in einem sozialen Bezug und einer sozialen Funktion steht" (E 50, 290/340). Die Mitbestimmung der Arbeitnehmer nach dem Mitbestimmungsgesetz von 1976 fällt in diesen „Bereich, den das Grundgesetz in Art. 14 Abs. 1 S. 2 der Gestaltung durch den Gesetzgeber öffnet" (E 50, 290/347; vgl. zur Diskussion um die Mitbestimmung die vorbereitenden Gutachten: einerseits *Badura/Rittner/Rüthers*, Mitbestimmungsgesetz 1976 und Grundgesetz, 1977 — Verfassungswidrigkeit der Mitbestimmung — und andererseits *Kübler/Schmidt/Simitis*, Mitbestimmung als gesetzgebungspolitische Aufgabe, 1978 — Verfassungsmäßigkeit der Mitbestimmung —).

1029 e) Der Gesetzgeber muß den Eingriff u. U. durch **finanzielle Entschädigung** ausgleichen (vgl. *Bryde*, vM-GG, Art. 14 Rdnr. 63; krit. *Papier*, M/D-GG, Art. 14 Rdnr. 283 ff.). Darin schlägt die Bestands- in die Wertgarantie um: Der Bestand kann bei der Inhalts- und Schrankenbestimmung im Unterschied zur Enteignung zwar noch nicht entzogen, aber besonders intensiv beeinträchtigt werden und deswegen in seinem Wert ausgeglichen werden müssen. Die Intensitätsgrenze zieht das BVerfG zum einen da, wo in den Ertrag eigener Arbeit und Leistung eingegriffen wird, zum andern da, wo der Gleichheitssatz verletzt wird.

Beispiele: Das Urhebergesetz verlangte in § 46 vom Urheber, daß er sein Werk für die Vervielfältigung und Verbreitung im Kirchen-, Schul- und Unterrichtsgebrauch vergütungsfrei zur Verfügung stelle. Das BVerfG hob dies auf: Es gehe „um das Ergebnis der geistigen und persönlichen Leistung des Urhebers . . ., nicht aber etwa um einen unverdienten Vermögenszuwachs"; der Eingriff sei daher von besonderer Intensität und könne allenfalls durch ein bei § 46 UrhG nicht ersichtliches gesteigertes öffentliches Interesse gerechtfertigt werden (E 31, 229/243 ff.). — Das hessische Landespressegesetz bestimmte in § 9, daß Verleger von jedem Druckwerk ohne Unterschied ein Belegstück unentgeltlich an eine Bibliothek abliefern mußten. Die Pflicht zur unentgeltlichen Ablieferung galt somit auch für mit großem Aufwand und in kleiner Auflage hergestellte, teuere Druckwerke. Dadurch sah das BVerfG besonders intensiv gerade den Verleger getroffen, der „durch seine private Initiative und Risikobereitschaft . . . möglich (macht), künstlerisch, wissenschaftlich und literarisch exklusives Schaffen . . . der Öffentlichkeit zu erschließen" (E 58, 137/150). Außerdem hielt das BVerfG diese Regelung für einen Verstoß gegen den „im Rahmen des Art. 14 Abs. 1 Satz 2 GG zu beachtenden Gleichheitssatz", weil die unterschiedslos unentgeltliche Ablieferungspflicht zur „Belastung von erheblich unterschiedlicher Intensität" führe (ebd.). Es könnte eingewendet werden, daß hier in Wirklichkeit schon eine Enteignung vorliegt; das BVerfG verneint dies, denn die einschlägige Bestimmung begründet „in genereller und abstrakter Weise eine Naturalleistungspflicht in Form einer Abgabe", und das „Eigentum am Druckwerk ist schon bei seiner Entstehung mit der Verpflichtung zur Ablieferung eines Exemplares belastet" (E 58, 137/144).

1030

f) Der Gesetzgeber muß den Eingriff u. U. durch **Übergangsregelungen** gewissermaßen abfedern (vgl. *Bryde,* vM-GG, Art. 14 Rdnr. 60, 62; *Papier,* M/D-GG, Art. 14 Rdnr. 268). Hierin mag neben der Wahrung der Verhältnismäßigkeit i. e. S. zugunsten des Eigentümers auch die Respektierung des rechtsstaatlichen Vertrauensschutzes erblickt werden. Das BVerfG sieht Übergangsregelungen besonders bei der Neuordnung eines ganzen Rechtsgebiets (E 70, 191/201 f.) sowie dann als notwendig an, „wenn von einer nach früherem Recht möglichen Nutzungsbefugnis bereits Gebrauch gemacht worden ist und diese entzogen wird" (E 58, 300/338). Würden die Übergangsregelungen nicht getroffen, dann könnten die bereits gebrauchten Nutzungsbefugnisse u. U. nur durch Enteignung entzogen werden (E 58, 300/338, 350 f.). Hier überschneiden sich Inhalts- und Schrankenbestimmungen und Enteignung wieder (vgl. oben Rdnr. 1016). Zur Abgrenzung kann möglicherweise auf das vom BVerfG zum rechtsstaatlichen Vertrauensschutz entwickelte Richterrecht zurückgegriffen werden (vgl. *Pieroth,* S. 68 ff.).

1031

2. Enteignung

Eine Enteignung muß gem. Art. 14 Abs. 3 S. 2 entweder durch Gesetz (Legalenteignung) oder aufgrund Gesetzes (Administrativenteignung) erfolgen. Sofern ein formelles (Parlaments-) Gesetz die Verwaltung zur (Administrativ-) Enteignung ermächtigt, muß es *bestimmt* sein und festlegen, „für welche Vorhaben unter welchen Voraussetzungen und für welche Zwecke eine Enteignung zulässig sein soll" (E 56, 249/261 — Dürkheimer Gondelbahn —; vgl. auch E 24, 367/403 f. — Deichordnungsgesetz —).

1032

Das Gesetz muß gem. Art. 14 Abs. 3 S. 2 ferner eine *Entschädigung* vorsehen und deren Art und Ausmaß regeln (sog. Junktimklausel). Ein Enteignungsgesetz ohne Entschädigungsregelung ist verfassungswidrig (E 24, 367/418); die gem. Art. 14 Abs. 3 S. 4 angerufenen Gerichte können eine fehlende Entschädigungsregelung weder durch

1033

§ 23 IV 2

Analogie ergänzen noch aus Art. 14 unmittelbar ableiten, sondern müssen das Enteignungsgesetz nach Art. 100 Abs. 1 dem BVerfG vorlegen (E 58, 300/329, 339). Dadurch werden sowohl die Haushaltshoheit des Gesetzgebers als auch das Verwerfungsmonopol des BVerfG gewahrt: Der Haushalt wird nicht mit unbedachten finanziellen Folgen eines Gesetzes belastet — die Junktimklausel hat Warnfunktion (E 46, 268/287) —, und die Verwerfung von Gesetzen durch das BVerfG wird nicht durch Korrekturen der Gesetze durch die ordentlichen und Fachgerichte unterlaufen.

1034 Die *Folgen* für den Enteigneten sind erheblich: Er kann nicht nach dem alten Grundsatz „Dulde, aber liquidiere" darauf vertrauen, mit oder ohne Entschädigungsregelung entschädigt zu werden. Er kann die Entschädigung bei den ordentlichen Gerichten nur einklagen, wenn sie im Gesetz geregelt ist; wenn sie im Gesetz nicht geregelt ist, muß und kann er vor den Verwaltungsgerichten gegen die Enteignung selbst vorgehen. „Läßt er den Eingriffsakt unanfechtbar werden, so verfällt seine Entschädigungsklage der Abweisung. Wer von den ihm durch das Grundgesetz eingeräumten Möglichkeiten, sein Recht auf Herstellung des verfassungsmäßigen Zustands zu wahren, keinen Gebrauch macht, kann wegen eines etwaigen, von ihm selbst herbeigeführten Rechtsverlustes nicht anschließend von der öffentlichen Hand Geldersatz verlangen" (E 58, 300/324).

1035 Die Junktimklausel *gilt nicht für vorkonstitutionelle Gesetze* (E 4, 229/237; 46, 268/288) und läßt zu, daß der Gesetzgeber für die Durchführung des Enteignungsverfahrens und die Regelung der Enteignungsentschädigung auf ein allgemeines Enteignungsgesetz verweist (E 56, 249/263 f.; vgl. *Bryde*, vM-GG, Art. 14 Rdnr. 89). Ob auch sog. salvatorische Entschädigungsklauseln, die eine Entschädigung für den offengelassenen Fall vorsehen, daß das Gesetz enteignende Wirkung haben sollte, mit der Junktimklausel vereinbar sind, hat das BVerfG dahinstehen lassen (E 58, 300/346). Dem Zweck der Junktimklausel ist nur dann genügt, wenn das Gesetz sich nicht mit salvatorischen Klauseln begnügt, sondern die Tatbestände regelt, bei deren Vorliegen die Rechtsfolge der Entschädigung eintreten soll (vgl. *Bryde*, vM-GG, Art. 14 Rdnr. 88; *Papier*, M/D-GG, Art. 14 Rdnr. 489; zurückhaltend *Olivet*, DÖV 1985, 697).

1036 Die Enteignung ist gem. Art. 14 Abs. 3 S. 1 nur *zum Wohl der Allgemeinheit* zulässig. Was das Wohl der Allgemeinheit konkret bedeutet und verlangt, hängt auch davon ab, was Gesetzgebung und Verwaltung als Zwecke und Aufgaben staatlichen Handelns bestimmen und verfolgen. Zumal Bebauungs- und andere Pläne konkretisieren das Wohl der Allgemeinheit, können es allerdings auch verkennen. Daher muß neben der Legal- auch die Administrativenteignung darauf geprüft werden, ob sie in der konkreten Anwendung der abstrakten Regelung das Wohl der Allgemeinheit richtig versteht.

1037 Die Gemeinwohlbindung schließt die Enteignung allein aus fiskalischen Gründen (E 38, 175/180) oder allein zur Förderung privater Interessen (Sondervotum E 56, 266/284 ff.) aus. *Enteignungen zugunsten Privater* sind nur dann zulässig, wenn die Verwaltung ihre Zwecke in privatrechtlicher Organisationsform erfüllt oder wenn ein Privater öffentliche Aufgaben wahrnimmt; insofern schließen sich Gemeinwohl und privates Gewinnstreben dann auch nicht aus (E 66, 284). Problematisch ist, inwieweit z. B. zur Erhaltung der Wirtschaftsstruktur oder zur Bekämpfung der Arbeitslosigkeit in einem bestimmten Sektor oder Raum Enteignungen vorgenommen werden dürfen, die dem Gemeinwohl nur indirekt dadurch dienen, daß sie privates Gewinnerzielungs- und Investitionspotential mehren (bejahend BVerwGE 71, 108 — Teststrecke —; *Papier,* M/D-GG, Art. 14 Rdnr. 499 ff.; zurückhaltend *v. Brünneck,* NVwZ 1986, 425; *Gramlich,* JZ 1986, 269). Die Gemeinwohlbindung verbietet auch unverhältnismäßige Enteignungen.

> **Beispiele:** Die Enteignung ist ausgeschlossen, wenn der freihändige Erwerb zumutbar ist, wenn das Vorhaben auch auf einem öffentlichen Grundstück verwirklicht werden kann oder wenn statt der vollständigen auch die teilweise Entziehung ausreicht. Weil die Administrativenteignung mehr Rechtsschutzmöglichkeiten bietet als die Legalenteignung, ist sie das mildere Mittel; die Legalenteignung ist daher nur eingeschränkt verfassungsrechtlich zulässig (E 24, 367/401 ff.). Wenn der Enteignungszweck nachträglich entfällt, hat der ehemalige Eigentümer einen Anspruch auf Rückübereignung (E 38, 175/179 ff.). 1038

Die Bestimmung der Enteignungsentschädigung muß schließlich gem. Art. 14 Abs. 3 S. 3 unter *gerechter Abwägung* der Interessen der Allgemeinheit und des Beteiligten erfolgen. Dieses Abwägungsgebot richtet sich wieder an Gesetzgebung und Verwaltung; das Gesetz muß jedenfalls einen Entschädigungsrahmen festsetzen, der dem Abwägungsgebot genügt, und die Verwaltung muß ihn dem Abwägungsgebot entsprechend ausfüllen. Daneben richtet sich das Abwägungsgebot auch an die gem. Art. 14 Abs. 3 S. 4 im Streitfall entscheidenden ordentlichen Gerichte. Es erlaubt nicht eine bloß nominelle Entschädigung, verlangt andererseits aber auch nicht die Entschädigung zum vollen Verkehrswert (E 24, 367/421; 46, 268/285; BGHZ 67, 190/192). Dazwischen ist die Entschädigung daran zu orientieren, wieweit das enteignete Eigentum eigener Arbeit und Leistung und wieweit es staatlichen Vorkehrungen oder einfach Zufällen zu verdanken ist (vgl. *Opfermann,* Die Enteignungsentschädigung nach dem Grundgesetz, 1974, S. 102 ff.; *Papier,* M/D-GG, Art. 14 Rdnr. 426 ff.). 1039

Die *Verletzung* der Gemeinwohlbindung führt ebenso wie die der Junktimklausel zur Verfassungswidrigkeit der Enteignung und dazu, daß der Enteignete keine Entschädigung erhalten kann, sondern sich gegen die Enteignung selbst wehren muß. Für die Verletzung des Abwägungsgebots durch das die Legalenteignung durchführende oder das zur Administrativenteignung ermächtigende Gesetz muß konsequent dasselbe gelten, während die Verletzung durch die Verwaltung im Streitfall von den ordentlichen Gerichten korrigiert werden kann, indem Entschädigung zugesprochen wird. 1040

3. *Enteignungsgleicher und enteignender Eingriff*

Auch an den enteignungsgleichen und an den enteignenden Eingriff hat der BGH die *Entschädigungsfolge* geknüpft (st. Rspr. seit BGHZ 6, 270/290 f. bzw. NJW 1965, 1907 — Buschkrugbrücke —). Enteignungsgleicher und enteignender Eingriff sind zu richterrechtlich entwickelten Entschädigungsinstituten geworden. Die Frage nach der verfassungsrechtlichen Rechtfertigung erscheint dabei zunächst insofern müßig, als der enteignende Eingriff gerade durch seine Rechtmäßigkeit und der enteignungsgleiche gerade durch seine Rechtswidrigkeit definiert ist. Die Entschädigung kann eigentlich den enteignungsgleichen Eingriff nicht nachträglich rechtfertigen und den enteignenden Eingriff nicht rechtmäßiger machen, als er ohnehin schon ist. 1041

Von der Frage der verfassungsrechtlichen Rechtfertigung her kann die Berechtigung dieser richterrechtlichen Entschädigungsinstitute aber auch gerade *bezweifelt* werden: 1042

§ 23 IV 3

Wenn der einzelne bei der rechtswidrigen Enteignung nicht einfach dulden und liquidieren kann — warum soll er dies beim (rechtswidrigen) enteignungsgleichen Eingriff können? Warum soll er beim (rechtmäßigen) enteignenden Eingriff überhaupt liquidieren können? Diese Fragen liegen auf der Linie des BVerfG: „Sieht der Bürger in der gegen ihn gerichteten Maßnahme eine Enteignung, so kann er eine Entschädigung nur einklagen, wenn hierfür eine gesetzliche Anspruchsgrundlage vorhanden ist. Fehlt sie, so muß er sich bei den Verwaltungsgerichten um die Aufhebung des Eingriffsaktes bemühen. Er kann aber nicht unter Verzicht auf die Anfechtung eine ihm vom Gesetz nicht zugebilligte Entschädigung beanspruchen" (E 58, 300/324). Die Passage „sieht der Bürger in der gegen ihn gerichteten Maßnahme eine Enteignung" wurde im Schrifttum z. T. auf die enteignende Wirkung bezogen, die aus der Sicht des Bürgers der enteignungsgleiche und der enteignende Eingriff ebenso wie die Enteignung haben, und da bei ihnen die gesetzliche Anspruchsgrundlage fehlt, wurden die Rechtsinstitute des enteignungsgleichen und enteignenden Eingriffs z. T. für *überholt* erklärt (*Bauer*, NJW 1982, 1736; *Scholz*, NVwZ 1982, 347; *Weber*, JuS 1982, 855).

1043 Die h. L. versucht dagegen, die Rechtsinstitute zu *retten*. Sie kann darauf verweisen, daß das BVerfG zum enteignungsgleichen und enteignenden Eingriff ausdrücklich nichts gesagt hat. Sie versteht

— das Entschädigungsinstitut des enteignenden Eingriffs als Ausprägung des neben Art. 14 Abs. 3 stehenden gewohnheitsrechtlich anerkannten Gedankens der Aufopferung (BGHZ 91, 20; vgl. *Bryde*, vM-GG, Art. 14 Rdnr. 99; *Hendler*, DVBl. 1983, 873/881), über die nach wie vor die ordentlichen Gerichte entscheiden können (a. A. *Schwerdtfeger*, JuS 1983, 104/109),

— das Entschädigungsinstitut des enteignungsgleichen Eingriffs teils ebenso (vgl. *Ossenbühl*, NJW 1983, 1), teils ohne Bezug auf den Aufopferungsgedanken und ohne Anspruch auf gewohnheitsrechtliche Geltung als neben Art. 14 Abs. 3 gewissermaßen freischwebendes Richterrecht (BGHZ 90, 17/29 ff.; BGH, NJW 1984, 1876; vgl. *Bryde*, vM-GG, Art. 14 Rdnr. 105), oder auch

— beide Rechtsinstitute als „richterrechtlich entwickelte, heute gewohnheitsrechtlich geltende Institute des einfachen Rechts" mit „entstehungsgeschichtliche(r) und rechtsgrundsätzliche(r) Fundierung im Verfassungsrecht (Art. 14)" (*Papier*, M/D-GG, Art. 14 Rdnr. 632).

1044 Ohne Einbußen können die Entschädigungsinstitute des enteignungsgleichen und des enteignenden Eingriffs vor Art. 14 jedoch *keinen Bestand* haben. Eine vom Gesetzgeber als Legal- oder von der Verwaltung als Administrativenteignung gemeinte Maßnahme, die als Enteignung jedoch rechtswidrig und gescheitert ist, kann nicht als enteignungsgleicher Eingriff doch noch zu dem Erfolg für den Staat und zu der Entschädigung für den Betroffenen führen, die von Verfassung wegen nur die Enteignung haben kann: Hier gilt grundsätzlich, daß der Betroffene sich gegen die Maßnahme wehren oder sie entschädigungslos hinnehmen muß (vgl. *Hendler*, DVBl. 1983, 873/881 f.). Auch da, wo Eingriffe in das Eigentum gesetzlich ausdrücklich geregelt sind, kann dieses Regelungssystem nicht dadurch gesprengt werden, daß gesetzlich nicht vorgesehene oder gesetzwidrige Eingriffe als enteignungsgleich (mit der Folge der Entschädigung) gerettet werden. Demgegenüber hält die Rechtsprechung des BGH auch in diesen Fällen an dem Institut des enteignungsgleichen Eingriffs fest; sie wertet allerdings eine unterbliebene Anfechtung der Enteignungsmaßnahme als Mitverschulden (§ 254 BGB analog), d. h. der Entschädigungsanspruch ist für solche Nachteile ausgeschlossen, die der Betroffene durch eine Anfechtung hätte vermeiden können (vgl. BGHZ 90, 17/31 ff.; *Papier,* JuS 1985, 184).

Es bleiben jedoch *tatsächliche Beeinträchtigungen* des Eigentums, die als unbeabsichtigte Nebenfolge rechtmäßigen Verwaltungshandelns vom Gesetzgeber nicht vorhersehbar und dadurch auch nicht regelbar waren, und es bleiben rechtswidrige Eingriffe, die *sogleich vollzogen* worden sind und gegen die sich der einzelne daher nicht mehr wehren kann. Zwar nennt das BVerfG im Zusammenhang mit der Anfechtbarkeit rechtswidriger Eingriffe den verwaltungsrechtlichen Folgenbeseitigungsanspruch. Aber dieser richtet sich nur auf die Wiederherstellung des status quo ante, die überhaupt unmöglich sein kann und jedenfalls für zwischenzeitlich erlittene Nachteile keine Entschädigung bietet. Hier zumindest müssen enteignender und enteignungsgleicher Eingriff ihre Bedeutung behalten (vgl. *Ossenbühl,* S. 152). Als rechtliche Begründung hierfür könnte die Rechtsprechung des BVerfG herangezogen werden, wonach Inhalts- und Schrankenbestimmungen gelegentlich nur bei finanzieller Entschädigung für verfassungsrechtlich gerechtfertigt angesehen werden (vgl. oben Rdnr. 1029 f.): Die Rechtsordnung ist auch insofern Inhalts- und Schrankenbestimmung, als sie derartige enteignende und enteignungsgleiche Eingriffe nicht verhindern kann; sie ist insofern aber nur bei Einräumung eines Entschädigungsanspruchs verfassungsrechtlich gerechtfertigt (vgl. *Bryde,* vM-GG, Art. 14 Rdnr. 63). Insofern ist die Entschädigung beim enteignungsgleichen und beim enteignenden Eingriff doch Voraussetzung der verfassungsrechtlichen Rechtfertigung. 1045

Insgesamt wird die Rechtslage als unklar, unbefriedigend und *gesetzgeberischer Reform bedürftig* empfunden; die Reform durch das Staatshaftungsgesetz von 1981 war jedoch mit den Kompetenzbestimmungen des Grundgesetzes unvereinbar und ist gescheitert (E 61, 149). 1046

V. Die Institutsgarantie als Schranken-Schranke

Als Schranken-Schranke setzt die Institutsgarantie des Art. 14 Abs. 1 S. 1 den ansonsten verfassungsrechtlich gerechtfertigten Inhalts- und Schrankenbestimmungen sowie der Enteignung *letzte Grenzen.* Über sie darf sich auch keine Eigentumsdefinition hinwegsetzen. Ihre Bedeutung in der Rechtsprechung des BVerfG ist gering, ihre Konturen bleiben vage (vgl. *Bryde,* vM-GG, Art. 14 Rdnr. 31 ff.). Sie zu präzisieren bestand auch kein Anlaß, weil das Netz der übrigen Anforderungen verfassungsrechtlicher Rechtfertigung dicht genug ist. 1047

Die Institutsgarantie sichert einen „Grundbestand von Normen", die ein Rechtsinstitut ausformen, das den Namen des Eigentums verdient (E 24, 367/389). Um den *Namen des Eigentums* zu verdienen, muß das Rechtsinstitut „Privatnützigkeit", d. h. die Zuordnung zu einem Rechtsträger, der zugleich Nutznießer ist, gewährleisten (E 53, 257/290). Insofern soll Art. 14 Abs. 1 S. 1 eine „grundlegende Wertentscheidung des Grundgesetzes zugunsten des Privateigentums" (E 21, 150/155) enthalten. Verwehrt ist aber nur, „daß solche Sachbereiche der Privatrechtsordnung entzogen werden, die zum elementaren Bestand grundrechtlich geschützter Betätigung im vermögensrechtlichen Bereich gehören" (E 24, 367/389). Das alles ist sogar noch bei einer sozialisti- 1048

§ 23 V, VI

schen Wirtschaftsordnung gewährleistet; unter einem wirtschaftspolitisch neutralen Grundgesetz darf Art. 14 dem Gesetzgeber auch nicht mehr an absoluten Bedingungen auferlegen.

VI. Vergesellschaftung

1049 Die Vergesellschaftung des Art. 15 ist ein *Eingriff* in das Eigentum, der sich sowohl von den Inhalts- und Schrankenbestimmungen als auch von der Enteignung unterscheidet: Anders als die Inhalts- und Schrankenbestimmungen beläßt sie das Eigentum dem Eigentümer nicht, sondern entzieht es ihm; anders als die Enteignung ist sie nicht konkret und individuell, sondern abstrakt und generell. Sie ist strukturelle Enteignung.

1050 Art. 15 läßt sie nur bei *Grund und Boden, Naturschätzen und Produktionsmitteln* zu. Bei anderen vermögenswerten Gütern und Rechten ist nicht die strukturelle Enteignung der Vergesellschaftung, sondern nur eine konkrete und individuelle Enteignung zulässig. Die Entschädigungsregelung ist die des Art. 14 Abs. 3 S. 3 und 4. Sie soll als „Sozialisierungsbremse" (*Bryde,* vM-GG, Art. 15 Rdnr. 21), nicht aber als Ausschluß der Sozialisierung wirken. Auch daraus folgt, daß das Abwägungsgebot des Art. 14 Abs. 3 S. 3 keine Entschädigung nach dem Verkehrswert verlangen kann. Ob vergesellschaftet wird, ist in die gesetzgeberische Entscheidung gestellt. An den Verhältnismäßigkeitsgrundsatz ist der Gesetzgeber hier nicht gebunden; von der Pflicht zur verhältnismäßigen Berücksichtigung der Eigentümerinteressen des Art. 14 ist er deswegen befreit, weil Art. 15 gegenüber Art. 14 zur eigenen Grundgesetzbestimmung verselbständigt ist (vgl. oben Rdnr. 1022 ff.). Nur dies wird auch der Entstehung der Bestimmung gerecht: Die SPD hat dem Grundgesetz nicht zuletzt deswegen zugestimmt, weil es ihr in Art. 15 die Möglichkeit eröffnete, bei entsprechender Mehrheit im Parlament eine grundlegende Umgestaltung der Wirtschaftsordnung vorzunehmen (vgl. *Bryde,* vM-GG, Art. 15 Rdnr. 1).

1051 **Lösungsskizze zum Fall:** I. Die Buchshecke steht im Eigentum von E (§ 94 BGB) und fällt insofern unter den *Eigentumsbegriff und -schutz* von Art. 14 Abs. 1 S. 1. Allerdings schreiben die Naturschutz- oder Landschaftsgesetze vor, daß Naturdenkmäler nicht beseitigt oder verändert werden dürfen. Um ein Naturdenkmal handelt es sich hier: Die Buchshecke ist eine Einzelschöpfung der Natur, deren besonderer Schutz wegen ihrer Seltenheit und Schönheit erforderlich ist (vgl. z. B. § 22 nw LG). Versteht man das Eigentum an Naturdenkmälern von vornherein durch das gesetzliche Beseitigungs- und Veränderungsverbot definiert — an der Institutsgarantie fände diese Definition gewiß keine Grenze —, dann fällt die verbotene Nutzung der Buchshecke gar nicht in den Schutzbereich von Art. 14. — II. Der BGH hat in der frühen Entscheidung eines ähnlichen Falls durchaus einen *Eingriff* angenommen: einen Eingriff allerdings, der wegen der Seltenheit und Schönheit der Naturschöpfung (Situationsgebundenheit) ohne Verstoß gegen den Gleichheitssatz erfolge und daher nicht entschädigungspflichtige Enteignung, sondern entschädigungslose Eigentumsbeschränkung sei (BGH, DVBl. 1957, 861 — Buchendom —). Auch des BVerfG hat in der Verpflichtung zur unentgeltlichen Ablieferung eines Bibliotheksexemplars besonders teurer und seltener Bücher (vgl. oben Rdnr. 1030) einen Eingriff erblickt, obwohl es das maßgebliche Gesetz als Eigentumsdefinition verstand. Da das Gesetz schon länger bestand, ging es auch nicht darum, es zugleich für die Zukunft als Definition und für die Vergangenheit als Eingriff zu würdigen. Die Zukunft hatte schon längst begonnen. Anders verhielt es sich beim Fall zur vergütungsfreien Verwendung, Vervielfältigung und Verbreitung urheberrechtlich geschützter Werke (vgl. oben Rdnr. 1030), bei dem eine Verfassungsbeschwerde unmittelbar gegen das neue

Gesetz entschieden wurde. — Dies kann dahin verstanden werden, daß auch ein älteres, das Eigentum eigentlich definierendes Gesetz dann zugleich einen Eingriff darstellt, wenn der Betroffene die Wirkung des Gesetzes erst durch eine zusätzliche Maßnahme der Verwaltung spüren kann: Für ihn beginnt die Zukunft des Gesetzes erst mit dessen Vollzug. So lag es im Fall des Bibliotheksexemplars und so liegt es auch im vorliegenden Fall: Daß die Verfügung gerade auch des Verlegers über seine bibliophilen Raritäten und gerade auch des E über seine Buchshecke für die Zukunft definitorisch aus dem Schutzbereich von Art. 14 fallen soll, zeigt sich erst in den Verwaltungsakten der Landesbibliothek bzw. der Naturschutz- oder Landschaftsbehörde, die das Gesetz vollziehen. Die Frage der verfassungsrechtlichen Rechtfertigung beantwortet sich verschieden, je nachdem ob der Eingriff Inhalts- und Schrankenbestimmung, Enteignung, enteignungsgleicher oder enteignender Eingriff ist: Als enteignungsgleicher oder enteignender Eingriff scheidet das Verbot des Abschlagens der Buchshecke wegen seiner Finalität aus: Es ist darauf gerichtet, daß E die Buchshecke nicht abschlägt. Enteignung wäre er, wenn er konkrete, individuell und auf vollständige oder teilweise Entziehung einer unter den Eigentumsbegriff und -schutz fallenden Rechtsposition gerichtet wäre. Eine vollständige Entziehung scheidet sofort aus: E soll sowohl das Grundstück, dessen wesentlicher Bestandteil die Buchshecke ist, als auch diese selbst behalten dürfen, sogar müssen. Auch eine teilweise Entziehung scheidet aus: Das Eigentum selbst soll E ganz erhalten bleiben, nur sein Eigentümerbelieben, seine Eigentümerbefugnisse sollen verkürzt werden. Anders wäre es, wenn die Buchshecke abgeschlagen und zum Wohl der Allgemeinheit verwendet werden sollte, etwa weil das Holz für irgendwelche energie- oder rüstungstechnischen Vorhaben unersetzlich wäre. Anders wäre es auch, wenn das Eigentum zum nudum ius verkürzt würde; das ist aber nicht der Fall, da die Buchshecke weiterhin das Grundstück ziert und E sie mit dem Grundstück veräußern kann. Das Verbot ist mithin ein Eingriff, der eine Inhalts- und Schrankenbestimmung vollzieht. — III. Die Inhalts- und Schrankenbestimmung erfolgt durch Gesetz und ist weiter *verfassungsrechtlich gerechtfertigt*, wenn sie verhältnismäßig ist. Es läßt sich vertreten, daß sie um der Eigenart des vermögenswerten Guts willen überhaupt geboten ist: Eine für die Gefährdung der Natur sensible Zeit hat erkannt, daß die nur knapp vorhandenen und kaum vermehrbaren Naturschönheiten nicht entbehrt werden können. Naturschönheiten dürfen dem freien Spiel der Kräfte und Belieben des einzelnen nicht vollständig überlassen werden. Andererseits kann beim Verbot der Veräußerung der abgeschlagenen Buchshecke besondere Behutsamkeit verlangt werden, weil das Veräußern ein elementarer Bestandteil der Eigentumsfreiheit ist. Als Naturschönheit, an der viele Freude haben, steht das Eigentumsobjekt jedoch in einem sozialen Bezug und hat eine soziale Funktion. Den Eingriff nur bei finanzieller Entschädigung zuzulassen, besteht kein Anlaß, weil die Buchshecke zwar auch aus wirtschaftlichen Gründen angepflanzt worden war, ihren Wert aber nicht durch Arbeit und Leistung gewonnen hat. Die Inhalts- und Schrankenbestimmung ist mithin verhältnismäßig, und auch ihr Vollzug läßt keinen Rechtsfehler erkennen.

Literatur: Zu Art 14: *P. Badura*, Der Eigentumsschutz des eingerichteten und ausgeübten Gewerbebetriebes, AöR 1973, 153; *U. Battis/I. Felkl-Brentano*, Eigentum, Enteignung, enteignungsgleicher Eingriff — eine Zwischenbilanz, JA 1983, 494; *B. Bender*, Staatshaftungsrecht, 3. Aufl. 1981; *A. v. Brünneck*, Die Eigentumsgarantie des Grundgesetzes, 1984; *H. Engelhardt*, Die neueste Entwicklung der Rechtsprechung zum Staatshaftungsrecht, NVwZ 1985, 621; *R. Hendler*, Zur bundesverfassungsgerichtlichen Konzeption der grundgesetzlichen Eigentumsgarantie, DVBl. 1983, 873; *J. Ipsen*, Enteignung, enteignungsgleicher Eingriff und Staatshaftung, DVBl. 1983, 1029; *P. Krause*, Eigentum an subjektiven öffentlichen Rechten, 1982; *G. Krohn/M. Löwisch*, Eigentumsgarantie, Enteignung, Entschädigung, 3. Aufl. 1984; *F. Ossenbühl*, Staatshaftungsrecht, 3. Aufl. 1983; *ders.*, Abschied vom enteignungsgleichen Eingriff?, NJW 1983, 1; *H.-J. Papier*, Zum Schicksal des enteignungsgleichen Eingriffs, NVwZ 1983, 258; *B. Pieroth*, Rückwirkung und Übergangsrecht, 1981; *U. Ramsauer*, Die faktischen Beeinträchtigungen des Eigentums, 1980; *H. Rittstieg*, Eigentum als Verfassungsproblem, 2. Aufl. 1976; *J. Schwabe*, Die

§ 23 VI, § 24 I

Enteignung in der neueren Rechtsprechung des Bundesverfassungsgerichts, JZ 1983, 273; *G. Schwerdtfeger,* Eigentumsgarantie, Inhaltsbestimmung und Enteignung, JuS 1983, 104. — Zu Art. 15: *L. Gramlich,* Zur Zulässigkeit von Vergesellschaftungen (Nationalisierungen) nach dem Grundgesetz der Bundesrepublik Deutschland, ZVglRWiss 1983, 165; *R. Groß,* Verstaatlichung der Banken und Grundgesetz, DÖV 1975, 344; *J. Isensee,* Fortgeltung der saarländischen Sozialisierungsartikel unter dem Grundgesetz, DÖV 1978, 233; *W. Leisner,* Der Sozialisierungsartikel als Eigentumsgarantie, JZ 1975, 272.

§ 24 SCHUTZ VOR AUSBÜRGERUNG UND AUSLIEFERUNG UND DAS ASYLRECHT (Art. 16)

Fall: Der Deutsch-Italiener (nach BVerwGE 66, 277)

A wurde 1940 in Sachsen als Sohn italienischer Eltern geboren und erwarb in der DDR die dortige Staatsbürgerschaft wirksam nach dem Staatsbürgerschaftsgesetz der DDR von 1967 durch Aushändigung des für Bürger der DDR bestimmten Personalausweises. Mit Hilfe eines italienischen Reisepasses konnte A in das Bundesgebiet gelangen. Hier wird ihm die beantragte Ausstellung eines Staatsangehörigkeitsausweises versagt, obwohl er diesen für ein anderes staatliches Verfahren benötigt, in dem seine deutsche Staatsangehörigkeit in Zweifel gezogen wird, aber für den Ausgang des Verfahrens entscheidend ist. Kann A sich für sein Verlangen erfolgreich auf Art. 16 Abs. 1 S. 1 berufen?

I. Überblick

1052   Art. 16 enthält drei Grundrechte:
— das Verbot der Entziehung und die Beschränkung des Verlusts der deutschen Staatsangehörigkeit,
— das Auslieferungsverbot hinsichtlich Deutscher und
— das Recht auf politisches Asyl.
Der sachliche Zusammenhang dieser drei Grundrechte besteht darin, daß ihnen die Anknüpfung an ein personen- bzw. status- oder territorialrechtliches Band zwischen der Bundesrepublik Deutschland und einem einzelnen gemeinsam ist. Dieser kann entweder aus seiner Position als Deutscher oder deutscher Staatsangehöriger, andernfalls als politisch verfolgter Ausländer Rechte geltend machen, und zwar auf Aufrechterhaltung des personenrechtlichen Status (Art. 16 Abs. 1) und auf Einreise und in gewissem Umfang Aufenthalt auf deutschem Territorium (Art. 16 Abs. 2).

1053   Die Unterscheidung des Begriffs Deutscher von dem des deutschen Staatsangehörigen und beider von dem des Ausländers kennzeichnet verschieden geartete Rechtsbeziehungen. Sie beruhen auf zwei gegenläufigen Prinzipien moderner Staatlichkeit, der *Personalhoheit* und der *Gebietshoheit.* Inhalt des personalen Prinzips ist die Zuordnung einer Personengruppe zu einem Staat, wobei diese der Personalhoheit des Staates auch dann noch unterliegen soll, wenn sie das Staatsgebiet verlassen hat. Gebietshoheit meint die grundsätzlich alleinige, andere Staaten ausschließende Herrschaftsausübung auf einem Teil der Erdoberfläche über alle in diesem Gebiet befindlichen Personen und Sachen. Innerhalb der Grenzen eines Staats ist sie Ausdruck seiner Souveränität. Staatsangehöriger eines Staates ist derjenige, der dessen Personalhoheit unterliegt; Fremder oder Ausländer hingegen ist derjenige, der zwar der Gebietshoheit eines Aufenthaltsstaates unterfällt, nicht aber dessen Personalhoheit, sondern keinem Staat (sog. Staatenloser) oder einem anderen, dem sogenannten Heimatstaat durch ein solches personales Band verbunden ist.

1054   Die drei Grundrechte des Art. 16 sind auch *historisch* miteinander verbunden. Das Entziehungsverbot des Abs. 1 S. 1 ist in der deutschen Verfassungsentwicklung neuartig; es reagiert auf die vorwiegend rassistisch motivierte Ausbürgerungspraxis im nationalsozialistischen Deutschland. Auch Art. 16 Abs. 2 S. 2 hat — abgesehen von der Verfassung des Herzogtums Sachsen-Meiningen von 1829 — keinen Vorläufer in der deutschen Verfassungsgeschichte; auch diese Bestimmung geht auf Erfahrungen im und mit dem Dritten Reich zurück, weil damals rassisch bzw. politisch verfolgte Deutsche, wenn überhaupt, so nur unter erheblichen Schwierigkeiten im Ausland Schutz finden konnten. Mit der Schaffung eines vorbehaltlosen Asylgrundrechts sollte Menschen, die sich in einer ähnlichen politischen Lage in anderen Staaten befinden, in Zukunft geholfen werden. Das Auslieferungsverbot, wie es heute in Art. 16 Abs. 2 S. 1 normiert ist, wurde schon Ende des 19. Jahrhunderts als wesentlicher Bestandteil des Reichsbürgerrechts und eigentlich in die Reichsverfassung gehörig bezeichnet (vgl. *Laband,* Das Staatsrecht des Deutschen Reiches, 5. Aufl. 1911, 1. Bd., S. 155). Es war seit 1871 aber nur einfach-gesetzlich verankert, erst 1919 wurde es in die Verfassung aufgenommen (Art. 112 Abs. 3 WRV).

II. Schutz vor Ausbürgerung (Art. 16 Abs. 1)

1. Schutzbereich

Art. 16 Abs. 1 S. 1 schützt vor dem Entzug der deutschen Staatsangehörigkeit; Art. 16 Abs. 1 S. 2 nennt die Voraussetzungen, unter denen gesetzlich festgelegte Tatbestände den Verlust der deutschen Staatsangehörigkeit vorsehen dürfen. Berechtigt sind hieraus nur deutsche Staatsangehörige, nicht auch Deutsche ohne deutsche Staatsangehörigkeit (BVerwGE 8, 340/343; *Randelzhofer,* M/D-GG, Art. 16 Abs. I Rdnr. 59; teilweise a. A. *Kimminich,* BK, Art. 16 Rdnr. 42 ff., 56 ff.; zum Begriff des Deutschen vgl. oben Rdnr. 130 ff.). 1055

2. Eingriffe

Art. 16 Abs. 1 kennt zwei Eingriffsmodalitäten: die Entziehung gemäß Satz 1 und den Verlust gemäß Satz 2. Da jede Entziehung den *Verlust* zur Folge hat, ist letzterer der Oberbegriff und Satz 1 lex specialis zu Satz 2. Die *Entziehung* wird definiert als die belastende staatliche Maßnahme, durch die jemand gegen oder ohne seinen Willen seine deutsche Staatsangehörigkeit verliert. Mit dieser Formel lassen sich § 17 Nr. 1 und 3 RuStAG, die den Verlust der Staatsangehörigkeit durch Entlassung auf Antrag und Verzicht vorsehen, problemlos erklären. Schwierig ist jedoch die Einordnung der Fälle, in denen der Verlust automatisch und unabhängig von einem auf Verlust gerichteten Willen allein deswegen eintritt, weil ein allgemeiner Verlusttatbestand erfüllt ist, wie z. B. der des Erwerbs einer ausländischen Staatsangehörigkeit (§§ 17 Nr. 2, 25 RuStAG). Sie nicht unter Art. 16 Abs. 1 S. 1 fallenzulassen, gelingt nur, wenn man der Entziehung als weiteres Merkmal die Unvermeidbarkeit beilegt (*Randelzhofer,* M/D-GG, Art. 16 Abs. I Rdnr. 49). Denn der Erwerb einer ausländischen Staatsangehörigkeit ist vermeidbar. Mit der Willensformel ist dies zu vereinbaren, wenn man sie dahin erweitert, daß mit Willen auch der Verlust aufgrund solcher Tatbestandsmerkmale anzusehen ist, deren Erfüllung im Willensbereich des Betroffenen liegt (*Kimminich,* BK, Art. 16 Rdnr. 36). 1056

Umstritten ist, ob die *Rücknahme einer fehlerhaften Einbürgerung* gemäß § 48 VwVfG eine Entziehung im definierten Sinne und damit unzulässig ist. Dies wird von vielen mit dem Argument verneint, Art. 16 Abs. 1 S. 1 habe nur den Zweck, Zwangsausbürgerungen zu verhindern, nicht aber rechtswidrige Einbürgerungen in ihrem Bestand aufrechtzuerhalten (vgl. *Schnapp,* vM-GG, Art. 16 Rdnr. 13). Dem steht jedoch entge- 1057 gen, daß die bloß fehlerhafte, aber nicht nichtige Einbürgerung gemäß § 43 VwVfG verbindlich ist, also eine Rechtsposition begründet, die nur noch entzogen werden kann. Keine Entziehung ist die bloß deklaratorische Feststellung des Gesetzes, daß eine zu Unrecht erfolgte Einbürgerung als von Anfang an unwirksam gilt, sofern durch das Verschulden des Antragstellers der Einbürgerung entgegenstehende Tatsachen nicht bekannt waren (vgl. § 24 StAngRegG). Diese Fiktionsregelung schließt schon einen Erwerb der Staatsangehörigkeit aus, so daß sich die Frage der Entziehung gar nicht erst stellt.

3. Verfassungsrechtliche Rechtfertigung

1058 Art. 16 Abs. 1 S. 1 verbietet die Entziehung der Staatsangehörigkeit vorbehaltlos. Der Verlust der Staatsangehörigkeit steht dagegen unter einem Gesetzesvorbehalt: Er darf nur „auf Grund eines Gesetzes" erfolgen. Obwohl hier auf Grund eines Redaktionsversehens (vgl. *Randelzhofer,* M/D-GG, Art. 16 Abs. I Rdnr. 56) nicht wie sonst üblich auch „durch Gesetz" eingefügt wurde, versteht sich die Möglichkeit des Verlustes durch Gesetz bei einem Gesetzesvorbehalt von selbst. Für den Fall, daß der Verlust „gegen den Willen des Betroffenen" erfolgt, ist der Gesetzesvorbehalt dadurch qualifiziert, daß der Verlust nicht zur Staatenlosigkeit des Betroffenen führen darf.

1059 **Beispiele:** Der Verlust gemäß § 17 Nr. 1 RuStAG (Entlassung auf Antrag) ist zulässig, weil er mit Willen erfolgt. Der Verlust — nicht die Entziehung! — gemäß §§ 17 Nr. 2, 25 RuStAG (Erwerb einer ausländischen Staatsangehörigkeit) ist zulässig, weil er zwar gegen den Willen des Betroffenen erfolgt, aber nicht zu dessen Staatenlosigkeit führt; denn der Verlust tritt erst mit rechtswirksamem Erwerb der ausländischen Staatsangehörigkeit ein.

III. Auslieferungsverbot (Art. 16 Abs. 2 S. 1)

1060 *Auslieferung* bedeutet die — notfalls zwangsweise — Entfernung eines Deutschen aus dem Hoheitsbereich der Bundesrepublik Deutschland, verbunden mit der Überführung in den Bereich einer ausländischen Macht auf deren Ersuchen. Hierunter fällt auch die sog. *Durchlieferung,* wenn ein Deutscher von einem Staat an einen anderen unter Durchquerung der Bundesrepublik Deutschland ausgeliefert wird; weder ist die Weitergabe an den Bestimmungsstaat noch die Rückführung an den übergebenden Staat erlaubt (E 10, 136/139).

1061 Von der Auslieferung zu unterscheiden ist die *Ausweisung* eines Deutschen. Darunter versteht man das ohne Ersuchen eines ausländischen Staates an ihn ergehende Gebot, die Bundesrepublik egal wohin zu verlassen. Gegen die Ausweisung und deren Vollzug, die sogenannte *Abschiebung,* schützt aber Art. 11 (vgl. oben Rdnr. 890).

1062 Schwierig ist der Fall der sogenannten *Rücklieferung* zu beurteilen. Darunter versteht man die Auslieferung eines Deutschen ins Ausland, nachdem dieser zuvor nur vorläufig aufgrund einer Rückführungszusage aus dem Ausland in die Bundesrepublik Deutschland verbracht worden ist. E 29, 183/193 f. hat hierin keine verbotene Auslieferung gesehen, weil die Rücklieferung nur wieder den Zustand herstellt, der schon vor der vorläufigen Verbringung in das Bundesgebiet bestanden hat, sich also per saldo die Lage des Betroffenen nicht verschlechtert hat. Auch erfolgt die vorläufige

§ 24 III, IV 1

Verbringung ins Bundesgebiet mit völkerrechtlicher Rücklieferungspflicht meist zum Vorteil deutscher Behörden und Gerichte. Das sind aber alles Erwägungen, die vor der strikten Anordnung des Art. 16 Abs. 2 S. 1, wonach ein Deutscher niemals gegen seinen Willen einer ausländischen Macht zugeführt werden darf, keinen Bestand haben (vgl. *Schnapp*, vM-GG, Art. 16 Rdnr. 19; differenzierend *Randelzhofer*, M/D-GG, Art. 16 Abs. II S. 1 Rdnr. 10 ff.). Danach ist schon die Abgabe einer Rücklieferungszusicherung verboten, und ihr darf, falls sie doch abgegeben worden ist, nicht nachgekommen werden (auch wenn sich die Bundesrepublik Deutschland dadurch möglicherweise nach völkerrechtlichen Grundsätzen haftbar macht).

Schwierigkeiten hat Art. 16 Abs. 2 S. 1 auch im *Verhältnis* der Bundesrepublik Deutschland *zur DDR* gemacht: Darf ein Deutscher an ein deutsches Gericht außerhalb des Geltungsbereichs des Grundgesetzes überstellt werden? Das Verbot des Art. 16 Abs. 2 S. 1 richtet sich nur gegen Auslieferungen an das Ausland, und gerade dies soll die DDR nicht sein (E 36, 1 — Grundlagenvertrag —). Andererseits besteht der Schutzzweck des Auslieferungsverbots gerade darin, Deutsche vor der Entfernung aus dem Schutzbereich des Grundgesetzes und dem Wirkungs- und Hoheitsbereich der an dieses gebundenen Staatsorgane zu schützen. Da die DDR eine fremde und dem Einfluß oder gar dem Einwirken der Bundesrepublik Deutschland entzogene Hoheitsgewalt darstellt, muß die Überstellung an die DDR entgegen E 37, 57/64 — Brückmann — als unzulässige Auslieferung angesehen werden (vgl. *v. Münch*, StR I, Rdnr. 124). Die Gegenauffassung entnimmt dem Rechtsstaatsprinzip gewisse Grenzen der Zulässigkeit der Auslieferung, z. B. bei drohender unmenschlicher Behandlung. 1063

IV. Asylrecht (Art. 16 Abs. 2 S. 2)

Das subjektiv-öffentliche Recht auf Asylgewährung für politisch Verfolgte geht über die völkerrechtlichen Gewährleistungen hinaus. Gleichzeitig macht die Bundesrepublik Deutschland damit von der völkerrechtlichen Befugnis eines jeden souveränen Staates gegenüber anderen Staaten Gebrauch, deren verfolgten Staatsangehörigen Zuflucht auf seinem Territorium zu gewähren, ohne daß der Heimatstaat dies als Völkerrechtsverletzung oder unfreundlichen Akt betrachten darf. 1064

1. Schutzbereich

a) Herkömmlicherweise wird Art. 16 Abs. 2 S. 2 als das einzige nur Ausländern zustehende Grundrecht verstanden. Für im Ausland **politisch verfolgte Deutsche** wird auf deren Einreisefreiheit und das darin eingeschlossene Aufenthaltsrecht gemäß Art. 11 Abs. 1 (vgl. oben Rdnr. 877 ff.) verwiesen. Allerdings steht Art. 11 Abs. 1 — anders als der vorbehaltlos gewährleistete Art. 16 Abs. 2 S. 2 — unter einem qualifizierten Gesetzesvorbehalt. Es ist abwegig, wegen dieser Schrankendivergenz den Art. 16 Abs. 2 S. 2 für verfassungswidrig zu erklären (so aber *Philipp*, NJW 1981, 1857). Vielmehr muß, um das vom Grundgesetz offensichtlich nicht gewollte Ergebnis einer Privilegierung der Ausländer zu vermeiden, diese herkömmliche Auffassung revidiert werden, wonach Art. 16 Abs. 2 S. 2 das einzige ausschließlich Ausländern zustehende Grundrecht sei. Auch der Wortlaut steht einer Berechtigung der Deutschen aus Art. 16 Abs. 2 S. 2 nicht entgegen (vgl. *Sachs*, NJW 1981, 2608). 1065

§ 24 IV 1

1066 b) Das BVerwG definiert den **Begriff des politisch Verfolgten** in Anlehnung an die Genfer Flüchtlingskonvention vom 28. Juli 1951 (BGBl. 1953 II, 559) wie folgt: wer „wegen seiner Rasse, Religion, Nationalität, Zugehörigkeit zu einer sozialen Gruppe oder wegen seiner politischen Überzeugung Verfolgungsmaßnahmen mit Gefahr für Leib oder Leben oder Beschränkungen seiner persönlichen Freiheit ausgesetzt ist oder solche Verfolgungsmaßnahmen begründet befürchtet" (BVerwGE 67, 184/186; st. Rspr.). Diese Formel erfaßt aber nur die sicheren, nicht alle Fälle des Art. 16 Abs. 2 S. 2 und ist teilweise auch zu unscharf. Die Voraussetzungen politischer Verfolgung müssen genauer aufgeschlüsselt werden.

1067 aa) Es muß sich zunächst um eine **Verfolgung** handeln, und dies ist nur die durch Menschen, nicht aber durch Umstände. Das Asylrecht „hat nicht zur Aufgabe, vor den allgemeinen Unglücksfolgen zu bewahren, die aus Krieg, Bürgerkrieg, Revolution oder sonstigen Unruhen hervorgehen," (BVerwG, DÖV 1979, 296) und erst recht nicht, in wirtschaftlichen Notlagen, die nicht ihrerseits auf Verfolgungsmaßnahmen zurückzuführen sind, zu helfen (E 54, 341/357). Als Verfolger kommen der Heimatstaat, ein dritter Verfolgerstaat, aber auch mit dem Staat verfilzte Staatsparteien bzw. -religionen und sogar Privatpersonen in Betracht, wenn der Staat diese zu Verfolgungsmaßnahmen anregt, ihre Handlungen unterstützt, billigt oder hinnimmt, weil er zur erforderlichen Schutzgewährung nicht willens oder in der Lage ist (E 54, 341/358).

1068 Die Verfolgung muß eine *eigene* sein, weshalb die bloße familiäre Verbundenheit mit einem Verfolgten allein nicht zur Anerkennung als Asylberechtigter führen kann (BVerwGE 65, 244/245). Wer nicht selbst unmittelbar politisch verfolgt ist, kann auch nicht als Familienangehöriger über Art. 6 Abs. 1 in den Kreis der Asylberechtigten einbezogen werden; allerdings ist der Ermessensspielraum der Behörden bei der Erteilung einer Aufenthaltsgenehmigung nach § 2 Abs. 1 AuslG eingeschränkt (vgl. näher *Weber*, NJW 1983, 1225).

1069 Die Verfolgungsmaßnahmen müssen *gegenwärtig* oder gegenwärtig zu befürchten sein. Sie können auch erst nach Verlassen des Heimatstaats z. B. durch Beitritt zu einer Immigrantenorganisation (BVerwGE 55, 82/85) oder gar nur durch Stellung eines Asylantrages in der Bundesrepublik (BVerwGE 68, 171/175) durch sogenannte Nachfluchtgründe hervorgerufen werden oder zu erwarten sein, wenn dies den ausländischen Staat schon zur politischen Verfolgung motiviert oder solches zu befürchten ist. Wenn E 9, 174/181 fordert, es sei zu verhindern, „daß Ausländer nachträglich die Voraussetzungen des Asylrechts nur schaffen, um den Schutz dieses Rechts für eine kriminelle Tat zu erschleichen", kann dies nicht durch eine einschränkende Auslegung der „politischen Verfolgung" geschehen, sondern nur durch Anlegung eines strengen Maßstabs beim Nachweis der Nachfluchtgründe (BVerwGE 68, 171/174).

1070 *Nicht mehr verfolgt* ist derjenige, der in einem anderen Staat Aufnahme und Schutz vor Verfolgung gefunden hat (vgl. *Bethäuser*, DÖV 1985, 437), sowie der Asylant, dem die Rückkehr in sein Heimatland wegen zwischenzeitlich eingetretener Änderungen der dortigen politischen Lage zugemutet werden kann (E 54, 341/360; zu dieser sog. inländischen oder ausländischen Fluchtalternative vgl. auch BVerwGE 69, 289/292 ff.).

bb) Die Verfolgung muß eine **politische** sein, obwohl die Asylgewährung selbst nicht aus politischen, sondern aus humanitären, in engem Zusammenhang mit dem Schutz der Menschenwürde (Art. 1 Abs. 1) stehenden Gründen erfolgt (E 54, 341/357). Nach dem geschichtlichen Hintergrund der Schaffung des Asylrechts wäre es zu eng, den Begriff des Politischen auf die unmittelbare staatliche Willensbildung zu beschränken; vielmehr sind die gemeinschaftsbezogenen Aspekte aller Lebensbereiche, also z. B. auch des religiösen, wirtschaftlichen und kulturellen Bereichs einzubeziehen (*Kimminich*, BK, Art. 16 Rdnr. 181). 1071

> **Beispiele:** Religiöse Intoleranz kann dann zu politischer Verfolgung werden, wenn der Staat sie fördert oder betreibt; wirtschaftliche Benachteiligung kann Asylgrund sein, wenn der Staat sie als Unterdrückungsmittel gegenüber einzelnen oder Gruppen einsetzt, die dann eben nicht wie alle getroffen werden, sondern ein politisches Sonderopfer erbringen. Hier zeigen sich systematische Berührungspunkte des Asylgrundrechts mit den Diskriminierungsverboten des Art. 3 Abs. 3 (vgl. BVerwGE 67, 184/187), die ihrerseits im Kern Anteil am Menschenwürdeschutz haben (vgl. oben Rdnr. 407). 1072

Ob nun eine Verfolgung eine politische ist, hängt davon ab, ob der *Verfolgerstaat* sie aus politischen Gründen betreibt. Schwierig ist dabei die Zuordnung von strafrechtlicher und politischer Verfolgung, die sich beide gegenseitig nicht ausschließen. Auch die Verfolgung wegen einer nichtpolitischen Straftat begründet dann Asylrecht, wenn der Verfolgerstaat mit politischen Verfolgungsmaßnahmen reagiert oder reagieren würde. Hingegen ist die bloße strafrechtliche Sanktion noch kein Asylgrund; vielmehr muß weiter differenziert werden: Um politische Verfolgung handelt es sich bei der Bestrafung aus dem sogenannten politischen Strafrecht (z. B. Hochverrat, Umsturz, Republikflucht). Bei einer Bestrafung aus dem nichtpolitischen Strafrecht liegt eine politische Verfolgung nur dann vor, wenn der Verfolgerstaat gerade an die politische Überzeugung des Verfolgten anknüpft und sich mit der Strafgewalt gegen diese richtet, nicht aber dann, wenn nur der kriminelle Unrechtsgehalt der Tat geahndet wird (*Schnapp*, vM-GG, Art. 16 Rdnr. 24; a. A. *Zuleeg*, AK-GG, Art. 16 Rdnr. 36). 1073

Da Art. 16 Abs. 2 S. 2 eine politische Verfolgung verlangt, bietet er nicht ohne weiteres Schutz gegen *Folter* und *Todesstrafe*, die nicht im Zusammenhang mit politischer Verfolgung stehen. Gleichwohl kann der Folter eine Indizwirkung für die politische Verfolgung zukommen; außerdem wird eine Ausweisung des Asylbewerbers in einen Staat, in dem ihm Folter droht, wegen der Bindung der deutschen Staatsorgane an Art. 1 Abs. 1 nicht in Betracht kommen (BVerwGE 67, 184/193 f.; *Frowein/Kühner*, ZaöRV 1983, 537/560 ff.). 1074

c) **Wirkung des Asylgrundrechts.** Es ist umstritten, ob Art. 16 Abs. 2 S. 2 ein Recht des *status negativus* oder ein Recht des *status positivus* enthält, d. h. auf Unterlassen aller das Asyl zerstörenden oder gefährdenden Maßnahmen bzw. darüber hinaus auf aktive Asylgewährung durch die öffentliche Gewalt gerichtet ist. Nach der ersten Auffassung ist dem Staat die Abweisung eines Asylsuchenden an der Grenze sowie die Auslieferung und Ausweisung eines Asylberechtigten in den verfolgenden oder einen anderen Staat, in dem die Gefahr der weiteren Abschiebung in einen Verfolgerstaat besteht, untersagt (Recht auf Asyl; *Rottmann*, Staat 1984, 337). Die zweite Auffassung versteht die Gewähr von Einreise und Aufenthalt als Leistung und leitet aus Art. 16 Abs. 2 S. 2 zudem Ansprüche ab auf Aufnahme, Hilfeleistung, Unterbringung und Versorgung (Rechte im Asyl; *Randelzhofer*, M/D-GG, Art. 16 Abs. II S. 2 Rdnr. 1075

§ 24 IV 1, 2, 3

111 ff.). Diese Auffassung sieht in der Stattgabe des Asylantrags eine konstitutive Statusverleihung, während die abwehrrechtliche Position dieser Entscheidung nur deklaratorische Wirkung beimißt (ebenso trotz leistungsrechtlicher Position *Randelzhofer*, M/D-GG, Art. 16 Abs. II S. 2 Rdnr. 118). Auch versteht die abwehrrechtliche Position das Asylverfahren nicht als Verfahren zur *Anerkennung* eines möglicherweise bestehenden Rechts, sondern als Verfahren zu dessen *Aberkennung*, falls der Asylbewerber über sein Recht getäuscht oder sich geirrt haben sollte (a. A. E 60, 253/295). Ziel dieses Widerlegungsverfahrens ist es, die nicht berechtigten Antragsteller herauszufiltern und über deren Ausreisepflicht zu entscheiden. Nur rechtstechnisch werden die noch nicht anerkannten Asylanten und die unberechtigten Antragsteller unter der Bezeichnung Asylbewerber zusammengefaßt; im Hinblick auf das möglicherweise und bislang nur vermutete Asylrecht wird ihnen vorverlagerter Eingriffsschutz zuteil.

1076 Entstehungsgeschichte und Systematik der Grundrechte des Grundgesetzes sprechen für die *abwehrrechtliche Position*. Danach ist ein Grundrecht unabhängig von staatlicher Zuteilung gewährt und braucht seine Inanspruchnahme nicht gegenüber dem Staat gerechtfertigt zu werden. Es ist vielmehr Sache des Staates mit Organisations- und Verfahrensregelungen, die ihrerseits am Grundrecht ausgerichtet sind, die Vermutung zugunsten des berechtigten Freiheitsgebrauchs zu widerlegen. Da es im Asylrecht zwischen Schutzgewährung und Schutzversagung keinen dritten Weg gibt, ist das Verfahrensrecht für die Verwirklichung der Grundrechtsposition von großer Bedeutung.

1077 **Beispiele:** Das zuständige OLG erklärt die Auslieferung eines Asylbewerbers für zulässig, obwohl das Asylanerkennungsverfahren vor den Verwaltungsgerichten noch nicht rechtskräftig abgeschlossen ist. E 60, 348/358 hat dies unter der Voraussetzung für zulässig erachtet, daß das OLG die Asylberechtigung überprüft. — Umgekehrt hat das BVerfG es für einen Verstoß gegen Art. 16 Abs. 2 S. 2 angesehen, wenn der Asylbewerber vor einer gerichtlichen Entscheidung über seine Klage im Asylanerkennungsverfahren durch aufenthaltsbeendende Maßnahmen der Ausländerbehörden in den Staat zurückgeschickt wird, in dem er politisch verfolgt wird. Denn dies nehme „ihm auch bei einem späteren Erfolg seiner Asylklage faktisch die Möglichkeit ... von seinem Asylrecht Gebrauch zu machen" (E 56, 216/243 f.). — Beide Entscheidungen lassen sich mit der abwehrrechtlichen Sicht des Asylgrundrechts plausibler erklären. Den Gerichten obliegt es, die Vermutung der Asylberechtigung zu widerlegen. Nimmt man demgegenüber an, daß erst die Gerichte den grundrechtlichen Status verleihen, können die in den genannten Entscheidungen anerkannten „Vorwirkungen" nur mit dem Gedanken der Anspruchsvereitelung erklärt werden.

2. Eingriffe

1078 Als Eingriffe stellen sich alle aufenthaltsbeendenden Maßnahmen gegenüber politisch Verfolgten dar. Ob politische Verfolgung im einzelnen vorliegt, darf vom Richter überprüft werden. Kein Eingriff in das Asylgrundrecht — möglicherweise aber die Verletzung von internationalen Menschenrechten oder sonstigen einfach-gesetzlichen Positionen — ist die Vorenthaltung von Hilfeleistungen, Unterbringung und Versorgung.

3. Verfassungsrechtliche Rechtfertigung

1079 Art. 16 Abs. 2 S. 2 ist vorbehaltlos gewährleistet. Es erfährt auch keine Einschränkungen aus dem Völkerrecht (BVerwGE 49, 202/203 gegen seine eigene frühere Rechtsprechung). Das Asylgrundrecht kann lediglich nach Art. 18 verwirkt werden.

Sehr bedenklich ist es, diesen verfassungstextlichen Befund durch die Annahme kollidierenden Verfassungsrechts zu unterlaufen. So hat BVerwGE 49, 202/209 sich für die Rechtfertigung von Eingriffen in Art. 16 Abs. 2 S. 2 auf das Sicherheitsinteresse des Staates und der Allgemeinheit berufen. Grundrechte unterliegen keinem Vorbehalt des Möglichen und dürfen nicht nach vorhandenen Kapazitäten bewirtschaftet werden. Ist der Staat zur Aufnahme von Asylanten nicht mehr bereit, dann muß der Gesetzgeber die Verfassung ändern. 1080

Lösungsskizze zum Fall: I. Die *Anwendbarkeit* des Art. 16 Abs. 1 S. 1 ist fraglich, weil A ein positives staatliches Tun, nämlich die Ausstellung eines Staatsangehörigkeitsausweises, verlangt; denn Art. 16 Abs. 1 S. 1 ist unstreitig ein Abwehrrecht und gibt damit einen Anspruch gegen den Staat auf Unterlassung staatsangehörigkeitsentziehender Maßnahmen. Wenn jemand aber nur durch den Staatsangehörigkeitsausweis seine Staatsangehörigkeit nachweisen kann, trifft ihn deren Versagung de facto (vgl. BVerwG, DÖV 1967, 94) wie eine Entziehung. Daher entnimmt die h. M. dem Art. 16 Abs. 1 S. 1 in solchen Fällen einen Anspruch auf Erteilung einer Staatsangehörigkeitsbescheinigung (vgl. *Randelzhofer*, M/D-GG, Art. 16 Abs. I Rdnr. 52). — II. Fraglich ist weiter, ob A mit der Einbürgerung durch die DDR die *deutsche Staatsangehörigkeit* erworben hat. Staatsangehörigkeitsrechtliche Akte der DDR, solange sie nicht den ordre public (vgl. Art. 30 EGBGB) verletzen, könnten für die Bundesrepublik Deutschland verbindlich sein. Dafür könnte sprechen, daß die Bürger der DDR die deutsche Staatsangehörigkeit im Sinne des Grundgesetzes besitzen. Die DDR-Einbürgerung würde „im Hinblick auf die Überlagerung der Teilrechtsordnungen durch die staats- und völkerrechtlichen Bindungen des deutschen Nationalverbandes in gesamtdeutsche Akte" transformiert (OVG Münster, JZ 1979, 136). Dagegen spricht aber folgendes: Die deutsche Staatsangehörigkeit ist zwar keine bloße Bundesangehörigkeit, wohl aber „zugleich die Staatsangehörigkeit der Bundesrepublik Deutschland" (E 36, 1/30). Daher bedarf es für die Anerkennung von Einbürgerungsakten der DDR einer erneuten Überprüfung anhand des bundesdeutschen Staatsangehörigkeitsrechts, die je nach den für die DDR maßgebenden Einbürgerungsgründen unterschiedlich ausfallen kann (*Stern*, StR I, S. 270). § 8 RuStAG erkennt die bloße Aushändigung eines Personalausweises nicht als Erwerbsgrund an, so daß A sich mangels erworbener deutscher Staatsangehörigkeit nicht auf Art. 16 Abs. 1 S. 1 berufen kann (vgl. BVerwGE 66, 277/288 f.; zust. *v. Mangoldt*, JZ 1983, 543; *Wyduckel*, DVBl. 1983, 457; krit. *Klein*, NJW 1983, 2289; *Zieger*, NJW 1984, 699). 1081

Literatur: Zu II: *R. Grawert*, Staatsangehörigkeit und Staatsbürgerschaft, Staat 1984, 179; *A. Makarov/H. v. Mangoldt*, Deutsches Staatsangehörigkeitsrecht, 3. Aufl. 1982; *H. v. Morr*, Der Bestand der deutschen Staatsangehörigkeit nach dem Grundvertrag, 1977; *K. Stern*, Die deutsche Staatsangehörigkeit, Positionen und Begriffe, DVBl. 1982, 165. — Zu III: *K. Hailbronner*, Die Zulieferung von Deutschen an die DDR und das Auslieferungsverbot des Grundgesetzes, Jahrbuch für Ostrecht 1973, 37; *G. Zöbeley*, Die neuere Rechtsprechung des Bundesverfassungsgerichts zum Auslieferungsrecht, NJW 1983, 1703. — Zu IV: *C. Gusy*, Asylrecht und Asylverfahren in der Bundesrepublik Deutschland, 1980; *K. Hailbronner/V. Olbrich*, Asylrecht und Auslieferung, NVwZ 1985, 297; *B. Huber*, Ausländer- und Asylrecht, 1983; *M. Kilian*, Asylverfahren und Grundrechtsgewährleistung, in: Grundrechtsschutz und Verwaltungsverfahren unter besonderer Berücksichtigung des Asylrechts. Internationaler Menschenrechtsschutz, 1985, S. 71; *O. Kimminich*, Grundprobleme des Asylrechts, 1983; *ders.*, Der Schutz politisch Verfolgter im Auslieferungsverfahren, EuGRZ 1986, 317; *F. Rottmann*, Das Asylrecht des Art. 16 GG als liberal-rechtsstaatliches Abwehrrecht, Staat 1984, 337; *H. Säcker*, Die neueste Asylrechtsprechung des Bundesverwaltungsgerichts, DVBl. 1985, 1048; *K. Schaeffer*, Asylberechtigung, 1980.

§ 25 PETITIONSRECHT (Art. 17)

Fall: Der abgewiesene Lehramtsanwärter (nach E 2, 225)

L wendet sich mit einem Brief an den Kultusminister des Bundeslandes B. Darin führt er aus, daß er die Zurückweisung seines Antrages auf Einstellung in den Schuldienst durch die zuständige Abteilung des Kultusministeriums für rechtswidrig halte und eine Klage erwäge. Zuvor wolle er jedoch dem Minister Gelegenheit bieten, selbst dem Recht zur Geltung zu verhelfen. Daraufhin erhält er folgende Antwort eines Ministerialbeamten: „Der Herr Minister hat Ihre Eingabe vom ... zur Kenntnis genommen, sieht sich jedoch nicht veranlaßt, auf Ihre Vorstellungen hin eine Verfügung zu treffen." Wird dadurch Art. 17 verletzt?

I. Überblick

1082 Das Petitionsrecht ist ein altes Grundrecht. Mit ihm wird dem einzelnen allein oder „in Gemeinschaft mit anderen" (sog. Sammelpetition) ein formloser Rechtsbehelf garantiert. Art. 17 ist nicht nur ein Abwehrrecht; er beinhaltet einen Anspruch auf sachliche Bescheidung der Petition und stellt insofern ein Leistungsrecht dar (vgl. oben Rdnr. 76). Das Petitionsrecht hat große praktische Bedeutung; beispielsweise gehen beim Deutschen Bundestag pro Wahlperiode zwischen 20000 und 50000 Einzelpetitionen ein. Die Befugnisse des Petitionsausschusses des Deutschen Bundestages sind in einem aufgrund des Art. 45c ergangenen Gesetz besonders geregelt (ausführlich zu diesen Befugnissen *Vitzthum,* Petitionsrecht und Volksvertretung, 1985).

II. Schutzbereich

1. Petitionsbegriff

1083 Petitionen i. S. d. Art. 17 werden als „Bitten und Beschwerden" umschrieben. Bitten richten sich auf künftiges, Beschwerden gegen vergangenes Verhalten. Grundrechtlich geschützt ist allerdings nur die schriftliche Petition (anders z. B. Art. 16 hessVerf). Wortlaut und Systematik führen zu folgenden Abgrenzungen: Bloße Meinungsäußerungen werden ausschließlich von Art. 5 Abs. 1 S. 1 Halbsatz 1 geschützt; für Anträge auf Auskunftserteilung und Akteneinsicht ist Art. 5 Abs. 1 S. 1 Halbsatz 2 speziell (*Dürig*, M/D-GG, Art. 17 Rdnr. 16; a. A. *Stein*, AK-GG, Art. 17 Rdnr. 14). Förmliche Rechtsbehelfe und Rechtsmittel fallen demgegenüber ausschließlich unter Art. 19 Abs. 4. Aus dem Sinn und Zweck des Art. 17 ist schließlich zu folgern, daß anonyme Eingaben keine Petitionen sind.

1084 **Beispiele:** Petitionen sind nicht nur die herkömmlicherweise unterschiedenen drei Typen der formlosen Rechtsbehelfe, nämlich Gegenvorstellung (Bitte an die handelnde Behörde, die beanstandete Maßnahme zu überprüfen und gegebenenfalls zu korrigieren), Aufsichtsbeschwerde (entsprechende Bitte an die übergeordnete Behörde) und Dienstaufsichtsbeschwerde (Beschwerde an einen Dienstvorgesetzten über das Verhalten eines Bediensteten), sondern alle Bitten und Beschwerden bezüglich der Ausübung öffentlicher Gewalt.

2. Adressaten der Petition

1085 Die Petition muß an die „zuständige Stelle" oder an die „Volksvertretung" gerichtet sein. Zur *Volksvertretung* rechnen nicht nur der Deutsche Bundestag und die Landtage bzw. Bürgerschaften, sondern auch die Gemeinderäte (vgl. Art. 28 Abs. 1 S. 2; OVG Münster, DVBl. 1978, 895; OLG Düsseldorf, NVwZ 1983, 502; a. A. OVG Lüneburg, OVGE 23, 403/407). Die *Zuständigkeit* der Stelle wird nach allgemeiner Meinung nicht streng organisationsrechtlich verstanden: So muß der Instanzenzug nicht gewahrt werden (E 2, 225/229). Bei Petitionen an die sachlich unzuständige Stelle wird allerdings teilweise unter Hinweis auf den Wortlaut des Art. 17 ein grundrechtlicher Anspruch auf Weiterleitung an die zuständige Stelle verneint (E 2, 225/229; *Tschira/Schmitt Glaeser*, Verwaltungsprozeßrecht, 7. Aufl. 1985, S. 6: nur interne Pflicht zur Weiterleitung). Nach überwiegender Auffassung fordert Art. 17 in einem solchen Fall die Weiterleitung an die zuständige Stelle (BVerwG, DÖV 1976, 315; *Dürig*, M/D-GG, Art. 17 Rdnr. 64; *Rauball*, vM-GG, Art. 17 Rdnr. 12).

3. Inhaltliche Zulässigkeitsvoraussetzungen

Nach der Rechtsprechung des BVerfG soll eine Petition unzulässig sein, wenn mit ihr „etwas gesetzlich Verbotenes gefordert wird" oder sie „beleidigenden, herausfordernden oder erpresserischen Inhalt hat" (E 2, 225/229). Hierbei wird die rechtliche Bewertung des Verhaltens des Petenten mit der rechtlichen Bewertung des Verhaltens, das er von der angeschriebenen Stelle verlangt, vermengt (vgl. *Stein*, AK-GG, Art. 17 Rdnr. 23): Einerseits wird ein allgemein *rechtlich verbotenes Verhalten* nicht dadurch zulässig, daß es sich als Petition ausgibt. Nicht von Art. 17 geschützt ist daher eine Petition, die gegen Strafgesetze verstößt. Die Auslegung der Strafgesetze muß allerdings die objektiv-rechtliche Bedeutung des Art. 17 berücksichtigen. 1086

> **Beispiel:** Beleidigende Äußerungen können durch die Wahrnehmung berechtigter Interessen (§ 193 StGB) gerechtfertigt sein. Da Petitionen nicht auf die Geltendmachung von Individualinteressen beschränkt sind, sondern auch ein allgemeines Anliegen verfolgen dürfen, muß auch die Wahrnehmung von Interessen der Allgemeinheit nach § 193 StGB gerechtfertigt sein (vgl. auch OLG Düsseldorf, NJW 1972, 650). 1087

Andererseits sind Petitionen, die etwas *rechtlich Verbotenes verlangen,* nicht unzulässig. Es kann gerade ein sinnvoller Inhalt der Petition sein, eine Rechtsänderung anzuregen. Außerdem kann vom Petenten keine Rechtskenntnis erwartet werden; wenn er aus Unkenntnis über die Rechtslage etwas rechtlich Verbotenes verlangt, ist es sinnvoll, ihn über seinen Irrtum aufzuklären. Schließlich spricht für die Zulässigkeit derartiger Petitionen die Überlegung, daß gerichtliche Klagen, die viel strengeren Zulässigkeitsvoraussetzungen unterliegen, nicht allein deshalb unzulässig sind, weil sie auf etwas rechtlich Verbotenes gerichtet sind. 1088

4. Anspruch auf sachliche Bescheidung

Dem Wortlaut nach gewährt Art. 17 nur das Recht, sich an die genannten Stellen zu *wenden.* Auch wenn man daraus noch deren Pflicht entnimmt, die Petition *entgegenzunehmen,* bleibt das Petitionsrecht ein wirkungsloses Instrument. Zu einem Rechtsbehelf im eigentlichen Sinn wird es erst, wenn auch eine inhaltliche Auseinandersetzung mit dem Anliegen des einzelnen erfolgt. Daher ist anerkannt, daß Art. 17 einen Anspruch auf *Prüfung* und *Bescheidung* der Petition gewährt. Aus dem Bescheid muß sich „zum mindesten die Kenntnisnahme von dem Inhalt der Petition und die Art ihrer Erledigung ergeben". Eine „besondere Begründung" soll dagegen nach der Rechtsprechung nicht erforderlich sein (vgl. E 2, 225/230; 13, 54/90). Im Schrifttum wird dagegen überwiegend ein Anspruch auf Begründung bejaht (vgl. *Dagtoglou*, BK, Art. 17 Rdnr. 99 ff.; *Rauball*, vM-GG, Art. 17 Rdnr. 14; *Stein*, AK-GG, Art. 17 Rdnr. 29). 1089

§ 25 II 4, III

Ist eine Petition durch ordnungsgemäßen sachlichen Bescheid erledigt, so entfällt die Bescheidungspflicht bei erneuter gleichlautender Eingabe an die gleiche Stelle (E 2, 225/231 f.).

III. Eingriffe und verfassungsrechtliche Rechtfertigung

1090 Jedes Zurückbleiben hinter den dargestellten Anforderungen stellt einen Eingriff dar. Art. 17 enthält keinen Gesetzesvorbehalt; lediglich für Sammelpetitionen von Soldaten sieht Art. 17a Abs. 1 eine Einschränkungsmöglichkeit vor, von der bisher nur für Beschwerden, nicht aber für Bitten, durch § 1 Abs. 4 WBO Gebrauch gemacht worden ist. Die Übertragung der Schranken des Art. 5 Abs. 2 (so *v. Münch*, StR I, Rdnr. 388) oder des Art. 2 Abs. 1 (so *Rauball*, vM-GG, Art. 17 Rdnr. 16) auf Art. 17 ist abzulehnen (vgl. oben Rdnr. 360 ff.). Das BVerfG hat eine Eingriffsrechtfertigung nur durch kollidierendes Verfassungsrecht anerkannt.

1091 **Beispiel:** Das sog. Kontaktsperregesetz hat im Jahr 1977 die §§ 31—38 EGGVG eingeführt. Danach kann jedwede Verbindung von Gefangenen untereinander und mit der Außenwelt unter eng umgrenzten Voraussetzungen für einen begrenzten Zeitraum unterbrochen werden. Den darin liegenden Eingriff u. a. in Art. 17 hat E 49, 24/64 f. mit dem „Interesse überragender Gemeinschaftswerte", nämlich dem Schutz des Lebens vor terroristischen Gewalttätern, gerechtfertigt.

1092 **Lösungsskizze zum Fall:** I. Der *Schutzbereich* des Art. 17 ist betroffen, wenn es sich bei dem Schreiben des L um eine zulässige Petition handelt, die nicht sachlich beschieden wurde. Die Bitte, der Minister möge sich des Falles annehmen und der bisherigen Entscheidung seiner Behörde abhelfen, fällt ohne weiteres unter den Begriff der Petition. L muß sich auch an die zuständige Stelle gewendet haben. Da ein Minister für die Rechtmäßigkeit des Verwaltungshandelns seiner Behörde verantwortlich ist, kann auch diese Voraussetzung bejaht werden. Nach der Rechtsprechung des BVerfG ist eine Petition dann unzulässig, wenn sie „beleidigenden, herausfordernden oder erpresserischen Inhalt hat" (E 2, 225/229). Allgemeiner gesagt darf die Petition nicht gegen — ihrerseits verfassungsmäßige — Strafgesetze verstoßen. Da die Androhung des L, gegebenenfalls den Rechtsweg zu beschreiten, nicht als unzulässiges Druckmittel anzusehen ist, ist die Eingabe keinesfalls unzulässig. — Daraus ergibt sich für L nicht nur ein Anspruch auf Entgegennahme, sondern darüber hinaus auf Prüfung und Bescheidung durch die angegangene Stelle. Der Bescheid muß nach der Rechtsprechung zwar keine Begründung enthalten, wohl aber dem Petenten gegenüber erkennen lassen, daß die Eingabe vom Adressaten zur Kenntnis genommen worden ist und was dieser zur Erledigung veranlaßt hat. Dagegen wird im Schrifttum überwiegend eine, wenn auch kurze, Begründung verlangt. Hier ist dem dem L gegenüber ergangenen Bescheid zu entnehmen, daß der Minister mit der Eingabe befaßt war, jedoch nichts unternehmen wird. Damit wurde den Anforderungen der Rechtsprechung, nicht aber den weitergehenden des Schrifttums genügt. — II. Nach der Rechtsprechung liegt schon kein *Eingriff* in Art. 17 vor. Nach der abweichenden Auffassung wäre ein solcher zu bejahen; da hierfür keine verfassungsrechtliche Rechtfertigung ersichtlich ist, läge auch ein Verstoß gegen Art. 17 vor.

Literatur: *E. Friesenhahn*, Zur neueren Entwicklung des Petitionsrechts in der Bundesrepublik Deutschland, in: Festschrift Huber, 1981, S. 353; *W. Hempfer*, Das Petitionsrecht in der parlamentarischen Praxis, in: Festschrift v. Simson, 1983, S. 69; *A. v. Mutius*, Zum personalen Geltungsbereich des Petitionsrechts, VerwArch 1979, 165; *D. Neumeyer*, Rechtsschutzprobleme bei Petitionsbescheiden und der allgemeinen Leistungsklage, JuS 1979, 31; *W.-H. Reckzeh*, Die parlamentarische Petition als Rechtsschutzmöglichkeit des Soldaten, DVBl. 1983, 70; *W. Vitzthum/W. März*, Das Grundrecht der Petitionsfreiheit, JZ 1985, 809.

§ 26 RECHTSSCHUTZGARANTIE (Art. 19 Abs. 4)

Fall: Beschwerdeverfahren im Strafvollzug (nach E 40, 237)
A verbüßt eine Freiheitsstrafe in einer Justizvollzugsanstalt. Wegen eines Verstoßes gegen die Anstaltsordnung erteilt ihm der Anstaltsleiter Hausarrest. Zwei Wochen später erhebt A hiergegen Beschwerde, die der Präsident des Justizvollzugsamts zurückweist. Sein Antrag auf gerichtliche Entscheidung gemäß § 23 EGGVG wird vom OLG wegen Fristversäumnis als unzulässig zurückgewiesen. Das Gericht stützt sich auf § 24 Abs. 2 EGGVG, wonach der Antrag auf gerichtliche Entscheidung erst nach vorausgegangenem Beschwerdeverfahren gestellt werden darf, sowie eine Verwaltungsvorschrift, in der das Beschwerdeverfahren zu dem Präsidenten des Justizvollzugsamts geregelt und für die Einlegung dieser Beschwerde eine Frist von einer Woche vorgeschrieben ist. Verstößt die Entscheidung des OLG gegen Art. 19 Abs. 4?

I. Überblick

Art. 19 Abs. 4 ist formelles oder *Verfahrensgrundrecht:* Er setzt die materiellen Grund- und einfach-rechtlichen Rechte voraus und gewährleistet, daß ihre rechtliche Geltung im gerichtlichen Verfahren zu tatsächlicher Wirksamkeit gebracht wird (*Schmidt-Aßmann*, M/D-GG, Art. 19 Abs. IV Rdnr. 13). Seine formell-rechtliche Bedeutung entspricht der materiell-rechtlichen Bedeutung von Art. 2 Abs. 1: Wie Art. 2 Abs. 1 den Freiheitsschutz materiell lückenlos abschließt, verbürgt Art. 19 Abs. 4 den lückenlosen gerichtlichen Rechtsschutz. Art. 19 Abs. 4 steht im Zusammenhang mit dem Rechtsstaat und wird als dessen Krönung, als Schlußstein in dessen Gewölbe bezeichnet (vgl. *Dürig*, Gesammelte Schriften 1952—1983, 1984, S. 137 ff.). 1093

Art. 19 Abs. 4 ist Grundrecht mit *normgeprägtem* Schutzbereich. Damit man Rechtswege beschreiten und Rechtsschutz erlangen kann, müssen Gerichte geschaffen, Zuständigkeiten begründet und Verfahren eingerichtet sein; Art. 19 Abs. 4 setzt Gerichtsverfassungs- und -verfahrensgesetze voraus. Zugleich kann Art. 19 Abs. 4 als verfassungsrechtliche Bestimmung aber nicht dem einfachen Recht überlassen, wie eng- oder weitherzig es Rechtswege eröffnet und Rechtsschutz ermöglicht. Eine gewisse Unabhängigkeit vom einfachen Recht liegt darin, daß Art. 19 Abs. 4 S. 2 bei fehlender anderer Zuständigkeit, d. h. wenn der Gesetzgeber für eine öffentlich-rechtliche Streitigkeit bei einem Fachgericht keine Zuständigkeit begründet hat, die Zuständigkeit der ordentlichen Gerichte bestimmt. Außerdem verlangt das BVerfG „effektiven Rechtsschutz" und gibt damit dem Gesetzgeber einen Maßstab für die Eröffnung von Rechtswegen und Ermöglichung des Rechtsschutzes. 1094

Einzelheiten der Auslegung von Art. 19 Abs. 4 spielen stark ins *Gerichtsverfassungsrecht* und *Prozeßrecht* der einzelnen Gerichtszweige hinein. Mehr noch als sonst beschränken sich die folgenden Ausführungen daher auf die Grundstrukturen des Grundrechts. 1095

II. Schutzbereich

1. Öffentliche Gewalt

Der Begriff der öffentlichen Gewalt oder der Staatsgewalt bezeichnet im Grundgesetz üblicherweise Gesetzgebung, vollziehende Gewalt und Rechtsprechung (vgl. Art. 1 Abs. 1 und 3, 20 Abs. 2, 93 Abs. 1 Nr. 4a). Anders in Art. 19 Abs. 4: 1096

— Nach nahezu einhelliger Auffassung (a. A. nur *Lorenz*, Der Rechtsschutz des Bürgers und die Rechtsweggarantie, 1973, S. 241 ff.) ist hier die *Rechtsprechung nicht* erfaßt. Art. 19 Abs. 4 soll den Schutz *durch,* nicht *gegen* den Richter gewährlei- 1097

§ 26 II 1, 2

sten. Das ergibt auch der systematische Zusammenhang mit dem Grundsatz der Rechtssicherheit als Element des Rechtsstaatsprinzipes: Richterliche Entscheidungen müssen um der Rechtssicherheit willen in Rechtskraft erwachsen. Dies würde vereitelt, wenn gegen sie wieder und wieder der Rechtsweg beschritten werden könnte. Ein solcher nochmaliger und nochmaliger Rechtsschutz würde auch auf absurde Weise ins Unendliche gehen.

1098 — Nach der Rechtsprechung des BVerfG (E 24, 33/49 ff.; 24, 367/401) ist hier auch *nicht* die *Gesetzgebung,* jedenfalls nicht die formelle Gesetzgebung gemeint. Dies ist zwar nicht zweifelsfrei (vgl. *Schenke,* BK, Art. 19 Abs. 4 Rdnr. 249 ff.), aber mit einleuchtenden (systematischen) Argumenten begründbar: Die gerichtliche Überprüfung von Gesetzen, d. h. die Normenkontrolle, ist im Grundgesetz an mehreren Stellen ausdrücklich geregelt, in Art. 93 Abs. 1 Nr. 2, Art. 93 Abs. 1 Nr. 4a und Art. 100 Abs. 1. Das Kennzeichnende dieser Vorschriften ist, daß es regelmäßig (mit Ausnahme des Art. 93 Abs. 1 Nr. 4a) nicht in der Macht des einzelnen steht, die Normenkontrolle bei formellen Gesetzen in Gang zu setzen, und daß es außerdem nicht in der Macht der in Art. 19 Abs. 4 angesprochenen ordentlichen und Fachgerichte steht, sie durchzuführen. Dies darf nicht durch Art. 19 Abs. 4 überspielt werden, und daher muß die (Parlaments-)Gesetzgebung bei Art. 19 Abs. 4 aus dem Begriff der öffentlichen Gewalt ausgenommen werden (ebenso *Bettermann,* AöR 1961, 129/155 f.; *Erichsen,* StR I, S. 129 f.; *Hesse,* VerfR, Rdnr. 337; a. A. *Schmidt-Aßmann,* M/D-GG, Art. 19 Abs. IV Rdnr. 93 ff.).

1099 Die danach übrigbleibende Exekutive unterliegt der gerichtlichen Kontrolle aber *umfassend.* Aus der Zeit vor der Geltung des Grundgesetzes stammen Versuche, den Rechtsschutz zumal im sog. besonderen Gewaltverhältnis und bei sog. justizfreien Hoheitsakten (Regierungsakten, Gnadenakten) einzuschränken; sie haben vor Art. 19 Abs. 4 keinen Bestand (vgl. ausführlich *Schenke,* BK, Art. 19 Abs. 4 Rdnr. 190 ff.). E 25, 352 lehnte die Erstreckung der Rechtsschutzgarantie auf ablehnende Gnadenentscheidungen noch ab. Davon ist E 30, 108 jedoch i. E. abgerückt, indem hier der Rechtsweg gegen den Widerruf von begünstigenden Gnadenentscheidungen als durch Art. 19 Abs. 4 gewährleistet angesehen wird. Ob auch die Rechtsetzung der Exekutive durch Rechtsverordnung und durch Satzung (materielle Gesetzgebung) zur öffentlichen Gewalt i. S. von Art. 19 Abs. 4 gehört, hat das BVerfG zwar ausdrücklich offengelassen (E 31, 364/367 f.). Die obigen Argumente sprechen aber dafür, sie dazuzurechnen; insoweit ist die Normenkontrolle nicht beim BVerfG monopolisiert, und der einzelne hat gemäß § 47 VwGO i.V.m. Landesrecht auch eine weitgehende Möglichkeit, entsprechende Normenkontrollen in Gang zu setzen.

2. Rechtsverletzung

1100 Unter Rechten sind *alle subjektiven Rechte* des öffentlichen wie des privaten Rechts zu verstehen. Art. 19 Abs. 4 setzt sie voraus und schafft sie nicht. Es kommt also darauf an, ob im sonstigen Recht ein subjektives Recht begründet ist (E 15, 275/281; 61, 82/110).

1101 **Beispiele:** Grundrechte des Grundgesetzes, die als einfaches Recht geltenden Grundrechte der EMRK, Rechte auf Baugenehmigung, Reisegewerbekarte, Ausbildungsförderung, Sozialhilfe, der öffentlich-rechtliche Folgenbeseitigungsanspruch, privatrechtliche Eigentums-, Forderungs-, Gesellschafter-, Wertpapierrechte usw.

Unter Rechtsverletzung ist der *rechtswidrige Eingriff* zu verstehen. Er muß nicht wirklich erfolgt sein, damit der Rechtsweg offensteht; die Feststellung, ob er wirklich erfolgt ist oder nicht, ist gerade die den Gerichten durch Art. 19 Abs. 4 zugewiesene Aufgabe. Die Verletzung muß lediglich *geltend gemacht*, d. h. immerhin schlüssig oder plausibel vorgetragen werden. 1102

> **Beispiel:** Gemäß § 42 Abs. 2 VwGO sind die Anfechtungs- und Verpflichtungsklage vor dem Verwaltungsgericht nur zulässig, wenn der Kläger geltend macht, durch den Verwaltungsakt oder seine Ablehnung oder Unterlassung in seinen Rechten verletzt zu sein. Hier wird genau das gefordert, was auch Art. 19 Abs. 4 voraussetzt. Folglich ist § 42 Abs. 2 VwGO nicht etwa eine Beeinträchtigung des Schutzbereichs von Art. 19 Abs. 4. 1103

Mit der Voraussetzung, daß der Grundrechtsberechtigte in *seinen* Rechten verletzt sein muß, ist klargestellt, daß eine *Popularklage* — Klage eines beliebigen Bürgers, der einen beliebigen Rechtsverstoß rügt — und die *Verbandsklage* — Klage eines Verbands, der die Verletzung von Rechten seiner Mitglieder oder auch gemäß dem Verbandsanliegen die Verletzung sonstiger Rechtsnormen geltend macht — nicht von Art. 19 Abs. 4 geschützt sind (vgl. *Schenke*, BK, Art. 19 Abs. 4 Rdnr. 152 ff.; a. A. *Faber*, Die Verbandsklage im Verwaltungsprozeß, 1972, S. 49 ff.). Diese Klagen sind durch die Rechtsweggarantie aber auch nicht verboten. Dem Gesetzgeber steht es frei, sie allgemein oder nur für bestimmte Bereiche einzuführen (krit. *Burmeister*, in: Rechtsfragen des Genehmigungsverfahrens von Kraftwerken, 1978, S. 7/24 ff.). 1104

> **Beispiele:** Art. 53 Abs. 1 S. 1 bay VerfGHG lautet: „Die Verfassungswidrigkeit eines Gesetzes oder einer Verordnung wegen unzulässiger Einschränkung eines Grundrechts (Art. 98 Satz 4 der Verfassung) kann von jedermann durch Beschwerde beim Verfassungsgerichtshof geltend gemacht werden" (Popularklage). — Durch § 36 hess NatG ist den nach § 29 Abs. 2 des BNatSchG anerkannten Verbänden ein eigenes Klagerecht in Naturschutzangelegenheiten eingeräumt worden (Verbandsklage). 1105

3. Offenstehen des Rechtswegs

Mit dem Offenstehen des Rechtswegs ist der *Zugang* zum Gericht, das *Verfahren* vor dem Gericht und die *Entscheidung* durch das Gericht verbürgt. Dabei sind staatliche Gerichte gemeint, die in ihrer organisatorischen Stellung und personellen Besetzung den Anforderungen von Art. 92 und 97 genügen (E 11, 232/233; 49, 329/340). Das Grundgesetz kennt verschiedene Gerichtsbarkeiten (Art. 95 und 96) und begründet einige Zuständigkeiten der ordentlichen Gerichtsbarkeit (Art. 14 Abs. 3 S. 4, Art. 34 S. 3, hilfsweise Art. 19 Abs. 4 S. 2). Im übrigen überläßt es die Ausgestaltung von Gerichtsverfassung und -verfahren dem Gesetzgeber und *nur dem Gesetzgeber;* da der Richter allein dem Gesetz unterworfen ist, kann der Rechtsweg auch nur durch den Gesetzgeber und nicht etwa durch die Verwaltung eröffnet und verschlossen werden. Der Gesetzgeber ist frei, einen mehrstufigen Instanzenzug oder nur ein einstufiges Gerichtsverfahren einzurichten; da Art. 19 Abs. 4 Schutz nicht gegen, sondern durch den Richter garantiert, verlangt er keinen Rechtsweg in zweiter oder dritter Instanz (st. Rspr. seit E 4, 74/94 f.; zuletzt E 65, 76/90). 1106

Die Rechtsschutzgarantie wäre offensichtlich wirkungslos, wenn die Gerichte das Rechtsschutzbegehren inhaltlich nicht prüfen müßten und sich mit der Entscheidung beliebig viel Zeit lassen könnten. Das BVerfG hat deshalb betont, daß Art. 19 Abs. 4 einen *effektiven Rechtsschutz* garantiert. 1107

§ 26 II 3, III

1108 **Beispiele:** Dem Rechtsschutzsuchenden dürfen keine unangemessenen verfahrensrechtlichen Hindernisse begegnen (E 60, 253/266 ff.); die Gerichte müssen eine vollständige rechtliche und tatsächliche Prüfung vornehmen (E 64, 261/279) und in angemessener Frist entscheiden (E 60, 253/269); es muß vorläufiger Rechtsschutz gewährleistet sein, wenn ohne ihn unzumutbare, unabwendbare Nachteile entstünden (E 65, 1/70 f.); schon im Vorfeld des Gerichtsverfahrens verlangt effektiver Rechtsschutz von der Verwaltung das Unterlassen von Maßnahmen, die ohne hinreichenden Grund vollendete Tatsachen schaffen (E 37, 150/153; 69, 220/227 ff.), und die Rechtsbelehrung des rechtsunkundigen einzelnen (Sondervotum E 53, 69/74 f.).

1109 Ihre *Grenze* findet die Rechtsschutzgarantie bzw. die richterliche Prüfung da, wo das Handeln der öffentlichen Gewalt *nicht normiert* ist. Gerichte kontrollieren die Rechtmäßigkeit, nicht die Zweckmäßigkeit staatlichen Handelns. Wo der Gesetzgeber der Verwaltung Entscheidungsspielräume einräumt (Ermessens- und Beurteilungsspielräume, vgl. dazu *Maurer,* Allg.VwR, § 7), können die Gerichte nur prüfen, ob die Entscheidungsspielräume überschritten sind. Daß der Gesetzgeber der Verwaltung Entscheidungsspielräume und damit in gewissem Umfang das Letztentscheidungsrecht einräumt, ist mit Art. 19 Abs. 4 vereinbar (vgl. *Schmidt-Aßmann,* M/D-GG, Art. 19 Abs. IV Rdnr. 188); was rechtlicher Regelung unzugänglich ist, kann zwar Interessen, aber keine Rechte verletzen. Das BVerfG hat die Zulässigkeit von Gestaltungs-, Ermessens- und Beurteilungsspielräumen als selbstverständlich vorausgesetzt (E 61, 82/111); das BVerwG hat Beurteilungsspielräume bei unwiederholbaren und bei höchstpersönlichen Werturteilen sowie bei Entscheidungen, die von ungewissen Planungs- und Zukunftserwartungen abhängen, anerkannt (BVerwGE 60, 245/252; 62, 330/340).

1110 **Beispiel:** Ein Student besteht die erste Staatsprüfung nicht. Er klagt hiergegen vor dem Verwaltungsgericht mit der Begründung, in der mündlichen Prüfung sei (a) ein Fach zu kurz geprüft worden, (b) er zu schlecht benotet worden und (c) er nach Dingen gefragt worden, die nicht zu den gesetzlich festgelegten Prüfungsgegenständen gehören. Die vollständige rechtliche und tatsächliche Nachprüfung durch das Verwaltungsgericht bedeutet hinsichtlich (a), daß das Gericht nicht etwa durch eine Angabe im Protokoll der Prüfung, wonach die Prüfungszeit ausgeschöpft worden ist, gebunden ist; es kann diese Frage selbständig, etwa durch Zeugenvernehmung, ermitteln. Dagegen ist die Benotung (b) wegen der Unwiederholbarkeit der Prüfungssituation und der Höchstpersönlichkeit des Prüferurteils der inhaltlichen Kontrolle durch das Gericht nur beschränkt zugänglich; die Verwaltung hat hier einen Beurteilungsspielraum und das Gericht kann nur kontrollieren, ob rechtliche Maßstäbe verletzt wurden. Zu den rechtlichen Maßstäben gehören besonders Verfahrensvorschriften; vgl. (a). Dazu gehören aber auch Vorschriften über den Inhalt von Prüfungen, weswegen die letzte Rüge (c) wieder der vollen gerichtlichen Kontrolle zugänglich ist.

III. Eingriffe

1111 Eingriffe können allein solche staatlichen Maßnahmen sein, die *nicht Elemente der Ausgestaltung des Rechtswegs* sind. Wegen des normgeprägten Schutzbereichs von Art. 19 Abs. 4 ist die Ausgestaltung unerläßlich und gibt es keinen gewissermaßen natürlichen Rechtsschutz, in den durch die prozeßrechtlichen Vorschriften über Partei- und Prozeßfähigkeit, Anwaltszwang, Klage- und Ausschlußfristen, Rechtskraft etc. eingegriffen würde. Lediglich unangemessene, durch die Funktionsbedingungen von Rechtspflege und Rechtssicherheit nicht gebotene und dem Rechtsschutzsuchenden unzumutbare gesetzliche Erschwerungen des Zugangs zu den Gerichten bzw. des Verfahrens vor ihnen sind Eingriffe. Daneben liegen Eingriffe dann vor, wenn die Verwaltung oder die Rechtsprechung selbst den Rechtsweg gegen dessen gesetzliche Ausgestaltung erschwert oder behindert.

Es wäre also *verfehlt*, in *jeder Erschwerung* des Zugangs zu den Gerichten bzw. des Verfahrens vor ihnen Eingriffe zu erblicken, die verfassungsrechtlicher Rechtfertigung bedürfen und diese nur im kollidierenden Verfassungsrecht finden können. Daß das BVerfG die Unangemessenheit, bei der die Ausgestaltung in den Eingriff umschlägt, an den Erfordernissen von Rechtspflege und Rechtssicherheit prüft, heißt nicht, daß es die Ausgestaltung als Eingriff ansieht und durch die kollidierenden Verfassungsgüter der Rechtspflege und Rechtssicherheit rechtfertigt. Es spricht nicht davon, daß Art. 19 Abs. 4 so einzuschränken, sondern daß er so „auszulegen (ist), daß auch anderen Verfassungsnormen und -grundsätzen nicht Abbruch getan wird" (E 60, 253/267). 1112

Ein vielfach diskutiertes Problem stellen die materiellen und verwaltungsverfahrensrechtlichen *Präklusionsvorschriften* dar (vgl. *Badura*, JZ 1984, 14; *Papier*, NJW 1980, 313; *Ronellenfitsch*, JuS 1983, 594). E 61, 82/110 sieht in ihnen Ausformungen des materiellen subjektiven Rechts, das von Art. 19 Abs. 4 nicht geschaffen, sondern vorausgesetzt wird. Gleichwohl seien die Präklusionsvorschriften am Grundrecht des Art. 19 Abs. 4 zu messen, da sich aus ihm auch „Vorwirkungen auf die Ausgestaltung des den gerichtlichen Rechtsschutzverfahren vorgelagerten Verwaltungsverfahrens" (ebd.) ergeben. Diese Vorwirkungen verbieten aber wiederum nur unangemessene Erschwerungen, die Präklusionsvorschriften grundsätzlich nicht darstellen. 1113

IV. Verfassungsrechtliche Rechtfertigung

Art. 19 Abs. 4 enthält keinen Gesetzesvorbehalt. Eingriffe könnten ihre verfassungsrechtliche Rechtfertigung daher allein in kollidierendem Verfassungsrecht finden. Eingriff im Unterschied zur Ausgestaltung ist jedoch nur die Regelung des Rechtswegs, die durch die Funktionsbedingungen von Rechtspflege und Rechtssicherheit gerade nicht geboten ist. Aus den kollidierenden Verfassungsgütern der Rechtspflege und Rechtssicherheit kann es für Eingriffe daher auch keine Rechtfertigung geben; andere Rechtfertigungen aus anderen Verfassungsgütern sind nicht ersichtlich. Jeder Eingriff ist somit eine verfassungsrechtlich nicht zu rechtfertigende Verletzung. 1114

Lösungsskizze zum Fall: I. Der *Schutzbereich* des Art. 19 Abs. 4 ist einschlägig: A will gegen eine Maßnahme der Verwaltung, die Verhängung des Hausarrests, ein Gericht anrufen, und kann eine Verletzung eines subjektiven Rechts, des Grundrechts der Freiheit der Person, geltend machen. Offenstehen des Rechtswegs bedeutet eine vollständige Nachprüfung der Verwaltungsmaßnahme in rechtlicher und tatsächlicher Hinsicht durch das Gericht. — II. Dies erfolgt nicht: Das OLG weist den Antrag auf gerichtliche Entscheidung wegen Fristversäumnis als unzulässig zurück. Es stützt sich dabei auf die Regelung des Beschwerdeverfahrens in der Verwaltungsvorschrift. Hierin liegt dann eine *zulässige Ausgestaltung* von Art. 19 Abs. 4, wenn der Rechtsweg gesetzlich nicht unangemessen und unzumutbar erschwert wird. Eine lediglich einwöchige Beschwerdefrist mag im Strafvollzug angemessen und zumutbar sein (E 40, 237/258). Fragwürdig ist jedoch, daß das BVerfG auch von einer hinreichenden gesetzlichen Ausgestaltung des Rechtswegs ausgeht: Die grundlegende Entscheidung hat der Gesetzgeber in § 24 Abs. 2 EGGVG getroffen, die Verwaltungsvorschrift sei demgegenüber nur eine „untergeord- 1115

§ 26 IV, § 27 I

nete Regelung" (E 40, 237/251). Aber die Frage der Fristen ist eine wichtige, sonst durchweg gesetzlich geregelte Frage. Das BVerfG hat denn auch weithin Ablehnung gefunden (Sondervotum E 40, 260; *Schenke*, DÖV 1977, 27; *Schwabe*, JuS 1977, 661).

Literatur: *V. Buermeyer*, Rechtsschutzgarantie und Gerichtsverfahrensrecht, 1975; *K. Grupp*, Gerichtliche Kontrolle von Prüfungsnoten, JuS 1983, 351; *D. Lorenz*, Das Gebot des effektiven Rechtsschutzes des Art. 19 Abs. 4 GG, Jura 1983, 393; *W.-R. Schenke*, Rechtsschutz im besonderen Gewaltverhältnis, JuS 1982, 906; *E. Schmidt-Aßmann*, Art. 19 IV als Teil des Rechtsstaatsprinzips, NVwZ 1983, 1.

§ 27 WIDERSTANDSRECHT (Art. 20 Abs. 4)

Fall: Bau einer Bunkeranlage

Seit Wochen sichert der Bundesgrenzschutz mit großem Aufwand ein Gelände in der Nähe von Bonn, auf dem eine weitläufige Bunkeranlage entsteht. Die Öffentlichkeit ist darüber, was auf dem Gelände geschieht, nicht unterrichtet. Als der gerade gewählte Bundestag, der unter Parteienzersplitterung und dünnen Mehrheiten leidet und eine krisenreiche Legislatur- und Regierungsperiode verspricht, zusammentreten soll, gewinnen mehrere Bürger den Eindruck, daß sich die Bewegungen der Bundesgrenzschutzeinheiten häufen und mehren. Sie finden sich in einer Gruppe zusammen, die einen überzeugt davon, daß auf dem Gelände Bundesgrenzschutzeinheiten für eine Entmachtung von Bundestag und Bundesregierung zusammengezogen werden, die anderen im Glauben, daß der Bau eines Kernkraftwerks neuen und großen Stils und besonders gefährlichen Typs vorbereitet und gesichert werde. Um ein Zeichen des Widerstands zu setzen, legen sie nachts Nagelbretter auf zwei Zufahrtsstraßen zum Gelände. Dadurch bleiben zwei Bundesgrenzschutzlastwagen liegen; auf der einen Zufahrtsstraße kommt es zu einem größeren Unfall mit erheblichem Sach- und auch Personenschaden. Vor Gericht berufen sie sich auf Art. 20 Abs. 4. Zu Recht?

I. Überblick

1116   Das Widerstandsrecht ist im Zusammenhang mit der Notstandsgesetzgebung in das Grundgesetz eingefügt worden. Dahinter stand eine doppelte Absicht: Zum einen sollte der Schutz der Verfassungsordnung nicht nur durch die Notstandsgesetze zur Aufgabe des Staats, sondern mit dem Widerstandsrecht auch zum *Recht der Bürger* gemacht werden. Zum anderen sollte gewährleistet werden, daß der Notstands- oder Ausnahmefall als Stunde der Exekutive, der Verfassungsverkürzung und der Freiheitsbeschneidung *nicht von der Exekutive* dazu *mißbraucht* wird, die Verfassungsordnung zu beseitigen; insoweit sollten Bedenken besonders der Gewerkschaften gegen die Notstandsgesetze ausgeräumt werden. Daß die gute Absicht ein gutes Resultat erbracht hat, muß bezweifelt werden. Art. 20 Abs. 4 will eine Situation rechtlich regeln, in der die rechtlichen Regelungen versagen: Die andere Abhilfe, von der Art. 20 Abs. 4 spricht, ist die Abhilfe in den rechtlich geregelten Bahnen der Verfassungs- und Rechtsordnung, und gerade ihre Unmöglichkeit ist Voraussetzung für das Widerstandsrecht. Wo die Voraussetzung des Widerstandsrechts vorliegt, da kann der Bürger in der nicht mehr funktionierenden Rechts- und Verfassungsordnung für sein Widerstandsrecht keine rechtliche Anerkennung mehr finden; wo der Bürger umgekehrt in der noch funktionierenden Rechts- und Verfassungsordnung die rechtliche Anerkennung seines Widerstandsrechts finden könnte, da fehlt dessen Voraussetzung. Anders und salopp ausgedrückt: Wenn der Staatsstreich mißlingt, werden die, die Widerstand geleistet haben, ohnehin gefeiert; wenn er gelingt, können die, die Widerstand geleistet haben, sich gegenüber der neuen Staatsordnung ohnehin nicht mehr auf die alte berufen. Art. 20 Abs. 4 will rechtlich regeln, was letztlich nicht rechtlich geregelt, sondern nur dem Gewissen des einzelnen überlassen werden kann.

Art. 20 Abs. 4 will verbürgen, daß Widerstandshandlungen, mit denen der Bürger um der Verteidigung der Verfassungsordnung willen rechtliche Gebote oder Verbote überschreitet, gleichwohl als *rechtmäßig* betrachtet werden. Entsprechend wird ja auch der Staat im Notstand, den das Grundgesetz und das einfache Recht regeln, um der Verteidigung der Verfassungsordnung willen von sonst geltendem Recht suspendiert. Ein Eingriff in den Schutzbereich von Art. 20 Abs. 4 wäre darin zu sehen, daß die Widerstandshandlungen des Bürgers dennoch von der öffentlichen Gewalt als rechtswidrig behandelt würden. Eine verfassungsrechtliche Rechtfertigung hierfür gibt es nicht. 1117

Das Widerstandsrecht gehört nicht zu den Elementen des Art. 20, die nach Art. 79 Abs. 3 auch im Wege einer *Verfassungsänderung* nicht mehr geändert oder aufgehoben werden dürfen. Art. 79 Abs. 3 bezieht sich auf Art. 20 nur mit den ersten drei Absätzen, mit denen er ursprünglich vorlag. Anders könnte der verfassungsändernde Gesetzgeber die Grenzen der Verfassungsänderung verschieben, die ihm in Art. 79 Abs. 3 gerade unverrückbar vorgegeben sind (vgl. *Hesse*, VerfR, Rdnr. 761). 1118

II. Schutzbereich

1. Der Begriff „diese Ordnung"

Das Widerstandsrecht ist eingeräumt zum Schutz der in Art. 20 Abs. 1—3 normierten Verfassungsordnung. „Diese Ordnung" bezeichnet in Art. 20 Abs. 4 die *wesentlichen Strukturbestimmungen* des Grundgesetzes, die zugleich nach Art. 79 Abs. 3 einer Änderung durch den verfassungsändernden Gesetzgeber entzogen sind. Damit ist der Begriff der Verfassungsordnung i. S. d. Art. 20 Abs. 4 enger als der Begriff der freiheitlichen demokratischen Grundordnung i. S. d. Art. 18, 21 und 91, wie er vom BVerfG unter Einschluß auch der Grundrechte und der Verantwortlichkeit der Regierung entwickelt worden ist (E 2, 1/12 f.; 5, 85/140): Die Grundrechte sind in Art. 20 Abs. 1—3 gar nicht angesprochen und können allenfalls wegen des systematischen Zusammenhangs, den Art. 79 Abs. 3 zwischen Art. 1 und Art. 20 herstellt, in ihrem Menschenwürdegehalt unter die Verfassungsordnung i. S. d. Art. 20 Abs. 4 gezogen werden; die vom BVerfG wohl als parlamentarische Verantwortlichkeit gemeinte Verantwortlichkeit der Regierung ist der Verfassungsänderung nicht entzogen, sondern Art. 79 Abs. 3 erlaubt die Umwandlung des parlamentarischen in ein präsidentielles Regierungssystem. Was das BVerfG schon zur weiter gefaßten freiheitlichen demokratischen Grundordnung ausführt, gilt somit erst recht für die engere Verfassungsordnung i. S. d. Art. 20 Abs. 4: Der zum Widerstand berechtigende Angriff liegt nicht schon dann vor, wenn eine Person, Gruppe oder staatliche Einrichtung „einzelne Bestimmungen, ja ganze Institutionen des Grundgesetzes ablehnt. Sie muß vielmehr die obersten Werte der Verfassung verwerfen, die elementaren Verfassungsgrundsätze ..." (E 5, 85/140 f.; vgl. *Herzog*, M/D-GG, Art. 20 Abschnitt IX Rdnr. 13 ff.). 1119

2. Weitere Schutzbereichsmerkmale

Die *Beseitigung* der Verfassungsordnung bedeutet im Unterschied zur Beeinträchtigung, daß die Verfassungsordnung nicht nur kurzfristig und vereinzelt gestört, letztlich aber beibehalten wird, sondern daß sie durch eine andere Art und Form der poli- 1120

§ 27 II 2

tischen Existenz abgelöst wird, z. B. durch die Diktatur des Proletariats oder eines Führers. Der Begriff des *Unternehmens* umfaßt entsprechend dem strafrechtlichen Begriff (§ 11 Abs. 1 Nr. 6 StGB) Versuch und Vollendung, aber nicht die Vorbereitung.

1121 Wenn das Widerstandsrecht *gegen jeden* eingeräumt ist, meint dies zum einen staatliche Einrichtungen („Staatsstreich von oben").

1122 **Beispiele:** Der Putsch der Bundeswehr oder die Einsetzung eines Diktators durch eine Ermächtigung des Bundestages wirken wenig realitätsnah. Aber der Staatsstreich ist im modernen Industriestaat einfach realitätsfern; in ihm können Verfassungsordnungen zwar erodieren, aber schwerlich im Handstreich beseitigt werden.

1123 Gemeint ist zum anderen auch der Widerstand gegen gesellschaftliche Gruppen oder einzelne Bürger („Staatsstreich von unten"). Insoweit hat Art. 20 Abs. 4 *unmittelbare Drittwirkung*.

1124 Letzte Voraussetzung ist, daß *andere Abhilfe nicht möglich* ist. Im Falle eines Staatsstreichs von unten entsteht das Widerstandsrecht erst, wenn die staatlichen Kompetenzen, von den Befugnissen der Polizei und der Gerichte bis zu den Notstandsvollmachten der obersten Staatsorgane, nicht mehr ausreichen oder nicht mehr wahrgenommen werden, um dem Unternehmen der Beseitigung der Verfassungsordnung wirksam zu begegenen. Auch im Falle des Staatsstreichs von oben entsteht das Widerstandsrecht erst dann, wenn nicht die Staatsorganisation selbst den Staatsstreich abfängt.

1125 **Beispiele:** Solange den putschenden Bundeswehreinheiten andere noch wirksam entgegentreten oder wenn das BVerfG das Ermächtigungsgesetz des Bundestages erfolgreich aufhebt, ist andere Abhilfe möglich.

1126 Jeweils muß das Fehlen der weiteren Abhilfemöglichkeit *offenkundig* sein. Die Ausübung des Widerstandsrechts steht unter dem Grundsatz der Verhältnismäßigkeit (vgl. *Herzog*, M/D-GG, Art. 20 Abschnitt IX Rdnr. 60); allerdings wird der Bürger in der Situation des Widerstands weder über den umfassenden Überblick noch über die Vielfalt an Maßnahmen verfügen, die dem Staat ermöglichen, die Wirkungen seines Handelns zu berechnen und unter mehreren geeigneten Eingriffen den schonendsten zu wählen.

1127 **Lösungsskizze zum Fall:** Es ist zu unterscheiden zwischen einer möglichen Rechtfertigung derer, die sich gegen den Bau eines Kernkraftwerks, und derer, die sich gegen einen Putsch des Bundesgrenzschutzes wenden wollen. — I. Aktionen gegen den Bau von Kernkraftwerken, die Stationierung von Raketen, die Lagerung von chemischen oder biologischen Waffen etc. fallen von vornherein aus dem Schutzbereich von Art. 20 Abs. 4 heraus: Der Bau, die Stationierung oder die Lagerung mögen in die Grundrechte eingreifen oder sie sogar verletzen, sie haben aber mit der Beseitigung der Verfassungsordnung noch nichts gemein. Auch die Frage, ob ziviler Ungehorsam in Formen gewaltlosen oder gewaltarmen Widerstands, besonders Blockaden, gegen bestimmte energie- und militärpolitische Unternehmungen gerechtfertigt ist, ist keine Frage des Art. 20 Abs. 4, sondern der Auslegung des Nötigungstatbestandes (§ 240 StGB), seines Gewaltbegriffs und seines Verwerflichkeitskriteriums. Vor allem diese Frage ist gemeint, wenn heute über Widerstand und Loyalität der Bürger diskutiert wird. — II. Eine Entmachtung von Bundestag und Bundesregierung würde sich dagegen durchaus gegen die Verfassungsordnung i. S. d. Art. 20 Abs. 4 richten und sie auch nicht nur beeinträchtigen, sondern beseitigen. Denn mit der Entmachtung würde die Staatsgewalt nicht mehr vom Volk ausgehen. Ob mit dem Zusammenziehen von putschbereiten Bundesgrenzschutzeinheiten schon der Übergang vom Stadium der Vorbereitung zu dem des Versuchs erreicht ist, mag zweifelhaft sein. Außerdem kann bezweifelt werden, ob das Setzen eines Zeichens des Widerstands, das keinerlei Widerstandserfolg verspricht, als Widerstandshandlung gerechtfertigt ist. Jedenfalls ist aber, solange die putschbereiten Bundesgrenzschutzeinheiten erst zusammengezogen werden, noch andere Abhilfe möglich. So wäre das Handeln der Bürger nicht einmal dann durch Art. 20 Abs. 4 gerechtfertigt, wenn ihre Einschätzung der Lage zutreffend wäre (zur Frage der irrtümlichen Berufung auf Art. 20 Abs. 4 vgl. *Herzog*, M/D-GG, Art. 20 Abschn. IX Rdnr. 44).

Literatur: *R. Dreier,* Widerstandsrecht im Rechtsstaat?, in: Festschrift Scupin, 1983, S. 573; *J. Isensee,* Das legalisierte Widerstandsrecht, 1969; *A. Kaufmann/L. E. Backmann,* Widerstandsrecht, 1972; *H. H. Klein,* Ziviler Ungehorsam im demokratischen Rechtsstaat, in: Festgabe Gesellschaft für Rechtspolitik, 1984, S. 177; *U. K. Preuß,* Politische Verantwortung und Bürgerloyalität, 1984; *R. Rhinow,* Widerstandsrecht im Rechtsstaat?, 1984; *H. Schneider,* Widerstand im Rechtsstaat, 1969.

§ 28 BERÜCKSICHTIGUNG DER HERGEBRACHTEN GRUNDSÄTZE DES BERUFSBEAMTENTUMS (Art. 33 Abs. 5)

Fall: Beihilfe für Beamte (nach E 58, 68)

P ist Polizeiobermeister a. D. und erhält Versorgungsbezüge aus der Besoldungsgruppe A 8. Seine private Krankenversicherung erstattet ihm bei ambulanter Behandlung 30 % der Aufwendungen. Nach unterverfassungsrechtlichen Vorschriften wird ihm eine Beihilfe von weiteren 65 % gewährt. P meint, gem. Art. 33 Abs. 5 steht ihm ein Beihilfeanspruch in Höhe von 70 % zu, um nicht gegenüber seiner aktiven Dienstzeit schlechter gestellt zu sein. Hat er recht?

I. Überblick

Unbestritten ist, daß Art. 33 Abs. 5 folgende objektive Rechtssätze enthält: einen *Regelungsauftrag* an den Gesetzgeber und eine *institutionelle Garantie* des Berufsbeamtentums. Bestritten ist dagegen, ob Art. 33 Abs. 5 auch ein grundrechtsgleiches Recht enthält und was dessen Schutzbereich ist.

1128

II. Grundrechtsgleiches Recht?

Es könnte mit guten Gründen vertreten werden, Art. 33 Abs. 5 enthalte kein grundrechtsgleiches Recht: Nach dem *Wortlaut* ist das Recht des öffentlichen Dienstes zu regeln; das spricht für einen objektiven Regelungsauftrag an den Gesetzgeber. Dafür spricht auch die *Entstehungsgeschichte;* der Parlamentarische Rat war sich der Notwendigkeit einer Neuordnung des Beamtenrechts bewußt, die selbstverständlich durch den Gesetzgeber zu erfolgen hatte (vgl. Sondervotum E 43, 177/180 f.). Daß Art. 93 Abs. 1 Nr. 4a auf den Art. 33 insgesamt als grundrechtsgleiches Recht verweist, ist kein Gegenargument, da unbestrittenermaßen Art. 33 Abs. 4 als reine Organisationsnorm nicht zu den grundrechtsgleichen Rechten zählt. Im Gegenteil verstärkt der enge *Zusammenhang* zwischen Abs. 4 und Abs. 5, in denen sogar eine „Regelungseinheit" gesehen wird (*Schuppert,* AK-GG, Art. 33 Abs. 4, 5 Rdnr. 4 ff.), die Argumente,

1129

wonach Art. 33 Abs. 5 kein grundrechtsgleiches Recht enthält. In Art. 93 Abs. 1 Nr. 4a wäre dann lediglich auf Art. 33 Abs. 1—3 als grundrechtsgleiche (Gleichheits-) Rechte verwiesen (zu ihnen vgl. oben Rdnr. 535 ff.).

1130 Das *BVerfG* hat sich aber über diese Argumente hinweggesetzt. Es vertritt in st. Rspr. die Auffassung, Art. 33 Abs. 5 gewähre auch ein mit der Verfassungsbeschwerde durchsetzbares *Individualrecht des Beamten*. Das BVerfG hat das damit begründet, daß der einzelne Beamte — anders als die sonstigen Arbeitnehmer mittels der Tarifautonomie — keine Möglichkeit habe, „auf die nähere Ausgestaltung seines Rechtsverhältnisses, insbesondere auf die Höhe seines Gehalts, einzuwirken; ebensowenig ist er nach den hergebrachten Grundsätzen befugt, zur Förderung gemeinsamer Berufsinteressen kollektive wirtschaftliche Kampfmaßnahmen zu ergreifen". Daher sei der Beamte auf die Wächterrolle des BVerfG angewiesen (E 8, 1/17). Diese Argumentation mit dem Rechtsschutz ist zwar gegenüber den dargelegten grammatischen, genetischen und systematischen Gründen nicht durchschlagskräftig (vgl. auch *Lecheler*, AöR 1978, 349/360 f.), aber zur Grundlage einer st. Rspr. geworden. Der Beamte kann, gestützt auf sein grundrechtsgleiches Recht, nicht nur geltend machen, ein Gesetz sei nicht mit Art. 33 Abs. 5 vereinbar, sondern auch, eine behördliche Einzelmaßnahme verletze sein Recht auf Berücksichtigung der hergebrachten Grundsätze des Berufsbeamtentums (E 43, 154; dagegen Sondervotum E 43, 177).

III. Schutzbereich

1131 Den Schutzbereich bezeichnet der Begriff des *Berufsbeamtentums*. Dessen Garantie ist aber in charakteristischer Weise *abgeschwächt:* Erstens geht es nicht um jeden einzelnen Rechtssatz überkommenen Beamtenrechts, sondern nur um die „Grundsätze", um einen „Kernbestand von Strukturprinzipien" (E 8, 332/343). Zweitens sind diese Grundsätze nicht zu beachten, sondern nur zu „berücksichtigen", was vom Parlamentarischen Rat mit Bedacht so formuliert worden ist (vgl. JöR 1951, 322 f.). Drittens folgt aus der Eigenschaft des Art. 33 Abs. 5 als „Transformationsnorm" — er übernimmt früheres in geltendes Recht —, daß nur diejenigen hergebrachten Grundsätze verbindlich sind, die mit dem Grundgesetz im übrigen vereinbar sind (E 3, 58/137; vgl. auch Art. 123 Abs. 1). So soll Art. 33 Abs. 5 einerseits eine gewisse Kontinuität gewährleisten, andererseits aber keine „Versteinerung" bewirken. Das Berufsbeamtentum ist eine grundsätzlich auch heute noch gültige Antwort auf die personellen Erfordernisse des modernen Verwaltungsstaats, die aber „auf ihre Funktionsadäquanz für den Staat des Grundgesetzes stets neu überprüft werden muß" (*Schuppert*, AK-GG, Art. 33 Abs. 4, 5 Rdnr. 2).

1132 Das BVerfG *definiert* die hergebrachten Grundsätze des Berufsbeamtentums als „jenen Kernbestand von Strukturprinzipien..., die allgemein oder doch ganz überwiegend und während eines längeren, Tradition bildenden Zeitraums, mindestens unter der Reichsverfassung von Weimar, als verbindlich anerkannt und gewahrt worden sind" (E 8, 332/343). Als *wichtigste Fälle* hat das BVerfG genannt: „Pflicht zu Treue und Gehorsam gegenüber dem Dienstherrn und zu unparteiischer Amtsführung, fachliche Vorbildung, hauptberufliche Tätigkeit, lebenslängliche Anstellung, Rechtsanspruch auf Gehalt, Ruhegehalt, Witwen- und Waisenversorgung" (E 9, 268/286).

Die hergebrachten Grundsätze des Berufsbeamtentums enthalten also objektiv-rechtliche Anforderungen an das Beamtenrecht sowie Rechte und Pflichten der einzelnen Beamten. Als Inhalt des Art. 33 Abs. 5 als grundrechtsgleiches Recht kommen vor allem die *Rechte des Beamten* in Betracht.

> **Beispiele:** Anspruch auf amtsangemessene Alimentation, d. h. Besoldung (E 8, 1/16 ff.) 1133
> und Versorgung (E 11, 203/210); Anspruch auf eine amtsangemessene Amtsbezeichnung
> (E 38, 1/12); Anspruch auf Fürsorge, wodurch der Dienstherr verpflichtet wird, „den
> Beamten gegen unberechtigte Anwürfe in Schutz zu nehmen, ihn entsprechend seiner
> Eignung und Leistung zu fördern, bei seinen Entscheidungen die wohlverstandenen Interessen des Beamten in gebührender Weise zu berücksichtigen" (E 43, 154/165). — Dagegen besteht kein Anspruch auf den Schutz wohlerworbener Rechte (E 3, 58/137), kein
> Recht am Amt im Sinn eines Rechts auf „unveränderte und ungeschmälerte Ausübung
> der übertragenen dienstlichen Aufgaben" (E 43, 242/282) und kein Anspruch „auf Erhaltung des Besitzstandes in bezug auf ein einmal erreichtes Einkommen" (E 44, 249/263;
> vgl. näher *Pieroth*, Rückwirkung und Übergangsrecht, 1981, S. 360 ff.).

IV. Eingriffe und verfassungsrechtliche Rechtfertigung

Ein Eingriff in das grundrechtsgleiche Recht liegt erst dann vor, wenn die Grundsätze 1134
nicht mehr berücksichtigt, d. h. die Strukturprinzipien nicht nur zeitgemäß fortentwickelt, sondern über Bord geworfen werden. Für diesen Eingriff gibt es dann auch
keine verfassungsrechtliche Rechtfertigung.

> **Lösungsskizze zum Fall:** I. Man könnte aus den dargestellten Gründen bezweifeln, ob 1135
> Art. 33 Abs. 5 überhaupt einen Anspruch des Beamten beinhaltet. Nach st. Rspr. des
> BVerfG gewährt er jedoch ein grundrechtsgleiches Recht auf Berücksichtigung der den
> Beamten begünstigenden hergebrachten Grundsätze des Berufsbeamtentums. — II. Es
> fragt sich danach, ob der Beihilfeanspruch des P hierunter fällt. Die Gewährung von Beihilfe ist ein Anwendungsfall der beamtenrechtlichen Fürsorgepflicht des Dienstherrn gegenüber dem Beamten für die Fälle von Krankheit, Geburt oder Tod in dessen Familie.
> Der Anspruch auf Fürsorge ist zwar selbst ein hergebrachter Grundsatz des Berufsbeamtentums (E 43, 154/166), allerdings nur in dem Umfang, wie er 1949 schon bestanden
> hat (vgl. E 58, 68/76 f.). Damals gab es aber noch kein Beihilfensystem wie heute; es ist
> erst später entstanden und also nicht hergebracht. Allerdings verlangt der Anspruch auf
> amtsangemessene Alimentation, der ein hergebrachter Grundsatz des Berufsbeamtentums ist, eine so bemessene Versorgung, daß der Beamte sich eine angemessene Krankenversicherung leisten kann. Daher könnte jedoch allenfalls eine Anpassung der Versorgung, nicht aber eine Erhöhung der Beihilfe aus Art. 33 Abs. 5 verlangt werden.

> **Literatur:** *H. Lecheler*, Die „hergebrachten Grundsätze des Berufsbeamtentums" in der
> Rechtsprechung des Bundesverfassungsgerichts und des Bundesverwaltungsgerichts,
> AöR 1978, 349; *F. Mayer*, Verfassungsrechtliche Probleme einer Reform des öffentlichen
> Dienstes, in: Festschrift Scupin, 1973, S. 249; *F. Rottmann*, Der Beamte als Staatsbürger,
> 1981; *B. Schlink*, Zwischen Identifikation und Distanz. Zur Stellung des Beamten im
> Staat und zur Gestaltung des Beamtenrechts durch das Staatsrecht, Staat 1976, 335; Studienkommission für die Reform des öffentlichen Dienstrechts (Hrsg.), Bd. 5: Verfassungsrechtliche Grenzen einer Reform des öffentlichen Dienstrechts, 1973.

§ 29 WAHLRECHT UND RECHTSSTELLUNG DER ABGEORDNETEN DES DEUTSCHEN BUNDESTAGES (Art. 38)

Fall: Die Wahl von Bezirksvertretungen (nach E 47, 253)
Durch eine Änderung der Gemeindeordnung werden Bezirksvertretungen in den kreisfreien Städten vorgeschrieben, denen selbständige Entscheidungsbefugnisse auf dem Gebiet der Verwaltung übertragen werden. Die Mitglieder der Bezirksvertretungen werden gleichzeitig mit den Mitgliedern des Rates gewählt. Die Sitze für die Bezirksvertretungen werden aufgrund von Listen, die die Parteien und Wählergruppen aufstellen, nach der Wahl des Rates auf die Parteien und Wählergruppen unter Berücksichtigung der auf sie im jeweiligen Stadtbezirk entfallenen gültigen Stimmen nach dem d'Hondtschen Höchstzahlverfahren verteilt. Die Mitglieder der Bezirksvertretungen werden sodann vom Wahlleiter berufen, der die sich aus den Listen ergebende Reihenfolge der Bewerber einzuhalten hat. Bei der Nachfolge ausgeschiedener Mitglieder der Bezirksvertretungen bestimmt die zuständige Stelle der Partei oder der Wählergruppe die Reihenfolge der Sitzzuteilung. Die Vorschrift des kommunalen Wahlgesetzes, wonach die Kandidatenaufstellung durch geheime Wahlen in Mitglieder- und Vertreterversammlungen zu erfolgen hat, ist auf die Aufstellung der Listen für die Bezirksvertretungen nicht anwendbar. Verstößt diese Regelung gegen Art. 38?

I. Überblick

1136 Art. 38 Abs. 1 S. 1 gewährleistet das aktive und passive Wahlrecht für die Wahlen zum Deutschen Bundestag und stellt mit den sogenannten Wahlrechtsgrundsätzen der Allgemeinheit, Unmittelbarkeit, Freiheit, Gleichheit und Geheimheit bestimmte Anforderungen an diese Wahlen. Diese Gewährleistung steht in engem Zusammenhang mit dem Demokratieprinzip (Art. 20 Abs. 1, 2). Art. 38 Abs. 1 S. 2 normiert die Rechtsstellung der Abgeordneten des Deutschen Bundestages; zugleich ist hier („sie sind Vertreter des ganzen Volkes") auch der Grundsatz der repräsentativen Demokratie verankert. In Art. 38 Abs. 2 findet sich die Festlegung des Beginns der Wahlberechtigung; systematisch ist dies eine Ausnahmevorschrift zur Allgemeinheit der Wahl (vgl. oben Rdnr. 526 ff.). Gemäß Art. 38 Abs. 3 bestimmt das Nähere ein Bundesgesetz. Damit ist in erster Linie auf das Bundeswahlgesetz verwiesen; erst dort ist das geltende Wahlsystem („personalisierte Verhältniswahl") normiert. Aber auch die Rechtsstellung der Bundestagsabgeordneten ist in Gesetzen, z. B. dem Abgeordnetengesetz, näher ausgeformt. Es ist ungenau, Abs. 3 als „Gesetzesvorbehalt" zu bezeichnen (so aber *Erichsen*, Jura 1983, 635/636); denn hier wird zu einer form- und verfahrensmäßigen Ausgestaltung, die die Wahlgrundsätze handhabbar macht (vgl. oben Rdnr. 251), nicht aber zu einer sachlichen Verkürzung, zu Eingriffen in die Rechte des Art. 38 Abs. 1 ermächtigt (vgl. *v. Münch*, vM-GG, Art. 38 Rdnr. 67).

II. Das unmittelbare, freie und geheime Wahlrecht

1137 Die Wahlrechtsgrundsätze der Allgemeinheit und Gleichheit sind als besondere Anforderungen der Rechtfertigung von Ungleichbehandlungen im Zusammenhang mit dem Gleichheitsgebot schon behandelt worden (vgl. oben Rdnr. 526 ff.). Daher wird hier nur noch auf die Wahlrechtsgrundsätze der Unmittelbarkeit, Freiheit und Geheimheit eingegangen.

1. Schutzbereich

1138 a) Art. 38 Abs. 1 S. 1 gilt sowohl für das **aktive Wahlrecht** (Wahlberechtigung) als auch für das **passive Wahlrecht** (Wählbarkeit, Eligibilität). Der Schutzbereich umfaßt den gesamten Wahlvorgang, von der Aufstellung der Bewerber bis zur Zuteilung der Abgeordnetensitze (*Stern*, StR I, S. 304 f.).

Dieses grundrechtsgleiche Recht betrifft direkt nur die *Wahl zum Deutschen Bundestag*. Dieselben Wahlrechtsgrundsätze sind aber gemäß Art. 28 Abs. 1 S. 2 auch für die Wahlen in den Ländern, Kreisen und Gemeinden maßgeblich. Darüber hinaus gelten sie nach allgemeiner Meinung als ungeschriebenes Verfassungsrecht auch für die Wahlen zu allen Volksvertretungen und für politische Abstimmungen, wie z. B. Volksentscheide, die in einigen Landesverfassungen vorgesehen sind (E 13, 54/91 f.; 28, 220/224). Hiervon sind Wahlen innerhalb von Selbstverwaltungseinrichtungen zu unterscheiden, wo die spezifische Sachaufgabe anstelle der allgemeinen demokratischen Legitimation der Ausübung öffentlicher Gewalt im Vordergrund steht. 1139

> **Beispiele:** Der Schlüsselstellung, die den Hochschullehrern an den Universitäten nach „Qualifikation, Funktion, Verantwortung und Betroffenheit" zukommt, muß das Wahlrecht zu den Hochschulgremien durch eine besondere Gewichtung der Stimmen der Hochschullehrer gerecht werden (E 39, 247/254 ff.). — Die Richtergesetze des Bundes und der Länder sehen für die Beteiligung der Richter an allgemeinen, sozialen und personellen Angelegenheiten als Vertretungsorgane Richterräte und Präsidialräte vor. Die spezifische Sachaufgabe einer leistungsfähigen Rechtspflege durch eine unabhängige und unparteiliche Richterschaft läßt Abweichungen von den Wahlrechtsgrundsätzen des Art. 38 Abs. 1 S. 1 zu, z. B. daß der Wahlvorschlag für den Vorsitz des Präsidialrates mindestens einen Gerichtspräsidenten enthalten muß (E 41, 1/12 f.). 1140

b) Die **Unmittelbarkeit der Wahl** „garantiert die Personenwahl im Parteienstaat. Dem Grundsatz der unmittelbaren Wahl ist mithin dann Genüge getan, wenn das Wahlverfahren so geregelt ist, daß jede abgegebene Stimme bestimmten oder bestimmbaren Wahlbewerbern zugerechnet werden muß, ohne daß erst nach der Stimmabgabe noch eine Zwischeninstanz nach ihrem Ermessen die Abgeordneten endgültig auswählt. Nur wenn die Wähler das letzte Wort haben, haben sie auch das entscheidende Wort; nur dann wählen sie unmittelbar" (E 7, 63/68). Dies ist auch bei einer Listenwahl (vgl. § 1 Abs. 2 BWahlG) gewährleistet, denn „der Grundsatz der unmittelbaren Wahl hindert nicht, daß die Wahl eines Bewerbers von der Mitwahl weiterer Bewerber abhängig gemacht wird" (E 7, 63/69). Auch das Auswechseln von Abgeordneten nach dem sog. Rotationsprinzip beeinträchtigt die Unmittelbarkeit der Wahl nicht (Nds. StGH, NJW 1985, 2319; vgl. auch *Bruha/Möllers*, JA 1985, 13). 1141

c) Die **Freiheit der Wahl** bedeutet zunächst, „daß der Akt der Stimmabgabe frei von Zwang und unzulässigem Druck bleibt" (E 44, 125/139). Wirkungsvoll geschützt wird die Stimmabgabe aber nur, wenn auch die zu ihr hinführende Willensbildung frei ist sowie an die Stimmabgabe nicht im nachhinein beeinträchtigende Sanktionen geknüpft werden. Die Freiheit der Wahl gilt demgemäß *vor, bei und nach der Wahl*. Inhaltlich bedeutet sie die freie Entschließung über das Ob und das Wie der Wahl sowie eine hinreichende Auswahlmöglichkeit zwischen verschiedenen Kandidaten bzw. Listen. Zur Frage, wann ein „unzulässiger Druck" vorliegt, vgl. unten Rdnr. 1148 ff. 1142

Überwiegend wird dem Grundsatz der Freiheit der Wahl (sowie dem hiermit sachlich eng verbundenen Grundsatz der geheimen Wahl) *unmittelbare Drittwirkung* zuerkannt: Er soll nicht nur gegenüber der öffentlichen Gewalt, sondern auch gegenüber nichtstaatlichen Organisationen und Einzelpersonen gelten (*Maunz*, M/D-GG, Art. 38 Rdnr. 47; *v. Münch*, vM-GG, Art. 38 Rdnr. 31). Da der Verfassungstext hier für eine 1143

Ausnahme von der grundsätzlichen Staatsgerichtetheit der Grundrechte (vgl. oben Rdnr. 202 ff.) keinen Anhaltspunkt bietet, läßt sich die unmittelbare Drittwirkung allenfalls historisch und systematisch begründen: historisch, weil sich die Garantie der Freiheit der Wahl im 19. Jahrhundert vornehmlich gegen den Mißbrauch eines beruflichen, wirtschaftlichen oder sonstigen Abhängigkeitsverhältnisses durch Private gerichtet hat; systematisch wegen des Zusammenhangs mit Art. 38 Abs. 1 S. 2, dem, wenn bzw. soweit er grundrechtsgleiches Recht ist, unmittelbare Drittwirkung zukommt (vgl. unten Rdnr. 1155 ff.). Mit Anerkennung der Grundrechte als Elemente objektiver Ordnung (vgl. oben Rdnr. 90 ff.) ist die Annahme einer unmittelbaren Drittwirkung jedoch unnötig, da die historisch gewachsene Schutzwirkung der Freiheit der Wahl objektiv-rechtlich zur Geltung kommen kann.

1144 **Beispiele:** Durch §§ 108 (Wählernötigung), 108a (Wählertäuschung) und 108b (Wählerbestechung) StGB wird die Freiheit der Wahl gegenüber jedermann strafrechtlich geschützt; dies mag als Erfüllung einer aus Art. 38 Abs. 1 S. 1 abzuleitenden Schutzpflicht des Staates angesehen werden. Wo keine Wählernötigung vorliegt, ist die Freiheit der Wahl durch Private nicht verletzt (E 66, 369/380). — Die von einem privaten Arbeitgeber ausgesprochene Kündigung eines Arbeitnehmers wegen einer bestimmten Stimmabgabe bzw. eine entsprechende Bevorzugung eines anderen Arbeitnehmers ist gemäß §§ 134, 138 BGB nichtig; diese Beurteilung beruht auf der Berücksichtigung des Art. 38 Abs. 1 S. 1 als objektives Verfassungsrecht (vgl. *v. Münch*, vM-GG, Art. 38 Rdnr. 37). — Andererseits ist selbst massive Wahlpropaganda nichtstaatlicher Stellen, solange sie mit allgemein erlaubten Mitteln erfolgt, von Art. 5 Abs. 1 und 2 geschützt. Das gilt auch für kirchliche Aufrufe zur Wahl einer bestimmten Partei (Hirtenbriefe; vgl. BVerwGE 18, 14; OVG Münster, JZ 1962, 767).

1145 Das BVerfG rechnet zur Wahlfreiheit — über das bisher Gesagte hinaus — auch „ein grundsätzlich freies Wahlvorschlagsrecht für alle Wahlberechtigten" (E 41, 399/417) sowie „eine freie Kandidatenaufstellung unter Beteiligung der Mitglieder der Parteien und Wählergruppen" (E 47, 253/282). Systematisch sind das aber eher Fragen der aus dem passiven Wahlrecht folgenden *Chancengleichheit* der Bewerber (vgl. oben Rdnr. 527 sowie *Merten*, Festschrift Broermann, 1982, S. 301/306).

2. Eingriffe

1146 a) Eine **mittelbare Wahl** liegt vor, wenn eine fremde Willensentscheidung außer der des Bewerbers selbst zwischen Wahlakt und Wahlergebnis *zwischengeschaltet* ist.

1147 **Beispiele:** Der Präsident der USA wird durch Wahlmänner gewählt. Bei der Listenwahl (vgl. § 1 Abs. 2 BWahlG) darf die Liste nicht nachträglich aufgefüllt (E 3, 45/51) oder abgeändert werden (E 47, 253/279 ff.), außer es geschieht durch freie Willensentscheidung des Gewählten selbst, z. B. durch Nichtannahme, späteren Rücktritt (E 3, 45/50) oder freiwilliges Ausscheiden aus der Partei (E 7, 63/72). Soweit § 48 Abs. 1 S. 2 BWahlG dagegen einen auf der Landesliste einer nicht nachrückenden Partei an sich nachrückenden Bewerber von der Nachfolge auch dann ausschließt, wenn er aus der Partei ausgeschlossen worden ist, liegt ein Eingriff in die Unmittelbarkeit der Wahl vor (*Erichsen*, Jura 1983, 635/640).

1148 b) Eine **unfreie Wahl** durch unzulässigen Druck auf die Wahlentscheidung des Bürgers von seiten eines Trägers öffentlicher Gewalt ist stets bei *kompetenzwidrigem* Verhalten gegeben.

1149 **Beispiele:** Die Regierung darf nicht, außer im Rahmen der gesetzlichen Wahlkampfkostenerstattung, einer Partei zur Finanzierung des Wahlkampfes Steuergelder zukommen lassen. Die zulässige Aufgabe der Information durch Öffentlichkeitsarbeit der Regierung darf nicht in unzulässige Wahlwerbung übergehen (zu den Einzelheiten vgl. E 44, 125/145 ff.; 48, 271/279).

§ 29 II 2, 3

Darüber hinaus bestimmt sich die Unzulässigkeit des Drucks danach, ob eine inhaltliche Beeinflussung des Wählers vorliegt. Hinsichtlich des *Ob* der Wahl und damit der Frage der verfassungsrechtlichen Zulässigkeit einer Wahlpflicht ist dies umstritten. Teilweise wird von der Wahlentscheidungsfreiheit eine Wahlbeteiligungsfreiheit unterschieden, die von Art. 38 Abs. 1 S. 1 nicht geschützt sei (*Merten*, Festschrift Broermann, 1982, S. 301/308 ff.). Dagegen ist zu sagen, daß auch im Fernbleiben von der Wahl ein Kundtun des politischen Willens der Wählerschaft liegen kann. Die Einführung einer Wahlpflicht ist daher als Eingriff in die Freiheit der Wahl zu qualifizieren (*Erichsen*, Jura 1983, 635/641; *v. Münch*, vM-GG, Art. 38 Rdnr. 30). — Hinsichtlich des *Wie* der Wahl bedeutet inhaltliche Beeinflussung die Bevorzugung einer Partei oder eines Bewerbers gegenüber anderen. — Auch die hinreichende *Auswahlmöglichkeit* zwischen verschiedenen Kandidaten bzw. Listen kann durch staatliche Maßnahmen beeinträchtigt werden (vgl. die Lösungsskizze zum Fall a. E.). 1150

> **Beispiele:** Ein Bürgermeister läßt eine Wahlempfehlung für eine Partei in einer von ihm herausgegebenen „Amtlichen Bekanntmachung" drucken (BVerwG, DÖV 1974, 388). — Im Wahlraum hängen Plakate einiger Parteien. Selbst wenn von allen Parteien Plakate aufgehängt würden, ist ein bevorzugter Platz eines Plakats faktisch nicht zu vermeiden. Daher bestimmt § 32 Abs. 1 BWahlG, daß im Gebäude, in dem sich der Wahlraum befindet, jede Beeinflussung der Wähler durch Wort, Ton, Schrift oder Bild verboten ist. 1151

c) Eine **nicht geheime Wahl** liegt vor bei einer Pflicht zur Offenbarung, wie jemand wählen will, wählt, oder gewählt hat. Aber auch eine staatliche Regelung, die es erlaubt, daß der Wahlakt selbst nicht geheim vorgenommen wird, beeinträchtigt die Geheimheit der Wahl. 1152

> **Beispiele:** Ein Gericht erläßt einen Beweisbeschluß dahingehend, daß die Wahlentscheidung einer Person ermittelt wird (BVerwGE 49, 75/76; BGH, JZ 1981, 103). — Die Briefwahl (vgl. § 36 BWahlG) ist solange unbedenklich, als alle geeigneten und erforderlichen Vorkehrungen zur Sicherung des Wahlgeheimnisses getroffen sind (E 21, 200/204 ff.; 59, 119/127 f.). — Keine Beeinträchtigung der Geheimheit der Wahl sind Unterschriftenquoren für Wahlvorschläge (vgl. §§ 20 Abs. 2 und 3, 27 Abs. 1 BWahlG), da eine derartige Unterschrift nicht zwingend auf die Wahlentscheidung schließen läßt (*v. Münch*, vM-GG, Art. 38 Rdnr. 54). Von der Rechtsprechung werden sie demgegenüber als Durchbrechung des Grundsatzes der geheimen Wahl angesehen und damit gerechtfertigt, daß sie zur ordnungsgemäßen Durchführung der Wahl unbedingt erforderlich sind (E 12, 135/137). 1153

3. Verfassungsrechtliche Rechtfertigung

Art. 38 Abs. 3 ermächtigt nicht zu Eingriffen (vgl. oben Rdnr. 1136). Gewisse Durchbrechungen der Allgemeinheit und Gleichheit sind dargestellt worden (vgl. oben Rdnr. 530 f.). Das BVerfG hat dem Gesetzgeber bei der Entscheidung, ob mögliche Gefährdungen der Verwirklichung eines Wahlrechtsgrundsatzes zur besseren Durchsetzung eines anderen Wahlrechtsgrundsatzes in Kauf zu nehmen sind, einen Ermessensspielraum zugebilligt; nicht jeder Wahlrechtsgrundsatz könne „in voller Reinheit" verwirklicht werden (E 59, 119/124: Allgemeinheit contra Geheimheit bei der Briefwahl). Sonstige verfassungsrechtliche Rechtfertigungen von Eingriffen sind nicht ersichtlich. 1154

§ 29 III

III. Die Rechtsstellung der Abgeordneten des Deutschen Bundestages

1155 Daß Art. 38 Abs. 1 S. 2 überhaupt ein *grundrechtsgleiches Recht* sei, wird von der ganz h. M. *verneint.* So hat das BVerfG entschieden, daß dieser Satz „von der Anführung des Artikels in § 90 BVerfGG (jetzt auch Art. 93 Abs. 1 Nr. 4a) nicht mitumfaßt (wird), da er nicht ein Individualrecht des Abgeordneten als ‚jedermann' begründet, sondern die organschaftliche Stellung der Abgeordneten umschreibt und ihnen Pflichten als Mitglieder des Parlaments auferlegt" (E 6, 445/448). Dementsprechend wird auch in der Literatur durchweg betont, daß die Abgeordneten in dieser ihrer Eigenschaft nicht Grundrechtsträger sind (vgl. z. B. *Stern,* StR I, S. 1077).

1156 *Prozessual* bedeutet das, daß dann, wenn der Abgeordnete „um die ihm als Abgeordneten verfassungsrechtlich zukommenden Rechte mit einem anderen Staatsorgan, regelmäßig dem Parlament selbst, streitet, er dem Staat nicht als ein ‚jedermann' gegenübersteht, der sich gegen eine Verletzung jenes rechtlichen Raumes wehrt, der durch die Grundrechte gegenüber dem Staat gesichert ist" (E 43, 142/148; st. Rspr.). Statt einer Verfassungsbeschwerde steht dem Abgeordneten also insoweit nur das Organstreitverfahren zur Verfügung (Art. 93 Abs. 1 Nr. 1; vgl. E 60, 374/380).

1157 Zwingend ist es allerdings nicht, dem Art. 38 Abs. 1 S. 2 den Charakter eines grundrechtsgleichen Rechts abzusprechen. Zunächst gibt der Wortlaut dafür keinen Anhaltspunkt; Art. 38 ist vielmehr insgesamt in Art. 93 Abs. 1 Nr. 4a aufgenommen. Auch die Tatsache, daß die Abgeordneten ein besonderes öffentliches Amt innehaben und öffentliche Gewalt ausüben, ist kein durchschlagendes Argument, da ein Nebeneinander von Grundrechtsberechtigung und Ausübung öffentlicher Gewalt dem Grundgesetz nicht fremd ist: Hochschulen, Rundfunkanstalten und Gemeinden sind sowohl gegenüber dem Staat grundrechtsberechtigt (vgl. oben Rdnr. 190 ff.) als auch ihrerseits Bürgern gegenüber an deren Grundrechte gebunden. Kein Gegenargument ist schließlich die Beteiligtenfähigkeit der Abgeordneten im Organstreitverfahren, wie die Parteien zeigen, die einerseits Verfassungsbeschwerde erheben und andererseits Beteiligte im Organstreitverfahren sein können (vgl. *Schlaich,* Das Bundesverfassungsgericht, 1985, S. 50 f.).

1158 Inhaltlich ist der verfassungsrechtliche Status des Abgeordneten mit der öffentlichen *Teilhabe* an der Ausübung von Staatsgewalt noch unzureichend umschrieben; er ist zugleich ein Status der *Freiheit* und *Gleichheit (Häberle,* NJW 1976, 537). Auch dies spricht für die Annahme eines grundrechtsgleichen Rechts. Die Freiheit, in Art. 38 Abs. 1 S. 2, 2. und 3. Satzteil, ausgesprochen, richtet sich nicht nur gegen den Staat, sondern auch gegen Wähler, Partei und Fraktion, wie sich aus Art. 48 Abs. 2 ergibt; hier läge also sogar einer der wenigen Fälle unmittelbarer Drittwirkung vor (vgl. oben Rdnr. 204).

1159 Die Annahme, daß Art. 38 Abs. 1 S. 2 ein grundrechtsgleiches Recht darstellt, läßt sich in *prozessualer* Hinsicht mit der Rechtsprechung des BVerfG harmonisieren: Soweit der Abgeordnete über seinen verfassungsrechtlichen Status mit einem anderen Verfassungsorgan streitet, ist das Organstreitverfahren der gegenüber der Verfassungsbeschwerde spezielle Rechtsbehelf. Das Organstreitverfahren paßt aber dann schlecht, wenn der Abgeordnete Eingriffe der sonstigen öffentlichen Gewalt in seinen verfassungsrechtlichen Status abwehren will oder wenn nicht aus einem gegenwärtigen Abgeordnetenstatus heraus gestritten wird.

Beispiele: Eine Gemeinde entläßt den bei ihr Angestellten, nachdem dieser ein Bundestagsmandat angetreten hat. Art. 48 Abs. 2 S. 2, der dies verbietet, ist als „Ausführungsvorschrift" zu Art. 38 Abs. 1 S. 2 anzusehen (*Maunz*, M/D-GG, Art. 48 Rdnr. 1), auf den nach durchaus vertretbarer Auffassung eine Verfassungsbeschwerde gestützt werden kann. — Die Bundesbahn verweigert einem Abgeordneten die Freifahrt (vgl. Art. 48 Abs. 3 S. 2). — Ein aus dem Parlament ausgeschiedener Abgeordneter kann sich mit der Verfassungsbeschwerde gegen eine die Altersversorgung der Abgeordneten betreffende Regelung wenden (E 32, 157/162). 1160

Lösungsskizze zum Fall: Ar . 38 Abs. 1 S. 2 kommt hier als Maßstab offensichtlich nicht in Betracht, da es um die Wahl von Volksvertretern und nicht um die Ausübung eines Abgeordnetenmandats geht. Außerdem betrifft Art. 38 Abs. 1 S. 2 nur die Abgeordneten des Deutschen Bundestages. Dies trifft zwar auch für die Wahlrechtsgrundsätze des Art. 38 Abs. 1 S. 1 zu; doch gelten sie anerkanntermaßen auch darüber hinaus (Art. 28 Abs. 1 S. 2; ungeschriebenes Verfassungsrecht für die Wahlen zu allen Volksvertretungen und für politische Abstimmungen). Im vorliegenden Fall handelt es sich um die Wahl zu einer kommunalen Volksvertretung, für die die Wahlrechtsgrundsätze gelten. — I. *Unmittelbarkeit* der Wahl: Dieser Grundsatz verbietet, daß nach der Wahlhandlung zwischen Wähler und Wahlbewerber eine Instanz eingeschaltet wird, die nach ihrem Ermessen den Vertreter auswählt. Genau das geschieht, wenn bei der Nachfolge ausgeschiedener Mitglieder der Bezirksvertretung eine Stelle der Partei oder Wählergruppe die Reihenfolge der Sitzzuteilung bestimmt. Das ist mit der Unmittelbarkeit der Wahl nicht vereinbar (E 47, 253/280). — II. *Freiheit* der Wahl: 1. Zwar ist die Listenwahl als solche verfassungsgemäß. Staatliche Maßnahmen dürfen aber nicht die Auswahlmöglichkeit zwischen verschiedenen Listen beeinträchtigen. Die vorgeschriebene einheitliche Stimmabgabe für die Vertreter und Listen des Rates und der Bezirksvertretungen führt zu einer nicht zu rechtfertigenden „Verengung der Entschließungsfreiheit des Wählers": „Hat sich der Wähler für die Wahl eines Ratskandidaten entschlossen, so kann er nicht mehr frei entscheiden, welcher gebundenen Liste von Kandidaten für die Bezirksvertretung er seine Stimme geben will" (E 47, 253/283 f.). — 2. Nach der Rechtsprechung des BVerfG ist auch die freie Kandidatenaufstellung ein Gebot der Freiheit der Wahl: „Der Gesetzgeber darf es nicht bei der Annahme bewenden lassen, eine demokratischen Grundsätzen entsprechende Kandidatenaufstellung werde aufgrund der Parteiensatzungen und tatsächlicher Übung regelmäßig auch ohne Nachweis erfolgen" (E 47, 253/283; a. A. OVG Münster, OVGE 22, 66/70 ff.). Der Ausschluß der Anwendbarkeit der entsprechenden Vorschrift des Kommunalwahlgesetzes verstößt danach gegen die Freiheit der Wahl. 1161

Literatur: Zu II.: *H.-U. Erichsen*, Die Wahlrechtsgrundsätze des Grundgesetzes, Jura 1983, 635; *J. A. Frowein*, Die Rechtsprechung des Bundesverfassungsgerichts zum Wahlrecht, AöR 1974, 72; *L. Gramlich*, Allgemeines Wahlrecht — in Grenzen?, JA 1986, 129; *D. Merten*, Wahlrecht und Wahlpflicht, in: Festschrift Broermann, 1982, S. 301; *W. Schreiber*, Handbuch des Wahlrechts zum Deutschen Bundestag, 1. Bd., Bundeswahlgesetz mit Nebengesetzen, 2. Aufl. 1980; *K. H. Seifert*, Das Bundeswahlgesetz, 3. Aufl. 1976. — Zu III.: *N. Achterberg*, Die Rechtsstellung des Abgeordneten, JA 1983, 303; *P. Häberle*, Freiheit, Gleichheit und Öffentlichkeit des Abgeordnetenstatus, NJW 1976, 537; *W. Wiese*, Das Amt des Abgeordneten, AöR 1976, 548.

§ 30 RECHT AUF DEN GESETZLICHEN RICHTER (Art. 101 Abs. 1 S. 2)

Fall: Die Massenverhaftung (nach BVerfG, NJW 1982, 29)
Bei einer nächtlichen Großdemonstration kommt es zu kriminellen Ausschreitungen. Die Polizei nimmt mehr als 100 Personen vorläufig fest und beantragt für sie beim örtlichen Amtsgericht den Erlaß von Haftbefehlen. Da der zuständige Ermittlungsrichter E diese Zahl von Anträgen nicht allein bewältigen kann und die nach dem Geschäftsverteilungsplan vorgesehenen fünf Vertreter nicht erreichbar sind, bestimmt der Amtsgerichtsdirektor den zufällig noch im Gerichtsgebäude anwesenden Richter R zum zeitweiligen Vertreter des E. Ist das mit Art. 101 Abs. 1 S. 2 vereinbar?

I. Überblick

1162 Von den drei Sätzen, die den Art. 101 bilden, erweist sich Art. 101 Abs. 1 S. 2 schon vom Wortlaut her als ein subjektives Recht. Wegen seiner Erwähnung in Art. 93 Abs. 1 Nr. 4a ist es ein grundrechtsgleiches Recht. Es verbürgt dem einzelnen, daß nur der durch Gesetz bestimmte, nicht ein auf andere Weise bestimmter Richter über ihn Recht spricht. Damit stellt Art. 101 Abs. 1 S. 2 die Bestimmung des zuständigen Richters unter den Vorbehalt des Gesetzes. Zugleich handelt es sich wie bei Art. 19 Abs. 4 um einen stark normgeprägten Schutzbereich: Es sind Gesetze erforderlich, die die richterliche Zuständigkeit ausgestalten. Art. 101 Abs. 1 S. 1 verbietet Ausnahmegerichte, d. h. Gerichte, die entweder keine gesetzliche Grundlage haben oder zwar eine gesetzliche Grundlage, aber keine abstrakt-generelle Festlegung ihrer Zuständigkeit haben (E 3, 213/223). Art. 101 Abs. 2 enthält den Vorbehalt des Gesetzes für Gerichte für besondere Sachgebiete, z. B. Ehren- und Berufsgerichte (E 18, 241/257; 26, 186/193). Die beiden letzten Bestimmungen sind nur Folgerungen aus Art. 101 Abs. 1 S. 2. Insgesamt ist dieser Artikel ein wichtiger Bestandteil des Rechtsstaatsprinzips des Grundgesetzes.

II. Schutzbereich

1. Gesetzliche Zuständigkeit des Richters

1163 Dies ist das überkommene und unstreitige Verständnis der Gewährleistung: Die Zuständigkeit eines Richters für einen konkreten Fall muß im voraus abstrakt-generell festgelegt sein.

1164 a) Es besteht ein kompliziertes Normengeflecht des Gerichtsverfassungsrechts und der verschiedenen Prozeßgesetze, das die **Zuständigkeit des Richters** im konkreten Fall erst über verschiedene Zwischenschritte erkennen läßt: Zunächst ist dies eine Frage der Gerichtsbarkeit (z. B. ordentliche Gerichte oder Verwaltungsgerichte usw.), dann der verschiedenen Gerichte derselben Gerichtsbarkeit (z. B. Amtsgericht oder Landgericht – sachliche und instanzielle Zuständigkeit – bzw. Amtsgericht A oder B – örtliche Zuständigkeit –), weiter der verschiedenen Spruchkörper bzw. Einzelrichter desselben Gerichts (z. B. Kammer bzw. Senat I oder II), schließlich der verschiedenen Richter desselben Spruchkörpers (z. B. Richter A, B oder C der I. Kammer).

1165 Richter bedeutet im übrigen: jeder staatliche Richter von der untersten Instanz bis zum BVerfG (vgl. E 64, 1/21 f.). Das umschließt auch die ehren- und nebenamtlichen

Richter (z. B. Schöffen); daher verhindert eine ungültige Schöffenwahl, daß der gesetzliche Richter amtiert (E 31, 181/183 f. ; vgl. auch BGH, NJW 1984, 2839; *Vogt/ Kurth*, NJW 1985, 103). Gleichgültig ist selbstverständlich auch der Status als Richter auf Zeit oder Lebenszeit. Nicht unter den Begriff des Richters i. S. d. Grundgesetzes fallen aber private Gerichte und ihre Richter, wie z.B. Schiedsgerichte gemäß §§ 1025 ff. ZPO.

b) Der **Vorbehalt des Gesetzes** fordert Außenrechtssätze: Verwaltungsvorschriften sind zur Zuständigkeitsregelung nicht ausreichend (vgl. E 2, 307). Solche Außenrechtssätze sind: Verfassung, Parlamentsgesetze, Rechtsverordnungen, Satzungen, wozu auch die Geschäftsverteilungspläne der Gerichte zu zählen sind. Nach dem Prinzip des Parlamentsvorbehalts müssen die wesentlichen Regelungen, das sind hier die „fundamentalen Zuständigkeitsregeln" (E 19, 52/60), in einem Parlamentsgesetz enthalten sein (vgl. oben Rdnr. 304 ff.). Nach dieser Maßgabe und unter den Voraussetzungen des Art. 80 Abs. 1 kann aber die Bestimmung des zuständigen Richters auch in einer Rechtsverordnung und des weiteren in Satzungen geregelt werden (vgl. E 17, 294/298 ff.; 27, 18/34 f.).

1166

2. Unabhängigkeit des Richters

Nach der ständigen Rechtsprechung des BVerfG wird Art. 101 Abs. 1 S. 2 nicht nur als Recht auf den gesetzlich zuständigen Richter angesehen, sondern darüber hinaus als Recht auf einen Richter und damit auf Gerichte, die in jeder Hinsicht den Anforderungen des Grundgesetzes entsprechen (vgl. E 3, 377/381; zuletzt E 60, 175/214). Die wesentlichen Anforderungen des Grundgesetzes an den Richter sind seine Unabhängigkeit gem. Art. 97 und seine Unparteilichkeit (E 21, 139/146: „Neutralität und Distanz des Richters gegenüber den Verfahrensbeteiligten") gem. dem Rechtsstaatsprinzip. Praktisch werden so diese nicht grundrechtlichen Vorschriften verfassungsbeschwerdefähig gemacht. Die hiergegen erhobenen Einwände (vgl. *Bettermann*, AöR 1969, 263) haben sich nicht durchgesetzt.

1167

> **Beispiel:** In einem Verfahren über die Erteilung eines Erbscheins vor dem Amtsgericht als Nachlaßgericht lehnte der Testamentsvollstrecker den Richter wegen Besorgnis der Befangenheit ab. Das wurde vom Amtsgericht und nach Beschwerde vom Oberlandesgericht unter Berufung auf eine Vorschrift im FGG zurückgewiesen, wonach die Ablehnung eines Richters im Verfahren der freiwilligen Gerichtsbarkeit ausgeschlossen war. Die Verfassungsbeschwerde hiergegen hatte Erfolg, weil zu einem Richter nach den rechtsstaatlichen Anforderungen des Grundgesetzes auch seine Unparteilichkeit gehört: „Deshalb muß im System der normativen Vorausbestimmung des gesetzlichen Richters Vorsorge dafür getroffen werden, daß im Einzelfall ein Richter, der nicht die Gewähr der Unparteilichkeit bietet, von der Ausübung seines Amtes ausgeschlossen ist oder abgelehnt werden kann" (E 21, 139/146).

1168

III. Eingriffe

Der Eingriff wird hier als das „Entziehen" des gesetzlichen Richters gekennzeichnet: Das bedeutet eine Verhinderung oder Beeinträchtigung der Verhandlung und Entscheidung einer Sache durch den gesetzlichen Richter. Je nach Zweig der öffentlichen Gewalt wirft das besondere Probleme auf.

1169

1. Entziehung durch die Legislative

1170 Nicht jede Zuständigkeitsregelung durch den Gesetzgeber genügt den Anforderungen des Art. 101 Abs. 1 S. 2. Das zeigt schon Art. 101 Abs. 1 S. 1: Auch gesetzlich eingerichtete Ausnahmegerichte sind unzulässig (vgl. *Bettermann,* in: Die Grundrechte III/2, S. 523/572). Entscheidend ist die vorherige abstrakt-generelle Festlegung einer einzigen Zuständigkeit. Nicht ausreichend — und damit Verstöße des Gesetzgebers gegen Art. 101 Abs. 1 S. 2 — sind die Normierung mehrerer Zuständigkeiten für eine Sache und die gesetzliche Einräumung eines Ermessens bei der Bestimmung der Zuständigkeit.

1171 **Beispiel:** Gemäß §§ 7—9 StPO hat die Staatsanwaltschaft die Wahl, bei welchem von mehreren örtlich zuständigen Gerichten sie Anklage erheben will (Begründung des Gerichtsstandes am Tatort, Wohnsitz und Ergreifungsort). Das ist nach dem Gesagten verfassungswidrig (so auch *Kunig,* vM-GG, Art. 101 Rdnr. 28 Stichwort „Bewegliche Zuständigkeiten"; *Maunz,* M/D-GG, Art. 101 Rdnr. 32). Wenn dagegen gesagt wird, dies sei unbedenklich, „vorausgesetzt, daß es (sc: das Wahlrecht) nach sachlichen, ‚justizgemäßen' Erwägungen ausgeübt wird" (so *Wassermann,* AK-GG, Art. 101 Rdnr. 15), dann wird die Bindung des Gesetzgebers an Art. 101 Abs. 1 S. 2 praktisch preisgegeben. Auch die Rechtsprechung des BVerfG ist hier zu nachgiebig, wenn sie lediglich die „möglichst eindeutige" Bestimmung des zuständigen Richters durch den Gesetzgeber fordert (st. Rspr., vgl. E 6, 45/50 f.; zuletzt E 63, 77/79).

2. Entziehung durch die Exekutive

1172 Hier liegen zwar die geschichtlichen Wurzeln des Rechts auf den gesetzlichen Richter (vgl. *Kern,* Der gesetzliche Richter, 1927), nicht aber die aktuellen Probleme: Daß die Exekutive richterliche Befugnisse wahrnimmt („Kabinettsjustiz"), ist gegenwärtig nicht zu befürchten. Daß die Richter von der Exekutive ernannt und besoldet werden, ist in der gewaltenteiligen Struktur des Grundgesetzes angelegt und nicht als Entziehung anzusehen (vgl. *Kunig,* vM-GG, Art. 101 Rdnr. 29). Auch ist die Aufstellung der Geschäftsverteilungspläne der Gerichte nach dem GVG hinreichend gegenüber Einflußnahmen der Exekutive abgesichert. Das einzige in diesem Zusammenhang zu nennende Beispiel für einen Eingriff in den Art. 101 Abs. 1 S. 2 durch die Exekutive aus der Rechtsprechung des BVerfG (E 22, 49/73 ff.) betraf die Ausübung von Strafgerichtsbarkeit durch die Finanzämter, die ihrerseits auf einem Gesetz beruhte.

3. Entziehung durch die Judikative

1173 a) Der im Einzelfall zuständige Richter könnte schon dann durch die Gerichte selbst entzogen werden, wenn bei der **Rechtsprechung** verfahrensrechtliche Bestimmungen, z. B. über die Zusammensetzung der Richterbank, den Ausschluß oder den Nichtausschluß befangener Richter, Abstimmungsmehrheiten usw. falsch angewandt werden. Wenn aber jeder Verstoß gegen derartige prozeßrechtliche Vorschriften Art. 101 Abs. 1 S. 2 verletzen würde, käme dem BVerfG die Aufgabe einer Superrevisionsinstanz zu und würde die Kompetenz der ordentlichen und der Fachgerichte über Gebühr zurückgedrängt. Daher ist eine Differenzierung geboten. Die ständige Rechtsprechung des BVerfG nimmt sie dahingehend vor, daß zwischen einem error in procedendo und einer „willkürlich unrichtigen" Anwendung von Verfahrensvorschriften unterschieden wird (vgl. E 3, 359/365; zuletzt E 67, 90/95).

§ 30 III 3, IV

Beispiel: Ein Zivilgericht nimmt nach den maßgeblichen Vorschriften der ZPO seine Zuständigkeit zur Entscheidung über eine Klage an. Im Rahmen einer Verfassungsbeschwerde gegen diese Entscheidung ist das BVerfG der Auffassung, das Zivilgericht sei nicht zuständig gewesen (error in procedendo). Gleichzeitig sei dem Zivilgericht aber keine Willkür vorzuwerfen. Dann liegt keine Entziehung des gesetzlichen Richters vor. 1174

An dem Kriterium der Willkür ist *Kritik* geübt worden (vgl. *Bettermann,* AöR 1969, 263/288; *Niemöller/Schuppert,* AöR 1982, 387/421). In der Tat liegt hier das gleiche Problem vor, das bei anderen Grundrechten als Erfordernis einer spezifischen Grundrechtsverletzung diskutiert wird (vgl. unten Rdnr. 1284 ff.). Zu einer präziseren Abgrenzung ist die allgemeine Diskussion aber auch hier nicht vorgedrungen. 1175

Von dem Grundsatz, daß bei einer auf einem error in procedendo beruhenden gesetzwidrigen Besetzung des Gerichts eine Verletzung des Art. 101 Abs. 1 S. 2 nicht angenommen werden kann, wird in ständiger Rechtsprechung des BVerfG eine *Ausnahme* für den Fall des *ausgeschlossenen Richters* anerkannt. Beispielsweise ist gem. § 23 Abs. 2 StPO der Richter, der bei einer durch einen Antrag auf Wiederaufnahme des Verfahrens angefochtenen Entscheidung mitgewirkt hat, von der Mitwirkung bei Entscheidungen im Wiederaufnahmeverfahren kraft Gesetzes ausgeschlossen. „Schon begrifflich ist ein Verfahrensirrtum nicht möglich, wenn es sich um das Einwirken einer außerhalb der Gerichtsorganisation stehenden Person handelt. Nichts anderes kann aber für die Personen innerhalb der Gerichtsorganisation gelten, die als ausgeschlossene Richter in einer bestimmten Sache keine richterliche Funktion wahrnehmen dürfen" (E 30, 165/167; zuletzt E 63, 77/79 f.). 1176

b) **Gerichtsorganisatorische** Maßnahmen von Gerichtspräsidien und Vorsitzenden von Spruchkörpern, insbesondere die von diesen zu erstellenden Geschäftsverteilungspläne, müssen die Zuständigkeitsverteilung im voraus — d. h. vor dem Beginn des Geschäftsjahres für dessen Dauer — und nach objektiven Kriterien — d. h. ohne Ansehen der Person und des Einzelfalles — regeln. Bereits die Möglichkeit der Manipulation begründet insoweit einen Verstoß gegen Art. 101 Abs. 1 S. 2 (vgl. E 18, 65/70; 18, 344/349 f.). 1177

Beispiel: Bei Spruchkörpern, die in der Besetzung von drei Mitgliedern entscheiden müssen, z. B. Zivilkammern und -senate, ist es ein Verstoß gegen Art. 101 Abs. 1 S. 2, wenn der Spruchkörper mehr als 5 ordentliche Mitglieder hat; denn dann ist es möglich, daß in zwei personell voneinander verschiedenen Sitzungsgruppen verhandelt und entschieden werden kann, was die Möglichkeit der Manipulation in sich birgt (E 17, 294/301). Dagegen wird eine Überbesetzung von 1 oder 2 Richtern wegen der Fälle des Ausscheidens, der Krankheit, der Verhinderung, des Urlaubs und des Wechsels von Richtern als unvermeidlich hingenommen. 1178

IV. Verfassungsrechtliche Rechtfertigung

Art. 101 Abs. 1 S. 2 steht unter keinem Gesetzesvorbehalt. Die oben Rdnr. 1169 ff. aufgeführten Eingriffe sind verfassungswidrig. 1179

Lösungsskizze zum Fall: Gemäß Art. 101 Abs. 1 S. 2 muß die Zuständigkeit des R zum Erlaß von Haftbefehlen in dieser Nacht im voraus gesetzlich, d. h. abstrakt-generell festgelegt sein. Als gesetzliche Regelung reicht auch ein Geschäftsverteilungsplan aus. Danach waren E und fünf Vertreter gesetzliche Richter, nicht aber R. Zwar sieht § 21 e Abs. 3 GVG die Möglichkeit der Änderung des Geschäftsverteilungsplans, besonders bei 1180

Überlastung, vor; aber eine solche Änderung ist hier nicht vorgenommen worden, und wenn, wäre sie nicht im voraus erfolgt. Alles spricht daher für einen Verstoß gegen Art. 101 Abs. 1 S. 2. — Gleichwohl hat das BVerfG hier (NJW 1982, 29) und in einem vergleichbaren Fall (E 31, 145/163 f.) die Bestellung eines zeitweiligen Vertreters durch den Gerichtspräsidenten für vereinbar mit Art. 101 Abs. 1 S. 2 erklärt. Es hat dies mit dem „Interesse reibungsloser Geschäftsabwicklung" und damit begründet, daß § 21 i Abs. 2 GVG dem Gerichtspräsidenten die Befugnis zur ergänzenden Vertretungsregelung einräume, nachdem auch das Präsidium einen derartigen Beschluß unter den gegebenen Umständen nicht fassen konnte.

Literatur: *K. A. Bettermann,* Der gesetzliche Richter in der Rechtsprechung des Bundesverfassungsgerichts, AöR 1969, 263; *E.-W. Böckenförde,* Der „gesetzliche Richter" beim Bundesverfassungsgericht, DÖV 1968, 566; *H. Engelhardt,* Staatsanwaltschaft und gesetzlicher Richter, DRiZ 1982, 418; *G. Grünwald,* Die sachliche Zuständigkeit der Strafgerichte und die Garantie des gesetzlichen Richters, JuS 1968, 452; *M. Niemöller/G. F. Schuppert,* Die Rechtsprechung des Bundesverfassungsgerichts zum Strafverfahrensrecht, AöR 1982, 387.

§ 31 ANSPRUCH AUF RECHTLICHES GEHÖR (Art. 103 Abs. 1)

Fall: Die Beschlagnahme von Diebesgut

Die Staatsanwaltschaft verdächtigt den Elektrohändler H der Hehlerei; sie hat Anhaltspunkte dafür, daß er im Keller seiner Geschäftsräume Diebesgut lagert. Auf ihren Antrag ordnet der zuständige Richter die Beschlagnahme aller dort gelagerten Gegenstände an, ohne dem H zuvor Gelegenheit zur Stellungnahme zu geben. Verletzt diese Anordnung Art. 103 Abs. 1?

I. Überblick

1181   Art. 103 Abs. 1 enthält ein grundrechtsgleiches Recht, das mit der Verfassungsbeschwerde gemäß Art. 93 Abs. 1 Nr. 4a geltend gemacht werden kann. Davon wird reger Gebrauch gemacht: Art. 103 Abs. 1 wird in drei Vierteln aller Verfassungsbeschwerden als verletzt gerügt — mit im übrigen überdurchschnittlichem Erfolg (vgl. *Bryde,* Verfassungsentwicklung, 1982, S. 468, 472). Der Anspruch auf rechtliches Gehör vor Gericht ist eine Ausprägung des Rechtsstaatsprinzips und dient „auch der Achtung der Würde des Menschen, der in einer so schwerwiegenden Lage, wie ein Prozeß sie für gewöhnlich darstellt, die Möglichkeit haben muß, sich mit tatsächlichen und rechtlichen Argumenten zu behaupten" (E 55, 1/6). Wie der verwandte Art. 19 Abs. 4 ist Art. 103 Abs. 1 stark normgeprägt.

II. Schutzbereich

1. Rechtliches Gehör

1182   Rechtliches Gehör bedeutet, sich grundsätzlich vor Erlaß einer Entscheidung in tatsächlicher und rechtlicher Hinsicht zur Sache äußern zu können (st. Rspr. des BVerfG seit E 1, 418/429; vgl. zuletzt z. B. E 60, 175/210). Soweit dies bei vorläufigen und Eilmaßnahmen nicht möglich ist, weil sonst der Rechtsschutz und die Rechtspflege als solche verfehlt würden, muß das rechtliche Gehör unverzüglich nachgeholt werden (E 18, 399/404). Rechtliches Gehör setzt voraus, daß der Betroffene vollständig über den Verfahrensstoff informiert wird. Andererseits ist es mit dem bloßen Äußern-Können nicht getan: Das Gericht muß das Vorbringen auch zur Kenntnis nehmen und in Erwägung ziehen (st. Rspr. des BVerfG seit E 11, 218/220; vgl. zuletzt z. B. E 59, 330/333).

Daraus ergeben sich *drei Stadien* oder Verwirklichungsstufen des rechtlichen Gehörs (vgl. *Rüping*, BK, Art. 103 Abs. 1 Rdnr. 23 ff.; *Wassermann*, AK-GG, Art. 103 Rdnr. 24 ff.): 1183

— Als *Recht auf Information* zwingt Art. 103 Abs. 1 das Gericht dazu, im Verfahren alle Äußerungen der einen Seite der Gegenseite mitzuteilen;
— als *Recht auf Äußerung* fordert Art. 103 Abs. 1 hinreichende Möglichkeit zu mindestens schriftlicher Äußerung zu Tatsachen- und Rechtsfragen;
— als *Recht auf Berücksichtigung* verlangt Art. 103 Abs. 1 Aufnahmefähigkeit und -bereitschaft aller an der Entscheidung mitwirkenden Richter sowie grundsätzlich eine Begründung der gerichtlichen Entscheidungen (vgl. E 47 182/188 ff.).

> **Beispiele:** Das Gericht muß die Parteien und die von den Parteien angebotenen, vom Gericht als erheblich angesehenen Zeugen ordnungsgemäß laden, für den Fall unverschuldeter Fristversäumung, z. B. durch Verzögerung bei der Post und im Gerichtsbetrieb, Wiedereinsetzung in den vorigen Stand einräumen und Akteneinsicht gewähren. Fristen müssen ausreichend bemessen sein und vom Gericht auch abgewartet werden, wobei neue Umstände neue Äußerungsmöglichkeiten bedingen. Ein schlafender Richter verletzt Art. 103 Abs. 1; bei blinden bzw. tauben Richtern hängt dies davon ab, ob es für die Streitsache auf das Seh- bzw. Hörvermögen ankommt. 1184

Umstritten ist, ob Art. 103 Abs. 1 die Heranziehung eines *Rechtsanwalts* garantiert. Das wird von der Rechtsprechung des BVerfG grundsätzlich unter Berufung auf die Entstehungsgeschichte verneint (E 9, 124/132; 39, 156/168). Dagegen spricht, daß angesichts der enormen Kompliziertheit des Rechts die Gefahr besteht, daß einzelne Bürger ohne rechtskundigen Beistand ihr Recht gar nicht zu Gehör bringen können. Die Möglichkeit, die Hilfe eines Rechtsanwalts in Anspruch zu nehmen, gehört daher zum Recht aus Art. 103 Abs. 1 (so auch *Kopp*, AöR 1981, 622; *Wassermann*, AK-GG, Art. 103 Rdnr. 28). Neuerdings hat das BVerfG aus dem Rechtsstaatsprinzip das „Recht des Beschuldigten" abgeleitet, „sich im Strafverfahren von einem Rechtsanwalt als gewähltem Verteidiger seines Vertrauens verteidigen zu lassen" (E 66, 313/319). 1185

Die Eigenart rechtlicher und gerichtsförmiger Entscheidungsfindung *begrenzt* nach dem Wortlaut die Reichweite des Art. 103 Abs. 1. Daraus ergibt sich namentlich, daß der einzelne keinen Anspruch darauf hat, mit rechtlich Unerheblichem gehört zu werden. Auch verletzen die Beschränkung der Nachprüfung auf Rechtsfragen im Revisionsverfahren und Ausschluß-(Präklusions-)Vorschriften, wonach verspätetes Vorbringen vom Gericht nicht mehr berücksichtigt werden muß, nicht das rechtliche Gehör (E 60, 305/310). Dagegen begründet eine offensichtlich fehlerhafte oder mißbräuchliche Anwendung einer Präklusionsvorschrift einen Verstoß gegen Art. 103 Abs. 1 (E 66, 260/264; 69, 126/139 f.). 1186

2. Vor Gericht

Der Anspruch auf rechtliches Gehör besteht vor jedem staatlichen Gericht (vgl. Art. 92). Art. 103 Abs. 1 gilt für alle Gerichtsbarkeiten mit allen Instanzen und für alle Ge- 1187

§ 31 II 2, III, IV

richtsverfahren. Dagegen gilt er nicht für das Verwaltungsverfahren; allerdings wird ein grundsätzliches Anhörungsrecht im Verwaltungsverfahren aus dem Rechtsstaatsprinzip und der Menschenwürde abgeleitet, so daß § 28 VwVfG nicht zur vollen Disposition des Gesetzgebers steht (vgl. näher *Rüping*, BK, Art. 103 Abs. 1 Rdnr. 89). Das Merkmal „vor Gericht" markiert im übrigen die tatbestandliche Abgrenzung zwischen Art. 19 Abs. 4 und Art. 103 Abs. 1: Jener betrifft den Rechtsschutz durch Zugang zum Gericht, dieser den Rechtsschutz in einem anhängigen Verfahren (vgl. *Rüping*, BK, Art. 103 Abs. 1 Rdnr. 13 f.; *Wassermann*, AK-GG, Art. 103 Rdnr. 12 f.). Das BVerfG unterscheidet allerdings häufig nicht so genau zwischen diesen beiden Grundrechten (vgl. z. B. E 40, 237/247).

III. Eingriffe

1188 Grundsätzlich stellt jedes Zurückbleiben hinter den dargestellten Anforderungen einen Eingriff dar. Funktion und Organisation des Rechtsschutzsystems führen allerdings dazu, in folgenden Fällen *keinen Eingriff* anzunehmen:
— wenn das Fehlen des rechtlichen Gehörs für die gerichtliche Entscheidung *unerheblich* ist bzw. die gerichtliche Entscheidung auf dem fehlenden rechtlichen Gehör *nicht beruht;* das ist der Fall, wenn ausgeschlossen werden kann, daß die Gewährung des rechtlichen Gehörs zu einer anderen, für den Betroffenen günstigeren Entscheidung geführt hätte (st. Rspr. seit E 7, 239/241; vgl. zuletzt z. B. E 60, 313/318);
— wenn ein zunächst unterbliebenes rechtliches Gehör in der Rechtsmittelinstanz (vgl. E 5, 9/10) — nicht aber in einem neuen gerichtlichen Verfahren (vgl. E 42, 172/175) — *nachgeholt* wird (das BVerfG spricht insoweit von *Heilung*).

IV. Verfassungsrechtliche Rechtfertigung

1189 Art. 103 Abs. 1 enthält keinen Gesetzesvorbehalt. Eingriffe könnten ihre Rechtfertigung daher allein in kollidierendem Verfassungsrecht finden, das z. B. in der Rechtssicherheit und der Funktionsfähigkeit der Rechtspflege gesehen wird. Die Normgeprägtheit des Art. 103 Abs. 1 führt jedoch dazu, diesen Gesichtspunkten schon bei der Bestimmung von Schutzbereich und Eingriff Rechnung zu tragen (vgl. auch oben Rdnr. 1114). Jeder Eingriff ist daher eine Verletzung dieses grundrechtsgleichen Rechts.

1190 **Lösungsskizze zum Fall:** Art. 103 Abs. 1 gebietet, „daß einer gerichtlichen Entscheidung nur solche Tatsachen und Beweisergebnisse zugrundegelegt werden, zu denen Stellung zu nehmen den Beteiligten Gelegenheit gegeben war" (E 18, 399/404). Diesem Gebot muß grundsätzlich durch vorherige Anhörung genügt werden. Zur verfassungsmäßigen Rechtspflege gehören auch Maßnahmen der vorläufigen Beweissicherung wie hier die Beschlagnahme (vgl. Art. 13 Abs. 2, 104 Abs. 3). Zu deren Eigenart gehört es gerade, daß sie ohne vorherige Anhörung ergehen; andernfalls würden sie ihren Zweck verfehlen, da der Betroffene Gelegenheit erhielte, die zu sichernden Beweise zu beseitigen. Art. 103 Abs. 1 verlangt in solchen Fällen, daß das rechtliche Gehör unverzüglich nach Durchführung der vorläufigen Beweissicherung gewährt wird. H ist in seinem Anspruch auf rechtliches Gehör nicht verletzt.

Literatur: *F. O. Kopp*, Das Rechtliche Gehör in der Rechtsprechung des Bundesverfassungsgerichts, AöR 1981, 604; *P. Lerche*, Zum „Anspruch auf rechtliches Gehör", ZZP

1965, 1; *H. Rüping*, Der Grundsatz des rechtlichen Gehörs und seine Bedeutung im Strafverfahren, 1976; *W. Waldner*, Präklusion im Zivilprozeß und rechtliches Gehör, NJW 1984, 2925; *R. Wimmer*, Die Wahrung des Grundsatzes des rechtlichen Gehörs, DVBl. 1985, 773.

§ 32 NULLA POENA SINE LEGE (Art. 103 Abs. 2)

Fall: Der unkollegiale Architekt (nach E 45, 346)

In einem Landes-Architektengesetz war bestimmt, daß Verstöße von Architekten gegen ihre Berufspflichten im berufsgerichtlichen Verfahren geahndet werden. Die Berufspflichten waren in einer von der Architektenkammer aufgrund einer entsprechenden Ermächtigung im Landes-Architektengesetz erlassenen Berufsordnung festgelegt; zu ihnen zählte u. a. das Gebot, sich kollegial zu verhalten. Architekt A wurde aufgrund dieser Vorschriften zu einer Geldbuße verurteilt, weil er Kollegen erheblich herabgesetzt hatte, um selber Aufträge zu bekommen. Lag darin ein Verstoß gegen Art. 103 Abs. 2?

I. Überblick

Das Recht auf bestimmte und nicht rückwirkende Strafgesetze („nulla poena sine lege") hat eine lange Tradition (vgl. *Schreiber*, Gesetz und Richter, 1976). Der wortgleiche § 1 StGB erfährt durch Art. 103 Abs. 2 Verfassungskraft. Das grundrechtsgleiche Recht des Art. 103 Abs. 2 steht in engem sachlichen Zusammenhang mit dem Rechtsstaatsprinzip. Es ist insofern normgeprägt, als Strafgesetze vorausgesetzt werden; zugleich werden mit dem Tatprinzip, dem Gesetzlichkeitsprinzip, dem Bestimmtheitsgrundsatz und dem Rückwirkungsverbot bestimmte verfassungsrechtliche Anforderungen an diese Strafgesetze normiert. 1191

II. Schutzbereich

1. Begriff der Strafbarkeit

Strafbarkeit i. S. d. Art. 103 Abs. 2 bezieht sich auf jede staatliche Maßnahme, die „eine mißbilligende hoheitliche Reaktion auf ein schuldhaftes Verhalten" enthält (E 26, 186/204). Neben dem Kriminalstrafrecht fällt daher auch das Ordnungswidrigkeitenrecht, das Disziplinar- und Standesrecht unter Art. 103 Abs. 2 (E 45, 346/351). Strafbarkeit bedeutet im übrigen nicht nur den Straftatbestand, sondern auch die Strafandrohung. 1192

Umstritten ist, ob die strafrechtlichen *Maßregeln der Besserung und Sicherung* (§§ 61 ff. StGB) unter Art. 103 Abs. 2 fallen. § 2 Abs. 6 StGB geht davon aus, daß dies nicht der Fall ist. Im gleichen Sinn hat E 20, 323/331 die Prävention von dem strafrechtlichen Anliegen der Repression und Vergeltung unterschieden. Diese Unterscheidung ist aber für das moderne Strafrecht, das nicht mehr vorrangig auf dem Vergeltungsgedanken beruht, sondern vor allem der Vorbeugung vor Straftaten und der Resozialisierung des Täters dient, überholt. Als typische strafrechtliche Sanktionen fallen daher auch Maßregeln der Besserung und Sicherung unter Art. 103 Abs. 2 (*Wassermann*, AK-GG, Art. 103 Rdnr. 46; a. A. BGH in st. Rspr.). 1193

§ 32 II 1, 2, 3, 4

1194 Im Unterschied zu den materiellen Regeln über die Strafbarkeit fallen jedoch die formellen Regelungen der *Strafverfolgung* nicht mehr unter den Begriff der „Strafbarkeit" i. S. d. Art. 103 Abs. 2.

1195 **Beispiele:** Als sich in den sechziger Jahren herausstellte, daß die Ermittlungen gegen nationalsozialistische Verbrechen noch längere Zeit beanspruchen würden, wurde im Jahr 1965 zunächst das Ruhen der Verjährung zwischen 1945 und 1949 gesetzlich festgestellt, im Jahr 1969 sodann die bis dahin geltende Verjährungsfrist von 20 Jahren für Mord auf 30 Jahre verlängert und im Jahr 1979 ganz aufgehoben. Das verstieß nicht gegen Art. 103 Abs. 2, weil die Strafbarkeit für Mord gesetzlich bestimmt war, bevor die Tat begangen wurde, und zu der Strafbarkeit nicht die im Zeitpunkt der Tat geltende Verjährungsregelung gehört: Das die Strafbarkeit kennzeichnende Unwerturteil ergibt sich aus Straftatbestand und Strafandrohung, nicht aber aus den formellen Regelungen der Strafverfolgung (E 25, 269/284 ff.; vgl. auch *Arndt,* JZ 1965, 145; *Grünwald,* MDR 1965, 521; *Schneider,* Festschrift Germann, 1969, S. 199). — Fraglich ist die Anwendbarkeit des Art. 103 Abs. 2 bei strafrechtlichen Regelungen, deren materieller oder formeller Charakter umstritten ist, wie z. B. beim Strafantrag (vgl. *Pieroth,* JuS 1977, 394).

2. Tatprinzip

1196 Ein rechtsstaatliches Strafrecht knüpft an *Taten,* d. h. Handlungen, nicht an Gesinnungen an.

3. Gesetzlichkeitsprinzip

1197 Ein rechtsstaatliches Strafrecht setzt ein Gesetz voraus. Art. 103 Abs. 2 ist ein Spezialfall des *Vorbehalts des Gesetzes.* Die Strafbarkeit kann sich dabei nach Maßgabe des Art. 80 Abs. 1 auch aus Rechtsverordnungen ergeben (E 14, 174/185; 51, 60/70 ff.). Sie kann sich auch aus Satzungen ergeben (E 32, 346/362). Zu beachten ist allerdings, daß nach Art. 104 Abs. 1 für Freiheitsstrafen immer ein Parlamentsgesetz vorliegen muß und nach dem *Parlamentsvorbehalt* (vgl. oben Rdnr. 302 ff.) im Falle einer Delegation auf Rechtsverordnungen und Satzungen die wesentlichen Entscheidungen durch das Parlament selbst getroffen werden müssen: „Schon aus der Ermächtigung und nicht erst aus der auf sie gestützten Satzung müssen die Grenzen der Strafbarkeit und die Art der Strafe für den Bürger voraussehbar sein" (E 32, 346/362).

1198 Dem Gesetzlichkeitsprinzip wird darüber hinaus im Rahmen des Art. 103 Abs. 2 nach seiner historischen Entwicklung noch das Verbot des *Gewohnheitsrechts* und der *Analogie* zu Lasten des Täters entnommen (E 26, 41/42). Gesetzlichkeit verweist hier also — enger als sonst — nur auf geschriebenes Recht. Nach h. M. wird von der im Strafrecht unzulässigen Analogie die zulässige extensive Interpretation unterschieden. Das Analogieverbot des Art. 103 Abs. 2 verlangt die Beachtung der allgemeinen rechtsstaatlichen Grenzfunktion des Wortlauts (vgl. *F. Müller,* Juristische Methodik, 2. Aufl. 1976, S. 153 ff.).

4. Bestimmtheitsgrundsatz

1199 Ein rechtsstaatliches Strafrecht erfordert *bestimmte* Gesetze. Der einzelne soll von vornherein wissen können, was strafrechtlich verboten ist, damit er in der Lage ist, sein Verhalten danach einzurichten. Tragweite und Anwendungsbereich müssen klar erkennbar sein. Art. 103 Abs. 2 schließt allerdings ebenso wie der allgemeine rechtsstaatliche Bestimmtheitsgrundsatz (vgl. oben Rdnr. 357 f.) nicht aus, daß unbestimmte Rechtsbegriffe verwendet werden, die der Auslegung durch den Richter bedürfen.

> **Beispiele:** § 360 Abs. 1 Nr. 11 StGB a. F. hatte die Verübung groben Unfugs unter Strafe gestellt (vgl. heute § 118 Abs. 1 OWiG: Vornahme einer „grob ungehörigen Handlung"). E 26, 41/43 hat diese Vorschrift unter Hinweis darauf vor Art. 103 Abs. 2 bestehen lassen, „daß sie zum überlieferten Bestand an Strafrechtsnormen gehört und durch eine jahrzehntelange gefestigte Rechtsprechung hinreichend präzisiert worden ist". — Da Art. 103 Abs. 2 sich sowohl auf den Tatbestand als auch auf die Strafandrohung bezieht, muß auch die Strafandrohung dem Bestimmtheitsgrundsatz genügen. Daher ist ein gesetzlicher Strafrahmen erforderlich; eine Regelung, die dem Richter die Möglichkeit einräumt, auf jede gesetzlich zulässige Strafe zu erkennen, ist daher verfassungswidrig (a. A. noch BGHSt 13, 190/191 f.).

1200

5. Rückwirkungsverbot

Ein rechtsstaatliches Strafrecht umfaßt ein Verbot der *rückwirkenden* Bestrafung. Art. 103 Abs. 2 verbietet also, jemanden aufgrund eines Gesetzes zu bestrafen, das zur Zeit der Tat noch nicht in Kraft war, bzw. jemanden schärfer zu bestrafen, als zur Zeit der Tat gesetzlich bestimmt war.

1201

> **Beispiele:** Das Gesetz gegen Straßenraub mittels Autofallen vom 22. 6. 1938 (RGBl. S. 651) trat „mit Wirkung vom 1. Januar 1936 in Kraft" (zur Abschaffung des Rückwirkungsverbots in der nationalsozialistischen Zeit vgl. *E. Schmidt,* Einführung in die Geschichte der deutschen Strafrechtspflege, 3. Aufl. 1965, S. 435 f.). — Ein Gericht kann dadurch gegen das Rückwirkungsverbot verstoßen, daß es ein Gesetz, das sich selbst keine Rückwirkung zulegt, gleichwohl auf Taten anwendet, die vor Inkrafttreten des Gesetzes begangen worden sind und damals überhaupt nicht oder milder strafbar waren.

1202

III. Eingriffe

Ein Zurückbleiben hinter den dargestellten Anforderungen bedeutet einen Eingriff in Art. 103 Abs. 2. Der Verstoß gegen das Rückwirkungsverbot kann, wie das letzte Beispiel zeigt, sowohl durch die Legislative als auch durch die Judikative erfolgen. Dagegen steht beim Gesetzlichkeitsprinzip die Judikative, beim Bestimmtheitsgrundsatz die Legislative als Verpflichteter im Vordergrund: Wenn kein Gesetz da ist, verstößt ein gleichwohl bestrafendes Gericht gegen das Gesetzlichkeitsprinzip (vgl. E 64, 389/ 393 ff.); wenn ein Gesetz existent, aber nicht bestimmt genug ist, verstößt der Gesetzgeber gegen den Bestimmtheitsgrundsatz.

1203

IV. Verfassungsrechtliche Rechtfertigung

Art. 103 Abs. 2 enthält keine Eingriffsermächtigung. Eingriffe könnten daher allenfalls durch kollidierendes Verfassungsrecht gerechtfertigt werden. Ein derartiger Versuch ist aber bisher weder im Schrifttum noch in der Rechtsprechung gemacht worden. Eingriffe in den Schutzbereich des Art. 103 Abs. 2 führen daher stets zu seiner Verletzung.

1204

> **Lösungsskizze zum Fall:** I. Eine berufsgerichtliche Sanktion betrifft die Strafbarkeit i. S. d. Art. 103 Abs. 2. Es geht hier um eine Tat, die nach vorher bestehenden Vorschriften bestraft wurde. Damit scheiden Verstöße gegen das Tatprinzip und das Rückwirkungs-

1205

verbot aus und sind nur das Gesetzlichkeitsprinzip und der Bestimmtheitsgrundsatz problematisch: 1. Das Landes-Architektengesetz enthielt als Tatbestand nur den „Verstoß gegen Berufspflichten"; erst die Berufsordnung konkretisierte die Berufspflichten. Es ist daher schon fraglich, ob nicht gegen den *Parlamentsvorbehalt* verstoßen wurde. Das wird von E 45, 346/353 mit der Erwägung verneint, daß das Berufsbild des Architekten im Gesetz festgelegt sei und sich aus diesem Berufsbild und den daraus zu entnehmenden Berufsaufgaben auch die Berufspflichten des Architekten ergeben. — 2. Der *Bestimmtheitsgrundsatz* wird nicht schon durch unbestimmte Rechtsbegriffe verletzt. Da die einzelnen Berufspflichten nicht vollständig aufgezählt werden können, reicht auch eine allgemeine Umschreibung aus (vgl. E 66, 337/355 f.). Hier lag aber noch nicht einmal das vor, so daß Art. 103 Abs. 2 verletzt war (so auch *Kunig*, vM-GG, Art. 103 Rdnr. 34). E 45, 346/352 hat mit der Begründung, es werde von der Norm im Landes-Architektengesetz dadurch, daß sie von „Berufspflichten" spreche, ein entsprechender Pflichtenkodex „vorausgesetzt und sanktioniert", anders entschieden. — II. Der Verstoß der Norm gegen Art. 103 Abs. 2 führt zu ihrer Verfassungswidrigkeit und Nichtigkeit. A durfte unabhängig von der Frage, ob er sich kollegial verhalten hat oder nicht, nicht zu der Geldbuße verurteilt werden.

Literatur: *F. Haft*, Generalklauseln und unbestimmte Begriffe im Strafrecht, JuS 1975, 477; *M. Krahl*, Die Rechtsprechung des Bundesverfassungsgerichts und des Bundesgerichtshofs zum Bestimmtheitsgrundsatz im Strafrecht (Art. 103 Abs. 2 GG), 1986; *V. Krey*, Keine Strafe ohne Gesetz, 1983; *B. Pieroth*, Der rückwirkende Wegfall des Strafantragserfordernisses, JuS 1977, 394; *B. Schünemann*, Nulla poena sine lege?, 1978.

§ 33 NE BIS IN IDEM (Art. 103 Abs. 3)

Fall: Erweiterung der Wiederaufnahmegründe

Aus der Mitte des Bundestags wird ein Gesetz zur Änderung der Strafprozeßordnung eingebracht. Es soll § 362 StPO dahin ergänzen, daß eine Wiederaufnahme zuungunsten des Angeklagten auch dann zulässig ist, wenn Beweismittel beigebracht werden, die vom Angeklagten verändert oder unterdrückt worden waren. Ist die Ergänzung mit Art. 103 Abs. 3 vereinbar?

I. Überblick

1206 Art. 103 Abs. 3 enthält den Grundsatz „ne bis in idem". Der Grundsatz ist alt, allerdings von der Inquisition bis zum Nationalsozialismus immer wieder bestritten und durchbrochen worden. Die Erfahrung der *nationalsozialistischen Durchbrechungen* hat zur Aufnahme in das Grundgesetz geführt.

1207 Der Grundsatz gewährleistet die Rechtskraft des Strafurteils und verwirklicht *Rechtssicherheit*. Hinter die Rechtssicherheit tritt hier die materielle Gerechtigkeit zurück. Der Rechtsstaat verlangt zwar beides, Rechtssicherheit und materielle Gerechtigkeit, aber beides steht in einem Spannungsverhältnis, das manchmal nur nach entweder der einen oder der anderen Seite aufgelöst werden kann. Art. 103 Abs. 3 schützt durch die Auflösung nach der Seite der Rechtssicherheit die individuelle Freiheit: Der einzelne wird davor bewahrt, sich nach einer rechtskräftigen strafgerichtlichen Entscheidung erneut verantworten zu müssen.

1208 Die h. L. versteht Art. 103 Abs. 3 als *normgeprägtes* Grundrecht. Der Verfassungsgeber wollte den Grundsatz „ne bis in idem" so in das Grundgesetz aufnehmen, wie er im Strafverfahrensrecht ausgebildet und anerkannt war (vgl. *Rüping*, BK, Art. 103 Abs. 3 Rdnr. 16 ff.). Die traditionellen Beschränkungen des Grundsatzes werden „ als vom Verfassungsgeber gewollt und daher als eine dem Art. 103 Abs. 3 immanente Schranke angesehen" (E 3, 248/252 f.; vgl. auch E 56, 22/27 f.; 65, 377/384). Der Wortlaut läßt diese Normprägung nicht erkennen; die traditionellen Beschränkungen sind zumindest daran zu überprüfen, ob sie um der materiellen Gerechtigkeit willen unerläßlich sind.

II. Schutzbereich

Der Wortlaut verbietet ausdrücklich nur die mehrfache Verhängung von Strafe wegen derselben Tat. Nach der geschichtlichen Entwicklung des Grundsatzes ist die Verhängung von Strafe aber auch dann verboten, wenn wegen derselben Tat ein Freispruch ergangen ist. Nach verurteilender wie nach freisprechender Entscheidung ist sogar schon die *Einleitung eines weiteren Strafverfahrens* ausgeschlossen. Näher wird der Schutzbereich des Art. 103 Abs. 3 durch seine einzelnen Merkmale bestimmt. 1209

1. Dieselbe Tat

Der Begriff derselben Tat meint den „geschichtlichen Vorgang, auf welchen Anklage und Eröffnungsbeschluß hinweisen und innerhalb dessen der Angeklagte als Täter oder Teilnehmer einen Straftatbestand verwirklicht haben soll" (E 23, 191/202; vgl. auch E 56, 22/28). Die Rechtsprechung bestimmt dies danach, ob bei natürlicher Betrachtungsweise ein individualisierbarer Sachverhalt i. S. eines *einheitlichen Lebensvorganges* zu erkennen ist. Der engere Tat- und Handlungsbegriff des materiellen Strafrechts, nach dem sich Tateinheit und Tatmehrheit bestimmen, ist für den prozessualen Tatbegriff, an den Art. 103 Abs. 3 anknüpft, nicht maßgebend (vgl. zu beiden Tatbegriffen *Roxin*, Strafverfahrensrecht, 18. Aufl. 1983, § 20 B I 3). 1210

> **Beispiel:** Jemand ist durch ein rechtskräftiges Urteil wegen Beteiligung an einer kriminellen Vereinigung gem. § 129 StGB zu einer Freiheitsstrafe verurteilt worden. Später stellt sich heraus, daß er als Mitglied der kriminellen Vereinigung weitere, bisher unberücksichtigte Straftaten begangen hat. Deretwegen kann er ohne Verstoß gegen Art. 103 Abs. 3 bestraft werden, weil verschiedene geschichtliche Vorgänge zugrunde liegen (E 56, 22/28 ff.). — Hingegen liegt dieselbe Tat vor, wenn die Einberufung zum Ersatzdienst wegen einer ein für allemal getroffenen Gewissensentscheidung wiederholt nicht befolgt wird (E 23, 191 — Zeugen Jehovas —). 1211

Dagegen können nach der rechtskräftigen Verurteilung eintretende *neue Umstände* nicht dazu führen, daß nicht mehr „dieselbe Tat" angenommen wird. 1212

> **Beispiel:** Jemand hat bei einem Verkehrsunfall einen anderen verletzt und ist durch rechtskräftiges Urteil wegen fahrlässiger Körperverletzung gem. § 230 StGB zu einer Geldstrafe verurteilt worden. Später stirbt das Unfallopfer an den Folgen seiner Verletzungen. Schon die Einleitung eines neuen Strafverfahrens und erst recht die Verurteilung wegen fahrlässiger Tötung verstoßen gegen Art. 103 Abs. 3 (vgl. E 56, 22/31; 65, 377/381). 1213

2. Die allgemeinen Strafgesetze

Das Merkmal „auf Grund der allgemeinen Strafgesetze" soll, wie die Entstehungsgeschichte belegt (JöR 1951, 744), den Anwendungsbereich des Art. 103 Abs. 3 auf das *Kriminalstrafrecht* beschränken. Der Grundsatz „ne bis in idem" kann für das Disziplinar- und Berufsstrafrecht nur aus dem Rechtsstaatsgebot und Verhältnismäßigkeitsgrundsatz abgeleitet werden. Art. 103 Abs. 3 gilt auch nicht im Verhältnis von Krimi- 1214

§ 33 II 2, 3

nalstrafrecht einerseits und Disziplinar- und Berufsstrafrecht andererseits (E 66, 337/ 356 f.). Eine mehrfache Bestrafung ist wegen des unterschiedlichen Rechtsgrunds und der unterschiedlichen Zweckbestimmung gerechtfertigt: „Das strafrechtliche Delikt ist seinem Wesen nach die schuldhafte Verletzung eines für alle gewährleisteten Rechtsgutes, es erscheint als eine Störung des allgemeinen Rechtsfriedens ... Demgegenüber bezieht sich die Disziplinarmaßnahme auf den besonderen Rechts- und Pflichtenstatus der Angehörigen eines bestimmten Berufsstandes" (E 32, 40/48).

1215 Allerdings folgen aus dem *Verhältnismäßigkeitsgrundsatz* Grenzen für das Nebeneinander von Kriminalstrafrecht einerseits und Disziplinar- und Berufsstrafrecht andererseits: Soweit dieses im Einzelfall keine gegenüber dem Kriminalstrafrecht eigenständige Funktion hat, ist seine Anwendung ein nicht erforderlicher Grundrechtseingriff. Aus dem gleichen Grund ist bei der jeweils nachfolgenden Sanktion die vorangegangene zu berücksichtigen.

1216 **Beispiel:** Ein Soldat wird wegen Gehorsamsverweigerung disziplinarrechtlich von seinem Bataillonskommandeur mit Freiheitsstrafe (Arrest) und strafrechtlich vom Schöffengericht mit Freiheitsstrafe bestraft. Auf die jeweils spätere Freiheitsstrafe muß die frühere angerechnet werden (vgl. E 21, 378/388; 27, 180/192 ff.).

1217 Das Verbot der Doppelbestrafung gilt ferner nicht für das Verhältnis zwischen Kriminalstrafen einerseits und Ordnungs- und Beugemaßnahmen sowie Verwaltungs- und Steuersanktionen andererseits.

1218 **Beispiel:** Die Entziehung der Fahrerlaubnis ist gem. § 69 StGB als strafgerichtliche Maßnahme und gem. § 4 StVG als verwaltungsbehördliche Maßnahme zulässig. Es verstößt nicht gegen Art. 103 Abs. 3, wenn die Verwaltungsbehörde nach Ablauf der strafgerichtlichen Entziehung der Fahrerlaubnis ihrerseits die Fahrerlaubnis wegen in diesem Zeitpunkt festzustellender fehlender Eignung entzieht (E 20, 365/372).

3. Mehrmalige Bestrafung

1219 Der Grundsatz „ne bis in idem" schützt die Rechtskraft sowohl einer Verurteilung als auch eines Freispruchs. Bei sonstigen strafprozessualen Entscheidungen kommt es darauf an, ob sie mit der Rechtskraft eines Urteils einen Vorgang vollständig erfassen und abschließend entscheiden (vgl. *Rüping*, BK, Art. 103 Abs. 3 Rdnr. 61 ff.).

1220 **Beispiele:** Verfahrenseinstellungen durch Staatsanwaltschaft und Gericht haben keine bzw. eingeschränkte Rechtskraft; die Verwerfung der Revision durch Beschluß hat grundsätzlich volle Rechtskraft. Ein Strafbefehl, gegen den nicht rechtzeitig Einspruch erhoben worden ist, erlangt gem. § 410 StPO „die Wirkung eines rechtskräftigen Urteils". Gleichwohl hat die ständige Rechtsprechung der Strafgerichte wegen des summarischen Charakters des Strafbefehlsverfahrens nur eine eingeschränkte Rechtskraft des Strafbefehls angenommen und eine erneute Verfolgung zugelassen, wenn sich nachträglich ein im Strafbefehl nicht gewürdigter rechtlicher Gesichtspunkt ergibt, der eine erhöhte Strafbarkeit begründet. E 3, 248/252 ff. hat das für vereinbar mit Art. 103 Abs. 3 gehalten. Dagegen ist jedoch zu sagen, daß der Einsatz des Strafbefehlsverfahrens im staatlichen Interesse liegt (Verbilligung, Beschleunigung, Entlastung der Gerichte), das jedoch keine Einschränkung des Art. 103 Abs. 3 rechtfertigt (so auch *Dürig*, M/D-GG, Art. 103 Rdnr. 133; *Kunig*, vM-GG, Art. 103 Rdnr. 46). E 65, 377/382 ff. hat die bisherige Rechtsprechung zwar nicht aufgegeben, aber mit einer auf Art. 3 Abs. 1 gestützten Argumentation in ihrer Tragweite erheblich eingeschränkt; der Leitsatz lautet: „Tritt erst nach rechtskräftiger Erledigung eines Strafbefehlsverfahrens ein Umstand ein, der die Bestrafung des Täters wegen eines schwereren Vergehens begründen würde, steht der erneuten Strafverfolgung die Rechtskraft des Strafbefehls ebenso wie beim Urteil entgegen."

III. Eingriffe und verfassungsrechtliche Rechtfertigung

Als Eingriff in den Schutz rechtskräftiger Verurteilungen und Freisprüche kann die *Wiederaufnahme zuungunsten des Angeklagten* (§ 362 StPO) verstanden werden. Zur verfassungsrechtlichen Rechtfertigung dieses Eingriffs kann dann nur auf die Kollision zwischen Rechtssicherheit und materieller Gerechtigkeit verwiesen und geltend gemacht werden, daß bei Vorliegen der Wiederaufnahmegründe von § 362 StPO die Aufrechterhaltung der Rechtskraft die materielle Gerechtigkeit unerträglich beeinträchtigen würde. Demgegenüber stellt die *Wiederaufnahme zugunsten des Angeklagten* keinen Eingriff in den Schutzbereich des Art. 103 Abs. 3 dar.

1221

Lösungsskizze zum Fall: I. Das Änderungsgesetz soll ermöglichen, daß Wiederaufnahmen zuungunsten des Angeklagten in weiterem Ausmaß als bisher stattfinden können. Der Umfang der Geltung des Grundsatzes „ne bis in idem" würde dadurch *beschränkt*. — II. Es fragt sich, ob diese Beschränkung noch als Teil der *immanenten Schranke*, durch die Rechtsprechung und h. L. den Schutzbereich von Art. 103 Abs. 3 begrenzt sehen, verstanden werden kann. Sie gehört nicht zu dem „bei Inkrafttreten des Grundgesetzes geltenden Stand des Prozeßrechts und seiner Auslegung durch die herrschende Rechtsprechung", an dem das BVerfG die immanente Schranke orientiert (E 3, 248/252). Im Schrifttum wird die Festlegung auf den damaligen Stand des Prozeßrechts jedoch überwiegend abgelehnt und eine Erweiterung des § 362 StPO unter mal mehr und mal weniger strengen Voraussetzungen für zulässig gehalten (*Rüping*, BK, Art. 103 Abs. 3 Rdnr. 22; *Deml*, S. 49 f.). Dagegen argumentiert überzeugend *Grünwald*, daß die Einführung einer „Wiederaufnahme zuungunsten des Angeklagten wegen neuer Tatsachen oder Beweismittel... durch die Verfassung ausgeschlossen ist. Denn der Tradition der StPO ist sie fremd, und das bedeutet zugleich, daß eine Behauptung, ihr Fehlen sei unerträglich, von einem rechtsstaatlichen Standpunkt aus nicht zu begründen ist" (Beiheft ZStW 1974, 94/103).

1222

Literatur: *P. Deml*, Zur Reform der Wiederaufnahme des Strafverfahrens, 1979; *O. Fliedner*, Die verfassungsrechtlichen Grenzen mehrfacher staatlicher Bestrafungen aufgrund desselben Verhaltens, AöR 1974, 242; *G. Grünwald*, Die materielle Rechtskraft im Strafverfahren der Bundesrepublik Deutschland, Beiheft ZStW 1974, 94; *F. Loos*, Probleme der beschränkten Sperrwirkung strafprozessualer Entscheidungen, JZ 1978, 592.

§ 34

DRITTER TEIL: Verfassungsbeschwerde

§ 34 ALLGEMEINES ZUR VERFASSUNGSBESCHWERDE

1223 Im Grundgesetz handelt Art. 93 Abs. 1 Nr. 4a von der Verfassungsbeschwerde. Er begründet die Zuständigkeit des BVerfG und legt die wesentlichen Voraussetzungen der Zulässigkeit fest. Einzelheiten des Verfahrens sowie weitere Zulässigkeits- bzw. Sachentscheidungsvoraussetzungen sind in dem aufgrund der Ermächtigung des Art. 94 Abs. 2 ergangenen BVerfGG (§§ 90—96) geregelt.

1224 Das Grundgesetz hat im Vergleich zu früher wie auch im Vergleich zu anderen Staaten eine sehr *starke Verfassungsgerichtsbarkeit* eingerichtet. Dadurch kann der Vorrang der Verfassung allgemein durchgesetzt werden (vgl. *Wahl*, Staat 1981, 485). Mit der Verfassungsbeschwerde hat das Grundgesetz den Bürgern die Möglichkeit eröffnet, speziell den Vorrang der Grundrechte durchzusetzen. Das ist in der deutschen Verfassungsgeschichte neu; die Verfassungsstreitigkeiten des Art. 19 WRV umfaßten noch nicht Behelfe des Bürgers gegen den Staat. Die Verfassungsbeschwerde ist der einzige Weg, auf dem der einzelne ein Verfahren vor dem BVerfG einleiten kann. Sie ergänzt insoweit den durch Art. 19 Abs. 4 (vgl. oben Rdnr. 1093 ff.) garantierten Individualrechtsschutz.

1225 Die Verfassungsbeschwerde ist die zahlenmäßig *bedeutendste* Zuständigkeit des BVerfG. Sie macht ca. 95 % aller anhängigen Verfahren aus. Derzeit werden pro Jahr über 4000 Verfassungsbeschwerden erhoben, d. h. im Schnitt mehr als 10 pro Tag. Die Erfolgsquote liegt allerdings nur bei etwas über 1 % (vgl. *Pestalozza*, S. 30 f.).

1226 Die sehr hohe Zahl von Verfassungsbeschwerden hat im Jahr 1963 zur Einführung des *Vorprüfungsverfahrens* gemäß § 93a BVerfGG geführt, das das Gericht entlasten soll. Demselben Ziel dient die umstrittene (vgl. *Schlink*, NJW 1984, 89) Vorprüfung durch die Präsidialräte gemäß der Geschäftsordnung des BVerfG. Die Vorprüfung geschieht folgendermaßen: Hält einer der von beiden Senaten eingesetzten Dreier-Ausschüsse einstimmig die Verfassungsbeschwerde für unzulässig oder sonst aussichtslos, lehnt er ihre Annahme ab. Er handelt dabei als BVerfG (E 19, 88/90). Die Ablehnung ist das Schicksal der meisten Verfassungsbeschwerden. Andernfalls entscheidet gem. § 93a Abs. 4 BVerfGG der Senat über die Annahme. Er nimmt die Verfassungsbeschwerde nur an, wenn mindestens zwei Richter der Auffassung sind, daß von der Entscheidung die Klärung einer verfassungsrechtlichen Frage zu erwarten ist oder dem Beschwerdeführer ein schwerer oder unabwendbarer Nachteil droht (ausführlich *Schlaich*, S. 121 ff.; *Zacher*, Festgabe BVerfG, 1. Bd., 1976, S. 396).

1227 **Lösungstechnischer Hinweis:** In Übungsarbeiten ist regelmäßig auf das Vorprüfungsverfahren nicht einzugehen, da es sich weder um eine Zulässigkeits- noch um eine Begründetheitsfrage handelt. Vielmehr hängt es von der gutachtlichen Prüfung der Zulässigkeit und der Begründetheit ab, wie die Verfassungsbeschwerde im Vorprüfungsverfahren voraussichtlich behandelt wird. Es gehört aber auch nicht etwa in die Übungsarbeit, daß am Ende eine Prognose über die Behandlung der Verfassungsbeschwerde durch die Dreier-Ausschüsse geäußert wird.

Literatur: Vgl. nach § 36.

§ 35 ZULÄSSIGKEIT DER VERFASSUNGSBESCHWERDE

Lösungstechnischer Hinweis: Die folgenden Zulässigkeitsvoraussetzungen sind zwar rechtlich alle wichtig: Das Nichtvorliegen jeder einzelnen macht die Verfassungsbeschwerde unzulässig. In Übungsarbeiten haben sie dagegen unterschiedliche Bedeutung. Allein die Voraussetzungen IV bis VI sind stets zu prüfen; die Voraussetzungen I bis III und VII bis IX bedürfen nur dann der Prüfung, wenn der Sachverhalt entsprechenden Anlaß bietet, z. B. den Hinweis enthält, daß die Verfassungsbeschwerde telegraphisch eingelegt wurde, der Beschwerdeführer ausländische juristische Person oder erst 16 Jahre alt ist, der Akt der öffentlichen Gewalt, der mit der Verfassungsbeschwerde angegriffen wird, schon mehr als einen Monat zurückliegt, etc.

I. Ordnungsgemäßer Antrag

Gemäß § 23 Abs. 1 S. 1 BVerfGG ist die Verfassungsbeschwerde schriftlich einzureichen. Dafür reicht ein Telegramm aus (E 32, 365/368). Ferner ist die Verfassungsbeschwerde zu begründen (§ 23 Abs. 1 S. 2 BVerfGG). Gemäß § 92 BVerfGG sind in der Begründung das Recht, das verletzt sein soll, und die Handlung oder Unterlassung des Organs oder der Behörde, durch die der Beschwerdeführer sich verletzt fühlt, zu bezeichnen. Das bedeutet jedoch nicht, daß das als verletzt behauptete Recht mit der Artikel-, Absatz- und Satznummer des Grundgesetzes benannt oder grundrechtsdogmatisch genau bezeichnet werden müßte; vielmehr genügt die Angabe oder Umschreibung dem Inhalt nach.

II. Beteiligtenfähigkeit

Gemäß § 90 Abs. 1 BVerfGG kann „jedermann" Verfassungsbeschwerde erheben bzw. am Verfassungsbeschwerdeverfahren beteiligt sein. Da die Verfassungsbeschwerde die Rüge der Verletzung von Grundrechten oder grundrechtsgleichen Rechten beinhaltet, setzt sie beim Beschwerdeführer nur voraus, daß er überhaupt in Grundrechten oder grundrechtsgleichen Rechten verletzt sein kann. Beteiligtenfähigkeit richtet sich also nach der Grundrechtsberechtigung oder -fähigkeit (vgl. oben Rdnr. 128 ff.).

III. Prozeßfähigkeit

Unter Prozeßfähigkeit versteht man die Fähigkeit, Prozeßhandlungen selbst oder durch Vertreter vorzunehmen. Die Prozeßfähigkeit ist in den Prozeß- oder Gerichtsordnungen geregelt und richtet sich z. B. im Zivilprozeß nach der Geschäftsfähigkeit (vgl. §§ 52 f. ZPO). Das BVerfGG hat die Prozeßfähigkeit nicht allgemein geregelt. Es handelt lediglich von der Vertretung der Verfahrensbeteiligten (§ 22 BVerfGG). Wegen der Eigenart der verfassungsgerichtlichen Verfahren darf auch nicht einfach auf die Regelungen anderer Prozeß- oder Gerichtsordnungen, etwa der ZPO, zurückgegriffen werden. Es kommt vielmehr auf die einzelnen in Anspruch genommenen Grundrechte an (vgl. E 28, 243/254; 51, 405/407). Prozeßfähig ist der Beschwerdeführer, der als reif anzusehen ist und insbesondere von der Rechtsordnung als reif angesehen wird, in dem vom Grundrecht geschützten Freiheitsbereich eigenverantwortlich zu handeln (vgl. oben Rdnr. 151 ff.)

1232 **Beispiele:** Der 15jährige, der sich auf Art. 4 Abs. 1 und 2 beruft, ist prozeßfähig im Hinblick auf § 5 RelKEerzG (E 1, 87/89). Bei minderjährigen Soldaten hat E 28, 243/254 f. zu Art. 4 Abs. 3 auf die Einsichtsfähigkeit abgestellt. Der allgemeine Rechtsgedanke, daß Geisteskranke und Entmündigte prozeßfähig in den Verfahren sind, in denen über ihre Geisteskrankheit und Entmündigung entschieden wird, gilt auch bei der Verfassungsbeschwerde (E 10, 302/306).

IV. Beschwerdegegenstand

1233 Gegenstand der Verfassungsbeschwerde kann *jeder* Akt der öffentlichen Gewalt sein, also Akte der vollziehenden Gewalt und der Rechtsprechung (vgl. §§ 94 Abs. 3, 95 Abs. 2 BVerfGG) wie der Gesetzgebung (vgl. §§ 93 Abs. 2, 94 Abs. 4, 95 Abs. 3 BVerfGG). Der Umfang möglicher Beschwerdegegenstände deckt sich also mit dem Umfang der Grundrechtsbindung gemäß Art. 1 Abs. 3 (vgl. oben Rdnr. 195 ff.). Der Begriff der öffentlichen Gewalt i. S. d. Art. 19 Abs. 4 ist demgegenüber in der Beschränkung auf die vollziehende Gewalt enger (vgl. oben Rdnr. 1096 ff.); umgekehrt sind alle Akte der öffentlichen Gewalt i. S. d. Art. 19 Abs. 4 zugleich solche i. S. d. Art. 93 Abs. 1 Nr. 4a und § 90 Abs. 1 BVerfGG. Entscheidungen des *BVerfG* selbst scheiden aber selbstverständlich als Gegenstand der Verfassungsbeschwerde aus.

1234 Akte der öffentlichen Gewalt umfassen nicht nur das Handeln, sondern auch das *Unterlassen* (vgl. §§ 92, 95 Abs. 1 S. 1 BVerfGG: „Handlung oder Unterlassung"; näher *Schenke,* Rechtsschutz bei normativem Unrecht, 1979, S. 337 ff.). Ferner braucht der Akt nicht unbedingt auf Setzung einer Rechtsfolge gerichtet zu sein; ein auf einen *tatsächlichen* Erfolg gerichteter Akt, wie die Rüge des Vorstands einer Anwaltskammer (E 18, 203/213), reicht aus. Allerdings fehlt bei den auf einen tatsächlichen Erfolg gerichteten Akten u. U. die Beschwerdebefugnis.

1235 Bei *mehreren* Akten der öffentlichen Gewalt in der gleichen Sache — z. B. Verwaltungsakt, Widerspruchsbescheid, Urteil des Verwaltungsgerichts, Urteil des Oberverwaltungsgerichts/Verwaltungsgerichtshofs, Urteil des Bundesverwaltungsgerichts — läßt das BVerfG dem Beschwerdeführer die Wahl, ob er nur die letztinstanzliche Gerichtsentscheidung oder zusätzlich die Entscheidungen der Vorinstanzen bzw. den zugrunde liegenden Akt der vollziehenden Gewalt mit der Verfassungsbeschwerde angreifen will (vgl. z. B. E 19, 377/389; 54, 53/64 ff.). In jedem Fall liegt nur *eine* Verfassungsbeschwerde vor.

V. Beschwerdebefugnis

1236 Gemäß § 90 Abs. 1 BVerfGG ist die Verfassungsbeschwerde nur zulässig, wenn der Beschwerdeführer behauptet, in einem seiner Grundrechte verletzt zu sein. Daraus ergeben sich folgende einzelne Voraussetzungen der Zulässigkeit, die unter dem Begriff der Beschwerde-, gelegentlich auch der Prozeßführungsbefugnis zusammengefaßt werden.

1. Möglichkeit einer Grundrechtsverletzung

1237 Damit eine Grundrechtsverletzung behauptet werden kann, reicht einerseits das subjektive Empfinden, im Grundrecht verletzt zu sein, nicht aus; andererseits ist es nicht Gegenstand der Zulässigkeits-, sondern erst der Begründetheitsprüfung, ob eine Verletzung wirklich vorliegt. Daher verlangt die Behauptung bei § 90 Abs. 1 BVerfGG wie bei § 42 Abs. 2 VwGO die *Möglichkeit* einer Grundrechts- bzw. Rechtsverletzung; die Verletzung darf mit anderen Worten nicht von vornherein ausgeschlossen sein (vgl. E 6, 445/447; 28, 17/19; 52, 303/327).

Die Möglichkeit einer Grundrechtsverletzung kann auf *allen Stufen* der inhaltlichen Grundrechtsprüfung scheitern, also weil von vornherein der persönliche oder sachliche Schutzbereich nicht betroffen, ein Eingriff ausgeschlossen oder auch die verfassungsrechtliche Rechtfertigung offensichtlich ist. 1238

Lösungstechnischer Hinweis: In Übungsarbeiten kann es problematisch sein, welche Gesichtspunkte bei der Zulässigkeit und welche erst bei der Begründetheit zu prüfen sind. Als übliche Vorgehensweise wird vorgeschlagen: Nur eine offensichtliche und daher leicht und rasch zu begründende Ablehnung des Schutzbereichs eines Grundrechts oder des Eingriffs in den Schutzbereich eines Grundrechts führt zur Unzulässigkeit der Verfassungsbeschwerde. Wenn die Ablehnung des Schutzbereichs oder des Eingriffs eingehender Begründung bedarf, sollte diese Erörterung im Rahmen der Begründetheit erfolgen. Die Bejahung eines Eingriffs in den Schutzbereich führt fast stets zur Bejahung der Beschwerdebefugnis; daß die verfassungsrechtliche Rechtfertigung offensichtlich ist, kommt jedenfalls in Übungsarbeiten kaum vor. 1239

Beispiele: Die Beschwerdebefugnis fehlt dem Ausländer, der die Verletzung eines Deutschen-Grundrechts geltend macht; dem Beschwerdeführer, der eine Grundrechtsverletzung behauptet, weil er sich nicht bewaffnet versammeln durfte; dem Bundestagsabgeordneten, der eine Verletzung seiner Stellung im Bundestag (und nicht als Bürger) geltend macht (vgl. E 64, 301/312 ff.); dem Verurteilten, der bei der Geltendmachung einer Verletzung des Art. 103 Abs. 1 nicht die Tatsachen oder Argumente vorträgt, die die Entscheidung im Ergebnis hätten beeinflussen können (vgl. oben Rdnr. 1188 sowie E 58, 1/25 f.). — Auch die Bedeutung der Grundrechte im Zivilrecht ist eine Frage der Beschwerdebefugnis; wäre den Grundrechten insoweit jede, d. h. nicht nur die unmittelbare, sondern auch die mittelbare Drittwirkung abzusprechen, dann wären Grundrechtsverletzungen durch zivilrechtliche Gerichtsentscheidungen von vornherein ausgeschlossen. 1240

Die Beschwerdebefugnis bzw. die Beschwer wird verneint, wenn ein Verhalten der öffentlichen Gewalt *keinerlei Regelungsgehalt* und wenn es *keinerlei Außenwirkung* hat. Hier scheidet die Möglichkeit eines Grundrechtseingriffs und daher auch einer Grundrechtsverletzung von vornherein aus. 1241

Beispiele: Keinen Regelungsgehalt haben Meinungsäußerungen zur Rechtslage (E 37, 57/61) und Mitteilungen über den Stand der Dinge (E 33, 18/21 f.). Keine Außenwirkung haben Verwaltungsvorschriften (E 41, 88/105), behördeninterne Anträge (E 20, 162/172), noch nicht in Kraft gesetzte Gesetze (E 11, 339/342; offengelassen in E 18, 1/11 f.; zu einer Ausnahme vgl. E 38, 326/335 f.), bloße Entscheidungsentwürfe des Gerichts und noch nicht von allen Richtern unterzeichnete Entscheidungen (BVerfG, NJW 1985, 788; dazu *Lüke*, JuS 1985, 767). 1242

Im übrigen kann die Möglichkeit eines *Eingriffs* unter verschiedenen Aspekten fraglich sein: Liegt überhaupt ein Eingriff vor? Trifft er gerade den Beschwerdeführer oder andere Personen? Trifft er den Beschwerdeführer gerade jetzt oder ist er schon vorbei oder steht er erst bevor? Ist es die als Eingriff zunächst erscheinende oder eine andere Maßnahme, die den Beschwerdeführer trifft? Diese Fragen prüft das BVerfG nach der Formel, ob der Beschwerdeführer „selbst, gegenwärtig und unmittelbar" be- 1243 schwert bzw. betroffen ist (st. Rspr. seit E 1, 97/101 f.). Zwar hat das BVerfG die Formel für die Verfassungsbeschwerde gegen Gesetze entwickelt, aber der Sache nach ist sie auf alle Akte der öffentlichen Gewalt anwendbar (so auch *Pestalozza*, S. 108 f.; *Schlaich*, S. 113). Freilich ist die eigene, gegenwärtige und unmittelbare Beschwer bei Individualakten wie einem Verwaltungsakt und einer Gerichtsentscheidung in der Regel unproblematisch. Entsprechend der Rechtsprechung werden diese Voraussetzungen im folgenden als selbständige Aspekte der Beschwerdebefugnis dargestellt.

1244 **Lösungstechnischer Hinweis:** Die Beschwerdebefugnis ist in Übungsarbeiten zwar stets zu prüfen. Ihre einzelnen Elemente — Möglichkeit einer Grundrechtsverletzung, eigene, gegenwärtige und unmittelbare Beschwer — sind aber nur dann auch unter verschiedenen Gliederungspunkten in einzelnen Schritten zu prüfen, wenn sie jeweils besondere Probleme aufwerfen. Die Prüfung der Zulässigkeit einer Verfassungsbeschwerde gegen z. B. einen Verwaltungsakt kann einfach unter dem einen Gliederungspunkt der Beschwerdebefugnis fragen, ob die Verletzung des Beschwerdeführers in eigenen Grundrechten nicht von vornherein ausgeschlossen ist.

2. Eigene Beschwer

1245 Der Beschwerdeführer muß in *eigenen Grundrechten* betroffen sein. Damit ist eine sog. Popularbeschwerde ausgeschlossen (vgl. E 13, 1/9). Während andere Prozeßordnungen zulassen, daß jemand fremde Rechte in eigenem Namen geltend macht, ist bei der Verfassungsbeschwerde eine Prozeßstandschaft nicht möglich (vgl. E 56, 296/297).

1246 **Beispiele:** Ein Verband darf nicht die Rechte seiner Mitglieder wahrnehmen, eine Gesellschaft nicht die Rechte ihrer Gesellschafter, eine Verwertungsgesellschaft nicht die ihr treuhänderisch übertragenen Urheberrechte der Mitglieder (vgl. E 31, 275/280; aber auch E 50, 290/320 f.).

1247 Der Beschwerdeführer ist nicht nur dann selbst betroffen, wenn er *Adressat* des Akts der öffentlichen Gewalt ist. Wenn aber der Akt an Dritte gerichtet ist, muß für eine eigene Beschwer zwischen der Grundrechtsposition des Beschwerdeführers und dem Akt eine hinreichend enge Beziehung bestehen; eine bloß „mittelbare" bzw. „wirtschaftliche" Berührung soll nicht ausreichen.

1248 **Beispiele:** Adressat des § 3 des Ladenschlußgesetzes sind nur die Inhaber von Verkaufsstellen; selbst betroffen sind aber auch die Verbraucher (E 13, 230/232 f.). Durch eine Steuernorm, die von zwei Konkurrenten den einen begünstigt, kann der andere in seiner Berufsfreiheit selbst betroffen sein (E 18, 1/12 f.; 43, 58/68 f.). — Andererseits soll eine gerichtliche Entscheidung, die einer GmbH das Armenrecht versagt, den Gesellschafter der GmbH nicht selbst, sondern nur „wirtschaftlich" betreffen (E 35, 348/352).

1249 Das sog. Selbstbetroffensein setzt auch voraus, daß das Grundrecht als subjektives Recht des Beschwerdeführers und nicht nur in seiner objektiv-rechtlichen Dimension betroffen ist. Wo das BVerfG in der Begründetheitsprüfung auf die Verletzung der *objektiv-rechtlichen* Dimension der Grundrechte abstellt, bejaht es in der Zulässigkeitsprüfung gleichwohl die Beschwerdebefugnis (vgl. E 7, 198/206 f.; 35, 202/218 f.): Der Träger öffentlicher Gewalt, der den objektiv-rechtlichen Gehalt des Grundrechts nicht beachtet, verletzt zugleich das subjektive Grundrecht des betroffenen einzelnen. Das wird besonders bei der Verfassungsbeschwerde gegen zivilrechtliche Gerichtsentscheidungen aktuell, bei denen die objektiv-rechtliche Dimension der Grundrechte als mittelbare Drittwirkung zu beachten ist (vgl. oben Rdnr. 209 ff.). Stets muß allerdings geltend gemacht werden können, daß die Nichtbeachtung der objektiv-rechtlichen Dimension sich in der Verletzung des subjektiven Grundrechts des Beschwerdeführers niederschlägt.

> **Beispiele:** Die Verkennung der objektiv-rechtlichen Dimension von Art. 6 Abs. 1 durch einen Richter, der in einem Scheidungsurteil mit der Schutzunwürdigkeit von Ehen zwischen Deutschen und Ausländern argumentieren würde, wäre keine Verletzung der subjektiven Rechte der Ehegatten, die geschieden werden wollten und geschieden worden sind. — Den objektiv vorliegenden Gleichheitsverstoß eines Gesetzes, das ohne rechtfertigenden Grund die einen Bürger begünstigt und die anderen belastet, kann ein belasteter Bürger nur dann rügen, wenn er geltend machen kann, daß dem Gleichheitssatz nur durch eine Ausdehnung der Begünstigung Genüge geschieht.

3. Gegenwärtige Beschwer

Die gegenwärtige Beschwer oder Betroffenheit ist nicht gegeben, wenn die Beschwerdeführer „irgendwann einmal in der *Zukunft* (‚virtuell') von der gerügten Gesetzesbestimmung betroffen sein könnten" (E 60, 360/371). Ausnahmsweise wird die gegenwärtige Betroffenheit bejaht, „wenn ein Gesetz die Normadressaten bereits gegenwärtig zu später nicht mehr korrigierbaren Entscheidungen zwingt oder schon jetzt zu Dispositionen veranlaßt, die sie nach dem späteren Gesetzesvollzug nicht mehr nachholen können" (E 65, 1/37). Das Merkmal der Gegenwärtigkeit leistet aber zugleich die Abgrenzung gegenüber *vergangenen* Beeinträchtigungen, wobei allerdings das BVerfG dies in der Regel unter dem Gesichtspunkt des Rechtsschutzbedürfnisses prüft. Im übrigen ist das BVerfG mit der Annahme einer gegenwärtigen Betroffenheit recht großzügig.

> **Beispiele:** Das Ingenieurgesetz, das den Absolventen bestimmter Ausbildungsgänge verbietet, die Bezeichnung „Ingenieur" zu führen, betrifft schon die in der Ausbildung Befindlichen gegenwärtig (E 26, 246/251). — Ein Verwaltungsakt, der gerade wegen seiner Grundrechtswidrigkeit aufgehoben worden ist, betrifft den Beschwerdeführer demgegenüber nicht mehr gegenwärtig (E 11, 336/338).

4. Unmittelbare Beschwer

Unmittelbar ist die Beschwer oder Betroffenheit, wenn sie weder vermittels eines weiteren Akts bewirkt wird noch vom Ergehen eines solchen Akts abhängt (E 68, 319/325). Dabei rechnen Sanktionen des Straf- oder Ordnungswidrigkeitenrechts nicht als Vollzugsakte, da den Betroffenen nicht zugemutet werden kann, einen derartigen Rechtsnachteil abzuwarten. Wohl aber soll nach E 69, 122 von ihnen verlangt werden können, wenn ein Gesetz Genehmigungen, Beteiligungen, Mitgliedschaften etc. verwehrt, gleichwohl einen Antrag auf Gewährung zu stellen und dessen Ablehnung anzugreifen. Das Erfordernis der Unmittelbarkeit kann auch als Ausprägung der Subsidiarität der Verfassungsbeschwerde (vgl. unten Rdnr. 1256 ff.) verstanden werden.

> **Beispiele:** Die durch Gesetz erfolgende Änderung von Amtsbezeichnungen (E 38, 1/8), das gesetzliche Verbot, künftig einen bestimmten Beruf ohne Zulassung auszuüben (E 1, 264/270), die gesetzliche Einschränkung des Rechts von Krankenhausärzten, Privatrechnungen auszustellen (E 52, 303/327), und ein Bebauungsplan, der die Bebaubarkeit eines Grundstücks wegfallen läßt (E 70, 35/52 f.), wirken unmittelbar. — Andererseits fehlt es an einer unmittelbaren Betroffenheit in der Regel bei Vertragsgesetzen gem. Art. 59 Abs. 2 S. 1, bei solchen Abgabengesetzen, die durch Gebühren- oder Beitragsbescheid vollzogen werden (Steuergesetze können allerdings auch unmittelbar wirken), und bei gesetzlichen Ermächtigungen zu Rechtsverordnungen oder Satzungen (E 53, 366/388 ff.; 55, 37/52 f.).

1255 *Ausnahmsweise* wird vom BVerfG die Beschwerdebefugnis selbst bei fehlender Unmittelbarkeit dann bejaht, „wenn das Gesetz die Normadressaten bereits gegenwärtig zu später nicht mehr korrigierbaren Entscheidungen zwingt oder schon jetzt zu Dispositionen veranlaßt, die sie nach dem späteren Gesetzesvollzug nicht mehr nachholen können" (E 65, 1/37 — Volkszählungsurteil —). Dies ließe sich auch mit einer analogen Anwendung des § 90 Abs. 2 S. 2 BVerfGG begründen; dieser ist zwar nicht direkt anwendbar (vgl. § 93 Abs. 2 BVerfGG), doch hängt das Unmittelbarkeitserfordernis sachlich eng mit der Subsidiarität gem. § 90 Abs. 2 S. 1 BVerfGG zusammen.

VI. Erschöpfung des Rechtswegs

1256 § 90 Abs. 2 S. 1 BVerfGG verlangt, gestützt auf Art. 94 Abs. 2 S. 2, die Erschöpfung des Rechtswegs in den Fällen, in denen ein Rechtsweg prinzipiell eingeräumt ist. Dies ist bei formellen Gesetzen sowie bei denjenigen Rechtsverordnungen und Satzungen, die mangels landesrechtlicher Ausführungsgesetze nicht von § 47 VwGO (Normenkontrolle) erfaßt werden, nicht der Fall, so daß für diese das Erfordernis der Rechtswegerschöpfung keine Bedeutung hat. In der Rechtswegerschöpfung kommt die sog. *Subsidiarität* der Verfassungsbeschwerde zum Ausdruck (E 47, 144/145): Zunächst ist es Aufgabe der ordentlichen Gerichte und Fachgerichte, Rechtsschutz auch bei Grundrechtsverletzungen zu gewährleisten. Die Verfassungsbeschwerde ist nur zulässig, wenn die Grundrechtsverletzung dort nicht hat oder hätte beseitigt werden können. Auf diese Weise soll auch gewährleistet werden, daß das BVerfG auf einen in tatsächlicher und rechtlicher Hinsicht aufbereiteten Fall trifft (E 56, 54/69; 65, 1/38).

1257 1. **Rechtsweg** ist der Weg, der den einzelnen mit dem Begehren, die behauptete Grundrechtsverletzung zu überprüfen und auszuräumen, vor die deutschen staatlichen Gerichte führt. Er beginnt u. U. bei der Verwaltung, wenn nämlich dem Gerichtsverfahren das Widerspruchsverfahren vorgeschaltet ist. Er endet normalerweise mit der Entscheidung letzter Instanz, gegen die kein Rechtsmittel mehr gegeben ist. Allerdings gehören zum Rechtsweg auch der Antrag auf Wiedereinsetzung in den vorigen Stand (E 42, 252/257) und der Antrag auf Wiederaufnahme des Verfahrens (E 11, 61/63). Selbst die nicht als Rechtsmittel ausgestaltete Gegenvorstellung will das BVerfG noch zum Rechtsweg rechnen, wenn ihr „der Erfolg nicht von vornherein abgesprochen werden kann" (E 63, 77/78 f.).

1258 Zum Rechtsweg zählen auch Normenkontrollen gem. § 47 VwGO, Verfahren des vorläufigen Rechtsschutzes, z. B. nach §§ 80 Abs. 5, 123 VwGO, sowie solche Rechtsbehelfe, die keinen Devolutiveffekt haben, d. h. zur Überprüfung nicht durch eine höhere, sondern dieselbe Instanz führen, z. B. Einspruch gegen einen Strafbefehl gem. §§ 409 ff. StPO und Einspruch gegen ein Versäumnisurteil gem. § 338 ZPO.

1259 2. **Erschöpfung** des Rechtswegs bedeutet, daß der Beschwerdeführer alle zulässigen und ihm zumutbaren prozessualen Möglichkeiten zur Beseitigung der behaupteten Grundrechtsverletzung in Anspruch genommen haben muß. Das bedeutet im einzelnen:

1260 — Nicht erforderlich ist die Durchführung von Verfahren, in denen es nicht primär um die behauptete Grundrechtsverletzung geht, z. B. im Amtshaftungsprozeß, der sich an anderen Fragen (Verletzung eines nicht grundrechtlichen subjektiven Rechts, Verschulden der Amtsperson, Schaden) als denen einer Grundrechtsverletzung entscheidet (E 20, 162/173), oder in einer auf die Prüfung von Landesrecht gerichteten Klage vor einem Landesverfassungsgericht (E 32, 157/162; vgl. auch § 90 Abs. 3 BVerfGG).

— Die zulässigen prozessualen Möglichkeiten dürfen vom Beschwerdeführer nicht versäumt worden sein, z. B. dadurch, daß er ein zulässiges Rechtsmittel nicht einlegt oder zurücknimmt (E 1, 12/13). 1261

— Nicht zumutbar ist dem Beschwerdeführer die Erschöpfung des Rechtswegs, wenn seinem Begehren eine gefestigte höchstrichterliche Rechtsprechung entgegensteht (E 9, 3/7 f.; 56, 363/380) oder wenn das Gericht den Beschwerdeführer fälschlich darüber belehrt hat, daß kein Rechtsmittel gegeben sei (E 19, 253/256 f.). Dagegen ist dem Beschwerdeführer der Gebrauch eines Rechtsmittels, dessen Zulässigkeit umstritten ist, zumutbar (E 70, 180/185). 1262

— Wenn das Verfahren des vorläufigen Rechtsschutzes durch eine Entscheidung letzter Instanz abgeschlossen, das Hauptsacheverfahren aber noch nicht durchgeführt ist, stellt das BVerfG darauf ab, ob das Hauptsacheverfahren geeignet oder nicht geeignet ist, die behauptete Grundrechtsverletzung auszuräumen. Ist es nicht geeignet, dann läßt das BVerfG die Verfassungsbeschwerde schon vor Durchführung des Hauptsacheverfahrens zu. 1263

Beispiel: Erfolglose Studienbewerber, die die mangelnde Nutzung vorhandener Kapazitäten nur im Verfahren des vorläufigen Rechsschutzes gerügt hatten, wurden vom BVerfG immer wieder mit dem Argument zur Verfassungsbeschwerde zugelassen, daß „andernfalls vorhandene Kapazitäten in erheblichem Umfang ungenutzt geblieben wären", d. h. daß die entsprechenden Grundrechtsverletzungen bestehen geblieben wären (E 51, 130/143). 1264

Ob es im letzten Fall um die Erschöpfung des Rechtswegs und nicht vielmehr schon um eine Durchbrechung der Subsidiarität (dazu sogleich) geht, bleibt *fraglich*. Mal betont das BVerfG, daß das Verfahren des vorläufigen Rechtsschutzes „rechtlich selbständig" sei, so daß es nur auf seine Erschöpfung ankomme (E 59, 63/82 ff.), mal stellt es wie bei der Durchbrechung der Subsidiarität auch auf die grundsätzliche verfassungsrechtliche Bedeutung der Rechtsfrage ab (E 59, 172/198). Auch der Verzicht auf die Erschöpfung des Rechtswegs bei Unzumutbarkeit ist ein Fall der Durchbrechung der Subsidiarität (E 70, 180/186). 1265

3. Die Subsidiarität kann gemäß § 90 Abs. 2 S. 2 BVerfGG **durchbrochen** werden (sog. *Vorabentscheidung*), wenn die Verfassungsbeschwerde von allgemeiner Bedeutung ist oder wenn dem Beschwerdeführer ein schwerer und unabwendbarer Nachteil entstünde, falls er zunächst auf den Rechtsweg verwiesen würde. Sinn einer solchen Vorabentscheidung ist es, dem Beschwerdeführer den an sich vorgesehenen Rechtsweg zu ersparen. Das setzt voraus, daß der Rechtsweg tatsächlich noch offen steht bzw. bereits beschritten ist. 1266

Beispiel: Einer politischen Partei wird die Einräumung von Rundfunksendezeiten für die Ausstrahlung von Wahlpropaganda kurz vor einer Wahl verweigert. Hier ist der Verwaltungsgerichtsweg und in diesem Rahmen die Möglichkeit einstweiligen Rechtsschutzes gegeben. Selbst dieser kommt aber möglicherweise zu spät, so daß der Partei der schwere und unabwendbare Nachteil entstünde, daß sie vor der Wahl nicht in gleicher Weise wie die anderen Parteien (vgl. § 5 PartG) Rundfunksendezeit in Anspruch nehmen konnte (E 7, 99/105; 14, 121/130 f.). 1267

VII. Frist

1268 Gemäß § 93 Abs. 1 S. 1 BVerfGG ist die Verfassungsbeschwerde *binnen eines Monats* zu erheben. Der Normalfall dieser Fristbestimmung betrifft letztinstanzliche Gerichtsentscheidungen, da der Rechtsweg zunächst zu erschöpfen ist. Bei Hoheitsakten, gegen die ein Rechtsweg nicht offen steht — das sind in erster Linie formelle sowie materielle, nicht unter § 47 VwGO fallende Gesetze —, ist die Verfassungsbeschwerde gemäß § 93 Abs. 2 BVerfGG *binnen eines Jahres* zu erheben. Die Frist beginnt bei Gesetzen mit deren Inkrafttreten zu laufen; bei rückwirkenden Gesetzen in sinngemäßer Fortentwicklung des Wortlauts allerdings erst mit der Verkündung (E 1, 415/416 f.). Verfassungsbeschwerden gegen Unterlassungen der öffentlichen Gewalt sind zulässig, solange die Unterlassung dauert (E 6, 257/266; 10, 302/308). Sobald der Beschwerdeführer weiß, daß das Unterlassen beendet ist, gilt die Monatsfrist des § 93 Abs. 1 S. 1 BVerfGG (E 58, 208/218).

VIII. Einwand der Rechtskraft

1269 Entscheidungen des BVerfG erwachsen wie die anderer Gerichte in materieller Rechtskraft. Dieser allgemeine prozeßrechtliche Grundsatz liegt auch der Regelung der §§ 96, 41 BVerfGG zugrunde. Die *materielle Rechtskraft* bedeutet, daß über dasselbe Begehren desselben Beschwerdeführers bei gleicher Rechts- und Sachlage nicht erneut entschieden werden darf. Die materielle Rechtskraft bezieht sich nur auf den Tenor, nicht auf die Entscheidungsgründe, die aber zur Auslegung des Tenors herangezogen werden dürfen.

1270 **Beispiel:** A erhebt gegen die letztinstanzliche Verurteilung zu einer Geldbuße wegen Verstoßes gegen die Pflicht zum Anlegen von Gurten in Kraftfahrzeugen (§ 21a Abs. 1 StVO) Verfassungsbeschwerde mit der Begründung, dies verstoße gegen seine freie Entfaltung der Persönlichkeit. Die Verfassungsbeschwerde wird vom Vorprüfungsausschuß des BVerfG nicht zur Entscheidung angenommen, weil sie keine hinreichende Aussicht auf Erfolg habe. Die erneute Verfassungsbeschwerde des A gegen dasselbe Urteil mit dem Antrag, „daß der zuständige Senat über die Sache entscheiden möge", ist unzulässig.

IX. Allgemeines Rechtsschutzbedürfnis

1271 Alle bisher behandelten Voraussetzungen der Zulässigkeit einer Verfassungsbeschwerde sind, genauer betrachtet, besondere Ausprägungen des Rechtsschutzbedürfnisses. Darüber hinaus hat man im Prozeßrecht den *ungeschriebenen Auffangtatbestand* des allgemeinen Rechtsschutzbedürfnisses entwickelt, den das BVerfG auch in verfassungsgerichtlichen Verfahren und damit auch im Verfassungsbeschwerdeverfahren für anwendbar hält (krit. *Zuck*, Die Verfassungsbeschwerde, 1973, Rdnr. 151). Dieses allgemeine Rechtsschutzbedürfnis hat die Funktion, daß nicht oder nicht mehr erforderliche Verfassungsbeschwerden für unzulässig erklärt werden können. Dies betrifft vor allem folgende beiden Fallkonstellationen:

1272 — Eine Verfassungsbeschwerde ist *nicht erforderlich,* wenn eine einfachere Möglichkeit des Grundrechtsschutzes besteht. In der Regel wird dieser Aspekt durch das Erfordernis der Rechtswegerschöpfung bereits abgedeckt. Trotz Erschöpfung des Rechtswegs besteht aber eine einfachere Möglichkeit des Grundrechtsschutzes, wenn ein spezielles Verfahren vor dem BVerfG selbst zur Verfügung steht, beispielsweise das Wahlprüfungsverfahren gemäß Art. 41 Abs. 2 (E 14, 154/155; 28, 214/218 ff.).

— Eine Verfassungsbeschwerde ist *nicht mehr erforderlich,* wenn sich die Beschwer erledigt hat. In diesem Fall wird richtig zwar schon die Gegenwärtigkeit der Beschwer und damit die Beschwerdebefugnis verneint. Das BVerfG erörtert die Erledigung aber immer wieder als Problem des Rechtsschutzbedürfnisses. Es bejaht das Rechtsschutzbedürfnis, obwohl die grundrechtsverletzende Maßnahme aufgehoben worden ist, wenn von ihr weiterhin beeinträchtigende Wirkungen ausgehen (E 15, 226/230), wenn eine Wiederholung der angegriffenen Maßnahme zu besorgen ist (E 52, 42/51 f.; 56, 99/106) und auch wenn eine grundsätzlich bedeutsame Frage anhand des Falles geklärt werden kann (E 35, 1/4; 58, 208/219). 1273

Literatur: Vgl. nach § 36.

§ 36 BEGRÜNDETHEIT DER VERFASSUNGSBESCHWERDE

I. Maßstab

Gemäß Art. 93 Abs. 1 Nr. 4a ist die Verfassungsbeschwerde begründet, wenn ein Grundrecht oder ein grundrechtsgleiches Recht verletzt ist. Maßstab sind danach in erster Linie die im Zweiten Teil behandelten *Grundrechte und grundrechtsgleichen Rechte.* Keinen Maßstab im Verfahren der Verfassungsbeschwerde bilden demgegenüber die internationalen Grundrechte, die Grundrechte in den Landesverfassungen und überpositive Menschenrechte (vgl. oben Rdnr. 49 ff.). 1274

> **Lösungstechnischer Hinweis:** Im Gutachten zur Begründetheit der Verfassungsbeschwerde folgt der Aufbau der Prüfung einer Grundrechtsverletzung der im Ersten Teil dargelegten Struktur, die auch der Darstellung im Zweiten Teil zugrunde liegt (vgl. auch die Schemata oben Rdnr. 393 ff. und 577). 1275

Die Grundrechtsverletzung kann sich dabei auch aus *sonstigem Verfassungsrecht* des Bundes ergeben. Dies ist vom BVerfG zunächst in seiner Rechtsprechung zu Art. 2 Abs. 1 entwickelt worden (vgl. oben Rdnr. 427 f.). Danach ist ein Eingriff in die allgemeine Handlungsfreiheit nur dann durch die verfassungsmäßige Ordnung gedeckt, wenn er mit der Verfassung im übrigen übereinstimmt. So werden Verstöße gegen sonstiges Verfassungsrecht einschließlich der Kompetenz- und Verfahrensvorschriften zu Grundrechtsverletzungen. Das gleiche gilt aber auch für alle anderen Grundrechte. Soweit sich die verfassungsrechtliche Zulässigkeit eines Eingriffs in sie nach einem *Gesetzesvorbehalt* richtet, muß das Gesetz formell und materiell mit der Verfassung im übrigen übereinstimmen. 1276

> **Beispiele:** Eine Verletzung des Art. 12 Abs. 1 kann darin liegen, daß gegen das Rechtsstaatsgebot (E 9, 83/87 f.), die Kompetenzordnung (E 13, 181/190) oder Art. 72 Abs. 2 (E 13, 237/239) verstoßen worden ist. 1277

Soweit die verfassungsrechtliche Zulässigkeit eines Eingriffs in den Schutzbereich eines Grundrechts oder grundrechtsgleichen Rechts nur durch *kollidierendes Verfassungsrecht* gerechtfertigt werden kann, gilt das gleiche. Das kollidierende Verfassungs- 1278

§ 36 I, II 1

recht, das nicht nur in einem Grundrecht oder grundrechtsgleichen Recht, sondern z. B. im Rechtsstaats- und Sozialstaatsgebot bestehen kann, muß richtig ausgelegt und angewandt werden. Die Kollisionslösung, die der Gesetzgeber trifft, muß wiederum den Kompetenz- und Verfahrensvorschriften des Grundgesetzes Rechnung tragen.

1279 Ist eine Verfassungsbeschwerde erst einmal zulässig, nimmt das BVerfG über das bisher Gesagte hinaus eine *umfassende Prüfungsbefugnis* für sich in Anspruch. Unabhängig von dem als verletzt geltend gemachten Grundrecht prüft das Gericht von Amts wegen die Einhaltung allen Verfassungsrechts. Das weitet die Verfassungsbeschwerde vom Mittel des subjektiven Rechtsschutzes zum Mittel des objektiven Rechtsschutzes, allerdings auf subjektive Initiative hin, und entspricht dem doppelfunktionalen Verständnis der Verfassungsbeschwerde durch das BVerfG: „Die Verfassungsbeschwerde ist nicht nur ein Rechtsbehelf zur Sicherung und Durchsetzung grundgesetzlich garantierter individueller Rechtspositionen, sondern in gleicher Weise ein ‚spezifisches Rechtsschutzmittel des objektiven Verfassungsrechts‘ " (E 45, 63/74; vgl. zur Doppelfunktion und zur umfassenden Prüfungsbefugnis zust. *Schlaich*, S. 101 f., 127 ff.; krit. zur Doppelfunktion *Schlink*, NJW 1984, 89/92 f., zur umfassenden Prüfungsbefugnis *Rinken*, AK-GG, Art. 93 Rdnr. 71).

1280 **Beispiel:** Die Bremische Evangelische Kirche hat ein Kirchengesetz erlassen, wonach ein Pfarrer für die Dauer der Ausübung eines Abgeordnetenmandats als beurlaubt gilt. Der Bremische Staatsgerichtshof hat diese Vorschrift wegen Verstoßes gegen das Verbot der Abgeordnetenbehinderung (Art. 48 Abs. 2) für unzulässig erklärt. E 42, 312/323 hat die Zulässigkeit der Verfassungsbeschwerde hiergegen bejaht, weil die Kirche als Beschwerdeführerin „plausibel" gemacht habe, daß sie „in ihrem Grundrecht aus Art. 4 GG verletzt sein kann". Die Prüfung der Begründetheit beginnt sodann wie folgt: „Nachdem die Verfassungsbeschwerde zulässig ist, ist das BVerfG bei der materiell-rechtlichen Prüfung nicht mehr darauf beschränkt zu untersuchen, ob eine der gerügten Grundrechtsverletzungen vorliegt. Es kann die verfassungsrechtliche Unbedenklichkeit des angegriffenen Urteils vielmehr unter jedem in Betracht kommenden verfassungsrechtlichen Gesichtspunkt prüfen" (E 42, 312/325 f.; vgl. auch E 70, 138/162). Die weiteren Ausführungen gelten dann nur noch dem Art. 140 i.V.m. Art. 137 Abs. 3 WRV.

II. Einschränkung des Prüfungsumfangs auf die Verletzung spezifischen Verfassungsrechts

1. Das Problem

1281 Wenn also die Verletzung jeglichen Verfassungsrechts eine Grundrechtsverletzung bedeutet bzw. die Verfassungsbeschwerde begründet macht, müßte das eigentlich auch für den *Vorrang des Gesetzes* gelten, wonach kein Akt der Exekutive und Judikative sich zu Akten der Legislative in Widerspruch setzen darf. Verwaltungsakte und gerichtliche Entscheidungen, die gegen Gesetze verstoßen, verletzen dadurch stets den Verfassungsrechtssatz vom Vorrang des Gesetzes (Art. 20 Abs. 3). Das wiederum müßte dann auch als Grundrechtsverletzung qualifiziert werden.

1282 **Beispiele:** Die Verurteilung zu einer Freiheitsstrafe ist ein Eingriff in die Freiheit der Person, der nur durch förmliches Gesetz gerechtfertigt werden kann (Art. 2 Abs. 2 S. 2, Art. 104 Abs. 1); beruht sie auf falscher Auslegung und Anwendung des Strafgesetzbuchs, dann liegt ein Verstoß gegen den Vorrang des Gesetzes vor, und müßte eigentlich eine Grundrechtsverletzung angenommen werden. Ein zivilgerichtliches Urteil, das jemanden unter falscher Anwendung des BGB zur Übereignung verurteilt, verletzt entsprechend dessen Grundrecht auf Eigentum; ein mit den einschlägigen Normen des Privatrechts nicht übereinstimmendes Scheidungsurteil verletzt entsprechend das Ehegrundrecht.

Wäre dies richtig, müßte eine Verfassungsbeschwerde auch mit der Begründung erhoben werden können, eine Maßnahme der öffentlichen Gewalt, d. h. wegen des Erfordernisses der Rechtswegerschöpfung in der Regel eine gerichtliche Entscheidung, verstoße gegen einfaches Gesetzesrecht. Damit würde aber das BVerfG zur „Superrevisionsinstanz" über allen Gerichten. Es wäre gezwungen, jede Auslegung des einfachen Rechts zu überprüfen bzw. zu korrigieren. Gerade das ist aber *nicht Aufgabe des BVerfG*, das durch Art. 93 Abs. 1 Nr. 4a auf die Überprüfung von Verstößen gegen die Grundrechte und grundrechtsgleichen Rechte beschränkt werden soll. Die Aufgabe der anderen obersten Bundesgerichte, für die Rechtsgebiete ihrer Zuständigkeit, vorbehaltlich besonderer verfassungsrechtlicher Überprüfung, letzte Instanz zu sein, würde zunichte gemacht. Das BVerfG wäre im übrigen auch tatsächlich völlig überfordert.

1283

2. Die Lösung

Das BVerfG beschränkt seine Überprüfung gerichtlicher Entscheidungen auf die Verletzung *spezifischen Verfassungsrechts*. Dies setzt voraus, daß eine einschlägige Verfassungsnorm

1284

— entweder ganz übersehen worden ist
— oder grundsätzlich falsch angewendet worden ist; bei Grundrechten kann sich das auf den Schutzbereich oder auf die Rechtfertigung eines Eingriffs in den Schutzbereich, besonders auch auf den Grundsatz der Verhältnismäßigkeit, beziehen.

Beispiele: Eine spezifische Verletzung des Art. 5 Abs. 1 S. 1 liegt vor, wenn das Zivilgericht „die beanstandete Äußerung in Verkennung dieses Grundrechts zu Unrecht nicht als grundsätzlich geschützte Meinungsäußerung, sondern als — unrichtige — Tatsachenbehauptung angesehen" hat (E 61, 1/7), oder auch wenn vom Zivilgericht unter Verkennung des Verhältnismäßigkeitsgrundsatzes allein auf den Ehrenschutz und nicht zugleich auf die Bedeutung eines Flugblatts als „Beitrag zum geistigen Meinungskampf in einer die Öffentlichkeit wesentlich berührenden Frage" abgestellt wurde (E 43, 130/137; ausführlich zum Widerstreit von Ehrenschutz und Meinungsfreiheit vgl. *Tettinger*, JZ 1983, 317).

1285

Wo keine spezifische Verfassungsrechtsverletzung in diesem Sinne vorliegt, läßt das BVerfG also eine gerichtliche Entscheidung bestehen, selbst wenn sie *gesetzeswidrig* sein sollte: „Die Gestaltung des Verfahrens, die Feststellung und Würdigung des Tatbestands, die Auslegung des einfachen Rechts und seine Anwendung auf den einzelnen Fall sind allein Sache der dafür allgemein zuständigen Gerichte und Nachprüfung durch das BVerfG entzogen" (E 18, 85/92; st. Rspr.).

1286

Die Grenzlinie zwischen einer bloßen Verletzung einfachen Rechts im Schutzbereich eines Grundrechts und einer spezifischen Grundrechtsverletzung ist oft schwer zu ziehen. Die Grauzone kann allerdings gewissermaßen nach oben und unten begrenzt werden. Einerseits nimmt das BVerfG eine vollinhaltliche Überprüfung dann vor,

1287

§ 36, II 2

wenn es um die Grenzen *richterlicher Rechtsfortbildung* geht (E 34, 293/301 f.). Andererseits ist die Feststellung und Würdigung des *Sachverhalts* regelmäßig keine Frage spezifischen Verfassungsrechts.

1288 Im übrigen kommt es nach der Rechtsprechung des BVerfG wesentlich auf die *Intensität* des Eingriffs an: Die Grenzen der Überprüfungsmöglichkeit lassen sich „nicht starr und gleichbleibend ziehen. Sie hängen namentlich von der Intensität der Grundrechtsbeeinträchtigung ab: Je mehr eine zivilgerichtliche Entscheidung grundrechtsgeschützte Voraussetzungen freiheitlicher Existenz und Betätigung verkürzt, desto eingehender muß die verfassungsgerichtliche Prüfung sein" (E 61, 1/6; vgl. auch E 70, 297/316; *Lincke,* EuGRZ 1986, 60).

1289 Gesteigerte Schwierigkeiten entstehen, wenn Gesetzesnormen, die den Schutzbereich eines Grundrechts ausgestalten, fehlen und das Grundrecht selbst alleiniger Maßstab schon für die Fachgerichte ist, wie das weitgehend bei Art. 16 Abs. 2 S. 2 der Fall ist, oder wenn die grundrechtliche Gewährleistung gerade in der Gesetzlichkeit besteht, wie bei Art. 101 Abs. 1 S. 2 und Art. 103 Abs. 2. Hier behilft sich das BVerfG mit dem Unterscheidungskriterium der *Willkür*.

1290 **Beispiele:** Bei Art. 101 Abs. 1 S. 2 ist die „willkürliche Anwendung" von Verfahrensnormen Voraussetzung für die Annahme eines Entzugs des gesetzlichen Richters (vgl. oben Rdnr. 1173 ff.). — Ein Strafurteil, das auf einer „schlechthin unhaltbaren und damit objektiv willkürlichen Auslegung der angewendeten Strafnorm" beruht, begründet eine spezifische Verletzung des Art. 103 Abs. 2 (E 64, 389/396 f.).

1291 Im Schrifttum gibt es zahlreiche Versuche, die Unterscheidung zwischen einer Verletzung spezifischen Verfassungsrechts und einer Verletzung einfachen Rechts präziser zu treffen (vgl. *Schlaich,* S. 134 ff., 145 ff.). Als Hilfsmittel bewährt sich zuweilen die sog. *Schumann'sche Formel,* wonach eine spezifische Grundrechtsverletzung jedenfalls dann vorliegt, „wenn der angefochtene Richterspruch eine Rechtsfolge annimmt, die der einfache Gesetzgeber nicht als Norm erlassen dürfte" (*Schumann,* Verfassungs- und Menschenrechtsbeschwerde gegen richterliche Entscheidungen, 1963, S. 207).

1292 **Beispiel:** Ein Beamter wird disziplinarisch gemaßregelt, weil er in seiner Freizeit für eine Sekte geworben hat (vgl. BVerwGE 30, 29). Ein entsprechendes Gesetz („Werbung für Sekten durch Beamte ist verboten") würde gegen Art. 4 Abs. 1 und 2 verstoßen. Damit liegt eine spezifische Grundrechtsverletzung vor.

1293 Aber die Schumann'sche Formel erfaßt keineswegs alle Fälle, in denen das BVerfG eine Prüfung und Korrektur vornimmt, und würde dem BVerfG verwehren, bei besonders intensiven Eingriffen in Grundrechte selbst *einzelne Auslegungsfehler* als relevant anzusehen (E 60, 79/91), obwohl dies keineswegs unsinnig ist.

1294 **Lösungstechnischer Hinweis:** Zwar betrifft die Frage einer spezifischen Verfassungsrechtsverletzung den Umfang der verfassungsgerichtlichen Kontrolle und ist deshalb regelmäßig eingangs der Begründetheit der Verfassungsbeschwerde zu prüfen. Ist aber ausnahmsweise eine spezifische Verfassungsrechtsverletzung offensichtlich nicht gegeben, ist dies schon bei der Zulässigkeitsprüfung zu berücksichtigen: Es fehlt dann im Ergebnis an der Behauptung einer Grundrechtsverletzung (vgl. oben Rdnr. 1237 ff.). Im übrigen empfiehlt sich, in Übungsarbeiten einem großzügigen Verständnis des Prüfungsumfangs des BVerfG zu folgen und zumal die im Fall angesprochenen oder angedeuteten grundrechtlichen Probleme nicht etwa unter Berufung darauf, es könne sich nicht um die Verletzung spezifischen Verfassungsrechts, sondern allenfalls um eine Verletzung einfachen Rechts handeln, zu umgehen.

Literatur: *H.-U. Erichsen,* Die Verfassungsbeschwerde, in: Jura Extra, Studium und Examen, 2. Aufl. 1983, S. 214; *E. Friesenhahn,* Verfassungsgerichtsbarkeit, Jura 1982, 505; *E. Klein,* Verfassungsprozeßrecht, AöR 1983, 410; *C. Pestalozza,* Verfassungsprozeßrecht. Die Verfassungsgerichtsbarkeit des Bundes und der Länder, 2. Aufl. 1982; *K. Schlaich,* Das Bundesverfassungsgericht, 1985; *H. Scholler/S. Broß,* Verfassungs- und Verwaltungsprozeßrecht, 1980, S. 27 ff.; *H. Simon,* Verfassungsgerichtsbarkeit, in: Hdb. VerfR, S. 1253; *H. Spanner,* Die Beschwerdebefugnis bei der Verfassungsbeschwerde, in: Festgabe BVerfG, 1. Bd., 1976, S. 374; *K. Stern,* Zweitbearbeitung Art. 93, in: BK, 1982 (mit umfassender Bibliographie S. 309 ff.). — Kommentare zum BVerfGG: *H. Lechner,* 3. Aufl. 1973; *T. Maunz/B. Schmidt-Bleibtreu/F. Klein/G. Ulsamer* (Loseblatt), Stand: 1979. — Zur Verletzung spezifischen Verfassungsrechts: *H.-J. Papier,* „Spezifisches Verfassungsrecht" und „einfaches Recht" als Argumentationsformel des Bundesverfassungsgerichts, in: Festgabe BVerfG, 1. Bd., 1976, S. 432; *G. Schuppert,* Zur Nachprüfung gerichtlicher Entscheidungen durch das Bundesverfassungsgericht, AöR 1978, 43; *U. Steinwedel,* „Spezifisches Verfassungsrecht" und „einfaches Recht", 1976.

SACHVERZEICHNIS

(Die Zahlen bedeuten Randnummern)

ABC-Waffen, Lagerung 1127
Abfallbeseitigungsmonopol 924 f.
Abgeordnete des Deutschen Bundestages, Rechtsstellung 1136, 1155 ff.
— grundrechtsgleiches Recht 1155 ff.
— Teilhabe, Freiheit und Gleichheit 1158
— unmittelbare Drittwirkung 1158
— Organstreitverfahren 1156 f., 1159 f., 1240
— Verfassungsbeschwerde 1156 f., 1159 f., 1240
Abhören 868, 872 f.
Abhörurteil 405, 873
Abrißverfügung 975
Abschiebung 1061
  s. a. Aufenthaltsrecht, Ausweisung
Absperrklauseln 833
Abstammung 512
Abstimmungen, politische 1139
Abwägung 328 ff., 441, 673 ff.
Abwehrrechte 72 f., 97
Akteneinsicht 641, 1083
Aktivlegitimation 126
Allgemeinheit der Wahl 526 ff., 830 f., 1136, 1154
Altersgrenzen 150 ff.
Amt 1133
Amtshilfe 122
Anachronistischer Zug — Entscheidung 696, 705
Analogieverbot 1198
Angemessenheit s. Verhältnismäßigkeit i. e. S.
Anhörungsrecht im Verwaltungsverfahren 1187
Ansammlung 776
Anspruchsrechte, grundrechtliche 12, 74 f., 340
Antastung 238, 255, 343
Apotheken-Urteil 331, 336, 903, 921, 944, 949
Arbeitsbedingungen 823

Arbeitskampf 828 f.
Arbeit, gemeinnützige 960 f.
Arbeitsplatz, freie Wahl 917, 934 ff.
— Schutzbereich 917
— als Teilhaberecht 954
— kein Leistungsrecht 956
— Drittwirkung 934 f.
— Eingriffe 934 f.
— verfassungsrechtliche Rechtfertigung 936 ff., 953
  s. a. Berufsfreiheit, Stufenlehre
Arbeitsvermittlungsmonopol 924 f.
Arbeitszwang, Freiheit von 902, 957 ff.
— Schutzbereich 957
— Zusammenhang mit Art. 2 Abs. 1 957
— Eingriffe 958 ff.
— verfassungsrechtliche Rechtfertigung 960 f.
Asylantenwohnheim 438
Asylrecht 1064 ff.
— im Völkerrecht 1064
— Schutzbereich 1065 ff.
— für Ausländer und Deutsche 1065
— Verhältnis zu Art. 11 Abs. 1 1065
— Verhältnis zu Art. 6 739, 1068
— Abwehrrecht, Wirkungen 1075 ff.
— Eingriffe 1078
— verfassungsrechtliche Rechtfertigung 1079 f.
— vorbehaltloses Grundrecht 1054, 1079
— kollidierendes Verfassungsrecht 1080
  s. a. Aufenthaltsrecht; Verfolgung, politische
atomare Anlagen
— Genehmigung 122, 280 f., 1011
— Schutzpflicht des Staates für das Leben 111, 122, 466
— Widerstand 1127
— Freiheitsrechte 393 ff.
— Gleichheitsrechte 577
Aufbauschemata 393 ff., 577

Aufenthalt 135, 877, 879
Aufenthaltsrecht 739, 1052, 1068, 1078
  s. a. Abschiebung, Auslieferung, Ausweisung
Aufenthaltsstaat 1053
Auffanggrundrecht 385 ff., 422 ff.
Auflösung einer Versammlung 792, 801, 803
Ausbildung 914 f.
Ausbildungsstätte, freie Wahl 914 ff.
— Schutzbereich 914 ff.
— Ausbildungsstätte 916
— negative Freiheit 914
— als Teilhaberecht 954 f.
— kein Leistungsrecht 956
— Eingriffe 933
— Zulassungsvoraussetzungen und -schranken 933
— ausbildungsbezogene Regelungen 14, 933
— verfassungsrechtliche Rechtfertigung 936 ff., 953
  s. a. Berufsfreiheit, Stufenlehre
Ausbürgerung, Schutz vor 1055 ff.
— Zusammenhang mit dem Asylrecht 1052, 1054
— Schutzbereich 1055
— Eingriffe 1056
— Rücknahme fehlerhafter Einbürgerung 1057
— verfassungsrechtliche Rechtfertigung 1058 f., s. a. Staatsangehörigkeit
Ausgestaltung von Grundrechten 238, 241 ff.
Ausgewogenheit im Rundfunk s. Außenpluralismus, Binnenpluralismus
Auskunftspflicht
— der Bürger 635
— öffentlicher Stellen 124, 650, 1083
Ausländer 132, 1053
— keine Bürgerrechte 129, 135 ff.
— Ausdehnung des Grundrechtsschutzes 137 ff.
— Familiennachzug 741
— Geltung von Art. 2 Abs. 1 141 ff.
— Geltung des Gleichheitsgebots 512
— Vereinigungs- und Versammlungsfreiheit 136

— Verfassungsbeschwerde 141, 143 f., 1240
  s. a. Aufenthaltsrecht, Asylrecht
Auslegung 6, 9
  s. a. Interpretation, systematische; verfassungskonforme Auslegung
Auslieferungsverbot 464, 885, 1060 ff., 1075
Ausnahmegerichte, Verbot 1162
Ausreise 886 f.
Ausschluß
— von Koalitionsmitgliedern 828
— von der Listennachfolge 1147
Außenpluralismus 659
Außenrechtssatz 1166
Außenwirkung 1166, 1241 f.
Aussperrung 829
Ausstrahlungswirkung der Grundrechte 93, 101 f., 210
  s. a. Drittwirkung, mittelbare
Auswanderung 886 f.
Ausweisung 1061
— Verhältnismäßigkeit 739, 741
— Schutz durch Art. 6 739 f.
— bei drohender Folter 1074
— Schutz durch Asylrecht 1075

Beamte
— Besoldung 1033
— Beihilfe 1035
— Versorgung 1033, 1035
— Individualrecht aus Art. 33 Abs. 5 1130
— Koalitionsfreiheit 850
— Meinungsfreiheit 861
  s. a. Berufsbeamtentum, hergebrachte Grundsätze
Bedürfnisklauseln 921
Befreiungsvorbehalt 338 f.
Begünstigung, gleichheitswidrig vorenthaltene 550 ff., 564
  s. a. Selbstbindung
Belästigung 278 f., 283 ff.
Belastung
— als Eingriff 436
— gleichheitswidrige 550 ff., 561 ff.
Beleidigung 625, 627
Beliehener 198 f., 202, 769
Benachrichtigungspflicht 159, 484

Sachverzeichnis

Berichterstattung 627 f.
Berlin-Status 216
Beruf 83, 905 ff., 911 ff.
Berufsbeamtentum, hergebrachte Grundsätze 1128 ff.
— Regelungsauftrag 1128
— institutionelle Garantie 87, 1128
— grundrechtsgleiches Recht 1129 f.
— Schutzbereich 1131 ff.
— Verhältnis zu Art. 9 Abs. 3 850
— Art. 33 Abs. 5 als Transformationsnorm 1131
— Eingriffe 1134
— als kollidierendes Verfassungsrecht 531, 539, 850
Berufsbilder 928, 930 f.
Berufsfreiheit 901 ff.
— einheitliches Grundrecht 903
— Schutzbereich 236, 904 ff.
— freie Berufswahl 901, 903, 905 ff., 920
— freie Berufsausübung 901, 903, 920
— negative 908, 914, 917
— Schutz der Wettbewerbsfreiheit 909 f.
— als Teilhaberecht 954
— kein Leistungsrecht 956
— Regelungsvorbehalt 901, 903
— Verhältnis zu Art. 33 912 f., 954
— Verhältnis zur Pressefreiheit 390
— Eingriffe 14, 918 ff.
— berufsregelnde Maßnahmen 918 ff., 920, 929 ff., 952
— Eingriffsintensität 920
— objektive Zulassungsschranken 921 ff.
— subjektive Zulassungsvoraussetzungen 927
— Steuergesetzgebung 922 f.
— Verwaltungsmonopole 924 f.
— verfassungsrechtliche Rechtfertigung 936 ff.
— Gesetzesvorbehalt 936 ff.
— Parlamentsvorbehalt 938
— statusbildende Regelungen 938
— Verzicht 162, 165
  s. a. Arbeitsplatz, freie Wahl; Arbeitszwang, Freiheit von; Ausbildungsstätte, freie Wahl; Stufenlehre; Zwangsarbeit, Freiheit von
Berufsgerichte 1205
Berufsstrafrecht 1214 f.

Beschlagnahme 653, 691
Beschwer
— eigene 1245 ff.
— gegenwärtige 1251 f., 1273
— unmittelbare 1243, 1253 ff.
Beschwerdebefugnis 1236 ff., 1244
Besitzstandswahrung 1133
besonderes Gewaltverhältnis 383, 760, 1099
Bestandsgarantie s. Eigentumsgarantie
Bestimmtheit gem. Art. 80 Abs. 1 S. 2 938, 1166
Bestimmtheitsgrundsatz
— allgemeiner 317, 357 ff., 1199
— strafrechtlicher 1191, 1199 f., 1203, 1205
Beteiligtenfähigkeit 127, 170, 1230
Betriebsräume 970, 982 f.
Beugemaßnahmen 1217
Beurteilungsspielraum s. Verwaltung
Bewaffnung, „passive" 783
Bild, Recht am eigenen 431
Bildschirmtext 654, 861, 875
Binnenpluralismus 659
Blinkfüer-Urteil 213, 633
Böll-Walden-Entscheidung 630
Boykott 211, 626, 829
Briefgeheimnis 852 ff.
— Schutzbereich 854 f.
— Verhältnis zum Postgeheimnis 852
— private Übermittlung 854
— Eingriffe 862
— verfassungsrechtliche Rechtfertigung 869 ff.
  s. a. Postgeheimnis
Briefwahl 1153
Brokdorf-Beschluß 775, 788, 792, 798
Brückmann-Entscheidung 1063
Buchendom-Entscheidung 1051
bürgerliche Gesellschaft 20, 29, 31, 35, 40, 44
Bürgerrechte 69, 129, 137
Bundesbahn 173, 188
Bundespost 173
Bundesstaatsprinzip 57
Bundesverfassungsgericht
— Verwerfungsmonopol 1033
— Entscheidungsmonopol gem. Art. 21 Abs. 2 S. 2 539
— Verfassungsbeschwerden 1223

302

Sachverzeichnis

— Prüfungsbefugnis 1279 f.
— keine Superrevisionsinstanz 1173, 1283
Buschkrugbrücke-Entscheidung 1041

Chancengleichheit 212, 532 ff., 954 f., 1145

Daseinsvorsorge 222, 224
Datenschutz 122, 863
DDR
— nicht inländische öffentliche Gewalt 215 ff.
— Auslieferungsverbot 1063
— Einbürgerungsakte 1081
— Bürger 134
Definitionsmacht s. Gesetzgeber
Deichordnungsgesetz-Urteil 1032
Demokratie
— repräsentative 1136
— „streitbare" 539
Demonstration 83, 248, 250, 775, 790
Deutsche i. S. d. GG 130, 1053
    s. a. DDR-Bürger, Staatsangehörigkeit, Status-Deutsche
Deutschenrechte s. Bürgerrechte
Dienstaufsicht 759
Differenzierungsklauseln 833
Disziplinarstrafrecht 637, 1192, 1214 ff.
Doppelbestrafung s. Ne bis in idem
Drei-Schritt-Prüfung 10 ff., 393 ff.
Dreier-Ausschuß 1227
Drittbetroffene 276 f., 281
drittschützende Norm 281, 290
Drittwirkung 202 ff.
— Begründung 214
— subjektiv-rechtliche Wirkungen 214
— Bedeutung im Rahmen der Beschwerdebefugnis 1240
— mittelbare 210 ff., 649, 934 f., 1240
— unmittelbare 203 ff., 806, 1123, 1142, 1158, 1240
Dürkheimer Gondelbahn-Urteil 1018, 1032
Durchlieferung 1060
Durchsuchung
— von Redaktionsräumen 653
— der Wohnung 971 ff., 985

Ehe 720 ff.
Ehe, Schutz der 717 ff.
— normgeprägtes Grundrecht 242, 719
— Abwehrrecht 718, 720 ff.
— Leistungsrecht 110, 718, 752 f.
— Gesetzgebungsauftrag 718
— Institutsgarantie 87, 718, 747 ff.
— Schutzbereich 720 ff.
— Drittwirkung 211
— Eingriffe 730 ff.
— Abgrenzung von Definition und Eingriff 246, 719, 730 ff., 736
— verfassungsrechtliche Rechtfertigung 734 ff.
    s. a. Familie, Schutz der; Familiennachzug
eheähnliche Lebensgemeinschaft 720, 723, 753
Ehelichkeit s. Gleichstellung nichtehelicher und ehelicher Kinder
Ehrenschutz 408, 431, 682 f., 1285
Eigentum 995 ff.
Eigentumsgarantie 986 ff.
— normgeprägtes Grundrecht 8, 987
— Inhalts- und Schrankenbestimmung 987 f., 992, 994, 1013 ff., 1021 ff.
— Pflichtigkeit, Sozialbindung 988, 992 f.
— Situationsgebundenheit 1026
— Institutsgarantie 87, 989, 992, 994, 1047 f.
— Bestandsgarantie 990, 994, 1029 f.
— Eigentumswertgarantie 991 f., 994, 1029 f.
— Schutzbereich 995 ff.
— Umfang des Schutzes 1006 ff.
— Verfahrensrechte 122, 1010 f.
— Verzicht 162, 165
— Eingriffe 1013 ff.
— Abgrenzung von Inhaltsbestimmung und Eingriff 246, 994 f., 1013 f., 1051
— Abgrenzung von Einschränkung und Entzug 1015 f.
— verfassungsrechtliche Rechtfertigung 1021 ff.
    s.a. enteignender Eingriff, Enteignung, enteignungsgleicher Eingriff, Inhalts- und Schrankenbestimmung des Eigentums, Vergesellschaftung

303

Sachverzeichnis

Ein-Schritt-Prüfung 12
Eingriff 10
— klassischer Begriff 271 f.
— Begriffserweiterungen 273 ff., 436 ff.
— individueller oder genereller 239 f.
— faktischer 274 f., 278 ff.
— mittelbarer 274 ff.
— unbeabsichtigter 274 ff.
— Verhältnis zum Schutzbereich 249 f., 258 ff.
— Abgrenzung zur Belästigung 278 f., 283, 288
— Abgrenzung zur Regelung 254
— verfassungsrechtliche Rechtfertigung 46 f., 153, 256 f., 260 f., 292 ff., 372 ff.
Eingriffsintensität 308 f., 335, 344, 482, 945 ff., 1029 f., 1288
Einreise 135, 883 f., 1052
Einrichtungen, staatliche, Gestaltungsmaßstäbe 112 ff.
Einrichtungsgarantien s. institutionelle Garantien, Institutsgarantien
Einschätzungsprärogative s. Gesetzgeber
Einwanderung 883 f.
Einzelfallgesetz 317, 351 ff.
Elfes-Urteil 340, 421, 440, 840, 886
Elternrecht 717, 728 ff.
— Schutzbereich 728 f.
— Sorgerecht 728, 731, 742 f.
— Erziehungsrecht 152 ff., 728 f., 761
— Schutzbereichsgrenze der Schulhoheit 153, 728 f., 742, 764
— Eingriffe 730 f.
— verfassungsrechtliche Rechtfertigung 734, 742 ff.
— Wächteramt des Staates 734, 742
enteignender Eingriff 1019 f., 1041 ff., 1051
Enteignung 991, 993 f., 1015 ff.
— Abgrenzung zur Inhalts- und Schrankenbestimmung 1015 ff., 1031
— verfassungsrechtliche Rechtfertigung 991, 1032 ff.
— Gesetzesvorbehalt 1032
— Junktimklausel 1033 ff., 1040
— Gemeinwohlbindung 1036 ff., 1040
— Abwägungsgebot 1039 f.

s. a. Eigentumsgarantie, Vergesellschaftung
enteignungsgleicher Eingriff 1019 f., 1041 ff., 1051
Entmündigte 1232
Entschädigung 12, 1033 f., 1039 f., 1050
Entscheidungsspielraum s. Gesetzgeber, Verwaltung
Erbrecht 87, 986, 1012
Ergänzungsschule s. Privatschulfreiheit
Erlaubnisvorbehalt 338 f.
Ermächtigungsgesetz 1122
Ermächtigung, gesetzliche, zum Eingriff 16, 304 ff.
Ermessensspielraum s. Verwaltung
Ersatzdienst 598 f., 615 ff., 685
Ersatzschule s. Privatschulfreiheit
Erziehungsberechtigte, Versagen 746
Erziehungsrecht s. Elternrecht
Erzwingungshaft 488
Europäische Gemeinschaften 53, 217 f.
Euthanasie 449, 451

Fairneß-Gebot 120
Familie 725 f.
Familie, Schutz der 717 ff.
— normgeprägtes Grundrecht 719
— Abwehrrecht 718, 725 ff.
— Leistungsrecht 111, 718, 752 f.
— Gesetzgebungsauftrag 718
— Institutsgarantie 87, 747 f., 750
— Schutzbereich 725 ff.
— Eingriffe 730 ff.
— Abgrenzung von Definition und Eingriff 719, 730 ff., 734
— verfassungsrechtliche Rechtfertigung 734 ff.
s. a. Elternrecht
Familiennachzug 741
Fernmeldegeheimnis 852 ff.
— Schutzbereich 861
— Verhältnis zum Postgeheimnis 852
— Eingriffe 866 ff.
— betriebsbedingte Maßnahmen 866 f.
— verfassungsrechtliche Rechtfertigung 869 ff.
s. a. Postgeheimnis
Fernsehen 654

Fernsehurteile 658
Festnahme 492
Filmfreiheit 621 ff.
— Schutzbereich 663
— Eingriffe 664 f.
— verfassungsrechtliche Rechtfertigung 666 ff.
Fiskalgeltung der Grundrechte 198, 219 ff.
fiskalische Hilfsgeschäfte 220, 223 ff.
Fiskus 219, 223
Flugblattverteilen 100
Fluglärm 466
Förderstufen-Urteil 729
Folgenbeseitigung 12
Folter 408, 418, 450, 1074
Forderungsrechte 74 f.
Formvorschriften, grundrechtliche 6, 481 ff.
Freiheit
— individuelle 19, 22, 82
— negative 425
s. a. Freiheitsrechte
Freiheit der Person 472 ff.
— Schutzbereich 472, 474 ff.
— Verhältnis von Art. 104 zu Art. 2 Abs. 2 S. 2 472 f.
— Eingriffe 477 ff.
— verfassungsrechtliche Rechtfertigung 480 ff.
— qualifizierter Gesetzesvorbehalt 480 ff.
— Schranken-Schranken 487 ff.
Freiheit der Wahl 1136 f., 1142 ff., 1148 ff.
freiheitliche demokratische Grundordnung 681, 691, 872, 895, 964
Freiheitsbeschränkung 475 ff.
Freiheitsentziehung 479, 483 ff.
Freiheitsrechte
— klassische bürgerlich-liberale 43
— Zusammenhang mit der Menschenwürde 406, 414
— Rechtstechnik der Gewährleistung 495
— Verhältnis von Freiheit und Gleichheit 495, 532
— Aufbauschema 393 ff.

Freiheitsstrafe 408, 410, 489
Freizügigkeit 876 ff.
— Schutzbereich 877 ff.
— Mitnahme der persönlichen Habe 888 f.
— negative 890
— Eingriffe 891 f.
— verfassungsrechtliche Rechtfertigung 893 ff.
— qualifzierter Gesetzesvorbehalt 876, 893 ff.
— Gesetzesvorbehalt des Art. 17a Abs. 2 899
Fremder s. Ausländer
Frist 1108, 1184, 1195, 1268
Fünf-Prozent-Sperrklausel 530

Gebietshoheit 1053
Geeignetheit des Eingriffs 313, 318, 322 f., 327
Gefahr 978, 980 f.
Gegendarstellung, Recht auf 431
Geheimheit der Wahl 1136 f., 1152 f.
Geheimsphäre s. Privatsphäre
Geisteskranke 1232
Gemeinde
— Grundrechtsberechtigung 171, 186, 194, 198
— Grundrechtsbindung 221, 224
— erwerbswirtschaftliche Tätigkeit 221
— verwaltungsprivatrechtliche Tätigkeit 224
Gemeingebrauch, erlaubnisfreier 100, 678
Gemeinwohlbindung 1036 ff., 1040
s. a. Eigentum, Enteignung
Genehmigung 122, 280 f., 338, 1011
Genehmigungspflicht 768 ff., 831
Generalklausel 6, 209 ff., 421 ff.
Gentechnologie 408, 710
Geschäftsräume 970, 982 f.
Gesellschaften, bürgerlich-rechtliche 810
Gesellschaftsvertrag 22 f.
Gesetz 13, 292 ff.
— allgemeines 302, 667 ff.
— besonderes 671
— förmliches 456, 481 f.

305

Sachverzeichnis

— materielles 456, 1099
— vorkonstitutionelles 1035
Gesetzesvorbehalt
— Typologie 292 ff.
— historische Funktion 40, 305 ff.
— Entwicklung zum Parlamentsvorbehalt 304 ff.
— und praktische Konkordanz 368
— und kollidierendes Verfassungsrecht 374, 378
  s. a. vorbehaltlose Grundrechte
— allgemeiner 293
— einfacher 292 ff., 302, 439 ff.
— grundrechtsübergreifender 303
— qualifizierter 292 f., 295 f., 302, 311 ff.
Gesetzgeber
— Grundrechtsbindung 62, 70, 195, 199, 310 ff., 493, 1023, 1166, 1170 f.
— Verantwortung 305 ff.
— Definitionsmacht 996
— Einschätzungsprärogative 321, 326
— Entscheidungsspielraum 103 ff., 111, 468 f.
— Gestaltungsfreiheit 508 f., 528 f., 939, 1023, 1109
  s. a. Gesetzesvorbehalt, Parlamentsvorbehalt, Schranken-Schranke, Stufenlehre, Verhältnismäßigkeitsgrundsatz, Wesensgehalt
gesetzlichen Richter, Recht auf den 1162 ff.
— grundrechtsgleiches Recht 1162
— subjektives Recht 1162
— Verfahrensrecht 76
— Grundrechtsberechtigung juristischer Personen 178, 180
— normgeprägter Schutzbereich 1162 ff.
— Parlamentsvorbehalt 1166
— Unabhängigkeit und Unparteilichkeit 1167 f.
— Eingriffe 1169 ff.
— Entziehung 1169 ff.
— Verfahrensirrtum 1173
— prozeßrechtswidriger Ausschluß eines Richters 1176
— Maßnahmen interner Gerichtsorganisation 1177 f., 1180

— verfassungsrechtliche Rechtfertigung 1179
Gesetzlichkeitsprinzip 1191, 1197 f., 1203
Gestaltungsfreiheit s. Gesetzgeber, Verwaltung
Gesundbeter-Entscheidung 585, 620
Gesundheitsgefährdung 438, 452
Gewährleistung 225 ff., 235 ff.
Gewalt, öffentliche
— i. S. d. Art. 1 Abs. 3 und Art. 93 Abs. 1 Nr. 4a 195, 199, 202, 1233
— i. S. d. Art. 19 Abs. 4 1096 ff., 1233
— inländische 215 ff.
  s. a. Grundrechtsbindung
Gewaltenteilung 22, 351
Gewerbebetrieb, eingerichteter und ausgeübter 1001 f., 1020
Gewerbeerlaubnis 339
Gewerbefreiheit 339
Gewerkschaften 52, 173, 827 f.
Gewissen 261, 595 f., 600, 613
Gewissensfreiheit 578 ff.
— Schutzbereich 364, 581 ff., 597
— Verhältnis von Art. 4 Abs. 3 zu Art. 12a Abs. 1 und 2 613
— Eingriffe 601 ff.
— Offenstehen überzeugungsgerechter Alternativen 601 f., 603 f.
— Verwaltungsverfahren zur Anerkennung von Kriegsdienstverweigerern 604
— verfassungsrechtliche Rechtfertigung 608, 613 ff.
— Schranke des Art. 12a Abs. 2 613
— kollidierendes Verfassungsrecht 618 f.
— Schranken-Schranken 618
  s. a. Kriegsdienstverweigerung
Gewohnheitsrecht 1198
Glaubensfreiheit s. Religionsfreiheit
Gleichbehandlung s. Ungleichbehandlung
Gleichberechtigung von Mann und Frau 512 ff., 520 f.
Gleichheit
— der Wahl 526 ff., 1154
— wesentliche 496 ff.
— des Zugangs zu öffentlichen Ämtern 494, 538 ff., 912

Gleichheitsgebot, allgemeines 493 ff.
— Inhalt 11, 493 ff., 564 ff.
— Verhältnis von Freiheit und Gleichheit 495
— Verhältnis zu Art. 19 Abs. 1 S. 1 352 f.
— Verhältnis zu Teilhabe- und Leistungsrechten 76, 550
— Gleichbehandlung von Ungleichem? 501 f.
— Beurteilungsspielraum der Verwaltung 572
— als Grundlage verfassungsgerichtlicher Gerechtigkeitskontrolle 575
— Aufbauschema 577
 s. a. Ungleichbehandlung, Willkürverbot
Gleichheitsgebote, spezielle 493 f., 512 ff.
— Spezialität 510 f., 545
— für Wahl und staatsbürgerliche Rechte und Pflichten 494, 532 ff.
— gem. Art. 3 Abs. 2 und 3 512 ff., 522 ff.
Gleichheitsrechte 11, 236, 393, 493 ff.
— Zusammenhang mit der Menschenwürde 400, 406
— Rechtstechnik der Gewährleistung 495
— Teilhaberechte als Gleichheitsrechte 954
Gleichheitsverstoß 509, 548 ff., 567 ff.
Gleichstellung nichtehelicher und ehelicher Kinder 525, 743, 752 f.
Gnadenakte 1099
Grenzwerte bei Emissionen 288 f., 438
Grund, sachlicher s. Ungleichbehandlung
Grundrechte, Begriff 46 ff.
Grundrechte im formellen Sinn 61
Grundrechte im formellen und materiellen Sinn 178
Grundrechte, Geschichte 19 ff.
— ideengeschichtliche Grundlagen 19 ff.
— Kodifikationen 23, 25 ff.
— amerikanische Grundrechtserklärungen 25 ff.
— französische Menschen- und Bürgerrechtserklärungen 29 ff.
— deutscher Konstitutionalismus 31, 32 ff., 37 f.

— belgische Verfassung von 1831 31
— Weimarer Reichsverfassung 42 ff.
Grundrechte des Grundgesetzes 49 ff.
— Anerkennung als vorstaatlich 59
— Ort im Grundgesetz 60 ff.
— Systematik 57
— Abgrenzung zu Normen über Grundrechte 62
Grundrechte, internationale 50 ff.
Grundrechte der Landesverfassungen 54 f., 57
Grundrechte nur im materiellen Sinn 61, 178
Grundrechte und Politik 9, 19 ff., 36 ff.
Grundrechte, rechts- oder normgeprägte s. Schutzbereich, normgeprägter
Grundrechte, soziale Rechte 31, 43 ff.
Grundrechte, spezielle 143, 362, 385 ff., 422 ff.
 s. a. Gleichheitsgebote, spezielle; Spezialität
Grundrechtsarten 68 ff.
Grundrechtsausübung 231, 238, 299, 589, 702 f.
Grundrechtsbeeinträchtigung 238 f.
Grundrechtsbegrenzung 238 ff.
Grundrechtsberechtigung 69 ff., 126 ff.
— nach dem Tod 145 ff.
— von noch Ungeborenen 146, 149
— Kriterium der Rechtsfähigkeit 170 ff., 176
— als Voraussetzung der Zulässigkeit der Verfassungsbeschwerde 127, 1230, 1236 ff.
 s. a. juristische Personen
Grundrechtsbeschränkung 47 f., 57, 72, 238 ff., 309, 337
 s. a. Eingriff, Schranke
Grundrechtsbindung 126 ff.
— der öffentlichen Gewalt 59, 195 ff., 199, 202, 215, 1233 ff.
— Art 196
— Umfang 59, 197 ff., 223
— von Organen der EG 217 f.
Grundrechtseingriff s. Eingriff
Grundrechtseinschränkung s. Grundrechtsbeschränkung

Sachverzeichnis

Grundrechtsfähigkeit s. Grundrechtsberechtigung
Grundrechtsfunktionen 21, 71 ff., 82, 90 ff.
Grundrechtsgarantie 235, 237
Grundrechtsgebrauch s. Grundrechtsausübung
Grundrechtsgefährdung 108
Grundrechtsgewährleistung 235 ff.
grundrechtsgleiche Rechte 60 ff., 178
Grundrechtskern s. Wesensgehalt, absoluter
Grundrechtsmündigkeit 150 ff.
Grundrechtsposition, materielle 117, 121
Grundrechtsprüfung 13, 17, 393 ff., 577, 1274 ff.
Grundrechtstatbestand 229
Grundrechtstheorien 96 ff.
Grundrechtsträgerschaft s. Grundrechtsberechtigung
grundrechtstypische Gefährdungslagen 193
Grundrechtsverbürgung 235, 237
Grundrechtsverkürzung s. Grundrechtsbeschränkung
Grundrechtsverletzung 10 f., 238, 256 f.
— Nichtigkeit bzw. Unwirksamkeit als Folge 291
— irreparable 108 f., 462, 467
— Möglichkeit 1237 ff.
— als Voraussetzung der Begründetheit der Verfassungsbeschwerde 1274 ff.
Grundrechtsverpflichtete 70, 126
s. a. Grundrechtsbindung
Grundrechtsverstoß s. Grundrechtsverletzung
Grundrechtsverzicht 158 ff., 867
Grundrechtswirkungen, zusätzliche 93 ff., 96
Grundsubstanz s. Wesensgehalt, absoluter

Habeas corpus 23, 473
Hamburger U-Bahn-Bau-Urteil 986
Handlungsfreiheit, allgemeine 419, 421 ff.
— subsidiäres Auffanggrundrecht 422
— Schutzbereich 141, 143 f., 236, 421 ff.
— Eingriffe 436 ff.

— Abgrenzung von Belastung und Eingriff 437 f.
— verfassungsrechtliche Rechtfertigung, Schrankentrias 419, 439 ff.
— Schranken-Schranken 441
— Übertragung der Schrankentrias? 361 f.
s. a. Persönlichkeitsentfaltung, Recht auf freie
Happening 697, 714
Hausarbeitstag 519, 559
Hausbesetzung 969
Heilbehandlung 167, 453
Heimat 512
Heimatstaat 1053, 1067
Herkunft 512
Hilfsgutachten 395
Hirtenbriefe 1144
Hochschule
— Grundrechtsschutz 88, 113, 190 ff., 708
— organisatorische Gestaltung 112 ff.
— gleicher Zugang 123, 954 f.
— Wahl der Selbstverwaltungsorgane 1140
Hochschulurteil 112 ff., 123, 692
Hoheitsakte, justizfreie 1099

Impfzwang 452, 457
Individualgesetz s. Einzelfallgesetz
Individualrecht 46, 48, 123 f.
s. a. subjektive Rechte
informationelle Selbstbestimmung, Recht auf 122, 432
Informationsfreiheit 638 ff.
— Bezug zur Menschenwürde 414
— Schutzbereich 638 ff.
— Eingriffe 642 ff.
— verfassungsrechtliche Rechtfertigung 666 ff.
— Verhältnis zur Pressefreiheit 650
Informationsquelle 638 ff.
Inhalts- und Schrankenbestimmung des Eigentums 987 f., 1013 f.
— Abgrenzung von Definition und Eingriff 246, 994 f., 1013 f., 1051
— Abgrenzung zur Enteignung 1015 ff., 1031

Sachverzeichnis

— Verhältnis zur Sozialbindung 988, 992, 1022
— verfassungsrechtliche Rechtfertigung von Eingriffen 1021 ff.
— Gesetz im materiellen Sinne 1021
— Verhältnismäßigkeit 1022 ff.
— Entschädigungspflicht 1029 f.
— Übergangsregelung 1031
Inland 177
institutionelle Garantien 86 ff., 116, 1128
Institutsgarantien 86 ff., 747 ff., 989, 992, 996, 1047 f.
Intensität des Eingriffs s. Eingriffsintensität
Interpretation, systematische 51, 55, 265 ff., 363 ff.
Intimsphäre 434 f.
  s. a. Sphärentheorie
Investitionshilfe-Urteil 576

„jedermann" gem. § 90 Abs. 1 BVerfGG 1230
Jedermannsrechte s. Menschenrechte
Journalist 657
Jugendschutz 637, 665
Junktimklausel 1033 ff., 1040
juristische Personen
— ausländische 177 f.
— des öffentlichen Rechts 171, 185 ff., 594, 656, 708
— des Privatrechts 171, 185 f.
— Grundrechtsberechtigung 69, 169 ff.
— Verfassungsbeschwerde 182

Kabelfernsehen und -hörfunk 654
Kandidatenaufstellung, freie 1145
Kartellverbot 844
Kernkraftwerke s. atomare Anlagen
Kindeswohl 154, 742 ff.
Kirchen s. Religionsgesellschaften
Kleingarten-Entscheidung 986, 1018
Koalitionsfreiheit 804 ff., 823 ff.
— Schutzbereich 804 f., 809, 823 ff.
— individuelle 805, 826
— kollektive 52, 805, 827 f.
— positive und negative 826
— Institutsgarantie 805
— unmittelbare Drittwirkung 806
— Eingriffe 832 f.

— verfassungsrechtliche Rechtfertigung 845 ff.
— Anwendbarkeit von Art. 9 Abs. 2 808, 845 f.
— kollidierendes Verfassungsrecht 847 ff.
— Sicherung im Notstandsfall 807
körperliche Unversehrtheit, Recht auf 447 ff.
— Schutzbereich 450
— Schutzpflicht des Staates 465 f.
— Eingriffe 452 ff., 457
— Eingriffsintensität 453 ff.
— verfassungsrechtliche Rechtfertigung 456 ff.
— Parlamentsvorbehalt 456 ff.
— Verhältnismäßigkeit 334, 458, 460
— Menschenwürdegehalt 447, 458 f., 462
Körperschaft des öffentlichen Rechts 186, 190, 201, 594
kollidierendes Verfassungsrecht 261, 267 f., 366, 372 ff., 1278
Kollisionen 359 ff., 413, 619, 847, 1221
Kommunikationsgrundrechte 775
Kompetenznorm, negative 90 ff.
Konfusionsargument 185, 191
Konkordanz, praktische 366 ff., 691
Konkordatslehrstühle 544
Konkretisierung 238, 241 ff., 249
Konkurrenzen 384 ff., 391 f.
Konzessionssystem s. Genehmigungspflicht
Kriegsdienstverweigerung 578, 598 ff.
— Verhältnis zur Gewissensfreiheit 598
— Kriegsdienst mit der Waffe 598 ff.
— situationsbedingte Verweigerung 600
— Ersatzdienstverweigerung 598, 613
— Anerkennungsverfahren 604
— kollidierendes Verfassungsrecht 367
Kriminalvorbehalt 898
Kunstbegriff 694 ff.
Kunstförderung 124
Kunstfreiheit 692 ff.
— objektiv-rechtliche Bedeutung und subjektives Recht 124, 693
— Schutzbereich 259, 694 ff.
— Grundrechtsberechtigte 698 f.
— Handeln bei Gelegenheit der Kunstausübung 702 f.

Sachverzeichnis

— Schutz der Provokation 700 f.
— Beeinträchtigung fremder Rechte 696 f., 715
— Eingriffe 704 f.
— verfassungsrechtliche Rechtfertigung 692, 713 ff.
Kunstverbot 701

Laepple-Urteil 787
Lastengleichheit 576
Lauschangriff 868, 974
Leben, Recht auf 447 ff.
— Schutzbereich 447, 449
— Schutzpflicht des Staates 107 ff., 122, 149, 449, 462, 465 ff.
— Eingriffe 451
— Entzug des Lebens 459 ff.
— verfassungsrechtliche Rechtfertigung 456 ff.
— Parlamentsvorbehalt 456 f.
— kollidierendes Verfassungsrecht 460
— Schranken-Schranken 458 ff.
— Verhältnismäßigkeit 458, 460
— Wesensgehalt 348, 458 f.
— Menschenwürdegehalt 414, 459
Lebensbereiche, grundrechtlich geschützte 83 ff., 225 ff.
Lebensgefahr 980
Lehrer, Ablehnungsrecht gem. Art. 7 Abs. 3 S. 2 760
Leistungsrechte 12, 74 ff., 123 f., 752 f., 956, 965
— als zusätzliche Grundrechtswirkungen 93
— als Folge eines Abwehrrechts 340
— Abgrenzung von Schutzpflichten des Staates 476
 s. a. Gleichheitsgebot, allgemeines; status positivus
Listenwahl 1141, 1147
Lüth-Urteil 93, 211, 331, 674

Massenmedien 641
Medien, neue 861
Mehrfachbestrafung s. Ne bis in idem
Meinungsäußerungsfreiheit 621 ff.
— Schutzbereich 194, 213, 625 ff.
— Meinungsbegriff 625 ff.
— Äußern und Verbreiten 632 ff., 637

— Empfangsfreiheit 634
— negative 635
— Drittwirkung 211, 213
— Verhältnis zur Pressefreiheit 390, 650
— Verhältnis zu Art. 10 Abs. 1 635
— Eingriffe 250, 636 f.
— verfassungsrechtliche Rechtfertigung 624, 666 ff.
— qualifizierte Gesetzesvorbehalte des Art. 5 Abs. 2 302, 624, 667 ff.
— Ehrenschutz 682 f., 1285 f.
— Jugendschutz 683 f.
— einfacher Gesetzesvorbehalt gem. Art. 17 a Abs. 1 685 f., 799
— Staatsschutzbestimmungen 687
— allgemeine Schranken-Schranken 688
— Meinungsneutralität 675
Meinungsneutralität 675
Meldepflicht 635
Menschenrechte 25 ff., 48, 69, 128
Menschenversuche 452
Menschenwürde, Schutz der 397 ff.
— Grundrechtscharakter 398
— Schutzbereich 270, 400 ff., 415 ff.
— Unantastbarkeit 225
— Pflicht des Staates zu Achtung und Schutz 399, 409
— auch nach dem Tod 147
— Schutz vor Verfassungsänderung 413, 415, 873
— Konkretisierungen 414 ff.
— Verhältnis zu anderen Grundrechten 400, 406, 414 ff.
— als Grundlage für Schutzpflichten 410, 449
— als Grundlage für Verfahrensgarantien 409, 1181, 1187
— Eingriffe 404 ff.
— Objektformel 404 f.
— Eingriffsintensität 411 f.
— verfassungsrechtliche Rechtfertigung 413
Menschenwürdegehalt 139, 350, 382, 415, 459, 462
Mephisto-Beschluß 147, 624, 695, 705, 713 f.
Mieter 967, 985
Minderheiten, Förderung 517
Minderjährige 151 ff., 1231 f.

Mindestinhalt, Mindestposition s. Wesensgehalt, absoluter
Mißhandlung 408, 418
Mitbestimmungsurteil 822, 909, 986, 1028
Mutter, Anspruch auf Schutz und Fürsorge 12, 76, 717 f., 752

Nachfluchtgründe 1069
Nachforschungspflicht der Presse 651
Nachzensur 689
Namensrecht 431
Naßauskiesungsentscheidung 986, 995, 1001, 1015 f., 1018
nationalsozialistische Propagandamittel 691
nationalsozialistische Verbrechen, Verjährungsfrist 1195
natürliche Personen 69
Naturkatastrophen 896
Naturrecht 22, 24, 29 f., 58 f.
Naturschutz 1051
Ne bis in idem 1206 ff.
— normgeprägtes Grundrecht 1208, 1221 f.
— Schutzbereich 1209 ff.
— dieselbe Tat 1210 ff.
— allgemeine Strafgesetze 1214 ff.
— mehrmalige Bestrafung 1219 f.
— Schutz von Rechtskraft und Rechtssicherheit 1207 f., 1219 f.
— Eingriffe 1221 f.
— verfassungsrechtliche Rechtfertigung 1223
Nichtigkeit 291, 558 ff.
Normbereich s. Schutzbereich
Normenhierarchie 13, 15
Normenkontrolle 207, 217 f., 1256, 1258
Notstand 895
Notstandsgesetzgebung 1116
Notwendigkeit des Eingriffs 313, 318, 324 f., 327, 335 ff.
NSDAP-Verbot 691
Nulla poena sine lege 1191 ff.
— grundrechtsgleiches, teilweise normgeprägtes Recht 1191
— Schutzbereich 1192 ff.
— Strafbarkeit 1192
— Parlamentsvorbehalt 1197, 1205
— Eingriffe 1203

— verfassungsrechtliche Rechtfertigung 1204
Numerus clausus 123, 903, 933

objektive Gewährleistung von Einrichtungen 86 ff.
s. a. institutionelle Garantien, Institutsgarantien
objektive Rechte 1102
objektiv-rechtliche Bedeutung der Grundrechte 90 ff., 121, 178
Observation 792 f.
ordentliche Gerichtsbarkeit 208
Ordnungsmaßnahmen 1217
Ordnungswidrigkeitenrecht 285, 1192, 1253
Organentnahme 148
Organisationen, Grundrechtsberechtigung 169 ff.
Organisationsklauseln 833
organisatorische, nicht grundrechtliche Regelungen 64 ff., 755
Organstreitverfahren 1156 f., 1159
Ortswechsel 881 f.

Parlamentsvorbehalt s. Gesetzesvorbehalt
Passivlegitimation 126
Parteien, politische 83, 173, 532 f., 835 f., 846
Persönlichkeitsentfaltung, Recht auf freie 419 ff.
— Schutzbereich 141, 143, 419 ff.
— Zulässigkeit des Grundrechtsverzichts 164 f.
— Eingriffe 436 ff.
— verfassungsrechtliche Rechtfertigung, Schrankentrias 439 ff.
— Schranken-Schranken 441
s. a. Handlungsfreiheit, allgemeine
Persönlichkeitskerntheorie 420
Persönlichkeitsrecht, allgemeines 122, 419, 429 ff.
— Bezug zur Menschenwürde 414
— Schutzbereich 429 ff.
— Konkretisierungen 431 ff.
— Ausgestaltung im Unterverfassungsrecht 433
— Eingriffe 437
— verfassungsrechtliche Rechtfertigung 439 ff.

Sachverzeichnis

— Schranken-Schranken 441
personales Substrat 183 ff.
Personalhoheit 1053
Personenmehrheiten 169 ff., 174 f.
Petitionen 1082 ff.
Petitionsrecht 1082 ff.
— Abwehr- und Leistungsrecht 1082
— Schutzbereich 1083 ff.
— Verhältnis zu Art. 5 Abs. 1 S. 1 und Art. 19 Abs. 4 1083
— Anspruch auf Prüfung, Bescheidung und Begründung 1089, 1092
— verfassungsrechtliche Rechtfertigung von Eingriffen 1090 f.
Pflegeeltern 754
Pflichtexemplar-Beschluß 986, 1030
Pflichtigkeit des Eigentums s. Eigentumsgarantie
Platzverweis 900
politische Willensbildung 164 f., 532 ff.
Postgeheimnis 852 ff.
— Schutzbereich 852, 856 ff.
— Vertraulichkeit der Kommunikation 852, 857
— Gewährleistungsumfang 858 f.
— Grundrechtsverpflichtete 860
— Verhältnis zu Art. 5 Abs. 1 S. 1 635
— Eingriffe 863 ff.
— betriebsbedingte Maßnahmen 864 f.
— verfassungsrechtliche Rechtfertigung 869 ff.
— Verfassungsmäßigkeit von Art. 10 Abs. 2 S. 2 873 f.
— Verhältnismäßigkeit 874
  s. a. Briefgeheimnis, Fernmeldegeheimnis
Postmonopol 852, 857, 925
Präklusionsvorschriften 1113, 1186
Präventivkontrolle 831
Presse 646, 651
Pressefreiheit 621 ff., 646 ff.
— subjektives Recht und objektiv-rechtliche Bedeutung 88, 124, 622
— Schutzbereich 646 ff.
— Gewährleistungsumfang 647 f., 651
— Grundrechtsberechtigte 622, 649
— innere 649
— Verhältnis zu Art. 5 Abs. 1 S. 1 650 ff.
— Verhältnis zur Berufsfreiheit 390

— Wahrheits- und Nachforschungspflicht 651
— Eingriffe 285, 652 f.
— verfassungsrechtliche Rechtfertigung 624, 666 ff.
Private s. Beliehener, Drittwirkung
Privatrecht
— Vereinbarkeit mit Grundrechten 207, 209
— Ausstrahlungswirkung der Grundrechte 93, 96, 101 f., 202 ff.
  s. a. Drittwirkung, mittelbare; Fiskalgeltung
Privatsphäre 430 ff., 966 ff.
  s. a. Sphärentheorie
Privatschulen 198, 200, 755, 758, 765 ff.
Privatschulfreiheit 765 ff.
— Institutsgarantie 765
— subjektives Recht 765
— Schutzbereich 765 ff.
— Ergänzungsschulen 767
— Ersatzschulen 767 ff.
— verfassungsrechtliche Rechtfertigung von Eingriffen 771 ff.
— unmittelbare Verfassungsschranken 772
— staatliche Förderung 770
— staatliche Schulaufsicht 772 f.
— Kompetenz der Länder 771, 773
Prozeßfähigkeit 156 f., 1231 f.
Prozeßgrundrechte 120, 178, 187 f.
  s. a. Verfahrensrechte
Prozeßrecht s. Rechtsschutzgarantie
Prozeßstandschaft 1245 f.

Quotenregelung 517, 941

Raketenstationierung 1127
Rasse 512
Rechte
— anderer 439, 442
— vorstaatliche 58 f.
— wohlerworbene 1133
Rechtfertigung, verfassungsrechtliche s. verfassungsrechtliche Rechtfertigung von Eingriffen
Rechtfertigungs- und Begründungsverbote s. Ungleichbehandlung

rechtliches Gehör, Anspruch auf 1181 ff.
— grundrechtsgleiches Recht 1181
— normgeprägter Schutzbereich 1181
— Schutzbereich 178, 1182 ff.
— Schutzbereichsgrenzen 1186 f., 1189
— Verhältnis zu Art. 19 Abs. 4 1187
— Eingriffe 1188
— verfassungsrechtliche Rechtfertigung 1189
Rechtsanwalt 963, 1185
Rechtsanwalt Mahler-Entscheidung 790
Rechtsanwendungsgleichheit 493
Rechtsbelehrung 1108
Rechtssetzungsgleichheit 493
Rechtskraft
— materielle 1269
— Einwand 1269 f.
— des Strafurteils 1207
Rechtsmittelverzicht 160, 167
Rechtsprechung
— Grundrechtsbindung 62, 70, 195, 206, 208
— Verhältnis zur Gesetzgebung 554
— Selbstbindung 574 f.
  s. a. Richterrecht
Rechtsschutz
— effektiver 1094, 1107 f.
— lückenloser 1093
— vorläufiger 1108
— subjektiver und objektiver 1279 f.
Rechtsschutzbedürfnis, allgemeines 1271 ff.
Rechtsschutzgarantie 1093 ff.
— Verfahrensgrundrecht 76, 1093
— normgeprägter Schutzbereich 8, 1094
— Schutzbereich 1096 ff.
— Geltendmachen der Verletzung eigener Rechte 1100 ff.
— Offenstehen des Rechtswegs 1106 ff.
— Schutzbereichsgrenze 1109 f.
— Eingriffe 1111 ff.
— Abgrenzung von Eingriff und Ausgestaltung 1112 ff.
— verfassungsrechtliche Rechtfertigung 1114
  s. a. Gewalt, öffentliche
Rechtssicherheit 835 f., 1207
Rechtsstaat 95, 273, 1207

Rechtsstaatsprinzip
— Zusammenhang mit der Menschenwürde 406
— als Grundlage des Verhältnismäßigkeitsgrundsatzes 314
— als Grundlage von Verfahrensrechten 414, 835, 1167, 1181, 1185, 1187, 1191, 1207
— als Grundlage für die Verstärkung grundrechtlichen Schutzes 734, 873
— Geltung für Ausländer 141
Rechtsvereitelung 1108
Rechtsweg
— i. S. d. Art. 19 Abs. 4 1106, 1111, 1114
— i. S. d. § 90 Abs. 2 BVerfGG 1257 f.
— Erschöpfung 1259 ff.
Regelung 238, 251 ff.
Regelungsauftrag 1128
Regelungsbereich 229 f., 240, 387 f.
Regelungsgehalt 1241 f.
Regierungsakte 1099
Religions- und Weltanschauungsfreiheit 578 ff.
— Schutzbereich 578 ff., 581, 583 ff.
— inkorporierte Artikel 579
— Verhältnis von Art. 137 WRV zu Art. 4 und Art. 9 592 f.
— Gleichstellung von Religion und Weltanschauung 581
— positive 583 ff.
— negative 579, 591
— kollektive 579, 592 ff.
— Grundrechtsberechtigte 180, 190, 592
— Bezug zur Menschenwürde 414
— Eingriffe 601 ff.
— verfassungsrechtliche Rechtfertigung 608 ff.
— spezielle Schrankenregelungen 609 ff.
— kollidierendes Verfassungsrecht 618 f.
— Schranken-Schranken 618
Religionsgemeinschaften 757
Religionsgesellschaften
— Freiheit zur Vereinigung 579
— Selbstbestimmungsrecht 593
— Gleichstellung im Schutzbereich der Glaubensfreiheit 586

Sachverzeichnis

— Sonderstellung unter den Körperschaften des öffentlichen Rechts 190, 201, 594
Religionsmündigkeit 150, 154, 763, 1232
Religionsunterricht 65, 756 ff.
Residenzpflicht 892
Resozialisierung, Recht auf 431, 1193
Restrisiken 111
reversed discrimination 517
Richter, gesetzlicher s. gesetzlicher Richter, Recht auf den
richterliche Durchsuchungsanordnung 976, 979
richterliche Entscheidung bei Freiheitsentziehung 483
richterliche Kontrolle 1108
Richterrecht 6, 371, 1031, 1041 f., 1287
röntgenologische Untersuchung 471
Rotationsprinzip 1142
Rücklieferung 1062
Rückwirkungsverbot 1191, 1201 ff.
Rumpelkammer-Entscheidung 585
Rundfunk 654, 658 f.
Rundfunkanstalten 190, 656
Rundfunkfreiheit 621 ff.
— Schutzbereich 654 ff.
— Grundrechtsberechtigte 656 ff.
— Recht auf private Veranstaltung 658 f., 662
— Eingriffe 660 ff.
— verfassungsrechtliche Rechtfertigung 666 ff.
Rundfunksendezeiten 1267

sachlicher Grund s. Ungleichbehandlung
Sanktion, staatliche 284 f.
„Schaukeltheorie" s. Wechselwirkungslehre
Schiedsgerichte 1165
Schöffen 1165
Schranke 238 ff., 253 f., 299
Schranken-Schranken 315 ff.
Schrankentrias 361, 419
Schrankenübertragung 360 ff.
Schulaufsicht, staatliche 770, 773
Schulgebet-Entscheidung 619
Schule 153, 478, 708, 758, 760
    s. a. Privatschulen, Weltanschauungsschulen

Schulhoheit, staatliche 153, 728 f., 742, 764
schulische Grundrechte 65, 755 ff., 764
    s. a. Privatschulfreiheit, Religionsunterricht
Schulpflicht 477
Schumann'sche Formel 1291 ff.
Schutzbereich 10, 227 ff., 263 f.
— Bestimmung 233, 236, 262 ff.
— Bestimmtheit 369 f.
— Begrenzung 153, 299 f.
— normgeprägter 241 ff., 249 f.
— Verhältnis zur Grundrechtsgewährleistung 235
— Verhältnis zum Eingriff 258 ff., 269 f.
— Verhältnis zum Regelungsbereich 229 f., 240, 387 f.
— Abgrenzung zu Ausgestaltung und Regelung 253 f.
    s. a. Spezialität
Schutzhaft 167
Schutzpflichten des Staates 103 ff., 122, 149
    s. a. körperliche Unversehrtheit, Recht auf; Leben, Recht auf
Schwangerschaftsabbruch 107, 109, 149, 466, 470
Schwerbehinderte 541
Schweretheorie 993
Selbstbezichtigung, Verbot des Zwangs zur 431
Selbstbindung
— des Staates 46
— der Rechtsprechung 574 f.
— der Verwaltung 569 ff.
Selbsttötung 449
Selbstverwaltung 1139 f.
Seuchengefahr 896
Sexualkundeunterricht 729
Sittengesetz 439, 443 ff.
Situationsgebundenheit s. Eigentumsgarantie
Sitzstreik, passiver 787, 803
Solange-Beschluß 217
Sonderabgaben 576
Sonderopfertheorie 993
Sorgerecht s. Elternrecht
Sozialbindung s. Eigentumsgarantie

Sozialhilfe 410, 960 f., 1005
Sozialsphäre s. Sphärentheorie
Sozialstaatsprinzip 96, 203, 205, 406, 541, 894
Spezialität 362, 385 ff., 510 f.
  s. a. Gleichheitsgebote, spezielle; Grundrechte, spezielle
Sphärentheorie 434 ff.
Spiegel-Urteil 622, 653
Spontanversammlung 798, 803
Spray-Kunst 697, 705, 716
Staatenlosigkeit 1053, 1058 f.
Staatsangehörigkeit 130 ff., 177, 512, 1053
  s. a. Ausbürgerung, Schutz vor
staatsbürgerliche Rechte und Pflichten 78 ff., 494, 535 ff.
Staatsschutz 637, 687, 691, 868
Staatsstreich 1121 f., 1124
status activus 71, 78 ff.
Status-Deutsche 130 ff.
status negativus 71 ff.
Status, personenrechtlicher 1052
status positivus 71, 74 ff.
Sterbehilfe s. Euthanasie
Steuern 922 f., 1003, 1217
Stiftungen 171, 184
Strafbarkeit gem. Art. 103 Abs. 2 1192 ff.
Strafbefehl 1220
Strafgesetz
— gem. Art. 9 Abs. 2 838 f.
— allgemeines, gem. Art. 103 Abs. 3 1214 ff.
Strafrecht, politisches 681, 691
Strafurteil 1206 ff.
Strafvollzug
— Grundrechtseinschränkungen 626, 645, 844, 962
— Grundrechtsverzicht 159, 167
— Rechtsschutzgarantie 1099, 1115
Subsidiarität
— der allgemeinen Handlungsfreiheit 422 ff.
— der Verfassungsbeschwerde 1256 ff.
— Durchbrechung 1265 f.
Streik 829, 850
Studentenschaft 194, 851
Stufenlehre 335 ff., 939 ff.

subjektive Rechte, Grundrechte als 64, 67, 126
— Verhältnis zur objektiv-rechtlichen Bedeutung 86 ff., 92, 234 f.
— Verteidigung mit Verfahrensrechten 121
Subventionen 222, 1005
Südkurier-Urteil 651, 680
Superrevisionsinstanz 1173, 1283
Symmetrie, faktische 212

Tabakfall 331, 586
Tarifvertrag 805, 828
Tatprinzip 1191, 1196
Teilhaberechte 12, 74 ff., 93, 123 f., 954 f.
  s. a. Gleichheitsgebot, allgemeines; status positivus
„Teilordnung", „Teilverfassungsrecht" 85
Teilrechtsfähigkeit 172 f., 176
Telefax 861
Telefongespräch, Registrierung 867
Teletext 861
Terrorismus 105, 466, 469
Tierversuche 710, 714
Todesschuß, polizeilicher 346, 451, 460
Todesstrafe 451, 461 f., 464, 1074

Übergangsregelung 1031
Übermaßverbot s. Verhältnismäßigkeitsgrundsatz
Überwachung 793, 874
Überzeugung 583, 585 f., 591 ff.
Unabhängigkeit, richterliche 1167
Unterrichtung, ungehinderte 644
Ungehorsam, ziviler 1127
Ungleichbehandlung
— von wesentlich Gleichem 11, 496 ff., 500
— grundlose 493
— verfassungsrechtliche Rechtfertigung, allgemeine Anforderungen 503 ff.
— sachlicher Grund 506 f., 513 ff.
— legitimer Zweck 508, 511, 513 ff.
— Geeignetheit und Notwendigkeit 508 f.
— spezielle Rechtfertigungs- und Begründungsverbote 512 ff., 525, 529 ff., 536 f., 538 ff., 542 ff.

Sachverzeichnis

— Rechtfertigungsverbote aus einzelnen Freiheitsrechten 546 f.
— Geeignetheit und Notwendigkeit bei speziellen Gleichheitsgeboten 518 ff., 529 f., 547
— Rechtfertigung durch Art. 6 Abs. 4 752
Unglücksfälle 896
Universität s. Hochschule
Unmittelbarkeit der Wahl 1136 f., 1141, 1146 f.
Unschuldsvermutung 414, 490
Unterbringung von psychisch Kranken 486, 488
Unterschriftenquoren 1153
Untersuchungshaft 490, 871

Verbot 338 f.
Verein 809 f.
Vereinigung 810 ff., 838 ff.
Vereinigungsfreiheit 804 ff.
— Schutzbereich 805 ff., 809 ff.
— individuelle 805, 815 f.
— kollektive 805, 821 f.
— negative 814, 816 ff., 820
— Drittwirkung 831
— Eingriffe 830 f.
— verfassungsrechtliche Rechtfertigung 834 ff.
— Verbot gem. Art. 9 Abs. 2 834 ff., 845
— Verbotsgründe 837 ff.
— Zurechenbarkeit des Verhaltens einzelner Mitglieder 842
— kollidierendes Verfassungsrecht 843 f.
Verfahren, gerichtliches 1106, 1112, 1114
Verfahrensgestaltung 120 ff., 469
Verfahrensrechte 6, 74 f., 93, 120 ff., 1010 f.
s. a. status positivus
Verfassungsbeschwerde 1223 ff.
— Rechtsgrundlagen 1223
— Funktion 1224, 1279 f.
— Gegenstand 1233 ff.
— Erweiterung der Anwendbarkeit 427 f.
— tatsächliche Bedeutung 1225 f.
— Subsidiarität 1256 ff.
— Vorprüfung 1226 f.
— Zulässigkeit 1228 ff.
— Begründetheit 1274 ff.

Verfassungsfeindlichkeit 539
Verfassungsgerichtsbarkeit 1224
Verfassungsgut 375 f.
verfassungskonforme Auslegung 98 ff., 140, 209, 677 f., 798
verfassungsmäßige Ordnung 420, 439 f., 840, 895
Verfassungsordnung 1119 f.
Verfassungsrecht, sonstiges 1276 f.
verfassungsrechtliche Rechtfertigung von Eingriffen 10 f., 260 f., 267 f., 292 ff., 503 ff.
Verfassungsrechtsverletzung, spezifische 1284 ff.
Verfassungsschutz 868
„verfassungswidriges Verfassungsrecht" 140
Verfolgerstaat 1067, 1075
Verfolgung, politische 1066 ff.
Vergesellschaftung 1049 ff.
Verhältnismäßigkeit i. e. S. 328 ff.
— Problematik 332, 343
— Bedeutung 333 f.
— als Abwägungslehre 676 f.
Verhältnismäßigkeitsgrundsatz 313 f., 317 ff.
— unterschiedliche Bindung von Gesetzgeber und Verwaltung 319 ff.
— als Stufenlehre 336 ff., 939 ff.
s. a. Geeignetheit des Eingriffs, Notwendigkeit des Eingriffs
Vermögen 1003
vermögenswerte Rechte 999 f., 1004 f.
Vermummung 789
Versammlung 776 ff.
— unter freiem Himmel 794 f.
— in geschlossenen Räumen 794 f., 800 f.
— unfriedliche 785 ff., 790
— Zurechenbarkeit des Verhaltens einzelner Teilnehmer 788
Versammlungsfreiheit 775 ff.
— Schutzbereich 776 ff.
— friedlich 784 ff.
— ohne Waffen 783
— positive und negative 791
— Gewährleistungsumfang 791
— Verhältnis zur Meinungsfreiheit 777 f., 780
— Verhältnis zur Religionsfreiheit 392

Sachverzeichnis

— Zusammenhang mit dem Recht auf freie Persönlichkeitsentfaltung 780 f.
— Eingriffe 339, 792 f., 803
— Abgrenzung von Konkretisierung und Eingriff 248 ff., 798
— verfassungsrechtliche Rechtfertigung 794 ff.
— Gesetzesvorbehalt gem. Art. 8 Abs. 2 794 ff.
— Gesetzesvorbehalt gem. Art. 17 a Abs. 1 799
— kollidierendes Verfassungsrecht 800 f.
Vertrauensschutz 141 f., 1031
Verwahrlosung, drohende 734, 745, 897
Verwaltung
— Grundrechtsbindung 62, 70, 195, 199, 310
— Bindung an grundrechtliche Gesetzesvorbehalte 304 f., 310
— Bindung an den Verhältnismäßigkeitsgrundsatz 319 ff.
— Entscheidungsspielraum 1109
— Beurteilungsspielraum 572, 1109
— Ermessensspielraum 568 ff., 1109
— Gestaltungsspielraum 529, 1109
— Selbstbindung 569 ff.
— erwerbswirtschaftliche Betätigung 221, 223 ff.
— Widerspruchsverfahren 1257
s. a. Fiskalgeltung der Grundrechte
Verwaltungsmonopol 924 f.
Verwaltungsprivatrecht 222 f.
Verwaltungssanktionen 1217 f.
Verwerfungsmonopol des BVerfG 1033
Verwirkung von Grundrechten 303, 1079
Vier-Schritt-Prüfung 12
Völkerrecht 50 ff., 134, 177, 1064
Völkerverständigung 841 f.
Volkssouveränität 22
Volksvertretungen 1139, 1185
Volkszählungsurteil 165, 358, 432, 434 f., 630, 792, 1255
Vorabentscheidung 1266
Vorbehalt des Gesetzes s. Gesetzesvorbehalt
vorbehaltlose Grundrechte 292, 297 ff., 359 ff., 377 ff.
vorkonstitutionelles Recht 936 f., 1035

Vorlagepflicht gem. Art. 100 Abs. 1 1033
Vorprüfung 1226 f.
Vorrang des Gesetzes 1281 ff.
Vorrang der Verfassung 7, 27, 196, 1224
Vorzensur 689

Wähler, unzulässige Beeinflussung 1144, 1148 ff.
Wahl 526, 1138 ff.
Wahlfreiheit, staatliche, der Rechtsform 222, 819
Wahlkampfkostenerstattung 1149
Wahlpropaganda 1144
Wahlrecht 526 ff., 1136 ff.
— Bürgerrecht 129
— grundrechtsgleiches Recht 1139
— Schutzbereich 526 ff., 1138 ff.
— Eingriffe 1146 ff.
— Durchbrechungen 530 f., 1154
— verfassungsrechtliche Rechtfertigung 530 f., 1154
Wahlrechtsgrundsätze s. Allgemeinheit, Freiheit, Geheimheit, Gleichheit, Unmittelbarkeit der Wahl
Wahrheitspflicht der Presse 651
Waffen 783
Wallraff-Beschluß 102, 651
Wechselwirkungslehre 677 f.
Wehrdienst 626, 637, 685
s. a. Kriegsdienstverweigerung
Wehrpflicht 477
Wehrpflichtnovelle-Entscheidung 613
Weltanschauungsfreiheit s. Religions- und Weltanschauungsfreiheit
Weltanschauungsschulen 758
Werbung 326
Wertordnung, Wertentscheidung, Grundrechte als 93, 162
Werturteil 625 f.
Wesensgehalt 317, 342 ff.
— Verhältnis zum Menschenwürdegehalt 350
— relativer 343
— absoluter 344
— individuelle oder generelle Interpretation 345 f., 459
— Unantastbarkeit 138, 255
Wesenskern s. Wesensgehalt, absoluter
Wesentlichkeitslehre 306 ff., 456 f.

317

Sachverzeichnis

Wettbewerbsfreiheit 221, 909 f.
Widerstandsrecht 1116 ff.
— Schutzbereich 1119 ff.
— unmittelbare Drittwirkung 1123
— Verhältnismäßigkeit 1126
— Eingriffe 1117
Wiederaufnahme des Strafverfahrens 1221 f.
Wiedergutmachung 12
Willkür 503 ff., 565 f., 1173 ff., 1289 f.
Willkürverbot 496, 503 ff.
Wirtschaftsbedingungen 823
wirtschaftspolitische Neutralität 909, 1048
Wirtschaftsvereinigung 823
Wissenschaft 692
Wissenschaftsfreiheit 692 f., 706 ff.
— subjektives Recht und objektiv-rechtliche Bedeutung 110, 112 ff., 693, 712
— Schutzbereich 706 ff.
— Grundrechtsberechtigte 708
— Beeinträchtigung fremder Rechte 709 ff.
— Verfassungstreue der Lehre 692, 708
— Eingriffe 712
— verfassungsrechtliche Rechtfertigung 692, 713 ff.
Wohnraumbewirtschaftung 975
Wohnraumkündigungs-Urteil 986
Wohnung, Unverletzlichkeit der 964 ff.
— Abwehrrecht 965
— Schutzbereich 264, 966 ff.
— räumliche Privatsphäre 966, 968 f.
— Verhältnis zu Art. 2 Abs. 2 S. 2 975
— Eingriffe 971 ff.
— verfassungsrechtliche Rechtfertigung gem. Art. 13 Abs. 2 und 3 964, 976 ff., 980 ff.

— Gesetzesvorbehalt gem. Art. 17a Abs. 2 984
Wort, Recht am eigenen 431
Würdigkeitsklausel 963

Zeitungsanzeigen 651
Zensur 689
Zensurverbot 623, 688 ff.
Zitiergebot 253, 317, 354 ff.
Zivildienst-Entscheidung 600, 617
Zölibatsklausel 731, 738
Züchtigung, körperliche 416, 457
Zugänglichkeit, allgemeine 640 f.
Zugang zu staatlichen Gerichten 1106, 1111 ff.
Zugang, gleicher s. gleicher Zugang zu öffentlichen Ämtern
Zulassungsschranken, objektive 336, 921, 933, 939 ff.
Zulassungsvoraussetzungen, subjektive 927 f., 933, 939 ff.
Zumutbarkeit s. Verhältnismäßigkeit i. e. S.
Zuständigkeit, richterliche 1163 ff., 1171
Zuzugsrecht 883 ff.
Zwang, unmittelbarer 477 f.
Zwangsarbeit, Freiheit von 902, 957 ff.
— Schutzbereich 957
— Eingriffe 962
— verfassungsrechtliche Rechtfertigung 962
Zwangsernährung 449
Zwangszusammenschluß 814, 851
Zweck, legitimer s. Ungleichbehandlung
Zweck, Schutzwürdigkeit 879
Zweck-Mittel-Verhältnis 313, 318
Zweckbindung, konkrete 358
Zwei-Schritt-Prüfung 11, 495, 577